JN209367

洲崎義郎の生涯と思想

柏崎地方の政治と文化

阿部恒久

日本経済評論社

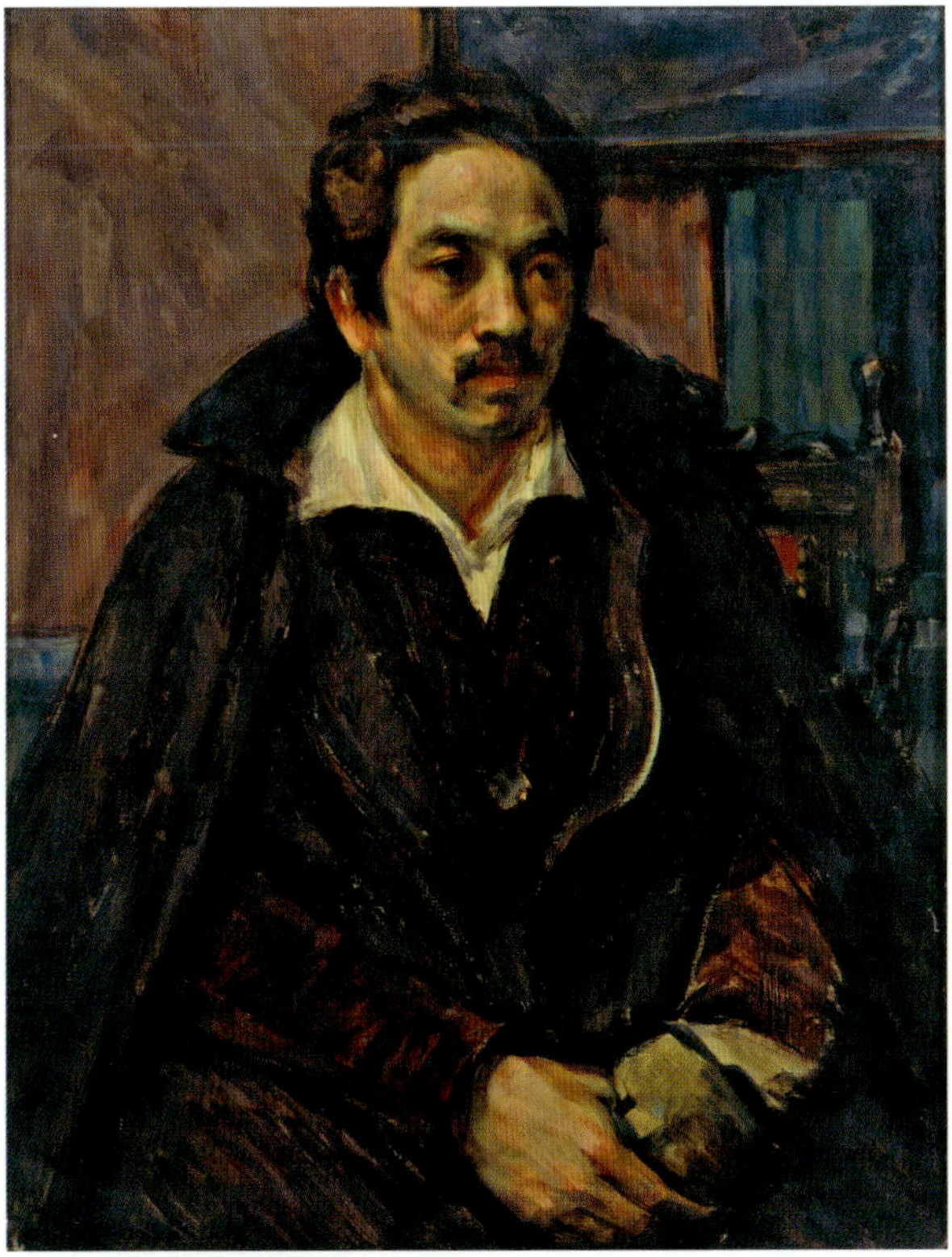

中村彝 作「洲崎義郎氏肖像」(1919年)

出所：新潟県立近代美術館所蔵。

昭和初期

柏崎中学校 3 年生の頃

1960（昭和35）年頃（71歳）

洲崎義郎の写真

出所：洲崎義郎回想録刊行会編刊『進歩と平和への希求－洲崎義郎回想録』1984 年、口絵。

洲崎義郎の生涯と思想
——柏崎地方の政治と文化

目　次

大目次

細目次

第7章　柏崎市長時代……………………………321

凡例

一、資料を引用するに当たっては、次のように表記した。
・原則として原文のまま記述したが、原文に句読点が付されている場合で、脱落していると考えられる箇所については〔　〕に入れて句読点を補った。
・漢字は新漢字に改め、「聯」は「連」に改めた。
・送り仮名は原文のままとした。なお、「い」を「え」、「え」を「い」とする方言はそのまま記述した。
・長い中略は〔中略〕のような形で挿入し、短い中略は「……」で表記した。
・「／」は原文では改行されているが、紙数の関係で改行しないで続けたことを意味する。
・適宜、ルビを施した。なお、原文が特別な読み方をしている場合は片仮名のルビとした。
一、各級の選挙については、できるだけ町議選・市議選・県議選・衆院選のように略記した。
一、本文では人名に対する敬称はすべて省略した。
一、頻出する文献である、洲崎義郎回想録刊行会編刊『進歩と平和の希求――洲崎義郎回想録』（一九八四年）については、『洲崎義郎回想録』と略記し、その巻末に掲載されている「洲崎義郎年譜」も「巻末年譜」と略記する。また、梅沢三代司稿「苦渋のわだち――水道汚職事件・東方会との関係」については、副題を省略する。これらは、本文中の初出であらためて断り書きする。

はじめに

1　本書の意図と動機

a　洲崎義郎についての基礎的研究

本書が取り上げる洲崎義郎《すのさきぎろう》は、一八八八（明治二一）年一二月二五日出生し、大正期に新潟県刈羽《かりわ》郡比角《ひすみ》村の村長を、昭和戦後に柏崎市長をそれぞれ八年間務め、戦前はテニス競技や村・郡・県の青年団運動の指導者として活躍し、晩年は原水禁運動・新体連運動に関与し、一九七四（昭和四九）年四月一日、満八五歳で他界した人物である。本書は、彼の生涯を辿り、その歴史的意義を考察することを目的とする。なお、「義郎」の読みは柏崎市編刊『柏崎の先人たち――柏崎・刈羽人物誌』所収の村山佐「洲崎義郎」により「ぎろう」としたが、一九三〇年一一月二日文部省から表彰されることを報じた『越後タイムス』（同日発行）は「よしろう」とルビを付しているので、戸籍上は「よしろう」ではないかと思われる。

洲崎義郎については、すでに一九八四年九月に刊行された洲崎義郎回想録刊行会編刊『進歩と平和の希求――洲崎義郎回想録』（三七九頁）という評伝がある（以下、本書では『洲崎義郎回想録』と略記する）。これは梅沢三代司氏ら社会運動を通じて義郎と深い関わりを持った人達により編まれたもので、口述筆記を含む義郎の著作を収録し、関係者の回顧談などを盛り込み、詳細な年譜を掲載しており、洲崎義郎研究に最初の土台を築いた文献である。とはいえ、これは義郎を顕彰する目的をもったもので、義郎の足跡を客観的・歴史的に考察するという観点からすると不十分といわざるをえない。一九九八年三月には、村山佐「洲崎義郎と大正デモクラシー」が柏崎・刈羽郷土史研究会が発行する雑誌『柏崎刈羽』第二五号に発表された。早稲田大学と洲崎義郎との関係、自由教育への関わり、中村彝《つね》・小《お》熊《ぐま》虎之助との関係、政治的立場、義郎の思想について取り上げ、自説を主張している。その内容はおおむね首肯できるが、末尾に参考文献八点が挙げられているものの、個々の事実関係について典拠が示されていないため、所説をそのまま受け止めることが難しい。

以上の先行研究に導かれつつ、私は柏崎町（市）で発行されていた週刊新聞『越後タイムス』などの新聞資料や公刊された他の文献を資料として用い、義郎の足跡をできるだけ客観的に歴史的に考察することにしたい。そして、義郎の営為と密接に関係する当該時期の柏崎地方の歴史に触れ、それとの関係も考察する。

ただし、私は、洲崎家の家政・経営資料に接しておらず、義郎の日記・原稿・書簡類も直接には見ていない。周辺関係者・団体の調査・資料収集も未実施である。ゆえに、本書は完成版ではなく、洲崎義郎に関する基礎的研究に過ぎない。

b　研究の動機

一九七七（昭和五二）～八八年、私は新潟県史の編集に関わる機会があり、柏崎市立図書館で資料収集を行った時、『越後タイムス』や『比角青年団報』に初めて接した。おそらく、この時、私は洲崎義郎の名を初めて知ったと思う。だが、その時はまだ彼に関心を持つことなく、大正後期の紙面を飾った、柏崎町における民本主義唱道者・吉野作造や新婦人協会の平塚らいてうらの演説会の開催、婦選獲得同盟の支部結成に目を奪われ、柏崎地方が大正デモクラシー運動の地方拠点の一つとなっていたことに惹かれた。

私はその頃、「裏日本」の形成を研究テーマにしていた。研究成果は、新潟県をフィールドに、『近代日本地方政党史論』（一九九六年、芙蓉書房出版）、『「裏日本」はいかにつくられたか』（一九九七年、日本経済評論社）として刊行することができた。近世、日本海側の地域は西廻り航路で栄えたが、明治期に近代化が進展する中でヒト・カネ・モノが東京など太平洋側の地域に流出し、発展から取り残され、意気消沈としている地域と見られ、「裏日本」と呼ばれるようになった。そうした社会環境が地方政党にどのような影響を及ぼしたかを前著で考察し、「裏日本」が形成される歴史過程の解明を後著で試みたのである。

「裏日本」を研究している時、『越後タイムス』に集うた人々のことが頭から離れなかった。柏崎地方に、地域に根を張り、しっかりした思想・文化を育み、主体的営みを行おうとしている人々がおり、大正デモクラシーの拠点の一つとなっていたこの地は、「裏日本」に収斂されない何かを秘めた地域のように感じられたからである。前二著刊行後、私はこの地方の歴史を研究したいと強く思うようになった。

一九九七（平成九）年、そのような気持ちを懐いて柏崎を訪れた。少しずつ『越後タイムス』に目を通しているうちに、江原小弥太と洲崎義郎の論説、動静に惹かれるようになった。柳宗悦の民芸宣言ともいうべき「下手ものゝ美」が一九二六年九月一九日の『越後タイムス』に掲載されていることにも驚いた。こうしたなかで、『越後タイムス』を主なテキストにして洲崎義郎の軌跡を調べてみようと思うようになった。その時、義郎の死後、関係者により編まれた『洲崎義郎回想録』を知った。そして、柏崎市四谷の洲崎家を訪れ、今は亡き義郎の三女・淑子氏とお会いして種々お話を聞き、後出の「洲崎家資料」を借覧できたことから、私の洲崎義郎研究が始まった。淑子氏は洲崎家の催し物に二度招待してくださるなど、私の研究への期待は強かったと思う。

二〇〇三年、吉川弘文館から刊行の大門正克・安田常雄・天野正子編『近代社会を生きる』で、私は「「改造」の思潮」と題する小論文を執筆したが、その中で「地域の文化的改造」という小見出しの下に、『越後タイムス』と江原小弥太・洲崎義郎のことなどを紹介した。それまでのささやかな研究成果の公表であった。だが、その後、諸事情から研究の中断を余儀なくされたため、本書に纏めるのが大幅に遅れ、今日に至った。

本書はジャンルとしていえば洲崎義郎についての評伝となろう。ただし、洲崎義郎を顕彰することは目的ではない。近代日本に生きた人間として彼の営為を批判的・客観的に明らかにし、「裏日本」との関係を含め、歴史的意義を考えたいのである。結論は末尾の「おわりに」で述べることにしたい。

2　本書が主として利用する資料

a　『越後タイムス』などの新聞資料

『越後タイムス』は一九一一（明治四四）年五月二〇日に創刊された新聞で、当初は旬刊であったが、創刊二年目から週刊となった。国家総動員法に基づく物資統制の強化を背景にした当局の圧力により、一九三九（昭和一四）年七月三〇日をもって終刊を余儀なくされたが、戦後、一九四六年一月一三日に復刊し、二〇一四（平成二六）年一二月二五日（第四八二八号）まで継続した。戦前は通常八頁建で、柏崎・刈羽地方の政治・経済・社会の動向を報じるとともに、たびたび社説ないし論説の類を掲載して、世論の喚起に努めた。論説には「越後タイムス社同人」をはじめ地元の人々が執筆したものが少なくなく、全体として平民的な姿勢を濃く反映する新聞であった。思想性が強い新聞と言ってもよい。

他方、柏崎には、ほぼ同期間、日刊紙（日曜休刊）『柏崎日報』が発行されていた（一九四〇年七月終刊）。こちらは通常四頁建で、まず国内外の政治・経済の動向を報じ、次に柏崎・刈羽地方の動向、市井記事の順に記事を載せている。全国的に著名な知識人・政治家などの論説が紙面を飾ることが多く、社説はたまにしか載らない。情報量は多いが、全国各地で発行されている地方新聞の類で、独自色は弱い。戦後、『越後タイムス』よりやや遅れて再刊されるが、それについては第6章を参照されたい。

b　「洲崎家資料」――「洲崎義郎著作」と「洲崎義郎関係資料」

一九九七年、私は洲崎淑子氏から段ボール一箱に入った資料を借用する機会を得た。同氏了承の下に、それを自宅に持ち帰り、私なりに整理しなおし、大部分を複写させていただくことができた。それは『洲崎義郎回想録』の編纂に当たった梅沢三代司氏を中心とする刊行会の方々が集め整理されたものである。ここではこれを総じて「洲崎家資料」と呼ぶことにする。

この中には、新聞に掲載された洲崎義郎の著作、ノートなどに書かれたレジメ原稿、手帳やノートに書かれたメモなど、義郎が書いたと見られる資料もあるが、梅沢三代司氏が執筆した論稿「苦渋のわだち――水道汚職事件・東方会との関係」（以下、副題は省略する）や、江原小弥太・中村彝ら親交があった人々が義郎に関して書いたもの（新聞記事）、年譜などを作成するため収集した関連資料（菩提寺の過去帳の複写、図書・雑誌、他の資料など）のコピーなどが多くあり、文献の性格・種類は多岐にわたっている。これらは黒紐で綴じられているが、一つに綴じられた文書のなかに、義郎の著作もあれば、関連資料もあるという具合に、その綴じ方は必ずしも整序的ではなかった。また洲崎義郎の著作もすべて梅沢氏らが筆写したものと推察され、彼らにより摘記・抄録されたものが多い。

このような性格・状態ではあるが、「洲崎家資料」は貴重な資料である。そこで、私は、洲崎義郎の著作とその他の関連資料に大別し、前者を「洲崎義郎著作」、後者を「洲崎義郎関係資料」と呼び、利用する。

私が借用・閲覧した中には経営資料・家政資料がなく、書簡の類もない。ただし、「洲崎義郎関係資料」では年次別の点数のみが書かれた資料はあるものの本体はなかった中村彝の洲崎義郎宛書簡については、当時（一九九七年一一～一二月）、新潟県立美術館で開催された「中村彝展」への出品と、同館が編集刊行する『中村彝・洲崎義郎宛書簡』（全一二〇点）に供するため、淑子氏が同館に委託されていた。本書では、この書簡については同刊本を利用することにする（この書簡が残された事情については第8章4bを参照されたい）。

以上の「洲崎義郎関係資料」のなかで、洲崎義郎の思想・行動を検討するうえで重要なのは「洲崎義郎著作」である。以下にそれを、便宜的な資料番号を付して列挙する。

・「洲崎義郎著作」（1）「私の村長時代」……『洲崎義郎回想録』に収録された「自伝口述 私の村長時代」の基になったものと推測される。

・「洲崎義郎著作」（2）「思い出の記録」……『洲崎義郎回想録』に収録された「自伝口述 私の生い立ち」の基になったものと推測される。

・「洲崎義郎著作」（3）「別冊ノート」……一九一二～一七年の金銭出納関係のメモ。

・「洲崎義郎著作」（4）「新体制トハ何ゾヤ」……一九三六～四〇年の二一編のレジメ原稿。

・「洲崎義郎著作」（5）「法廷日誌」……一九五九～六〇年の水道疑獄事件の裁判関係の資料。

・「洲崎義郎著作」（6）「日記」……一九六〇～七二年の日記。ただし一九六三年後半、一九六八年（一二月三一日を除く）・一九七〇年の記述はない。梅沢氏らはこれを左記の（8）と同綴し「日記及びノート抄」の題を付しているが、内容が異なるので、「ノート抄」＝「新体連ノート摘記」は（8）として分離する。この「日記」は、本書の第7・8章において「洲崎義郎日記抄」と題して利用する。

・「洲崎義郎著作」（7）「原水協記録」……一九六一年二～五月。熊谷氏筆記。なお、ここには筆記者として「熊谷」とのみ書かれているが、『旧友会柏崎・刈羽支部ニュース』第八号（一九八二年一一月）に「余録」と題して熊谷三之助氏が洲崎義郎の「事績調査」に関わっていることを記しているので、この人と推察される。

・「洲崎義郎著作」（8）「新体連ノート摘記」……一九六六～七〇年。全九冊のノートから梅沢氏が摘録したもの。

他方、「洲崎義郎関係資料」には多くの関連文献・資料が収録されているが、一般に公開されている文献を複写したものが多い。それらは原則として原資料を利用することとする。それ以外は次のように分類して利用したい。

・「洲崎義郎関係資料」（1）「洲崎家・縁戚に関する資料」……菩提寺の過去帳など。

・「洲崎義郎関係資料」（2）梅沢三代司稿「苦渋のわだち」。
・「洲崎義郎関係資料」（3）「回顧録作成資料」……自由大学関係記事。
・「洲崎義郎関係資料」（4）『旧友会柏崎・刈羽支部ニュース』……解放運動新潟県旧友会の支部ニュース。
・「洲崎義郎関係資料」（5）梅沢三代司編「体育・スポーツ関係洲崎義郎略年譜」。

以上の「洲崎家資料」の利用に当たっては、各章の関係個所において改めて必要最小限の説明を施すことにする。なお、「洲崎義郎著作」（1）（2）は使用せず、『洲崎義郎回想録』を使用する。

今後の洲崎義郎研究には洲崎家資料をはじめ、さらなる発掘が必要となろう。とはいえ、『洲崎義郎回想録』の「あとがき」で梅沢三代司氏が、「洲崎家は何度かの蔵払いがあって、古文書類のほとんどは無くなっている上に、その後のものも散逸が多く、日記にしても年次の欠落があった」と記し（三七〇頁）、柏崎体育団編刊『体育人 洲崎義郎』で月橋会《たかし》氏が、「洲崎さんが、過去の写真、過去の論文、印刷物、その他の資料は全く持っていない人であるのは、誰よりも私が一番よく知っている」と語っているので（八六頁）、難しいかも知れない。

本書では、新聞などに掲載された洲崎義郎の論説・談話・小文などは、できるだけ紹介するように努めたが、紙幅の都合で一部を省略したり、重要と思われる箇所の紹介にとどまった場合も少なくない。また、要点を要約して紹介する場合もある。そして、『洲崎義郎回想録』『体育人 洲崎義郎』などの刊本に掲載されている義郎の著作については、すべて要点を摘出ないし要約して紹介することにした。

3　本書の構成と主な内容

大部な書となったので、あらかじめ各章の主な内容を概述し、読者の便に供したい。ただし、各章には、洲崎義郎の言動の背景を理解するために、当該時期の柏崎・比角・刈羽地方の社会状況を概観・点描した文章を記述しているが、ここではそれには触れないこととする。

第1章「生い立ちと生育環境」は、一八八八年の生誕から一九〇七年に早稲田大学高等予科に入学する以前を対象に、洲崎義郎の生い立ちと生育環境、性格形成などを考察する。ここでは、村一番の資産家であった洲崎家の歴史、両親のこと、幼児における両親の死去により叔母・姉の後見を受けて生育したこと、小・中学校生活などを取り上げる。義郎は小学校時代は内弁慶の性格であったが、中学校で始めた軟式テニスを通して、これだと思ったことに熱中し、それを一定のレベルまで追求してやまない性格を身につけた。この体験は、義郎にスポーツを人間の心身を育てる土台とする考えを培ったと思われることを指摘する。

第2章「青年時代」は、早稲田大学高等予科入学から一九一八年に比角村長に就任する以前の、ほぼ一〇年間の洲崎義郎の行動と思想について考察する。早大は一年間の在学ではあったが、後々まで大きな影響を受けたと推察されること、帰郷後の家督相続・結婚、テニスに興じたこと、高田の連隊に入隊して陸軍歩兵少尉の位を得たこと、読書を通じて「新しい思想」を吸収したこと、それに関連して『越後タイムス』の江原小弥太、洋画家・中村彝と深く精神的に交流し、彼らを経済的に支援したこと、比角村の耕地整理事業を推進し、地域政党の運動に関与し、有為な青年たちに経済的援助を行うなど、公的領域でも活動したことなどを取り上げる。この時期に形成された義郎の思想の特徴としては、各人の個性重視、感情・意志尊重が揚げられることなどを指摘する。

第3章「比角村長時代」は、主として洲崎義郎が比角村長であった時期（約一〇年間）を取り上げ、その行動と思想を考察する。義郎は一九一七年に比角村議に初当選し、翌年四月、村長に選任され、同年八月結成された比角青年団の団長にも就任した。それは二六年九月、柏崎町と合併して比角村がなくなるまで続く。村長としては、親友の校長・星野耕平とともに小学校教育の充実に努め、高等科の併置、体育・音楽の優秀な教員の確保、自由画・彫塑・木工教育などを推進したこと、体育では二二年一〇月の「県下少年オリンピック大会」で比角校が優勝するなど大きな成果をあげたこと、比角青年団長としては、運動競技と弁論会の活動を中心とし、健全な身体づくりと知見と表現力を豊かにして主体性を涵養することを目指し、とくに運動競技では他から羨望されるほどの成果を挙げたことなどを紹介する。関連して、運動は人間の生命が求める本能的欲望に根ざすもので、近代では科学的研究によりその競技に最適なフォームがあるなどと主張する義郎のスポーツ論も紹介する。義郎は二一年に刈羽郡青年団の副団長に、二三年には団長となり、さらに二六年には新潟県青年団の副団長に選任され、県下青年団運動の指導者としても活躍するようになった。義郎が青年団運動について自主性を重んじ、政府・県当局者に批判的な見解をもち行動していることを明らかにする。また、この時代は芸術・芸能への関わりも強く、二四年に死去する中村彝との交流、新進の画家・宮芳平への支援、杵屋金次郎一行による長唄演奏会の周旋などを取り上げる。そして、以上の諸活動のため多額の私財を投じ、資産を大幅に費消したこと、慎重であった柏崎町との合併に踏み切らざるを得なくなった経緯に触れる。

第4章「柏崎町議・議長時代」は、一九二七年から三七年の日中戦争開始前までの約一〇年間の洲崎義郎の行動と思想を考察する。町村合併に伴う選挙で柏崎町議に選出された義郎は、二九～三七年の約八年間、町会議長を務めた。議長に当選した時、義兄の丸田尚一郎（政友派）が町長であったが、間もなく丸田が辞任し、後任に西巻進四郎（民政派）が選出されたので、西巻町長――洲崎議長の体制が続いた。義郎は中立的な「比角公民会」を基盤に活動し、上水道事業で西巻町長に協力した。しかし、三五年九月の県議選（西巻当選）、一〇月の西巻町長再選を契機に義郎は西巻町長・民政派への批判を強め、政府が進める選挙粛正運動に期待し、翌年二月の衆院選ではファッショ的政党である国民同盟の大竹貫一候補を公然と支持し、同盟の地域有力者・斎藤準次との関係をもつようになった。こうして義郎の思想はデモクラシーからファシズムに転回し始める。この時代、義郎は郡・県の青年団指導にも尽力し、三一年三～五月の『越後タイムス』に「近代競技運動を主体とせる体育運動の本質的考察」と題した論説を一一回連載し、自己の近代スポーツ論を総合的に披瀝した。その要点を紹介する。

第5章「戦時下の行動と思想」では、日中戦争開始の一九三七年七月からアジア太平洋戦争で敗北する四五年八月までの約八年間を対象に、洲崎義郎の言動を考察する。この時期、柏崎地方は軍需に支えられて工業都市化が進み、四〇年、鯨波村が柏崎町に編入合併され、柏崎に市制が敷かれた。義郎は最初の市議選に当選した。義郎は議会で党派を超えた「町是」「市是」の確立を求めるが、民政派が強い町会・市会では実現しなかった。こうした中で、義郎はしだいに「強力政治」への期待を強め、三八年制定の国家総動員法、経済統制、近衛新体制を支持し、日中戦争を容認する考えをもった。義郎は、四〇年発足の大政翼賛会の県・市支部の役員に選任されることはなかったが、同会の「常会」について下意上達の回路をつくろうとしたり、「柏崎青壮年団」の結成を企てるなど、翼賛体制に主体的に関与しようとした。この時期、青年団の指導に関して、義郎は、国難打開の「担当者」が「組織サレタル大衆青年」＝青年団であることを強調し、青年たちの日常的な精神のあり方として「凡人浄土ノ世界観」を身につけることを求め、三八年一～一一月の『越後タイムス』に三九編のスポーツ評論を発表した。郡・県の青年団は四一年三月に廃止となり、翌月には新潟県体育協会を改組した新潟県体育団が発足するが、義郎は引き続き県体育団の副団長に選任され、下部組織として結成された「柏崎市体育団」の会長に内定し、戦時下でも体育運動との関係は続いた。四一年一二月、米英蘭戦争が始まり、柏崎市翼賛壮年団が結成されると、義郎はその顧問に就任し、敗戦色が濃厚となった四四年一一月にはその団長に就任し、数ヵ月間務めた。本章の最後に、四三年一〇月の中野正剛事件への関与に触れる。これは、東条英機内閣の退陣を求めて孤高の闘いをしていた中野正剛を、同年二月、中野が自宅で義郎らにガダルカナルの敗戦を語ったことを取り上げ、それを陸軍・海軍の刑法に違反する「造言蜚語」として当局が処罰しようとした事件である。これにより中野は自殺に追い込まれる。

第6章「戦後における思想転回と行動」は、一九四五年八月の敗戦から五一年四月の柏崎市長就任以前の約六年間の洲崎義郎の言動を考察する。義郎は四六年初め頃、斎藤準次・稲村隆一ら旧東方会の人たちと戦争協力・推進を反省し、これからは平和のために尽くそうと話し合い、三月、斎藤らと「柏崎刈羽民主連盟」を結成して会長に就任した（短期間で辞任）。さらに、四月の衆院選の最中に新潟県を訪れていた共産党の西沢富夫と話し合う中で、より深く反省し、折から勃興していた民主人民戦線運動に参加することを決意し、その先頭に立った。こうした思想転回の経緯を考察し、運動における義郎の言動、県立柏崎工業学校問題への関与などを紹介する。一方で、洲崎義郎は戦前から続く市議として地域の経済復興活動にも関与し、『柏新』が主催する「素人芸能コンクール」の審査員として活躍した。四六年一一月、第二次公職追放の対象となることを知り、柏崎市議を辞職した。以降の公職追放中においても、義郎は、「素人芸能コンクール」の審査員を継続し、商工業者に対する「不当課税」に反対し「適正課税」を求める運動に積極的に関わり、五〇年には中越文化協会を組織して「自由大学柏崎教室」を開設するなど、社会活動を継続した。このような洲崎義郎を、五〇年四月の『越後タイムス』は酷評する記事を掲げた。それを紹介するとともに、その記事に関連して、当時の義郎の資産状況を紹介する。最後に、同年一〇月、公職追放処分が解かれるが、その経緯について言及する。

第7章「柏崎市長時代」は、一九五一年四月～五九年三月、二期八年間務めた柏崎市長時代の洲崎義郎について、市政を中心とした言動を取り上げ、思想を考察する。義郎は、五一年四月の市長選で現職の候補に大差をつけて当選した。青年・女性・勤労者などの浮動票を多く獲得したと見られている。しかし、四年後に行われた市長選は僅差での勝利となった。その理由について推察する。また、「漸進的でもよいから、民主々義的に社会を改良して行く」ことを主張する政治姿勢を紹介する。義郎は、市政に関する三大公約として、①「税の適正賦課」（のち「市民生活の安定」）、②「産業の伸展」、③「教育の振興」を掲げた。そのうち②については大きな進展は見られなかったが、①に関しては児童福祉法に基づく保育所の増設、公益質屋の開設、国民健康保険事業の再開などを実現した。また、必須であった③については重点事項として取り組み、実現していった。こうした施策と周辺町村との合併による市職員数の増加などが重なって、五三年度から市の財政は赤字化し、その解消が第二期洲崎市政の大きな課題となった。義郎は就任直後からこの課題と義務教育学校の建設整備の課題に取り組み、赤字は五八度に解消され、学校建設も所期の目標を達成した。第二期洲崎市政では、このほかに町村合併促進法を背景とした周辺町村との合併、都市計画、上水道拡張の実施も重要課題で、それぞれ一定の成果を挙げた。しかし、上水道拡張事業に絡む収賄容疑で義郎は検挙、起訴される。そうした中で行われた五九年四月の市長選で大敗し、洲崎市政は終わりを告げた。本章では、市政に関わる言動以外に、五四年夏、洲崎義郎が日本から派遣される健民少年団のリーダーとして渡独した出来事、五一年末死去した知己の村山元之助に対する追悼と、五三年五月に開催された中村彝遺作展に関する義郎の追憶文を紹介する。

第8章「晩年」では、一九五九年の市長選に敗れて以降、七四年四月に死去するまでの約一五年間の洲崎義郎の行動と思想を考察する。義郎は市長退任後の六一年二月、新潟県原水爆禁止協議会の理事長に選任され、平和運動にいっそう深く関わるようになった。当時の原水禁運動は、保守層が離脱し、ソ連の核実験や中ソ対立の影響から社会党系と共産党系が分裂するなど、厳しい状況下にあった。こうした中で義郎が共産党系に与して活動していること、原水禁世界大会に向けた県内の平和行進や募金活動に参加している姿などを紹介する。義郎は六五年から新日本体育連盟（新体連）の運動に参加し、中央本部の役員に選任され、六六年に結成の新潟県支部の会長にもなった。その活動は七二年まで確認される。毎年軽井沢で開かれる指導者養成のための「スポーツ学校」「ゼミナール」や自身が要請して開催された原水禁世界大会の「体育・スポーツ」分科会で講演し、蜷川虎三京都府知事らに「体育・スポーツ研究所」の建設を訴えるなど、精力的に活動した。だが、新潟県・柏崎市の活動は低調で、中央本部役員としての活動には性急さが目立ち、孤立的であったことを指摘する。こうした活動と並行して、この時代、義郎は東京における宮芳平個展の開催を支援し、一〇〇通を超える中村彝書簡の整理（筆写）と彼の評伝執筆を行った。だが、その評伝が未完のうちに、義郎は七四年四月、満八五歳で死去した。最後に、葬儀の様子、関係者の弔辞から窺える義郎の人となりも紹介する。

最後の「おわりに」は、洲崎義郎の思想について改めて整理し、本書のまとめとする。

第1章　生い立ちと生育環境

1　比角村の洲崎家

a　誕生と祖先

洲崎義郎は、一八八八（明治二一）年一二月二五日、比角村大字比角一八四番地（現在、柏崎市四谷二丁目五-二一）に、父伝吾・母ツネの次男として出生した。長男は早逝し、上に四人の姉がいる末子であった(1)。

生家の洲崎家は、菩提寺である極楽寺の過去帳により、江戸時代前期の一六六五（寛文五）年に没した人物まで遡ることができる。極楽寺は鵜川橋の近くにある。現在の住所は柏崎市若葉町であるが、以前の行政区では大洲村大字大窪となっている。創建はかなり古く、当初は真言宗の寺院であったが、鎌倉時代後期の一三〇〇（正安二）年に浄土宗に改宗し、京都の知恩院の末寺として推移した(2)。過去帳により俗名が知られるのは、一八三三（天保四）年に没した第九代の伝三郎（種義）からである(3)。洲崎家は「上杉謙信公時代に金沢の方から、戦いに負けた結果真言宗の寺といっしょに名字を替えて逃げてきたもの」との言い伝えがあり、洲崎は「スノサキ」と読む。また、義郎が産まれた頃の「家屋敷は、下四ツ谷の岡野町街道を桜木町に曲る角の、大通りに面したところ」にあったが、そこにいつごろ住み着いたかは定かでない、という(4)。

ここで、彼を中心に「洲崎家系譜」を図1-1に示そう。なお、義郎の前半生に深く関わることになる姉ツナ・

図1-1　洲崎家系譜

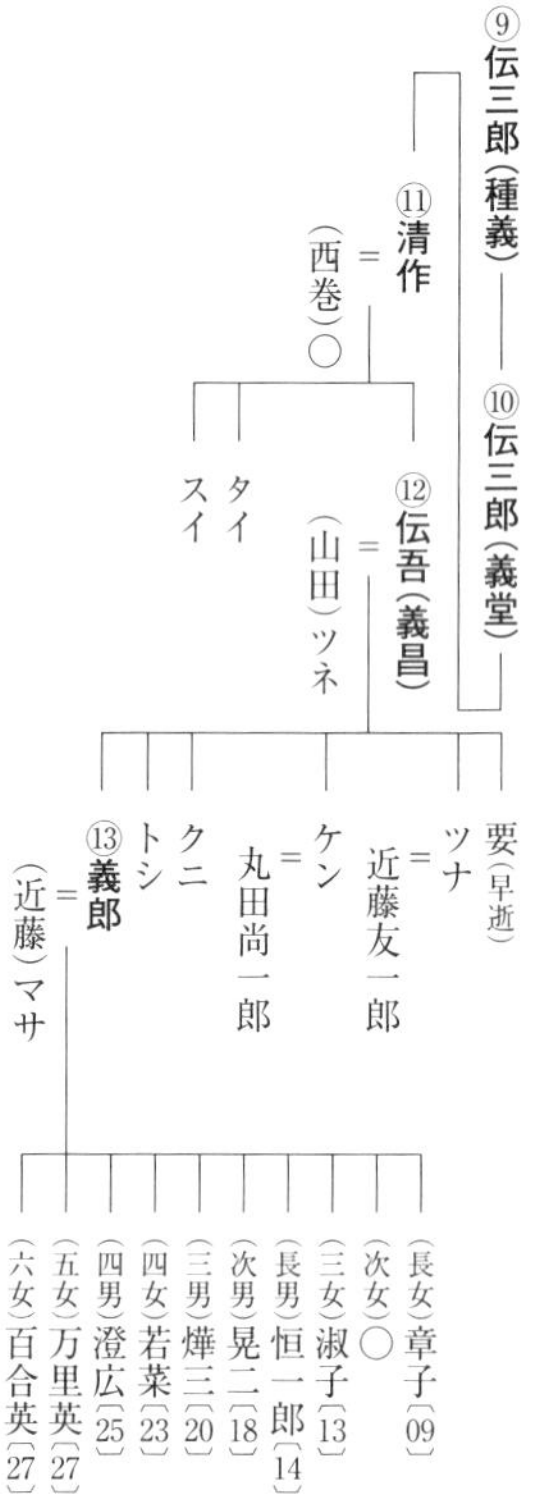

出典　『進歩と平和への希求──洲崎義郎回想録』巻末の「洲崎義郎年譜」、および「洲崎義郎関係資料」（1）。

注（1）　義郎の子供たちの名の後に記載した数字は出生した西暦年の下二桁である（例えば、章子は一九〇九年に出生）。

（2）　義郎の姉の婚姻先は、長姉ツナ……近藤友一郎と婚姻（一八八九年）、次姉ケン……丸田尚一郎と婚姻（一八九六年）。

（3）　丸数は何代目かをあらわす。

ケンの夫についても表に掲げた。また、女性の名は戸籍上は片仮名二字であっても、明治後期以降、漢字を当てたり、愛称としての「子」を付ける風潮が広がり、戸籍名表記と混用する事例が多数ある。本書でも混用することをあらかじめお断りしておきたい。

第九代伝三郎は、「天保の頃より越前地方へ縮布行商をなし産を成」し、「極楽寺へ田地十五石寄進」したという(5)。ただし、宮川嫩葉《わかば》『柏崎ちぢみ史』は、第九代か第一〇代の伝三郎（義堂）かは不明ながら、「洲崎伝三郎」を「江戸ゆき」の行商人にあげている(6)。いずれにしても、洲崎家は、江戸時代後期から明治初年にかけて、隣接する柏崎町の商人とともに、越後縮布の行商で多大の財をなした。

同時期、柏崎・比角地方は桑名藩領であった。一八六四（元治元）年、藩主の松平定敬《さだあき》が京都所司代に就任したとき、第一〇代伝三郎と息子の第一一代清作は、それぞれ二〇〇両・七〇両の冥加金を納入している。その関連文書には「刈羽郡比角村郷士格　御内用達　洲崎伝三郎」「同人倅　御内用達　洲崎清作」との記載がある。また、一八六七（慶応三）年には第一二代伝吾（義昌）が一六歳にして「御用達見習」に就いている。なお、「郷士格」の第一〇代伝三郎は「他出の時は槍御免」とされ、第一一代清作は「大肝煎格見習」とされている(7)。このように、洲崎家は蓄財と冥加金納入を背景に、藩の地方役人の末端を担った。

b　父と母

洲崎家一二代目当主で、義郎の父である伝吾について、義郎は次のように記している。

私の家は、昔から質屋と縮の行商をしていた。祖父の時代はあまり思わしくなかったのを、養蚕（こがい）町で機場（はたば）を経営したりして、理財にすぐれた手腕を持つ父の代になってから、種々頭を働かせて蓄財に勤めたために、家の財産は相当に伸びたと思われる。父は考慮の末、田畑・現金・株券と三つに分割して積み上げていたので、そのどちらかが駄目になっても他の一方で家計を支えるよう深いおもんばかりを巡らせていた。だから当時の私の家は村一番の財産家だったと思っている(8)。

このように洲崎家は「村一番の財産家」だったというが、具体的にどれくらいの資産を持っていたのだろうか。全容は不明だが、田畑・宅地については、県内・郡内の「地価持」を調査した記録がいくつかある。その中から比角村に限り、また洲崎家・丸田家など上位の所有地価額を、明治期から戦前昭和期までの分を一括して表示しよう（表1-1）。これによれば、一八九二（明治二五）年の洲崎伝吾の所有地価額は一万八一八一円ないし一万六三一九円、一八九六年のそれは一万八八〇〇円である。いずれも丸田伴二に次いで村内第二位の地価所有者であった。洲崎家は、このほかに多額の現金と株券があったであろうから、義郎が「当時の私の家は村一番の財産家だった」というのは本当と思われる。

表1-1から、伝吾の資産は義郎に引き継がれ、一九一六（大正五）年頃まで、ほぼそのまま資産が維持されていることがわかる。同年の資料によれば、義郎の所有する田畑は比角村以外の近隣一二町村にもあり、とくに中通村・

表1-1　比角村（比角地区）の主な地主の所有地価額（1892〜1932年）

調査年月	氏名	所有地価額（円）	出所
1892年（明治25）1月	丸田伴二 洲崎伝吾 大矢長左衛門	24,640 18,181 13,078	藤井慎吾編『新潟県地価持姓名録』1892年、桜井書店*
同上	丸田伴二 洲崎伝吾 大矢長左衛門	11,215 16,319 12,231	桑野倉之助編『新潟県刈羽郡地価持姓名録』1892年2月、昇精堂（桑野氏）
1896年（明治29）6月	丸田伴二 洲崎伝吾 大矢長左衛門	24,600 18,800 13,078	桜井熊太郎編『新潟県地価持姓名録』1896年、桜井書店*
1904年（明治37）1月	洲崎義郎 丸田伴二 大矢長左衛門	17,550 11,310 9,590	『新潟県刈羽郡地価所有者一覧』明治1904年6月、桑野昇精堂（前掲、『比角村史誌』144頁に掲載）。 ★丸田尚一郎 2,390
1907年（明治40）1月	洲崎義郎 丸田伴二 大矢長左衛門	17,802 11,408 9,007	『新潟県刈羽郡地価所有者一覧』（桑野倉之助編、刊行年月・出版社は不明） ★丸田尚一郎 3,925
1914年（大正3）	洲崎義郎 丸田伴二 大矢長左衛門	20,884 12,671 9,823	三井田源七編『新潟県刈羽郡地価持一覧 改正増補』1914年7月、実業介立所。 ★丸田尚一郎 5,364
1916年（大正5）8月	洲崎義郎 丸田伴二 大矢長左衛門	21,033 11,232 9,667	重野富次編『刈羽郡地価持一覧 改正増補』1916年9月、柏崎活版所。〔洲崎義郎の町村別所有地価額の内訳……比角村 7,298、二田村 392、中通村 3,618、西中通村 1,783、南鯖石村 202、大洲村 53、枇杷島村 870、北条村 3,187、刈羽村 316、高田村 187、柏崎町 692、田尻村 1,850、北鯖石村 579〕 ★丸田尚一郎 7,010
1925年（大正14）	藤田市郎兵衛 大矢長左衛門 洲崎義郎 丸田尚一郎	11,260 9,818 8,064 6,532	『改正増補 新潟県刈羽郡地価持一覧』1925年9月、弘友社〔三井田正編？　弘友社は比角にあり〕
1928年（昭和3）末	丸田尚一郎 洲崎義郎 大屋長左衛門	4,873 2,709 2,608	小林二郎編『最新詳密 新潟県地価持銘鑑』1929年8月、精華堂〔洲崎義郎の地目別内訳……田畑 723、山林原野 6、宅地 1,979〕*
1932年（昭和7）	大矢長左衛門 丸田尚一郎 洲崎義郎	9,007 3,687 1,991	三井田正編『改正新編／賃貸価格 新潟県刈羽郡地価持一覧』1932年11月、弘文社雑誌部。〔洲崎義郎の所有地価額は柏崎町比角地区では第14位〕*

注：出所欄の文献は、＊印を付したものが新潟県立図書館の、他は柏崎市立図書館の所蔵。
　★印を付したものは同じ文献に記載されている丸田尚一郎の所有地価額である。

北条村にかなりの土地を所有していた。しかし、大正後期・昭和期になると急速に所有地価額が減少している。これについては第3章で改めて言及することにする。

伝吾の性格について、義郎は、「残された帳簿等に書かれた書体を見ると、自由で活達《ママ》でのびのびした良い字を書き残している」、「あとから聞いた話」では、「着物や履物などには極めて無とんちゃくで、着物は無造作でへこ帯をぐるぐる巻きつけ、下駄は足駄と駒下駄をびっこに履いて、手拭いを腰にぶら下げて外出したそうだ。酒やたばこはたいしてたしなまないようであった。趣味は、これといった特別のものはなかったらしく、ただ碁だけはなかなか筋が良かったと聞いている」と記している[9]。

伝吾は義郎が五歳のときに亡くなったから、義郎が父から受けた直接的影響はないであろうが、父のこのような大らかな性格は、姉ら家族を通じて間接的に義郎にも影響を及ぼすこともありうる。これについては、第2節であらためて取り上げたい。

他方、恒子とも表記される母のツネは、「柏崎町の山田と言う有名な薬屋」の生まれであったが、柏崎町の素封家・小熊武右衛門の子として洲崎家に嫁いできたという。「小柄な、色白な、誰にも優しい慈愛あふれる、ほんとうに親しみ深い人だった」と義郎は回顧している。ツネは全部で六人の子を産んだが、長男の要は三歳くらいの時に亡くなり、その後に四人の女子を産んだ。ツネは生来病弱で、義郎を身ごもった頃は心臓が弱くなっていたため、分娩するかどうか親族会議で協議した。しかし、後継ぎとなる男子がほしいとの期待から出産し、義郎が誕生した。とはいえ小さな子で、「ひょっとすると死ぬかも知れぬ」と心配され、「赤子の頃からずいぶんだいじにされ、可愛がれて育てられたらしかった」と義郎は記している[10]。

c　比角村と柏崎町

ここで、比角村を含む柏崎町周辺の地理的関係を知るため、一九〇一（明治三四）年に行われた新潟県下町村合併

図1-2 町村合併後の刈羽郡の町村（1901〈明治34〉年）

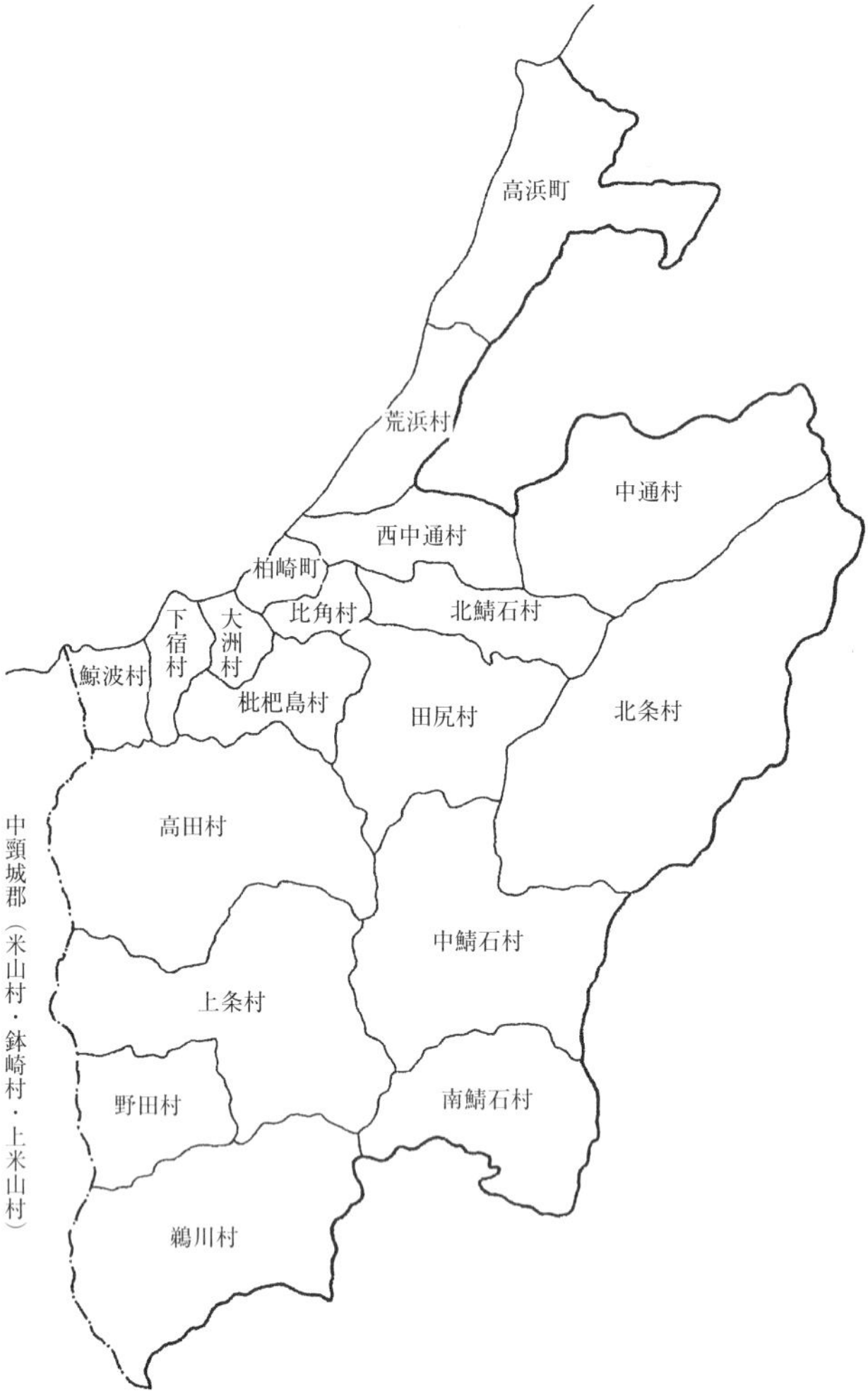

出所：柏崎市史編さん委員会編『柏崎市史』下巻、1990年、市史編さん室、80頁。

図1-3　柏崎町周辺の地形図（1919〈大正８〉年）

出所：大日本帝国陸地測量部編刊「地形図」(1919 年 8 月)。

後の刈羽郡の町村地図（概念図）と、一九一九（大正八）年に大日本帝国陸地測量部から発行された地形図を掲げよう（図1-2・図1-3）。後者は、一九一一年の「測図」に、一九一三年の「鉄道補入」を行ったものである。当時の柏崎町は、西側が鵜川を大洲村との境界で、そこから東に約一六〇〇メートル続く道路に沿って、商人の町屋や役所などが立ち並ぶ比較的小さな町であった。その道路のさらに東側に比角村があって町屋が続いていたが、比角村に入ると道路の南側には広い耕地が存在した。そこは「比角本村」と呼ばれていた。道路の北側にも耕地があり、全体として比角村は柏崎町の延長的な一面を併せ持つ農村であった。

また、柏崎町中心部の南に近接する枇杷島村は元来、純農村であったが、一八九七（明治三〇）年、北越鉄道線（私設→のち官営の信越線に編入）の柏崎駅ができたことで、柏崎町の玄関口となり、駅の北側が市街化して柏崎町が延伸したような地域ができた。

このため、一九〇一（明治三四）年以降、柏崎町の周辺の諸村との合併問題が浮上した。さらに一九一三（大正二）年に全線開通した越後鉄道（私設、柏崎～白山〈新潟市〉間）に比角駅（現、東柏崎駅）ができたことも背景となり、大正期には「大柏崎」建設のかけ声の下、町村合併の動きが強まった。実現するまでには紆余曲折があったが、一九二四年八月に大洲村・下宿村が、一九二六年九月に比角村が、一九二八年一二月に枇杷島村が、一九四〇年四月に鯨波村が、それぞれ柏崎町に吸収合併され、四〇年七月一日から市制を施行するに至る。後述するように、洲崎義郎もこの町村合併問題に深く関わっていくことになる。

2　父母の死去と長姉夫婦による後見

洲崎家待望の男子として誕生した義郎であったが、一八九四（明治二七）年一一月二一日、父の伝吾が盲腸炎から腹膜炎を併発して亡くなった（享年四五）。時に義郎は満五歳、比角尋常小学校の一年生であった。他方、母のツネも病弱であり、このため義郎は乳母によって育てられた。義郎が五歳の時、ツネは東京・駿河台の佐々木病院に入院、治療し、その後帰郷して療養していたが、義郎が八歳の時、一八九七年八月一八日、心臓病のため四一歳で死去した。[11]

こうして、父母は義郎が幼い時に他界した。しばらくは、「気丈でしまり屋」の祖母が洲崎家の中心となったようだが、彼女も一八九九年三月一六日、六九歳で亡くなった。祖母は郡内の北鯖石村中田の西巻家から第一一代清作に嫁いできた人で、清作との間に、伝吾・タイ（泰子）・スイの一男二女をもうけた。長女のタイは比角村の素封家・近藤友太郎に嫁ぎ、次女のスイは祖母の実家・西巻智平に嫁いだ。[12]

祖母の死後は、義郎にとって叔母にあたる近藤タイが洲崎家に大きな影響力をもった。タイは「かっぷくの良い、見るからに福々しい、陽気な色白の大女」で、薄化粧を忘れず、「派手なことやにぎやかなことが何より好きな人」であった。比角村内に設立された北越女学校（後、郡立柏崎高等女学校を経て現在、県立柏崎常磐高校）の創立に参画し、「日露戦争の際には、羽森神社にこもって、出征兵士の武運長久を祈り」、慰問品を作って送り、愛国婦人会幹事などを務めた。近藤家が真言宗なのに熱心な日蓮宗信者としても知られた。[13]

義郎より一三歳上の長姉ツナ（綱子）を、強引に息子・近藤友一郎の嫁にしたのも叔母タイであった。それは義郎が産まれた翌年（一八八九年）六月のことである。そして、おそらく父の伝吾が死去して間もない頃、親族会議が開かれ、ツナと夫の近藤友一郎が義郎の「後見人」なった。ツナと友一郎は洲崎家に居住し、九人の子供たちもここで育てた。友一郎は、ここから勤務先の高田町（のち市）に本店がある百三十九銀行柏崎支店（柏崎町本町六丁目）に通った。[14]

ツナは「いつも薄化粧をし、きちんとした身なりをしていて、家の中ではあれこれと指図してとびまわっていた」、「元来、じっと座ってお針仕事をしたり、読書をしたりすることは不得手であったらしく、むしろ叔母タイ子形の外交的な華やかなことが好きなタイプであった」、「面高な、均整のとれた美人」、「気品」ある美人、「踊りや料理は得意で、勝ち気の点でも叔母タイ子をしのぐものがあった」、と義郎は記している。当時、洲崎家には、通い番頭一人、爺や三人、通いの老僕一人、小僧一人、子守、針子らが居て、「なかなかの大人数」であったが、それをツナが「上手に使いこな」していた。義郎は、「私の思い出のなかのツナ子姉は、堂々たる母親としての貫禄をもっていた」が、ツナは「たいていのことは聞き入れてくれ」、「姉からも義兄友一郎からも、しかられたり小言をいわれたりした覚えはない」と回顧している[15]。

後見人の近藤夫妻が世話する洲崎家で、義郎は「本座敷の北側の一角で、おしんという盲目の老女といっしょに寝起き」した[16]。母ツネが存命中の一八九六年、次姉のケンが比角村の素封家・丸田尚一郎に嫁ぎ、祖母が死去した一八九九年に三姉のクニが東頸城郡松之山村の田口正胤に嫁ぎ、家を去った。四姉のトシが北魚沼郡小千谷町の久保田弥太郎に嫁ぐのは一九〇六年であるから[17]、義郎の高等小学校・柏崎中学校時代は、長姉ツナと四姉トシが同居する肉親であった。

3　性格形成

以上のように、幼い時に父母に死に別れた義郎は、闊達な長姉ツナの薫育により生長した。ツナの性格には祖母や父伝吾、叔母タイの影響もあったように思われる。幼い時から洲崎家の跡取りとして大事に扱われ、叱られることもなく、女性に囲まれて育ったことは、その後の義郎が、女性を含む他者に接する姿勢や態度の形成に大きく影響しているといえよう。ただし、義郎の性格形成を考えたとき、家庭関係だけでなく、小学校・中学校での経験も検討する必要がある。

前出のように、義郎は一八九四年四月、比角尋常小学校に入学した。一八八六年に制定された小学校令上、入学時は満六歳でなければならなかったが、義郎は五歳で入学している。『洲崎義郎回想録』は、「ツナ子の嫁いだ家の近藤友次《(太)》郎の威光」によるという。友太郎は当時、比角村長であった[18]。また同書巻末の「洲崎義郎年譜」（以下、巻末年譜と略記）は、一八九八年三月に同小を卒業し、四月に柏崎高等小学校に入学したと記している。この高等小学校は柏崎町と周辺四ヵ村の町村組合立の学校であった。県立の柏崎中学校が高田中学校の柏崎分校として設立され開校するのは一九〇〇年四月である（一九〇二年四月に独立して県立柏崎中学校となる）[19]。当時の中学校令によると、高等小学校二年を終えれば中学校への入学資格が得られるので、義郎も一九〇〇年四月に入学できたはずであるが、義郎の同校への入学は一九〇一年四月であった。『洲崎義郎回想録』の本文と巻末年譜は高等小学校の終了年を記しておらず、この間の事情は不明である。だが、尋常小学校の入学・卒業年が一年早かったから、高等小学校に三年在学することで、制度との折り合いを付けたとも考えられる[20]。

小学校入学当初、義郎は、「至っておくびょうな、甘やかされっ子だったので、家庭から離れて学校へ行くことがおそろしくていやだった。入学当時は屠（と）所の羊のような気もちで乳母と近藤村長に付き添われて行ったように思える」と回顧している。それは入学後も続いたようで、「安達先生はおっかない先生で、生徒が教室でいたずらをすると、いつも手を打っていられた。細い節竹で、二尺五寸くらいの節のたくさんついているその竹の根でピシャピシャ頭を叩くことを常としたので、これにはきかん坊の生徒たちもおそれをなしていた。私は元来おくびょうで、運動場でも教室でも常におどおどしていたから、先生に叩かれた覚はなかったが、友人の叩かれるのを見ても自分が叩かれたようなおびえを感じていた」と記している[21]。

また、「私の父母は頭が良かったらしいのに、私は級中で一番出来ない（成績の悪い）生徒で、いつも教室のなかで小さくなっていた（特に算術は苦手で悪魔のように思えた）」と、学業の点でも思い出は芳しくない。だが、学校から帰ると、「近所の自分より年下の友人を呼んでパチをしたりコマをまわしたり、凧をあげたりして遊んでいた」、それらは「比較的上手」であった、と自慢できる思い出も語っている。そして、「根が勉強ぎらいな私は予習や復習は無論のこと、テンデ教科書など見向きもせずに、毎日のんきにうちべんけいぐらしだった」という[22]。

以上の尋常小学校時代の回顧談から、学校では臆病で勉強ぎらい、勉強ができない姿が、放課後、帰宅してからは年下の近所の子供たちと楽しく遊んでいる姿が浮かんでくる。
義郎は、落第することなく尋常小学校を卒業し、高等小学校に入学し、さらに三年後の一九〇一（明治三四）年に県立柏崎中学校に入学した。だが、この高小・中学時代の勉学や生活については、全くといってよいほど不明である。こうしたなかで、『洲崎義郎回想録』の実質的な編者である梅沢三代司が「あとがき――「洲崎義郎」私見」のなかで次のように記しているのが注目される。

中学は六年かかって卒業。「私は愛校心があるから一年余計居た」などと冗談をとばしていたが、この中学時代、テニスに熱中しながらも、森鴎外、北村透谷、国木田独歩、二葉亭四迷やトルストイなどの文学書を読みふけった。(23)

この文章を読んで注目したいことが三点ある。第一は、「中学は六年かかって卒業」という文章である。同書の巻末年譜によれば、中学に在学している期間は五年間で、中学校令が定める修業年限も五年であるから、決して「余計居た」とはならない。梅沢はこの文に続いて「一年余計居た」と義郎の言葉を挿入しているが、前述のように、「一年余計居た」のは高等小学校のことではないだろうか。
第二に注目したいのは、「中学時代、テニスに熱中し」たことである。村山元之助の回顧談によれば、柏崎町に初めてテニスコートができたのは一九〇二年四月のことで、それは柏崎町小学校の尋常科の中庭に作られた。一九〇四年四月、村山は高等科に進学し、そこでも活発な練習・試合があったことを述べた後、次のように記している。それは「日露戦争が酣《たけなわ》だった頃」のことである。

此頃中学校では門の東に添ふて県下並びなき庭球コートを有して居り、各県立学校の生徒が羨望したものであつた。実に理想的に出来て居つた。生徒は今より熱心であつたものだ。今の洲崎比角村長が三年生時代であつた。即ち中学の選手として長岡中学と戦ひ、新潟師範と戦つた。其時代より氏のモーションは同輩他校の選手が感服して居つた。氏は是を以て満足せず、晴天の時日暮る丶まで練習され、僕も下手の横好きであつたから学校から帰りには必づ中学に立寄り同道して帰つたものである。(24)

村山のこの回顧談から、義郎がテニスに熱中し、同輩や他校の選手から「感服」される存在になっていたことが知られる。甘やかされて育った、かなりひ弱な義郎にとって、テニスというスポーツとの出会いは、彼の心身の発達に大きな影響を及ぼし、尋常小学校時代には帰宅してから近所の年下の子と遊んでいたのと違い、心身ともに逞しい青年になっていったと思われる。これは、義郎が精神的に主体性を形成していくうえで重要な土台、前提が築かれたことを意味しよう。義郎が後々までスポーツを重要視するのは、こうした自己の体験があったからであろうか。なお、ここでいうテニスは軟式テニスである。

第三に、「テニスに熱中しながらも、……文学書を読みふけった」の一文に疑問を私はもつ。それは、「読みふけった」というのは本当だろうか、「テニスに熱中」と両立するのだろうか、という疑問である。ここに挙げられている森鴎外・北村透谷・国木田独歩・二葉亭四迷・トルストイは、たしかに当時注目されていた小説家で、義郎がそれらを読んでいたとしても不思議はない。ただ、「読みふけった」というのが疑問である。もし「読みふけった」というほどなら、なぜ早稲田大学進学に当たって文系を選ばなかったのだろうか。「文学書を読みふけった」のは、むしろ早稲田大学に入った後、あるいは退学後のように思えてならない。

この問題はしばらく措き、本節の最後に、これまで見てきたところから窺われる義郎の性格について、二点を指摘したい。

第一は、闊達な長姉ツナをはじめ多くの女性に囲まれて育ち、女性的な優しさと芯の強さを身につけたことである。

これと関連して、他者に対する暴力や攻撃的性格がみられないことも重要である。
第二は、テニスに熱中したことに示されるように、これだと思ったことに熱中し、それを一定のレベルまで追求してやまない性格である。それはテニスに限らず、次章で取り上げる哲学・思想や、それを前提とした行動にも見ることができる。知行合一的な性格といってもよいかも知れない。

注

（1）洲崎義郎回想録刊行会編刊『進歩と平和への希求――洲崎義郎回想録』（一九八四年、以下、『洲崎義郎回想録』と略記する）の巻末に掲載されている「洲崎義郎年譜」（これについては以下、『洲崎義郎回想録』の巻末年譜と略記する）。
（2）市史編さん委員会編『柏崎市史』中巻、九三九頁、一九九〇年、市史編さん室。
（3）極楽寺の過去帳の記載については、「洲崎義郎関係資料」（1）所収の「菩提寺過去帳記載洲崎家戒名」による。
（4）前掲、『洲崎義郎回想録』四二頁。なお、義郎が誕生した屋敷は一八九七年四月の柏崎大火で焼失している（巻末年譜）。
（5）三井田忠『比角村史誌』一〇三頁、一九七一年、柏崎市中央公民館図書刊行会。なお、柏崎地方の行商人の活躍はすでに江戸時代中期に顕著であり、一八〇一（享和元）年の「出商人」は一四五名という（同書、六〇頁）。その中に洲崎家の人がいたかは不明である。
（6）宮川嫩葉『柏崎ちぢみ史』八三頁、一九六五年、柏崎市教育委員会。
（7）前掲、『比角村史誌』九七、一〇二～三頁。
（8）・（9）前掲、『洲崎義郎回想録』三五頁。
（10）同前、三〇～三二頁。
（11）同前、三三～三四頁。
（12）同前、三七頁。
（13）同前、三七～三九頁。
（14）同前、四三～四四頁。
（15）同前、四二～四四頁。

(16) 同前、四三頁。
(17) 同前、巻末年譜。
(18) 同前、四四頁。ただし、同書（同頁）が「本来ならば満七歳にならなければ入学の資格がないのに」と述べているのは誤りである。
(19) 市史編さん委員会編『柏崎市史』下巻、五四～五四頁、一九九〇年、市史編さん室。
(20) 「洲崎義郎関係資料」（1）の中に「洲崎義郎学歴」と題されたメモ書きがある。そこに一九〇〇年三月に高等小学校を卒業した旨の記載があるが、本文に記したように、翌年三月ではないだろうか。もし一九〇〇年三月に卒業した場合は、年齢の制約から中学校への入学は一九〇一年四月からであったと考えることができる。
(21) 前掲、『洲崎義郎回想録』四四～四五、四七頁。
(22) 同前、四七～四八頁。
(23) 同前、三七三頁。
(24) 『越後タイムス』一九二二年一〇月二九日（村山元之助「郡庭球界の思出」）。

第2章　青年時代

1　「早稲田」との邂逅と家督相続

a　早稲田大学予科入・退学

洲崎義郎は一九〇七（明治四〇）年三月に県立柏崎中学校を卒業し、四月から東京の「早稲田大学政治科予科」に入学した[1]。当時の早稲田大学のカリキュラムでは、「政治科」は「政治経済学科」、「予科」は「第一高等予科」というのが正しい。「第一高等予科」は大学部である「政治経済学科」（修業年限三年、九月入学）に入学するための予科であり、修業年限は一年半（半年ずつ三期に分割）で、四月入学であった。第一高等予科の科目は「倫理」「国語漢文」「英語」「歴史」「国法」「政話」「簿記」「体操」で構成され[2]、教養的科目と専門教育の基礎科目を学ぶ課程であった。当時の予科は「無試験入学」の制度があったから[3]、おそらく義郎も無試験で入学したのではないだろうか。

洲崎義郎がこの予科でどのような学生生活を送ったかは不明である。ただ、『早稲田大学百年史』は、「明治四十年以下の数年」は「我が百年の歴史にルネッサンスと讃え得べき」時代であったと言い、一九〇六年一月に、島村抱月主宰の下、第二次『早稲田文学』が創刊され、自然主義文学の拠点となり、早慶戦やアメリカ遠征で野球が人気を博し、早大志願者が増えていたことなどを記している[4]。また、義郎が所属したかどうかは不明だが、当時の早大庭球部は他校との試合に連戦連勝し、「軟式時代の全盛期」にあった[5]。さらに目を外に転じれば、政界や新聞・雑誌界で早稲田出身者の活躍が目立つ時代でもあった。

こうした早稲田大学の活気が洲崎義郎を強く刺激したことは容易に想像される。しかし、早大での学生生活は一年しか続かず、在学中にどのような影響を受けたか、具体的に知ることはできない。とはいえ、その後の義郎の営為をみると、早大での学業と人的交流がずっと尾を引いていると考えられるので、多大な影響があったとみてよい。

b 帰郷――家督相続と結婚

一九〇八年春、洲崎義郎は「家督を継ぎ、結婚のため早稲田大学を中退」した。そして、同年七月二七日、近藤マサ（北蒲原郡濁川村の近藤留之助三女）と結婚した。義郎は満一九歳、マサは一八九一年九月二一日の生まれで、満一六歳であった(6)。

なぜ、義郎は、この時点で修学を止め、家督相続・結婚となったのかは不詳である。彼は同年末に二〇歳になるから、後見人であった近藤友一郎・ツナ夫妻を中心とした親族が家督相続を強く求めたのではないだろうか。結婚相手も、同じ近藤姓であることから、近藤友一郎の遠縁に当たる人かも知れない。

c テニスと兵役と読書

家督相続・結婚した後、義郎は郷里でどのように過ごしたのであろうか。帰郷後の数年間、主として私的領域にかかわる動向を追ってみよう。公的領域にかかわる耕地整理事業や政治的な動きなどは本章第4節で取り上げる。

第一に、早くも父親になった。『洲崎義郎回想録』の巻末年譜によれば（前掲図1-1の家系図参照）、結婚した翌年九月に長女章子が誕生している。次女がいつ産まれ、いつ死去したかは不明だが、一九一三年二月に三女淑子が、一四年一一月に長男恒一郎が産まれており、義郎は二五歳にして三児の父親となっている(7)。

第二に、軟式テニスに興じ、この地のリーダーとして活躍した。『洲崎義郎回想録』には義郎が著した「柏陽倶楽部」と題する詳細な回顧録が収められている。それによると、帰郷した一九〇八年ないし〇九年に、テニス愛好者を集めて「柏陽倶楽部」を結成して会長になった。倶楽部は柏崎中学校の卒業生が中心だったが、義郎は他の人にも声をかけて参加してもらい、柏中のコートを借りて毎日のように放課後集まって練習に励んだ。義郎は前衛で、柏中後輩の井上敬英が後衛を務め、このコンビは長く続いた。一九一一年には、七月二二日から約一週間、早大庭球部選手の甲藤長気・岸益衛を招聘し、毎日午後三時から柏崎小学校のコートで指導を受けた。ただし、義郎は当時、高田の第五八連隊に入営していたため、土・日は帰郷し練習に参加したが、平日は倶楽部員の村山元之助らが世話をした。第一回のコーチを受けたのは、洲崎・村山・井上ら一七名と当時の中学校教諭村山沼一郎という。以降、夏に早大の選手をコーチに招いて指導を受けることが恒例となり、「早大の庭球部が硬式に変わるまで連続した」という。それが何時までだったかは定かでないが、少なくとも一九一八年まで行われたことは義郎の記述から確認される。また、早大コーチの宿所は、第一回のときはは天屋旅館であったが、翌年からは義郎宅となった。これらの費用は全部義郎が負担したという。なお、のちに、義郎の力により、柏陽倶楽部は柏崎商業学校の前庭を借り受け、新コートを造成し、そこで練習した(8)。

洲崎義郎「柏陽倶楽部」には、早大コーチの指導を受けた柏陽倶楽部が力をつけ、他のテニス倶楽部との試合に連勝し続け、県下にその名を轟かしたこと、一九一九年八月、東京高等師範学校コートで開かれた「軟式庭球のＯＢ会」（毎日新聞主催）に、洲崎義郎は井上敬英と組んで出場し、準決勝まで進んだことなどが記されている(9)。

第三に、前述したが、義郎は一九一一年七月から三ヵ月間、「見習士官」として高田の第五八連隊に入隊した。また、一九一七年六月一八日にも「勤務演習」のため同連隊に入営している(10)。

第四に、読書を通じて「新しい思想」を吸収した。一年間という短い期間ではあったが、早稲田大学在学中に触れた文学や哲学に触発され、帰郷後も独学的に勉強していたと推察される。残念なことに、彼が収集し読んだ書物が何であるかはほとんど不明であるが、次の第２節で取り上げる論説のなかで参考文献的に言及されているものから、その一端を知ることはできる。

2　『越後タイムス』などにみる洲崎義郎の思想

a　青年期の思想を表出する一二の著作

洲崎義郎は、一九一三（大正二）年一二月から一八年七月にかけて、一一編の論説を『越後タイムス』に、一編の論説を『柏崎日報』に掲げている。いずれも「洲崎掬翠」ないし「掬翠生」「掬翠」「掬翠庵主」のペンネームが用いられている。この筆名は洲崎家の庭園「掬翠園」に因むものであろう。その一覧表を示そう（表2-1）。なお、同時期、同紙には「翠子」の筆名での論説が二四編掲載されているが、内容からそれを義郎の著作とすることはできない。また、⑫の論説「涙痕」は小説仕立ての作品であるが、義郎の思想が表出しているので、ここで扱うことにする。一九一八年四月、義郎は比角村長に就任するので、「涙痕」は村長時代の作品となるが、執筆したのはおそらく就任以前であろう。そして、この作品を最後に、義郎は、中村彝《つね》に関するものとスポーツ関係を除き、自己の思想を表出するような作品を『越後タイムス』に掲載することはなかった。

b　個性重視の思想

洲崎義郎が著した一二編の中で、この時期の思想をよく示しているのが、①「一の精神」である。これには「都の友ポラリス生へ」という副題がある。ポラリスは北極星であるが、「ポラリス生」が誰かは不詳である。

この論説は、新聞に掲載されたある自殺者に関する記事が、外部的な観察により「精神錯乱の結果」としていることに対し、自殺者の個人的な事情が記されていないと批判し、そこには「現代思想の一つの位相《フェース》・精神」が現れている、と主張する。「現代思想」とは、「現代人が過去の圧迫から逃げて何れかに自分の安心地を求める為に」必要とさ

表2-1 『越後タイムス』等掲載の論説（1913～18年）

掲載日			論題	掲載紙	筆名
	年	月日			
①	1913 1914	12.14 1.1・11・18・25	一の精神――（都の友ポラリス生へ）	越後タイムス	洲崎掬翠
②	1914	2.8、2.15	吾等とアンナ	越後タイムス	洲崎掬翠
③	1914	2.22	ヂエームスとベルグソン	越後タイムス	洲崎掬翠
④	1915	9.9～14・17	タゴールの流行	柏崎日報	掬翠
⑤	1916	4.9・16	彝さん――来十六日のタイムス社主催趣味展覧会に出品する画家	越後タイムス	洲崎掬翠
⑥	1916	10.29	ルビコンの河――江原小弥太君に贈る書	越後タイムス	洲崎掬翠
⑦	1917	1.1	摂理の悲しみ	越後タイムス	掬翠
⑧	1917	1.21・28、2.4・18・25	Ｅ君の手紙	越後タイムス	掬翠生
⑨	1917	10.7	芸術座の「剃刀」	越後タイムス	掬翠生
⑩	1918	1.1・6	ＡとＢの問答	越後タイムス	掬翠生
⑪	1918	1.13	教育と宗教	越後タイムス	掬翠庵主
⑫	1918	5.19・26、6.2・9・16・23・30、7.14・28	涙痕	越後タイムス	掬翠生

出所：筆者作成。

れる「精神」「見方」と説明している。

この長い論説で最も多くのスペースを割いて紹介しているのは、ウィリアム・ジェームスの「イゴイズム」（義郎は「個性主義」と邦訳）で、それは「哲学的及び科学的見方に対しては芸術的見方」、「量的見方に対して性質的見方」、「絶対主義に対して相対主義」、「政治界」においては「貴族主義に対する平民主義」、「人生の平面的見方に対する立体的見方」、倫理的には「結果的見方に対する動機的見方」で、最も広義に言えば「主知主義《インテレクチュアリズム》に対する情緒を重んずるローマンチシズム」である、と説明している。

洲崎義郎はまた、一般的・共通的・普遍的な「科学的世界」に対して、「徹頭徹尾正反対な世界」として「芸術の世界」があること、「芸術の世界」では「唯だ個性的、特種的の物のみが唯一の価値」であることを強調する。また「従来の哲学」は、科学的見方と同様に、「抽象的の概念」を「非常に尊重し」、「特種」

を全く無価値と見ているとして批判し、「新しき哲学」＝「現代精神」は、「感情本位、意志本意《ママ》、性質的見方、芸術主義、相対主義、個性主義、従つて又創造主義、努力主義、改造主義、神秘主義」をとるという。そして、最後に「現代思想」ないし「現代精神」の特色について、「有るが侭の世界、先天的に有った侭の固有の心が真に貴い」、その世界においては「一般に通ずる法則が無い」、ゆえに「互いに理解されぬと云ふ苦しみが生じて来る」、「一種の神秘的観望又は神秘的精神が生れて来る」、「神秘を認め、深き内生命を認めることによりて何んとも云はれぬ喜悦の情が湧いて来る」と、五点を指摘する。

以上のように、洲崎義郎は、各個人の個性―感情・意志を尊重することを主張し、科学的世界観・抽象的見方・法則性重視に反対した。それは、人間の行為について、外見的・規範的（法理的）に価値判断するのでなく、それをなさしめた内面的・精神的あり方を重視して判断すべきであり、直観や神秘的ないし宗教的精神を重視すべきだ、との主張に繋がっていく。

なお、この論説では「現代思想」に連なる思想家として、とくにウィリアム・ジェームスのほかに、ルドルフ・オイケン、アンリ・ベルグソンの三名を挙げている。また、この論説で挙げられている参考文献は、ウィリアム・ジェームスの『宗教的経験の色々』、『哲学雑誌』第三二八号（一九一三年八月）掲載論説である〔それは雑録欄の「ジエームスのプラグマティズムに対する解説」か〕。

以下の②～⑦の論説は、①「一の精神」の延長にある。

② 「吾等とアンナ」では、まず、「近頃私等が抱いて居る思想は十九世紀に於ける科学万能主義に反抗して起つた新思想」であり、「科学万能主義」を、「滔々として世界を我物顔に振舞つて、遂には有機物の世界に迄入り込んで、人間の内面的動作迄それで以て説明しやうとした」ものと批判する。そして、レフ・ニコラエヴィチ・トルストイの『アンナ・カレニア』を取り上げ、アンナが八年間連れ添った夫と愛児を捨ててウロンスキー伯と外国に駆け落ちしたため、親しい人達から背徳者として批判され交際を絶たれたことに対し、八年間の結婚生活において「彼の夫が如

何程私の生命を圧潰《おしつぶ》したか、私の中に生きてゐたものを圧潰したか」というアンナの「独白」を紹介する。ここから義郎は、「読者諸君は前のロシアの貴族とこのヒロインとどちらが真の生活、偽らざる生活であるかを明瞭に御知りになると思います」と言い、さらに「何人でも其人が或一つの行為や主張を衷心よりの熱心を以て行つて居るならば、例へ自分がそれと異つた考へを持つて居つても他人の行為を尊重して貰ひたいのである。かくして自他共に個性を尊重することに於て大なる調和、大なる総合が見得るのであります」と主張している。

③「ヂエームスとベルグソン」では、自らの思想を「基礎ある相対主義」と言い、「此思想を利用し、調摂し得る能力を有する社会は、やがて進化発展の新しい燈を掲げることの出来る世界」だと主張している。なお、この論説で『早稲田文学』第九〇号（一九一三年五月）が参考文献として挙げられているが、それは中沢臨川「ジェームスよりベルグソンへ」と考えられる。

④「タゴールの流行」は、インドの詩人・思想家であるラビンドラナート・タゴールが日本に紹介されるや、たちまち文壇・思想界で彼の思想が「流行」していることを強く批判する。すなわち、「『ベルグソン』や『オイケン』が流行した当時我文壇の著名な人々でこの二哲人の名を口にしたり又は推賞しなかつた人が幾人あるだらう乎」、「所がそれ等の先輩は最近になつて『ベルグソン』や『オイケン』を忘れ置いて《ママ》たのか、または古くなつたと云ふのであるか、いつの間にか『タゴール』の時代に移つてしまつた。そして『タゴール』は偉い〔、〕其思想は高遠であると金鉱でも堀《ママ》出したように騒ぎたてるから、他の有象無象もそれに雷同してそれからは『タゴール』より他の思想は到底談ずるに足らぬなど、云ふ滑稽なる言論を敢てするようになる。而して此『タ』氏が有名になつたのは『ノベル』〔ノーベル〕賞金を貰つたと言ふので〔、〕詩人『エエツ』〔ウィリアム・バトラー・イェイツ〕に推賞せられたと云ふ二つの事実があつてからである」と。

このように、アジアで最初のノーベル文学賞受賞者という権威に惹かれ高く評価する日本の文壇・思想界を「軽佻浮華」と批判する洲崎義郎は、他の優れた思想をいかに受容すべきかについて、自身の考えを次のように述べている。

すなわち、「他人の志想《ママ》の中に吾れを見出してから始めて其志想は自己に取り権威あるものである」、「我々が一つの志想に驚異し憧憬するのは、其思想が我々のうちに持つてゐた朧げな光明地より一層判然せしむるか或は真に汝の行く可き途はこれであるに迷ひ子沢山の途から自己の行く可き途を指示することになつて、自己の内生活を豊富に且潤沢ならしむる点にある」と。

また、義郎は本論説の後段で、「『タゴール』に関してはほんの三冊位の書物しか読んで居らぬ」としつつも、タゴールの所説について、「複雑なる西洋の志想を一括して、病的個人主義の数語の中へ盛り込み、宇宙は完全なるものと安心して絶叫し得る氏の志想こそは反て病的個人主義と云はなければならなぬ」と批判している。

この論説は、タゴール思想に飛びついた日本の思想界・文壇への批判、タゴールの思想そのものに対する批判が主題であるが、その当否は私にはわからない。だが、時代・地域（文化）が異なる人々の優れた思想をどのように受け止めるべきかについての義郎の考えがよく表出している点が興味深い。それは本項で取り上げている他の論説を含め、義郎がいかに思想と向き合い、自己の生き方に結びつけようとしていたかを証することにもなろう。なお、タゴールが初来日し講演などを行うのは、翌一九一六年五～六月のことである。

⑤「彝さん」は、一九一六年四月一六日、「越後タイムス社新築記念」として同社が柏崎町の野沢楼で開催する「第二回趣味展覧会」(11)に、洲崎義郎が所蔵する中村彝の作品を出品することに関連して、中村彝の絵とその思想を紹介したものであるが、それはまた義郎自身の思想の表明であり、①「一の精神」で強調した「芸術の世界」の具体的内容を披瀝するものであった。

中村彝について、洲崎義郎はまず、「人生に対する限り無き愛、人間としての弱き心、凡ての天才が持つ寂しい悲哀、総ての表裡を知り尽して、しかも謙遜なる態度、そして是等の全体から明瞭に推し得る飽迄も奥深き『自己沈潜』の力、是が私の畏敬する親友彝さんの内面的描写なのです」と紹介する。そして、彝の油絵について、「現代日本の洋画の中で、一番私を牽《ひ》きつける力を持つて居ます」と言い、その特徴を「あの物の本質をぐつと引き攫《つか》んで、其生々《いき》しさを明確に示す天才力」、「色彩に関する敏感にして而も玲瓏たる感覚力」、「自然に対する白熱的愛」、「静かにして気高き画面のリズム」にあると説明する。また彝の代表作とする「肖像画」（自画像）について、「理解無き愚人に依つて痛ましくも弱虫視せられ、甚しきは狂人視せられ」、かつ「恋のローマンスに破れて加ふるに烈しき病魔の渦中にあ」るなかで、「高く掲げた光輝ある勝利の記念碑たることを黙々の内に暗示して居」ると述べ、「人の腹背迄も射透す其眼光」、「純にして且力強き其筆触」、「無限の躍動を示せる其生命力」があとからあとから湧いてくると称賛する。関連して義郎は、「人は皆弱くて不完全なのだ。地上の生活は飽迄も努力と進化の道程である」と述べているが、それは自身の生き方に重ね合せての考えであろう。

⑥「ルビコンの河」は、副題にもあるように、当時、新潟市に居た江原小弥太に贈る手紙の形式をとったもので、これは江原がタイムス紙上に公表する予定の「洲崎掬翠兄に贈る書」に答えるものとして書かれている。江原は『越後タイムス』主筆として活躍する一方で、柏崎に沈潜することに耐えがたくなっており、柏崎を去り東京で仕事をすることを決心した。それを知った洲崎義郎はこの手紙を認め、「真に自分の進む可き途の門出に際して流さるゝ涙は、ダイヤモンドのやうに光り、燦《マバユ》いて居ます。そして其光に依つて照し出される文字は「人間を愛する」と云ふ文字なのです」と江原に同情を示した。東京に移り住む決意をしたことを義郎は「ルビコン川を渡《ママ》」ると表現し、渡ろうとする「脚下は愛と弱さとで顫《ふる》えて居る」が、その「愛と弱さこそは完成せしめる唯一の宝です」と述べている。ここにも、江原の個性を尊重しようとする義郎の考えが伝わってくる。

⑦「摂理の悲しみ」は、前年の秋に死去した大山巖と夏目漱石を取り上げたものである。大山は国葬となり新聞で大きく取り上げられているが、漱石の記事は貧弱である。しかし漱石の死が日本にとってどれほど大きな損失か、「何百年」後かに明らかになろう、と言う。そのうえで、「偉大なる芸術は年と共に其光と真実とを増して行くと云ふ事は、争はれない事実である」、「永遠より永遠に流るゝ『タイム』の力」は現在の様々な価値を押し流し、真に価値あるものだけを輝かす、それが「復活の栄光」だと言う。また、「死後に於て何れ程其名が喧伝せられ頌《ひろ》められても、

死んだ其人に個性を有する意識が無かつたならば、其人は何うして人生を肯定し、神を信ずる事が出来やう」とも述べている。ここにも、洲崎義郎の「芸術」「個性」尊重の思想を見ることができよう。

c　自己の境遇と理想の間で苦闘する精神

一二編の著作の中には、資産家に生まれた自己の境遇とあるべき自己の生き方との間で苦悩する姿をさらけ出した作品もある。一見、自虐的であるが、洲崎義郎はあえてそれを直視し、さらけ出すことによって自己の行動を律しようとしているように見える。この代表作が⑧「E君の手紙」である。

「E君」とは東京に移住した江原小弥太をさす。冒頭に江原の手紙がやや小さな文字で掲載されているが、そこには、江原が開く書店の場所を早稲田の辺を第一候補に探していること、「最小限の資本が五百円程」かかること、その費用支援を洲崎義郎に求めていること、などが書かれている。この論説は、このような江原の手紙をもらっての所感であるが、内容的には、自らの立場への自省となっている。

上京する江原を柏崎駅まで見送った時、「私は此寒空にマントも着ないE君の姿を見ると、自分の身につけて居る贅沢な外套が慚しいやうな気がした。『自分は果して這麼《こんな》立派な外套を着るに値する人間であるか』〔中略〕『自分は只多少の財産ある家に生まれたと云ふほんの偶然の事実だけで徒食の我儘者である』夫だのに真実《ほんとう》に自分の力で働いて行く人がマントも着ずに、親の財産で喰つて行くやくざ者が温い美しい外套を着て平然として居ると云ふ事は、何たる矛盾だろう。私はそつと自分の外套にE君を包み度い気がしたと同時に何とも云はれぬ恥かしさに打たれた」と述べている。

江原から「幼い時から彼方此方を放浪生活して歩いた」との境遇を聞かされた義郎は、強いショックを受け、「そんな生活は私等には夢想もする事の出来ない生活」だ、「お前は自分だけ平安な航路を続ける事が出来たからと云つて、何百万人の人が底知れぬ暴虐の淵に投ぜられて居るのに対して、少《ち》つとも苦しまずに平気で自分の幸福を楽んで居るのか」と自省し、「自分の冷酷なエゴイストな心を責めた」。そして、「お前は人の運命を真実に、夫程苦しむ資格のある人間であるか?」、「お前は人の運命を考へる前に先ず自分の内面に深く沈潜する必要はないか?」と自問し、自らの利己的・偽善的な醜悪を「掴み出して叩きつけて打ちのめせ」と記している。

いよいよ江原が乗った汽車が出発。「本屋と只一口に言つても、兎に角喰つて行ける様になる迄には、種々の波瀾や曲折を経なければならぬ前途を思ふて哀しみの念に打たれた」と、江原が東京で本屋を始めることを紹介し、ここでも自分に「小さな者よ」「極端なエゴイストよ」などと自省の弁を述べている。また、「E君は私を舟人だと云ふ。恩人だと云ふ。然し乍ら私に若し少しの財産もなく、人に貸す僅少の金すら持たなかつたならば、其舟人、恩人の名は私から全々取り去らる可き形容詞であるに違ひない。さうだとすれば、余りに頼りない心細い私の真価ではないか?」と記している。

以上のように、江原への追想をかりて、資産家としての自身のあり方を徹底的に相対化しようとしていることが、この論説から読み取ることができる。その資産をどのように使えば、自分の理想とする生き方に叶うのか、洲崎義郎は苦悩していた。そして、彼なりにそれを実践していくことになる。

⑨「芸術座の『剃刀《かみそり》』」は、越後タイムス社が主催し、一九一七年一〇月五日、柏崎座で開かれた「芸術座松井須磨子一行」の演劇を観ての感想文である。舞台監督の島村抱月も来柏していた。当日の演目は、「かみそり」「カチューシャ」「京人形」などであった。その中から義郎が取り上げた「かみそり」は、「昔は小学校の秀才であつたが、金のない為に好きな学問をする事が出来ず、一生を片田舎の理髪師として果敢《はか》なく不愉快に暮さなければならぬ暗い寂しい運命を持つて産まれた孤独な人間」を主人公にした悲劇であった。

この演劇を最後まで観た洲崎義郎は作者の狙いを次のように受け止め、共感した。それは、「第一　現代の日本に於ける青年の物質的圧迫に対する煩悶」、「第二　現代の日本に於ける青年の『デリケート』な精神的悩み」、「第三　御互に個人〱は善人同志《ママ》でありながら、其等の人々が集まると思いも掛けない運命の波に弄ばれて、大なる悲劇を産むと云ふ作者の人生観」である、と。これを踏まえて義郎は、青年理髪師について、「彼には単なる物質的圧迫に対する反抗心があつたばかりでなく、葦の葉の囁《ささや》きにも無限の寂しさを感じ、自分の影肖に迄堪《たま》らなく憎悪を感ずる繊細な尖々《とげ》しい神経を有して居る近代人の精神があつた」とし、一方で、もしこの青年が努力して有名になり社会的地位を得たとしても、「近代人と云ふあのメスのやうに鋭い神経の不安を取り去らぬ以上は、やはり同じ最後の悲劇を免るゝ事は出来ないと信ずる」と言う。義郎は、この演劇を見て「近代人の精神」の有り様を考えた。それは自らの精神の有り様でもあったであろう。なお、舞台面についても、「私に取つては面白い芸術的なプレーであつた」と評価している。

⑩「AとBの問答」は、人生についての見方・生き方をわきまえているようなAが、そうでない「甘い小僧」たるBと問答し、Bの覚醒を促す、という内容である。Bは、「私にはどうしてもこの世の中は自己を通して全人類を愛する事に依つてのみ総ての人が救はれ得る事のやうに思はれます。そして私はそれを理想として進みたいのです」と言う。これに対してAは、「お前の様な親の財産を無報酬で貰つて、日当りの良い所に育つた南瓜《かぼちゃ》の様にのんびりと甘やかされて生長し、而も世の中の惨苦のほんの片つぱじでも味つた事の無い人間が、人類の愛だの感謝の生活だの云つた所で、誰が本当にする者があるか」と批判する。ここからBは洲崎義郎のことと推察される。

Aはまた、「人生の意義」についてBに問いかけ、「其寂しさと孤独の感のみがお前を不断に為し、力強く内なる生命を燃やす唯一の『ヴァイタルフオイス』〔生命力〕だ。より深くより真実に生きろ、喰入れ」と意見する。終わりの方で、Bに「私は若し此の世の中に『神』や『仏』と云ふ者があるならば、其『神』や『仏』は絶えずそれ自身進歩し創造して行く不断の進化其者でなければならんと思います」と言わせ、覚醒に導いている。全体として、前に江原小弥太に関して自省したときの内容と同じといえよう。

一つ飛ばして、⑫「涙痕」は、「創作」と銘打たれた小説仕立ての著作である。話は主人公である「清雄」の親友Aの愛児の死とその葬儀から始まる。Aは「熱烈に其子供を愛する親」で、子供は「夫婦間に於ける愛の楔」、「小児の出生に依つて夫婦間の愛は当然親としての愛に変化し醇化されて行く」、「地上に神を建設する愛の光である」などと、近代的な子供観が示される。〔この後しばらく、自分の姉の子のTをめぐる記述が続くが、省略〕後段では、清雄が学費金を出してやっているA家のYが自分に断りなく他家の「養子に決つた」ことに関する紛議が描かれる。清雄は、学資金を出すにあたって「就職其他一身上の重大な問題に関しては、僕に相談の上で決定する」ことになっていたが、なぜ自分に相談なく養子になったのか、詰問した。それからYの母親とのやりとりなどが記述されているが、どのように決着がついたかは明らかにされていない。ただ、この過程で、清雄は、「表面は慈善と云ふ立派な色で塗り飾られながら、中は利己主義の塊で出来上つたもの」であることを痛感し、「鋭い叱責の鞭を彼自身の心の扉に加へた」、それにより自らの「金力」「家名」「似而非学問」「高慢」の扉の「壁は相次いで脱落した」、という記述がある。清雄＝洲崎義郎とすれば、Yの件は、それまで自省の念に駆られていた清雄と、Yの問題で面子にとてもこだわる清雄の矛盾した姿を浮かび上がらせ、人間とは所詮このような自己矛盾を抱えた存在であること、それが著者＝義郎自身についても言える、と主張したかったように思える。

なお、⑪「教育と宗教」は、「学校を出でたる後の修養は如何する」というのがテーマである。「小学教員が国民の道徳訓練に直接関係するは精々二十才迄で」、それ以降の道徳教育（修養）については、欧米諸国の日曜礼拝の風習を引きつつ、「学校後の道徳修養は宗教家に任すが一番行われ易い」として、「小学教員と宗教家の提携」を主張したものである。修養論としてみれば、⑨「芸術座の『剃刀』」の延長にあるといえるが、これまでの義郎作品にある「自省」の部分がない。当時すでに青年団運動に関わっていたから、こうした論説があっても不思議ではないが、異例の「掬翠庵主」という筆名とも絡んで、これを義郎の著作としてよいか迷うところでもある。

d　思想的位相と子供観

以上、一二編の著作を通して青年期の洲崎義郎の思想を考察してきた。全体として、彼の思想は、①「一の精神」

に示された個性を尊重し、内面的・精神的あり方、直観や神秘的ないし宗教的精神を重視すべきであるとの考えが一つの柱となっていることがわかる。そこには、資本主義の発展を背景とした科学主義的・唯物論的な考え方に反対するウィリアム・ジェームスやベルグソンらの新しい哲学思想の影響がある。また、資産家としての自己と、志・潜在能力をもちつつも資力がないためにそれが生かされない青年との違いに葛藤する自己を直視し、そのうえでできるかぎり平民的であろうとする生き方・考えがもう一つの柱になっている。自己の心の葛藤をありのまま表現しようとする点に日本の自然主義文学の影響が、できるかぎり平民的であろうとする点にロマン主義文学の影響が窺われる。このような洲崎義郎の思想は、江原小弥太が言うように（後述）、「白樺派」に近いかも知れない。

なお、⑫「涙痕」では近代的な子供観が示されているが、これに関連して、一九一八年二月一〇日の『越後タイムス』掲載の「書店より」と題された記事を紹介しておきたい。これは、上京して書店を経営している江原小弥太の宅に義郎が宿泊したとき、同宿した柏崎町の藤野屋旅館の倅・布施宗一（金沢医専卒、皮膚科研究のため大学病院に通う）と江原の三人が会話する中で披露されたものである。すなわち、「『新しい人』の心持と『古い人』の心持とが非常に相隔ッて来た事」に話が及び、子供に対する親のあり方が論じられた。江原は子供がいなかったが、「縦令《たと》ひ自分の子供でも、一個の人間としては自分と同じく尊い者であるから、自分を尊重すると共に、子供も一王者として尊重して遣らねばならぬと思ふて居る」と述べ、義郎は「子供が悪い事をしても叱る気にはなれない。彼に悪い所があるのは、父の俺に其悪い性質があッて、夫れを享《う》けたのであると思ふ為に」、「そして子供は何も産んで呉れと、親に頼んだ訳では無い。親が勝手に産んだのだ。子供の為には何んでもして遣らねばならぬと思ふて居る」と発言した。前章で見たように、義郎の幼少年時代、後見人であった長姉ツナとその夫近藤友一郎からは「しかられたり小言をいわれたりした覚えはない」と記しているので、その影響があるかも知れない。また、大きな資産家の家に生まれたことへの負い目が「子供は何も産んで呉れと、親に頼んだ訳では無い。親が勝手に産んだのだ」と言わせているようにも思われる。ともあれ、江原も義郎も子供を独立した人格とみていた。

次に、義郎の思想形成に影響を与えたものとして、これらの論説に見え隠れする二人の人物＝江原小弥太と中村彝との関係に論を移したい。

3　江原小弥太・中村彝との出会いと親交

a　江原小弥太との出会いと親交

本章第2節で紹介した、⑥「ルビコンの河」、⑧「E君の手紙」に示されるように、洲崎義郎は『越後タイムス』を主宰していた江原小弥太から思想上の影響を受け、交流し、経済的に彼を支えた。義郎の論説など一一編が同紙に掲載されたのも、江原と親交があったからであろう。義郎との出会いを述べる前に、江原の経歴、人となり、『越後タイムス』との関係などについて記しておこう。

(1)　江原小弥太の前半生

江原小弥太は、一八八二（明治一五）年一〇月四日、柏崎町西本町二丁目（当時は字中町）の薬種屋小泉の長男として出生した。二～三歳の時、入り婿であった父が離縁となり、新しい婿が来た。その継父には可愛がられず、四歳にして大洲村・江原家の叔母夫婦の養子に出された。養父は旧高田藩士で、柏崎で巡査をしていた。尋常小学校を卒業後（一二歳）、長岡の紙問屋「品善」に丁稚奉公させられたが、一五歳の時、養父に呼び戻され、高等小学校に入った。一八九八年、そこを卒業する間際に江原の姓を名乗ることが許され、卒業後、大洲村小学校の代用教員となったが、程なくして同年創設された高田師範学校に入学した。だが、一九〇〇年、学校諸規則への違反、教官とのトラブルなどから中退となった。二月に上京して半年ほど滞在した後に帰郷し、枇杷島小学校の代用教員の職に就いた[12]。

枇杷島小代用教員時代の一九〇一年頃、江原は「日本人は女子にのみ貞操を強い、自分達は貞操を紊し、淫慾を恣にして居る」ことに憤り、「男操倶楽部」を組織した。江原は、柏崎町の貸座敷の側にある香積寺《こうじゃくじ》で行われた「公開演説会」で「男子も皆貞操を守らねばならぬ事、柏崎町の貸座敷を町端に移転せしむべき事」と、「貸座敷移転」の演説を行うが、「一同から笑殺され」た。しかし、聴衆の一人で「品川牛舎の主人」が「あなたの御趣旨には大賛成です」と賛意を示した。それが品川豊治との最初の出会いであった。だが、彼がキリスト教徒であり、江原が当時「熱心な仏教渇仰者」であったことから、両者の交流は始まらなかったという[13]。

一九〇三年九月、江原小弥太は上京した。同年、東京物理学校に入学し、新聞売りや人力車夫をして学費を稼ぐ生活を送った後、「休職大審院判事岡村為蔵」の書生（玄関番）となった[14]。だが、岡村の娘に恋し、その苦しさから「悟道」に入ろうとして千葉に逃亡し、さらに横浜の福音伝道館で半年ほど伝道師の手伝いをした。〇四年夏、英国船マグダフ号の船員として半年、さらに脱船して東京で半年過ごした[15]。

江原は日露戦争後の一九〇五年秋、帰郷した。養父が親類の刈羽郡長に頼んで郡書記に雇ってもらう話があったからであった。しかし、帰郷した江原のところに柏崎小学校の教員二名がやって来て、新たに桑山直二郎が創刊する『柏崎日報』の社員になることを勧めたので、それに応じた[16]。ここで、社長の桑山直二郎、主筆の勝田加一、編集長の内山省三らと出会うことになる。

その後も江原の遍歴は続く。詳細は略すが、一九〇九年二月、『柏崎日報』を退社して朝鮮の釜山に渡り、同地で新聞記者を二年間、商業会議所の書記を一年間務めた。釜山時代の一〇年に最初の妻を病気で失っている。その後、東京に移り『新潟新聞』の在京記者を務めた。一一年五月、柏崎に戻ったところ、内山省三に頼まれ、『越後タイムス』の編集に携わるようになった[17]。

以上から、江原の生い立ち、社会との関わりがかなり明確になったのではないだろうか。それを整理すると、第一に、幼児期から家庭的にはかなり恵まれない環境で生育した。第二に、師範学校中退、職歴が不安定、恋愛のつまずき、最初の妻との死に別れなど、挫折の多い人生を歩んでいる。第三に、幼い頃からの盗癖に対する強い自己嫌悪感をもっている。第四に、それだけに精神的な救いを求める気持ちが強く、仏教やキリスト教の信者となる経験をしている。第五に、「男操倶楽部」の活動や結婚観に示されるような新しい男女関係を模索している。私はこのような特徴を江原に見出す。

(2)『越後タイムス』と江原小弥太

『越後タイムス』は、品川豊治・吉田繁次郎が資金を提供し、編集を勝田加一が、経営を市川与一郎が担当する形で、一九一一（明治四四）年五月二〇日に創刊された。江原小弥太はその第三号から編集に従事した。当初は旬刊であった。[18]ところが、一九一二（大正元）年九月、経営難に陥り、協議の結果、江原が引き受けることになり、旬刊から週刊に変わった。その後も経営・編集方針上の対立があったようで、結局、一三年三～四月頃、勝田・品川・吉田・市川の四人がタイムス社を去り、江原がタイムスの社主となっている。[19]それから一九一六年暮に退社するまでの数年間、江原は『越後タイムス』の編集・経営に尽力した。洲崎義郎と最も深く親交したのも、この時期であった。

タイムス社主となった江原小弥太を支えたのは、花田屋（呉服商）主人で文化人の吉田正太郎、経済的支援を行ってくれる洲崎義郎であり、やや遅れて老舗の醤油店主で明治期の柏崎町長（西巻時太郎）の養嗣子である西巻進四郎が加わった。彼らは町内の甲子楼でよく会食したという。また西巻の紹介で中村葉月《ようげつ》が編集に参加するようになった。江原は、自分が東京などへの旅行で柏崎を留守にした際、伊藤一隆・勝田加一・中村葉月・西巻進四郎・吉田正太郎・洲崎義郎が編集を引き受けてくれたが、事務を支えたのは中村であったと記している。[20]なお、江原によれば、『越後タイムス』は創刊から「満三年間に一千の読者が出来た」という。[21]

一九一六年暮、江原小弥太が新境地を求めて東京に去った後、『越後タイムス』の編集人を引き受けたのは中村葉月であった。彼は一九三九年の終刊までその任にあった。戦後の復刊後も一九五五（昭和三〇）年まで編集の任に当たった。中村葉月の本名は毎太《つねた》で、一八九一（明治二四）年、柏崎町に生まれ、柏崎中学校を卒業し、柏崎郵便局勤務などを経て、『越後タイムス』の編集に加わった(22)。江原は、彼について、以前『柏崎日報』に「三味線考」や「坂田藤十郎」などを寄稿し、西巻進四郎らと雑誌を発行する計画を持ち、『文章世界』や『秀才文壇』の匂いがする人、と記している(23)。

(3) 洲崎義郎と江原小弥太の出会いと親交

江原小弥太は直接出会う前から、洲崎義郎のことは知っていた。義郎が柏崎中学校時代に美少年であったため上級生から後を尾《つ》け回されたこと、刈羽郷友会で芝居をしたことを聞いていた。江原が義郎の姿を見たのは、『越後タイムス』の記者になって蒼海ホテルに滞在していた時で、「彼が悲哀と歓楽との中に挟まれて居る姿を」を見て「羨望と憐憫の情を感じた」という。直接接したのは、越後鉄道開通式（一九一三年五月一八日）の際に江原が泥濘《ぬかるみ》に足駄を取られた時で、義郎が手を貸してくれたが、「手から手へ伝ッた肉体の温味《あたたかみ》」が今でも忘れられないほど快かったと回想している(24)。

その洲崎義郎がどういう人物であるか、江原小弥太は友人の村山元之助を通じて知った。江原が「新しい思想や文芸の事を物語ッた時」、村山が江原に、「洲崎義郎君が左様云ふ方面の書籍を沢山買ッて置き、又夫れを読み、夫れを理解して居り、且つ江原に同情して居る」と語った。その時、村山が洲崎を紹介しようかと言ったが、江原は「彼が金持で、旦那さんであるから」という理由で断った。なお、村山と義郎の関係について、江原は「多分庭球仲間であるからであらうと思ふ」と述べている。また村山と江原の関係については、江原が枇杷島小学校の代用教員時代に結成した男操倶楽部に、柏崎小学校の教員であった村山が入会したことから知己となり、「柏崎日報記者時代に至ッて蜜の如き交わりを結んだ」と記している(25)。

江原小弥太は、一旦は断わったが、後に紹介してもらうことにし、村山元之助に連れられて洲崎家を訪れた。以降の関係について江原は大要、次のように語っている。

洲崎義郎と何を話したか忘れたが、夕飯を馳走になり、「新刊書を五六冊借りて」帰った。そして借りた本を読み終えると返しに行き、また他の本を借りるようになった。洲崎家では夫人が必ず応対、同席した。当初は「警戒の念」を持ったようだが、後に笑顔も見せるようになった夫人は、「産れて出た心其侭を持ッて居る女で、上手も飾りも何も無い。剝《むき》出しである。故に交際して居るのに、少しも気が置けないで宜《よ》い。大家のお嬢さんである。そして世界中に、自分の亭主より美《よ》い男も親切な男も偉い男も無いと思ふて居る頗る幸福な女である」[26]。

その年、義郎が「勤務演習」のため高田の歩兵五八連隊へ入営した。花田屋の吉田正太郎も一緒であった。江原は自分の読書欲を満たすために、入営中の義郎・正太郎に「私の欲しい書籍を私の要求に従ッて買ッて貰ひ度い」という主旨の手紙を書いた。すると義郎から、「承知した。一ヶ月十五円の予算で遣ッて貰ひ度い」という返事がきた。江原は早速実行に移し、必要な書籍を品川書店を通じて入手できるようになった。このように、「彼から受けた物質上の恩恵は甚だ大きいものである」。自分は多くの朋友から恩恵を受けてきたが、「就中洲崎君からは最も多い[27]」。

『洲崎義郎回想録』の巻末年譜によれば、洲崎義郎が「見習士官」として高田の連隊に三ヵ月間入隊したのは、一九一一年の七月からで、「勤務演習」のため入営したのは一九一七年六月である。この回顧談は翌一八年に発表されたものであり、その前年に義郎は「勤務演習」で入営したので、おそらく一九一一年の「見習士官」入隊を、誤って「勤務演習」入営としたのではなかろうか。とすれば、江原は『越後タイムス』の記者になってから間もなく村山元之助を介して義郎と出会ったことになる。こうして親交が始まった洲崎義郎について、江原小弥太は大要、次のように評している。

・世の中では、「お心好の金持から甘い汁を吸ひ取る輩を称して『油虫』」と言い、洲崎も油虫のつく金持である。

だが、そのなかで義郎は「段々極上の方へ近づきつゝある人物」だ、「油虫を宿せながら自身益々偉大となる極上等の金持」だ。

・「トルストイは『如何に財を散ぜんか』に就て苦しんだ。洲崎君も此トルストイに共鳴する点が多い」、「文壇や思想界に今は白樺派と云ふものがある。洲崎君は此白樺派に能く似て居る。評論家は此白樺派等を人道主義者と言ッて居る。洲崎君も亦此人道主義者である。博大なる愛を以て総ての者に対して居やうとするし、又対しても居る。彼は妻を愛し、子供を愛し、友を愛し、隣人を愛し、日本人を愛し、人類を愛し、其愛を何処迄《いずこ》へも及ぼさうとして居る」、「彼は一度、目を掛けた人間は、其人間から如何に恩を仇で返されやうとも、所謂飼猫に手を咬まれるやうな目に遭はされやうとも、其人間を『気の毒なものだ』と云ふ憐憫の情を起して、何処迄も捨てないで居る。此為に彼は自ら負担を重くし、苦しんで居る(28)」。

また、義郎から受けた恩恵について、江原は次のように述べている。

・「洲崎君の周囲に集る人は殆ど彼から物質的の世話を受けない者は無い。その種類はお出入、お取巻、乾児、朋友、貸費生〔ㇾ〕給費生、被出資者等の名を以て呼ぶ事が出来る」、江原もその一人だが、「洲崎君は私に対して爪の垢ほども威張ッたり、恩を着せたりするやうな事を為したり、見せたりした事が無い(29)」。

・江原は洲崎から「物質上の保護よりも猶ほ多く」「精神的の保護」を受けた。今日と違い『越後タイムス』創刊の頃の柏崎に、「私を解する者は殆ど無いと云ッて善」く、当時の味方は同人の勝田加一・品川豊治と準同人の吉田正太郎位であったが、そんな中で「洲崎君の保護が何んなに私に力を付けて呉れたか」、「一村の素封家たる彼が公然私の味方に走《は》せ参じて呉れたのは、何んなに私は感激したか(30)」。

江原小弥太と洲崎義郎は気持ちの通じ合える間柄になった。江原は、「洲崎君と私とは何んにも喋舌る必要が無い程に、心と心とが通じ合ッて居る事は確《たしか》だ。二人の間には誤解が無い。誰が仲へ水を差さうとしても駄目だ」と言い切っている[31]。ここから両者は、哲学的・思想的な考えが近かったことも窺える。

さて、前述のように、一九一六年暮、江原小弥太は東京に去った。その経緯について、彼はこの回顧談で次のように記している。

朋友の親切で、図書館の裏へ新宅を設けて貰ッて納《おさま》ッて見た私は、私と周囲とを省《かえりみ》た。柏崎に於ける俺の仕事は済んだ〔。〕タイムスも大丈夫だ。俺は之で此家で一生涯を暮すのか。否、俺は之れから今度俺自身の仕事をせねばならぬ。私は迷ふた。能く考へねばならぬ。夫れで長途の旅行に出た。兎に角柏崎を去ッて東京に出やうと決心した。偖《さて》東京へ出て何をする？　新聞記者は厭だ。俺を使ふやうな人間は無い。独立独歩だ。すると先づ商人だ。商人とすれば本屋だ。此本屋と云ふ事は洲崎君の提案だ[32]。

この一文から、江原小弥太がなぜ『越後タイムス』を辞めて東京に出て、書店を経営しようとしたかがよくわかる。「本屋」は洲崎義郎の提案であった。それも関係してか、本章第2節cの⑧「E君の手紙」に見えるように、江原は開店に関する資金として五〇〇〇円の資金提供を義郎に依頼している。

翌一九一七年、江原は書店を神田・中猿楽町の電車通に開業した。書店を経営しながら、同年夏から創作『新約』の執筆にとりかかった。しかし、書店の経営は赤字続きであったため、二年後の一九年、本屋を越山堂（同郷の帆刈芳之助が経営）に売却し、その金で生活して『新約』を書く日々を送るようになった。その金がなくなった時、洲崎義郎から月々四〇円と米・味噌の仕送りを受け、東京の玉川の「別荘」に住んだ。二〇年春、福岡県の小倉に赴き、知人が出す雑誌『北九州』の編集を手伝うが、洲崎義郎から東京に帰って来いと言われ、六月に東京の玉川に帰った。

そして、同年暮、柏崎の知友・吉田正太郎から『新約』の出版を勧められ、二一年四月二五日、越山堂から『新約』を出版する運びとなった[33]。それは年末には一三〇版を重ねる売れ行きとなり、江原は一躍、宗教文学作家として世に知られるようになった[34]。江原は四一歳となっていた。以降、文筆業で生計を立てることが可能となるが、それまでの間、洲崎義郎の経済的援助に頼っていたのである。

江原小弥太は『新約』の意図について、『越後タイムス』に寄せた文で、「基督教や伝統から全然離れて、第一に『人間としての耶蘇』を目指したのですが、いま一つは反逆者ユダの人間性と〔、〕耶蘇とユダとの心の葛藤を描かうとしたのであります。けれども其中に肉と血とが盛られてあるとすれば、それは私自身の四十年間の生活其物であります」と語っている[35]。

b　中村彝との出会いと親交

(1)　洲崎義郎と中村彝との出会い

洲崎義郎は中村彝との最初の出会いについて、次のように回顧している。

彝さんと私の最初の会見は新宿の中村パン屋時代に始つた。小熊《おぐま》虎之助兄と両人でパンやに彝さんを尋ねた時、彝さんは油絵具でべと〳〵して居るブルーズを着て僕らを、荻原碌山氏の彫刻が沢山並んで居た「アトリエ」に引見して種々話をしたり絵を見せたりして呉れた。其時から私の頭の中に、若い謙譲な人好きのする芸術家らしい彝さんの深い印象が色濃く印されてしまつた。彝さんの中にはほんの瞬間の会合にも永遠に忘れる事の出来ない魅力と尊敬とを与ふる磁力の様な不可思議な力を持つて居た[36]。

この最初の出会いは一九一四（大正三）年晩秋の頃といわれ、小熊虎之助が知己の中村彝のところへ洲崎義郎を連れて行ったのであった。小熊は第一高等学校在学中から心身鍛練のため岡田虎二郎が主宰する静座会に通っていた。そして、帝大生になってまもない頃、遅れて中村もそこに参加するようになったことから知り合いとなっていた[37]。

小熊虎之助は柏崎町の出身で、洲崎義郎と同じ一八八八（明治二一）年の生まれである。だが、義郎は一二月生まれ、小熊は三月生まれで、学年は小熊の方が一級上であった。県立柏崎中学校を卒業したのは一九〇六（明治三九）年三月で、義郎よりも一年早い。しかし小熊は東京高等商業学校（一橋大学の前身）の受験に二度失敗し、第一高等学校の一部英文科に入学したのは〇八年であった。その年、義郎は早大予科を中退し帰郷している。その後の小熊は順調で、一九一一年に東京帝国大学文科大学哲学科（心理学専攻）に進み、一四（大正三）年七月に卒業後は大学院に進んだ。大学院在学中に「ウィリアム・ジエームス及び其思想」を発表している。しかし、翌年帰郷し、暫時、『柏崎日報』主筆を務めた。一六年には結婚し、宮城県立仙台第二中学校教諭に就任した。一八年には盛岡高等農林学校講師となり、一九年には教授に昇任した。二一年休職となり、東京に転居し、翌二二年から明治大学教授に就任し、長く学界で活躍した。「変態心理」「超心理」などの心理学研究の第一人者としてその名を今日にとどめている[38]。

小熊虎之助と洲崎義郎は柏崎中学の同窓で、本章第3節cの表2-5に見えるように、義郎は小熊に学資を支援している[39]。そして、少なくとも義郎が早大予科を一年で中退し郷里の人となった二〇歳前後には思想的交流があったのではないだろうか。小熊は盛岡高等農林学校在職中の一九一九年に『ウィリアム・ジエームスと其思想』を心理学研究会から刊行している。その理解、把握の観点などに違いがあったとしても、数年前から、小熊と義郎はともにウィリアム・ジェームスに関心をもち惹きつけられていたと思われる。そう考えると、本章第2節で紹介した①「一の精神――（都の友ポラリス生へ）」のことが頭に浮かぶ。ここで義郎は、「科学的世界」に正反対の世界として「芸術世界」があり、その「芸術世界」では「唯だ個性的、特殊的の物のみが唯一の価値」であることを強調し、「神秘的観望又は神秘的精神」を評価している。小熊はこれを読み、それを体現している画家として中村彝を義郎に紹介しようとしたのではないだろうか。そうすると、中村彝と義郎の出会いが一九一四年晩秋であることも理解できる。

(2) 中村彝の生涯

ここで中村彝の生涯を概観しておこう。彼は一八八七（明治二〇）年七月、水戸市で生まれた。旧藩士の家系で、二人の兄の後を追い、軍人を志した。一九〇一年、名古屋地方陸軍幼年学校に入学し、〇四年には同校を卒業して東京中央陸軍幼年学校に移るが、肺結核のため退学を余儀なくされ、軍人の道は挫折した。日露戦争後、転地療養中に水彩画を描いたことをきっかけに絵画への関心を深め、白馬会研究所・太平洋画会研究所などで研鑽を積み、画家をめざすようになった。何回かの出品――落選を経て、ようやく〇九年の第三回文展に初入選し、一〇年の第四回文展で「海辺の村」が三等賞、一一年の第五回文展で「女」が三等賞、一四（大正三）年の東京大正博覧会で「少女裸像」が銅賞、同年の第八回文展で「少女」が三等賞と、画家として世に認められる存在となった。しかし、健康には恵まれず、転地療養を繰り返しながらの画作であった。一一年には相馬愛蔵・黒光夫妻の好意で新宿・中村パン屋近くの故荻原守衛（碌山）がいたアトリエに移った。一二年春から喀血が始まった。その療養のため、相馬黒光の勧めで岡田虎二郎の静座会に参加するようになり、そこで小熊虎之助と知り合いになった。一三年から相馬黒光の娘・俊子をモデルに少女像を描くとともに、彼女に恋情を抱き結婚を希望するが、相馬夫妻に反対され、失意に陥る[40]。

肺結核、破恋による失意、経済的な生活苦と闘いながら、画業に出精する中村彝の生き方、そして、彼が描く絵に、洲崎義郎は深い感銘を受け、同情を寄せた。義郎がどのように感銘したかは、すでに本章第2節で紹介した⑤「彝さん――来十六日のタイムス社主催趣味展覧会に出品する画家」に示されている。

(3) 中村彝の書簡から見る洲崎義郎との親交

中村彝は一九二四年一二月二四日死去するので、洲崎義郎との親交は一〇年間にすぎない。しかし、親交は深く、今日、一九一六年から二四年の八年間に彝が義郎に出した書簡一二〇通が知られている。それは義郎が大切に保管整理していたために残ったものである（第8章第4節b参照）。それは今日、新潟県立近代美術館・小見秀男・松矢国憲

表2-2　洲崎義郎宛中村彝書簡の年次別・形態別数値（1916〜24年）

年／形態	1916	1917	1918	1919	1920	1921	1922	1923	1924	計
継紙・便箋	15	5	3	6	21	3	2	5	4	64
葉書	3	8	9	9	11	3	2	3	1	49
封筒のみ		1	1	2	2			1		7
計	18	14	13	17	34	6	4	9	5	120

出所：前掲、『中村彝・洲崎義郎宛書簡』より作成。

編『中村彝・洲崎義郎宛書簡』（一九九七年、新潟県立近代美術館）に収録され、活字で読むことができる(41)。残念ながら、彝に宛てた義郎の書簡は所在が不明である。この一二〇通の書簡を簡単に年次別・形態別に整理すると、表2-2のようになる。

これらの書簡からわかるのは基本的に中村彝の近況・心情である。具体的には、喀血などの病状、下落合にアトリエを新築し移転するなどの生活環境の変化、相馬俊子との関係、好ましい女性観（描きたいモデル女性を含む）、ポール・セザンヌやピエール・オーギュスト・ルノアールなどの絵画観、芸術についての考え、洋画界の現況と批判などで、それを彝は事細かに書き綴っており、義郎をいかに信頼していたかがよくわかる。一九二〇年には三四点あった書簡が以降は極度に減少しているが、これにはやはり病状の悪化が関係している。

他方、これらの書簡からわかる義郎の動静は断片的だが、それでも、義郎がしばしば金品を援助していること、上京の折には彝のもとを訪れていること、彝の描いた絵が贈られていること、写真を送って西巻時太郎の肖像画を描いてもらったこと、自身がモデルとなり肖像画を描いてもらったこと（「洲崎義郎氏肖像」一九一九年、本書口絵参照）、彝の代表作「エロシェンコ氏の像」の譲渡を約束していたのに、他の人に渡さなければならなくなったこと、などがわかる。また、一九一六年六〜七月、勤務演習の兵役を務めたことも確認できる。義郎が彝に贈った品物は、梨、ヒネ沢庵、エビとタラの親子漬、チマキ、鯛の味噌漬、味噌、桃、浴衣、米、柿、「対立」（衝立）など、義郎の郷里の物産がほとんどで、彝が欲していた『セザンヌ画集』もある。なお、彝が描いた絵を義郎がいくらで購入したのかは不詳で、日頃の金品の援助の代償として贈呈されたものもあろうが、義郎が進んで購入したものもあろう。結局、義郎の手には渡らなかったが、「エロシェンコ氏の像」について、彝は五〇〇円以下では売りたくないとの意向を義郎に示している（一九二〇年九月二七日付葉書）。義郎が所蔵した彝の作品については次章で紹介する。

ここで、洲崎義郎はどうしてここまで中村彝を応援したのか、あらためて考えてみたい。もちろん、そこには前記の⑤「彝さん――来十六日のタイムス社主催趣味展覧会に出品する画家」で示されたような、彝の画業への共感があった。だが、一歩進んで考えるに、人間の「生命力」への感嘆があったからではないのだろうか。義郎宛の彝の書簡のなかで、私は一九一六年七月三一日の次の一文に注目したい。

……私は先週学校へ行つて一人のモデルを兎に角選定しましたが、皆な私がそのモデルを選んだのを見て笑ひました。何故ならそのモデルは色が真黒けで、形が馬鹿々々しくて、性格が獣《けもの》の様な無頓着で、少しも所謂デリケートな、チャーミングな所がないからです。然し私にはその女の肉色に、その弾力に驚くべき「ヴイタルフォース」を感ずるのです。その表情には少しの飾気も嫌味もない可愛らしいものがあるのです。私には何故か「これこそは誰も振り向かないが、然し誰も奥底では知らず〳〵引きつけられて居る力である。」と言ふ様に直覚されるのです(42)。

世間が一般的に評価する「デリケートな、チャーミングな」可愛らしさでなく、その女がもつ驚くべき「ヴイタルフォース」への着目は、社会的に不本意な生き方を強いられている江原小弥太や中村彝が懸命に生きようと努力している姿と重なってくる。

翌一九一七年三月一八日の『越後タイムス』に掲載された中村彝の「絵画の祈り」と題された寄稿文では、冒頭で、「私は近頃体を丈夫にする為には絵を描くのが一番好いやうに思はれて来ました。静座も祈りも医薬も、私にとつては矢張り絵程の御利益が無いと云ふ事を心から感じて来ました」と述べ、本文で、「自分は心に絵を思ふ時、又描く時、理由も無く目的も無く嬉しい、夫れは事実です。『有り難う御座います神様』恁《こ》う言はなくとも此言葉は殆んど心の根調をなして血行となり、感情となり、呼吸となり、食欲となつて自分を生かして居るのがよく分る」、「若し自分が絵を描へ《ママ》ても死ぬるならば夫は天命です」とも記している。この頃に、中村は画作こそが自己の生命を支えるものだと確信するようになっていたと考えられる。

それから二年余の後、療養を優先するようにと説く義郎に対して、少しは良くなっても「もう百年も経たなければ癒《なお》り切らないかも知れない、そんな事を待つて描かずに死ぬ位なら、僕は死んで良いから今一枚の製作をする」と彝は言った[43]。ここには死に臨んでも生きることの意味を問い続ける主体的な意志が感じられる。社会的には裕福限りない義郎は、そうした彝を支えることによって自己の生の意味を確かめようとしていたのではないだろうか。

4　地域での社会的活動

郷里に帰った洲崎義郎には洲崎家一三代当主かつ地主として、地域社会で果たすべき務めがあり、義郎はそれなりに向き合い行動している。本節では、帰郷後、一九一八（大正七）年四月、村長に就任する以前の、義郎の地域での社会的活動を取り上げる。ただし、ここでは柏陽庭球倶楽部の会長としての活動は除き、主として公的領域での活動を見ていくことにする。

a　耕地整理事業の推進

最初に注目したいのが比角村の耕地整理事業である。

耕地整理事業は一八九九（明治三二）年公布の耕地整理法に基づいて全国的に実施が慫慂されるが、本格的に事業が普及するのは一九〇九年の改正耕地整理法によってであった。この改正により灌排水事業も行えるようになり、開墾・地目変換も加えられ、法人としての耕地整理組合の設立が可能となったからである。

刈羽郡でこの事業に最初に着手したのが比角村であった。一九一二年三月一五日の『新潟県報』には、同年三月一一日付で、耕地整理法第五〇条による「比角村耕地整理組合」設立の認可が告示されている。組合の申請者は「洲崎義郎外一名」で、対象地区は「刈羽郡比角村大字比角、枇杷島村大字枇杷島、半田に属スル一部ノ土地」であった。また、同年四月五日の『新潟県報』には、組合長に洲崎義郎が、副組合長に丸田尚一郎が選任されたことを三月二九日付で県知事が認可した旨が告示されている。こうして始まった比角村の耕地整理事業の進捗状況について、一九一二年五月一四日の『越後タイムス』は次のように報じた。

比角耕地整理の設計其他に就ては本紙初号に其詳細を掲げたるが、其後の経過を聞くに、昨年十一月に起工したる土木工事は、去る四月三十日全部完了し、目下、土樋、橋梁、水門等の残工事中にて、仮検地配当処分もすでに終結したるを以て、本年の作付には何等差支なしと。又工事費は新反別一反歩に対し、約十円を要し〔、〕増歩は一反歩に対し、約四分即ち十二歩の予想なりと。(44)

残念ながら「本紙初号」は現存していないので、着手の経緯、事業計画（設計）の詳細は不明である。だが、この記事から比角村の耕地整理事業は一九一一年一一月に起工され、一二年四月三〇日に完了したこと、「仮検地配当処分」――すなわち仮とはいえ整理後の耕地の検地と所有者が確定していること、故にこの年の作付けに支障がないことがわかる。前出の『新潟県報』では一二年三月に組合が設立され、それから工事が始まったように思えたが、実際にはこの記事により、前年一一月に開始されていたと考えられる。

三井田忠『比角村史誌』も、一九一一年一一月着手、翌年五月完了、「田方耕地入費金額凡そ一万円、一反歩入費

約十円」と、『越後タイムス』の報道記事とほぼ同一の内容である。また同書は、対象となった土地について、耕地のうち田が八六町六反五畝一八歩、畑が三四町三反四畝二八歩とし、組合長が洲崎義郎、副組合長が丸田尚一郎、評議員が服部甚右衛門・大矢長左衛門・三井田六兵衛・三井田重太郎、工務担任が服部保之丞、新潟県耕地整理技師が竹内進、同技手が鈴木駒次郎であった旨を記している(45)。

ところで、当初は順調だったのかもしれないが、その後、紛議が起こった。一つは、上記報道からほぼ二年後の一九一四年四月、比角村の耕地整理は「其成績良好なりしも、整理後の検地に関しては二三の不平もありしが、同村有阪房之助氏等の斡旋により、数日前に之に関する総ての問題は、何れも解決したり」と報じられたことである(46)。これで終わりかと思いきや、一七年三月三〇日の『柏崎日報』に、「耕整怪事件／比角村民不平の声／整理が不整理に了る」と題する記事が掲載された。これは末尾に「云々と某地主は語れり（某投）」と記された、伝聞体にして匿名の無責任な寄稿文であり、内容から換地に不満な地主が事務長を攻撃したものであった。洲崎義郎は直ちにこれを「中傷的記事」として反論文を書き（表題は「耕地整理に就て」）、四月一日の『越後タイムス』に載せてもらった。その筆名は「比角村耕地整理組合長　洲崎義郎」であるが、本文のなかで「事務長たる私」とも書いており、組合長と事務長を兼任していたことがわかる。

内容の当否を私は判断できないので、これ以上は立ち入らないが、耕地整理事業を完了させるにはまだ課題が残っていたことは確かであった。義郎はこの反論文の末尾で、目下の残務として、町村界変更の申請書作製、換地説明書を総会の議決にかけて決定すること、地価配布、登記申請、の四つを挙げている。

比角村の耕地整理が公式に完了したのは一九二一（大正一〇）年二月で、同月二五日の『新潟県報』に太田政弘県知事名で、「比角耕地整理組合（刈羽郡比角村）換地交付ノ件本月十九日認可セリ」と告示された(47)。その後も登記作業が残っていたらしく、柏崎登記所にそれを申請して、完了したのが同年五月頃であった。事業着手から一〇年間以上を要したことになる。

表2-3　比角村耕地整理の前後の状況

（町.反.畝.歩）

地目	田	畑	その他	法11条の土地	総面積
整理前	74.6.2.28	0.3.1.15	8.4.7.02	4.0.2.18	87.4.4.03
整理後	77.7.5.09	0.3.7.04	7.6.6.25	6.8.9.00	92.6.8.08

出所：新潟県内務部編刊『耕地整理施行地一覧（大正四年八月三十一日現在）』25頁、1916年。

表2-4　比角村の「有租地」の面積・地価（1916年1月1日現在）

地目	田	畑	宅地	山林	合計
面積	85町5反	28町9反	53,945坪	3町6反	—
地価（円）	39,419	3,419	43,310	35	86,183

出所：刈羽郡役所編刊『新潟県刈羽郡 郡勢一班 第一回』13頁、1916年。

このことからも、組合長・事務長として、洲崎義郎は大変であったに違いない。確証はないが、この事業は義郎の提案・主導で始まったのではないだろうか。計画し、関係地主との協議、県との折衝も行ったことであろう。副組合長は丸田尚一郎である。村長でもある彼（一一歳年長）は義郎の次姉ケンの夫で、義兄に当たる。その丸田が協力してくれたとしても、刈羽郡内で最初のことであり、苦労は並大抵のものでなかったと推察される。予想される苦労をかえりみず、耕地整理事業に洲崎義郎が深く関わったのは、おそらく同事業を通じて比角村の発展に寄与したいとの強い思いからではなかったろうか。早稲田大学への進学において、文学部ではなく政治経済学科をめざしたのも、そうした思いと軌を一にしているように思われる。

本項の最後に、県内務部が掌握していた一九一五（大正四）年八月の比角村耕地整理の全体像を見ておこう。表2-3から耕地整理の前後の状況がわかる。前掲『比角村史誌』の記述と異なり、耕地整理は主として田地について行われ、畑地はほとんど行われていない。そして、田においては三町余、全体で五町余の面積が増加していることが判明する。なお、この資料では、「組合設立又は発起施行」は一九一二年三月一一日、着工は同年三月二九日、工事費予算は七八四五円余となっている。

この資料とは別に、刈羽郡が作成した資料によると、一九一六年一月一日現在の比角村の「有租地」の面積・地価は表2-4のように記されている。この資料から耕地整理の対象外の土地が存在したことが知られるとともに、比角村の総地価額は田地より宅地のほうが多いことがわかる。それは比角村の市街地が隣接する柏崎町の延長のような性格をもっていたからであろう。有租地の総地価額は八万六一八三円であるが、第1章の表1-1に記したように、同年の洲崎義郎が所有した比角村の地価額は七二九八円であるから、義郎は村の総地価額の約八・五％を持っていたことになる。

b　政治活動

洲崎義郎が早稲田大学の政治経済学科への入学をめざしたことは、帰郷後の政治活動においてその跡をとどめている。義郎は、後にこそ立憲政友会や立憲国民党、その流れをくむ立憲同志会・立憲民政党（政党名は以下、「立憲」を略して表記する）などと一線を画すが、当初においては何らかのかかわりを持とうとしていた。ただ、当時の政界が混乱期にあったため、政界・政党との関係は微妙な立場にあった。とはいえ、その経験が義郎のその後の政治との関わりに影響を与えていったと考えられるので、その意味で看過できない問題である。

洲崎義郎と政界・政党との関係が確認されるのは、一九一二（大正元）年末の頃からである。当時は第二次西園寺公望内閣の時代で、西園寺が総裁の政友会が与党であった。そして原敬内相の下、新潟県には「政友知事」の異名がある森正隆が知事の職にあった。反対党である国民党が優勢の新潟県に送り込まれた森知事は、財政整理を口実に、国民党の力が強い地域の県立中学校・高等女学校の廃止や分校化・減級などを強行しようとした。それは文字通りの「党略政治」であった。受け手の国民党側は窮地に立たされた。

一九一二年一一月、柏崎・刈羽地方に関して、一三年度の県予算案に、県立柏崎中学校の三学級を二学級に減らす、県立柏崎高等女学校（四年制）を来年度から柏崎実科高等女学校（二年制）に変更する、との案が示された(48)。これに対して国民党刈羽倶楽部は、協議の結果、「郡民の輿論に聴従し」、県知事の原案に賛成することを決定した。これを受けて刈羽郡選出の石黒大次郎・内藤鷲郎・米山三四の三県議は、国民党新潟支部が学校廃合問題に対して反対の建議を提出することに反対し、除外例を求めることを決めた。一二月五日、国民党刈羽倶楽部の事務所に十数名が集まり、三県議の行動を支持し、「支部除名の時は郡の同志は三君と行動を一にす」との電報を発信した(49)。

しかし、一九一二年一二月通常県会が開かれると、「県費削減問題」で知事の原案にだいたい賛成を主張していた刈羽郡選出の国民党三県議のうち二県議が、それに反対する国民党新潟支部の工作を受けて翻意し、原案否決に回った。これに憤慨して、国民党刈羽倶楽部の郡会議員である田村孝太郎・本間恒八・中村藤朗・佐藤眞一・大塚国威の五人が国民党を脱党した。脱党した五人は「県政整理に関して同一意見を有する丸田尚一郎、洲崎義郎氏其他の同志を糾合して近々中立団体を組織する筈」で、彼らは「政友派と提携し、優に郡内三分二以上の勢力を領有すべき形勢となれり」、と報じられた(50)。

ここに洲崎義郎の名が政界に初めて登場する。丸田尚一郎は義郎の義兄で、一九〇九年から比角村長の職にあった(一四年まで在職)。丸田家は士族から商人に転じた伴次が初代で、第二代伴二(桜亭)の時、縮の行商、薬種業で財をなしたが、子がなかったため弟の長男を養子に迎えて第三代の家督を継がせた。それが尚友(桜隠)で、その子が尚一郎(紹桜)であった。尚一郎は長岡の誠意塾に学び、漢詩に秀で、書画骨董に通じた文人の一面をもつ人であった(51)。

折しも、中央政界では陸軍二個師団増設問題に端を発し、第二次西園寺内閣が倒れ、第三次桂太郎内閣が成立するが、これを非立憲的行為として糾弾する憲政擁護運動が興起した。そして翌一九一三年一月、桂が打開策として自らの与党となるべき新党の結成に動くと、国民党は真二つに分裂した。しかし、政友会・国民党(残留派)と輿論の抵抗の前に、ついに翌月、桂内閣は倒れ、政友会を与党に山本権兵衛内閣が成立する(大正政変)。

一九一三年四月七日、午後三時から柏崎の妙行寺で、「憲政二柱の神」と人気を博す犬養毅・尾崎行雄を招き、政談大演説会が開催された。柏崎日報社・石油時報社・越後タイムス社・北越新報柏崎支局の四社共催である(52)。演説会は「人が外へ溢れ出て居る」という盛況ぶりで、とくに尾崎の演説については、歌舞伎の勧進帳のように「爛熟せる芸術」だと記者は記している(53)。

政変の過程で、新潟県の国民党では、坂口仁一郎をはじめ多くの代議士が桂新党（立憲同志会。以下、「同志会」と略記）に移った。その後、国民党新潟支部は解散し、新たに同志会新潟支部が結成された（ただし国民党頸城支部は残置）。これに連動して、一九一三年六月一八日、国民党刈羽倶楽部は総会を開催し、「立憲同志会の綱領及其政策に賛成し之と行動を共にすること」などを決議し、役員は旧役員が重任することを決め、六名の「町村委員」と六名の「参加委員」を選出した。柏崎町の町村委員には前町長の西巻時太郎が就任している(54)。しかし、従来、国民党であった有力者で、この総会あるいはその直後に開かれた懇親会に出席しなかった者がいた。『越後タイムス』はそうした人として、牧口義矩・山口達太郎・中村藤八・片桐秀治・田村孝太郎・竹田常治・広川堪平らの名を挙げ、彼らの多くは同志会には移らず、「刈羽郡は政友、新政党、国民と三分さる、ならむ。併し多数を占むるは新政党なるべし」と推測した(55)。

一九一三年一一月一〇日、県会議員の補欠選挙があり、国民党に残留した田村孝太郎が、同志会が支持する牧口義矩を破り当選した。翌日、「刈羽郡中立同志者」「刈羽郡政友派」「刈羽郡国民派」が連名で当選「御礼」文を公告している(56)。「刈羽郡中立同志者」には洲崎義郎が加わっていたと推察される。

同年一二月二五日午後四時から柏崎の岩戸屋で、「県政整理に関して同一意見を有す刈羽郡内の有志」が「晩餐会」を催した。出席者は、丸田尚一郎・大塚国威・田村孝太郎・宮川文平・帆刈芳之助・洲崎義郎・品川豊治・三瓶直行であった。彼らは、意見交換の結果、「一、今後県並に郡政問題に関して一致の歩調を取り其刷新を期する事」、「二、当分無名の団体とし着々堅実なる同志を糾合する事」、「三、洲崎義郎氏に常務を一任する（事）」を申し合せた。「同志は各町村に渉りて有力者二十名以上に達した」という(57)。出席者のうち、少なくとも帆刈芳之助・洲崎義郎・品川豊治の三人は『越後タイムス』の同人ないしそれに近い人であった（帆刈芳之助は「帆刈雲舟」の筆名で一九一二年一二月八日第一面に掲載された「原案提灯持の事」という論説の筆者で、後に江原小弥太が東京・神田で開いた書店を買い受け、越山堂を経営する人物である）。残念ながら、この時集った人々が「同志を糾合」することに成功し、警察に届出が必要な政治組織をつくったか、また洲崎義郎の活動はどうであったかなどは不明である。

一九一五年三月二五日、衆院選が行われた。『柏崎日報』は、有権者八四人の比角村では、「丸田尚一郎君近藤友一郎君洲崎義郎君大矢長左衛門君三井田重太郎君山田寅治郎君等の尽力により挙村一致飯塚氏に投票すると云ふ」との予想記事を報じた(58)。飯塚弥一郎（刈羽郡日高村、柏崎銀行頭取）は同志会の候補者であった。丸田と義郎は前年の県議補選では同志会の対立候補を応援している。おそらく有権者間で話し合いがもたれたのであろうが、同じ紙面に報じられている他村で「居村一致」はないから、おそらく今回に限った特別の事情があったのであろうが、それが何かは不明である。

同年九月二五日、県議選が行われた。定数三名の刈羽郡では、同志会の候補である内藤鷲郎・石黒大次郎が当選したが、二人は早稲田大学の同窓であった。一〇月三日、柏崎の一二三楼で、二人の当選の祝賀を兼ねた「早稲田大学校友会」の秋季例会が開催されたが、その時、次期幹事に洲崎義郎・近藤友一郎の二名が挙げられた。そして「大隈伯及び高田博士に祝電を送る事を決議」した(59)。高等予科に一年しか在学していない義郎が早稲田大学の「校友」として遇されていたことが確認できる資料として注目される。当時は大隈内閣（第二次）の時代であったから、早稲田大学との関係が政治・選挙に影響を及ぼしていたと考えることもできる。なお、前章で見たように、近藤友一郎は義郎の義兄で、かつて後見人であった。

村長に就任する以前の洲崎義郎は、こうした複雑な政党関係・人間関係の下で政治・選挙に関わった。やがて義兄の丸田はこの地の政友派の幹部になっていくが、義郎と政党との関係を報じた新聞記事を見出すことができないので、義郎はしだいに政党から遠ざかったと思われる。『越後タイムス』同人には国民党→同志会系の人が少なくなかったので、義郎は政党的争いに巻き込まれるのを忌避したかったのかも知れない。このような経験が以降の義郎の政治・政界に向き合う姿勢、考えに影響を及ぼしていくことになる。

表2-5　洲崎義郎の学資金など援助状況（1912～15年）

年月日	項目
1912.12.28	小熊帀《ママ》之助、30円（学費）
1913. 9.13	内山啓二郎、10円（学費）、小熊帀之助、25円（学費）
1913.10. 3	清野啓、70円（学費）
1913.10. 4	横村一郎、25円（学費）
1913.10.18	清野啓、20円（学費）
1914. 2. 5	江原小弥太、200円（「タイムス買受代金」「耕地整理より借用」）
1914. 5. 2	清野啓、80円（学費）
1915. 6. 4	中村彝、25円
1915. 6.14	中村彝、5円
1915. 8.27	江原小弥太、25円（「耕地整理より借用」）

出所：「洲崎義郎著作」（3）「別冊ノート」より作成。

c　学資金等の援助

「はじめに」で触れた「洲崎義郎著作」（3）の中に「別冊ノート」と仮題された金銭出納に関するメモ書きがある。期間は一九一二～一七年である。冒頭、「比角耕地整理組合　44年度決算表　差計46円77銭残」など耕地整理関係の金の出入などが記載されているが、それに続き、一九一二～一五年に、洲崎義郎が有為の青年たちに学資金などを出して援助していることを窺わせる記事がある。義郎の社会的活動の一つとして注目されるので、それを拾い出して列挙しよう（表2-5）。ただし、表記は年月日、対象者、金額の順に整理して紹介する。

ここに掲げたのは一〇件、五一五円に過ぎない。このほかにも、一九一三年一一月二九日には柏陽倶楽部晩餐会寄付として一〇円を出し、一五年八月一一日には三〇円を「商業学校コート」の代金として支払ったとの記載もある。自身が興じるテニス活動にもかなり自腹を切っていることが窺える。

この金銭出納関係メモで注目したいのは、耕地整理関係の現金を一時的に借用したり（後日返却）、高田銀行・柏崎銀行から借用するなど、当面する支出金を自分の「金庫」から出すだけでなく、かなり頻繁に他から借りて出していることである。かなり気前の良い金の使い方のようにも見える。他方で、一九一五年一〇月二二日には、日本石油会社の五〇株を六一三〇円で売り、柏崎銀行に五〇〇〇円を返済するなどの記載もある。収入については、この株売り以外の記載はない。

以上は、たまたま残されていた金銭出納関係メモにより、洲崎家の財政の一端を垣間見たに過ぎない。このほか、本章第1節bで取り上げたテニスの早大コーチ招聘費用の負担などもあり、義郎は洲崎家の財産を地域社会のために少しずつ費消していったものと推測される。

d　青年会の活動

一九〇七（明治四〇）年二月、「比角青年修養会」が発会した。会員は六〇余名で、「随時名士を招聘して講習会を開き、又会員相互の演説討論等」を行ったという。同会の「綱領」は、目的として「会員各自の品性を陶冶し　向上の途に進み　余暇を利用して実用の学を講究し　以て有為の才幹を養うにあり」とうたっている。役員は、会長一名、委員八名、会計一名で、会長には洲崎義郎が就任している[60]。しかし、義郎は翌月、早稲田大学の高等予科に入学するため郷里を離れるので、会長としての活動実態があったかどうかは疑問である。また、高等予科を一年で中退して帰郷した後、この会にどのように関わったのかは不明である。

洲崎義郎が既成政党から中立的な政治団体の組織化に関わっていることが報じられてから間もない一九一四年三月、『越後タイムス』は次のような記事を報道した。すなわち、「暫く休会中なりし比角青年修養会」は、このたび「発展策」を講じることになった。そのため幹事として洲崎義郎・山田庄一郎・三井田廉治の三名を選出し、ほかに上中下の各区から評議員を四名ずつ選出した。会計は服部保之丞に依頼して「基本金寄附の集金洩れ等を整理」し、図書部は山田庄一郎が専任として担当する。その図書部に洲崎義郎が大日本文明協会発行の書籍全部を寄付したので、読むべき書籍は多い。毎月一日に各区が交代で例会を開催し、時事問題の研究、名士の講話などを行う計画で、会長は村長の丸田尚一郎に交渉中である、と[61]。

比角青年修養会のその後の活動については不明である。他方、この年の一一月一〇日、比角村の上四ッ谷の青年たちが「比角上組青年団」を結成し、松浦清三郎・山田庄一郎・山林藤助ら一三名が委員（役員）に就任したことが報じられている[62]。その委員の中に洲崎義郎の名はない。比角青年修養会と比角上組青年団がどのような関係にあるのかも不明である。ただ、山田庄一郎が両組織の幹事・委員であることが注目される。

洲崎義郎が比角青年修養会の会長や幹事の職に就いたのは資産家であったからであろうが、彼自身としては、図書部に見られるように、資力を使って買った書籍を会員に広く提供することで、会員の識見を高めていくことに寄与したいと考えたと思われる。

なお、前掲の『比角村史誌』は、村長が山田寅治郎であった時、洲崎義郎が「青年会長」と「在郷軍人分会長　陸軍歩兵少尉」であったことを記している[63]。前述のように、義郎は二〇歳代で二回兵役を経験しており、それにより陸軍少尉の位を得ていたものと思われる。この年に義郎は比角村長に就任するので、少なくともその頃には比角村の在郷軍人会の分会長であったことがわかる。

刈羽郡では、比角青年修養会が誕生した一九〇七年前後から、各地で村ないし大字単位で青年会がぼつぼつ見られるようになっていた[64]。柏崎町では、一九一四年七月一四日、日本石油会社の本社が柏崎町から東京に移転することに危機感をもった青年が中心となり、青年会が結成されている。会長は二宮直次郎で、幹事に吉田正太郎・西巻進四郎・品川豊治ら越後タイムス社の関係者も名を連ねている[65]。比角村でも一八年に新たな青年団の結成を見るが、それは次章で記述することにする。

注

(1)　洲崎義郎回想録刊行会編刊『進歩と平和への希求――洲崎義郎回想録』(以下、『洲崎義郎回想録』と略記する)の巻末年譜、一九八四年。

(2)　早稲田大学大学史編集所編『早稲田大学百年史』第二巻、三六六〜三六七頁、三七三〜三七四頁、一九八一年、早稲田大学出版部。

（3）同前、一六頁。
（4）同前、九七、一〇二、一〇四頁。
（5）同前、五八〇頁。
（6）・（7）『洲崎義郎回想録』の巻末年譜。
（8）同前、一〇二～一〇五頁。一部『越後タイムス』一九二三年一〇月二九日（村山元之助「郡庭球界の思出」）で補った。
（9）同前、一〇八～一〇九頁。
（10）同前の巻末年譜。
（11）『越後タイムス』一九一六年四月一六日（「本日の展覧会」および広告文）。
（12）柏崎市編刊『柏崎の先人たち――柏崎・刈羽人物誌』一八六頁、二〇〇二年（巻口省三「江原小弥太」）。『越後タイムス』一九一四年三月八日（江原小弥太「悪に弱き心」）。江原小弥太『我が人生観』一一一、一五八頁、一九二四年、越山堂。一九一四年三月の越後タイムスの記事は、子供の頃から小弥太に盗み癖などの悪癖があり、大人になっても続いたことなどを自虐的に暴露している。
（13）『越後タイムス』一九一八年二月一七日（江原小弥太「親交を結ぶ迄（二）」）。
（14）同前、一九一四年三月八日（江原小弥太「悪に弱き心」）。
（15）前掲、『我が人生観』一五八～一五九頁。
（16）『越後タイムス』一九三七年八月一五日（江原小弥太「柏崎文化と勝田氏（中）」）。
（17）同前、一九一八年二月二四日（江原小弥太「親交を結ぶ迄（三）」）。前掲、『我が人生観』二〇～二一、一五九頁。
（18）同前、一九一四年三月一五日（江原小弥太「境界に立ちて」）。
（19）同前、一九一八年三月一〇日、三月一七日（江原小弥太「親交を結ぶ迄（五）（六）」）。
（20）同前、一九二〇年二月八日（江原小弥太「西巻進四郎君（三）」）。
（21）同前、一九一四年三月一五日（江原小弥太「境界に立ちて」）。
（22）前掲、『柏崎の先人たち――柏崎・刈羽人物誌』九二頁（巻口省三「中村葉月」）。なお、『越後タイムス』一九一六年一一月三日に「奉祝／八千代生命保険株式会社柏崎代理店／中村毎太／柏崎住吉町」の広告が掲載されており、中村は実業家でもあった。

(23)『越後タイムス』一九二〇年二月八日（江原小弥太「西巻進四郎君（三）」）。
(24)・(25) 同前、一九一八年五月一二日（江原小弥太「親交を結ぶ迄（十四）」）。
(26)・(27) 同前、一九一八年五月一九日（江原小弥太「親交を結ぶ迄（十五）」）。
(28) 同前、一九一八年五月二六日（江原小弥太「親交を結ぶ迄（十六）」）。
(29) 同前、一九一八年六月二日（江原小弥太「親交を結ぶ迄（十七）」）。
(30)・(31)・(32) 同前、一九一八年六月九日（江原小弥太「親交を結ぶ迄（十八）」）。
(33) 前掲、『我が人生観』一六〇～一六一、一六三頁。
(34) 前掲、『柏崎の先人たち――柏崎・刈羽人物誌』一八七頁（巻口省三「江原小弥太」）。
(35)『越後タイムス』一九二一年三月一三日（江原小弥太「新約」）。
(36) 同前、一九二五年三月一日（洲崎義郎「彝さんの思ひ出」）。
(37) 小見秀雄「中村彝と洲崎義郎と柏崎」（新潟県立近代美術館・小見秀雄・松矢国憲編『中村彝・洲崎義郎宛書簡』所収、一二三頁、一九九七年、新潟県立近代美術館）。
(38) 小熊虎之助『夢と異常の世界――小熊虎之助鶴寿記念文集』二四五、二四八頁、一九六九年、小熊虎之助先生満八十歳祝賀会実行委員会。
(39) 川崎久一『死んでも一枚の絵を描きたい――中村彝と洲崎義郎の軌跡』八一頁（一九八四年、柏崎週報社）、および村山佐「小熊虎之助と中村彝」（『柏崎・刈羽』第三四号、二〇〇七年）は、小熊が洲崎義郎の学費援助によって一高・東京帝大で修学した旨を記している。ただし、その典拠は不明である。他方、前掲の『夢と異常の世界――小熊虎之助鶴寿記念文集』にはそのような記述はない。
(40) 前掲、『中村彝・洲崎義郎宛書簡』巻末の「中村彝・洲崎義郎・柏崎関係年表」、および後藤茂樹編『現代日本美術全集17　中村彝／須田国太郎』（愛蔵普及版、一九七三年、集英社）所収の三木多聞「中村彝の芸術と生涯」、巻末の「中村彝年譜」。
(41) 一九二六年、岩波書店から刊行された中村彝遺稿集の『芸術の無限感――感想及書簡集』（戦後の一九五二年に四季社から、一九六三年に中央公論美術出版から再刊）には、四三通の義郎宛の彝の書簡が掲載されているが、それも『中村彝・洲崎義郎宛書簡』に収録されている。

(42) 一九一六年七月三一日付（推定）の洲崎義郎宛中村彝書簡（前掲、『中村彝・洲崎義郎宛書簡』三四頁）。
(43) 『越後タイムス』一九二〇年一〇月三一日（洲崎義郎「彝さんの芸術（上）」）。なお、義郎が死ぬ少し前に新聞に書いた文によると、この会話は一九一九年夏、茨城県の平磯海岸に転地療養中の彝を義郎が訪れた時のものである（『越後タイムス』一九六五年二月二一日、洲崎義郎「中村ツネさんの思い出――『気になる紹介状』の清水多嘉示氏への手紙」）。
(44) 『越後タイムス』一九一二年五月一四日（「比角耕地整理の概況」）。
(45) 三井田忠『比角村史誌』一四九頁、一九七一年、柏崎市中央公民館図書刊行会。
(46) 『越後タイムス』一九一四年四月二六日（「比角耕地整理完了」）。
(47) 同前、一九二一年五月八日（「比角耕整完了」）。
(48) 同前、一九一一年一二月一日（「柏崎中学校縮小さる」「柏崎高等女学校変更」）。
(49) 同前、一九一一年一二月八日（帆刈雲舟「原案提灯持の事」、「刈羽国民党の奮起」）。
(50) 同前、一九一一年一二月二三日（帆刈雲舟「刈羽政界の波瀾」）。なお、同年一二月一四日の県会では、県会議長の平松遮那一郎が議場に乱入した政友会の壮士に襲われ負傷する事件が発生し、一二月通常県会はその後開会されずに終わった（永木千代治『新潟県政党史』五七二、五七三頁、一九三五年、新潟県政党史刊行会）。
(51) 岡村浩『柏崎文人山脈』一二〇～一二三頁、二〇〇〇年、柏崎ゆかりの文人展実行委員会。
(52) 『越後タイムス』一九一三年四月六日（「迎国士」）。
(53) 同前、一九一三年四月一三日（「両国士と歌舞伎／尾崎の顔と犬養の手」）。
(54) 同前、一九一三年六月二二日（「刈羽倶楽部総会」）。
(55) 同前、同日（「刈羽郡の民党」）。
(56) 同前、一九一三年一一月一六日（「謹告」）。
(57) 同前、一九一三年一一月二七日（「中立派成る」）。
(58) 『柏崎日報』一九一五年三月一九日（「飯塚氏当選か」）。
(59) 同前、一九一五年一〇月五日（「早稲田大学々友会」）。
(60) 前掲、『比角村史誌』一四六頁。
(61) 『越後タイムス』一九一四年三月二二日（「比角青年修養会発展」）。

（62）同前、一九一四年一一月一五日（「比角上組青年団」）。
（63）前掲、『比角村史誌』二二六頁。
（64）『柏崎日報』一九一四年八月二九日（「本郡の青年団」）。
（65）同前、一九一四年七月一五日（「柏崎青年会成立／日石本社移転を機とし」）。

第3章　比角村長時代

洲崎義郎は、一九一七（大正六）年三月、比角村の村会議員に当選し、翌一八年四月、村長に選任された。そして、一九二六（大正一五・昭和元）年九月、柏崎町と合併するまでの八年半、村長を務めた。また村長時代には、比角青年団長・刈羽郡青年団長などにも就任し、青年団の指導・育成に当たった。本章では、比角小学校の教育に対する支援活動、比角青年団などの指導を取り上げるとともに、地域におけるスポーツ振興活動とスポーツ思想に言及し、さらに洋画家の中村彝・宮芳平に対する支援、長唄鑑賞会の周旋などの芸術・芸能活動や、以上の活動のために費やしたと推察される資産の状況などについても取り上げる。そして最後に、柏崎町との合併問題に触れることとする。

その前に、義郎の行動・思想の背景をなしている柏崎・刈羽地方の社会状況について概観し、義郎が少しく関わった地域振興問題にも触れておきたい。

1　柏崎・比角の社会状況

a　「新思想」と柏崎・刈羽

新潟市で発行されている『新潟毎日新聞』は一九二〇（大正九）年九月二六日の同紙に、「市内某教育家の談」として「本県と新思想」と題する記事を掲載した。大要は、新潟・長岡・高田に比べ柏崎の青壮年は「比較的進歩した思想を解する」が、それは「越後タイムスの若き同人」が種を蒔いたことに始まり、白樺派の影響も受け、柏崎中学校・高等女学校の生徒が共鳴して研究に没頭したことに基因している、だが、それから十年経過した柏崎を見るに、「新思想を理解する者多きと云ふも又悲しむべき思想の中毒症に罹り、寧ろ其咀嚼に煩悶を起しつゝあるの状態にある」、だから「現在の柏崎は新思想研究者にありては実に好模範であらう」というもので、皮肉に満ちた批評であった。

　これを紹介した『越後タイムス』主筆の中村葉月は「柏崎町の大多数の人」は「頑冥固随の旧思想家だ」と、それを否定するコメントを載せたが(1)、刈羽郡の「米田郡視学」は、「確かに或の《ママ》程度の真を穿つて居ると思ふ〔。〕私共が各町村を歩いて見ても少し新しいやうな事を言ふ人があれば其人は他から除けものにされて居る傾きがあるが、柏崎町丈《だけ》はさうでない。新しい思想に目覚めた人達は、相当に他の尊敬を受けて居るし、又其人達は尊敬に値する丈の、自信と勇気と実行力とを具へて居る。此点は県下の他の都市に於て余り見受けない現象だと思ふ」と語り、同感を示した(2)。

　柏崎・刈羽の思想界には、まだ「旧思想」が根強いものの、若者の中には「新思想」に目覚めて理解し、共有していこうとする動きが他地域と比べ強くある状況が浮かび上がる。「新思想」とは、今日いうところの「大正デモクラシー思想」のことで、具体的には普通選挙実現などの政治改革、女性の権利伸張・地位向上、小作農民の権利伸張・生活向上などを主張するものであった。

　越後タイムス社は、一九一九年一一月三日、「創業九週《ママ》年記念」として吉野作造・福田徳三の講演会を柏崎座で開催した。吉野は「創造の新政治観」、福田は「創造の社会政策」と題して講演した。「場内立錐の余地なき盛況を呈した」という(3)。二〇年一一月七日には、「越後タイムス創業第十周年記念」として、柏崎座で、平塚らいてう・山田わかを講師に招き「思想講演会」を開催した。平塚は「新婦人協会の事業及運動」、山田は「男性文明の末路」を講演した(4)。二一年五月一九日には、軍備制限促進会主催・越後タイムス社後援の「軍備制限大講演会」が柏崎座で開かれ、尾崎行雄が「軍備制限協定論」と題して講演し、聴衆は約五〇〇人で盛況であった(5)。この時期に、このような演説会が柏崎で開催されたことは、デモクラシーの波の到来を印象づけるものであり、それを受け止める人々がこの地にかなり多数存在したことを示している。

この期には小作争議も発生した。新潟県下で地主と小作の利害対立が表面化した大きな契機は、一九一六年九月、県当局が産米検査を強化し、全産米を検査対象としたことにあった。鵜川中流域にある上条郷では、同月、小作人側が「従来の枡減米を此際全部減米する事」を要求し、地主と対立するようになった。一七年一月段階では、上条郷のうち高田村の新道・上方・堀の三ヵ字で解決をみたが、他は「未だ紛擾の最中」という。最も早く解決をみた上方の場合、同字の地主中村藤朗が地主協会に加入せず、単独で自分の小作人と協議し、小作人側も了解できる内容で契約が行われたことによっており、それが新道などにも及んだ、と報道されている(6)。

一九一八年の米騒動後、政府は低米価政策を採り、それに第一次世界大戦後の戦後不況が重なって、農業経営は厳しさを増した。それと小作農民の権利意識の高まりもあって、全国各地で小作争議が多発するようになる。ただし、地主である洲崎義郎が小作問題・農民運動をどのように受け止め、対応したかは、残念ながら不明である。

b　柏崎・刈羽政界の推移

洲崎義郎の村長時代に行われた選挙として注目されるのは、一九一九（大正八）年九月に政友会の原敬内閣下で行われた県議選、関東大震災の発生直後に行われた二三年九月の県議選、政友会が分裂し、護憲三派が勝利した二四年五月の衆院選である。これらの選挙を通じ、柏崎・刈羽の政界に変化があった。

一九一九年九月二五日に行われた県議選（刈羽郡は定数三）では、同志会の流れを汲む憲政会から安澤正治（刈羽村）・難波政五郎（横沢村）の二人が立ち(7)、政友会は前県議の宮川文平と田村孝太郎（西中通村）を擁立した。第２章第４節ｂで述べたように、田村は、一九一三年一一月の補選で同志会候補を破り県議に当選した国民党残留派で、その時の政友会への恩義と丸田尚一郎からの勧誘により政友会に入党して立候補したといわれる(8)。

選挙の結果、田村・宮川・難波が当選し、安澤は落選した[9]。政友会が二議席を得たのはこれが初めてであった。原敬内閣下で、刈羽郡内の政治勢力関係に大きな変動があったとして注目され、また洲崎義郎の義兄である丸田尚一郎が政友派の旗幟を鮮明にした点でも注目される。

一九二三年九月二五日、県議選が行われた。同月一日発生した関東大震災から間もない選挙であった。この選挙に、憲政派は柏崎町議で故柏崎町長西巻時太郎の養嗣子である西巻進四郎を立てた。西巻は『越後タイムス』との関係が深く、主筆の中村葉月は彼の推挙でその任に就いた経緯がある。それ故か、『越後タイムス』は西巻を当選させるため、種々の手を尽くした。九月二日の同紙には、二宮直次郎・勝田加一・吉田正太郎・中村毎太（葉月）・布施宗一・洲崎義郎ら一一名の連名による西巻の推薦広告と、中村毎太が理由を詳細に記した「本郡選出県議候補者に西巻進四郎君を推薦す」が掲載された。一一日の同紙には「越後タイムス社同人」としての推薦広告も掲載された。

洲崎義郎も推薦者に名を連ねたが、それは『越後タイムス』との長年の関係と中村葉月が前の推薦文で述べている「政党政派を超えた広い意味に於ける人物本位」に共感したからであろう。西巻が憲政派から立っていることについて中村は、西巻は「決して今日の政党を其儘無条件に受け容る丶程、夫れ程政党臭に黴れては居ない。氏は常に既成政党の弊風を革新すべく多くの新意見をもつてゐる」と弁護していた[10]。

この県議選では、憲政派から西巻と田中良吉（中里村）が立候補し、政友派からは前議員の田村孝太郎と田辺文吉が立候補した。選挙の結果、西巻がトップ当選し、田辺・田村も当選し、田中は落選した[11]。両派の得票数（合計）の差は僅か一票という拮抗した選挙戦であった。うち、柏崎町では西巻が三一九票を獲得し圧勝したが、比角村では田村が一一二票、西巻九一票という結果で[12]、比角村は政友系が強かったことがわかる。

一九二四年一月末、清浦奎吾内閣により衆議院が解散され、同年五月一〇日、第一五回衆院選が行われた。それに先立ち、政友会は清浦内閣の支持・不支持をめぐり分裂し、清浦内閣支持の床次竹二郎らのグループは脱党して政友本党を結成していた。この時、丸田尚一郎はいち早く政友本党に走った。

この衆院選は普選断行を政策に掲げる憲政会・政友会（残留派）・革新倶楽部の「護憲三派」と普選は時期尚早して反対する政友本党の闘いとなった。衆院選第九区（定員一名）の刈羽郡では、憲政派の石黒大次郎（県議）、政友本党派の丸田尚一郎、政友派の松村武一郎の闘いとなった。一九二四年五月四日の『越後タイムス』は立候補した三人の政見（談）を三面にわたって掲載した。政見が公表されるのは初めてであった。丸田の政見記事「我が理想」には、候補を引き受ける過程で「親族知己」から反対されたことが語られている。おそらくそれは洲崎義郎が絡んでいた。丸田は義郎らの理解・協力を得るために、既成政党の弊害改良、そのための選挙界「廓正」（「理想選挙」）」を打ち出したと考えられる。その結果であろうが、義郎は、同年六月一〇日発行の『比角青年団報』第一九号に「青年と政治」と題した一文を載せ、「丸田氏の立候補の宣言書に共鳴」して協力することを公言する（本章第5節c⑶参照）。

選挙の結果、石黒大次郎が三四七三票を得て当選し、丸田尚一郎は三四六四票で落選した。じつに九票の差であった。松村武一郎は三八〇票しか得られなかった[13]。

衆院選で敗北した政友本党・政友会の新潟県支部では、翌一九二五年一〇月五日幹部会を開き、両党が合同して「政本倶楽部」を組織することを決め、新潟市の鍋茶屋で発会式を挙げたが、同日、刈羽郡内の両党の有志も柏崎町の阿部楼で懇談会を開き、満場一致、合同の前提として先づ提携を約束し、今後、適当な名称の新団体を設け、憲政派と対抗していくことを決めた[14]。

以上のように、洲崎義郎の周辺では、義兄の丸田尚一郎が政友会→政友本党の幹部として活躍するようになり、知己の西巻進四郎が憲政会の県議となるなど、辛い思いを経験したのではないだろうか。それだけに義郎は、既成政党にとらわれない「人物本位」で選ぶことを強調して「理想選挙」を訴え、行動するようになったと思われる。

c　柏崎・刈羽経済の衰退と挽回への努力

(1)　経済・産業の立ち後れへの認識

明治後期から大正期にかけての柏崎・刈羽地方は、一八九七（明治三〇）年に直江津から柏崎・長岡・新津を経て新潟に至る北越鉄道線（後、官営「信越線」）が開通し、一九一三（大正二）年四月には柏崎〜白山（新潟）間の越後鉄道（民営）が全通し、鉄道の便には恵まれた地域であった。近隣の尼ヶ瀬での開掘に成功し、さらに一八九四〜九九年の西山油田の開発で勢いを増した日本石油会社は柏崎町に本社を構え、この地方の近代産業のシンボルとなっていた。

だが、越後縮の行商で財をなした商人が多い柏崎町・比角村は、商業と農業を中心とする産業のあり方を大きく変えておらず、大正時代に入ると、県都の新潟、戊辰戦争で受けた大打撃から復興してきた長岡に経済的に立ち遅れているとの観念が広がるようになった[15]。一四年には日本石油会社の本社が東京に移転することになり[16]、その観をいっそう深くさせた。

こうした中で、産業・経済発展の基盤整備として重視されたのが刈羽鉄道敷設と柏崎築港であった。このうち洲崎義郎が関わったことが明らかである刈羽鉄道について、触れることにしたい[17]。

(2)　刈羽鉄道敷設の運動と挫折

刈羽鉄道は上越線構想に絡むもので、同構想の中には十日町経由で長岡に至るルートもあったため、当時存在した軽便鉄道の「刈羽鉄道」（柏崎町〜岡野町）を延長して十日町に至るようにすれば上越線と柏崎を結ぶことができ、経済発展に繋がると考えられた[18]。

第一次世界大戦後の一九一九年六月二三日開催された刈羽郡の町村長会議で、「刈羽鉄道期成同盟会」の発起人が関係町村長の賛成を求めたことから新たな動きが始まった。刈羽鉄道期成同盟会は中村藤八の主唱になり、短期間のうちに郡内有志の賛成を得てできたもので、計画では柏崎〜上条〜鯖石〜仙田（中魚沼郡）〜千手（十日町の対岸）を結ぶ鉄道であった。ただし、これを報じた『越後タイムス』は、鉄道院線の上越鉄道、従来から計画がある魚沼鉄道（後の飯山線?）との関係で、敷設の認可が降りるかどうか微妙であること、計画される刈羽鉄道のルートには曲線が多いこと、費用の関係で信濃川に鉄橋を架けて十日町まで直接繋げられないこと、などを問題視する向きがあることを指摘している。期成同盟会は七月二日に柏崎町役場で発起人会を開催する予定で、その「趣意書」「発起人」「規約（草案）」が公表されたが、一四名の発起人に丸田尚一郎とともに洲崎義郎（比角村長）の名も見える。[19]

七月二日、柏崎町役場で会合がもたれ、刈羽鉄道期成同盟会が組織された。ここで会長に飯塚弥一郎、副会長に洲崎義郎が推薦され、顧問に郡内外有力者一七名、幹事一七名（幹事長は二宮伝右衛門）、評議員五一名が承認された。計画では、柏崎から枇杷島〜下方〜上方〜新道〜古町〜与板〜岡野町〜中仙田〜千手を経て十日町に達する約三五キロメートルの鉄道を敷設し、橋八ヵ所、隧道五ヵ所、停車場一〇ヵ所を設置し、工事費は四四〇万円と見積もられた。[20]

同年一一月八日、幹事会が開かれ、比角村の前川紀平がかつて計画した「柏崎鉄道」と併合し、協力して実現をはかること、越後鉄道会社に依頼した設計に基づく予算は多額なので、丸田尚一郎・中村藤八が新潟に赴き、越後鉄道本社で交渉することにした。[21]一一月二二日の幹事会はその交渉結果を踏まえて東京から専門技師を招聘して再踏査することを決めた。[22]

残念ながらその後の経過は不詳である。『柏崎市史』下巻は、一九二一年一一月二四日、鉄道大臣より刈羽鉄道の敷設免許状が下付されたが、前年三月に主唱者の中村藤八が死去したことにより資金調達が困難となり、着工には至らなかったと記している。[23]しかし、上越線の十日町経由を前提とした柏崎〜十日町を結ぶ刈羽鉄道の建設は、当初から無理があったのではないだろうか。一八年一二月には上越線の宮内〜東小千谷間が着工されているからである。[24]

d　比角地域の変容

一九二五年四・五月、『越後タイムス』に「新興の柏崎」と題した記事が五回連載された。記者にはおそらく町村合併を促進する意図があり、そうした観点からではあるが、越後鉄道の駅ができて以降、比角村が住宅地・工業地として発展してきたことを知らしめようとする内容である。その一部を紹介しよう。

記事は、柏崎町は「鵜川末流の一端」から興こり、その「文明」は漸次東部に移って今日も止まらず、現在の柏崎の中心地は本町三、四丁目だが、更に東の比角駅を中心とした地域の発展は目覚ましい、と次のように述べる。すなわち、「今から十数年前越後鉄道が比角村に三千坪の空地を提供せしめて、停車場を新設した当時は、比角駅付近は実に人煙稀れなる原ッパであつた。然るに今日では、比角柏崎の両昇降口とも其の通路は駅舎近くに人家軒を接するの有様となつた。殊に近年は絶好の工業地として彼地此地に幾多の工場が建設せられ、煙筒の数も、動力の音も漸次に其の数を増して来た」、「柏崎の名を冠する県立の中等学校が四つも有り乍ら、其の中二つ迄を比角村地内に建設したのは柏崎町が狭隘だからで、枇杷島村でも田圃を埋め立てて住宅地・工業地を造成したが、比角村のほうが面積が広大であり、地盤・地味・衛生・消防の条件に恵まれている、と。[25] なお、記事中にある二つの県立学校とは柏崎高等女学校・柏崎農学校のことである。

2　比角村議当選と村長就任

a　比角村議に当選

一九一七（大正六）年三月二七日、比角村の村会議員選挙が行われた。当時の町村制に基づく選挙で、議員定数は一二名（うち一級六名、二級六名）で、有権者は一級が一四人、二級が一七〇人であった。この村議選に洲崎義郎は二級の候補者となり、投票の結果（投票総数一五〇）、義郎は最多の三〇票を得て初当選した。二級選挙については「村有志が三井田栄助、笠木虎之助、近藤友一郎、洲崎義郎、三井田忠三郎の五氏を公認し」たと言われ、この五人はいずれも当選している[26]。近藤友一郎は義郎の義兄である。同じ義兄の丸田尚一郎は一級選挙で無競争当選している。

b　比角村長に就任

洲崎義郎が村議に初当選した時の村長は山田寅治郎であった。山田は、一八八九（明治二二）年から一九〇一年まで約一二年間、比角村の初代助役を務め、一九一四（大正三）年四月、丸田尚一郎の後を継いで村長の職につき、一八年に退いた[27]。同年四月二日の村会で後任の選挙があり、義郎が新村長に選出された[28]。義郎は二九歳で、二〇歳代の村長は、比角村では初めてのことであった。

洲崎義郎は一九二一年三月二八日の村議選、二五年三月二八日の村議選でも当選した。ただし、二一年四月公布の改正町村制により、等級選挙制が廃止され、単記無記名制となり、納税資格が直接町村税を納める者（ただし男性のみ）に変更された。変更直前の三月の村議選では、義郎は二級選挙でトップの二四票を得て当選した[29]。変更後の二五年三月の村議選では有権者が一挙に六五一人に増加したが、義郎は六三票を得、第二位で当選した[30]。改選後開催の村会でも義郎は村長に選出され、その結果、一九二六（大正一五・昭和元）年九月、柏崎町と合併するまでの八年半、義郎は村長を務めた。この間、助役に木村来太郎が、一九一九年四月から収入役に洲崎家分家の洲崎勇が就任している[31]。

洲崎義郎には、「私の村長時代」と題された一九七三年五月の「自伝口述」があり、『洲崎義郎回想録』五〇～六八頁に収録されている。その冒頭で、村長就任の事情について、「大正時代の比角村では、村長になったり名誉職につくということは順番になっていて、『こんだおまえのうちでやれ』、『こんだ君のうちでなれ』というようなことになっておったんです。ちょうどわたしが、早稲田から帰って来て遊んでおったもんだから『こんだおまえさんの番だ〔』〕なんておしつけられたようなわけです」と述べているが、これをそのまま受け取ることはできない。前章第

4節で見たような公的活動や、前年の村議選で最高得票を得たことから、村議間に強い期待があったと見るのが妥当である。それなくして以降に見る村長としての強いリーダーシップの発揮はありえなかったであろう。

3　小学校教育充実への支援

a　小学校教育の重視

洲崎義郎は、前掲の自伝口述「私の村長時代」で、「わたしは村長になってみてですね、いったいどうしたら村をよくすることができるか、あるいは大きくいえば日本をよくすることができるかということを考えたのです。そうして考えた末に、これはやっぱりなんといっても第一に小学校教育に力を入れること、それから青年団運動に力を入れること、これが大切だと思いました」、「当時の比角村役場は、いまの小学校のすぐ東隣にありまして、おんぼろの役場でありました。わたしは役場に居るよりは、小学校の方へ遊びに行くといったほうがいいか、小学校の方へおもに行っていました。その頃の校長は、星野耕平という人で、私の友だちということもあって、しょっちゅう校長と話をし、教育のことや青年団運動のことで話をするほうが、わたしの心にはずみをつけるというか、勇気を与えてくれたのです」と回顧している。(32)

小学校教育そのものは校長ら教職員の担当であり、村長はそれを行政的に支え、監督する立場にある。だが、洲崎義郎は村立の比角小学校（以下「比角校」とも略記）に対して多大な支援を行い、影響力を行使した。

星野耕平は、義郎より一歳年上であった。新潟県西蒲原郡道上村の出身で、県立高田師範学校を卒業した。比角尋常小学校には一九一二年から訓導として長く勤務し続け、一八年三月三一日付で同校長に就任した（訓導兼任）。それは洲崎義郎の村長就任とほぼ同時期であった。そして、三二年八月、柏崎尋常高等小学校校長（訓導兼任）に転じるまで、比角小学校校長を務めた。(33)

洲崎義郎の小学校教育との関わりは、高等科併置と優秀な教員の確保、人間性を涵養する美術・工芸・音楽教育の推進、合理的・科学的なスポーツ教育の推進、児童本位の教育改革への提言、の四点にまとめることができる。以下、これらについて項を分けて述べよう。

b　高等科併置と優秀な教員の確保

洲崎義郎が村長として小学校と関わるのは主として教育行政である。この方面でまず注目されるのは、一九二一（大正一〇）年四月から比角村立尋常小学校に高等科を設置したことである。それまで同校卒業生で高等科に進学を希望するものは、七円の寄附金と授業料を支払って柏崎町立尋常高等小学校（柏崎小学校）で修学してきた。しかし、同校高等科は周辺の他村からの希望者もあり、定員超過の状態にあり、希望者全員を受け容れることが困難となっていた。そこで比角村ではこの年三月の村会での決議を経て高等科を併置することにし、これに伴い訓導一名を増員した。柏崎小学校高等科一年在学生男子一二名・女子一一名が比角小学校高等科二年生として移り、四月から新たに一年生として男子二四名・女子一九名位を受け入れて発足する予定と報じられた(34)。

洲崎義郎は、郡視学に対して「教員を選ぶとき、なるべく優秀な教員を選んでくれ、金は出すから」と懇願した。このため郡視学は教員の異動（選定）について、事前に義郎に相談した。これに対して他の町村長たちは「なるべく安い教員をよこしてくれ」と言っていたという(35)。「優秀な教員」は一定の教員生活を送り手腕が評価されている人であろうから、結果的に給与水準が高いと思われる。義郎は自らが動いて比角校に来てもらった教員として、音楽の平山義雄、スポーツの西巻千代平の名をあげているが、これは後述する。

一九二一年度の比角村の財政（予算か決算かは不明）では、歳出総額二万三三五〇円のうち小学校費が一万二九六一円（臨時費一一四二円を含む）で、その歳出総額に対する比率は五五・五％であり、それに次ぐ支出は役場費四四七七円、諸税負担費一八六三円であった(36)。ここから小学校費がいかに多かったがわかる。

c　人間性を涵養する美術・工芸・音楽教育の推進

(1)　自由画教育の推進

美術では自由画教育を推進した。自伝口述「私の村長時代」は次のように述べている。すなわち、従来の絵画教育に対して、「自然をなぜ見せないのか、写実を基本にした、リアルな自然をなぜ表現させないのか、ひからびた、ただ手本を模写させるだけのようなやり方はまちがっていると思っていた」。こうした中で、信州の画家・山本鼎が小学校で自由画教育を提唱したのを知り、比角校でも行おうと考えた。教員たちと相談のうえ、生徒に自由に絵を描かせ、教室を会場に「自由画の子供の展覧会」を実施させた。しかし、当初、展示された作品には「まだ見たこともない富士山の絵だとか、雑誌に出ている絵の模写がひじょうに多」く、失敗に終わった。ショックを受けた義郎は、知人の中村彝を介して鈴木金平・曽宮一念らを自宅に招き、比角校の教員たちを集めて「ビナスの石こうなどの写生をしてもら」い、努力の結果、次の年から非常によくなって、「子どもたちがりっぱな自由画を描くようになった」と。[37]

最初の「自由画の子供の展覧会」について、洲崎義郎は上記の文で、年には触れないまま、「あれはたしか八月だったと思うんです」と言っているが、それは記憶違いであろう。また、中村彝を介して鈴木金平・曽宮一念らを自宅にきてもらって比角校の教員を指導したことが「りっぱな自由画を描くようになった」と言っていることにも疑念がある。[38]そこで、当時の『越後タイムス』の記事により、この間の事情を探ってみよう。

一九一九(大正八)年六月八・一五・二二日の『越後タイムス』に掲載された小暇生(吉田正太郎と推察される)の「洲崎氏へ――子供絵展覧会所感」と題した論説によると、最初の「自由画の子供の展覧会」が開かれたのは一九一九年五月下旬から六月上旬頃と推測される。この論説は、「子供絵展覧会」を見た「小暇生」が、比角村長で小学校の教育にも深く関わっている洲崎義郎に対して個人的な意見を述べたものである。小暇生は、ほとんどの作品が「子供の癖に子供らしくない」、「父兄や先生の指導干渉の態《さま》が目に見える」と強く批判する。具体的に批判対象として例示されているのは、「富士山」「木の葉に蝸牛」「紅葉に釣灯籠」などである。そして、学校側は自由画として書かせたものであろうが、小暇生は、それは先生が与えた画題ではないかと批判し、かつ写生も全然なっていないと批判している。

おそらく洲崎義郎自身も最初の展覧会には失望したことであろう。それにこの批判である。このままでは済まされないと考えた義郎は、翌一九二〇年四月頃、自身と星野校長らと四人で長野県の自由画教育を視察し、それを比角校での自由画教育に生かそうとした。これについて、中村葉月は『越後タイムス』で次のように記している。

▣此間洲崎義郎、星野耕平、霜田毅、宮芳平の諸氏は児童の自由画教授法視察の為め、長野県小県郡神川小学校を参観して来ました。神川小学同校では三年も前から山本鼎画伯の提唱によつて、児童の自由画が奨励されて居たので近頃随分好いのが沢山あるさうです。〔中略〕

▣山本氏は自由画の外に農村芸術を大に鼓吹すべく、昨年より仝小学校の一部を借り受けて、東京から、木彫、焼絵、刺繍の教師を招き、白樺を材料とした豆人形やペーパーナイフ其他の手細工ものを制作せしめて、安価にして芸術味ある作品を農民の手により産み出すべく努めて居るさうです。〔中略〕

▣比角小学校でも、洲崎義郎氏の熱心な提唱によつて、臨画教育を廃し近頃は写生専門に教育してゐるので、六年生辺りの自由画には見るべきものも少なくないさうです。

▣自由画も一人の作品を褒めると他の児童が皆夫れを真似るので、矢張り一種の自由画の型が出来るさうです。型にはまつた自由画は自由画ではありません。教師は余程其辺を注意してかゝらねばならないと思ひます。比角小学校では今秋頃第二回の自由画展覧会を開催する計画があるさうです。(39)

この記事から、比角校での自由画教育は長野の神川小学校で自由画教育を直接視察して学んだことによるところが大きかったと思われる。なお、霜田毅は同校の教頭で、宮芳平は洲崎義郎が支援している若い洋画家であった（後出）。

さて、第二回の比角校児童による自由画展覧会は、一九二〇年一一月開かれた。きわめて好評で、『越後タイムス』には次のような感想文が掲載された。

> 比角小学校の児童の自由画展覧会には、中々好いのがあつた。子供は矢張り尊い芸術家、小い造物主だ。大人の到底真似の出来ない良い処をもつて居る。会場の一隅に新潟のオレンヂ会出品の矢張り自由画があつた（オレンヂ会といふのは新潟の各校の傑作品を集めたのださうだ）が、比角の丶《ママ》と較べて、大変見劣りがした[40]。
> 私は備ひ付けの感想録に「昨年の第一回を見せて貰つた時は零点も勿体ないと思つたのが、タツタ一年を経つて此度の第二回を見て見ると、私はどうしても満点を差し上げねばならない事になつて仕舞つた。だから子供の絵の問題は値打ちがあるのだ」と書かせて貰ひましたが、全く懸引の無いとこ私は本当に感心致しました[41]。

洲崎義郎は、自由画だけでなく木工製作、「油土」による彫塑なども行わせた。それも長野県の神川小学校視察で得た知見に基づくものであろう。年月は不詳だが、義郎は前出の霜田毅（義郎は柏崎中学校出身の「友だち」という）を、木工製作が盛んであった静岡に派遣して造型教育を学ばせるとともに、木工製作用機械を購入させ、それを比角校の木工製作に生かした。義郎は、回顧談の中で、「人間は手の解放によって、そのはたらきで進歩して来た」、それは「人格形成にも大きな影響をおよぼすものだ」、「造型を通して人間性をきたえることがだいじ」、工芸は絵と違って「実用をはなれることができない」とその意義を述べている。また、中頸城郡から平山義雄という人を迎えて音楽教育を行ったことに関して、「うたとかメロデーだとか、美しいやさしい感情というようなものを見つける必要がある」と考えたという[42]。

比角校での自由画教育は刈羽郡内の他校にも広がった。一九二一年一〇月三〇・三一日、柏崎小学校で郡内の小学校・中学校・商業学校の児童・生徒が描いた「自由画展覧会」が開催された。出品は五〇校から一八九〇点あった。「元気のい、自由な描き方を第一に採る事にして、器用な絵は可成とらない」という方針の下で「鑑査」が行われた結果、四九〇点が入選した(43)。翌週の『越後タイムス』はこの展覧会について六人の感想録を掲載したが、その中に「掬翠」（洲崎義郎）の感想文がある。それは、「黙つて描かして置けばこんなに立派に描く《ママ》、其処に自由画の面白い点が有る。一枚〱の絵がみんな光つて見える。子供がよく自然の中から其意志と力とを捕へて表現して来る努力を考へると〔、〕只涙ぐましくなる許りだ。若草のやうに伸びて行く子供の前途を静かに祝福しながら筆を擱く。（大正十年十月卅日掬翠生）」というもので、絶賛する内容であった(44)。

(2)「比角校の諸会」の推進

比角校では、一九二二年一一月四・五日、「児童自由画展覧会」、「宮氏展覧会」、「運動展覧会」が開催された。また、四日午後一時から音楽会が、五日正午から童謡会・童話劇が開催された。並行して父兄や卒業生の生産品が市価より約一割安で即売された(45)。「宮氏展覧会」は宮芳平の洋画展覧会である。

翌一九二三年一一月一〇・一一日には、比角校で自由画・自由粘土彫塑・自由木彫等の展覧会、音楽会、童話劇、バザーが行われた。一〇日に行われた童話劇「鳥と兎」「凧《たこ》の骨」は近藤という訓導の作になり、一一日行われた童話劇「人形の復讐」は洲崎義郎の作になった(46)。参観した『越後タイムス』の中村葉月は、「比角は村が小い《ママ》丈けに総てに纏まりが好い。学校の為に有志が持ち寄つた品物を生徒に販売せしめて其の売上げを学校の費用に寄附するバザーや、青年団有志の文化食堂、及び下足取扱に対する労力奉仕等、全く他町村に余り見ることの出来ない美しい企てゞあつた」と述べ、「童話劇では洲崎義郎氏の作であるといふ『人形の復讐』が非常に見応えがあつた〔。〕此の小脚本に盛られた作者の思想にはいろ〱複雑した、優れたものが沢山あるのを発見して驚いた」、「此の童話劇で感心した事がもう一つある。劇中乞食娘が見すぼらしい姿して木の枝を持ち花道を出て来る時、蔭で寂しい『さすらひの唄』を唄つたものがある。夫れが誰あらう洲崎義郎氏自身なのだ〔。〕私は此の一事が洲崎氏の比角村に対する愛とか熱とかいふもの、全部を説明してゐるやうに思はれて非常に興味深く感ぜざるを得なかつた」と感想を記した。(47)「自由粘土彫塑」「自由木彫」が登場するのは今回が初めてであり、教頭の霜田毅を静岡に派遣して木工製作を学ばせたことがその背景にあると推察される。

このような学校行事は以後も毎秋継続され、「比角校の諸会」として新聞で報道されていくが、それは洲崎義郎が目指した小学校教育の成果発表の場となったといえよう。

(3) 洲崎義郎の自由画教育論

一九二三年六月一五日の『越後タイムス』は「自由画号」と銘打ち、関係者の論説を掲載した。その冒頭に洲崎義郎の「自由画号発刊に際して」と題する長い論説が掲げられているので、その要点を紹介しておこう。

義郎はまず、一九一九年に山本鼎が信州神川で自由画展覧会を開催したことを取り上げ、「それに関する種々なる要求や希望が提唱されるに及んで小学校の図画教育界は地震の波動が伝はる様に日本全国に」広がった、それは「国民個々の心の底にそれに応ずるだけの要求」が潜在していたからだ、と背景について触れる。そして、同年に比角小学校で自由画展覧会が開かれたが、その時はまだ「富士山の絵を描いた生徒が多くて、花田屋さんに叱られた」と言う。花田屋は吉田正太郎の屋号である。次に自由画教育の要諦について、簡単ではないとしつつ、「自由画の指導者は必ずしも自分で絵が描かれなくとも宜しい。要は児童の創造力を愛し、且引き出して行く事が必要なのである」という、山本鼎の言葉を紹介する。

また、洲崎義郎は一つのエピソードとして、先日、比角小学校一年生の橋爪アイ子が描いた「人形の絵」を中村彝に見せたら、「約四五分の間」その絵をじっと見て、「俺もこんな自由な線や色彩で描いて見たいなあ」と言ったことを紹介し、「大天才」中村彝においても、「児童の様ななんのこだわりも無い気持で、現在自分の要求して居る最高の絵をぴつたりと一分の隙不満足も無い様に自由に描いて見たい」という要求があるのではないか、と憶測したことを記している。末尾の部分で洲崎義郎は、「子供だからと云つて馬鹿にしてはいけない、《ママ》子供には子供の世界があり子供自身の絶対境が厳として存在する。私は此児童の世界と絶対境を尊重し愛護するのを、自由画教育の根本目的であると断言するに憚らない」と言う。

以上が「自由画号発刊に際して」と題した長い論説の要点で、洲崎義郎の自由画教育論がよく示されている。ここから、当時、『赤い鳥』などで主張されていた、無垢な、純真な子供の独自の世界を信じる「子ども観」に義郎も共感していたと考えることができる。

d　合理的・科学的なスポーツ教育の推進

比角小学校は、一九二二（大正一一）年一〇月二二日、長岡中学校で行われた北越新報社主催の「県下少年オリンピック大会」で総合優勝し、その名を県下に轟かした。「少年オリンピック大会」といっても陸上の七〇メートル・一〇〇メートル・二〇〇メートル・四〇〇メートル・八〇〇メートル・一〇〇〇メートルの徒競走だけであり、第一位に五点、第二位に四点、第三位に三点、第四位に二点、第五位に一点を与え、総合得点を競い合うものであった。六名の選手が参加した比角校は、一〇〇・八〇〇・一〇〇〇メートルで各一位、七〇メートルで二位、二〇〇メートルで四位、四〇〇メートルで五位の成績をおさめ、合計二二点を獲得して総合優勝した。因みに、第二位が長岡の千手校（一八点）、第三位が見附校（一〇点）であるから、比角校は圧勝であった。試合当日、洲崎義郎村長は、姉の近藤夫人らと家族をあげて応援に行き、選手・職員のために三台の自動車を提供したという[48]。

これを報じた『越後タイムス』は、「比角尋常高等小学校は運動に熱心なる村長洲崎義郎氏あり校長に星野耕平氏あり、職員に日本的スポーツマンとして恥しからぬ西巻千代平氏あり、他の職員も皆運動に対する理解と熱心とを有してゐる」と言い、さらに一九一一（明治四四）年から柏崎中学校の運動会のときに行われてきた「附近小学校の徒競走」においてこれまでに最多の五回優勝していること、長岡の「少年オリンピック大会」で入賞した六人のうち五人の学課成績は優秀（他の一人は中位）で、「同校の教育方針が決して運動偏重に非ざる事を証拠立てるもの」と記している。(49)

この記事からすると、比角校は洲崎義郎が村長として関わる以前から運動熱心で、柏崎校など周辺の小学校にも勝るとも劣らない力をもっていたことがわかる。だが、それが「県下少年オリンピック大会」で総合優勝するほどの力であったかどうかはわからない。この総合優勝にはおそらく西巻千代平の存在があったのではないだろうか。義郎は、前掲の自伝口述「私の村長時代」の中で、県立高田師範学校の「短距離選手」「スプリンター」で刈羽郡安田村出身の西巻千代平を比角校に招聘し、「特別スポーツの方に力を入れた」こと、それまでほとんど行われなかった「組織的な科学的、合理的なスポーツ練習」を導入した「西巻先生が来られてから比角の学校はひじょうにつよくなった」と述べている。(50) 残念なことに、「組織的な科学的、合理的なスポーツ練習」が具体的にどのようなものであったかは不明である。

北越新報社主催の「県下少年オリンピック大会」はその後も行われた。比角校は、一九二三年六月一〇日行われた第二回大会でも総合優勝を果たしたが、二四年九月一四日行われた第三回大会では第三位、二五年八月二日行われた第四回大会では第二位であった。(51)

上記とは別に、一九二三年一〇月七・八日、柏崎小学校の裏浜に建設されたばかりの「公設運動場」（後述）で、刈羽郡体育協会（後述）主催の「県下学童オリンピック大会」が開催された。県下三二校（うち刈羽郡以外から六校）が参加し、出場者は八一二人であった。(52)『越後タイムス』の集計によれば、第一位が柏崎校（四四点）、第二位が比角校（三九点）、第三位が南鯖石校（二三点）で、比角校は総合優勝できなかった。(53) 前年の比角校の圧勝に刺激されて、柏崎校など他の小学校でも練習が強化されていたから、こうした結果となったのは不思議ではない。後に言及するように、柏崎校では体操指導者として著名な坂田四郎吉が中心となってスポーツの振興が図られていた。

なお、開会当日の『越後タイムス』第一面には、大会の開催を祝い、運動の意義を説く洲崎義郎の論説が掲載されている。義郎はここで、少し前に起こった関東大震災に触れ、「此後我日本に取つて最も重用《ママ》なるものは盛んなる精神力と健全なる肉体ではないか。そして私は其等の精神や肉体を造る手段として運動競技と云ふものは最も有効と信ずる」と述べ、さらに「近代の運動は生命の本質たる慾望の合理化を其目的として居る。即ち自己の個性の正しき要求に依つて、総ゆる心身の機能を最高義に迄解放することであらねばならぬ」と、運動の本質的な意義を論じている。[54] 義郎の近代運動論・スポーツ論は、以降も折に触れて発表されるが、青年団運動やスポーツ振興活動との関わりもあるので、次章でとりあげることにしたい。

さて、刈羽郡体育協会主催の「県下学童オリンピック大会」は以降も行われた。比角校は、第二回大会（一九二四年九月二三日）で準優勝、第三回大会（二五年九月一〇日）で準優勝、第四回（二六年七月一八日）で優勝した。第一・三回はいずれも柏崎校が優勝している。[55] 比角校は優勝することは少なくなったが、最初の「少年オリンピック大会」覇者として比角校の高名は消えることがなかった。

e　児童本位の教育改革への提言

洲崎義郎は第1章で見たような自己の小学教育体験を通して、従来の学校教育にはかなり強い不満を持っていた。このため、教員のあり方、入学試験制度などに対して積極的な発言を行った。それを『比角青年団報』第二〜六号（一九二三年二月一〇日・二月二〇日・三月一〇日・四月一〇日・五月一〇日・六月一〇日）に「小学教育に対する私見」（一〜五）に見ることができる。

洲崎義郎は、まず、「教育とは『過去及現在に於て人類が造成せる総ゆる経験を基礎として最も合理的に個性の創造を行ふ事』で有る」と定義し、このような観点から見て「現在の日本の教育」を批判し、義務教育を延長して八ヵ年にすることは賛成だが、その前に「教育の本質」を改革すべきで、その「改革の第一」は「教員及家族の改善」だとし、以下のように持論を述べた。

「教員の改善」については、「現在の教育者の十中の八九は師範教育を受けた人達」であり、この師範教育は「総ての点に於いて型に嵌《はま》つた、人間の自由を束縛した生気の無い教育」であると批判する（〔一一〕）。そして、この状態を改善するために、「教育者の待遇の改善」、「教育の根本義」の自覚などを求めた。これに関連して、「教育者の使命」は「児童の生活を尊重し、児童の個性を蒼空の様に広く且深く指導して行く所」にあるなどと述べている（〔一二〕）。

「家族の改善」については、「家庭に於ける児童の取扱ひ方如何が学校教育に多大の影響を及ぼす事を忘れ」ず、「父兄がなる可く度々学校を訪問して忌憚なき意見を交換」することが大切だと主張する。関連して、比角村では「児童保護会等」が設立されており、「家庭と学校の間の連絡が漸次良好の域に進んで居る」と記している（〔一三〕）。当時は、戸主が家族に対して絶対的といってよい権限を行使できる明治民法に基づく家族制度の下にあった。このため子供の人権は尊重されていなかった。学校教育の改革を前提に、学校を通じて親と話し合い、子供の利害を尊重していこうと考えたと思われる。

「制度の改善及新設」については「試験制度」を取り上げ、「下は小学校から上は大学に到る迄其愚劣なる入学試験の為にどれだけ学生の脳力《ママ》や青春の元気が破壊され磨り減されて居るか」と批判し、入学試験の「全廃」、そのために「学校の増設を切望します」と主張する（〔一四〕）。ただしそれを直ちに行うことは無理なので、当面は「出来得る限り其弊害」を少なくする観点から、入学試験に「精神検査法」＝「メンタルテスト」の採用を提案する。それは「推理や想像や智力或は記憶を利用して、形を描かせたり文字を挿入させたり又は文章を訂正させたり或は絵に描いた種々の事実や誤謬を指摘させたりする」ものである。そして、「現在の教育は余りに個性の尊厳を無視して居ます」、「教育は〔各児童の〕其特殊の性格と異なる環境とに応じて最も個性的な教育法が適用されなければなりません」、「其児童の有つて居る個性を早く洞察して最も功利的に最も精神的に訓育されなければなりません。教育の根本は何と云つても愛です」と、この論説を結んでいる（〔一五〕）。

以上が洲崎義郎の論説「小学教育に対する私見」の要点である。全体として、師範学校を通じて再生産される画一的な教育を強く批判し、児童本位で個性を尊重した教育を求めているといってよい。

このような考えは、一九二三年一一月一〇・一一日、比角小学校で開かれた、児童の展覧会・音楽会等を前にして執筆された「児童の世界を尊重せよ」という論説にも見ることができる。洲崎義郎はここで、先日開かれた柏崎小学校の展覧会などに触れ、「陳列されて有つた絵や彫塑に閃いて居るあのすばらしい直感力と美を掴む力はどうだ、更に可憐な子供が大人も及ばない程に立派に堂々と唱歌劇を演出して行く手際やかはい丶口許から小鳥の様に歌ふいぢらしい姿を見ては思はず涙ぐましい程の感激に打たれるあの情緒はどうだ」と賞賛し、その背景には「児童の世界を尊重する」という考えがあるとする。そして、「児童の世界」は「若草の様な柔軟性と弾力とに満ちて居」り、「真に清い尊む可き世界」で、「私達は出来るだけ、誠意と熱情とを持て児童の感覚や性情を愛撫し陶冶して行かねばならぬ」と児童尊重の理由を述べている。論の末尾では、「私達が此十日十一日を期して挙行しやうとして居る自由画、彫塑、木彫の展覧会及び童話劇、音楽会其他バザーの目的も畢竟するに上述の意味を実現せうとする一つの手段にしか過ぎない」と述べている[56]。本節b(2)で取り上げた「比角校の諸会」も義郎の教育論を具体化するものであったといえよう。

4　比角青年団の創立と育成・指導

a　比角青年団の創立

第2章第4節dで見たように、比角村では、「比角青年修養会」(一九〇七年)、「比角上組青年団」(一九一四年)が結成されたことがあった。

地方農村の小学校卒業生を対象とした夜学会などを起源として自主的に発展してきた近代日本の青年会は、日露戦争後、個人主義・自然主義の風潮が青年層に悪影響を及ぼしていると懸念する政府によって、上からの組織化と統制が図られるようになった。一九一五（大正四）年九月一五日、政府は内務省・文部省訓令「青年団体ノ指導発達ニ関スル件」と両省次官通牒「青年団体ノ設置ニ関スル標準」（通牒）を発した。以降、全国各地にある青年団はこの訓令・標準によって再編成されることになった。「訓令」は青年団を「青年ヲシテ健全ナル国民善良ナル公民タルノ素養ヲ得シムル」ための「修養ノ機関」と位置づけた。「標準」は青年団の組織について、①団員資格は義務教育終了者で二〇歳まで、②市町村を区域として設置（部落・小学校通学区域での設置、支部設置も可）、③青年団の指導者は小学校長または市町村長、その他名望ある者で最適任者、④経費はできるだけ団員の勤労による収入で得ること、などを指示した。さらに、洲崎義郎が村長に就任して間もない一八年五月三日、政府は再び内務省・文部省訓令「青年団体ノ健全発達ニ資スヘキ要項」を発し、「戦後激甚ナラムトスル国際ノ競争ニ応シテ帝国ノ基礎ヲ堅実」にするには「国家活力ノ源泉タル青年ノ努力ニ待ツ所多シ」として、青年団の発達を求め、補習教育の充実、身体の鍛錬による体力の増進、指導者の「善導と養成」を促した(57)。

おそらくこうした政府の政策を受けてのことであろうが、比角村でも新しい青年団の創設が検討され、実施されていく。ただし、比角村では独自な観点と取り組みが見られ、それが高く評価されることになる。

洲崎義郎は村長に就任して間もない頃から比角青年団の創設に着手した。ただし、義郎は、「文部内務両省令に指示された団則其まゝでは本村に不適当であり且つ又高圧的手段を以て之れを組織する事も穏当を欠くの嫌ひがありかくては会の成立覚束なしとし時の小学校長星野耕平氏と相謀り〔中略〕村内青年諸氏の会合を求め」た。創設に向けた関係者の初会合が一九一八年六月一九日夜開かれ、上四谷から六名、中四谷から八名、下四谷から一〇名、計二四名が参会した。ここで、比角青年会を設立すること、会則起草委員を各字から選出することなどを申し合わせた(58)。

六月二三日には義郎と星野校長が相談して会則案を作成し、六月二五日に会則起草委員会を開催して同案を審議にかけた。同会は原案を承認するとともに、「入会勧誘委員」を選定して、入会の呼びかけに当たることを決めた。さらに八月四・一六日に委員会を開催して創立総会の準備に当たった[59]。

こうした準備作業を経て、八月一七日、午前九時から「比角青年団」の創立総会が開催され、会則の審議決定、幹事二四名が選出された。幹事は村内を六区域に分けて選出し、各区域ごとに常任幹事一人が置かれた。そして、幹事による正副会長の選挙に移り、会長に洲崎義郎を、副会長に星野耕平を選出した。ついで午前一〇時半から発会式を行った[60]。

創立当初の会則がどのようなものであったか、詳細は不明である。私が知ることができるのは一九二二（大正一一）年一二月段階の「比角青年団々則」（全一九条）である。基本的事項については創立当初とはあまり変わっていないと見られる。以下、その主要な事項を紹介しよう。

団則の第一条は、事務所を比角尋常高等小学校内に置くことを明記する。第二条は、団の目的について、「本団ハ青年ヲシテ忠孝ノ本義ヲ体シ智徳ヲ涵養シ身体ヲ鍛錬セシメ以テ健全ナル国民善良ナル公民ノ素養ヲ得シムルヲ目的トス」と記している。第三条は、その目的を達するために行う「事業」について、「一、講演」「二、学術ノ補習」「三、体力ノ増進」「四、其他本団ニ適応スル事業」に分け、若干の説明を加えている。第四条は、入団資格について、「普通団員」の年齢は一三歳以上二一歳未満《ママ》の男子とし（中等程度の学校の在学生は除く）、二二歳以上四〇歳未満の男子を「特別団員」とすること、功労者・賛助者を「賛助団員」とすることを定めている。第八〜一二条は役員について規定し、正副団長各一名、幹事・顧問・講師を各若干名を置くこと、正副団長は幹事の推薦により、幹事は団員の互選により選出すること、役員の任期は二年とすることなどを定めている。第一七条では会費について、普通団員は年額二〇銭、特別団員は四〇銭、賛助団員は一円と定めている[61]。

以上の創立の経過、団則から窺われるように、比角青年団は、村内の有志と十分な協議に基づいて創立されており、年齢の上限を二〇歳ではなく二一歳とし、さらに「特別団員」「賛助会員」制を設けることによって壮年者との連携が図られるにようになっている。それは団の財政上の支援にもつながるであろう。この年一二月一一日、幹事会は四

○歳以上の村内有力者二七名を「賛助会員」に推薦し、本会事業への後援を乞うことにしたが、その中には村長経験者の山田寅治郎・丸田尚一郎の名も見える(62)。

このようなあり方は、外見的には一九一五年九月の内務・文部大臣共同訓令・次官通牒(設置標準)の枠組に沿っているが、中身はかなり自主性の高いもので、前記した洲崎義郎の意図が反映されているといえよう。

自主性の高さは、実際の活動においても表われた。第二条(目的)の「智徳ヲ涵養シ身体ヲ鍛錬セシメ」、第三条(事業)の「講演」「学術ノ補習」「体力ノ増進」に関して、比角青年団では弁論会と運動競技に力を入れた。その結果、刈羽郡内はもとより県下でも比角青年団の名を轟かせていくことになる。本節では、それを中心に見ていくことにしよう。

なお、定期総会は毎年二月一一日ないしその前後に開催され、事業計画、決算・予算、役員改選などを協議決定した。定期総会ではこのほかに講演、「団歌」合唱、余興などもあったが、ここでは重要事項のみ取り上げることにする。なお、団員数は正確には不明だが、一九二三年二月一一日開催の第六回定期総会の参加者が一五〇名余で(63)、総会関係記事のなかで出てくる参加人数としてはこれが一番多いので、おそらく一五〇名余であったと推測される。

b 米騒動防止の夜警活動

比角青年団の創立総会が開催された頃、日本国内は米騒動で揺れていた。これに関連した活動が比角青年団最初の活動となった。

柏崎・刈羽地方では郡当局の指示により各町村で対策が講じられた。洲崎義郎が村長の比角村では、①白米一〇俵を「購求準備」する、②「内外米廉売券」を発行し、白米一升三〇銭(時価三五銭)、外米上等二〇銭(同二三銭)、同下等一九銭(同二一銭)で販売する、③「不足差金」は「一般寄付金」で充当する、などの対策がとられた(64)。

また、比角青年団は、八月二二日、第一回幹事会を開くとともに消防後援隊との合同役員会を開催し、「米騒動に関する善後策」を協議した。その中で、八月一六日夜に柏崎停車場付近で「不穏の形勢」があり、一七日夜には大洲村で「怪火」のあったことが報告され、それを踏まえて、村内を四区に分けて夜警を行うこととし、「夜警当番の日割人員等」を決めた。翌日開かれた青年団の役員会は、夜警期間を第一期一〇日間とし、団員による夜警を開始した。夜警実施中、二八日養蚕区で泥棒一名を捕えて派出所巡査に引き渡し、二九日中四谷区で畑中残火を発見し消火に関与し、夜警は三一日で終了している(65)。

c　運動競技の振興と好成績

比角青年団の活動の柱の一つは運動競技であった。

創立から間もない一九一八（大正七）年一一月三日に開催された第七回柏崎武道会大会・青年競技会に、比角青年団から銃剣術・剣道・角力・徒競争に一一名が出場した。それは「本会体育部振興の端緒」をつくったと三井田栄太郎は述べている(66)。しかし、翌年にそれらが行われたか否かは、資料がなく不明である。

一九二〇年九月一六日、比角青年団の第一回陸上運動会が比角校で開催された。競技種目は徒競争の二〇〇メートル・五〇〇メートル・一〇〇〇メートル・リレーなど一六種目で、小学生・幼児・来賓が参加する競技もあった。洲崎団長・星野副団長が総務を担当し、運動係・接待係・整理係・賞品係・審判係・衛生係・記録係を置いて運動会の運営に当たった(67)。青年団主催の村内運動会のようなものといえよう。

比角青年団が本格的に運動競技に熱を入れるようになったのは一九二一年のことであった。この年九月一六・一七日、弥彦神社（越後一の宮）で開催される「県青年競技大会」に、比角青年団から四〇〇メートル一名、八〇〇メートルリレー四名が出場することになった。その経緯は不詳だが、おそらく事前に刈羽郡の青年競技大会があり、そこで優秀な成績をおさめて県大会に出場する権利を得たのであろう。出場選手は、九月二日から団の指導員であった比角校教員の西巻千代平や洲崎団長とともに「猛訓練」を開始した。役員会はこの四名に一名四円の「手当」と一日二個の卵を贈ることを決めた(68)。

比角の五名を含む刈羽郡の選手に、九月一四日、牧口義矩(荒浜村の資産家)から寄贈された運動衣類上下が配付された。翌一五日、当時すでに刈羽郡青年団副団長となっていた(後出)洲崎義郎、西巻指導員、選手一同は比角村にある羽森《はもり》神社で必勝祈願し、選手団は比角駅から越後線で弥彦に向けて出発した。九月一六日には比角青年団幹事の山田庄一郎が「刈羽郡青年団応援団長」に就任し、三〇〇人余の応援団を率いて比角駅を出発した。そして、翌一七日、午後七時、競技を終えた選手団が比角駅に帰着した。多くの人が出迎え「火の海と化せる駅前」で、洲崎団長が「奮戦経過報告と将来の覚悟」を演説した(69)。羽森神社で必勝祈願した選手は比角村の選手だけでなく、郡内各地から県大会への出場権を得た選手も多くいたと思われる。また県大会の具体的結果は不詳である。

洲崎義郎が「将来の覚悟」を語ったとき、翌年こそは優勝したいとの気持ちで燃えていたことであろう。一九二二年八月一日、午前八時から柏崎中学校校庭で「刈羽郡青年団第二回競技大会」が開催された。開会宣言、国歌斉唱、洲崎副団長の「御令旨奉読」に続き、競技が始まった。比角青年団は徒競走の二〇〇メートル・四〇〇メートル・八〇〇メートル・八〇〇メートルリレー・一六〇〇メートルリレーの予選で全て一・二等となり、決勝戦で比角の選手は二〇〇メートル・八〇〇メートル・八〇〇メートルリレー・一六〇〇メートルリレーで優勝し、四〇〇メートルは二位の成績を収めた。この競技会は郡内三一町村から四三〇名余の選手が参加したもので、比角青年団が総合第一位の成績となった(70)。これに関してある者は次のような感想を『越後タイムス』に寄せた。すなわち、「比角は無敵艦隊だ、常勝軍だ、比角は出さへすれば必づ勝つ、加之《しか》も其勝ち方が水際立つて居る」、「洲崎氏一人の力が斯うも鮮かに出るものかと感心しない訳には行かず、仕舞には洲崎さんが憎めて憎めて仕方がなかつた」と(71)。

郡大会優勝で意気あがる比角青年団は、「青年団旗」を新調することになり、幹部らが寄附した一二〇円で京都の製造元に発注した。それが出来上がり、県大会を目前にした同年九月一五日早朝、青年団総会を開いて団旗の「樹立式」を挙行し、県大会に出場する比角の選手を団旗を押し立てて見送る予定と報じられた(72)。

一九二二年九月一六・一七日、弥彦神社で開催の「県下青年競技大会」で、刈羽郡青年団は総合得点一五点を獲得し、優勝した。第二位の長岡市は七点であった[73]。総合優勝の原動力になった春川潤二郎・栗林喜一郎選手（ともに個人戦で優勝）らと洲崎団長一行は、一七日午後五時半、「数千の歓迎提灯」が出迎える中、比角駅に到着した。そして、優勝旗を先頭に柏崎町西端にある八坂神社まで行進し、「元郡庁舎」に優勝旗を仮納して祝杯をあげた。その後、比角村に戻り、選手・団長の邸宅前で万歳・胴上げを行い、優勝旗を比角校に納めた。翌一八日、郡選手一同が比角校に参集し、優勝旗を再び「元郡庁舎」に納めて祝杯をあげ、最後に洲崎郡副団長が「熱血溢る、訓告」を行った[74]。

この年一〇月には、前項で記したように、長岡で行われた「県下少年オリンピック大会」で比角小学校が優勝する。洲崎義郎が大きく関わっている比角青年団・比角小学校のスポーツ面での優秀な成績は、多くの人々に注目されるところとなった。また、この年には指導員の西巻千代平が一一月一一・一二日、新潟市の新潟師範学校で行われた「極東オリンピック競技会予選」における「ホップステップ」（三段跳び）で優勝し、来年五月開催予定の大会への出場権を得た[75]。これもあいまって、一九二二年は比角村がスポーツに強い村として県下に広く知られる年となった。

だが、比角校の場合と同様、その後、比角青年団は第一位を獲得することが難しく、また県大会における刈羽郡青年団の成績も同様であった。それでもスポーツが強い村のイメージは消えなかったと思われる。

翌一九二三年、比角青年団は、村内を五区に分け（第一区＝上四谷・上農、第二区＝中四谷、第三区＝下四谷・下農、第四区＝養蚕町、第五区＝停車場通）、優勝杯（銀カップ）の争奪戦を行うことにした。第一回争奪戦は、「村社」（羽森神社）祭日の四月一五日に開催された。種目は、一〇〇メートル・二〇〇メートル・四〇〇メートル・八〇〇メートル・巾飛・高飛・砲丸・ハードル・一人一脚・二人三脚・「抽籤競」。最後に洲崎団長が講評とカップ授与を授与した[76]。これは以降も毎年行われ、ここで優秀な成績を収めた者に郡大会への出場権が与えられる道筋が成立した。

d　弁論会の指導と自身の演説

⑴　主体性涵養を目的とした比角青年団の弁論活動

比角青年団の活動の柱の一つは弁論活動であった。ここでは、団員が新聞・雑誌・図書を読み、情報を整理し、自分の頭で考え、それを他に伝達（発表）する能力を涵養することが重視された。これには洲崎義郎の考えが強く反映しており、義郎は弁論活動を通じ、人前で自分の考えを整理して堂々と話すことができる人間、主体性のある人間をつくろうと意図したと思われる。このことは、本章第5節c⑴で触れる、一九二二年一一月の郡青年団の第一回弁論大会での義郎の「講評」で改めて紹介することにする。

⑵　弁論会の開催状況と問題点

比角青年団の第一回「弁論会」では、三井田徳治「我が村の精神」、服部倉治「愛郷心の発露」、吉田安之丞「犠牲的精神」、藤田清次「運動の必要」、吉岡壮吉「産業振興時代」、山田庄一郎「愛の源泉」、須田吉太郎「偶感」などの演説があり、傍聴者は一〇〇名余であった。三井田栄太郎は「たしかに成功」したと記している。そしてこの中から三井田徳治と藤田清次が一一月二日開催の「郡弁論大会」に出場することになり、三井田は「団結の力」、藤田は「屈伸」を演説した。これについて三井田栄太郎は「共に好成績にて〔比角青年団が〕弁論を以て名を挙げたる第一歩」と記している。なお、同年一一月二六日開かれた幹事会で、弁論会のほかに「雑談中に知識交換をする」目的をもって「談話会」を開催することを決めた。(77)

比角青年団は、毎月一日の晩に談話会を、一六日の晩に弁論会を開催することとした。(78)以降、資料を欠く第七回を除く第二回から第一三回の弁論会を簡単な表にしてみよう（表3-1）。洲崎義郎も多くの会で一弁士として登壇しているので、彼の演題も紹介しよう。

表3-1から、冬季の一一月から翌年三月は毎月開催されているが、農繁期を含む他の月は開かれていないことが

表3-1　比角村青年団弁論会の状況（1922〜24年）

回次	年月日	弁士数	洲崎義郎の演題	摘要、他の弁士の演題（一部）
	1922年			
2	11.16	11	死に依つて投ぜられたる現代思想の波紋	この回から批評用紙を配布、回収して「批判会」を開く。傍聴者は多数で、前回の倍
3	12.16	11	青年の責任	
	1923年			
4	1.16	8		洲崎団長欠席。星野耕平副団長が代わりに演説
5	2.16	7	偶感	
6	3.16	9	力なき国民の悲哀	三井田徳治が「真の人」「青年の方途」を演説
8	11.16	3	震災雑感	他の弁士は三井田徳治・藤田清次
9	12.16	8	相互扶助の近代的意義	弁士のうち3人は小学校高等生
	1924年			
10	1.16	13	総選挙を前にして	弁士のうち4人は小学校高等生
11	2.16	7	復興の真意義	弁士のうち2人は小学校高等生
12	3.16			参加者少ない。老人の阿部良平「友愛」が感銘を与えたという「百舌生」の投稿文あり
13	11.18	3		洲崎団長は所用で欠席

出所：回次2〜6は、三井田栄太郎「回顧録（九・一〇・十二）」（『比角支部報』、1928年6月1日、9月1日、11月1日）。回次8〜13は、『比角青年団報』第13・14・15・16・17・25号（1923年12月10日、24年1月10日、2月10日、3月10日、4月10日、12月10日）。なお、『比角青年団報』第2号（1923年2月10日）の「第三回弁論会報」の記事によれば、弁士は12名で、この表より1名多い）。

わかる。洲崎義郎は、第三ないし四回弁論会での講評において、「弁論会も回を重ぬる毎に弁士の数も増い《ママ》て其度毎新顔を見ること、会場が緊張味を帯びて而も目に見えて上達して来るが何より愉快だ、中には回を重ねた人の中に尋常科一年から高等科に高飛した位の程度の雄弁家が出来るなど実に愉快だ〔、〕殊に小学生の意気込と上達の程度は誠に意強いものがある、態度と云ひ音声と云ひ言葉と云ひ共に良好の成績を表はして居る〔、〕然し最も大切な抑揚、力、それからゼスチユアー即ち身振り等に至つては此後一層の研究を要するものがある」とコメントし、弁論会の成功を評価し、今後の発展に期待を寄せた[79]。

しかし、その後の推移は必ずしも洲崎義郎の期待通りにはいかなかったようだ。前掲の表3-1のように、第八〜一三回の弁士は第一〇回を除いて少ない。この状態に関して、一九二三年一二月の『比角青年団報』に団員「蝸牛生」は第八回までの弁論会に関する批判文を寄せた。彼は、比角青年団では「智育」の発達振興を促すために昨年一〇月から毎月「弁論会」を開催しているが、「出演者傍聴者共に比較的少数で実に体育に対する如き熱と意気とに比ぶべくもない全く心細い感がする」、「小学校高等科生の弁論会か、さもなくば役員幹事の弁論会の如き感」があると批判し、改善を要望した(80)。

この批判文により弁論会の現状が浮かび上る。だが、多くの一般会員が弁士として壇上に立つようになるためには時間がかかる。弁論会はその後も行われていると思われるが、残念ながら、一部を除き不詳である。

(3) 洲崎義郎の演説内容

ここで、洲崎義郎が一弁士として弁論会で演説した内容を紹介しよう。これらは『比角青年団報』の記者の手になる概要であり、義郎自身が著したものではないので、義郎の真意が正しく伝えられているか疑問もあるが、義郎が青年たちを前にどのようなことを話していたのか、その大筋を知るには問題ないであろう。また、第二回の「死に依つて投ぜられたる現代思想の波紋」、第五回の「偶感」については、その概要が報じられていないので、紹介することができない。

第三回の「青年の責任」はレジメ風に要点が記されている。それは、「1余は青年を真に愛す。／一粒の種子万倍となり〔〕一握の下瀬火薬また大鉄板を破る」、「2現代を形成せる老人に感謝すると共に未来を完成せんとする青年にも亦大に嘱望す」、「3青年老年は齢の多少を以て標準す《ママ》べからず」、「4スパルタ嘗《かつ》て隣国に人質を送るに一人の青年を送るに三十人の老人を以す《ママ》せり。即ち老人は過去の文化に立ちたるものにして青年は将来の勝利者なればなり」、「5東宮殿下の御令旨を拝読す。青年の責任や重且大なり」、「6先づ自己の充実を期せよ、而して社会を益し以て青年の責任を全うせよ」、「7個性の完成自己の充実は将に読書にあり思索するにあり」というものであった(81)。おそらく最後の、読書による「個性の完成」「自己の充実」の必要を訴えることが眼目であったであろう。

第六回の「力なき国民の悲哀」は、「人類発生の諸説進化論より説き起し適者生存を論じ露国の現状米国の死刑法等を非難して吾人の有難き現生活を感謝すると同時に青年の責任として各方面に力ある国民たるべきを淳々説きて約一時間に及ぶ」と紹介されている。[82] 進化論的な適者生存の理から、「各方面に力ある国民」の必要を主張し、青年がそうした「国民」となるように努力すべきことを説いているが、一時間という長さに驚かされる。

第八回の「震災雑感」は、この年九月一日発生した関東大震災の後に上京したときの東京の様子を話したもので、「東京人はもう美装して居る」、「個人の商人が自警団の白刃の下をかいくゞつて機敏に郡部へ出て食料品を買つた事」などを紹介し、各個人の「慾望を満足」させようする行動、「本然の力」、「本能」の力に感動し、それを生かした帝都復興への期待を表明したものである。おそらく義郎は各個人の生き方の大切さに改めて思いを致し、感想を述べたのであろう。[83]

第九回の「相互扶助の近代的意義」は、「仏国の金虫、蟻等昆虫の習性相互扶助的生活」や大震災の時に見られた相互扶助などに言及した後に、「相互扶助は昔の部分的なるに反し今日は世界的となれる事実を述べ慈善の意義よりして此二字の妥当ならざるを力説」したものという。[84] 大震災後の人々の行動を見聞し、資産家による「慈善」ではなく、社会的な「相互扶助」が広がっていることに注目しての発言と思われる。

第一〇回の「総選挙を前にして」の要旨は、「憲政しかれて四十余年未だ正しき政治が行は〔れ〕ない事を遺憾とする。老相過ぎる、特権内閣である、〔だ〕から憲政の逆転であると人は論じるが〔、〕年齢数を以てのみ論断も出来ないし、特権であるないにかゝはらず何を出したつて同じ事だ。今日迄の政党は何れも国家を毒して居る〔。〕改選期に際して郡青年団長として吾々のとるべき態度を各村青年団に通知したのを見た柏日紙は青年をして政党化すると杞憂を抱いてゐるが〔、〕決してそうでない〔。〕青年は寧ろよりよく政治を理解する必要がある。我々は代議士の罪を責むるより先づ之を選出した我々有権青年の罪をたゞさねばならぬからである」というものであった。[85]「今日迄の政党は何れも国家を毒して居る」は、洲崎義郎の個人的な見解である。また、「改選期に際して郡青年団長として吾々のとるべき態度を各村青年団に通知した」というが、これについては本章第5節c(3)で言及する。ここには義郎の既成政党観がよく示されている。

第一一回の「復興の真義」は、関東大震災に関して、「其後物質的経済的の復興は着々と整理されつゝあるも、真の復興の意義即ち自己に醒めて真面目に各自の職業に勤めるといふ点に於てはまだ〳〵遺憾の点が多い。〔中略〕むやみに聖人君子の言や外国人の言を直ちに自己が体験したかの如く之を宝として外見のみを装ふよりも、自ら思念し自覚より起らなければならぬと力説」したものであった(86)。

現在、私が把握しているのは以上である。指導者としての発言もあるが、全体として、洲崎義郎は、青年各個人が個性を重んじ、社会で生きていくために必要な能力を身につけ、自己の充実を期することが大切であると主張し、人間としての本能・慾望に対しても肯定的な主張が目立つ。国会議員選挙、震災復興についても、同様の見方から向き合うことを主張しているといえよう。

e 「団報」発行と「団歌」作詞

比角青年団・比角尋常高等小学校が運動競技でその名を県下に轟かせた一九二二（大正一一）年の一一月二六日開催された団の幹事会は、「団報発行の件」を議題に載せ、一二月二五日付で「団報」創刊号を発行することになった。それは「当時県下に其例を見ざる月刊の団報」であるという。資金は洲崎義郎が寄付した。翌年二月一一日の幹事会で、発行日は毎月一〇日に変更された(87)。比角青年団の一九二二年度の決算をみると、歳入出規模は四九〇円余で、収入内訳は会費一二八円余、団旗寄付金一〇〇円、特別寄付金四〇円、村補助金三〇円、団報寄付金二四・三円などで、歳出は団旗一二〇円、選手費七〇円余、運動会費六〇円余、指導員房州派遣五〇円、団報費二四・三円などとなっているので、これから「団報」は義郎の寄附金で発行されたことが裏付けられる(88)。

『比角青年団報』創刊第一号（一九二二年一二月二五日）に、洲崎義郎は「発刊の辞」を載せ、「本年は特に運動競技の方面に於いて我比角の青年団は小学校と共に一躍県下の覇者に成ったのみならず又智育の方面に於ても年《ママ》毎月弁論会と談話会を開催して其発達を促して居る。而して今や本団の青年諸君の心中には一種の何物とも知れない力と勇気が醸製《ママ》されつゝ有る事を予知する事が出来る」と活動の発展を記し、「此好機会を最も有効に利用する」ために「青年団報」を発刊するとし、「此団報の発刊に依つて役員の意志と団員の意志は愈々正確に疎通し融合されると共に団員間の心の結ばりは益々親密さを増すので有る」と述べている。この「発刊の辞」から、私財を投じても青年団の発展を図りたいとの義郎の気持ちが伝わってくる。題号「比角青年団報」の文字は義郎の揮毫であった(89)。

「団歌」が作られた経緯は不明だが、一九二〇年二月の定期総会で「団歌合唱」が行われていることが確認されるので(90)、その時にはすでに存在した。義郎が作詞した「比角青年団団歌」は次のようなものであった。

一、米峰の、翠巒《すいらん》清き我が里に、英気を錬れる健児等の、盟は堅し鉄よりも、いと堅し。
二、耀せ――輝せ、独立自尊の日の旗を、あれ見よや、押したてゝ、世界の涯まで耀せ、いと高く。
三、渦巻く文化の、潮の中に、目指すは遙けき、精神《ココロ》の光り、いざ進め――いざ進め、進むは我等が、久遠《くおん》の理想。
四、比角の若人《ワカウド》いざさらば、共に讃《タタ》へん此の栄《ハエ》を、戴く王冠燦爛たり、燦爛たり、嗚呼我等の頭上(91)。
〔片仮名のルビは原文のまま〕

慶応義塾大学の校訓にある「独立自尊」、早稲田大学の校歌にある「久遠の理想」の語をちりばめた団歌であるが、「指すは遙けき、精神の光り」あたりに洲崎義郎の独自性が窺われるといえようか。

作曲は比角校訓導の青年教師であった太田芳郎で、一九一九年に新潟師範学校を卒業し同校に勤務して間もないころであった。太田は柏崎高等小学校時代にテニスの柏陽倶楽部で洲崎義郎らの指導の下に練習を重ね、懇意にしていた。比角校に赴任してからはピアノを弾き、音楽の授業も担当していた。彼は後に東京高等師範学校に進学し、そこで日本を代表する硬式テニス選手に成長していく。洲崎作詞・太田作曲のコンビは、一九年六月に比角小学校の「校

歌」も作曲している。(92) なお、義郎は「比角校応援歌」も作詞している。(93)

f　他の注目される活動

(1)「令旨奉読」

比角青年団では、一九一八年八月の創立発会式の時に「戊申詔書奉読」が、一九年二月の総会では「平和詔書奉読」が、二一年九月には「東宮殿下御帰朝奉迎式」と提灯行列が行われるなど、皇室との関係を重視した。それは他の青年団でも広く行われており、比角青年団も例外でなかったといえる。そして、二〇年一一月二四日、全国青年団代表者の明治神宮参拝にあたり皇太子が青年団に下した「令旨」は、以降、毎年二月に行われる定期総会をはじめ郡・県の青年団の大会などでも「奉読」されるようになる。比角青年団では洲崎義郎団長が読むのを例とした。その「令旨」とは、「国運進展ノ基礎ハ青年ノ修養ニ須《ま》ツコト多シ諸子能ク内外ノ情勢ニ顧ミ恒ニ其ノ本分ヲ尽シ奮励協力以テ所期ノ目的ヲ達成スルニ勗メンコトヲ望ム」(94)で、おそらく小学校教育における「教育勅語」と同じように、青年団運動における聖典となった。義郎は進んでそれを体し行動していたと言ってよい。

(2) 兵士の歓送迎と労力奉仕

比角村には越後鉄道の比角駅があり、その関係で県下にある師団の兵士たちが宿営することがあった。たとえば、一九二一年一〇月八日、高田砲兵隊二五〇人の隊員が養蚕町に宿営した時は、青年団の役員が総出で宿所の割当、案内、歓送迎に当たった。同年一〇月二二日、新発田歩兵第三大隊五〇〇人の隊員が来村宿営した時も、青年団役員一同が歓送迎に従事している。(95) また、同年二月二〇日の定期総会では「出征兵士中郷土出身者〔五名に対する〕慰問袋発送の件」が議決されている。(96) このように青年団と軍隊との関係は深かった。

なお、洲崎義郎は「帝国在郷軍人会比角分会長」として、一九二三年一〇月一九日、関東大震災の「災後ノ整理」

のため高田支部から派遣され「労力奉仕」を行った二名の村民（青年団員）に、「感謝状」を贈呈している。[97]

（3）　青年会館の建設

一九二二年一一月二六日の幹事会は「青年会館建設の件」を初めて協議した。[98]おそらくここで建設が決まったのであろう。具体的計画は不明だが、同年一二月一〇日現在でそのための積立金は五一二円あり、その収入内訳は、活動写真会利益金二〇〇円、寄付金二七七円、消防本隊寄付金三五円であった。[99]消防隊の寄付金は、洲崎義郎と近藤友一郎が比角消防隊に「其の労を捞ふ意味で」贈った金を、消防隊が全額、青年会館建設費積立金へ寄附したものという。[100]二四年度予算には「基本金残高」が六四七円余と計上されている。[101]このように青年会館建設資金が貯蓄されているが、残念ながら、その後どうなったかは不明である。

（4）　比角小学校の諸会の支援

本章第2節ｃで紹介した、一九二三年一一月の比角校の諸会についての中村葉月の言にあったように、比角青年団は、比角校で行われる展覧会・音楽会・童話劇で、父兄・卒業生が生産した物品の販売（バザー）への出品、文化食堂の開設、来客の下足番を務めるなど、諸会行事が成功するように支援した。また二二年一〇月、長岡で行われた「県下少年オリンピック大会」に出場する比角校の選手を応援したり、青年団の指導員でもあった同校訓導西巻千代平が同年一一月、新潟市で行われた「極東オリンピック大会予選」に出場したときも応援に駆けつけている。[102]壮年との連携だけでなく、小学校との連携・支援は、比角青年団の特徴であり、周囲からも称賛されていた。

（5）　庭球部・文芸部・運動部の新設

比角青年団の内部組織として、一九二二年一〇月三一日庭球部が、二三年三月一二日には文芸部・運動部が設置された[103]。庭球部長は不明だが、文芸部長は星野耕平副団長が、運動部長は陸上競技選手の地田秀治が就任した。その時に庭球部が運動部に吸収された可能性もあるが、不詳である。

文芸部の活動内容に関しては、『比角青年団報』第一号（一九二二年一二月二五日）に掲載された「大正十一年事業概況」に、「前年十二月より五月末日迄　巡回文庫閲読」とあるので、おそらく比角青年修養会時代からの書籍を引き継ぐかたちで巡回文庫が設けられ、団員の読書の便を図っていたと思われる。二四年度予算の歳入の部には「文庫寄付」として八〇円が計上されているが、その中には団員一〇名による「〔天皇の〕御成婚紀念文庫寄付金」五三円余が含まれていると思われる[104]。これとは別に「御成婚紀念図書寄附」が四名からあった。その中には二名から寄付された雑誌『改造』七冊もある[105]。

一九二四年六月五日、印刷物『運動競技に酒は禁物』が選手、運動部員、幹事に配布された[106]。どのようないきさつで配布されたのかは不詳だが、これも運動部の仕事であったかも知れない。

(6) 関東大震災の避難者救護活動

一九二三年九月一日発生した関東大震災により鉄道で郷里の新潟県下に避難する者が少なくなかった。比角青年団は柏崎町および周辺四ヵ村の青年団とともに、消防後援団・軍人分会・警察署・郡役所・役場吏員らと刈羽郡罹災民救護団を組織し、四日午前から柏崎駅前に天幕を張り、救護活動を開始した（二日目からは他の周辺村々の青年団も参加）。四〜九日の六日間に救護所で受け取った無切符到着者は三四七七人で、救護団は彼らに握り飯・味噌汁・麦湯・水・ビスケット・キャラメル・西瓜・葡萄・牛乳・饅頭・いも・衣類等を供与した。朝の未明から夜一二時過ぎまで行われた救護活動では、天幕の中で洲崎義郎が指揮に当たり、事務一切を岩戸屋で柏崎町青年団長の西巻進四郎が担当した[107]。

5　刈羽郡青年団長等就任と青年団活動の思想

a　刈羽郡青年団の結成と副団長・団長就任

第一次世界大戦が終わって間もない頃、刈羽郡内では他の町村でも青年会・青年団が組織されていて、郡としての青年団の連合組織を結成しようとする気運が強まっており、一九二一（大正一〇）年に具体化が図られた。

郡の連合組織結成の契機は二つあったと考えられる。一つは、一九二〇年五月、新潟県が第二回「青年大会」を弥彦神社境内で開催し、トラック競技、剣道・角力などで優勝した郡市青年団に優勝旗を授与したことで、「この大会の開催と、県が弥彦神社の協賛に依り来年度に於ても大会を開催すべしとの声明とは相俟つて闔《こう》県青年の熱血を沸騰せしめ、其の結果町村郡市青年団が始めて自発的に其の系統的組織を完了するに至つた」という。そして、県は第三回大会開催に当たり各郡市青年団代表者を召集して協議のうえ内容を決めることとし、二一年七月二二日、県庁で協議会を開催した。(108) それを受けて、同月二八日、「刈羽郡青年団長会議」が開かれ、県が主催する青年大会への参加、取り組みの問題が協議された。『柏崎日報』は次のように報じている。

刈羽郡青年団長会議は昨二十八日午前十時より郡役所楼上に於て開催出席二十四名欠席八名相原郡長は連合青年会長として開会の挨拶を為し副団長推薦は洲崎義郎力石健一郎二氏を推す事とせるが協議事項に入るに先立ち県主催第三回新潟県青年大会準備会に郡青年会を代表して出席せる洲崎義郎氏の準備会の状況報告あり次で協議題に入りたるが県大会参加の件は参加する事に決し選手選定方法としては各町村に於て成るべく予選競技会を開き町村一青年団より十九名の選手を郡へ選出し之に対し郡にては予選会を兼たる郡青年会を九月一日午前八時より柏中校庭に於て開催し各町村青年団より選出されたる総計六百余名の選手中より競技の上郡青年会選手を十九名

> 選出し九月十七日開催さるる県大会へ出場せしむる事而して其競技種類は〔中略〕大会経費につきては追つて協議を為す事、郡制廃止後に於ける郡青年団経費支出に関しては具体的に決定せざれども各町村青年団の負担とせらるゝものの如し、郡青年大会開催の期日を毎年略一定するの件は八月下旬を以て可とせられしものの如し之を以て会議を終り午後三時散会したり(109)

この報道から次の諸点が浮かびあがる。それは、①郡の「青年団長会議」を「連合青年会」ないし「郡青年会」と称していること、②会長（団長）には相原（瀞）郡長が就任しており、新たに副団長として洲崎義郎・力石《ちからいし》健一郎（野田村）が推薦されたこと、③洲崎義郎が七月二二日県庁で開かれた「準備会」（協議会）に郡青年団代表として出席したこと、④議事の中心が県主催の第三回新潟県青年大会への参加問題で、その具体的内容は競技会に郡として代表選手一九名を選出して出場させること、⑤そのために「予選会」「郡青年大会」を開催すること、である。この時に洲崎・力石が副団長に就任したと推察される。本章第4節cの、一九二一年九月の比角青年団の運動競技について述べた個所で洲崎義郎が「刈羽郡青年団副団長」とあるのは、こうした経緯があったからであろう。

もう一つの契機として、政府による、国策に沿う青年づくりに向けた「修養」を中心とする青年団育成の政策を挙げることができる。一九二一年一二月四日、「刈羽郡青年団幹部協議会」が開催された。県の片桐佐太郎社会教育主事が太田政弘知事「告辞」を代読し、県提出の「青年団手簿の利用方法如何」、「出稼青年団員の修養上の良案如何」、「各青年団員の修養方法をして一層有効ならしむる方法如何」、「青年団に於て図書館使用の方法如何」、「生活改善上青年団に於て実行すべき事項如何」などが協議されている(110)。

運動競技会も県の施策と重なる部分はあるが、青年団側からすると、運動競技の県大会に郡として参加することのほうが郡としてまとまる大きな契機になったと思われる。

以上の経緯の下、一九二一年に刈羽郡青年団が姿を現した。とはいえ、郡長（団長）が召集する「団長会議」の性格をもち、郡青年団としての規約もないようで、まだ確固たるものとはいえない。そうではあっても、郡青年団と称されるものが登場したことは確かである。洲崎義郎（比角青年団長）は、同年七月に刈羽郡青年団の副団長に就任したと推察されるが、さらに、二三年九月三日に開催された郡下の各町村青年団長会議で、満場一致で郡青年団長に選出されている[111]。二六年六月末を以て郡制（郡長・郡役所）が廃止されることになっていたから、郡長が職制的に団長になることを前倒しで止めたものと推察される。義郎は四一年に郡青年団が解散するまで長くその職にあった。

刈羽郡青年団の活動は、毎年九月に二日間行われる県青年大会（競技会、ただし関東大震災のあった一九二三年は中止）の予選会を兼ねた郡青年大会（競技会）、一九二二年一一月以降毎年行われた弁論大会の二つが活動の柱であった。郡の弁論大会も県の弁論大会の予選会を兼ねている。そして、県の青年大会は、二四年一〇～一一月に第一回を催した「明治神宮競技大会」、そのための「信越予選競技会」への予選会を兼ねることになる。他方、郡下の各町村青年団の活動も、郡の競技会・弁論会への出場者を決める予選会を兼ねた。

b　新潟県青年団の結成と副団長就任

一九二一（大正一〇）年九月一六・一七日、弥彦神社で郡市青年団の協議を踏まえた「第三回新潟県青年大会」が開催された。七月の協議会（準備会）以降、関係者の間でいろいろな動きがあったと推察されるが、大会前日の九月一五日、弥彦で郡市青年団の代表者会が開催され、新潟県青年団を結成することを決議し、「団則」も議決した[112]。

この団則に基づき、翌一九二二年四月一〇日、新潟県青年団の第一回評議員会が県庁で開催された。出席者は各郡市青年団の代表である評議員、県の担当者らであった。役員の選挙、二二年度予算の議決、第四回青年大会開催（九月一六・一七日、弥彦神社）や「新潟県青年団報」発行などの事業計画が決定された。この第一回評議員会に、洲崎義郎（郡青年団副団長）は刈羽郡を代表する評議員として出席した[113]。

なお、新潟県青年団長は一九二二年四月から知事の太田政弘が、二三年七月からは新任知事の小原新三が就任していたが、二六年三月一五日の評議員会で、それまで副団長を務めてきた佐藤与一が団長に、洲崎義郎と田中正名が副団長に選出され、義郎と田中は四一年に県青年団が解散する時までその職にあった(114)。

c　青年団活動に対する思想

刈羽・柏崎地方さらに新潟県を代表する青年団運動の指導者となった洲崎義郎はどのような思い、考えをもって指導にあたったのであろうか。体系的に完整されたものではなく、折に触れて表出された思い、考えではあったが、それらを通じて彼の思想を考察したい。一部、本章第4節dで見た比角青年団に関した言説と重複するが、ここでは村・郡・県を越えた青年団活動に関わる思い、考えを取り上げる。

(1)　智力開発の「弁論」の重視

一九二二年一一月二日、柏崎座で刈羽郡青年団の第一回弁論大会が開催された。洲崎義郎は副団長として尾戸次作団長（郡長）に代わり「開会の挨拶」を述べた。要旨は、「本郡青年団は過般弥彦陣頭に於いて県下青年競技会に於て優勝したるが〔、〕智的方面の弁論会の如きものは今日まで之を試みられなかつた〔。〕文武は恰も車の両輪の如くであつて何《いずれ》が欠けても完全な発達は期すことが出来ないとて智的方面の開発弁論の必要を説き〔、〕今回は初めてのことだから或はマゴつくこともあるであらうが〔、〕始めから和尚はないから決して耻るに足らぬ〔。〕おめず憶せず堂々と練習を為せ」であったという。また弁論終了後、義郎は次の「講評」を述べた。

〔前略〕弁論の目的は衷心から湧き出づる思想を言葉を以て人々に伝へ之を徹底せしむるにある〔。〕徒らに大言壮語して美辞をつらね対句を並べるを以て弁論の目的を達せりと為すものではない。ほんとうの心より湧き出づる心の叫びをほんとうの言葉を以て心の真《まこと》を人々に伝ふる所に真の弁論の目的は存するのである。ほんとうの心程人を動かすものはない。ほんとうな《ママ》心の叫びより発する言葉程人を感動せしめるものはないのであります。今日の概評を申しますれば〔、〕最初の試みとしては大体に於て態度はよろしかつたが〔、〕更に沈着に落着きを以て演壇に臨まれんことを希望する〔。〕次には音声であるが〔、〕音声は只大きいばかりでは徹底するものでない。腹の底から出る力ある声でなければ充分徹底しない。力と熱が必要である。次ぎには用語即ち言葉である〔。〕用語が野卑であつたり仮名遣ひや文法が間違つたりしゐては所謂白玉の微瑕となる〔。〕之等の点に就ても充分の注意を払ひ洗練せる言葉を用ふるやうに心懸けて頂きたい。それから演題と内容であるが〔、〕之は大抵何も一致してゐたが〔、〕一二多少遺憾なるものがあつた。演題と内容とが一致せぬといふのは要するに自分の思ふことを充分に発表し得ないといふ事になるのだから最も大切なことである。次には着想であるが〔、〕平凡であつても穏健着実であればよい〔、〕平凡をいけないと云ふのではないが〔、〕多少奇抜な所に着想することも必要である。而して弁論は只自分の思想を伝ふるのみを以て足れりとせぬ。皆さんが此の壇上に立つ時先づ最も必要なるは沈着である。人を呑んでかゝる落着きが必要であるが〔、〕此の経験は実に人生に於て得難い経験である。尚弁論のためには読書も必要であり〔、〕人の話を聞くことも必要であるから〔、〕自然それ等のことにも心懸けるやうになるから智識を向上せしむるにも多大の効果がある云々(115)

これは『柏崎日報』記者がまとめた要旨であるが、義郎の弁論に対する考えは正確に伝えられていると思われる。それは、「弁論の目的は衷心から湧き出づる思想を言葉を以て人々に伝へ之を徹底せしむるにある」に尽きる。「衷心から湧き出づる思想」をもつためには「読書」や「人の話を聞くこと」が必要だと言い、また、それを伝える相応のスキルも必要とし、講評の後段はほとんどがスキルに関するものとなっている。ここに、小学校教育しか受けていない青年たちが主体的に学び、自分なりの考えをもち、発表していくことを通じて主体性を形成してもらおう、という義郎の考えが表れている。

一九二三年四月一一～一三日、柏崎小学校で刈羽郡青年団主催の「講習会」が開催された。洲崎義郎は副団長として「開会の挨拶」を述べた。この会は聴講生を一町村一〇名に限定したためか、参加聴講生は三五名と少なかった。とはいえ、学習意欲ある青年に新しい思想を紹介しようとする義郎の意志が働いていたように思われる。講師は郷土出身の江原小弥太と内山文学士〔省三〕で、江原はアインシュタインの「相対性原理」に関して主として「相対性」について述べ、内山は「美」「芸術活動の諸相」「創作心理」「観照の心理」について話し、最後に「文芸の立場より人間生活はかくあらねばならぬ」と説いたという。[116]

(2) デモクラシー精神に立脚しない全国青年団大会への批判

そうした洲崎義郎であったから、新潟県青年団評議員として「全国青年団大会」に出席したものの、その内容、あり方に強い違和感をいだき、その気持ちを公表することを憚らなかった。この大会は一九二三年五月一六～一八日、全国から約三五〇人参加の下、京都市公会堂で開催されたものであった。これについて、義郎は『比角青年団報』に載せた報告文で、まず「三日間に渉る愚劣極る全国青年団大会」と言い、大会の様子について、「単に饒舌を弄さんが為に或は一人よがりの偉《えら》がりやの為に大会の空気は全く嫌なものに醸製《ママ》されました」、「大会の空気は明瞭に都市対地方と、老年対青年、官僚対反官僚の色彩に区別されるやうです」、「デモクラシーの精神に立脚して居る人は全く見出す事が出来ません」と感想を述べた。また、内務省が示した二五歳以下という年齢制限が話題になったことを批判し、「デモクラシーの精神とはそんな単なる表面的な平調な薄つぺらなものではなくして真に各人が御互の個性を尊重しながら其各人が持てる能力を最高度に迄発揚せられるやうに機会の均等を与へられる其自覚せる精神を指すものでなければなりません」、「青年団の発達は青年各自の自覚と反省に待つより他は有りません」と主張した。[117] そして義郎は、一日目に行われた「記念の撮影も市長の招待会も出席せずに一人で丸山公園の中を散歩しました」と記し、[118]「デモクラシーの精神に立脚して居る人」が全くいない空間に自己を置くことを厭う姿勢を露わにした。

(3)　政治に真摯に向き合う態度の養成

一九二四年一月、洲崎義郎は「刈羽郡青年団長」として、二四年度の事業計画および衆院選に関する希望などを記した書状を町村青年団長に一〇日付で発送した。事業計画は傘下の青年団の事業計画や希望を踏まえて立案するので、事前に知らせるように求めている。衆院選に関しては、「本年度は衆議院の改選期でありますから此際貴団青年に対して弁論会等の機会を利用して立憲政治の正しき意味と本義とを自覚せしめて今迄の様な金力や情実に拠つて選出する様な事がなく人格識見共に立派な人物を選出せらるゝ様に御努力を御依頼致します」と要望している(119)。

しかし、洲崎義郎の書状を掲載した『柏崎日報』は、「青年団をして斯の如く政治的運動に努力せしむることは果して青年団の真精神に添ふものなりや否や多少考慮を要する処には非ざるかと一部の有識者は語つて居る」との批判的なコメントを併せて載せた。これに対して義郎は、本章第4節d(3)で記したように、比角青年団の第一〇回弁論会(一九二四年一月一六日)で「総選挙を前にして」と題し演説し、「青年は寧ろよりよく政治を理解する必要がある。我々は代議士の罪を責むるより先づ之を選出した我々有権青年の罪をたゞさねばならぬ」と反論した。政治について真摯に向き合うことは青年が「善良ナル公民」となるために必要であり、その機会を与えることも青年団活動の一環だと、義郎が考えていたことが浮かび上がってくる。

このような考えのもと、洲崎義郎は一九二四年五月一〇日に行われた衆院選に関わった。これについては本章第1節bで触れたように、義郎は政友本党から立候補して落選した義兄の丸田尚一郎を公然と支援した。丸田は比角青年団の賛助団員であり、丸田を「稀に見る崇神崇仏家で而も氏の国士的言行には全く敬服の外ない」とする団員有志は「比角青年応援会」を組織し、丸田徳太郎宅に選挙事務所を設けて奮闘した。また、「熱と涙に燃える我が洲崎団長もまた丸田候補の熱情と人格とに信頼して殆んど寝食を忘れて東奔西走其声援振り方に金をも溶さんとす」と報じられた(120)。

選挙後、洲崎義郎は「青年と政治」と題した小文を『比角青年団報』に寄せ、「私は本年始めて選挙運動をやって見て種々な事を教へられた。そして今更の如く其の政界内部の腐敗と堕落とに驚かされた」と、まず感想を述べた。そして、「私が今迄の選挙の度ごとに冷淡に構ひて居つたのは政治と云ふものに無関心な訳でもなければ又は政治運動が嫌でもなく、只余りに既成政党の裏面に醜悪な、見るに忍びない、幾多の情実や因縁が横つて居る事を想見して」いたからだが、「今回丸田氏が馬を刈羽の陣頭に進められるに際して私に助力を求められた結果あの丸田氏の立候補の宣言書に共鳴して一臂の力を添ひ《ママ》る事になつた。そして今こそ我々青年の潜勢力がどれ位有るかと云ふ事の試練として最も好時機で有ると悦んだ」と、今回の選挙に向き合った立場・姿勢を明らかにする。そのうえで、政党・選挙の現状は「党利党略の為には何物をも顧ないが如き感」があり、「米搗バツタの様に頭ばかり無暗に下げて有権者の御機嫌を取り金や情実に依つて有権者を圧迫して迄も当選を希ふと云ふが如き情ない有様」だが、それも「畢竟するに我々人民や有権者が悪いからで」あると、有権者側の問題を指摘する。ついで、我々に与えられた「真に尊い神聖な権利」である選挙権の行使に当たっては、「公明正大な自由の立場から自己の最も信頼するに足る人物を選出す可きで有る」と主張し、「今日の日本は総ゆる点に於て改造を必要として居るが〔、〕政治の改造は其最も急を有するもの、一つで有る。そして其大任を果たす者は諸君青年の純真な意気と清新な魂に待つより他はないと云ふ事を自覚す可きの秋《とき》で有る」と結んでいる[121]。

自らの選挙活動体験を通じ、将来を担うべき青年が政治に向き合う理想を語ったものといえる。彼が丸田尚一郎の選挙運動を行うこととは別に、一般的に「青年と政治」の関係を見つめる好機会と考え、あえて青年団報で自分の考えを表明したのであろう。

(4) 県に財政支援を要求

一九二四年一〇月、洲崎義郎は、自らが起草し新潟県青年団評議員会の決議を得た「総ての事業は人の養成から」と題した文書を県青年団長（知事）の小原新三に提出した。主旨は次のようなものである。すなわち、今年度の県補助金は一三〇〇円に過ぎない。県下青年団員は一三万人で、彼らは義務教育を終了しても上級学校に進学できず、娯楽にも恵まれておらず、「ドン底生活」をしている。他方、「有産階級の子弟」が通う中等学校には一四〇～一五〇万円の県費を支出している。それに比べると青年団に対する補助金の少なさは「甚しい不合理」である。また、「青年団の適切なる指導は小学教育の延長と完成を意味」しており、今日欧米先進国が義務教育八年となってきていることからも、補助金増額は「緊要の事」であり、青年団への補助金を五〇〇〇円に増額してもらいたい、と。[122]

これは『洲崎義郎回想録』（五二～五三頁）でも義郎が言及しており、後々まで記憶されるエピソードであった。

(5)　青年軍事教練に対する批判

そうした洲崎義郎にとって、「危機」と思われる状況が現れた。中央政界で、青年団員である青年たちに軍事訓練を義務化しようとする政策が行われようとしたのである。一九二五年六月、『柏崎日報』は、文部省が「青年団を単位とし之に軍事訓練を施す方針」を決定し、その具体策について「目下調査研究中」であると報じた。[123] これを知った義郎は「危機に直面せる青年団」と題する論説を書き、九月の『比角青年団報』に載せた。

この論説は冒頭で、「近頃の新聞紙上にチヨイ〳〵青年団の軍事教育に関する記事が掲載されるのを見ると其孰れもが丁度自治的に発達して来た青年団を自分達官製のもので自分達の勝手に改廃する事が出来るかの様な口吻を洩して居る奇怪至極の記事で有る。そして尚一層滑稽に見えるのは文部省、内務省、陸軍省が三つ巴となつて軍事教育問題を好機会として早くも青年団を自己の掌中に握らうと焦つて居る光景が醜くスクリーンの上に映写されて国民の前に暴露された事である」と言う。そして、これまで役人達は「口を開けば青年団は自治的に発達す可きものだ」と言ってきたのに、「裏面に於ては早くも其の声誓を裏切つて青年団の自治と誇りを蹂躙して「吾省の青年団」と力み反つて居る」有様だと批判し、これに対して「我々自由と自治とを生命とする青年は第一に反対の烽火を挙げなければならない」、もし青年団の改革が必要ならば、「各青年団は各団員の内的要求に拠つて一歩々々深く向上と創造の完成に向つて努力す可きで有る」と主張した。義郎はさらに自説を敷衍し、「政治界は普選の世の中」に入ったのに、青年団に軍事教育を求めるのは「二重の悲哀を感ぜしむる」、「我々国家人類の到達す可き目標は平和と愛との世界でなければならない」と、軍事教育による軍事力強化の動きに反対を表明し、さらに、「未だ発達の途に有る国家としては其止むを得ざる自衛上から或る種の軍備を持つと云ふ事も仕方の無い事では有るが」、それは「人類が殺人と不生産的方面の浪費に対する恥辱として一日も早く此の世界から根絶せしめなければならぬもので有る」、「平和と愛の一大使命を双肩に担つて居る青年団に対して強制的に軍事教育を施行させる事は日本の国家をして永遠に人類の栄光とある《ママ》先覚者とならしむる途では無い」と主張した。義郎はこの論説を、「重ねて言云ふ〔。〕私共は文部省や内務省や陸軍省の青年団ではない〔。〕自由意志と若人の熱に燃えて居る自治の青年団である。其所に真の使命と意志とを感ずる近代的青年である」と結んだ[124]。

この論説の背景には、一九二五年五月実施の宇垣軍縮（四師団廃止など）と、同年四月開始の学校軍事教練とともに、中等学校に進学しない青年たちにも軍事教練を課そうとする陸軍省が、実業補習教育の拡充を図りたい文部省に働きかけ、「青年訓練」を行おうとする動きがあった。それは翌二六年四月の「青年訓練所令」として実現する。同令によれば、「心身鍛練」を目的に、修身・公民科と教練科が必修で、このほかに普通科・職業科とを合わせ、四年間で八〇〇時間の訓練を課し、このうち教練は四〇〇時間となっている。当初、この訓練所は小学校や実業補習学校と併設されたが、一九三五（昭和一〇）年四月に青年訓練所と実業補習学校を統合した「青年学校」となり、三九年四月からは義務制となる。こうした経緯をたどるその後の「青年訓練」であるが、義郎がこの論説を発表した時はまだ「青年訓練所」はできていない。しかし、そうした動きは一九二五年の学校軍事教練開始と連動して始まっていたわけで、それが実施されればこれまでの青年団のあり方に大きな影響を及ぼすことが予想され、青年団の自主的・自治的なあり方が大きく損なわれると義郎は考え、強く抵抗したのである。この論説は、この時点における彼の軍事・平和思想を垣間見ることができる資料であることに注目したい。これもデモクラシー気運を反映したものといえよう。

6　スポーツ振興への尽力とスポーツ論

洲崎義郎は、比角青年団・刈羽郡青年団の団長である前に、テニス（軟式）に興じるスポーツマンで、他の競技を含め、地域のスポーツ振興に尽くした。ここではそうした義郎に光を当てるとともに、この時期に公にされた彼のスポーツ論について触れることにしたい。

a　テニスの振興

まずテニスである。一九二一（大正一〇）年七月三〇日、午前九時から柏崎商業学校コートで柏陽倶楽部が肝煎となって、「刈羽郡庭球大会」が開催され、四四組が参加した。審判員は洲崎義郎・井上敬英・遠藤寅一郎・太田芳郎が務めた[125]。同年一〇月一六日には、午前九時から同校コートで第二回大会を開催。洲崎義郎が開会を宣し、井上敬英・遠藤寅一郎が審判を担当した[126]。

一九二二年秋頃、柏崎・刈羽地方の庭球クラブには、「柏陽倶楽部」、「コンマーシャル」、「柏郵倶楽部」、「緑倶楽部」、「米北倶楽部」、百三十九銀行支店員・柏崎銀行員・日石社員らからなる団体、枇杷島の団体、新花町の団体、柏崎商業学校および柏崎中学校の庭球部などがあった。一番古いのは、洲崎義郎らの「柏陽倶楽部」で、井上敬英・遠藤寅一郎らが所属しているという。そして前年から春秋二回、これらの各団体の選手により、「郡内庭球大会」が開催された。柏崎商業学校の選手は、この年六月に行われた新潟毎日新聞社主催の県下中等学校庭球大会で優勝し、一〇月一七日行われた高田日報主催の上越庭球大会でも、一〇月二二日行われた新潟高等学校主催の県下庭球大会でも優勝するほど強かった[127]。柏崎商業学校の選手が強いのは、義郎が早稲田大学から招いた福田大蔵の指導を長年受けたからで、柏陽倶楽部も同校の前庭を借り受けて新コートを造成し、そこで練習したという[128]。ちなみに、同校選手は、一九二二年一〇月、早稲田大学コートにおいて開催された全国中等学校庭球大会に出場し、第一戦は不戦勝、第二戦（栃木中学）・第三戦（神奈川中学）に勝利したが、第四戦で早大実業校に敗れている[129]。

柏崎商業学校によって柏崎・刈羽のテニスの強さが証明されたことは、同校選手をさまざまな形で支援し続けた義郎を称賛する気運を呼んだ。一九二二年一〇月二九日の『越後タイムス』は、中村彝が描いた義郎の肖像画を掲載し、「氏が吾が刈羽郡の運動競技界に対して尽した効績に就ては、誰人も之れを認めないものはあるまい」、「郡青年団副団長として、氏が率いて行つた刈羽郡選手が、弥彦に於ける県下青年競技大会に大勝を博して来た事実。氏が日夜、愛撫し奨励する比角小学校児童が、長岡に於けるオリンピック競技会に、同じく最優勝を博して来た事実。又、氏が今日迄よく指導し来つた柏商校庭球選手が今日県下の覇権を握るに至つた事実。之れ等を綜合して考て見ると〔、〕氏一個の力が、如何に本郡運動競技界の名誉をして光輝あるものたらしめたか実に想像に余りあるのである」、「吾々は氏が本郡運動界に寄する処の好意と、努力と、熱心とに対しては衷心より感謝の意を表せざるを得ない」、「最後に氏がテニスマンとして軟球に於ける日本的優秀の実力を有してゐる選手である事を逸してはならない。氏等が創設した柏陽倶楽部の名が今日斯界に重きをなしてゐるの事実は、実に当然であると云はねばならぬ」と、口を極めて称賛した。

b　公設運動場建設への尽力と刈羽郡体育協会の会長就任

一九二二（大正一一）年一〇月二八日、刈羽郡役所で「刈羽郡体育協会」の創立総会が開催された。これは郡内三二町村長・青年団などの賛成を得て創立されたもので、当日は「刈羽郡体育協会規則」を決定し、会長に尾戸次作郡長、副会長に洲崎義郎・二宮直次郎を選任し、「公設運動場建設に着手」することを決めた[130]。

刈羽郡体育協会の創立は、柏崎に本格的な大運動競技場が必要だと考えた柏崎小学校訓導の坂田四郎吉が中心となって動いた結果、実現したものである。坂田は体操競技が得意な体育教師で、「運動の民衆化」を目指していた。

彼は、「運動の民衆化は競技運動に俟つより他ない」、「競技運動の普及発達」には「運動場の設置が先決」だと考え、柏崎小学校の裏浜にある町有地に大運動場を建設してもらおうと運動を進めた。それにより「期成同盟会」が結成され（五月二四日、会長は相原郡長）、同会が九月二日、柏崎町会に提出した運動場建設促進の請願書が同月一一日、満場一致で可決されるに至った。一〇月二〇日の期成同盟会は、場所を柏小の浦浜とすることを含む具体案を決定するとともに、組織を発展的に解散して「刈羽郡運動《ママ》協会」を創立することを決め、一〇月二八日に「創立総集会」を開いた。[131] それが「刈羽郡体育協会」であった。

刈羽郡体育協会の公設運動場は一九二三年五月一二日に起工され、[132] 同年一〇月七日に竣工式が行われた。[133] 竣工式終了後、公設運動場は早速第二回「県下少年オリンピック大会」（三二校、八一二人出場）の会場として使用された。東西一〇八間、南北五一間の面積の中に、幅一〇メートルの四〇〇メートルトラックがあった（一〇〇メートルの直線部が二個所）。その内側のフィールド面積は五五六二坪で、直線部は一四〇メートルあり、「巾飛、ホップステップ、槍投、砲丸投、円盤投、走り高飛、棒高飛」および一〇〇メートルのスタート練習場などの設備があった。観覧席を加えた総面積は七〇〇〇坪余で、総額一万二六〇〇円余の工費を要した。これは、郡の補助金二〇〇〇円、柏崎町の補助金五〇〇〇円のほか、有志の寄付金でまかなわれた。[134]

洲崎義郎が公設運動場建設問題に具体的にどのようにかかわったかは不詳であるが、運動場を使用する機会が多い郡青年団の団長であり、建設母体となった期成同盟会の副会長であった。なお、一九三二（昭和七）年夏、柏崎町で初めて日本放送協会によるラジオ体操会が開催された時、義郎は「刈羽郡体育協会長」として同体操会の副会長になっているので、[135] 郡制が廃止された二六年頃には刈羽郡体育協会の会長に就任していたと思われる。

c　米峰スキー団の団長就任

公設運動場建設の準備が進んでいた一九二三（大正一二）年二月一七日、比角村の南方に位置する南鯖石村の石曽根スロープで「米峰スキー団」の発会式が行われた。これは前年二月行われた大日本スキー会主催の第一回競技会に刈羽郡から参加した中村長一郎（中通小学校訓導）・川合武美（野田小学校訓導）らが中心となって企画し、前年一一月、比角村長の洲崎義郎に相談するとともに、団長就任を依頼したところ、快諾を得、準備を進めてきたものであった。発会式の直後、南鯖石小で、高田師範学校の原豊次を主任講師に招き講習会を行い、その後には競技会を開いた。以降、郡内各地を回って講習会・競技会を開催し、優秀選手を全日本信越予選会に送り出すなどの活動を続けた。(136)

d　刈羽アマチュアーアスレチック倶楽部の会長就任

一九二五（大正一四）年一〇月、『越後タイムス』は「刈羽アマチユアーアスレテツク倶楽部」という体育団体が結成されることとなり、一〇月九日に公設運動場で発会式を挙げる予定、と報じた。その「体育団体規約」によると、「会旨」（目的）は「本会は人格の向上体育の錬磨普及び親睦を趣旨とす」にあり、会員資格を一五歳以上三五歳までの男子（学籍者は除く）とし、役員は会員の互選による、としている。陸上競技の種目を練習するもので、会員は「毎日午後四時より体協グランドに於て練習」し、毎週土曜日には合同練習を行う決まりであった。会長に洲崎義郎を、副会長に前田義三郎を、指導員に西巻千代平（比角校）・若月一雄（枇杷島校）など、推薦される役員の名も報じている。(137)しかし、発会式は延期となった。理由は不明である。

一九二六年一月一七日、「アスレチック倶楽部」の発会式が郡役所で挙行された。三七名の会員中、約二〇名が出席。洲崎義郎が議長となり、規約、同年の事業計画を協議、決定した。役員選挙で、洲崎を会長に、前田を副会長に、白井・阿部・赤堀・外山を幹事に、西巻・若月を指導員に選出した。事業計画では、四月から毎週土曜日午後四時から合同練習を行うこと、六月中旬・一〇月中旬に同会主催の競技大会を行うこと、宣伝マラソンを行うことを決めている。(138)残念なことに、ようやく結成されたこの組織の以降における活動の実態は不明である。

e　論説「運動の近代的精神」

洲崎義郎は、一九二二（大正一一）年一〇月二九日の『越後タイムス』に「運動の近代的精神」と題した論説を掲げた。この号は「越後タイムス運動号」と銘打たれ、義郎のほかにも運動関係の記事・論説が掲載されている。前述した「刈羽郡体育協会」の創立総会開催に合わせた特集であった。この論説は義郎のスポーツ思想を示すものとして重要であり、以下、大要を紹介する。

・運動は「人類の生命が要求して居る本能の中の、最も大切なもの、一つである」。それは理智の発達によって舞踊や演劇の仕草に見られるような「超技巧的な方面」にも用いられるようになったが、ここで取り上げるのは「身心の鍛錬に応用して居る、所謂狭義の運動」で、「如何に近代の運動が合理化され、美化されたかと云ふ事を引証」する。

・「種々なる科学的研究」の積み重ねによって、その競技に最も適した体の動き＝「フォーム」が追求された。完成された「フォーム」そのものが「美」であるが、「ユニホォームに包んだスッキリした艶姿」の肉体、「選手の姿から発光する精神的の美しさ」も「美」である。また、「規律有る応援団の動作、光栄ある優勝旗授与式の盛観、競技の開始前に於ける入場式の壮厳《そうごん》なる光栄、大地に輝いて居る白線の清浄、選手歓送迎の偉観等、一として運動に関する美を語らぬものはない」。

・「運動の近代的精神」は、「生命の有する運動の慾望を、其生命の有する全体の慾望に照応せしめて、運動の慾望の解放を完成することにある」。そのためには、運動を合理的・組織的に行うこと（「科学的」）、不規律な運動、眼中には勝敗しかないという精神を排し（「道徳」）、「運動の瞬間に於て、精神を統一して深く自己並びに対象を観察し、自我を最高度に燃焼せしむる」こと（「芸術」的境地）が必要である。

以上が私なりに整理した要点である。洲崎義郎は、「運動」を人間の生命が求める「本能的欲望」と捉えている。その「欲望」をかなえるのが「運動」（スポーツ）であるが、それには歴史があり、「近代」はどうあろうとしているのか、と問題を立てる。答えは「科学的研究」＝「合理化」により、その競技に最適な「フォーム」を完成させることにあり、そこに自ずと三つの「美」があるという。「規律有る応援団」以下の「美」は競技会場での空間的「美」といえるが、義郎はこれも「近代的」なものと見ている。最後に「近代的精神」を実現するための方法として三点を挙げているが、かなり厳しい摂生・自己抑制を求めるものになっている。

洲崎義郎は人間の本能・欲望について本来的に肯定的であり、スポーツ論でもこれを基底にしている。だが、「近代的」「科学的」となると、その欲望を自己抑制することが不可避となる。より高次な欲望を実現するためには、他の（下位の）欲望を自己抑制するしかない。それが下記に触れる「欲望の合理化」であり、そこに成長があると義郎は主張しているようである。そこに「美」を感ずる意識も、おそらく義郎独特のものであろう。これは中村彝の絵画論に通じるものがある。なお、かつて現代思想に関連して批判的であった「科学」がここでは肯定的に取り上げられており、スポーツを通して「科学的」なるものを肯定する思想的変化があったと考えられる。

約一年後の一九二三年一〇月七日、公設運動場が完成し「県下少年オリンピック大会」が開かれた時も、洲崎義郎は同様のスポーツ論説を『越後タイムス』に掲載している[139]。なお、スポーツにかかわる美意識に関して、義郎はスキーを取り上げ、スキーは弾丸のように滑っていくが、弾丸のような殺伐なものでなく、「人体美の総ゆる姿態を最高度に迄発揚する」、「精神と肉体が只一つの運動に融け合つて行く姿は芸術の極致で有る」と述べているのが注目される[140]。

7　芸術・芸能への思いと支援

洲崎義郎は村長時代においても中村彝《つね》との交流・支援を行い続けたが、彼の死にも直面することになった。また郷土出身の若い画家・宮芳平を積極的に支援した。ここでは、これらについて取り上げるとともに、義郎の周旋により開催された長唄鑑賞会についても触れることにしたい。

a　中村彝との交流と絵画展開催

(1)「洲崎義郎氏の肖像」の制作

第2章第3節bで触れたように、中村彝が「洲崎義郎氏の肖像」を描いたのは村長時代の一九一九（大正八）年のことであった。義郎に宛てた中村の書簡でその経緯を探ってみよう。

渋谷の初音町に居住し、目白の下落合村（現、新宿区）にアトリエを建築中であった一九一六年二月二八日付の書簡の末尾辺で、「そして君の顔を描きませう。君の顔ハ構造が丸で埃及の彫刻の様だから、馬鹿に面白く行き相です」と描かれているのが初見で、このころから義郎の肖像画を描く話があったと思われる。しかし容易には着手されなかった。一九年四月三〇日付の書簡に「今度いらしたら、今度こそ君の肖像をかきませうね。僕は御分《ママ》かれしてから毎晩その事を考へながら眠る事にして居ます。今夜もこれからその事を考へるのです」とあり、ついで五月八日付書簡に、「君の写真を至急送つて下さい。若し無ければ、写して（修正しない様に）送つて下さい。写真でも見ないよりは見て居た方がいゝ」と書かれているので、この頃ようやく実現の運びになったことがわかる。しかし、その後体調が悪化し、七月に茨城県の平磯海岸の別荘を借りて療養生活に入り、それは九月まで続いた[141]。

中村彝が下落合村のアトリエに戻り、洲崎義郎にモデルとなってもらい、二〇日間かけてその肖像画を描きあげたのは一一月のことであった。義郎はその間、中村のアトリエに通い、午前一〇時から二時間くらいモデルを務めた。「洲崎の仲介で柏崎出身で画家志望の鬼山米吉が制作立合を許され」たという。[142]

(2) 中村彝展覧会の開催と「彝さんの芸術」

一九二〇年一一月、『越後タイムス』は創刊一〇周年記念事業として、七日に平塚らいてう・山田わかを招き「思想講演会」を行うとともに、七・八日、「洋画展覧会」を開催した。柏崎町役場楼上で開催されたそれは中村彝の個展で、油絵二一点、パステル四点、ペン画二点が展示され、出品目録も配布された。

七日午前八時の開会間もない頃から観覧者が会場に続々押しかけた。八日の午前は比較的閑散だったが、午後には「生徒の数団」が一度に押し寄せ混雑をきわめ、この日は閉館時間（午後四時）を一時間延長した。二日間の入場者が「合算すると、数千人に上る」ほどの盛況で、長岡・直江津・出雲崎・椎谷・宮川など遠方からの来館者も少なくなかった。洲崎義郎は、事前に女学校・中学校で中村彝の絵画について講演を行い、町の辻々にも展覧会のポスターが張られて宣伝が行き届き、展覧会の最中には洲崎義郎と曽宮一念（中村彝の友人画家）が「洋画の見方や出品画」について説明した。[143]

二七点の出品作品の多くは洲崎義郎が所有していたと推察される。製作年代順に書かれた出品目録によりそれを紹介したい。括弧内の略字psはパステル画、pnはペン画を意味し、それ以外は全ては油絵である。

(1)「野島ヶ崎」、(2)「自画像」、(3)「静物」、(4)「ダリヤ」、(5)「大島の風景」、(6)「大島の風景」、(7)「椿」、(8)「或る絵のコンポジシヨン」（ps）、(9)「自画像」、(10)「静物」、(11)「西巻時太郎氏の肖像」、(12)「壺に花」（ps）、(13)「小鳥の復活」（pn）、(14)「病める男」（pn）、(15)「静物」（ps）、(16)「静物」、(17)「静物」、(18)「庭の雪」、(19)「平磯海岸」、(20)「平磯海岸」、(21)「苺」、(22)「ダリヤ」、(23)「肖像」、(24)「目白の初冬」、(25)「雉」、(26)「目白の冬」（ps）、(27)「庭の斜陽」[144]

以上であるが、(11)「西巻時太郎氏の肖像」は実物ではなく写真を見て描いたものであった。また「洲崎義郎氏の肖像」は出品されなかったが、一一月七日の『越後タイムス』第五面にその写真が掲載されている。自身の肖像画を展示することを憚ったものと思われる。

洲崎義郎が事前に女学校・中学校で中村彝の絵画について行った講演内容は、「彝さんの芸術」と題され、『越後タイムス』に掲載された。それは次のようなものであった。まず、「あの海の底を思はせる様な、深い澄んだ永遠の憧れを持つた両つの眼の輝きが、優しい顔の中からじつと滲んで来る暖さ迄も感じられるのです」、「始終彝さんの人格及び其作品から、自己を知り自己を反省し、自己を生かす力を得て居ります」、と自分の受け止めについて述べる。ついで彝が「芸術に若し進化と云ふ事が有り得るならば、それは機能の開発を措いて他に無い」と言っていることを取り上げ、「一つの絵画に取つても、数千年の歴史は自然の生命を攫《つか》むと云ふ同一の軌道上の回転を原理として絶えず単純より複雑へ、一より多への機能進化の開展史を暗示」する、「総ての絵画の天才は〈中略〉時代と個性の差に依つて、自然の中から無限に美しい、色彩や、面や、構図や、筆触を開展させて行」くという。そのように考える義郎は、「私の眼に私の心に無限の美と悦楽とを与ふる者は、ルノアールと彝さんの芸術が其尤《ゆう》なるもの」であり、ルノアールの芸術を「燦爛として輝いて居る」という言葉で表現するとすれば、彝の芸術は「玲瓏として輝いて居る」と対照する。そして、「彝さんは、自己の視覚に感ずる総《あら》ゆる方面に於ける自然の美を、其儘画面に表現する事に自己の進路を見出し」たと述べている。最後に、彝の絵の鑑賞で見逃すことができない特徴として、義郎は、①「深い宝玉の様なデリカシーを持つた色彩」（「自然の深味と光りを完全に露はす手法を知つた色彩の征服者」）、②「空間の立体美を本当に善く現はして居」ること、③「明暗の微妙な交錯と、律動」、④「画面の統一」の四点を指摘している。(145)

このような洲崎義郎の講演を聴いた柏崎中学校の生徒Kは『越後タイムス』に、美術についての洲崎の研究・博識に敬意は表しつつも、「氏の御講話は概して余りに抽象的に陥ちた様な感が致しました」、「全講話が全く氏の独創的研究の熱誠であり、努力であつたにもかゝはらず、その熱誠が努力が、断片的に陥ちた事を惜しまずには居られませんでした」、「氏があまりに美辞麗句に囚はれ過ぎ、弁の修飾に拘泥し過ぎて、前後の連絡関係を等閑視した嫌ひのあつた事は事実でした」など、辛口の感想を寄せた[146]。なお、この文から義郎の講話が二時間ほどであったことが知られる。

(3) 中村彝の芸術論

洲崎義郎の演説に「抽象的」な表現、あるいは主観的な表現が少なくないのは、上記の「彝さんの芸術」から確かに窺い知ることができる。では中村彝自身はどのように言っているであろうか。『越後タイムス』創刊一〇周年記念事業の「洋画展覧会」に寄せて中村の寄せた「私の感想」と題した文を紹介しよう。それは、中村の芸術論とみることができるものである。

中村彝はまず、現代を「芸術の彷徨時代」とする。それは「印象派の勃興以来」のことで、「新しき方法と新らしき分野の探求とに没頭」した結果、「めまぐるしき変化と珍奇とを喜び、徒なる官能の刺激と、中毒的神経を追ふに至」り、それによって「伝統と古典とに対する正しき観念を失ひ、自然の深き味ひとか、人間の本質的感情とか、古き芸術家の純真なる喜び等に対して、著しく鈍感とな」ったと言う。では中村が重視することは何か。中村は、人間生活において、その幸・不幸を決定するのは、新しい知識や高い趣味ではなく、「吾々の中に内在する『生命の核心』を掘る事によつてのみ、真の幸福を得る事が出来る」、それは「平等に人間に与へられたる真の宝、真の本能であり、神の意志であり、人間の心に与へられたる不変の法則である」と言い、それを踏まえた心のありようを次のように述べる。すなわち、「この心は実にありのまゝの生活の中に『自己』を働かせ、静に周囲を愛し、正しき黙想によつて物の真相と、その美を悟り、その法と摂理と喜び味ひつゝ、一切を肯定し、人をして讃嘆の中に力強く人生を歩ましむる心」であり、古代以来の偉大な芸術家の作品には、こうした「純真なる心」「美しき真実」があるから、時代を超えて「何時も吾々の魂を打つ、深い喜びがある」のだ、と。以上を踏まえ、中村は、現代の画家では、ルノアールとオーギュスト・ロダンを高く評価し、ルノアールについては「その豊饒な蔭影と、神秘的渾一と、明浄な旋律と、高雅な光調とは、描かれた主題が何んであるかを問ふ前に、先づ吾々の魂を恍惚の境に誘ふだけの力を持ツて居た〔。〕画面の中央に座して居る女の如きも、それが何を考へ、何を語つて居るかを問ふ前に、吾々は先づ、その生きた『女の肉体の本質』そのもの、深い滋味と力とに魅せられて終ふのである」と述べ、ロダンについては、「その芸術は次第に細部的感激から、主要なる全体的感激に進んで、その動勢と特質とは年と共に明浄になり、単純と充実と堅実性とが次第に作品を感化し、永遠化して来た様な感がある」とする。これに対して批判の対象となっているのがアンリ・マチスらで、彼らは「徒らに、新しき方法と、様式の探求に忙殺され、自己の内生命の充実を忘れて、知らず知らず趣味形式に堕した傾がある。そこには時代精神の反影としての面白味があるとしても、真の充実した芸術味がない」と批判する。最後に中村は、「今の日本に完全なる」美術館が一つもないことを指摘し、それは「古き伝統の真精神にふれ、古人の『深い喜び』と、その『純真なる心』に触れ得る機会」がなく、「吾々に取つてこの上もない不幸」だと嘆き、「美術館建設の急務」を訴えている。なお、末尾に「(大正九年十月)」とある[147]。

この中村彝の芸術論の内容は、義郎の「彝さんの芸術」と重なる部分が多い。義郎は中村から直接いろいろ話を聞いていたから、当然であろう。ただし、両者を比較すると、中村の表現の方が具体性に富んでいる。

(4)　中村彝の死と追悼

中村彝は、一九二四(大正一三)年一二月二四日、下落合村のアトリエで死去した。満三七歳であった。翌二五年三月一日の『越後タイムス』は「中村彝追悼号」と銘打ち、第一面巻頭に洲崎義郎の「追悼の辞」を載せ、その下段には中村彝が二四年一二月一日付で出した最後の義郎宛書簡を掲載した。第二～一一面には、縹亭(吉田正太郎)「因縁の不思議を想ふ」、江原小弥太「力あるもの、誇り」、鬼山米吉「尊き思ひ出」、宮芳平「中村さんの印象」とともに、義郎の「彝さんの逸話」「彝さんの思ひ出」の追悼文が載り、中村彝「芸術の無限感」、「中村彝君小伝」も掲載された[148]。洲崎義郎はここで「追悼の辞」、「彝さんの逸話」、「彝さんの思ひ出」の三編を寄せている。内容の多くは中村彝との出会い、彝の生涯（概要）で、そのかなりの部分は第2章第3節bで紹介済みである。

b　青年画家・宮芳平への支援活動

宮芳平は北魚沼郡堀之内町に一八九三（明治二六）年六月五日に出生した。堀之内小学校を卒業し、一九〇六年に県立柏崎中学校に入学し、一一年に卒業した。一九一三（大正二）年、二〇歳の時、東京美術学校に入学し、洋画を学んだ。在学中、一四年の大正博覧会に出品した「カーテンに」、一五年の第九回文展に出品した「海のメランコリー」が入選し、青年画家としての道を歩み始めた。駒谷エンと出会い生活を共にしつつ画作に励むが、生活は困難をきわめた。そうした中で、柏崎中学の先輩で知己であった洲崎義郎の援助を受けるようになった[149]。

一九一九年九月二四～二五日、比角小学校で宮芳平の個人展覧会が開催された。宮は、『越後タイムス』に「宣言」と題した長い詩文を寄せ、絵画に対する考えを述べた。その中で、「吾々は人の要求するものを画いてはいけない、吾々は自分の要求するものを画かなければいけない」、「二科、美術院、文展に離反して立ち、吾れまた夫等のすべてに背きて立たんとす」との文が注目される。そして、今回の個展には自分の部屋にあるもの全て四〇～五〇点を出品したと言い、詩文の後に「私は洲崎義郎氏の尽力により私の作品の最初の展覧会を開催し得るを感謝す。（一九一九年九月）」と注記した[150]。

宮芳平はこの展覧会の直後の一〇月一〇日、柏崎商業学校の嘱託に採用され、図画・習字を担当するが、翌二〇年六月退職し、一〇月には柏崎を去り、神奈川県平塚に移った[151]。柏崎商業学校の退職に関して、『越後タイムス』主筆の中村葉月は、宮は「商業学校抔には図画の教師は不必要だ。図画の教師を抱い《ママ》る費用で毎月好い画の作品を買ひ込み、夫れを只生徒に眺めさせて居た方が寧ろ拙劣な教育を施すより何れ程効果があるか分らない」と前から言っていたと、辞めた理由を語った[152]。

一九二〇年一一月一三～一四日、比角小学校で宮芳平の個人展覧会と児童の自由画展覧会が開かれた[153]。『越後タイムス』が創刊一〇周年記念事業として開いた「洋画展覧会」（中村彝個展）の翌週のことである。洲崎義郎はその個展について『越後タイムス』に感想文を寄せ、次のように述べた。すなわち、「私は最近に、かなりに沢山の展覧会を見て居ますが、其所に陳列してある大部分の絵が、皆な場当りや、小器用や、妙に気取つたものばかりで、真に自然の深い美を純な気持ちで描いて居る作品が、殆ど皆無と云つても良いと思ふ時〔、〕君の作品の尊さが、私の心に清い平安な魂の悦びを与へて呉れる」、宮は「産れた儘の子供の様な純真さと、自然に対する敬虔な愛の所有者であり、それから「生れ出る君の作品が、私の心に或る美しい感情を与へて呉れる」と評価した。そのうえで、宮の作品の問題点について、色彩の寒い感じがつきまとっている（殊に写生画）、明暗・遠近の調子が把握されていない、などと批判した。とはいえ、義郎は、宮の絵画の「最終の到達点」が「セガンチニーやアマンジヤンの様に神秘的な装飾的な境地に有る」と断言した[154]。

翌一九二一年一一月二三日にも比角小学校で宮芳平の個人展覧会が開かれ、一三点が出品された。これについて洲崎義郎は、『越後タイムス』に「宮芳平氏個人展覧会開催に就て」と題した論説を連載したが、どういう訳か宮芳平の作品についてのコメントはなく、帝展に陳列された作品の多くは「何と云ふ不自然な、不謙遜な不真面目な作品でせう」と批判し、岸田劉生や未来派・表現派への批判、有島武郎の考えに対する批判など、多岐にわたる内容となっている[155]。

以上のように、一九一九年から三年間、洲崎義郎は毎年、比角小学校で宮芳平の個展を開くように尽力した。宮の作品については、義郎も問題点を指摘していたが、より強く批判したのは江原小弥太であった。江原は、二一年一二月四日の『越後タイムス』に掲載した連載の近況報告文「加茂川より」の中で、宮芳平の絵について「力が弱くて薄つぺら」と批評し、「私は宮氏の画よりも詩の方が遙かに良いものだと思つてゐる」と述べた。これに対して、義郎は弁明の筆を取り、江原の指摘をその通りとしつつ、次のように述べた。すなわち、「私は芸術と云ふものは宮君のやうに純な美しい生れた侭のやうの人にして始めて立派な作品を産む事が出来るものと深く確信して居る」から、個人展覧会を開催するなど応援してきた。そして、「本年の宮君の絵はまるで今迄の宮君の絵とは違つて、色彩が透明に且鮮かになり、立体感が確立してき」た、それは「本年の最初に玉川で描いた絵と、最近に描いた絵とを比較して見ると、まるで別な人が描いたと思はれる位の進境が有る」。また、江原が「今迄に自然の美しさを完全に露はした画家を知らない」と言ったことに対して、同感だとしつつも、ただ中村彝は例外であるとし、「私は彝さんの絵に依つて私の視た自然は一層豊麗の、一層美しい自然の神秘と実在とを教へられる」と述べた[156]。

これに対して江原小弥太はなおも、「宮君には善良なところばかりで悪がありません。人間は善と悪が混在して、それが多量であればあるほど人間として偉大なのです。宮君には悪魔的のところが欠けてゐます。悪人の分子が無いのです。それは偉大な人間としては不具です。聖人や仏は人間の理想ではありません」、「私はツネさんの人物肖像画(殊にエロシエンコ)には感動させられます。しかし風景にはまだ感動させられません」などと記した反論文を翌年元旦の『越後タイムス』に掲載している[157]。

こうした宮芳平・中村彝の絵画をめぐる評価の違いは、互いに尊敬しつつも、善・悪の問題を問い続ける江原と、理想主義に生きようとする義郎の違いを反映して、興味深い。

c　長唄鑑賞会の開催

村長時代の洲崎義郎の文化活動として触れておきたいものに、柏崎に長唄鑑賞会を開催し、説明の労を取ったことがある。長唄鑑賞会は、一九二一(大正一〇)年から三年間、毎年八月に開かれた。いずれも越後タイムス社の主催であるが、長唄三味線の名手であった米倉金次郎と親交があった義郎が表裏両面にわたって世話した。米倉金次郎は本名で、一八九八(明治三一)年に生まれ、四代目杵屋佐吉に入門、修業し、一九一八(大正七)年から杵屋佐之助(初代)を名乗り、晩年には長唄協会副理事長などを歴任した人である[158]。ここでは「杵屋金次郎」と表記されることが多い。

最初の長唄鑑賞会は「長唄演奏会」として、一九二一年八月二一日、柏崎の一二三楼で開かれた。出演者は、唄が富士田吉太郎・杵屋重次郎、三味線が杵屋金次郎・杵屋六二郎で、演目は「秋色種」「越後獅子」「綱舘之段」「吾妻八景」「勧進帳」「吉原雀」の六曲で、会費は一円であった。この演奏会に合わせて洲崎義郎は『越後タイムス』に「長唄会に就て」と題した一文を寄せた。ここで義郎は、親友である杵屋金次郎が避暑のため柏崎に来たのを好機として納涼の演奏会を開いてもらった、と開催の事情を述べ、彼を、「一面長唄の持つクラシックな美しい純な伝統的精神を尊重すると共に、又一面には近代の進化せる理智と感覚との洗礼を受けて、現在の日本音楽が持てる偶像を総《あら》ゆる点から打破し改良しやうとする悩多き先覚者」と言い、その三味線について、「或時は早く或時は遅く動く、緊張せる体から溢れてくる三味線の音色には、人の心を厳粛にする何者かゞ私の心に迫つて来ます。」、「氏の弦の弾き方には何とも云はれない冴えた澄んだ響きが」あり、それが「私の魂を恍惚とさせます」と、自身の感想を交えて紹介した。最後に、六つの演目について、彼が話してくれた粗筋や鑑賞のポイントについて紹介している(159)。

一九二二年八月の長唄演奏会は、一〇日夜、柏崎座で開催された。杵屋金次郎一行八名が出演。このときも洲崎義郎は『柏崎タイムス』に「長唄演奏会に就いて」と題した一文を寄せ、「日本の而も江戸文化が産んだ音楽としては、単調では有るが珍らしい程雄大なリズムとハーモニイを持つて居る長唄は、一行の純なる演奏と相俟つてきつと聴者を心の底から突き動かす力と熱とを与へるに違ひはない」、「我々の体の中には徳川三百年の永い間に、三味線の音が細胞の一つ一つの中に迄知らず〳〵の間に沁み込んで居る為に其音は本能的に我々の血潮を踊らせ、共鳴りを生ぜしめます、《ママ》そして甘い唆られるような伝統的なメロデイが只訳もなく我々の心をうつとりさせます」と長唄の魅力を述べるとともに、杵屋金次郎の三味線演奏を称賛した(160)。

一九二三年八月の長唄演奏会は、八日夜、柏崎座で開催された。杵屋金次郎一行は、唄・三味線・囃子が各五名、計一五名で、「操三番叟」「糸の調」「四季の山姥」「楠公」「越後獅子」「綱舘之段」と舞踊など一〇演目があった。洲崎義郎は『柏崎タイムス』に「長唄会雑感」と題した一文を寄せ、あらためて長唄の魅力について、「情緒的な夏の空気を通して、静かに流れて来る長唄のメロデイとリズムは、日本人に取つては力強い憧憬と、魂の慰安とを与へずには置かぬ。私は江戸長唄を聴く度に、四角張つて大刀にソリを打たせて歩いた武士の勢力から逃れて自由に奔放に造りあげられた江戸の民衆芸術の味と匂ひとを泌々《しみじみ》感ずる」、「宵越の銭は持たない事を自慢にし、刹那の享楽的気分に陶酔して飽く事を知らなかつた江戸気質が鮮かに生々しく表現されて有る。義理や世間態の為には総《あらゆ》るものを犠牲として痩我慢をして意気地を張り通した江戸人の通有性が余りに鳴音高く織り込まれて有る」などと自説を展開し、毎年、来演してくれる友人の杵屋金次郎について、「所謂御師匠さんや家元」が「家柄や伝統の中に堅く門を鎖して安心している」という長唄界の現状に反旗を翻した「反逆者」だ、「真に立派な芸術を創造するには根本の人間性を深める事が第一の要素で有らねばならぬと気付いて、彼は真面目に真剣に総ての修業を積んだ」、彼はこのほど新設された「長唄講習所」の講師に就任し、「真に合理的な、近代的な長唄の研究に入らうとして居る」と紹介した(161)。

洲崎義郎がいつ頃から長唄に興味をもっていたのか、また、どのような経緯で長唄三味線奏者の杵屋金次郎と親しくなったかは不明である。明治後期から大正前期にかけて青年層に人気だったのは娘義太夫である。義郎は、娘義太夫でなく、単調ではありながら雄大なリズム・メロディのなかに江戸情緒、庶民気質が溢れる江戸長唄に、武士が幅を利かせる封建的な政治空間で抵抗する民衆の気持ちを思い、家元制度に抵抗して人間性が滲み出るような演奏を極めようとする三味線奏者に共感していたことが彼の文章から伝わってくる。

なお、第三回の演奏会の入場料は一円と五〇銭の二種類あり、主催者の越後タイムス社は「此の度の収入も出来る丈け多く刈羽郡青年団の事業費中へ寄附する考へであります」と記しているので(162)、長唄演奏会の開催は義郎が団長を務める郡青年団の活動とも連動していたと思われる。それは映画上映会などでも見られることであった。

8　資産の提供と家族・親族の動向

a　資産の提供

ここまで村長時代に洲崎義郎が関わった比角村の小学校教育、村・郡の青年団運動などに対する積極的な援助・指導を見てきたが、おそらくそのために義郎は莫大な資産を投じたと考えられる。その一端はすでに第2章第4節cで見たが、本章でも、当時は他で稀な比角校のピアノ購入、比角校・青年団で使われた映写機の購入、『比角青年団報』発刊のための寄附、青年団選手の遠征・応援の際の寄附、自身と関係者の公務に関連した視察費用など、おそらく義郎が多額の資金提供をしているのではないかと推察される。

第1章にまとめて掲載した洲崎家の所有地価額を示した表1-1によると、一九一六（大正五）年には二万一〇三三円あり、村内第一位の所有額であるが、村長時代の二五年には八〇六四円で村内第三位に減少・後退し、二八（昭和三）年には二七〇九円、三二年には一九九一円まで減少しているので、村長時代に急激に資産を減らしたことは明らかである。二八年の場合、所有する地目別の地価額は、田畑七二三円、山林原野六円、宅地一九七九円であるから、村長時代に田畑をどんどん手放したのではないか、そして、手放して得た金の大部分を公的事業に提供したのではないかと考えられる。洲崎家の資産は土地だけでなく、株券（有価証券）・現金もあったはずであるが、それらが少なくなったから土地まで手放したのであろう。なお、土地を手放したことが、折からの小作争議の多発を背景に登場した自作農創設政策に協力したものか否かはわからない。

洲崎義郎は土地を手放しただけではなかった。一九二六年四月には、義兄の丸田尚一郎とともに、所蔵する「和漢新古書画骨董類の一部を競売」に付して資金を得ようとした。当時「売立」と呼ばれたそれは、四月一八～一九日、丸田邸で丸田家・洲崎家が一緒に行い、売り上げ総額は両家合わせて約六万円（「引札の分を控除」すると約五万円）

といわれた。そのうち、洲崎家のものは下記の通り。いずれも金額の後に買った人の名が括弧書きされているが、省略する。

岩佐又兵衛彦根屏風写 七〇〇円、赤玉石 五五〇円、夜燈 五〇〇円、飯銅前石 三〇〇円、是真絵角形重 三五〇円、大雅山水 七〇〇円、雲泉秋景 三八〇円、疎林外史水墨 三二八円、伊年屏風 二五五円、応挙金地鶏 二八五円、文晁水墨山水一双／通絵二枚屏風 五一〇円、因果居士 二八七円、高峰禅師 二七〇円、無準禅師 二五八円、料紙画牡丹蒔絵 二八二円、黒地蒔絵野重 三八〇円、銀ホヤ蒔絵香炉 二六五円[163]

内容からして、これらは、おそらく先代までの当主が買い求めたものであろう。その合計は約六六〇〇円に過ぎない。他にもこれより少額で多くのものを売ったのであろう。丸田は前回の衆議院選に立候補し落選しており、そのとき要した多額の選挙費を資産売却で埋め合わせようとしたのではなかろうか。

洲崎義郎はこれだけでなく、四月二三日、さらに単独で「主として道具、書画約千点」の「売立」を行う予定と伝えられており[164]、こちらのほうの収入が多かったと推察される。義郎はこの頃になると、もう売るべき田畑もなくなっていたのかもしれない。洲崎家の経済状況を垣間見せる資料として貴重な記事といえる。

b 家族・親族の動向

洲崎義郎の資産援助という私的行為に関連して、彼の近親者の動向についてここで触れておきたい。

まず、義郎にとって幼少年期に後見してくれた叔母・近藤泰子（タイ）が一九一九（大正八）年一二月三日死去した。六九歳であった。彼女は「死ぬ迄若者を凌ぐ程の元気溌溂」で、「常に白粉を用ひ、派手な服装をして居たのは一寸人目を惹いた」という。葬儀は六日、護摩堂で浄土真宗により挙行されたが、浄土宗・日蓮宗の僧侶も参列した[165]。

そして、泰子の息子でかつて自身の後見人であった近藤友一郎も一九二五年八月六日死去した。五九歳であった。彼は盲腸炎に罹り、七月二九日夜、その夫人（ツナ・綱子）と洲崎義郎が介添えして自動車で長岡市の神谷病院に運び手術を受けたが、ほぼ一週間後に帰らぬ人となった。葬儀は九日、護摩堂で挙行された。当時、彼は柏崎信用組合の組合長、百三十九銀行柏崎支店の支配人、柏崎運送・洲崎工場・北日本製菓・柏崎土地建物の重役の職にあり[166]、柏崎町の著名な経済人であった。

近親者の死去とは反対に、洲崎義郎は村長時代に三男一女をもうけた。一九一八年四月二九日に次男・晃二が、二〇年四月一六日に三男・燁三が、二三年四月八日に四女・若菜が、二五年四月一日に四男・澄広が出生している。だが、二五年六月二一日には長女・章子が死去する不幸もあった。なお、村長を辞めて間もない二七年五月二五日には五女・万里英、六女・百合英の双子が出生しており、一〇年間にもうけた子供は三男三女の六人であった[167]。妻のマサはこの間ほぼ二年に一回妊娠、出産したことになる。しかも子の誕生はほとんどが四月であり（一回のみ五月）、計画的に出産したものと考えられる。

洲崎家には家事使用人もいたと推察されるが、妻・マサは自ら料理して客をもてなし、義郎のトレードマークとなった南京袋を使った上着を製作した。これについて、元柏崎小学校訓導の藤田清次は、「洲崎さんの服装は旧型を脱して一風変っていた。独創考案になる奥様の手縫いのもので、表は南京袋の地で費用は十銭、裏地は繻子（しゅす）で、当時でも十七円という念の入ったもの、それを着て県庁でもどこへでも颯爽（さっそう）として出かけられた」、「遂に洲崎さんのネクタイ姿を見ないでしまった」と回顧している[168]。また、マサは、義郎愛用の帽子を作ったり、義郎の調髪も担当したことが前掲『洲崎義郎回想録』の口絵写真キャプションに記されている。なお、義郎は少なくとも村長時代から長い間、中村彝作「洲崎義郎氏の肖像」にあるごとく、鼻の下にかなりボリュームがある「髭」をたくわえていた。

社会的にきわめて多忙の身でありながら、多くの子をもうけた義郎であったが、家事・育児は妻任せであったことと思われる。また義郎は、子供を叱るようなことはせず、伸び伸び自由に育てようとしたと思われるが、妻をはじめとする家人の負担も多かったに違いない。

9　比角村の柏崎町への合併

a　柏崎町・周辺村合併問題の経緯

柏崎町と周辺三ヵ村との合併問題は、一九〇一（明治三四）年に柏田盛文県知事の主導下、全県規模で行われた町村合併の際に県側から提案されたことに始まる。この時は立ち消えになったが、一九一二（大正元）年の越後鉄道全通を機として再び持ち上がった。一三年八月二八日、稲田甫吉刈羽郡長が自治制研究会委員を集め、「県知事より柏崎附近の町村は合併したら宜からう」と言われたことを伝え、合併を促したのである[169]。自治制研究会委員は柏崎町と比角・枇杷島・大洲の三ヵ村の有力者で構成されており[170]、この四町村の合併が対象であった。結局、大洲村は合併に賛成の態度であったが、比角村・枇杷島村は合併に反対の意向が強く、この時も合併は実現しなかった。

しかし、第一次世界大戦が終わってしばらくすると、柏崎町が合併に向けて動き出した。一九二〇（大正九）年初頭の柏崎町会は、合併問題について協議し、「関係各町村より調査委員の選出を求め、研究会を開く事を決議」し、七名の委員を選出した。これを踏まえて関係町村に委員の選出を求めたところ、大洲・下宿村は各三名の委員を挙げたが、枇杷島・比角村は委員選出に不同意の旨を回答してきた。ただし「最近」（七月頃か）になって、「比角村では村会の決議を以て推薦する事は出来ないが、単に有志中の推薦であれば選出しても好いと申し込んで来た」という[171]。また、新たに下宿村が加わり、柏崎町と周辺四ヵ村の合併問題となった。

b　大洲・下宿村の柏崎町への合併

一九二一年六月一三日、柏崎・比角・大洲・下宿の「一町三ヶ村合併委員会」が柏崎町役場で開催された。出席者は郡長外二六名であった。ここで町村長・委員で「町村合併調査会」を組織することになり、会長に武藤庄蔵柏崎町長、副会長に洲崎義郎比角村長が推薦され、就任した。同会で枇杷島村の中村村長に委員を選定し出すように再交渉することも決まった(172)。その一週間前の七日、枇杷島村長が合併問題を村会に諮ったところ、合併の必要は認めない、委員を挙げることは無用という意見が多数であったと報じられていた(173)。

その後も柏崎町と比角・枇杷島・大洲・下宿四村の合併をめぐり種々の動きがあった。一九二二年三月一二日には、枇杷島村の委員も参加した一町四村の町村合併問題調査会が開催された(174)。比角村長の洲崎義郎は委員の一人として同調査会に参加し、「原案」作成に関与しているが、「私は実の処町村合併の必要を大して認めては居ません。だから自ら先頭に立つて積極的に面倒臭い仕事をし度いとは考へて居ませんが、併し他から相談を仕かけられゝば、職責上黙つて居られませんから、私丈けの意見を申し述べる迄です」というスタンスで対応している(175)。

一九二三年四月一〇日、開かれた第五回調査委員会で、大洲・下宿村は無条件合併に賛成の意を示したが、比角・枇杷島村は「時期尚早」説を主張し、まとまらなかった。このため、後事を関係町村長に一任して散会した(176)。

一九二四年になると、下宿村が大洲村に小学校の合併を申し込んだことを契機に、大洲・下宿村の合併の動きが持ち上がり、さらに二ヵ村と柏崎町との合併へと話が急速に進んだ。そして、三町村は二月一八日開かれた第二回合同協議会で「協定書」を締結し、それに基づき柏崎町では二一日、大洲・下宿村では二二日に町村会を開き、全員一致で承認し、二二日、町村長連名で県知事に内申するに至った。「協定書」によれば、大洲・下宿村は柏崎町に編入され、両村の基本財産は「無条件で柏崎町に提供」することになっている。県知事は柏崎・大洲・下宿の合併案を受理し、所定の手続きを経て六月一六日の県参事会に付議し、さらに内務省への上申・認可を経て、七月二八日、県知事より八月一〇日をもって合併する認可が下された(177)。

c　比角村内の意見

柏崎町と大洲・下宿村の合併は、比角村の人たちに少しく衝撃を与えたようである。洲崎義郎は村長として慎重な姿勢でこの問題に取り組んできたが、村民の間では合併賛成派が増えていた。一九二四年二月二〇日、村会閉会後、洲崎村長は合併問題の協議会を開いた。ここで村会議員の大部分は合併に賛成であることを確認したが、まだ反対者もあるので、洲崎村長は近く再び反対者を交へた協議会を開き、全村の意向を確かめる計画だ、と報じられた(178)。

この段階でも時期尚早を唱えて抵抗の姿勢を示していたのが丸田尚一郎であった。丸田は村内で発行されている『北辰公論』三月号に「町村合併問題に就て――比角村民に警告す」と題した談話（論説）を発表した。これは『越後タイムス』に転載された。この中で丸田が主張している主な論点は次のようなものであった。まず、自らを時期尚早論者である明言する。その理由について、現在、「先づ以て柏崎を中心として行はねばならぬ事業は、柏崎の住宅難を緩和する事」で、比角村でもその準備を進めている。合併については「人心の融和」が大切だが、柏崎の「中心人物」である某氏は「柏崎町に於ける金融機関を握つて居るに拘らず、公共の事など説いても殆んど馬耳東風である」し、某氏は「徒に自己勢力の扶植に没頭して野心満々たるものがある」ので、融和に問題がある。財政を見るに、柏崎町（一九四〇戸）の戸数割（一戸平均）が一八円六〇銭であるのに対して、比角村（七九〇戸）のそれは一六円三〇銭で、総予算はそれぞれ一〇万二三七六円と二万六〇〇〇円余である。しかし、「郡内に於て我比角村ほど優秀の成績を挙げて居る所」はなく、「義務教育の年限延長されても僅かに四教室を増築すれば事足りる、勧業方面に於ても耕地整理等は済んでゐる、消防の設置も完備してゐる、伝染病院の設置も西中通、北鯖石の両村を合して共同の下に完全に経営してゐる。此の上は住宅の増すに伴ひ土木費の増加は免れぬが、併し之れは発展に伴ふ積極的費用であるから、其費用は村民の進んで負担を甘受すること丶思ふ」、と合併の必要を否定する。また、「村長は青年団長として献身的に私財を抛つて之が指導の任に当つて居るので、比角青年の意気は郡内は勿論県内の各青年団を圧倒してゐる。之れは弥彦に於ける県下青年競技大会を見ても分る、又長岡に於ての少年オリンピック大会及び昨年柏崎の少年オリンピック大会の際の如きは如何、我が比角青年団が正義の基に剛健の気象を以て、正々堂々の陣を張つた事に付いても之を証することが出来る」と村政を称讃し、この点からも合併の必要を認めない。そして、自分は合併に対して絶対反対ではなく、時期が来ればしてもよいが、その時期とは比角村が住宅地を開拓して、柏崎と対等の人口と戸数を得るようになった時である、と。(179)

以上が丸田尚一郎の主張の要点である。丸田の説は、村長・洲崎義郎の本音であったかも知れない。「郡内に於て我比角村ほど優秀の成績を挙げて居る所はあるまい」、「村長は青年団長として献身的に私財を抛つて之が指導の任に当つて居る」などの文は、義郎としても誇りとするところであったろう。しかし、住宅地を造成し、人口・戸数で柏崎と対等になるまで合併すべきでないとの考えには、義郎も与することができなかったと思われる。

丸田尚一郎の談話は村内の合併推進派を刺戟したように思われる。一九二四年七月三日夜、護摩堂で賛成派の「町村合併問題に関する村民有志大会」が開催された。この会合では「各区から二名宛計三十二名の委員を挙げ更に交渉委員六名を選出して決議通り一日も速かに問題を促進すべく努力する事を申し合せした」。参会者は「本村のものより広小路、停車場通り、田町、養蚕《こがい》町辺の人が多数」と報じられた。(180) そして、この決議を踏まえ、「委員が同村々会議員を歴訪」した結果について、「十六名の議員中賛成意見を有してゐたものが九名、尚早論を固執してゐた者が七名あつたさうだ。中心になつて運動してゐる委員が、比角土着の人でない為に、柏崎比角の合併は、一般が期待してゐる程、そんなに早く実現されるかどうかは疑問だ」という。(181) これらの報道から注目すべきは、柏崎町に近い区域の人、土着でない人たちに賛成派が多く、土着の人々はあまり賛成していない様子が窺えることである。

d　比角村・柏崎町の合併実現

比角村では一九二五（大正一四）年三月に村会議員選挙があり、議員の顔ぶれが若干変わった。詳しくはわからないが、合併賛成派の議員が増えたのではなかろうか。この頃から比角村の合併に向けた動きが本格化した。七月一三日の村会は、「多年の問題である柏崎との合併についても研究する必要ありとの「村議」の意見によつて近藤友一郎、堤春重郎、三井田助一、地田秀次《ママ》〔、〕山田策三、松浦清三郎の六氏を調査委員に推し同問題について着々調査を進むる事」になり、一九日に第一回調査委員会を開いた(182)。その調査委員会がまとめた「合併の是非についての結果」案をもって、一一月一〇日、洲崎村長が各区の総代会議を召集し意見を問うたところ、「満場一致」で賛同を得た(183)。これにより合併問題は大きく前進することになる。

一九二六年二月一二日、比角小学校で「柏崎町比角村合併交渉委員会」の第一回会合が開かれた。柏崎町側からは一〇名の委員が出席した。洲崎比角村長が開会の挨拶を述べた後、座長に二宮伝右衛門柏崎町長を選出し、議事が進行された。洲崎村長は「合併に対する比角側の希望条項」(印刷物)を提出。それに対して柏崎の委員が質問し、洲崎村長が説明した。今回はそれ以上の質疑は行わず閉会した。『越後タイムス』に掲載された「合併に対する比角側の希望条項」のうち主な一五項目を紹介しよう。

合併に対する希望条項

一、賦課率は現在比角村に於ける県の等級を据置に為し置くことを県に請願すること
一、町名は当村の選定に任されたきこと
一、町村有財産は相互に無条件にて提供すること
一、役場に於ける組織は農商工漁に区分し各専任者を置くこと
一、比角小学校は必ず現在の独立校と為し置くこと
一、合併後は教育調査の諮問機関を設け積極的に進捗すること
一、通学区域を定め学齢児童を配分し収容を適切ならしむること
一、火葬場は統一して位置を選定し葬儀場は三四ケ所に設くること

一、役場吏員は最高幹部一名附属吏員二名以上を採用すること
一、伝染病院は位置を選定し完全なる病舎一ケ所を設くること
一、消防組は旧柏崎町人員の一部を旧比角に組入れ二部組織にすること
一、消防後援隊実業協会青年団体育協会等の施設に対しては従来より尚一層物質的及精神的に援助せられたきこと
一、北鯖石村大字長浜新田畑両字の合併申出は考慮せられたきこと
一、両町村合併後は新たに町是調査会を設くること
一、合併後は条例を設定し議員を三十名とし増加の六名は今回に限り比角村より必ず選出すること(184)

これを見ると、比角側が合併に際して譲れない事項をかなり多く突きつけ、主体性を確保しようとしていることがわかる。とくに、第五項「比角小学校は必ず現在の独立校と為し置くこと」、第一五項「合併後は条例を制定し議員を三十名とし増加の六名は今回に限り比角村より必ず選出すること」が注目される。第五項に関して比角側委員の丸田尚一郎は、「柏崎の文化は、比角の星野鵜水と柏崎の原松洲の塾より育くまれたものだ。そして現在の比角校は星野鵜水の伝統的精神を継承してゐるものである。今日町村が合併するからといつて比角校を柏崎校に統一して了ふ事は歴史上から見ても忍びない〔。〕況してや、今日の比角校は洲崎村長の献身的努力により郡内に卓越した成績を挙げてゐる。蓄音機、活動写真、ラヂオ、秀苗文庫其の他の内容設備の充実してゐる事は何処へ出しても恥しくない。大洲校の場合とは大にその趣きを異にしてゐるのだから、よし町村は合併しても、比角校だけは永遠に独立せしめて置く必要がある」と語ったという(185)。また第一五項は、現在の柏崎町の町会議員定数二四名を、比角枠として六名増やし三〇名にする案となるが、これに関して越後タイムス記者は、次のような観測を記している。すなわち、三〇名定員化には人口二万人以上の要件を満たし内務大臣の許可が必要である、国勢調査〔一九二〇年〕による人口は柏崎町

が一万五一四二人、比角村が四二八七人、計一万九四二九人であるが、「戸籍原簿」による一九二四年度末の戸籍人口・現住人口はともに二万人を超えており、また今後四、五年のうちに人口増加が見込まれるので、大丈夫ではないか、と。[186]

このほかにも、第四項の「役場に於ける組織は農商工漁に区分し各専任者を置くこと」と第一四項「両町村合併後は新たに町是調査会を設くること」が注目される。当時の柏崎町では産業担当として「勧業係」（主任者一名）が置かれていたが[187]、比角側としては農村を抱えているため、農業振興を担当する係が必要だとの考えがあり、こうした条件を提示したのであろう。また、第一四項は、町政を超党派的に運営するための策であったと思われる。

第二回の合併交渉委員会は二月一九日、柏崎町役場で開催された。二宮町長が議長となり議事が進行した。前回、比角側から出された希望条項に対し、あらためて柏崎側の質問があり、比角側が回答したが、前記の第五・一五項を含む七つの項目は合意に達しないまま、閉会となった。タイムス記者はこの日の議事について、第五項に関し、「此〔比角校存置〕の問題は比角側の最も力説する眼目で、柏崎町が之れを容れなければ、比角は之れ丈けでも合併を見合せなければならぬと言つてゐる位ゐ」であり、「柏崎側の譲歩より他に名案がない」とのコメントを寄せた。[188]

第三回合併交渉委員会は三月三日、柏崎町役場で開催された。残っていた七つの項目について協議し、「学校独立問題、及び教育調査の諮問機関を設けるといふ二問題を残した外多少修正を施して全部可決した」。第四項に関しては「農業専任者を必ず設置する事」に修正のうえ合意に達している。残った二問題についてはさらに特別委員を挙げて近く協議することとなり、委員には二宮町長、洲崎村長のほか、柏崎側が入澤市郎・西巻進四郎、比角側が丸田尚一郎・堤春重郎が当たることになった。[189]

特別委員会は五月六日、柏崎町役場で開かれ、妥協案が得られた。それは「最初の比角側提案に修正を加へたるもの」というが、具体的内容は不詳である。ともあれ、その妥協案を含む「協定書」案は翌七日、両町村で各々開催された交渉委員会にかけられ、承認された。[190] それを踏まえて五月一五日、両町村合同の交渉委員会が柏崎町役場で開催され、「協定書」の調印が行われた。そして、同月二一日開催の両町村会は満場一致で合併案に賛成し、六月一二日に両町村長連名の内申書が県知事に提出された[191]。

八月五日、県知事から合併意見について諮問があり、両町村は六日に町村会を開催し、それに異議なき旨を答申した。その後、県知事は県参事会の承認を経て内務大臣に上申し、この年（一九二六年）九月九日に認可が下り、一〇日付で実施の運びとなった[192]。

e　比角村の解散と余波

比角村は柏崎町に編入される形で、単独自治体としての長い歴史の幕を閉じた。その前日の一九二六（大正一五）年九月九日午後一時から比角小学校で「解体式」が行われた。堤春重郎が経過報告を行い、洲崎義郎村長が「比角村の自治体閉鎖の辞」を述べた。そして、村長（在職八年六ヵ月）に「金盃一組」、助役木村来太郎・収入役洲崎勇・比角小学校長星野耕平らに「銀杯一箇」が贈呈された後、祝宴会を開いて三時に散会した[193]。

洲崎義郎は一九二六年九月一二日の『越後タイムス』に、「町村合併最後の日に」と題した小文を寄せた。その全文を紹介しよう。

最後の日は来た。……明治廿二年四月村政が布かれて以来、小さいながらも独立の村として生存を続けて来た比角村が、永久に絶える時は来た。……

而も私が其の最後の村政を預る光栄を有したと言ふ事は、考へれば考へるほど、万感胸に迫るの思ひが涌いて来るのを禁ずる事が出来ない。

『如何なる英雄豪傑も多年住みなれた故郷を放るゝに際しては一滴の涙なき能はず』といふ語が有るが、愈々之れが最後と思ふと、こんな貧弱な役場にもなんとなく別れ難い様な気がしてならない。然し今は只そんなセンチメンタルな心をサラリと捨て、、大柏崎の建設と云ふ事に御互が全力を尽さなければならぬ時である。

教育に、衛生に、財務に、勧業に、其他青年団や社会的事業に総ゆる方面に、積極的な計画と着手とをはじめなければならぬ。只単に合併の祝酒に酔ふて百年の大計をあやまる様な事のない様に深甚なる注意を要する。

私の希望は誰れが大柏崎の町政の主脳者になるとしても、一意専心大柏崎の為めに遠大且つ透徹せる計画を確立せよと言ふ事である。然しそれは単に町長以下役場吏員諸君だけに此重大な使命の責任を全部負はせやうとするものでは決してない。町会議員は勿論の事、町民全般が何が果して大柏崎の根本目的で有るかといふ事を的確に理解して当局と力を合せて其の責任を別つ覚悟と意気とがなければならん。

合併に際して特に両町村民諸君に御願ひ致したい事は、御互に小さな感情や猜疑に囚はる、事なくフランクな気持を打明けて、愛し合つて合併の実を挙げて行つて貰ひたいと言ふ事です。

筆を擱くに当りまして私の就職後八ヶ年の間、公私共に御援助下さいました事を紙上から厚く御礼申し上げます。


村がなくなることに無念な気持ちが滲み出ている、と同時にそれを抑えて「大柏崎」建設に尽力していこうとする熱意も伝わってくる。とくに、誰が新柏崎町の「主脳者」になっても「大柏崎の為めに遠大且つ透徹せる計画を確立せよ」ということが自分の希望だという部分は、「町是」制定問題ともからみ、注視される。

同日の『越後タイムス』には、「比角の新町名」と題して比角の地名が新柏崎町でどうなるかが記載されている。これによると、旧柏崎町に接する一部の地域は、広小路・鏡町・田町・南町などすでにあった柏崎町の字名に吸収されたことがわかる。また洲崎義郎の居住地は四ッ谷二丁目となった。

すでに編入済みの旧大洲・下宿村に加え新たに比角村を編入した新「柏崎町」は、人口二万〇八三九人、戸数三七三四の都市となった[194]。九月一六日午後一時から柏崎小学校で「合併祝賀式」が催され、県知事らの県幹部、周辺町村長らの来賓と町民約七〇〇名が参加した。洲崎義郎旧比角村長も祝辞を述べ、祝賀式の後に行われた祝宴会では、二宮伝右衛門町長と洲崎旧村長が壇上で握手、乾杯する一幕もあった。同日夜には、八坂神社裏広場で町主催の「三階節踊大会」が催され、青年団を中心とした祝賀行事は一五～一七日の三日間続いた[195]。

一九二六年九月一七日、柏崎町長の任期が満了となった。同日午後開かれた柏崎町会は「比角側の諒解を得て」二宮伝右衛門の町長再選を決定した。しかし、その過程で、町長の推薦に当たった比角側委員（洲崎義郎・山田策三・三井田助一・堤春重郎）から、「大柏崎」となったのだから、町長は専任が望ましい、二宮が留任するなら銀行の方は止めてもらいたい、助役は旧比角側から選出してほしい、という要望があった。しかし、柏崎側（西巻進四郎・入澤市郎・根立松之助）は、専任町長に「適当の人物がない」と、二宮の再任を押し切った[196]。助役については比角側で旧村協議会で銓衡・投票した結果、堤春重郎（旧村議）と洲崎勇（旧収入役）が同数となり、年長を理由に堤を推薦することになり、柏崎側に提案したが、柏崎側は「現職の人」という条件を付し、洲崎義郎（旧比角村長）か木村来太郎（旧助役）のいずれかを推薦するように求めた[197]。助役選任問題のその後は不明である。予想されたこととはいえ、早くも人事問題をめぐり、比角側の言い分は退けられたわけで、これが「合併」の現実であった。

合併施行から間もなく、新柏崎町の町議定員を二四名から三〇名に増員する許可が下りた。そこで同年一一月三〇日に六名の補選が行われることになった[198]。その結果、洲崎義郎（三七七票）・三井田栄助・丸田尚一郎・阿部良平・三井田助一・堤春重郎）が当選した。全員が旧比角村の人である。棄権者九〇七人のほとんどが旧柏崎町の人であった[199]。増員六名を初会に限り旧比角村から選出するという約束は守られたことがわかる。

ところで、柏崎・比角の町村合併実現は、かねてから合併を求められていた枇杷島村・鯨波村など近隣の村との合併気運を高めることになり、一九二六年一〇月には枇杷島村が柏崎側との交渉を始めた[200]。

だが、このような現地での動きとは別に、柏崎町と枇杷島村の合併は、県が一九二八（昭和三）年三月、関係市町村長に発した「市町村ノ廃置分合並境界変更促進ニ関スル件」通牒（その中に一町二ヵ村の合併提案あり）によって、急速に実現することになった。その通牒は、郡制廃止・郡役所廃止に伴う政府の方針（内務次官通達「町村合併及ビ町村組合ニ関スル件」）に基づくものであった。柏崎町・枇杷島村は、同年一〇月四日に県知事から諮問を受け、八日に町村会を開いて意義なきを答申した。そして県は、県参事会の議決を経て、内務大臣に上申し、許可を得、一二月一日をもって合併した。その時、告示された新柏崎町の人口は二万二九一七人となっている。(201)

注

（1）『越後タイムス』一九二〇年一〇月三日（中村葉月「新思想と柏崎―新毎紙の柏崎評」）。
（2）同前、一九二〇年一〇月一〇日（「雑記帳」欄）。
（3）同前、一九一九年一〇月一九日（広告）、同年一一月二日（「本社の記念講演会」）。
（4）同前、一九二〇年一一月七日（「思想講演会」）。
（5）同前、一九二一年五月二二日（「尾崎行雄氏講演会」）。
（6）同前、一九一七年一月一四日（「地主と小作人」）。
（7）同前、一九一九年九月七日（「政界雑信」）。
（8）同前、一九一九年九月二一日（「本郡政友派候補者／田村孝太郎君」）。
（9）同前、一九一九年九月二八日（「刈羽郡県会議員選挙得票一覧」）。
（10）同前、一九二三年九月二三日（中村葉月「有権者諸君へ」）。
（11）同前、一九二三年九月三〇日（「県会議員当選者」）。
（12）同前、同日（「開票結果を見て」）。
（13）同前、一九二四年五月一八日（「本郡開票結果」）。
（14）同前、一九二五年一〇月一一日（「柏崎より」欄）。
（15）同前、一九一三年二月九日（内藤久寛談「柏崎人の猛省」）。
（16）同前、一九一四年七月五日（「日本会社去る」、「日本会社の移転」）。
（17）柏崎築港は、運動の結果、県の事業として下宿村にある漁港に二つの防波堤を建設することが決まった（総工費は二六万九二〇〇円）。一九二二年に起工し、二七年に竣工した。しかし、間もなく訪れた戦時体制下で港の管理が不充分となり、湾内は砂で埋まり、商港はおろか漁港としての機能を果たすことが難しい状態になった（市史編さん委員会編『柏崎市史』下巻、三〇七～三〇八頁、一九九〇年、市史編さん室）。

（18）『越後タイムス』一九一三年一〇月一二日（無署名社説「清水越と柏崎／刈羽鉄道と上越線」）。
（19）同前、一九一九年六月二九日（「刈羽鉄道問題」、「刈羽鉄道期成同盟会」）。
（20）前掲、『柏崎市史』下巻、二九三～二九四頁。
（21）『越後タイムス』一九一九年一一月二日（「鉄道期成協議」）。
（22）同前、一九一九年一一月二三日（「刈羽鉄道再踏査」）。
（23）前掲『柏崎市史』下巻、二九四頁。
（24）日本国有鉄道編刊『日本国有鉄道百年史』第九巻、五八頁、一九七二年。
（25）『越後タイムス』一九二五年四月二六日（「新興の柏崎（一）――文明東漸」）。
（26）『柏崎日報』一九一七年三月二八日（「比角村選挙」）。
（27）三井田忠『比角村史誌』一一一～一一三頁、一九七一年、柏崎市中央公民館図書刊行会。
（28）『越後タイムス』一九一八年四月七日（「洲崎氏村長となる」）。
（29）同前、一九二一年四月三日（「比角村議選挙」）。
（30）『柏崎日報』一九二五年三月二九日（「比角村会議員／開票結果」）。
（31）前掲、『比角村史誌』一一三頁。
（32）『洲崎義郎回想録』五〇～五一頁。
（33）柏崎市編刊『柏崎の先人たち――柏崎・刈羽の人物誌』一二六～一二七頁、二〇〇二年。
（34）『柏崎日報』一九二一年三月一〇日（「比角小学校に高等科設置」）。
（35）『洲崎義郎回想録』五四頁。
（36）前掲、『比角村史誌』一六五頁。
（37）『洲崎義郎回想録』五四～五五頁。
（38）同前書の巻末年譜は、一九二〇年一〇月の条に、「比角小学校で男女教員六名に曽宮一念が絵の指導をする。この指導は一〇年一一月、一一年八月と、曽宮一念、鈴木金平らよってつづけられる」と記している。具体的な記述であることから、そうした事実はあったと思われるが、それが自由画教育とどのように関わっているのかについての言及はない。「臨画教育」ではなく「写生」を中心とした絵画技法の修得を目指したのも知れない。また、同書に「先覚・熱情の人」と題した回顧録を寄せた太田芳郎は、「曽宮一念先生を招いて、私共教師に一週間もデッサンの講習を受けさせて下さった」と記しており、こちらのほうが正鵠を得ていると思われる（一三八頁）。

(39)『越後タイムス』一九二〇年五月二日（「柏崎より」欄）。
(40)同前、一九二〇年一一月二一日（「市井雑記」欄）。
(41)同前、同日（吉田正太郎「比角の子供の絵展覧会を見せて貰つて」）。
(42)『洲崎義郎回想録』五六～五七頁。
(43)『越後タイムス』一九二一年一〇月三〇日（「自由画展覧会の審査成績」）。
(44)同前、一九二一年一一月六日（「自由画展覧会感想録」）。
(45)同前、一九二三年一一月五日（「比角校の諸会」）。
(46)同前、一九二三年一一月一一日（「柏崎より」欄）。
(47)同前、一九二三年一一月一八日（中村葉月「比角校の諸会を見て」）。
(48)同前、一九二二年一〇月二九日（「少年オリンピック競技成績」、星野耕平「優勝の涙」）。
(49)『越後タイムス』一九二二年一〇月二九日（「比角小学校の名誉」）。
(50)『洲崎義郎回想録』五八頁。
(51)前掲、『比角村史誌』一六八～一六九頁。
(52)『越後タイムス』一九二三年一〇月七日（「公設運動場と少年競技大会」）。
(53)同前、一九二三年一〇月一四日（「県下少年競技大会」）。
(54)同前、一九二三年一〇月七日（洲崎義郎「県下少年オリムピック大会に就て」）。
(55)前掲『比角村史誌』一六九～一七〇頁。
(56)『比角青年団報』第一二号、一九二三年一一月一〇日（洲崎義郎「児童の世界を尊重せよ」）。
(57)以上、熊谷辰治郎『大日本青年団史』附録、一九九～二〇三頁、一九四二年、（日本青年館）。

(58)・(59)・(60)『柏崎青年団報』第七四号附録『比角支部報』（一九二七年八月一日）（三井田栄太郎「回顧録（一）」）。以下、誌名を〈『比角支部報』（一九二七年八月一日）〉のように略記する。なお、三井田栄太郎は当時の比角支部長。
(61)『比角青年団報』第一号（一九二二年一二月二五日）（「比角青年団々則」）。
(62)『比角支部報』（一九二七年九月一日）（三井田栄太郎「回顧録（二）」）。
(63)『比角青年団報』第三号（一九二三年二月二〇日）（「第六回定期総会」）。
(64)前掲、『比角村史誌』一五九頁。
(65)・(66)『比角支部報』（一九二七年九月一日）（三井田栄太郎「回顧録（二）」）。
(67)同前（一九二七年一二月一日）（三井田栄太郎「回顧録（四）」）。
(68)・(69)同前（一九二八年三月一日）（三井田栄太郎「回顧録（七）」）。
(70)『越後タイムス』一九二二年八月六日（「郡青年競技会」）。『柏崎日報』一九二二年八月三日（「一日挙行されたる青年団競技成績／比角村が第一位を占む」）。
(71)『越後タイムス』一九二二年八月六日（立府生「競技会所感」）。
(72)同前、一九二三年九月一〇日（「比角団旗樹立」）。
(73)『柏崎日報』一九二二年九月一八日（「県下青年競技会／優勝旗本郡に帰す」）。
(74)『比角支部報』（一九二八年六月一日）（三井田栄太郎「回顧録（九）」）。
(75)『越後タイムス』一九二二年一一月一九日（「柏崎より」欄）。
(76)『比角支部報』（一九二八年一一月一日）（三井田栄太郎「回顧録（十二）」）。
(77)同前（一九二八年六月一日）（三井田栄太郎「回顧録（九）」）。
(78)『比角青年団報』第一号（一九二二年一二月二五日）（「弁論会に付いて」）。
(79)同前、第二号（一九二三年二月一〇日）（「弁論我聞」）。
(80)同前、第一三号（一九二三年一二月一〇日）（蝸牛生「弁論会に就て団友諸賢に」）。
(81)同前、第二号（一九二三年二月一〇日）（「第三回弁論会報」）。
(82)同前、第五号（一九二三年四月一〇日）（「第六回弁論会」）。
(83)同前、第一三号（一九二三年一二月一〇日）（「第八回弁論会」）。

(84) 同前、第一四号（一九二四年一月一〇日）（「第九回弁論会」）。
(85) 同前、第一五号（一九二四年二月一〇日）（「第十回弁論会報」）。
(86) 同前、第一六号（一九二四年三月一〇日）（「第十一回弁論会報」）。
(87) 『比角支部報』（一九二八年六月一日・九月一日）（三井田栄太郎「回顧録（九）（一〇）」）。
(88) 『比角青年団報』第四号（一九二三年三月一〇日）（「歳入出決算報告（大正十一年度）」）。
(89) 同前、第一七号（一九二四年四月一〇日）（「ヰハウ」欄）。
(90) 『比角支部報』（一九二七年一二月一日）（三井田栄太郎「回顧録（四）」）。
(91) 『比角青年団報』第一号（一九二二年一二月二五日）（「比角青年団々歌」）。
(92) 『洲崎義郎回想録』の巻末年譜。『越後タイムス』一九二二年一〇月二九日（「太田芳郎君」）。
(93) 『比角青年団報』第七号（一九二三年六月一〇日）（「比角校応援歌（団長作歌）」）。
(94) 前掲、『大日本青年団史』一四三頁。この「令旨」は『比角青年団報』第二号（一九二三年二月一〇日）にも掲載されている。
(95) 『比角支部報』（一九二八年三月一日）（三井田栄太郎「回顧録（七）」）。
(96) 同前（一九二八年一月一日）（三井田栄太郎「回顧録（五）」）。
(97) 『比角青年団報』第一二号（一九二三年一一月一〇日）（「彙報」欄）。
(98) 『比角支部報』（一九二八年六月一日）（三井田栄太郎「回顧録（九）」）。
(99) 『比角青年団報』第一号（一九二二年一二月二五日）（「本団会館積立金」）。
(100) 『越後タイムス』一九二二年一二月一七日（「柏崎より」欄）。
(101) 『比角青年団報』第一六号（一九二四年三月一〇日）（「基本金現在高」）。
(102) 同前、第一号（一九二二年一二月二五日）（「大正十一年事業概要」）。
(103) 同前および『比角支部報』（一九二八年一一月一日）（三井田栄太郎「回顧録（十一）」）。
(104) 『比角青年団報』第一六号（一九二四年三月一〇日）（「本団十三年度予算」、「御成婚紀念文庫寄附金」）。
(105) 同前、第一七号（一九二四年四月一〇日）（「御成婚紀念図書寄附」）。
(106) 同前、第一九号（一九二四年六月一〇日）（「団誌」）。

(107)『越後タイムス』一九二三年九月一一日（「本郡救護団の活動」）。
(108) 同前、一九二四年九月二〇日（佐藤与一「新潟県青年団の沿革」）。
(109)『柏崎日報』一九二一年七月二九日（「団長会議／本県青年大会参加／準備協議」）。
(110) 同前、一九二一年一二月五日（「青年団幹部協議会」）。
(111)『比角青年団報』第一〇号（一九二三年九月一〇日）（「彙報」欄）。
(112)『越後タイムス』一九二四年九月二〇日（佐藤与一「新潟県青年団の沿革」）。『柏崎日報』一九二二年四月二日（「県下全体の大青年団／代表選定終る」）。
(113)『柏崎日報』一九二二年四月一一日（「県青年団総会」）（ここでは「評議員会」を「総会」と記しているが、「評議員会」が正しい）、同月一五日（「本郡青年団長会議」）。
(114) 新潟県青年団編刊『新潟県青年団発達史』巻末の「県青年団発達年表」、一九四三年。
(115)『柏崎日報』一九二三年一一月三日（「刈羽青年弁論大会」）。
(116) 同前、一九二二年四月一二日（「青年団講習会」）。『越後タイムス』一九二三年四月一五日、「江原・内山氏の青年団講演会」）。
(117)『比角青年団報』第七号（一九二三年六月一〇日）（洲崎義郎「大会に臨みて」（一）、同「京坂便り」）。
(118) 同前、同号（洲崎義郎「京坂便り」）。
(119)『柏崎日報』一九二四年一月一二日（「予算編成期に際して本郡青年団の計画」）。
(120)『比角青年団報』第一八号（一九二四年五月一〇日）（「ヰハウ」欄）。
(121) 同前、第一九号（一九二四年六月一〇日）（洲崎義郎「青年と政治」）。
(122) 同前、第二三号（一九二四年一〇月一〇日）（洲崎義郎「総ての事業は人の養成から」）。なお、同年一二月一二日の『柏崎日報』は、「事業拡張を期するため本県連合青年団が連名して補助の増額運動」の見出しの下にこの動きを報じている。それによれば、県の予算計上額は二〇〇〇円（今年より六〇〇円増額）であったが、評議員一九名は連名でさらに二〇〇〇円の増額を要求したといい、『比角青年団報』の数値と少し異なる。最終的にこちらの金額になったのかも知れない。また、増額要求の理由として、雑誌発行、明治神宮全国青年競技大会参加費、毎年恒例の弁論大会などのほか、新たに活動写真機一台（三九〇〇円）を購入し各地で巡回映写をする計画を盛り込んだからという。しかし、末尾で「果して県議員連の理解を得てこの通常県会に修正案が提出されるか否かは疑問である」と否定的観測をもらしている。
(123)『柏崎日報』一九二五年六月一四日(「軍事教育をも施す青年団の改善策／目下文部省にて調査中」)。
(124)『比角青年団報』第三四号(一九二五年九月一〇日)(洲崎義郎「危機に直面せる青年団」)。
(125)『越後タイムス』一九二一年七月三一日(「郡内庭球大会」)。
(126)同前、一九二一年一〇月二三日(「郡内庭球大会」)。
(127)同前、一九二三年一〇月二九日(「柏陽の庭球界」)。
(128)同前、一九二三年一〇月二九日(村山元之助「郡庭球界の思出」)。
(129)同前、一九二三年一一月五日(「柏崎より」欄)。
(130)同前、一九二三年一〇月二九日(「本郡体育協会成立／昨日創立総会開催」)。
(131)同前、同日(坂田四郎吉「大運動場問題の経過―体育協会の組織迄」)。
(132)同前、一九二三年五月一三日(「柏崎より」欄)。
(133)『柏崎日報』一九二三年一〇月八日(「運動場竣工式」)。
(134)『越後タイムス』一九二三年一〇月七日(「公設運動場と少年競技大会」)。なお、郡・町の補助金は同紙、一九二二年一一月五日・一二月三日(ともに「柏崎より」欄)による。
(135)『柏崎日報』一九三二年七月一九日(「柏崎で開くラヂオ体操会」)。
(136)前掲、『比角村史誌』一七〇～一七五頁。
(137)『越後タイムス』一九二五年一〇月一一日(「体育団体組織」、「体育団規約」)。
(138)同前、一九二六年一月二四日(「体育団体創立」)。
(139)同前、一九二三年一〇月七日(洲崎義郎「県下少年オリムピツク大会に就て」)。
(140)『比角青年団報』第四号(一九二三年三月一〇日)(掬翠生「運動美の解放」)。
(141)新潟県立近代美術館・小見秀男・松矢国憲編『中村彝・洲崎義郎宛書簡』二一～二二、五〇～五一頁、一九九七年、新潟県立近代美術館。「中村彝小伝」(『木星』第二巻第三・四号、一九二五年四月)。
(142)前掲『中村彝・洲崎義郎宛書簡』一三六頁(「中村彝・洲崎義郎・柏崎関係年表」)。
(143)『越後タイムス』一九二〇年一一月一四日(「越後タイムス十周年記念事業記録／洋画展覧会」)。

(144) 同前、一九二〇年一一月七日（「洋画展覧会」）。

(145) 同前、一九二〇年一〇月三一日、一一月七日（洲崎義郎「彝さんの芸術（上）（下）」）。なお、この論説には次の「追記」がある。すなわち、義郎は、一〇月九日にこの原稿を書き終えて上京し、帝展に出品された彝の作品「エロシェンコ氏の肖像」を鑑賞した。この作品について義郎は、帝展の中では「只一つ惑星の様に光つて居る」と言い、それは「魂の静かなる黙想である。肉体の裡から湧き出る豊かさである。〔中略〕其処には生の苦闘に悩める総ての人々の象徴と代言とが有るばかりである」などと絶賛している。そして、「ツネさんが第三芸術を造りつゝある」ことは、この絵によって証明された、と高く評価する。ただし、「第三芸術」の概念については説明がない。従来のものと大きく違った新しい芸術ほどの意味で使用されたものか。

(146) 同前、一九二〇年一一月二八日、一二月五日（K生「洲崎氏の芸術講演を聴いて（上）（下）」）。

(147) 同前、一九二〇年一一月七日（「中村彝「私の感想」」）。

(148) 中村彝「芸術の無限感」は雑誌『木星』第一巻第二号（一九二四年一一月）に掲載されたものである。また義郎の「中村彝君小伝」も前掲の『木星』第二巻第三・四号に掲載されたものを転載したものである（原題は「中村彝小伝」）。『木星』第二巻第二号（一九二五年二月）は「中村彝追悼号」で、洲崎義郎の「思ひ出」も掲載されている。これが『越後タイムス』一九二五年三月一日に転載された時、「彝さんの思ひ出」と少し題名を変えているが、内容は同じである。なお、一九二〇年一〇月三一日、一一月七日の『越後タイムス』に掲載された義郎の「彝さんの芸術（上）（下）」は、『木星』第二巻第三・四号に「彝さんの芸術」の題で再録されている。

(149) 以上、小島初子『天寵残影――宮芳平伝』巻末の「宮芳平略年譜」、一九九九年、冬芽社。同書は、同略年譜および二〇五頁に、一九一九年八月、柏崎町役場で初めての個展を開いた、「それはこの町の触れた初めての油絵展であった」と記しているが、疑問がある。それは、九月二四～二五日に比角小学校で開かれた個展について宮自身が「私の作品の最初の展覧会」と記しているし、「それはこの町の触れた初めての油絵展であった」との記述も、第2章第2節bで記したように、一九一六年四月に越後タイムス社主催の「趣味展覧会」に洲崎義郎が所蔵する中村の作品を出品し展覧に供しているからである。小島は出典を明記していないが、おそらくこれは竹中正夫『天寵の旅人――画家 宮芳平の生涯と作品』（一九七九年、日本YMCA同盟出版部）の巻末にある「宮芳平年譜」の一九一九年のところに「八月　柏崎に赴く。洲崎の世話で、柏崎町役場で初めての個展、柏崎町初の洋画展」（三三〇頁）と書かれているのを無批判に援用したからではなかろうか（なお、同書本文に、それに照応する記述はない）。ちなみに、同月の『越後タイムス』『柏崎日報』には、そのような個展の開催を示す記事はない。
(150)『越後タイムス』一九一九年九月二一日（「宮芳平君／個人展覧会」）。
(151)前掲、『天龍残影——宮芳平伝』巻末の「宮芳平略年譜」。
(152)『越後タイムス』一九二〇年六月一三日（「柏崎より」欄）。
(153)同前、一九二〇年一一月七日（「雑記帳」欄）。
(154)同前、一九二〇年一一月一四日（洲崎義郎「宮君の個人展覧会開催に際して」）。
(155)同前、一九二一年一一月二〇・二七日（洲崎義郎「宮芳平君個人展覧会開催に就て（上）（下）」）。
(156)同前、一九二一年一二月一一日（洲崎義郎「私信に更へて」）。なお、洲崎義郎は江原小弥太が「今迄に自然の美しさを完全に露はした画家を知らない」と言ったと記しているが、前出の江原の「加茂川より」では、宮芳平についてのコメントの直前に、「私は実際いままで自分が自然から受けるやうな美しさを描写した画家を見たことがない」と述べている。義郎は、この記述を上述のよう受け止めたものと思われる。
(157)同前、一九二二年一月一日（江原小弥太「加茂川より」）。
(158)日外アソシエーツ編刊『芸能・タレント人名事典』一九八頁、一九九〇年。『越後タイムス』一九二一年八月二一日（「出演者略歴」）。
(159)『越後タイムス』一九二一年八月二一日（「長唄演奏会」、洲崎義郎「長唄会に就て」）。
(160)同前、一九二二年八月六日（「越後タイムス社主催／長唄演奏会」、洲崎義郎「長唄演奏会に就て」）。
(161)同前、一九二三年八月五日（「越後タイムス社主催長唄演奏会」、洲崎義郎「長唄会雑感」）。
(162)同前、同日（「越後タイムス社主催／長唄演奏会」）。
(163)同前、一九二六年四月二五日（「両家売立成績」）。
(164)同前、一九二六年四月四日（「柏崎より」欄）。
(165)同前、一九一九年一二月七・一四・二一日（「近藤泰子の死（一〜三）」）。
(166)同前、一九二五年八月二日（「柏崎より」欄）。同月九日の死亡広告。
(167)前掲、『洲崎義郎回想録』の巻末年譜。

(168) 同前、一七三頁。
(169) 『越後タイムス』一九一三年八月三一日（「町村合併成らん」）。
(170) 同前、一九一三年三月二三日（「自治研究会委員」）。
(171) 同前、一九二〇年七月四日（「両村の態度」）。
(172) 同前、一九二一年六月一二日（「枇杷島村々会議員の態度」）。
(173) 同前、一九二一年六月一九日（「町村合併協議会」）。
(174) 『柏崎日報』一九二二年三月一三日（「枇杷島委員も全部出席して合併調査会」）。
(175) 『越後タイムス』一九二三年一一月五日（洲崎義郎「「審重に研究した上で」」）。
(176)・(177) 同前、一九二四年八月一〇日（「合併の経路」）。
(178) 同前、一九二四年二月二四日（「柏崎町外二ヶ村／合併問題成立」）。
(179) 同前、一九二四年三月一六日（「丸田尚一郎氏談「町村合併問題に就て／比角村民に警告す」」）。合併推進を主張する同紙は、この丸田の発言を問題視し、転載した。同じ紙面には、柏崎町の合併推進派である吉田正太郎の「町村合併問題に対する丸田氏の意見」と題した丸田を批判する文も掲載されている。
(180) 同前、一九二四年七月六日（「柏崎より」欄）。
(181) 同前、一九二四年七月一三日（「柏崎より」欄）。
(182) 同前、一九二五年七月一九（「比角合併調査」）。『柏崎日報』一九二五年七月二一日（「合併調査委員会の次に総代会を開く比角」）。
(183) 『柏崎日報』一九二五年一一月一八日（「今度は成立しさうな比角柏崎の合併」）。
(184) 『越後タイムス』一九二六年二月一四日（「町村合併委員会」）。
(185) 同前、同日（「柏崎より」欄）。
(186) 同前、一九二五年一一月二九日（「合併機運進展／町議増員は有望」）
(187)・(188) 同前、一九二六年二月二一日（「町村合併委員会」「残された問題に対する私見」）。
(189) 同前、一九二六年三月七日（「町村合併委員会／第三回協議会」）。
(190) 同前、一九二六年五月九日（「柏崎より」欄）。

(191) 同前、一九二六年五月一六日（「柏崎より」欄）、同年九月一二日（「合併の経路」）。
(192) 同前、一九二六年九月一二日（「合併の経路」）。新潟県総務部地方課編『新潟県市町村合併誌』上巻、九五〇頁、一九六二年、新潟県。
(193) 『越後タイムス』同前、一九二六年九月一二日（「最後の比角村」）。
(194) 同前、同日（「新柏崎の内容」）。
(195) 同前、一九二六年九月一九日（「合併祝賀会」）。
(196) 同前、同日（「柏崎より」欄）。
(197) 『柏崎日報』一九二年一〇月二八日（「比角側の助役選挙」）、一一月四日（「柏崎新助役問題」）。
(198) 『越後タイムス』一九二六年一〇月二四日（「柏崎より」欄）、一一月一四日（「町議増員選挙／公認候補異動」、同月二八日（「「柏崎公民有志」の広告」）。
(199) 同前、一九二六年一二月五日（「町議選挙結果」）。
(200) 同前、一九二六年一〇月三日（「柏崎より」欄）、同年一〇月二四日（「柏崎より」欄）。
(201) 前掲、『新潟県市町村合併誌』上巻、九五〇～九五五頁。

第4章　柏崎町議・議長時代

洲崎義郎は、一九二六（大正一五、昭和元）年一一月、柏崎町議に当選し、以降、二九年一月、三三年一月、三七年一月の町議選で当選した。そして、二九年二月から三七年二月までの八年間、町会議長を務めた。本章では、柏崎町議となってから町会議長を退任するまでの九年余を対象に、義郎の行動と思想を取り上げる。その中心は、町議・町会議長としての行動、刈羽郡青年団長としての青年団の指導、地域におけるスポーツ振興とスポーツ思想（論）である。

その前に、この期間の柏崎・刈羽の社会状況について簡単に概観したい。

1　柏崎・刈羽の社会状況

a　政党内閣下の県議選と衆院選

洲崎義郎が町議・町会議長であった時期の前半は政党内閣の時代で、デモクラシー状況が続いていた。全国で第一党となれば政権の座に就く可能性が高いため、衆院選は激しい闘いとなった。影響は、県議選、町村議選にも及び、票を獲得するための買収が跋扈した。この地域も例外でなかった。

以下、この時期に行われた衆院選・県議選の党派別内訳を表示しよう（表4-1）。県議選の刈羽郡選挙区の定数は三名である。衆院選は普選実施の時から中選挙区制に変わり、刈羽郡は長岡市・南蒲原郡・古志郡・三島郡・南魚沼

表4-1　県議選・衆院選の政党別当選者数（1927～32年）

年月日	選挙	当選者			備考
		政友会	民政党	その他	県議選での柏崎の当選者及び衆院選での柏崎・刈羽の当選者
1927.9.25	県議選	1	2		西巻進四郎
1928.2.20	衆院選	1	2	2	飯塚知信
1930.2.20	衆院選	1	3	1	原吉郎
1931.9.25	県議選	1	2		西巻進四郎
1932.2.20	衆院選	3	1	1	原吉郎

出所：永木千代治『新潟県政党史』710、715、745、761、767頁、新潟県史刊行会、1935年。

郡・北魚沼郡と一緒になって第三区を構成し、定数は五名であった。このため、選挙に際して刈羽郡の関係者は近接する三島郡ないし長岡市の関係者と候補者を調整し、複数の郡市で一人の候補者を擁立することを常とした。

表4-1から、柏崎・刈羽地方では憲政会の流れを汲む民政党が優勢であったことがわかる。その中心には、柏崎町の西巻進四郎・原吉郎がいた。

一九二四年に政友会から政友本党に走った丸田尚一郎は、二六年に政友会に復帰した。丸田は二八年二月および三二年二月の衆院選に刈羽郡の同志から出馬を強く求められたが、固辞した。後者の時には、刈羽政友倶楽部の総会に洲崎義郎が出席し、「『丸田家の親戚として且つ義弟として熱心なる党員諸君の御同情に対する義兄の意志を伝えたい』と縷々出馬出来ざる経緯を述べた」[1]。理由はおそらく、前章第8節aで触れたように、家財を売却しなければならないほど経済的に窮していたからであろう。当時はどちらも政友会内閣で、出馬すれば勝つ可能性があったが、経済的事情から固辞せざるをえなかったと思われる。

この表4-1において、「その他」の当選者に必ず入っていたのが南蒲原郡中之島村を拠点とする大竹貫一である。明治期から続く代議士で、この時代は少数政党の革新党に所属していた。

b　無産運動の高揚

一九二五（大正一四）年の普通選挙制度の実現を背景に無産政党が結成され、厳しい環境下ではあったが、柏崎・刈羽地方でも無産運動が高揚した。

一九二七（昭和二）年一月、柏崎町の松村甚三郎の主唱により「中越青年労働協会」が発会した。一一月、「中越小作人組合」が結成され、刈羽郡から横田省平・中村俊夫らが執行委員に選ばれた。横田は一二月、柏崎町に「中越小作人組合同盟刈羽郡連合本部」の看板を掲げた(2)。一二月二日、柏崎座で「全日本農民党新潟県連合会」の演説会があり、三宅正一・麻生久・浅沼稲次郎らが演説した。これが柏崎における無産政党の最初の演説会であった(3)。

一九二八年二月には中鯖石村に「電灯料値下期成同盟会」が結成され、保倉川電気株式会社に対して電灯料金を北越水力電気株式会社なみに引き下げることなどを要求し、同村及び他の八ヵ村も加わった運動が行われた(4)。

一九二九年二月一〇日、日本労農党の分裂に伴い、「日本大衆党柏崎支部」が結成され（野口芳徳・小泉徳松ら）(5)、九月二三日には「社会民衆党刈羽支部発会式」が柏崎座で開催された（会田甚作・松原伍一郎ら）(6)。社会民衆党刈羽支部は家賃値下げ運動に取り組み、同年一一月二九日には日本大衆党と共同で家賃値下大演説会を柏崎座で開催した。一二月八日、柏崎町の常福寺で「柏崎借家借地人組合」の発会式があり（西沢新次ら）、家賃の一割五分値下げ（標準）を決議し、一一日には家主に値下げ勧告書を渡すなどの運動を行った(7)。

一九三〇年は激動の年となった。一月、民政党・浜口雄幸内閣は金解禁を断行したが、前年一〇月アメリカで発生した大恐慌の荒波が押し寄せたことと重なって、日本はきわめて深刻な恐慌＝「昭和恐慌」に陥った。労働界では解雇・賃下げの嵐が、農村では繭価・米価が暴落して「農村恐慌」に発展した。

このような状況下、刈羽郡では、四月八日、社会民衆党・日本大衆党・革新（中村長一郎派）が連携して組織する「刈羽新興民衆連盟」創立の第二回準備会が柏崎町の松原伍一郎宅で開催された(8)。無産政党の合同に向けた動きはその後も続き、日本労農党・全国大衆党・社会民衆党による「三党合同促進同盟刈羽協議会」の結成となり、同年一一月二五日には同会主催の「郡民大会」と演説会が柏崎座で開かれた。一〇〇〇人の参加者で満員となった会場では、電灯料三割値下げ、ガス料金二割値下げ、農会・青年訓練所の撤廃、教員・役場吏員の減俸などを決議し、三宅正一・麻生久（全国大衆党首）らの演説があった(9)。同会による郡民大会・演説会は翌三一年四月一三日にも柏崎座で開催され、大山郁夫（労農党首）・石田宥全（全国農民組合新潟県委員）らの演説があった[10]。

このほか一九三〇年には、社会民衆党が七月七日に柏崎町で「失業反対特別議会報告大演説会」を柏崎座で開催し（片山哲ら演説）[11]、九月一〇日には同党が組織する「ガス値下げ期成同盟会創立大会」が常福寺で開催された[12]。また、全国大衆党の演説会が八月一日に小国村で、同月二六日に高柳村で開催され、三宅正一・浅沼稲次郎らが演説するなど[13]、農村部でも活発な動きが見られた。

『柏崎市史』下巻は、一九三〇年は「柏崎・刈羽地方の無産運動のピーク」となったが、翌年になると「警察の弾圧の強化」もあり、柏崎・刈羽地方における以上のような運動は「急速に勢いをなくして行く」と述べている[14]。なお、一九三〇年七月一三日には、柏崎町の遍照寺で「婦選獲得同盟刈羽支部」の発会式が行われている。以降、支部長の田中キンを中心に運動が展開された。その様相は『柏崎市史』下巻（四三五～四四〇頁）に記述されている。

以上のような無産運動に、とくに小作問題ないし農民問題に、洲崎義郎は何らかの関わりをもったと推察されるが、具体的なことは不明である。

c　満州事変を画期とした政治・社会の暗転

一九三〇（昭和五）年に柏崎・刈羽地方で活発に展開された無産政党や婦選獲得同盟などの活動が翌年に鎮静化したのは、「警察の弾圧の強化」とともに、満州事変の影響が大きかった。三一年九月一八日、関東軍の謀略による柳条湖事件を契機に満州事変が勃発した。民政党の若槻礼次郎内閣は当初、事変の不拡大方針を打ち出したが、満州における戦線拡大、既成事実の積み重ねの前に、結局、その方針を貫くことができず、一二月には総辞職を余儀なくされた。替わって軍部に親和的な政友会の犬養毅内閣が成立した。

しかし、犬養首相は一九三二年五月一五日、海軍青年将校らに殺害され（五・一五事件）、海軍の斎藤実を首班とする内閣が発足した。斎藤以降の内閣でも政党幹部二～三名が入閣することが多かったが、彼らはいわゆる伴食大臣でしかなかった。政友会・民政党は、両党を合わせれば衆議院で圧倒的多数を握り続けたが、首相や重要閣僚のポストには就けなかった。こうして「五・一五事件」を画期に政党内閣の時代は終わり、軍国主義・ファシズムの時代に入り、デモクラシーの潮流は急速に衰退していった。

d　産業経済の動向

一九二七（昭和二）年三月、越後鉄道など五線の私営鉄道を買収するための公債発行法律案と白山（新潟市）～新発田間に鉄道を敷設する鉄道敷設法改正案が議会を通過し、三〇日に法律第二九・三七号として公布された。越後鉄道は同年一〇月一日をもって国有化され、「越後線」と改称されるとともに、白山～新発田間の鉄道（白新線）と結ばれることになった[15]。

同年一一月、大河内正敏理化学研究所長が設立した理化学興業株式会社が柏崎町の停車場通り東側の土地一〇〇坪を買収して、吸湿剤のアドソール製造工場を建設した。理研の新潟県進出は、アドソールの原料である酸性白土が新潟県の新発田付近から得られること、天然ガスが刈羽地方の新興の高町油田から豊富に得られると期待したことによる[16]。一九二八年には、当時の町長・丸田尚一郎、西川鉄工所の西川《さいかわ》藤助の周旋で、比角地区北部の土地二万坪を購入し、本格的に工場の建設を開始し、同年一一月二二日竣工した。ここで生産された吸湿剤は全国各所で使用されて好成績を収め、理研興業の経営基盤をつくった[17]。しかし、高町油田の天然ガスが衰退したため、アドソールを利用してガソリンを採集する事業は、中止に追い込まれた。それに替わって理研は、自動車や飛行機のエンジンに使用されるピストンリングの製造に乗り出し、三〇年に国産化に成功した。「ピン止め加工法」と呼ばれる技術で生産された理研のピストンリングは、アメリカのフォード社製より低廉な価格であったため、全国から注文が寄せられ、三二年にはそのための新工場を旧アドソール工場内に建設し、本格的な大量製産を開始した。三四年三月、理研ピストンリング株式会社が設立され、従来の事業を継承した[18]。理研ピストンリングの成功は、大河内正敏の「科学主義工業」論、

「農村工業」論に基づく経営論に負うところが大きかった。[19]

一九三五年八月頃、理研ピストンリングには男工約四〇〇人、女工約六〇〇人が働いていた。[20] 使用する諸機械の操作は簡易化・単純化されており、女性でも充分可能であった。また、刈羽郡荒浜本村などの農漁村に、部品の加工作業だけを行う「分工場」(共同作業所・家庭作業所の形態)も設置されている。[21]

理研ピストンリングの工場がこの地にできたことは、昭和恐慌の影響を緩和することに役立ったが、一九三四年から政府・県による時局匡救土木事業がこの地でもあり、それも恐慌対策として役立った。同年には刈羽郡下二二ヵ町村で三万三八六〇円の予算で道路改修工事などが行われたが、柏崎町では、鵜川に八坂橋を架設し、中浜を経て三つ石臨海館近傍に至る「中浜海岸道路」(八〇〇メートル)などが開鑿されている。[22]

また、一九三一年七月、柏崎町に競馬場が開設され、郡内外の人の来場による柏崎地方の発展につながるとの期待を膨らませた。これは、二八年に「柏崎競馬場設置期成同盟会」が組織され、当局に請願活動を行ってきた成果であった。新発田・高田・長岡などと競合したが、二九年八月、「地方競馬場」としての「指定許可」を得、三一年七月三日から春季競馬会を行うに至っている。[23]

e　地域における軍国主義の始動

一九三一年九月、満州事変が始まると、同年一一月二一日、柏崎在郷軍人分会主催の「戦勝祈念祭」が柏崎神社で行われた。出征軍人の家族、その他が多数参拝し、神官の祝詞の後、吉浦栄一分会副会長が会長代理として祭文を朗読し、西巻町長・佐藤柏崎警察署長・出征軍人家族代表が玉串を奉奠《ほうてん》した。比角地区でも二三日に羽森神社で、新嘗祭についで「戦勝祈願祭」が行われた。[24]

翌三二年には、柏崎町と周辺地域は「日本には大切な石油地である」、「西山油田から出る原油は、揮発油分の多い事、全国油田中の随一である。天然瓦斯からも珍しい歩割で揮発油が多く採れる」、「若し敵が日本の石油地を襲撃するとすれば、先づ西山油田及び其の製油、貯蔵の設備ある柏崎であらう」という理由から、防空設備を設ける必要性を説いた論説が『越後タイムス』に掲載された[25]。この論は「各方面の注目を惹いた」らしく、これに関連して同紙は、柏崎町・柏崎実業協会が日本石油会社・県当局に相談して、浦浜に「完全なる飛行機着陸場の設備実現を図るやう、速やかに具体的運動を起さん事」を提案した[26]。次の第2節e(3)で触れるように、洲崎義郎は町会議長として、西巻町長とともに飛行場誘致に関して高崎まで視察に行っている。

美濃部達吉の天皇機関説が攻撃され、選挙粛正運動が行われた一九三五年には、柏崎商業学校の菊池栄治校長の軍事教練強化策が問題となった。菊池校長は前年六月に長岡から転任してきた人であった。これまで同校は県下で一番、数学の時間が長いことを特徴としていたが、この新校長の下では数学の時間が著しく「短減」され、他方で「軍事教練」の時間が「激増」した。また同校には軍隊よりの配属将校のほかに、中尉一名、特務曹長三名が勤務したが、軍事教練のために五人も軍人を置くところは他にないという。『越後タイムス』は、「商業教育とは凡そ縁の遠いファッショ主義」の教育だと強く批判した[27]。

一九三六年九月五日、西巻町長の「特志」により、町役場の玄関正面奥に「神殿」が設けられ、それまで宿直室に「奉安」されていた皇大神宮の「御札」を移す「遷座式」が挙行された。本殿の左右にある「相殿」には、本町出身の戦没者や功労物故者の霊を祀るという。これを報じた『越後タイムス』は、「日本人としての敬神崇祖の観念涵養の上」から「意義深きものがある」と評した[28]。

以上は点描に過ぎないが、柏崎・刈羽地方においても、しだいに軍国主義の動きが強まってきたことがわかる。これが洲崎義郎の柏崎町議・町会議長時代の、地域の一般的状況であり、こうしたなかで義郎はいかに行動し思索したか、以下、節を分けて考察していくことにしよう。

2　柏崎町会での活動

a　柏崎町長の交替

一九二六（大正一五）年九月再任された二宮伝右衛門町長は、翌年一月二〇日、突如、病気を理由に辞表を提出した。急遽開かれた町会協議会は町長に翻意を求めることにしたが、二宮は応じなかった[29]。一月二六日、町会は元町長・現町会議員の入澤市郎を町長に選出した。入澤を町長に推薦した町会の銓衡《せんこう》委員七名の中には洲崎義郎も入っている[30]。入澤は一八八九（明治二二）年七月、町村制施行の時に町助役に就任したのを皮切りに助役・町長・町議を歴任しており、柏崎町の行政に通暁する人物であった[31]。

しかし、就任からほぼ一年後の一九二八年一月一五日、入澤市郎町長は病死した。このため町会は七名の銓衡委員を挙げ、後任町長を銓衡した。議員の間では候補として西巻進四郎・丸田尚一郎らの名が挙ったが、銓衡委員会は長老の丸田尚一郎を推薦した。丸田は再三固辞したが、ついに承諾した。二月二七日の町会で丸田が町長に選出され、三月一日初登庁した。『越後タイムス』は、「丸田氏は情の人、熱の人と言はれてゐる。願くば其の燃ゆるが如き情熱を町政の上に移して創業時代にある我が柏崎町の将来の為めに献身的努力を惜しまれざらん事を切望して止まない」とエールを送っている[32]。丸田擁立の背景には、当時の内閣が政友会の田中義一内閣で、政友会の勢力が伸張していたことが関係していたと思われる。同年二月二〇日の衆院選で丸田が応援した政友会の高橋金治郎（三島郡）が刈羽郡内で得票第一位となっている[33]。

丸田町政がスタートして間もない一九二八年七月、柏崎町会は条例を改正し、町長が議長になる従来の方式を改め、選挙で議長を選ぶ方法に変えた。その新方式で同月二六日行われた議長選挙で西巻進四郎が当選した（西巻一六票、西川藤助三票、洲崎義郎一票）。また、議長代理には洲崎義郎が選任された（洲崎一六票、西川三票、山崎忠作一票）。この新方式は、「新地方令を適用して県下に新例を開」いたものという(34)。

前述のように、西巻進四郎は一九二三年の県議選で憲政派に擁立され当選した県議でもあった。第2章で触れたように、洲崎義郎は西巻とは年齢が近く、『越後タイムス』を通じて親しい関係にあったが、二四年の衆議院選挙で政友派から立候補した義兄の丸田を積極的に応援した関係から、義郎と西巻の政治上の関係は微妙なものとなっていた。とはいえ、義郎は西巻の県議選の際、『越後タイムス』に推薦者の一人に名を連ねており、また西巻も憲政派に擁立されつつも「既成政党」に対して批判的姿勢を示していたから、義郎としては「人物本位」の観点から丸田とも西巻とも等距離で対応しつつ柏崎町のために協力する、という気持ちを強くもっていたと推察される。

b　一九二九年一月の町議選と町会議長就任

(1)　一九二九年一月の町議選——洲崎義郎の「立候補の御挨拶」

一九二九（昭和四）年一月二二日、洲崎義郎にとって二回目となる柏崎町議選が行われた。前章第9節eで触れたように、前年一二月一日、枇杷島村が柏崎町に編入されており、「大柏崎町」としての初めての町議選となった。従来の選挙では支持者たちによる推薦広告や推薦文が新聞などに掲載されるのが常であったが、納税資格が撤廃された普通選挙（ただし男性のみ）で行われる今回の町議選では、立候補者自身の「立候補の御挨拶」が掲載されるのが目立った。洲崎義郎は一月一三日の『越後タイムス』「特別広告」欄に、次の「立候補の御挨拶」を載せている。

かねて懸案であつた枇杷島との合併が成り、大柏崎の建設が実現された今日、然も意義ある普選の尊き足跡が其一歩を印せんとする町議選に、不肖の身を顧みず立候補することになりました。
立ちました以上は普選の名に叛かない様に皆様の爽かな、公明な、黎明の気に満ちた清き一票で立派に当選して、心ゆくばかり町の為めに尽したいと今から意気込むで居ります。

「深き自己内省と省察とに依つて一歩〳〵この町を明るく堅実に」と云ふことが私の立候補の唯一の標語で有ります。何卒平素の私を御信頼の上御援助下さらんことを御願ひします。／洲崎義郎／柏崎町比角

普選を踏まえて広く有権者に自己の姿勢を訴えようとしており、とくに「深き自己内省と省察とに依つて」の一句に洲崎義郎らしさがよく表れている。

一月二二日投票が行われた。有権者は四〇六五名、棄権者三三三名であった。定員は三〇名で変わらない。即日開票の結果、洲崎義郎は一二三票を得て当選した。比角地区を地盤に立候補した三井田栄助も七六票を得、最下位ながら当選した。比角地区の当選者はこの二名だけで、前回の選挙では六名が当選していることに比べると、大きな違いである。他方、枇杷島地区から立候補した五名は全員当選している(35)。今回の選挙は有権者間に新編入した枇杷島への配慮があったと推測される。

今回の町議選にはもう一つの特徴があった。政友会・民政党による支援である。民政派と目される新議員の中村三郎は、『越後タイムス』主筆の中村葉月のインタビューに、次のように話している。すなわち、中村三郎は、「政友派と思はる丶候補者の処へ、県支部から激励の電報やら、当選祝賀の電報やらが来たといふのも事実です。又田中正名とか吉田良平とかいふ人達が選挙運動の為めに柏崎へ遣つて来たのも事実です。〔中略〕。其処へゆくと民政派は電報一本すら貰ひません。イヤ私共の方から遠慮したのです」、と(36)。民政派に関する発言には疑問が残るが、この中村の発言から、今回の町会選挙では立候補者は地区の推薦を受けつつ、水面下で政党間の激しい競争が存在したことが窺われる。それは次の町会議長選挙にも影響を及ぼすことになった。

(2) 町会議長就任

一九二九年二月四日開かれた柏崎町会は議長選出方法で意見が割れた。民政派の有力者である原吉郎・中村三郎は

選挙ではなく「指名推薦」を主張し、原は具体的には前町会同様、議長に西巻、議長代理に洲崎を推薦したいと発言した。これに対して、吉岡熊蔵・三瓶直行らは選挙による選出を主張した。結局、選挙となり、その結果、洲崎義郎一六票、西巻進四郎一二票、原吉郎一票で、洲崎が議長に選出され、議長代理には西川藤助が選任された(37)。

今回の議長選挙は、政友派幹部の丸田尚一郎が町長であることから、政友派が水面下で工作して丸田と縁戚の洲崎義郎を議長に付け、議員数では民政派が優勢な町会の運営に政友派の影響力を行使する道を開こうとしたものと考えられる。これによって、結果的に、義郎は政友派に与した感があるが、それはもとより義郎の本意ではなかった。義郎は、議長選出の当日は欠席している。政党の争いに距離を置きたかったのであろう。だが、選ばれた以上は職務を遂行せざるを得ないとして、義郎はそれを引き受け、二月八日の町会に出席し、議長就任の挨拶を述べた。その「要旨」が『越後タイムス』に掲載されているので、全文を紹介する。

枇杷島を合併し最も意義ある町議選の後に開かれた最初の町会に、思ひがけず不肖が議長といふ重大の責任ある地位に選挙された事は、洵に恐懼に堪えない。私は其の報知を受けとつた時に深く自己を反省せしめられたと同時に、又煩悶せざるを得なかつた。夫れは盟友西巻氏と相対立して、票を争ふやうな立場に置かれたが為めに一層の淋しさを覚えたからである。私は一旦は辞さうと思つても見たが、私が辞して此の先き町会が如何なるかといふ事を考へ、徒らに紛乱を重ねるやうな事があつては申訳ないと茲に始めて覚悟を定め、暫くの間御うけする事に決したのである。大きな柏崎となつた議長の職責は重大な意義をもつてゐる。皆様の御援助と御同情がなければ私は到底自分の職責を全うして行く事が出来ない。巷間伝ふるところによれば新しき町会は政党的に相争ふの傾きがあるとの事であるが、私は夫れが嘘伝であつてくれれば好いと希つてゐる。政党の醜き争ひによつて今日迄の名誉ある町会の歴史をけがし、吾々の時代に於て町会の前途に暗影を投げたとあつては何の顔《かんばせ》あつてか町民諸君に見《まみ》ゆる事が出来やう。私の此の言葉が単なる私の老婆心であり、蛇足となるならば幸福である。どうぞ選挙までのすべての感情や行きかゝりを一掃されて、大柏崎町将来の為めに協力一致御努力あらん事を切望する次第である。(38)

こうして旧比角村出身の丸田尚一郎と洲崎義郎が町長と町会議長を務める状態となったが、それは長続きしなかった。半年余り後の一九二九年一〇月、突如、丸田は滞在先の東京から町長の辞職書(一〇月五日付)を中村松平助役に送りつけた。理由は「一身上の都合」とあった。中村助役は七日に受理し、代理町長名義で町会を招集し、八日開催の町会にその旨を報告した。町会では一部に留任勧告説もあったが、「丸田氏の辞任意志は今日に始まつたものではなく、且つ決意が頗る固いらしい」との見方が強まり、後任町長を選出するため七名の銓衡委員を選出した。(39)丸田の町長在任期間は二八年三月~二九年一〇月の一年半余と短かった。丸田辞職の背景には、この年七月、「満洲某重大事件」の関係で田中義一内閣が総辞職し、民政党の浜口雄幸内閣が発足したことがあるのではなかろうか。

丸田の後任町長については、西巻進四郎と中村松平(助役)が候補として浮上した。西巻は民政派の幹部(かつ県議)であることから、政友派は中村を推そうとしていると伝えられた。一〇月一〇日に開かれた銓衡委員会は西巻・中村の推薦をめぐり対立したため、洲崎義郎が議長として非公式に両派から四名ずつ委員を挙げてもらい、一七日、妥協の話し合いをもったが不調に終わった。そこで、二二日の町会で選挙が行われることになった。(40)結果は西巻一七票、中村一三票で、西巻が当選した。そして、西巻は助役に中村を再任することで、党派的対立の緩和を図った。(41)

c　比角公民会の結成

一九二九年一〇月、新町長に就任した西巻進四郎は、三八年八月まで県会議員兼任のまま二期余、町長を務めることになる。他方、二九年二月に町会議長に就任した洲崎義郎は、三七年二月まで二期、その職にあった。したがって、西巻町長―洲崎議長の体制は約八年間続き、昭和初期の町政を担った。

表面的には安定した町政といえるが、水面下では民政派・政友派の党派的競争が続き、また無産勢力の動きもあり、さらに満州事変以降の中央政界の混乱も影を落とし、不安定な側面もあった。議長である洲崎義郎は、町長を擁立した民政派にも、対抗する政友派にも直接関わらなかった。数の論理が支配する町会で義郎が梶取りをすることは大変であったと推察される。だから義郎としては、政党政派を超えた母体である比角地区の議員のサポートが一番の頼りとなったようだ。

洲崎義郎が町会議長第一期の終わり頃である一九三二年九月二六日、比角村有志は比角小学校で協議し、「比角公民会」を結成することを決めたことが会則（草案）とともに報じられた。会則案第一～四条を紹介しよう。

第一条　本会は比角公民会と称し大字比角に住居する村民を以て組織し事務所を会長宅に置く
第二条　本会は大柏崎建設に関する自治諸般に亘る研究討議建言若しくは実地運動をなすを目的とす
第三条　本会には委員長一名、副委員長一名委員及び評議員若干名の役員を置くものとす
第四条　役員の任期は四ヶ年とし委員長及び副委員長は総会に於て之を選挙し委員は各区の総代を以て之に充て評議員は各区より選出するものとす(42)

比角公民会の第一回総会は同年一二月二日、比角小学校で開かれ、「会長」に満場一致で洲崎義郎を推薦し、他の役員は会長に一任することを決めた(43)。

比角公民会の設立には、政党政派を超えて比角地区の自治的発展を図ろうという意図があった。政友派の人も国民同盟の斎藤準次（後述）も公民会員であることは可能であったから、政党との関係は玉虫色ではあるが、柏崎町政などの問題で比角出身の町会議員が住民との意思疎通を踏まえ、結束して活動することも期待された。委員長に選出された洲崎義郎は、議長としてだけでなく、議会では中立を標榜する公民会員を率いて活動していくことになる。

d　一九三三年二月の町議選

町会議員の改選期が近づいた一九三三（昭和八）年一月、立候補者の顔ぶれが報道されるようになった。『越後タイムス』は立候補者として三八名を報じたが、それによると比角地区から立候補したのは、三井田栄助（政友・現・農業・六〇歳）、山田策三（政友系・新・蝋燭卸・五三歳）、洲崎義郎（中立・現・地主・四六歳）、水巻武治（中立・新・教員・三一歳）、斎藤準次（国民同盟・新・医師・三五歳）、堤春重郎（中立・元・古物商・六五歳）、霜田毅（中立・新・木工業・五〇歳）の七名であった。また、洲崎義郎の選挙運動について同紙は、「洲崎氏は十六日から三日間に亘つて善光寺、常福寺、福厳院、浄土寺、中浜金比羅、枇杷島十王堂の各所に於て演説会を開く。応援弁士は近藤緑郎、真貝義昭、田村宗雄、坂井徳治、柏井直居、高木伝一郎等の青年諸君である。洲崎氏は今日迄霜田、村山政司〔、〕堤候補等の為めに応援演説をやつた。候補者が他の候補者の為めに応援演説を行ふ其の犠牲的態度は一寸真似の出来ない芸当だ」と報じた。(44)

立候補者の政党との関係がこのように明記されることは以前はなかった。すでに政党内閣時代は終わっていたが、政党勢力は地域ではまだ力をもっていたといえる。だが、比角地区の立候補者七名のうち、中立が四名、政友派が二名、国民同盟が一名で、民政派がいないことは、この地域の特色であった。政友派二名は丸田尚一郎の影響が推察され、中立四名はおそらく前項で紹介した比角公民会としての立場を前面に出し、洲崎義郎の選挙応援を受けたのであろう。そのうちの一人である霜田毅は、かつて比角小学校の教師で、義郎の信頼が厚かったと推察される人物である。なお、斎藤準次については別途、後述する。

一月二二日に投開票が行われた結果、洲崎義郎は一四〇票で第八位当選を果たした。比角地区から立候補した他の六人のうち山田・水巻・霜田・斎藤・堤は当選したが、三井田は落選した。(45) これを報じた『越後タイムス』は、「理想選挙を標榜して立つた洲崎義郎、霜田毅君等が比較的票も多く、肩を並べてのゴールインは見事であつた」とコメントした。(46) 当選者の政党別では、民政及び民政系一〇名、政友及び政友系一一名、「公正倶楽部」四名、中立四名

（全て比角＝洲崎・霜田・水巻・堤）、国民同盟一名（斎藤準次）という[47]。

二月四日開かれた新町会で、選挙の結果、洲崎義郎が一三票を得て議長に、山崎忠作（政友派）が議長代理に選出された。これについて『越後タイムス』は、次のように記した。すなわち、洲崎を議長に選出することは政友・民政両派で事前了解があったが、議長代理については政友派が西川藤助を、民政派が松村保之助を擁立して対立した。そこで「洲崎氏を中心とする比角公民会」が「政党的抗争を避け円満裡に事を解決し度い」として、山崎忠作を擁立し、斎藤準次を介して両派と交渉した結果、民政派は応諾したが、政友派が「面目上規定方針を飜すを得ず」と拒否して選挙となった。山崎の得票一六票は、民政派＋比角中立派のもので、政友の西川は一〇票に止まった、と[48]。

e　柏崎町政への関わり

これまで洲崎義郎の行動については主として町会議員選挙に関して見てきた。義郎が町政にどのように関与したかという問題があるが、議長だけに具体的な問題について主体的に関与することは難しかったと思われる。そうしたなかで、一九三四～三六（昭和九～一一）年の動向で町政とのかかわりを知ることができるケースがあるので、それを紹介してみたい。

(1)　上水道敷設問題

西巻進四郎町長の事績として著名な施策に上水道敷設がある。これは西巻が初めて町長に就任した一九二九年頃から懸案になっていた問題であった。

西巻町長は一九三一年六月、上水道調査委員会を設置し、専門家の協力を得て検討を進めた。その結果、水源を鯨波村の川内にある白雲滝付近に求め、三二年一二月に測量調査が完了した。それを踏まえ、三三年五月の上水道調査委員会、六月の町会全員協議会に計画概要を提示した[49]。それは、総工費六四万五〇〇〇円、うち四〇％は二〇～二五年賦の補助を見込むが、まず全額を起債（五分利付、二〇年間で償却）でまかなう、それに伴う町の負担は毎年三万円余となるため、戸数割を平均一円五〇～六〇銭引き上げ（一三円二〇銭が一四円七〇～八〇銭に増額）、雑種税付加税の一割増徴を行うというものであった。これを報じた『越後タイムス』は、この計画に万全の賛意を示し、総工費のうち約三分の一は労賃であり、国が行っている「救農土木」事業のような不況対策にもなる、また上水道完成後は火災保険料が二割方引き下げられる筈、などとメリットも説いた(50)。しかし、一般会計の歳入出総額が二〇万円前後の当時の柏崎町にとって、六四万円余の事業費は大きな負担であった。国庫補助を得られたとしても地元負担金は多額で、戸数割・雑種税付加税の増徴が避けられないという問題があった。

一九三三年七月二三日開かれた上水道委員会は、町長の原案を大体で承認し、町債発行について協議した。洲崎義郎は「比角公民会委員長」として「愛町公債」の名称の下に、三分利付・二〇ヵ年償還の二〇万円募債を提案した。これに対して政友派委員は条件は同じだが三〇万円募債を主張し、民政派委員は四分利付・最低二〇万円募債を主張し、この日は折り合いがつかず散会となった。二九日には洲崎議長の周旋で各派代表懇談会が開かれ、この問題を協議したが、結論には至らなかった(51)。八月にも義郎は、水道問題について「有力なる某々氏等を訪問し種々熟議する処ありし」と伝えられ、周旋の労を取り続けた(52)。しかし、こうした中で水道敷設反対運動が表面化する。

政友派は、水道敷設問題を契機に、「町政上諸般の施設計画に対して討論研究をなし一町の指導機関として町政を厳密に監視して其失政なからしめん事を期するを目的」とした「町政研究会」を八月上旬に結成し、一一日に水道の「即行」「尚早」の是非を論ずる「町政批判演説会」を開くことを予告した(53)。

他方、八月七日夜、比角では町会議員と地区の総代らが参加した「比角水道会議」が開かれた。その模様を報じた『柏崎日報』によれば、比角地区住民の多数は水道敷設に反対であるが、洲崎義郎は町会議長として水道敷設を実現する方向でまとめたいと思っていることが窺える(54)。

しかし、斎藤準次は、この会議における比角住民多数の意見を踏まえ、反対運動に乗り出すことを決め、八月一一日夜、福厳院で開催された「町政批判演説会」で吉岡熊蔵（町議）・松原伍一郎（社会大衆党）らとともに水道敷設反対の演説を行った[55]。それもあってか、比角公民会の町議六名は、八月一四日夜、小町の有明亭で会合をもち、水道問題については「各自自由行動を取る」ことを申し合わせている[56]。

水道敷設反対運動はしだいに盛んとなり、八月二五日夜には政友派が結成した「柏崎町水道即行反対連盟」主催の町民大会が柏崎座で開かれ、「立錐の余地無きまでの盛況」であった[57]。

その後も激しい反対運動が続いていたが、翌一九三四年一月二七日の町会協議会において、議長代理の山崎忠作が原技師との話し合いを踏まえ、供給人員を四万五〇〇〇人から三万人に減らし総工費を八万円余減額する修正意見を出したところ、西巻町長・民政派が受け入れたので、町会協議会はこの原案修正説を賛成多数で採択するに至った[58]。その後も反対運動は行われたが、町当局は協議会の結果を踏まえて施策を進めた。そして、同年七月一三日の町会本会議で上水道敷設案の採決が行われ、一九名の賛成で可決された。その内容は、総事業費五六万七〇〇〇円、国庫補助金一四万一七五〇円（二五％）と県補助金八万五〇〇〇円（一五％）を見込み、柏崎町の負担金は三四万〇二〇〇円（六〇％）となっている[59]。

一九三五年七月、柏崎町上水道の敷設と起債の「認可指令」が届いた。事業の総工費は五六万七〇〇〇円、うち起債額は五六万五〇〇〇円であった[60]。そして、三六年五月一四日、柏崎小学校で起工式が挙行され、工事が始まった[61]。それから一年余を経た三七年七月、上水道工事がほぼ完成し、七月一五日に通水が行われた[62]。これに関して『柏崎日報』は、上水道は都市の「文化施設」で、それは工業にも関係を有し、「将来柏崎の内容概観の充実」を期したい、との洲崎義郎の談話を載せている[63]。

(2)　公立病院建設問題

洲崎義郎にとって、公立病院建設も重視すべき事業であった。

一九三二年一月、柏崎町浦浜に一町四ヵ村でつくる伝染病組合の事業として「立派な伝染病院」が新設された。これを報じた『越後タイムス』は、「一歩進めて之れを避病院より普通病院に拡充せしめよ」と主張した。その理由について、柏崎に立派な普通病院がほしいのは数年来の懸案で、今も患者は新潟や長岡の病院まで行かなければならない。今回、立派な伝染病院ができたが、ある医師によれば、この病院に外科手術室を備え、医療機械を完備すれば、立派な普通病院とすることができる、と述べている。また、一九二八年頃、洲崎義郎が関東・関西・中国・九州・東北の病院を「自費」で視察した時、約一〇万円あれば理想に近い病院を建設できると言っていた。この伝染病院を普通病院に改築するとすれば、すでに八分方できていると見てよい。そのため、これから毎年、積立を行うなど、準備を始めよ、とも記している[64]。

ここで言及されている洲崎義郎の視察内容は、一九二八年一二月九日の越後タイムス同人会例会で報告され、その大要が同月一六日の同紙に「病院視察談」と題して掲載されている。それによれば、義郎は、同年一〇月中旬から「仙台を振出しに東北各地の病院を視察」し、一一月下旬から「関西中国筋から九州へかけて重《おも》なる病院の内容設備、経営方法等」を視察した。東北地方の病院は概して「物療の機械が発達して」いる。中国地方の倉敷の病院、九州地方の小倉と八幡の病院は一〇〇～一三〇万円位でできたというが、東北地方の病院より劣っている。このように全体的な感想を述べた後、私立の盛岡病院、八幡製鉄所の病院、大原孫三郎の紡績会社が経営する倉敷の病院について、その様子を伝えた。義郎が最も惹かれたのは「患者に明るい温い感じを与へるやうに設備され」た倉敷の病院で、かなり詳しく紹介している。最後に義郎は、「病院の経営は要するに資金と人にあると思ひます。柏崎にも各科を綜合した権威ある病院の建設を希望してゐるのですが、ある人から病院を立て丶之れを各科の専門医士《ママ》に任せたらどうだといふ意見を拝聴したこともあります。併し今迄視察したところでは其のやうな分科的に独立した経営方法をとつてゐる病院は見あたりませんでした。只九州に共同病院と称して、二人の医師が共同でやつてゐるところはあつたやうです。柏崎に理想的病院を建設する暁きには、伝染病舎をも附属せしめて、従来の所謂避病院が与へた冷たい陰惨な感じを出来る丈け除去する事にも努める必要があると思つてゐます」と結んでいる。

結果的に、柏崎町には町村組合立の「立派な伝染病院」が新設され、洲崎義郎の思いは通じなかったようだ。だが、『越後タイムス』記者が外科手術室を備え、医療機械を完備すれば、立派な普通病院になると言っているように、医療器具・機械も充実した内科と病室を備えたものであったらしく、義郎の視察も決して無駄であったとは思えない。また、後述するように、他郷から来柏して一九二八年に外科医院を開いた斎藤準次と義郎がしだいに親密になっていく背景には、政治上の問題だけでなく、彼の外科病院が伝染病院を補完するものとして、義郎には好ましい人物と映ったのではなかろうか。

(3)　飛行場設置問題

一九三四年には、柏崎町に飛行場設置の話が持ち上がった。「適当な敷地の選定と工費の捻出とに若干研究を要するけれども〔一〕先決問題としては一日も早く飛行航路権の獲得をなさねばならぬと、近く西巻町長、洲崎町会議長相携へて先進地高崎方面へ視察研究に赴むく事になつた」と報じられている[65]。もとよりこれは実現しなかったが、西巻と義郎が町政のために協調している姿を彷彿とされる一齣といえよう。

f　一九三五年の町長選をめぐる西巻進四郎との確執

洲崎義郎は、おそらく町会議長として西巻進四郎町長を支え、町政のために協調していきたかったであろう。だが、一九三五年一〇月の町長選の頃から、両者の間にはヒビが入り、それがしだいに大きくなった。それは両者にとって不本意なことであったに違いない。周囲にいる人々の政治的な思惑がそうさせた面が大きいと思われる。本項ではこの問題を取り上げ、考察する。

発端は、西巻進四郎が同年九月二五日執行の県議選に立候補するため、同月一一日に任期半ばで町長を辞職したことにあった。西巻の県議当選後、町長後任問題で開かれた九月二七・三〇日の町会銓衡委員会は、西巻再選説と洲崎推薦説で対立した。結局、一〇月五日の町会で選挙となり、西巻一三票、洲崎一一票で、西巻が再選された。このとき、民政派は西巻再選に動き、政友派と水道反対派（斎藤準次ら）が洲崎推薦に動いた(66)。

民政派が自派と通じる人物を町長に推薦することはもとより問題ないが、自ら辞任し県議に再選された人物を再び町長に再任するのは、おかしなことである。だが、民政派の議員たちは、当時、西巻以外の町長としては洲崎義郎しか適任者がいないと町民の多くは考えるのではないか、だからそれを阻止するためには西巻再選しかない、と考えたのであろう。とすれば、それはきわめて党略的な考えである。

この経験を通じて、洲崎義郎は既成政党への反感を増大させた。それが次の第3節で見るように、義郎の思想的転回の契機となったと考えられる。

g　一九三七年の町議選

「はじめに」で紹介した、「洲崎義郎著作」（4）「新体制トハ何ゾヤ」の第七項に「年頭所感」と題されたレジメ原稿がある。その冒頭に「昭和十二年の晴朗なる正月は、文化の上にも及ぼすや」との一文があり、以下、「昨年の展望」、「国内問題」、「本年度国民生活の展望」（これは一〇の論点を挙げているが、具体的説明なし）についで、スローガン的に「政治を明朗ならしめざる可からず」、「自治体の浄化が根本問題なり」、「真剣に正しい選挙が必要」、「正しい選挙を行わないから民衆が苦しむ」、「自治制参与者の選挙法」、「既成政党を批判せよ」、「自治体に既成政党は真平御免なり」、「自己の町内を真に愛する人を選べ」と列挙した後、「柏崎町の町政」と題し、以下が列挙されている。

(1)市制近きにあり、何が故の市制ぞ／(2)柏崎人の欠点、島国的なり、もっと強くあれ／(3)自治体の本質を理解せよ／(4)立派なる町議を選べ（金がかゝったり、裏表のある選挙はやめよ、私は諸君の代表なり、叩頭はせず）／

(5) 水道の利用／(6) 飛行場の設置／(7) 常設消防の設置／(8) 町民体位の向上／(9) 学校及び青少年の教育の充実

これが何のために書かれたものかはは不詳であるが、おそらく一九三七（昭和一二）年一月に予定される町議選に向けて、自分の考えを整理したものであろう。ただし、次の第3節bで触れるように、三六年二月の衆院選で国民同盟の大竹貫一を支持することを公にした後で、既成政党には期待しなくなっていた。

「(7) 常設消防の設置」について一言しよう。洲崎義郎は当時、三代目の「柏崎消防組頭」でもあった。いつからその職にあったか不明だが、少なくとも一九三一年にはその職にあり[67]、次章第2節aで言及するように、三九年に新設される柏崎警防団に吸収される形で解散するまで、その職にあった。

さて、一九三七年一月二二日、町議選が行われた。その結果、洲崎義郎は一四五票を得て第九位当選を果たした。斎藤準次も一二一票で第一六位当選し、比角関係では他に石塚善治・山田策三・霜田毅・堤春重郎の四名が当選し、比角地区を地盤に立候補した六名全員が当選した。町全体の党派別内訳は、民政派一三名、政友派五名、公正倶楽部三名、比角公民会三名、中立五名、国民同盟一名という。『越後タイムス』は、「民政派の圧倒的勝利であり、所謂町長支持派が絶対多数を制した」と記した[68]。それは民政派に公正倶楽部を加えた数であろう。

二月一三日、町会が召集された。それまで議長であった洲崎義郎は、みずから議長に原吉郎（民政派・枇杷島地区）を推薦した。原は満場一致で議長に選任され、さらに議長代理に吉岡熊蔵（中立）が満場一致で推され就任した[69]。おそらく義郎は、民政派が圧倒的に優勢になった議会では、政友派などの支持があったとしても、超党派的な議会運営が難しいと判断し、このような行動に出たのではなかろうか。原吉郎は、後述のように、一九三〇年二月から三六年二月、衆議院議員に二回選出された有力者で、原酒造の経営者であった。

原吉郎議長の下、一九三七年二月二五日から三月五日開かれた町会で三七年度予算が審議され、ほぼ原案通り議決された。上水道敷設の特別会計を含む予算総額は過去最多の四三万五〇〇〇円余となった。『越後タイムス』はそれに満足の意を示すとともに、審議の中で出された「積極的意見」として洲崎義郎らの次の発言を紹介している。

即ち洲崎、斎藤、前田議員等よりは町是研究会（或ひは町政審議会）等の調査機関設置の要望あり、西川議員よりは工場誘致運動の問題、霜田〔〕西川、小山、洲崎議員よりは工業教育機関の実現、洲崎議員よりは常備消防設置の提唱〔〕オリンピック大会を目ざしての競技場設備改善準備、斎藤議員よりは道路舗装問題の促進、巻淵、渡辺、前田議員等よりは町案内印刷物の改善刷新、巻淵、洲崎、小山議員よりは産業振興会の機能拡大強化、内山議員よりは幼稚園の分園設置主張、吉浦議員よりは町役場改築意見等々があり〔〕何れも市制柏崎への躍進的計画だけに町当局を刺戟し、激励するところ尠少ならざるものがあった(70)。

ここに議長でなく一町議となった洲崎義郎の姿を垣間見ることができる。党派を超えて町政に関与していこうとする姿勢・態度は変わらなかったようだ。とくに「町是」の策定には、政党的利害を超えて町の自治的発展を期そうとの思いが込められていたと思われる。だが、次節で見るように、この頃から義郎は斎藤準次の影響もあり、政友・民政両派と決別した政治行動をとるようになる。また、これから間もない一九三七年七月七日の盧溝橋事件に端を発した日中戦争の勃発により、日本はしだいに戦時体制に入り、町議としての活動も難しくなっていく。

3　洲崎義郎の思想的転回——国民同盟への接近

a　選挙粛正運動への期待

一九三五（昭和一〇）年には、軍部・官僚による政友会・民政党への攻撃が一段と強まり、政党による選挙での買収工作などの防止を口実とした「選挙粛正運動」がこの年の地方選挙、翌年の衆院選に合わせて展開された。柏崎町でも七月に各界から三五名の選挙粛正委員が指名された。そのなかに洲崎義郎も消防組頭として名を連ねた[71]。七月一九日開かれた柏崎町選挙粛正委員会には欠席しており[72]、この運動に対して義郎は消極的であったようにも見える。しかし、買収選挙を含む既成政党の活動を強く批判していた義郎は、少なくとも同年末には選挙粛正運動に強く期待していたことが次の資料からわかる。

「洲崎義郎著作」（4）「新体制トハ何ゾヤ」には二一編のレジメ原稿があるが、その第一七項に「選挙粛正ト大竹先生」、第一八項に「選挙粛正運動ニ対スル私ノ信念」と題された二編の原稿がある。内容は重複するところが多いが、前者は後段に「幸ニ六十八議会解散セラル」とあることから、一九三六年一月頃、議会解散に伴う衆院選に向き合うべく書かれたものと推察される。また後者は内容から三五年末頃に書かれたものと推定される。背景には、本章第2節fで言及した同年九月の県議選と直後の町長選における民政派の党略的な行動に対する強い憤りがあったと思われる。

第一七項の「選挙粛正ト大竹先生」は、「⑴板垣死ストモ自由ハ死セズノ語今何処へ行ク」で始まり、以降の政治史の要点を列挙する。それは「⒀普選ノ悦ブ可キ黎明来ル、……」で終わる。続いて現状について、「一、日本ノ経済生活ハ外国ニ比シテ一見安定小康ヲ得タル感アリ」、「一、然シ其見通シハ楽観ハ免サズ」、「一、一部ノ人ノ中ニハ立憲代議制度ヲ悲観ス」、「一、根本策トシテハ政治教育ノ普及徹底」、「一、応急対策トシテハ、選挙粛正ガ一番緊要ナリ」、「一、幸ニ六十八議会解散セラル」を列挙し、その各々の項をさらに箇条書きで説明している。そして、最後に、「コノ時に当ツテ如何ナル人ヲ選ビ又ドンナ心掛ケデ選挙ヲナス可キカ」と問い、「⑴政党ノ過去ノ功罪ト現在及ビ将来ノ政策ヲ検討セヨ／⑵スローガント実際トハ違フ／⑶人格識見ト実行性ヲ重ンゼヨ／⑷一ツノ政党又ハ候補ガ現在微力ナリトモ将来性アリヤ否ヤヲ検ベヨ／⑸地盤ノ無意義」の五点を指摘したうえで、「右ノ条件ニ当ルモノハ大竹先生デアル」と記し、終わっている。

現状について列挙した中の「一、一部ノ人ノ中ニハ立憲代議制度ヲ悲観ス」では、「⑴ファシズムの謳歌／⑵共産政治」に触れ、それは「日本の国体と国民性ニ適応セズ」として否定している。しかし「現在ノ侭デハ駄目」と言い、「現在デハ既成政党無力ノタメ中間内閣出現ス。コレヲ建直スニハ選挙ノ覚醒ト政界ノ浄化ガ必要デアル」と記している〔中間内閣は斎藤実内閣や岡田啓介内閣をさす当時の言い方〕。また、同様、「一、応急対策トシテハ選挙粛正ガ一番緊要ナリ」では、「選挙ニ際シ断乎排撃ス可キ事項」として、「(1)官憲ノ干渉ノ排撃、……／(2)情実因縁ノ拒否／(3)買収選挙トブローカー」をあげ、ついで「其結果貧乏人ガ損ノ上塗リヲナス」「間接税多シ　酒煙草ノ税無産者ガ支払フ」などと書いている。

第十八項「選挙粛正運動ニ対スル私ノ信念」の内容は、部分的に詳しいものもあるが、ほとんどは第一七項と変わらない。ただ末尾に、唐突に、「一、中村氏ノ信念ニ殉ゼシ心ヲ静カニ味覚セヨ」の一文がある。それについてのコメントはない。

思うに、「中村」は、西頸城郡糸魚川町の中村又七郎（一八八四～一九六三）ではないだろうか。彼は西頸城郡柳形《やながた》村（後に糸魚川町に編入）の酒造業・船問屋を営む旧家に生まれ、高田中学、早稲田大学政治経済学科を卒業した。洲崎義郎の先輩である。彼は早大卒業後しばらくして帰郷し、『高田日報』主筆に就任し、一九二三年には同社長となった[73]。他方で、二三年九月に政友会から県議に初当選したが、二七年九月の県議選では落選、三一年九月の県議選には立候補せず、三五年九月の県議選で二度目の当選を果たした[74]。しかし、三五年一二月、選挙粛正運動で取り締まりを厳しく行ったことに対して、政友・民政両党が結束して「県警察部長不信任案」を県会に提出したとき、中村は「官僚の独善なお許すべし。政党の独悪にいたっては許すことができない」として両党を批判し、同案に反対した。これにより中村は政友会を除名された[75]。この行動に洲崎は共感を覚え、後に追記するような形で、この一文を書いたのではないだろうか。なお、中村は中野正剛との関係もあり、三九年九月の県会改選では「東方会」（後出）から立候補し当選している[76]。

さて、この二点の原稿から、洲崎義郎は、ファシズムや共産主義に対して、「日本の国体と国民性ニ適応セズ」として反対する一方、買収選挙などで国民代表の座を得ている既成政党を批判し、有権者の多数を占める無産者の政治的覚醒によって真の国民代表が多数、代議士になることを求めていたことがわかる。選挙粛正運動と政治教育はそのための方策として重視された。しかし、無産者の政治的覚醒は直ぐに実現できるものではない。義郎は既成政党批判の文脈において、組織ではなく、傑出した個人に期待するようになったのではなかろうか。それが大竹貫一であり、中村又七郎であったように思われる。無産者の政治的覚醒への期待にはデモクラシーの思想が流れているが、傑出した個人への期待にはファシズムの思想が内包されている。次章の時期には後者が前面に表出してくるので、義郎の思想は一九三五年末から三六年初めの段階で転回し始めたと考えることができる。

b　一九三六年二月の衆院選での大竹貫一支持

一九三六年二月二〇日、第一九回衆院選が行われた。満期改選であった。民政派は候補者に前年九月の県議選で落選した内藤久一郎を擁立し、三島・北魚沼郡とも「共同策戦」を行い必勝を期すと伝えられた(77)。他方、政友派は、丸田尚一郎を推す刈羽郡と現職の高橋金治郎を推す三島郡で調整できず、さらに丸田の固辞と、刈羽郡側の了解がない間に三島郡側が高橋候補の供託金の手続きを行ったため、刈羽郡政友派は高橋を応援せず、長岡の山田又司を応援することになった(78)。

選挙の結果、大竹貫一が二万二四四八票を得て第一位当選し、内藤久一郎・三宅正一（社会大衆党）・山田又司・佐藤謙之輔（民政党）も当選したが、高橋金治郎は落選した。民政党二、政友会一、国民同盟一、社会大衆党一という結果であった(79)。

この選挙の時、洲崎義郎が斎藤準次とともに国民同盟の「大竹貫一翁を応援すべく推薦状を発するやうだ」と報じられた(80)。義郎が大竹を支持した経緯は前述したが、それが公になったのである。

一九三七年四月二〇日にも衆院選（第二〇回）が行われた。前年二月の衆院選の直後、「二・二六事件」が発生した。危うく難を逃れた岡田啓介首相は退陣し、三六年三月、広田弘毅内閣が発足した。三七年一月、広田内閣が閣内不統一で倒れ、替わった林銑十郎内閣は軍拡のための大増税予算を通した後、衆議院を解散したことに伴う衆院選である。刈羽郡の民政派は西巻進四郎の擁立を企てたが固辞され、南蒲原郡から推された佐藤謙之輔と今成留之助（新潟市議）を応援することになった。他方、刈羽郡の政友派も丸田尚一郎・罇藤吉（県議）に固辞され、刈羽政友会会長の佐藤正吾を立てることを三島政友会に交渉したところ拒否され、結局、藤井浩然（長岡）を応援することになった。こうして、刈羽郡の候補者が誰もいない衆院選となった(81)。

選挙の結果、三宅正一（社会大衆党）・大竹貫一（国民同盟）・加藤知正（政友会）・今成（民政党）・佐藤（民政党）が当選し、藤井（政友会）は落選した(82)。

洲崎義郎は今回も大竹貫一に投票したと推察される。また、民政・政友両派が独自候補を立てることができなかったことは、柏崎・刈羽地方の既成政党勢力が大きく衰退していたことを示している。なお、大竹は一九三七年一二月末、勅選の貴族院議員になることが決まり、翌年二月実現した。これにより衆議院新潟第三区では藤井浩然が繰り上げ当選となった(83)。

c　国民同盟と大竹貫一・斎藤準次

国民同盟は、一九三二（昭和七）年一二月、満州事変後の「協力内閣運動」を契機に民政党を離党した安達謙蔵グループ、雄弁で有名な中野正剛のグループ、旧革新倶楽部の一部が結成した革新党の大竹貫一らを中心に結成されたものである。その「政綱」は中野正剛が提唱する「社会国民主義」を土台に、「国際正義の再建」「統制経済の確立」「国民政治の徹底」を三原則とした。「国際正義の再建」は米英本位の世界秩序の修正を、「統制経済の確立」は修正資本主義的な経済を、「国民政治の徹底」は「内閣制の廃止と内政・外交・軍政の一切の権力を集中した国務院の創設」をめざすものであった(84)。

こうした中央の動きに柏崎地方で素早く反応したのが斎藤準次であった。安達謙蔵らは同年一二月二二日の国民同盟の結党式に先立ち全国遊説を行うが、その最初の遊説地が柏崎であった。同月六日午後、柏陽館で満員の一二〇〇人の聴衆の下、国民同盟の演説会が開催された。斎藤準次が開会の辞を述べた後、中央から来柏した鈴木正吾・野中徹也が立党の主旨と経緯などを講演し、遅れて到着した安達謙蔵・山道襄一が講演した。これを報じた『柏崎日報』は国民同盟について、「既成政党を打破し資本主義と無産との中道を目指し」たものと紹介している[85]。翌三三年七月一六日にも、中野正剛らを迎えた「国民同盟刈羽支部演説会」を柏崎町の柏陽館で開催した。この「支部」が実態ある組織であったかどうかはわからない。「当日の演説会は中野正剛氏の出演に人気を呼び折柄の降雨に拘らず近来にない盛況を来し満場立錐の余地なき光景を呈した」と報じられている[86]。

これから洲崎義郎に大きな影響を与えることになる大竹貫一と斎藤準次について触れておきたい。

大竹貫一は南蒲原郡中之島村の大地主出身で、明治期からのナショナリズムを首唱する政治家であった。政友会・憲政会・民政会などの大政党とは距離を置き、革新倶楽部・革新党などの小政治団体に属しつつ、根強い個人票に支えられて代議士として長い間活躍してきた。一九二八年の第一六回衆院選から刈羽郡と同じ第三区から立候補し、当選を続けていた。

斎藤準次が国民同盟の熱心な活動家になったのは、中野正剛との関係や彼の父である斎藤謙治が大竹貫一と深く関係していたことが要因と思われる[87]。彼は、一八九九（明治三二）年、東頸城郡山平村で出生し、新潟中学・第四高等学校・九州帝国大学医学部を卒業して医師となった。中野正剛を知り信奉するようになったのは、おそらく九州帝大時代のことであろう。中野の郷里は福岡である。斎藤は、一九二八（昭和三）年に朝鮮の金州《ママ》病院から柏崎町に移り、同年暮、比角（小倉山）に医院を開設した[88]。だが、それが手狭なため、三一年一月から柏崎町本町八丁目の裏神明通に斎藤外科医院を新築し、竣工なった八月五日から開業した。医院の敷地は三四〇坪で、診察室・手術室の平屋一棟、二階建て病室一棟、二階建て住宅一棟、計三棟の建物（延べ一四〇坪）がある。診療時間は八～一二時、一七～二〇時で、一七時からの診療は「工場帰りや、会社勤めの人達」のためを考慮したものという(89)。彼はこの時、三二歳位であった。

さて、国民同盟新潟県支部の発会式はやや遅れて一九三四年五月、三条町で挙行され、大竹貫一が支部長に就任した。その時、刈羽郡から唯一幹事に選出されたのが斎藤準次であった（彼の父・謙治は顧問に就任）。国民同盟は、綱領に統制経済の確立、政界の宿弊打破と国民政治の徹底などを掲げている(90)。

しかし、この頃、国民同盟内部では、活動の行き詰まりから、政府の与党化や民政党復帰を策す動きが強まっていた。これに対して中野正剛は、政党内閣を否認して独裁的な強力内閣の実現を企図する考えから彼らとの対立を深め、「東方会」という政策研究団体をつくり活動するなど、しだいに独自の政治行動をとるようになった。三五年一二月、ついに国民同盟を脱退し、翌三六年五月二五日、東方会を政治結社として届け出た(91)。中野を信奉する斎藤準次は、政治結社となった東方会に間もなく加盟したと推察される。

4　郡・県の青年団指導者としての活動

a　比角青年団の柏崎青年団比角支部への再編と顧問就任

比角村が柏崎町と合併した直後から、両町村の青年団の合併について協議が行われ、一九二七（昭和二）年一月八日、比角青年団は臨時総会を開催して柏崎青年団との合併を満場一致議決し、八名の交渉委員を選定して一切を委任した。委員は洲崎義郎・三井田栄太郎・保坂常良・栗林喜一郎・水巻武治・吉岡壮吉・阿部幾代治・須田吉太郎であった。一月一五日、柏崎町役場で両団合併交渉委員会が開催され、直ちに合併が決議された。それを踏まえて二月一一日、比角青年団は「第十回総会」を開催し、解団を議決した後、「解団式」を行い、ついで「支部発会式」を挙行し、支部長に三井田栄太郎を選出した。彼は、一九一八（大正七）年八月の比角青年団創立の当初から、創立委員、常任幹事、運動部員・文芸部員を務めてきた人であった(92)。

発会式で承認された「柏崎町青年団比角支部規程」によれば、組織は次のようになっている。事務所は比角尋常高等小学校内に置き、役員として支部長一名、副支部長一名（両者は幹事会で推薦）、理事一名（支部長推薦）と幹事若干名を置く。このほか、支部長の推薦により顧問（若干名）、指導員（若干名）を置き、本部付役員として運動部委員（五名）、雑誌部委員（二名）、弁論部委員（三名）を置く。また、支部内を五区に分け、各区では幹事五名以内を選出し、幹事の互選で一名の常任幹事を置く。そして、支部長以外の役員としては、副支部長に水巻武治が、常任幹事に保坂常良・栗林喜一郎・吉岡壮吉・横村太一郎・高野登一郎が、理事に星野耕平（比角校校長）が、指導員に西巻千代平（同校教諭）が就任した。そして、一〇名の顧問の中に洲崎義郎が名を連ねた。なお、義郎は本部の顧問にも就任している(93)。

こうして洲崎義郎は、新しい柏崎青年団比角支部においては顧問の一人に過ぎなくなった。だが、理事の星野、指導員の西巻の指導力は依然として大きかっただろうし、義郎もさまざまな形で支援を惜しまなかったと思われる。

一九二七年一一月一三日、比角支部は、比角青年団創立一〇周年記念、元正副団長記念品固辞への対応、比角校運動場落成記念のため、刈羽郡下の中学校・青年団・地元小学校の有志らとともに「記念弁論大会」を比角校で開催した。来賓は七〇余名、出場弁士は一八名、来会者は二〇〇名余で、盛会であった(94)。元団長の洲崎義郎が重視した弁論活動で、その労に報いようとしたものであろう。そのとき祝辞を述べた義郎の演説の様相・風貌が伝えられている。興味深いので紹介しよう。

◇滾々《こんこん》としてつきせぬ泉の如き豊富なる蘊蓄、何物をも焼きつくさずんば止まずといつた熱と力！　旧套を脱したあの華かな修辞とゼスチユアー！　何時聴いても洲崎氏の弁論は内容形式ともに独自の創造であり創作である。恐らく伝統の支配を逃れた新味の溢れた弁論として模範的なものといつてよかろう。

甚だ礼を失することではあるが、あの漆黒にしてモヂヤ〳〵した頭髪、聡明さを語る、あの広い額、燃ゆるが如き情熱を秘めたるあの瞳、芸術家？　思想家？　一見して其の凡ならざるを悟らないものはなかろう。加ふるに服装が又一風も二風も変つたものだ。強いていふならば、所謂ブルとプロの合の子、ブルプロ式とでも名づくべきか、否寧ろ貴公子の馬上服とでもいふ方が適評かも知れぬ。此の奇抜な服装！　これが凡てに於て月並を打破されんとする洲崎氏の人格の一端を暗示するものではあるまいか？　かうした態度と風貌とで、壇上に立たれる其の刹那未だ一言を発せずして聴衆をチヤアムしてしまはれるのだ。若しそれ固く結んだ唇、一度開けば天賦の美声、音吐朗々として緩急抑揚内容に即して活殺自在だから、とてもたまらんのだ(95)。

また、三井田栄太郎支部長が開会の辞で洲崎の功績を讃えたことに関し、義郎は、比角青年団の「真の功労者」は比角青年修養会を組織した、ここに臨席している三井田辰治であると言い、さらに「青年教育に関する抱負経綸の一端を吐露」し、県の青年団への補助金増加での県当局との交渉顛末を紹介し、最後に「弁論の本質的意義及び目的」について、「真の弁論は自己の内的要求に即した、止むに止まれぬ全人格的の叫《さけび》であらねばならぬ」と述べ、「今日の弁士各位に項門《ママ》の一針を与へて降壇」したという(96)。

「記念弁論大会」が行われた日は、比角校における恒例の秋の「諸会」行事の三日目であった。洲崎義郎は展覧会と音楽会を視聴した感想を『比角支部報』に載せたが、それは教員の指導不足をかなり厳しく批判した内容であった。いわく、「図画手工」の生徒作品について、「落付いた観察や生々した、表現を欠いて居る物が多い」、「只良い加減に藁紙の上に極つた二三の色を塗りたて、何等自然の実相を忠実に観察に描《ママ》写する事なく極めて粗雑な不真面目な作品が其大部分を占めて居る」、手工も「実用品としての質実さや素直さが欠けて不健康な病的な作品の多いのは遺憾に堪えない」、「音楽や劇や踊のほうももつと先生や児童の内的要求に則つたものを選ぶ可きである」と。そして、最後に、「私は敢て云ふ「先生方よ、もつと深く反省し悩まれよと」其所にのみ貴兄等の正しき進路は見出され得ることを断言する」と述べている(97)。

また、比角支部は同年一一月二六日、「弟分の養勇会」と合同で同年二回目の活動写真会を開催したが、映画の説明を洲崎義郎顧問が、機械操作を飯塚省三顧問が無報酬で担当したという。ちなみに内容は、写真が「震災前後の東京」「伊国ソーベニア湖」、漫画が「松之助高田の馬場」「野球大選手」、喜劇が「アフリカ探検」「八公」であった(98)。

b　刈羽郡青年団の活動

刈羽郡青年団の活動は、毎年九月に二日間行われる県青年大会（競技会、ただし関東大震災のあった一九二三年は中止）の予選会を兼ねた郡青年大会（競技会）、一九二二年一一月以降毎年行われた弁論大会の二つが活動の柱であった。以下、一九二七～二八年の刈羽郡青年団の活動を例示的に紹介しよう。

(1)　運動競技大会の開催

一九二七年には、「第八回県青年大会」（「県青年団競技大会」）が九月一八日、柏崎町の公設グラウンドで行われた。これは同年三月三〇日の県青年団評議員会で決まったもので、大会委員長は県青年団長の佐藤与一であったが、洲崎義郎は刈羽郡青年団長・新潟県青年団副団長として、大会の準備・運営全般を指揮したものと考えられる。当日は、午前八時から開会式、九時から競技が開始され（陸上競技が中心であるが、剣道・柔道・角力もあり）、午後四時から閉会式が行われた(99)。この日、洲崎義郎は「県青年団競技大会記念号」と題された『越後タイムス』の第一面に、刈羽郡青年団長の肩書で「謹んで代表選手諸君を迎ふ」と題した文章を掲載し、抱持するスポーツ論を述べたが、それは割愛する。

(2) 一九二八年の年間活動計画

一九二八年一月二六日、刈羽郡青年団の役員会が柏崎町役場で開催され、同年の事業計画を協議した。その結果、郡内を五区に分け、各区で講演会と青年製作品展覧会を開催すること（「農民芸術の提唱者山本鼎氏に依頼し同参考品を借受け陳列」を含む）、これまで柏崎町で開いてきた弁論会を「在方」でも開催することを申し合わせた[100]。

この役員会を踏まえ、同年三月一三日、「刈羽郡各町村青年団長会議」が柏崎役場で開催された。団長の洲崎義郎が議長となり、同年度予算（総額二四六六円）と事業計画を審議決定した。各町村の経費分担は従来と異なり、戸数六分・地価四分を標準に割り当てること、正副団長の重任、幹事の団長指名なども決定した。事業計画では、五月に郡青年弁論大会開催、六月に県青年弁論大会・団長会議・「江原氏後援会」開催、七月に各町村青年団負担金納入、八月に「第八回郡競技大会」（出県選手予選会）開催、九月に選手練習会・「第八回《ママ》県青年大会」開催、一〇月に県青年団負担金納入、一月に定期役員会開催、二月に県青年スキー大会開催、三月に団長会議開催となっている[101]。

これにより、郡青年団の事業の全体像がほぼわかる。この年間事業計画は基本的に以降も毎年踏襲され、郡の弁論大会や競技大会では最後に洲崎義郎が団長として講評することが恒例であったし、県青年団副団長として東京で行われる全国大会などに県代表選手を引率していくこともあった。

(3) 江原小弥太の講演と洲崎義郎の紹介

この年間事業計画で注目したいのは、各区で行う予定の講演会の講師に江原小弥太を起用したことである。江原は、一九二八年四月一六～一九日、刈羽郡内五個所で、「如何に生くべきか」（人生論）、「何故小説を読まねばならぬか」（文芸論）について講演し[102]、二九年七月八～一二日には、同様五個所で「危険思想とは何ぞや」などについて講演し[103]、三〇年七月一二～一六日には、同様五個所で、「古聖賢の生活と吾等」、「マルクス主義とは何ぞや」と題して講演した。ただし、「マルクス主義とは何ぞや」は上条郷別俣校一ヵ所での講演にとどまった[104]。

紙幅の関係で伝えられる江原小弥太の演説内容は割愛するが、二点のみ言及したい。一つは、「危険思想とは何ぞや」である。ここで取り上げられた「危険思想」は、当時、学生・青年間で広がりつつあった共産主義・社会主義の思想を政府などがそう呼んでいたもので、政府はその取り締まりと「思想善導」を強化していた。江原の「危険思想とは何ぞや」は、それと切り結んだもので、時代の変化を経済、政治、国際の三方面から観察して、「危険人物を分類して反動派（旧右傾）と新左傾派の二類」であるとし、「反動派の経済方面は資本主義者、政治方面は軍国主義者、国際方面は帝国主義者となし、新左傾派はバクーニンの無政府主義者、マルクスの共産主義者等を挙げて、危険人物の極めつき」とした。他方で「社会民主々義の第二インターナショナル」は「危険な主義ではない」と明言している[105]。もう一つは「マルクス主義とは何ぞや」である。同紙にその講演内容は掲載されていないが、江原は同紙の一九三〇年二月九日～四月二〇日、一一回にわたって「マルクス資本論」と題した学説紹介を連載した。ただし、「それに対する私の批判は、この文があまり長くなったから中止する」と、学説の是非に論及していない[106]。講演「マルクス主義とは何ぞや」は、この学説紹介を踏まえたものであったと推察される。江原は、刈羽郡の青年たちに、当局が忌避し弾圧の対象としているマルクス主義がどういうものかを知ったうえで判断してほしいと考えたのであろう。

江原小弥太の最初の講演が行われた時、洲崎義郎は刈羽郡青年団長の名で、一九二八年四月一五日の『越後タイムス』に「江原氏を迎ふる悦び」と題した一文を掲載し、彼を紹介した。義郎はまず、各地の青年団が行っている青年団報発行、講習会・講話会開・弁論大会・社会事業施設などの事業について、その「効果と足跡とを仔細に観察」すると、「青年の純真な精神の内的要求や苦悶を満すやうな本質的なものが極めて稀で有つて其多くは只安価なる自己満足と阿片的陶酔とに終始する結果を齎す事実が多い」、講演会の講師選定に関しても「其人の地位や学位や世間的の評判に眩惑されて、其本質的価値や人間性を閑却する事が多い」と批判する。そして、「講演会の使命」は「魂と魂の接触であり真実への啓示であ」ると言い、このような観点から江原小弥太を講師に選んだことと、「江原氏は現日本の文芸界及び思想界を通じて世評の雲表に毅然として聳ゆる巨大なる生長と深化の最尖端を力強く歩む者の第一人者であります」、「江原氏の思想と芸術と人間性とは、丁度『フエニツクス』の再生とそれの如くに不断の進歩と若さと柔軟性とを持つて絶えず更新されて居ます」、「真に自己の言葉と体験とを雄々しくも宣言して、人々を心から感激の情緒に浸らしめ得る人」などと紹介した。これから、なぜ江原を起用したかがよくわかる。

なお、この文の冒頭で、江原の講演会は、「郡と県の青年団が各々独立した主催の許に、四月十六日から約二十四日間に渉つて」開催されることが記されており、刈羽郡内だけでなく県下各地でも開催される予定であったことが知られる。これも県青年団副団長として義郎が周旋したものであろう。ともあれ、青年団の講演会に宗教文学者として名が知られるようになった江原を起用したことは、官製青年団との違いを象徴する出来事であった。

c　危機における青年団に対する考え

青年団についての洲崎義郎の思想は、前章第5節cでも取り上げたが、義郎はこの時期にも時勢と切り結んで自己の考えを公にしている。それを紹介しよう。

(1)　浜口雄幸内閣の思想対策に対する批判

江原小弥太が「危険思想とは何ぞや」を講演した一九二九（昭和四）年七月、田中義一内閣は総辞職し、民政党の浜口雄幸内閣が発足した。浜口内閣は前内閣の「思想善導」策を受け継ぎ、九月に「国体観念ヲ明徴ニシ国民精神ヲ作興スルコト」、「経済生活ノ改善ヲ図リ国力ヲ培養スルコト」を目的に、教化総動員運動を打ち出した(107)。これも青年層と無関係でなかった。これに対して洲崎義郎は「教化総動員の真意義を論ず」と題した長い論説を執筆し、『柏崎青年団報』第一〇三号附録『比角支部報』（一九三〇年一月一日）に載せた。この時期の義郎の政治的思想を物語る資料として重要なので、紹介しよう。

前田中内閣に依つて『思想善導』『生活改善』が『スローガン』として高く掲げられた後を受けて現浜口内閣は『緊縮政策』及び『教化総動員』なる旗印を持つて日本全国に其威厳を誇示した。然し両内閣とも売勲事件や、鉄道に絡まる収賄行為の暴露に依つて、識者をして旧政党が骨の髄迄腐敗して居る事を遺憾なく国民に知悉せしめた。由来日本は事大主義の国で有つて〔、〕官公吏を威張らせて居る国で有り〔、〕且官公吏自身も他の民衆に比して其教養に於て或は其識見に於て数段も優秀の地位に有りと盲断《ママ》する弊風が有る。それ故彼等は自分の方から『範を国民に示す』とか、或は『訓示』をなすとか、《ママ》云ふ様な極めて横柄な且不遜なる言辞を遠慮なく無反省に文書又は講演に使用して居るが、これは誠に僭越至極の事と云ふ可きで有る。〔中略〕だから私はこんな風に無批判に自己の偉さを誇る官僚的な我国に真の教化が行はる〻筈は無いと確信する。〔中略〕

熟慮すれば二十世紀初頭に於ける日本の現状は誠に多難にして圭角多き時代と云はざるを得ない。〔中略〕逼迫せる日本文化の動揺と苦悩の渦巻の中に置かれた我々青年は深く自ら反省し且其動揺と苦悩とを切り抜けるだけの覚悟と手段とを講ずる自覚が無ければならない。そして私し《ママ》は其動揺と苦悩とを切り抜ける策を示す前提として暫く現代の日本文化の真相に触れ且それに対して遠慮無き解剖のメスを揮ふ事にする。

日本人は真に近代文化を生活しつゝ有るや否や？　私は残念ながら『否』と答へざるを得ない。なぜならば日本の文化は、あの浦賀湾頭に響いた砲声一発の明治維新の更正期に逢着した我等の父兄が、止むを得ざる危機に直面して無批判に、且無省察に、西洋から受取つた、付け焼刃的文化で有つたからで有る。西洋に於ける政治や、商工業や、教育や、社会制度等々の機構は其発達の経路が極めて、なだらか、《ママ》で有り且必然的で有つた。だから其運用も極めて体験的の親しさと滑かさで溢れて居つた。

然るに日本人に取つてはそれ等のものは丁度明治初年の日本人の洋服姿が『ダブ〱』でちつとも身に添はぬ『ポンチ』然たる様に『ビッタリ』と融合せずして幾多の不均衡と非合理性を将《ママ》来せしめた。其結果今日日本人の生活には、至る所に制度と精神との矛盾撞着が醜い闘争を続けて居る。だから我々としては、真に恵まれた近代文化の洗礼を受けやうと思考するならば、もう一度、日本人としての立場を通して、西洋文化を其原理と哲理に迄把握して、それがなぜ我々の生活に取つて必然的なもので有るかと云ふ頂点へ還元し、且再検踏《ママ》する、《ママ》必要が十分に有りと絶叫する。

其所に始めて教化総動員を解決する最初の光りが与へられる。更に大切な事は人間の生活を其原始的な慾望に迄究明する事に其視点を深めて行く事で有らねばならない〔。〕自己の慾望を正視し且其働きを正しく評価し得る人にして始めて自己の生活を整正し、不断の進化を遂げ得ると断言する。各自の慾望と個性の姿を何ものにも勝つて荘厳と尊貴の殿堂に宝飾してこそ民衆の救はる、日は近いのである。〔中略〕彼等は口を開けば東洋の文化は賞讃す可き精神文明で西洋のそれは呪ふ可き物質文明で有ると速断し論断するが、果してそうで有るかどうか?! 私をして云はしむるならば〔中略〕西洋文化は所謂文明の利器である器械を造り出す科学的文化で有るから一見それが文《ママ》質的に見え〔中略〕るけれども、一つの器械がこの世に産れる迄にはどれ位人間の尊い苦心と、精神力が働いて《ママ》た結果で有ると思ふ時〔中略〕。そう云ふ点から論究するならば、現代の寵児科学は、立派な精神文化と云ふ可きで有つて、将来の文化は人類が其個性を通してこの科学的精神を徹底的に生かす事を他にしては其行く可き途が無いと思考する。故に教化総動員の真義に透徹せんとするならば近代の科学的精神を基礎として我々の生活を合理的に革新するより他に途はない。〔中略〕

私共は安価な『ポスター』や思ひ付きの宣伝に調子を合せて踊り狂ふ前にもつと真剣に燃える様な情熱を持つて個性の陶冶と人格の向上を図る可きで有る。其所にこそ真理の扉は開かれて光明に満ちた蒼空を仰ぐ事が出来る。

洲崎義郎のこの論説は、政府が行おうとしている教化総動員運動の内容と少しずれた批判内容であるが、義郎のこの時代における思想を物語るものとして注目される。まず、政府が問題視としている西洋文化は、「付け焼刃的文化」

としての西洋文化であるとし、「日本人としての立場を通して、西洋文化を其原理と哲理に迄把握して、それがなぜ我々の生活に取つて必然的なもので有るか」、再検討して受け止めることを強調していることが注目される。義郎は、西洋文化は本質的に肯定されるべきものであり、その中核に個々人を大切にする思想があると考えていたと思われる。ゆえに、「個人の欲望の尊重」や「個性の陶治と人格の向上を図る」ことを重視し、生活や精神の向上に寄与する西洋文化――科学は尊重すべきだと主張しているのである。前にも述べたが、少なくとも大正初期には「科学主義」を強く批判していた義郎の思想に変化が見られる。この変化はおそらく前章第６節ｅで紹介した「運動の近代的精神」で触れている、運動の合理性・科学性への理解を介して得られたものと思われるが、あらためて後述する。

⑵　無産運動への思い

この時期、無産階級の立場、無産運動と青年団の関係が問われることがあった。洲崎義郎はそれに同情し理解しようとしたが、自らそれに関わることはなかった。ここで二つの出来事を通して、それを考えよう。

一九三〇年秋、刈羽郡の青年団運動活動の担い手であった青年が無産運動に関わり検挙された。彼は一般的には、政府がいう「危険思想」の持主ということになろう。これについて洲崎義郎は、「私信に更へてＮ君へ贈る」と題した文を書き、三一年一月一日発行の『柏崎青年団報』第一一五号附録『比角支部報』に載せた。要旨を紹介しよう。

その頃、柏崎座で「無産政党の演説会」があり、三宅正一・麻生久の演説とともに、『民衆時報』を発刊したＮも演説した。それについて洲崎義郎は、「君が無産党に入党して以来各地に奮闘を続けて居られるので定めし君が態度や弁論に於て尖鋭化せられて居る事と想像を逞しうして居つたのに、さはなくて村会議員立候補当時の口調よりは寧ろ穏健な位に感ぜられました」と感想を述べている。Ｎの演説内容に関しては、「民衆が正しい要求に対してなぜ手を繋がないかと云ふ貴兄の獅子吼には一言の答弁も有りませんが、無産党自身さへも僅かな指導原理に囚れて合流運動が出来兼ねる位の現状ですから、一般民衆は手を握り合す事が一番良い方法で有るとは是認して居つても中々実現するには困難な訳です」と述べている。また、「貴兄の言葉の中で私の心の琴線を最も強く打ったのは、無産党の真の闘士は粗衣粗食を甘受し困苦欠乏に堪へて敢然として其途の為に身命を賭して闘つて居る、との一語でした。〔中略〕それに比べると私などの生活はなんと云ふ生温い、妥協的な生活線上を彷徨して居る事でせう！」と感想を自省的に記している。そして、伝聞すれば、Nは「新潟の公判でも有罪の判決が下った」そうで、「服役のために身体を害しはせぬかとそれが何よりの心配で溜りません」と気遣った。最後に、Nがやってきたスキーに触れ、「君の如き立派な闘志《ママ》が無産党を飾る事も其原因はスポーツに依つて獲得した全精神が其根源をなして居る事を思ふ時に、自然に接して其生命の真諦に触れるスポーツの本質的使命が如何に人生の実生活に執つて必要欠く可からざるもので有るかと云ふ事を最も雄弁に物語つてをると確信します」、「スポーツに右も左も有りません。雪の煙りに包まれて聖浄な霊山の息吹きを真正面一ぱいに浴《ママ》びてツツガツーと処女雪に二条のスプールを印さうでは有りませんか〔。〕では左様なら」と結んでいる。

　これは洲崎義郎が「無産党」とそれにかかわる青年団員に対してどのように向き合っていたかを窺わせる貴重な資料である。スポーツに右も左もなく、「全精神」を「獲得」するために青年にはスポーツが必要だという、青年運動とスポーツの関係についての揺るぎない信念がここに表明されている。とともに、Nの闘志に、「スポーツに依つて獲得した全精神が其根源をなして居る事」、「自然に接して其生命の真諦に触れるスポーツの本質的使命が如何に人生の実生活に執つて必要欠く可からざるもので有る」というスポーツの本質的意義を見出していることが注目される。

　なお、Nが誰かは定かでないが、高柳村の中村長一郎と思われる。一九二三年二月、義郎を団長として「米峰スキー団」が結成されたが、その前月、刈羽郡中通小学校訓導であった中村長一郎は他校の訓導らとともに中通小学校スロープで、「米峰スキー団」の結成準備を兼ねた第一回合宿を行っており、同団結成の中心人物の一人であった。その後、高柳村の岡野町小学校に転勤になっている。[108] この岡野町小時代に、前記の事件に関与したのであろう。

　もう一つは、一九三一年四月、東京・日本青年会館で開催された大日本連合青年団第七回大会で長野県青年団が提出した「打倒官僚青年団の件」をめぐる出来事である。これに参加し意見を述べた洲崎義郎は、その時の模様を『柏崎青年団報』附録『比角支部報』に記している。以下、要点を紹介しよう。

洲崎義郎によれば、長野青年団を代表して説明に立った坂井喜夫は、現在の社会は資本主義社会・階級社会であり、青年団はそうした「支配勢力に属する官僚的附属物の支配と影響を受けて居る」と発言した。これに対して新潟の小川義雄は「昨年迄長野県は自主的青年団の確立」という議題を提出していたが、どうして今年は「打倒官僚青年団」というのかと質問した。これに対して長野の坂井は、昨年までは「我々の主観の問題」であり、「客観的に見れば現社会は階級支配の社会であるから、打倒官僚的青年団に替えた」と答弁した。その後、新潟県団長の佐藤与一から長野県青年団を除名してはどうかとの提案があった。これに対して洲崎義郎は、「直ちに除名などせずに、十分長野県青年団の意見を尊重してこれを部会に移し徹底的に論議したのち、手を分つ可きものは分ち、共に行くべきものは行くと云ふ事が至当なり」と主張し、「若し長野県の実際に於て其の構成分子の内にあらゆるブルジョアや或はプロレタリアートや其他職業思想等を異にする会員を含んでゐるとするならば、先づ自ら〔中略〕其内容を清算して然る後に打倒官僚青年団の動議を提出されるのが至当である。〔中略〕今日日本の社会に於ては合法的に免されてゐる無産階級の運動団体があるから、はつきりと吾々と手を分つて無産階級戦に立つた青年団として、丁度露西亜のピオニールの如き立場に立つてやる事が至当ではないか」と意見を述べた。最終的に、長野県の提案は採決の結果、否決された(109)。

ここから洲崎義郎の意見の根底に、青年団は階級を異にする青年たちがその差異を超えて一致できるところで存在する組織との考えがあったことが窺える。義郎は、青年団は右や左の思想的違いで組織し行動するものでなく、弁論・運動活動などを通じて、内面を掘り下げ、人生に必要な知見を獲得させ、強靱な精神と肉体を形成させることを目的とすべきと考えていたのである。

d　文部省からの表彰

洲崎義郎は時の政府が進める思想対策に批判的であったが、皮肉なことに、そうした最中、一九三〇（昭和五）年一一月三日の「明治節」に、洲崎義郎は、全国二五〇名余の「青年教育功労者」の一人として文部省から表彰された。『越後タイムス』はそれについて、次のように紹介している。

> 洲崎義郎氏は青年教育功労者として、十一月二《ママ》日東京日比谷公会堂に於て文部省より表彰される。御本人は私は何等表彰される値打ちはないと謙遜して居られるが、大正七年八月、比角村青年団を創設し、大正十二年刈羽郡青年団長に就任、大正十四年県青年団副団長に推薦され現職に在り〔。〕其の間或ひは自費を以て各町村に巡回講演を行ひ〔、〕又刈羽郡体育協会、柏崎体育連盟会長として青年の智育、体育の振作向上に献身的努力を惜まず、数々の功績を残されつゝある事は万人の斉しく認むる処〔、〕今回の表彰の如きは寧ろ当然の沙汰であると信ぜられる。御令旨奉戴十周年に当り、吾が刈羽郡より洲崎氏の如き名誉の功労者を出した事は、郷土の誇りであり、且つ光栄であるといはなければならぬ。[110]

ただし、洲崎義郎は上京して表彰状を受け取ることはしなかった。[111]理由は不明である。だが、地元で開催された表彰祝賀会には出席した。一一月二三日夜、比角校運動場で比角の青年団関係者ら一七〇名が参加して開かれた「洲崎顧問表彰祝賀茶話会」では、新旧幹事から祝辞が述べられたが、それに対して義郎は次のように「感想」を述べた。すなわち、「星野理事、旧役員の方々、新しい方々の報ひられない協力に依つて自分一個こゝまで来たのである」と、星野副団長や新旧役員の賜物だと言い、また青年団に関わった最初は、「何等の抱負や理想を持つてたずさわつたのでなく内務省の訓令の出た大正四年頃暇であつたからである」と謙遜し、「純真な奉仕者は常に恵まれざる逆境にある」と、その例として今夏、大日本連合青年団の北海道大会で産業賞をもらった二青年のこと（表彰理由）を紹介した。ここには、青年団の指導は報いを求めてのものではなく、「純真な奉仕」の精神によって行われるべきものだ、との義郎の考えがにじみでている。また、一一月三〇日夜には刈羽郡を中心とした関係団体により一八〇名余参加の下、阿部楼で祝賀会が催され、西巻進四郎町長の祝辞、義郎の「感想」などが披露されたという(112)。

この表彰について洲崎義郎は、これまで見てきたように謙虚ないし謙遜した対応を示している。おそらく、これまでの活動に対する評価は当然とする気持ちはありつつも、文部省や青年団中央が実際に行っている活動方針・実態にはかなり批判的であったから、表彰を心底から喜ぶことができなかったからであろう。とはいえ、この表彰は義郎の青年団指導に花を添えるものであった。

e「非常時」下の青年団運動への対応

一九三一（昭和六）年初め頃までは、政府に対する批判的言動、無産運動の動向も視野に入れた活動が可能であったが、同年九月一八日勃発した満州事変を画期に日本国内に軍国主義・ファシズムが台頭し、デモクラシーの気運は急速に衰退していった。こうした大きな政治・社会状況の変化は刈羽郡の青年団活動にも影響が及び、義郎が目指すような青年団活動は困難となっていく。

満州事変勃発から間もない三一年一〇月一六日開催された柏崎青年団比角支部では、支部長が不在のため、内山利男副支部長が代理となって協議し、県青年団から依頼があった「満洲駐《ちゅうさつ》箚部隊慰問袋」について、支部費から一袋五〇銭内外のものを二〜三個送ることと、「比角支部団員の現に満洲守備に従事されてある方に激励の文を送」ることを決めた(113)。また、翌三二年四月一日、旅順に派遣された比角校元教員で高田歩兵連隊所属の小林泰一（陸軍歩兵伍長）が「夾信子」で戦死した。その報を受けた柏崎町では五月九日に諏訪町裏の広場で大々的な「町葬」が行われた。『柏崎青年団報』第一二六号附録『比角支部報』（三二年五月一日）と第一二七号（六月一日）には、星野耕平（比角校長・比角支部理事）「噫！　声なき凱旋」ほか多くの追悼文が掲載された。

一九三三年六月一八日、柏崎町で「新潟県郡市町村青年団長会議」が開催され、県下郡・市町村の青年団長三〇〇名余が一堂に会した。[114]このような会議はかつてなかったことで、国家的危機に臨んで青年たちの気持ちをいっそう引き締め、国策に積極的に協力させせようという当局の意図で開催されたものであろう。洲崎義郎はホストの刈羽郡青年団長として、同日発行の『越後タイムス』に「謹んで県下各市町村青年団長諸兄を迎ふ」と題した歓迎文を載せた。このなかで義郎は、国際連盟を脱退して国際的孤立を深める政治状況下、青年の奮起を促す言説が多いなかで、敢えて、「非常時の覚悟は感傷的な慨嘆や空虚な怒号の中にあるのでは断じてない〔。〕それは平凡ではあるが極めて真面目に、地味に黙々として額に汗する真剣なる勤労青年の上にのみ恵まれる境地である事を強調する。何卒大会開催の意義が日本人の欠点である一瞬的線香花火式興奮に終る事なく、不断の努力と精進の上に明朗に建設されん事を切望する」と、冷静な態度で事に当たる必要性を強調した。

とはいえ、青年団員である若者が戦場に送られることが多くなり、戦病死や戦争に伴う経済分野の統制が強まるなかで、それらを無視した活動は困難になっていく。

同年六月二五日、柏崎小学校で行われた第一二回刈羽郡青年団弁論大会の論題は「我が国現時の政策上より観て移殖民奨励と国内産業振興との何れに主力を注ぐべきか」であった。当日はそれについての討論に続き、「自己の体験及び研究を主とする意見発表」が行われ、最後に洲崎義郎が団長として講評した。[115]その内容は不明だが、こうした国策をテーマとしなければならないことは、義郎がそれまで智育・体育の研鑽を通じて青年たちが逞しく自立していくことを願って青年団活動に携わってきたことからすると、忸怩たる思いを禁じ得なかったのではなかろうか。

翌一九三四年七月一二日、柏崎小学校で、「刈羽郡青年団の皇太子殿下御降誕記念大会」が行われた。予告によれば、当日は、午前に開式の辞、君が代二唱、団長による「御令旨奉読」に続いて「研究討議」（テーマは、①各町村青年団の皇太子殿下御降誕記念事業の実施・計画の状況報告、②青年団の施設経営についての悩み、③各町村青年団側からの提出議題）があり、午後から江原小弥太の「日本精神の宣揚を主体とするもの」と題する講演が行われることになっている(116)。江原の演題が「日本精神の宣揚を主体とするもの」とされているところに時代の変化が窺える。

一九三五年六月一六日、柏崎小学校で、第一四回刈羽郡青年団弁論大会が開催された。予告記事によれば、弁士は各町村から二名で、一名は自由題、一名は討論題を担当する、討論題は「国家経済振興は自由経済に重きを置くか統制経済に重きを置くか」というものであった。結果を含め詳細は不明であるが、弁論大会も国策に沿った内容を盛り込むようになってきたことに注目したい(117)。

f　論稿「青年団運動の理想」

「洲崎義郎著作」（4）「新体制トハ何ゾヤ」の第六項に「青年団運動の理想」と題されたレジメ原稿がある。これがいつ書かれたかは不明だが、「青年学校」が出て来るので、一九三五年以降の著作であることは確かである。国家的抑圧が重くのしかかり、従来のような青年団運動が困難となってきた中で、洲崎義郎はあらためて、その理想を確認したかったのではないだろうか。このような文脈において、この原稿の主要な論点を紹介しよう。

その中段で、「我が国ニ於ケル青年団運動ノ発達史」が記されている。その歴史的推移は、「(1)補習教育程度」、「(2)儒教ニ依ル智育、徳育、体育ガ指導精神トナリシ時代」、「(3)無自覚的官制青年団」、「(4)自主的青年団ノ自覚／（イ）自己ノ尊厳ト欲望ノ尊貴ニ醒メテ来タ／（ロ）自由主義又ハ自然主義ノ影響ヲ受ク／（ハ）資本主義的影響モ受ク」、「(5)表面的ナ華カサヲ望ム青年運動ノ時期」、「(6)世界大戦后、社会主義ト反動主義トニ影響サル」、「(7)経済的欲求ニ影響サル（産青連ノ発達）」、「(8)帝国主義的傾向著シクナル（青訓及ビ青年学校ノ発達ヲ促ス）」と時期区分されている。(1)～(3)は明治時代、(4)・(5)は大正時代前期、(6)は大正時代後期、(7)・(8)は昭和時代（初期）とほぼ重なる。(7)・(8)に見える「産青連」は一九三三年四月結成された「産業組合青年連盟全国連合会」を、青年学校は三五年四月公布の青年学校令により従来からあった実業補習学校と青年訓練所を統合して設置された学校を指している。

以上の時期区分によれば青年団の現段階は(7)・(8)にあるが、おそらく(4)の「自主的青年団」こそ洲崎義郎にとって

「理想」であった。そして、それを念頭において義郎は、この段階でも青年団の原点・理想を確認し、運動に生かしていこうとしたと思われる。そのため、「青年団運動ハ個々ノ青年ヲシテ社会的修養ト訓練ノ中ニ溶ケ込マセル様ニ結成サレタ団体運動デアル」と定義し、その「其特色」として、「⑴郷土ヲ背景トセル自然発生的ノ修養運動」、「⑵青年期ト言フ生理、心理ヲ同ジウセル若人ノ運動」、「⑶地位、階級、思想、職業、趣味、教育、教養ヲ異ニセル人ガ一連結ヲナス衆団運動」であると記した。

後段では、「青年団運動ノ理想ヲ建設スルニハ将来ノ社会文化ノ動向ヲ見透し《ママ》洞察ス可シ」として、「⑴政治的（共産主義、ファシズム、帝国主義）」、「⑵教育的」、「⑶経済及ビ産業的」、「⑷宗教的」、「⑸芸術的」、「⑹科学的」、「⑺保健衛生」、「⑻道徳的」の八点に留意すべきことを記している。また「将来ノ青年団教育ノ考フ可キ要点」として、「⑴教育ノ時間ト時期、方法ノ考案」、「⑵農、商工、農村対都会ノ青年団の相違ヲ考ヘヨ」、「⑶経費ノ捻出ノ方法」、「⑷郷土ニ即シタルバラエティアル教育方法」の四点を指摘している。これらの諸点は、洲崎義郎が行ってきた青年団の指導に基づいて得られた知見なのであろう。このような多様な視点を生かしていくことができれば、豊かな、理想的な青年団像となろうが、実際には難しかったのではなかろうか。

この原稿の最後には、「中心人物ノ養成」、「共存共栄ノ大道ニ進メ」、「日本青年団ノ建設ニハ日本精神ノ把握が必要」と記されている。「共存共栄」や「日本精神」という当時さかんに喧伝される言葉を無視することができなくなったことが伝わってくる。洲崎義郎がその言葉をどのように理解し、どのように使用しているか、知りたいところであるが、不詳である。

いずれにせよ、「帝国主義的傾向著シクナル」なる中、実際の青年団運動は、義郎が理想とするものから離れていったように思われる。

5　スポーツ振興への関与とスポーツ論の展開

洲崎義郎は、町議・町会議長時代にも地域におけるスポーツの振興に尽力し、より体系的な近代スポーツ論を公にしているので紹介しよう。

a　柏崎体育連盟の会長就任と新潟県体育協会の改革

柏崎町議時代の一九三〇（昭和五）年七月には、中学校・小学校の運動部と各種運動団体とを合した二〇団体で「柏崎体育連盟」が結成され、その会長に就任した。義郎は、この結成について『柏崎タイムス』に一文を寄せ、これは柏崎小学校の体育教師である坂田四郎吉の「熱心と献身的活動」によってできたことを紹介している(118)。

一九三一年九月二〇日、「刈羽郡体育協会」のグラウンド（公設グラウンド）を主会場に「県下中等学校競技大会」が柏崎町で行われた。参加者は約五〇〇名。これに合わせて、洲崎義郎は歓迎文を『越後タイムス』に寄せ、この大会が開催される経緯を、大要次のように述べた。すなわち、今年四月、新潟県体育協会の改革があった。従来、「各種の体育計画と実施」が新潟県体育協会で行われてきたが、この改革によって各「基準団体」（新潟県スキー連盟、新潟県中等学校体育連盟・新潟県小学校体育連盟・新潟県水上連盟）において行われることになり、新潟県体育協会はこれら基準団体の「連絡、融合の機関」となった。これにより、今回行われる中等学校体育連盟主催の「男子中等学校競技大会」では、従来の陸上競技と武技に加え、庭球・籠球・野球・角力《すもう》なども行われることになり、「男子中等学校のオリンピア祭の如き盛観を呈するに至つた」。この追加四種目は従来、各地で主催者を異にして行われてきたため、出場日数・経費も不統一であったが、今回の改革によって是正された。我々は、「一層内容の充実と形式の完成に勉めて学校体育の本質的使命を闡明《せんめい》するの義務と責任を痛感」する、と(119)。

洲崎義郎は刈羽郡体育協会の会長として新潟県体育協会の構成員となり、この改革に積極的にかかわっていたものと推察される。なお、会場なった公設グラウンドは、同年三月一〇日の全日本陸上競技連盟競技委員会で「乙種」に公認されていた。「甲種」の公認を得るには、今後、準備室（脱衣場）と器具置場などを完備すれば良いという。[120]

b　他の注目される活動

一九三二年四月二一・二二日、北米レークプラシードで行われた国際スキー大会の耐久五〇キロレースに出場し、一七着となった上石巌《あげいいし》（北条第一小教員）の「帰朝歓迎名映画大会」が、刈羽郡体育協会・米峰スキー団主催で柏陽館で開催された。上石は前年の第九回全日本スキー選手権大会で優勝し、世界大会での活躍が期待されていた人であった。これに先だって、両主催組織の会長であった洲崎義郎は『越後タイムス』に紹介文を寄せ、上石が競技前日に下痢するという体調不良のなか最後まで頑張ったことを取り上げ、「其の苦悩と練磨あればこそ競技の価値と光りは髙雅に且つ清澄に人類文化史上に厳として其の存在性を明示して居る」と賞賛し、映画はスキーの「白銀の乱舞」（ハンネス・シユナイダー主演）を主とし、それに「ニールスブツグ体操の実演」、「明治神宮大会実写」が加わることを紹介している。[121]

一九三二年一二月、洲崎義郎は、全日本競技連盟代議員会および競技委員会に、北陸地方代表の代議員の一人として出席した。そこで「日本競技界の革新問題」が協議された時、義郎は、「従来アスレチック北陸大会は福井、石川、富山、長野、新潟の五県になつてゐたけれども〔〕うまく連絡がとれてゐなかつたので、今度は北陸五県を以て体育連盟を組織し各種大会を新潟体協が統率して開催する方針にし度い」との意見を述べた。義郎は、将来、北陸地方の中等学校大会、選手権大会、北陸青年大会、北陸少年オリンピック大会などを柏崎の公認グラウンドで開催したい、との考えをもっていたようである。[122]

一九三六年五月二・三日、柏崎の公認競技場で、第一一回オリンピック大会（ベルリン大会）の陸上競技の北陸予選会が実施されることになった。これは、富山・石川・福井・長野・新潟県の北陸陸上競技協会が主催するもので、同協会が全日本陸上競技連盟から正式に承認された最初の事業という[123]。ただし、これがその後どのようになったかは不詳である。

以上のように、洲崎義郎は柏崎町議・刈羽郡青年団長などの公職を務めながら、刈羽郡体育協会・米峰スキー団・アスレチック倶楽部・刈羽郡体育協会・柏崎体育連盟の会長の副会長・会長として柏崎・刈羽地方を北陸地方のスポーツ拠点にしようと尽力した。これに関連して、彼がスポーツに対してどのような考えをもっていたか、次項で検討することにしよう。

c　論説「近代競技運動を主体とせる体育運動の本質的考察」

洲崎義郎は、前章第6節eで紹介した「運動の近代的精神」（一九二二年一〇月）で初めて近代運動・スポーツについての考えを公にしたが、その後も折に触れて自己のスポーツ思想を公にすることがあった[124]。

そうした中で、『越後タイムス』の一九三一年三月八日から五月一七日の毎号に一一回、洲崎義郎の「近代競技運動を主体とせる体育運動の本質的考察」と題した論説が掲載された。これは同紙が企画した「紙上大学講座」の「第廿二席」であった。義郎渾身の著作であり、体系的・総合的な近代運動・スポーツ論として注目される。ただし、大変長い論説であるため、ここでは主要な論点を私なりに整理して紹介するにとどめる。

第一は、運動の歴史である。いわく、人類の歴史において運動は当初、「生命を持続するに役立つ単純な一元的な」ものであったが、「或る時機」に至って「功利的運動」（労働・歩行・対話・食事などの「生命を持続する」ための動作）と、「超功利的運動」（舞踊・声楽・演劇などの「芸術に表現し反映される」「文化的な心身運動」）に分化した。「超功利的運動」としての体育運動の始まりは「ヘレニズム文明の華を展開したギリシヤ」時代であり、以降、古代ローマ時代、中世、そして文芸復興期（ルネサンス）と推移し、文芸復興期に「帝国主義に立脚せる愛国的体育運動」が芽生え、さらに「更転」して「近代の体育運動の黄金時代を出現せしめた」。近代の運動競技の種類として、体操・陸上競技・力技（角力、拳闘）・武技（柔・剣道、射撃）・水上競技・冬季スポーツ・乗走技・空中技・球技・山岳などがある。〔以上、連載の「第一」〕

第二は、運動の本質論・目的論である。いわく、運動は「芸術、宗教、科学、哲学等と同じ精神の流れから生ず」るもので、「人間の心身に対する美と調和とリズムを要求する科学的調和運動」であり、「文化の一エレメント」である。運動の目的は、「肉体運動を通して宇宙の根本方則を体験し生甲斐の有る生活を為さんが為」にあり、「自己及び社会の完成と、生甲斐のある生活」、その「真理を体験するの途」の一つである。〔同、「第四・十一」〕

第三は、近代の運動の意義である。いわく、それは「本能の合理化及び欲望の整理化」である。ここでいう「本能」は「闘争本能」のことで、ともすれば戦争につながる闘争本能や欲望は、運動によってその合理化・整理化が図られ、「最も明るき人間性の樹立と最も意義ある健康性の獲得」につなげる意義がある。〔同、「第十」〕

第四は、「近代の体育運動の黄金時代」が到来した理由・要因論である。義郎は、各国家が「国民体質の向上と衛生保健の信念を遂行する為に、体育運動の奨励を開始した」こと、「レコードを破る優越感」があったこと、「帝国主義的国際競争の観点から国家が奨励」したこと、など一六点を指摘している。〔同、「第一・二・三」〕

第五は、「運動の効能」についてである。いわく、「摂生と生活の道徳的精進」が得られる、「精神が統一緊張され且如何なる困苦にも堪え得る」、「肉体を健全にし且つフエアプレーの精神を養成す」などを指摘している。また、選手だけでなく、「整理されたる競技場に於ける宗教的感激及び大会に於ける式と進行の厳粛感」などは、「人々の心に異状な感銘を与へ」るなど、精神的効能に触れている。さらに、スポーツを通した「社会性」の獲得にも言及している。〔同、「第五・六・七」〕

第六は、「運動と女性」の関係である。いわく、女性は体育運動を通して「総ゆる男性中心の文化に対して追究と迫進の喊声を挙げつゝある」、と同時に「其等女性の各官能から咽ぶ様につや〳〵しい蒸発力を散布せしめ、稍ともすれば強勁と単純に陥らうとする近代文化に、豊麗にして優雅なる色調と、セレナーデイの様な甘味を与へ」ている。また、「今は健康と弾力に満てる女性に大なる牽引力を感ずる時代」であり、「女学生の溌剌さと闊歩を見ても、近代の体育運動が如何に人間性の内奥に深く秘めてある生の鼓動を高鳴らして、自由解放の凱歌を挙げつゝあるかと示ふ事」が証明される。〔同、「第五・六」〕

第七は、「運動の大衆性」である。いわく、スポーツは、「総ゆる階級、性別、貧富等の差別を絶して、レコード及び実力絶対主義なる所に大なる価値を」有し、「平等に実力が物云ふ世界は、スポーツに許された大なる特権と大衆性」である。「マルクスは世界の労働者よ団結せよと高揚《ママ》したが、私は「世界のスポーツマンよ手を繋げ」と絶叫する。これに関して、義郎は無産大衆の台頭と進出に言及し、現在の無産階級の文化運動論においては、「其階級性に立脚せる体育運動の切実なる要求と新鮮なる実行方法との提唱を見ない」、無産階級の中には「無暗に人に突つ掛つて来る様な闘犬的な人が多い」と批判し、「そう云ふ気持ちを癒して、もつと余裕のある、綽々たる人格を養成する意味から云ふても、進んで大自然と降り灑《そそ》ぐ日光の中に抱かるゝ、スポーツに依つて汲めども尽きせない不滅の力と光輝とを体得せん事を切望する」という。〔同、「第七・九」〕

第八は、プロ・アマ問題と選手制度問題である。いわく、スポーツを職業とすることを肯定し、競技会への参加資格も与えるべきである。理由は、「其本義と学理的根拠を極めやうとするならば、専心一意男子一生の仕事として、其研究と調査に没頭しなければ、所期の目的を達成する事が難い」からである。また、アマ・プロにかかわらず、選手制度は「一般大衆の体育運動の普及化と進展」に大きな障害とはならず、むしろその逆である。「この世の中の進化と創造とは、人生の輝やかしい選手である天才の先駆と犠牲がある為に、幾段の飛躍と深き恩寵とを甘受して居る」からである。〔同、「第五・八」〕

以上が、洲崎義郎著「近代競技運動を主体とせる体育運動の本質的考察」についての、私の分析的整理である。とくに注目したいのは、第四の「近代の体育運動の黄金時代」到来の要因に関する論点で、近代にあってはスポーツがナショナリズムと深く結びついて発展してきたと指摘していることである。この論説が発表されたときは、まだ日本は国際協調体制のなかにあったが、まもなく勃発する満州事変を画期として日本は国際協調体制から離脱していく。それを思うと、この論点がその後どのようになるのか注目したい。また、第六の「運動と女性」、第七の「運動の大衆性」については、これまでも散見されていたものではあるが、義郎のスポーツ思想の射程の広さを示すものとして興味深い。

ともあれ、この長い論説「近代競技運動を主体とせる体育運動の本質的考察」は、洲崎義郎のスポーツ論の完成を示すものであった。なお、義郎の論が依拠している筈の参考文献・資料などが示されておらず、どこまでが義郎のオリジナルな考え・思想であるか、疑念が残る。それでも、これだけ大系的・総合的なスポーツ論をもっていたことは高く評価されよう。

注

(1) 『越後タイムス』一九三一年二月一四日（「郡政界陣容」）。
(2) 市史編さん委員会編『柏崎市史』下巻、四一五頁、一九九〇年、市史編さん室。
(3) 同前、四一四頁。
(4) 同前、四一五～四一六頁。
(5) 同前、四一六頁。
(6) 『越後タイムス』一九二九年九月二九日（「社民党演説会／兼刈羽支部発会式」）。
(7) 同前、一九二九年一二月一五日（「柏崎借家組合」）、一九三〇年一月一九日（会田甚作「闘争日記断片」）。
(8) 前掲、『柏崎市史』下巻、四一六～四一七頁。
(9) 同前、四二二～四二四頁。
(10) 同前、四二五頁。

(11)　同前、四一九頁。
(12)　同前、四二〇～四二一頁。
(13)　同前、四二〇頁。
(14)　同前、四二六頁。
(15)　『新潟新聞』一九二七年三月二三日（越後鉄道買収案／白山、新発田間敷設法と共に／大多数で可決）、同年一〇月二日（「県民の希望成つて越鉄今日から国営」）。内閣印刷局編『昭和年間　法令全書　昭和二年』一九九〇年、原書房。
(16)　前掲、『柏崎市史』下巻、五〇六～五〇八頁。
(17)　前掲、『柏崎市史』下巻、五〇九～五一〇頁。新潟県編刊『新潟県史　通史編8　近代三』五六八～五七〇頁、一九八八年。
(18)　前掲、『新潟県史　通史編8　近代三』、五七〇～五七一頁。
(19)　『越後タイムス』一九三四年四月二九日（西巻進四郎「大河内先生の『農村の工業』を読む」）。
(20)　同前、一九三五年九月八日（「大阪工業会第八回地方産業視察旅行記／理研コンツエルン柏崎諸工場視察（下）」）。
(21)　前掲、『新潟県史　通史編8　近代三』、五七二～五七三頁。
(22)　越後タイムス』一九三四年八月五日（「柏崎より」欄）、一二月一六日（「柏崎より」欄）。
(23)　同前、一九三一年七月五日（「競馬礼賛」、二宮伝右衛門「競馬場開設に際して」）。
(24)　同前、一九三一年一一月二九日（「柏崎戦勝祈願」）。
(25)　同前、一九三二年九月四日（香外生「柏崎と防空設備の必要」）。
(26)　同前、一九三二年九月一一日（「飛行場を建設せよ」〈週間時評欄〉）
(27)　同前、一九三五年一二月一日（「菊池校長の教育方針」〈タイムス春秋欄〉）
(28)　同前、一九三六年九月六日（「柏崎町役場内に神殿奉安／西巻町長の特志」）。
(29)　同前、一九二七年一月二三日（「二宮町長辞職／後任は果して誰？」）。
(30)　同前、一九二七年一月三〇日（「新町長推薦町会」）。
(31)　同前、一九二八年一月二二日（「入澤氏履歴」）。
(32)　同前、一九二八年一月二九日（「柏崎町長問題」〈柏陽時事欄〉）、三月四日（「柏陽時事」欄）。
(33)　同前、一九二八年二月二六日（「政戦を顧みて／本郡民政派の敗因」）。

(34) 同前、一九二八年七月二九日（「新議長選挙の町会／新潟県下に於ける新例」）。
(35) 同前、一九二九年一月二七日（「開票の結果」、「町議選の跡を顧みて」）。
(36) 同前、同日（「選挙余談／新議員中村三郎氏と記者の一問一答録」）。
(37)・(38) 同前、一九二九年二月一〇日（「柏崎町会／傍聴雑記」）。
(39) 同前、一九二九年一〇月一三日（「丸田町長辞職」）。
(40) 同前、一九二九年一〇月二〇日（「柏崎後任町長問題／輿論の大勢は西巻氏」）。
(41) 同前、一九二九年一〇月二七日（「新町長を迎へて」〈柏陽時事欄〉、「柏崎より」欄）。
(42) 『柏崎日報』一九三二年九月二一日（「大柏崎建設前提に比角に公民会生る」）。
(43) 三井田忠『比角村史誌』二一三頁、一九七一年、柏崎市中央公民館図書刊行会。
(44) 『越後タイムス』一九三三年一月一五日（「柏崎町々議戦／出揃つた候補者の顔振」）。
(45) 同前、一九三三年一月二九日（「開票の結果」）。
(46) 同前、同日（「町議選の跡」）。
(47) 同前、同日（「新町議政派別」）。
(48) 同前、一九三三年二月五日（「柏崎初町会」）。
(49) 前掲、『柏崎市史』下巻、五七五頁。
(50) 『越後タイムス』一九三三年七月二・九日（「柏崎町と上水道／実現の好時機」〈上・下〉）。
(51) 同前、一九三三年七月三〇日（「柏崎より」欄）。
(52) 『柏崎日報』一九三三年八月八日（「水道問題緩和に洲崎議長奔走か」）。
(53) 同前、同日（「柏崎町の政友系／町政研究会を設立」／来る十一日水道批判演説会開催」）。
(54) 同前、一九三三年八月九日（「比角水道会議／大部分尚早論／只三区だけが条件付て即行に賛成」）。
(55) 同前、一九三三年八月一三日（「柏崎水道批判演説会／絶対反対を一致可決」）。
(56) 同前、一九三三年八月一七日（「公民会六議員は各自自由行動」）。
(57) 同前、一九三三年八月二七日（「上水道敷設即行絶対反対を決議／柏崎町民大会盛況」、「決議文を町長手交」）。
(58) 同前、一九三四年一月二九日（「柏崎上水道案協議会／修正案賛成が十九名」）。

(59)『越後タイムス』一九三四年七月一五日（「上水道通過／柏崎町会決議」）。
(60)同前、一九三五年七月二一日（「週間風景」欄）。
(61)同前、一九三六年五月一七日（「柏崎より」欄）。
(62)同前、一九三七年八月一日（「祝通水」）。
(63)『柏崎日報』一九三七年八月一日（洲崎義郎氏談「通水を意義あらしめよ」）。
(64)『越後タイムス』一九三二年一月三一日（「伝染病院から普通病院へ」〈柏陽春秋欄〉）。
(65)同前、一九三四年四月一日（「タイムス春秋」欄）。
(66)同前、一九三五年一〇月六日（「町長選挙／西巻氏に決定」）。
(67)同前、一九三一年三月八日（洲崎義郎「近代競技運動を主体とせる体育運動の本質的考察（一）」に関連して掲載された「講師紹介」）。
(68)同前、一九三七年一月二四日（「撰ばれた花嫁／町議選挙結果」、「戦ひの前後」）。
(69)同前、一九三七年二月一四日（「新議員初会」〈週間風景欄〉）。
(70)同前、一九三七年三月七日（「慎重審議を了した柏崎予算町会」〈週間風景欄〉）。
(71)『柏崎日報』一九三五年七月七日（「柏崎選挙粛正委員三十五名顔触決る」）。
(72)『越後タイムス』一九三五年七月二一日（「選挙粛正方策」）。
(73)新潟県上越人物史研究会編『新潟県人物百年史　頸城編』二九二～二九五頁（一九七七年、東京法令出版）所収の「中村又七郎――反骨の政治家」。
(74)同前、二九六頁。永木千代治『新潟県政党史』六一七頁、一九三五年、新潟県政党史刊行会。『新潟新聞』一九三五年九月二七日（「西頸開票の結果」）。
(75)前掲、『新潟県人物百年史　頸城編』二九六頁。
(76)『高田日報』一九三九年九月二八日夕刊（「頸城三郡県議当選者」）。
(77)越後タイムス』一九三六年二月二日（「柏崎より」欄）。
(78)同前、一九三六年二月九日（「柏崎より」欄）。

(79) 同前、一九三六年三月一日（「第三区候補者得票調」）。
(80) 同前、一九三六年二月九日（「柏崎より」欄）。
(81) 同前、一九三七年四月一八日（「候補なき刈羽／選挙も気乗薄」）。
(82) 『新潟新聞』一九三七年五月二日号外（「第三、四区の当落決定す」）。
(83) 『柏崎日報』一九三七年一二月三〇日（「大竹氏勅選入り／藤井氏繰上当選」）。
(84) 永井和「東方会の成立」（『史林』第六一巻第四号、一一九～一二〇頁、一九七八年）。
(85) 『柏崎日報』一九三一年一二月七日（「きのふ柏崎にあがる国民同盟の第一声」）。
(86) 『越後タイムス』一九三三年七月二三日（「国民同盟演説」）。
(87) 同前、一九三六年六一七日（「個人消息」欄）。これは斎藤準次の父の死を紹介した記事で、そこには「柏崎町医師斎藤準次氏の厳父謙治氏は其経営する東頸城郡松之山温泉福島屋旅館に於て去る三十日午前十時逝去した。享年六十七。葬儀は来る十五日午前十時山平村の自宅にて執行さる〔。〕氏は大竹貫一翁と深く交はり国民同盟本県支部の顧問に推されて同党の為めに尽くす処尠くなかつた地方屈指の政客だつた」と記されている。
(88) 『柏崎日報』一九七九年一月一八日（「斎藤準次氏逝く」）。
(89) 『越後タイムス』一九三一年八月一六日（「斎藤外科医院」〈柏陽新風景欄〉）。
(90) 前掲、『新潟県政党史』、七八七～七九二頁。
(91) 前掲、「東方会の成立」、一一三～一一七頁。
(92) 『柏崎青年団報』第六八号附録『比角支部報』（一九二七年三月一五日）（「団報」欄、三井田栄太郎「御挨拶」）。以下、この資料については「『比角支部報』（一九二七年三月一五日）」のように表記する。
(93) 同前、（「柏崎町青年団比角支部規程」、「比角支部役員」）。
(94) 『比角支部報』（一九二七年一二月一日）（野武士「記念弁論会所感（一）」、「弁論大会」）。
(95)・(96) 『比角支部報』（一九二八年二月一日）（野武士「記念弁論会所感（三）」）。
(97) 『比角支部報』（一九二七年一二月一日）（顧問洲崎義郎「小学校の展覧会及音楽会を見て」）。
(98) 『比角支部報』（一九二八年一月一日）（「比角月報」欄）。
(99) 『越後タイムス』一九二七年四月三日（「柏崎より」欄）、同年九月一八日（「第八回県青年大会」）。

(100)　同前、一九二八年一月二九日（「柏崎より」欄）。
(101)　同前、一九二八年三月一八日（「青年団長会議」）。
(102)　同前、一九二八年四月一五日（「江原小弥太氏講演会／刈羽郡青年団主催」）。
(103)　同前、一九二九年七月七日（洲崎義郎「江原小弥太氏講演会開催に就て」、広告）。
(104)　同前、一九三〇年七月一三日（「郡青年団講演会」、七月二〇日（「江原氏の講演」）。
(105)　同前、一九二九年七月一四日（「江原氏の講演」）、同年一〇月二〇日（江原小弥太「危険思想とは何ぞや（三）」）。
(106)　同前、一九三〇年四月二〇日（江原小弥太「マルクス資本論（十一）」）。
(107)　文部省訓令第一九号（一九二九年九月一日）（内閣印刷局編『昭和年間　法令全書　昭和四年』一九九二年、原書房）。
(108)　前掲、『比角村史誌』一七〇頁。
(109)　『比角支部報』（一九三一年一月一日、三月一日）（洲崎義郎「青年団運動に露はれたる大なる苦悶（一）（二）」）。
(110)　『越後タイムス』一九三〇年一一月二日（「表彰される洲崎義郎氏」）。
(111)　同前、同日（「編輯室より」欄）。
(112)　『比角支部報』（一九三一年一月一日）（「洲崎氏表彰祝賀会」、「支部報」欄）。
(113)　『比角支部報』（一九三一年一一月一日）（「団報」欄）。
(114)　『越後タイムス』一九三三年六月一八日（内山利男〈柏崎青年団長〉「地元の光栄」）。
(115)　同前、一九三三年七月二日（「青年弁論大会」）。なお、「洲崎義郎著作」（４）「新体制トハ何ゾヤ」の第一四項に「講評」と題されたレジメ原稿がある。一九三〇年代半ばの刈羽郡青年団の弁論大会での講評のために記されたものと推測される。七名の弁士名と演題が記され、それぞれかなり詳しいコメントが施されており、貴重な資料ではあるが、年月が不明のため、これ以上の紹介は控えることにする。
(116)　『越後タイムス』一九三四年七月八日（「刈羽郡青年団の皇太子殿下御降誕記念大会／江原小弥太氏の講演」）。
(117)　同前、一九三五年六月九日（「柏崎より」欄）。
(118)　同前、一九三〇年七月一三日（洲崎義郎「柏崎体育連盟の設立に際して」）。
(119)　同前、一九三一年九月二〇日（洲崎義郎「県下中等学校競技大会を迎ふるの辞」）。
(120)　同前、一九三一年三月一五日（「グランド公認」〈柏陽時事欄〉）。

（121）同前、一九三一年四月一七日（洲崎義郎「上石君を迎ふる吾等の映画会」、「上石選手歓迎／体育映画大会」）。前掲、『比角村史誌』一七四頁。
（122）同前、一九三一年一二月一八日（「柏崎より」欄）。
（123）同前、一九三六年四月一二日（「柏崎より」欄）。
（124）柏崎町の公設グラウンドで「第八回県青年大会」が開かれた時、洲崎義郎が一九二七年九月一八日の『越後タイムス』に刈羽郡青年団長の肩書で載せた「謹んで代表選手諸君を迎ふ」と題した文章や、早大競争部が柏崎で合宿を行うに際して同紙一九二九年八月二五日に載せた「爽かな初秋の風と光を感じつゝ、早大競争部を迎ふ」と題した歓迎文など。

第5章　戦時下の行動と思想

本章では、一九三七（昭和一二）年七月に始まる日中戦争から四五年八月に日本が連合国に降伏して終戦するまでの期間（ここでは「戦時下」と呼称）を対象に、洲崎義郎の柏崎町（市）政との関わり、国家総動員・大政翼賛体制への協力、青年団の指導、時局と切り結んだスポーツ論、東方会の中野正剛事件との関係などについて取り上げ、そこに見られる思想を考察する。なお、四〇年七月、柏崎に市制が施行されたことに伴う市議選で当選した義郎は、以降、柏崎市議となっている。

この時期、柏崎で発行されている新聞が廃刊に追い込まれたため、長岡市や新潟市で発行される新聞を資料として使用することが多く、不十分な資料に基づいての記述、考察となることを予めお断りしておきたい。

本論に入る前に、戦時下の柏崎・比角の社会状況を点描しておきたい。

1　柏崎・比角の社会状況

a　深まる戦時色

一九三七年七月七日の盧溝橋事件をきっかけに日中全面戦争が始まり、日本国内は戦時色に彩られるようになった。柏崎町では、九月九日の夕方、柏崎神社で「軍歌の夕」が開催され、一七人編成の吹奏楽団「少年団健児音楽隊」の演奏に合わせて軍歌が合唱された。そこでは『越後タイムス』主筆の中村葉月が司会を務め、柏崎ペン倶楽部が編集した軍歌集にある「進軍の歌」「日本陸軍」「軍艦マーチ」「我等の軍隊」などが合唱され、さらに「国歌」斉唱、「大日本帝国万歳」三唱が行われた。(1)

翌年には、全国二五ヵ所に設置されることになった傷痍軍人療養所の一つが柏崎町の赤坂山に設置されることになり、整地作業には在郷軍人分会・中学校生徒・消防組・青年団など延べ二万五四二〇人が勤労奉仕し、(2)三九年春、竣工し、五月二六日に入所式が行われた。(3)

b 軍需に支えられた工業都市化と県立柏崎工業学校の開設

戦時下の柏崎町（市）は、理研ピストンリング工場や日本石油会社に由来する新潟鉄工所柏崎工場などを中心に県下第二位の工業都市に発展した。

一九三八年八月一〇日、柏崎町会は、中村安次郎県知事に、翌年度、柏崎町に県立工業学校を新設してほしいとの請願書を採択した。その「理由書」は、「物資動員計画に依る帝国非常時国策」を踏まえ、柏崎地方の「鉄工業界は俄然活気を呈し今や県下随一の工業都市となり本町は勿論郡下付近町村の青少年の大半は之が従業員として就職するの実情にありて本町町勢伸展の基は実に此処にありといふも過言にあらざるなり」と、鉄工業の発展をあげた。(4)

この要望は認められ、柏崎町は地元負担金として二五万円を町債で支弁することになった。(5)一九三九年四月一二日、県立柏崎工業学校の開校式が挙行された。(6)洲崎義郎は「柏崎町教育会長」の肩書きで同日の『柏崎日報』に「工業学校開校式を祝す」と題した一文を寄せ、「生活と工業教育との考察（一）現存産業と工業教育との交流、或は智育、徳育、体育等に対する工業教育の再検討等総ゆる角度」から「吟味し研究して最も有意義に工業教育の進展をなして真に時代の進展に適応せしめなければならない」と、意義ある工業教育が行われるように期待する考えを述べた。義郎の祝辞は理想的な「工業教育」への期待が表れているが、実際には戦争遂行のための工業教育たらざるをえないものであった。なお、義郎の肩書きである「柏崎町教育会長」については、後述する。

ちなみに、戦時下、柏崎市内には「重要軍需工場事業場」の指定を受けたものが「理研工業㈱柏崎製作所」（航空機部品製造）、「日本油機製造㈱柏崎製造所」（内燃機関製造）、「㈱西川鉄工所」（鉄砲・弾丸兵器類製造）、「㈱新潟鉄工所柏崎工場」（採鉱、選鉱及精練《ママ》機械器具製造）、「帝国石油㈱柏崎鉱業所」（石油鉱業）、「日本石油㈱柏崎製油所」（石油精製業）など一三ヵ所あった(7)。

c　西巻進四郎の死去と『越後タイムス』の終刊

一九三八年八月一三日、柏崎町会の議事終了後、西巻進四郎町長が病気を理由に辞意を表明した。町会はただちに吉浦栄一・巻淵藤吉・洲崎義郎・桑山捨五郎・堤春重郎を「留任勧告委員」に挙げ「留任交渉」をしたが、翻意は得られなかった。そこで一八日、町会協議会が開かれ、布施宗一・吉浦栄一・西川弥平治・巻淵藤吉・霜田毅・桑山捨五郎・堤春重郎を後任町長の銓衡委員に挙げて協議したところ、議長の原吉郎が推薦された。原は受諾し、二五日の町会で町長に選出された。そして九月二日の町会で、新議長に議長代理であった吉岡熊蔵が、議長代理に前田義三郎が選出された(8)。

町長を辞した西巻進四郎は療養に努めていたが、一九三九年六月九日死去した。享年五三歳であった(9)。同月一八日の『越後タイムス』は「故西巻進四郎氏追悼号」と銘打ち、第一面に原吉郎ら五人の追悼文を掲載したが、洲崎義郎の追悼文は見られない。また、第七面には同月一二日、柏崎小学校西運動場で行われた町葬の模様や数多くの弔辞を紹介したが、そこにも義郎の名はない。義郎が民政党と一線を画していたことが反映しているのであろう。なお、西巻進四郎の死去に伴う県議補選は任期満了が近いことから行われなかった。

西巻進四郎の死去から間もない一九三九年七月三〇日の『越後タイムス』第一面に、中村葉月「終刊の御挨拶」が載った。その事情について中村は、「去る四月中旬〔、〕地元警察当局から懇談的に話を進められて、最初は真意義を捕捉するに苦しんだが、各方面に接衝を重ねてゆくうち、四囲の状勢止むを得ない立場に置かれてある事を知り、此処に越後タイムス二十九年の歴史を揚棄して、本号限り潔よく廃刊を決意するに到った」と記した。終刊に関して数人の文が載っているが、洲崎義郎の名は見えない。

奇しくも、この『越後タイムス』終刊号には、かつて洲崎義郎が比角村長であったときに比角小学校長として義郎と二人三脚でスポーツや自由画の教育を推進した星野耕平が七月二九日に死去した旨の死亡広告が掲載されている。

このように、一九三九年六〜七月は西巻進四郎・星野耕平の死去、『越後タイムス』の終刊が重なった。それに加え、前年四月二七日には洲崎義郎の知己で越後タイムス社同人の二宮直次郎が死去した。義郎は、『越後タイムス』に「人徳と天凛」と題した追悼文を寄せ、その人柄と風格に尊敬の念を抱いていたことを述べている(10)。この頃、一つの時代が幕を閉じた感を、義郎は覚えたのではなかろうか。ちなみに、義郎の義兄・丸田尚一郎は四二年に東京で六五歳の生涯を終えている(11)。

一九四〇年一一月三〇日、新聞統制により『柏崎日報』と『柏崎新聞』は終刊となった(12)。『柏崎日報』と関係が深かった長岡の『北越新報』は、同年一二月一日から『越佐新報』を吸収合併して『新潟中央新聞』と改称した。その後一県一紙に向けた行政指導が強まり、四二年一一月一日、同紙は新潟の『新潟日日新聞』、高田の『上越新聞』とともに、『新潟日報』に統合されていく(13)。

d　鯨波村の編入合併と柏崎市制の施行

一九四〇年四月一日、鯨波村が柏崎町に編入合併された。比角村の柏崎町への編入合併が実現しつつあった一九二六(大正一五)年九月、鯨波村の五名の委員が柏崎町長の二宮伝右衛門を訪問してその意を伝え、実現に向けて尽力方を要請したことがあったが(14)、その後、立ち消えになっていた。

一九四〇年は神武天皇即位を紀元とする「皇紀二千六百年」の奉祝事業が全国的に行われた年である。柏崎町はそれを記念して市制の施行を企画した。柏崎町長から県知事に提出された市制施行に至るまでの上申によると、三九年二月一日開催の町会は「昭和十五年ハ恰モ皇紀二千六百年ニ相当スルヲ以テ此ノ歴史的記念ヲトシ柏崎町ハ市制ヲ施行スベク之カ実現ニ邁進スルモノトス」との意見書を議決した[15]。そして、市制施行のために鯨波村との合併を図った。「市制施行前ニ積年ノ懸案タル鯨波村ヲ合併スベク促進シ本年四月一日ヲ以テ円満裡ニ之レガ実現ヲ見、茲ニ準備完ク成リテ五月三十日町会ニ於テ満場一致ヲ以テ市制施行上申ノ議決ヲ為スニ至」った[16]。

こうした経緯により、一九四〇年七月一日をもって柏崎市制が施行された。柏崎町長の原吉郎が柏崎市長臨時代理となり、九月六日、市会議員選挙が執行された（定員は三〇名）。洲崎義郎は一四二票を得て第九位で当選した[17]。以降の市長選出を含む市会をめぐる動きについては次の第2節dで取り上げることとする。

なお、一九四三年一月二六日、柏崎市公会堂で、柏崎市と荒浜村の合併に関する第一回懇談会が開かれた。「荒浜村に設置の滑空訓練所の設置内容」について県飛行会支部の西主事から説明があった。「合併の中《ママ》を取り持つ滑空訓練所は四月から六万坪の敷地整理に着手する」こと、地代約六〇〇円は合併の前提として柏崎市も分担することが明らかにされた[18]。合併の実現は戦後の一九五〇年となるが、その端緒が戦時下の「滑空訓練所」問題にあったことは興味深い。

e　一九三九年の県議選と一九四二年の衆院選

戦時下では、一九三九（昭和一四）年九月二五日に県議選が、四二年四月三〇日に予定より一年遅れて第二一回衆院選が行われた。

一九三九年九月の県議選で、民政派は三井田虎一郎（柏崎町本町八丁目）と飯田元吉（山横沢村）を擁立した。三井田は柏崎町助役であり、西巻進四郎の後継者と目された。他方、政友派は現職の田中季次郎（内郷村）と西川弥平治（柏崎町枇杷島）の擁立を決めたが、後に田中が辞退し、その代替者も辞退したため、結局一人しか擁立できず、その結果、民政派の三井田・飯田、政友派の西川の三名は無競争で当選となった[19]。彼らは戦時下の任期延長措置によって四七年四月まで、その職にあった。なお、東方会からは石田宥全（中蒲原郡）・中村又七郎（西頸城郡）の二名が当選している。[20]

一九四二年四月の衆院選では、東条英機内閣の意向を受けて結成された翼賛政治体制協議会が定員と同数の四六六名を推薦し、無競争での全員当選をめざした。しかし、それに反発する勢力は独自に候補者を立てたため、競争選挙となった。新潟県第三区（定員五名）では一一名が立候補した。翼賛政治体制協議会が推薦した候補は前議員の佐藤謙之輔・今成留之助と新人の川上法励・加藤知正・田下政治で、非推薦の独立候補は前議員の三宅正一と新人の稲村隆一・金子甚造・下条恭兵・高野忠蔵・高頭憲二郎であった。[21]選挙の結果、三宅・川上・加藤・田下・今成が当選した。[22]推薦候補の佐藤は落選し、非推薦候補で旧社会大衆党系の三宅が前回同様トップ当選を果たした。

前回選挙で第二位となった大竹貫一（国民同盟）の後継者と目された稲村隆一（東方会）の得票は伸びなかった。大竹と違って稲村の知名度は低かった。洲崎義郎・斎藤準次は稲村を支持し、運動したと推察される。ちなみに、柏崎市の上位六名の得票数は、三宅（九八二票）、佐藤（八〇三票）、川上（六四六票）、稲村（五〇二票）、下条（四九七票）、金子（三〇八票）の順で、[23]稲村は他の地域よりは支持を集めたといえよう。それでも、東方会は柏崎市内ではこの程度の政治勢力であったことがわかる。なお、第四区では、非推薦で立候補した東方会の中村又七郎が第一位で当選している。[24]

ここで稲村隆一について一言しておこう。彼は早稲田大学政治経済学科在学中に三宅正一らとともに建設者同盟に参加し、一九二〇年代から新潟県下の小作争議の指導に当たった。その後も多くの農民運動・無産運動に関わったが、一九三七年末、第一次人民戦線事件で検挙される可能性を知り、それを逃れるため東方会に入り、農政部門の責任者となっていた。[25]県下では三条市を拠点に活動し、「洲崎義郎関係資料」（４）の梅沢三代司稿「苦渋のわだち」所収の年表「東方会新潟県略史」によると、三八年三月三〇日、中野正剛が来県し、三条座・白山小学校などで演説会を開催した時、中村又七郎が三条に来て、政友会を脱党して稲村に東方会入会を申し込んだという。

f　刈羽地方事務所の開所

一九四二年七月一八日、柏崎市公会堂で県庁の出先機関として刈羽地方事務所の開所式が行われた。県下に一三ヵ所開設されたうちの一つである。「地方行政ノ敏達適確ナル処理ト施政ノ滲透徹底ヲ図リ以テ国内態勢ノ強化充実ヲ期セントスル」ことが目的とされた(26)。それは戦争遂行体制強化の一環であったが、市町村の行政事務の多くがここからの指示で行われるようになり、市町村自治はいっそう無実化していくことになる。

2　柏崎町（市）政への関与

戦時下で、洲崎義郎は柏崎町議・市議として町政・市政に関与した。本節では町議・市議としての活動ともに、公職に準ずる他の職に関する活動も取り上げ、その意義を考えたい。

a　常設消防の設置要求と消防組の解散

この時期、洲崎義郎は柏崎消防組頭の職にあった。その立場から前章第2節gで触れたように、義郎は一九三七（昭和一二）年一月の町議選で「常設消防の設置」を訴え、二月の町会でもその設置を求めた。同年末には、柏崎実業協会が「水道設備による火災保険率の低減方をその筋に要望」し、そのために「常備消防の設置方」を要望している、と報じられた(27)。「常設消防」と「常備消防」は同じことである。洲崎義郎が組頭である柏崎消防組も、三八年一月六日、役員会を開いて「常備消防」について協議し、当局の理解を得て実現したいとの方針を打ち出した(28)。

しかし、町当局は、「常設消防」を設置すると機械器具・望台・機械置場などで約一万円が必要となり、財政上直ちに実現するのは困難であるため、自動車「ダットサン」を二〇〇〇〜三〇〇〇円で買い、それにホースを付けて運搬し、水道の消火栓から放水、消火することで当面「我慢して欲しい」と回答した(29)。

一九三九年一月、「警防団令」（勅令二〇号）が発せられ、柏崎町警防団が結成されることになり、これに伴い消防組は解散となった[30]。四月一九日、柏崎消防組の解団式が行われた。柏崎消防組は三〇年余の歴史を有し、三代目の組頭が洲崎義郎であった。義郎について『柏崎日報』は、社説に相当する「言論」欄で、「洲崎氏は、県下における青年の先覚者であり指導者である。特に帝国軍人でもある」、「青年の先覚者であり、軍人としての経歴をも有する洲崎組頭は申し分無き組頭であつたことと思はれる」と称賛した[31]。ここに「軍人としての経歴」を有するとあるが、第2章第4節dで触れたように、少なくとも比角村長に就任する少し前、義郎は陸軍少尉の位にあり、比角村の在郷軍人会分会長を務めていたことが想起される。四月二七日、柏崎の公設競技場で柏崎警防団の結成式が行われ、警防団長に就任した原吉郎（町長）が「宣誓」文を朗読した[32]。

翌四〇年四月に鯨波村を吸収合併した柏崎町では、六月に「常備消防部」を組織した。部長一名、部員一四名、予備員四名の体制であった。以降、「常備」の言葉は長く「消防署」の代名詞として使われた。同年七月一日の市制施行に伴い、柏崎町警防団は柏崎市警防団と改称し、常備消防部もそこに吸収された[33]。ここに洲崎義郎が求めてきた常設消防が実現した。その経緯は不詳であるが、戦時の防空・防火態勢を構築する必要からであったと推察される。

なお、越佐名士録刊行会編刊『越佐名士録』（初版、一九三六年四月）の再版（四二年三月）に掲載された「洲崎義郎」の項（一三九頁）は、彼は柏崎市警防団長・同市会議員の職にあると記している。ただし義郎がいつからいつまで警防団長の職にあったかは不明である。

b 「町是」調査をめぐって

前章第2節gで触れたように、洲崎義郎は一九三七年二月の町会で常設消防の設置とともに「町是研究会（或ひは町政審議会）等の調査機関設置」を要望した。その時は取り上げられなかったが、三八年一一月一五日、町会終了後に町会議員の間でこの問題に関する協議の場がもたれた。その席で義郎は、「産業政治教育社会等々と各部門に分ちて部門的に委員を設け各委員は最も現実に即した部門的に町是を確立して之を全体調査会に於いて討議した上に於て大綱を建て、行くことが最も理想的であり現実に即した町是が確立出来やう」との私案を披露した。しかし、この時は、こうした懇談会をしばらく重ねていくことを申し合わせるにとどまった[34]。

「町是」なるものが確立されたとしても、所詮は「目標」に過ぎなかったり、内容そのものが玉虫色であることも十分予想される。だが、「町是」が確立されれば、町長や多数派の町議たちの活動を制約する可能性も出てくる。義郎らはそこに党派的利害の排除への望みを託したのであろうが、逆に町長・議会多数派（民政派）はそれゆえに消極的・否定的となったのではなかろうか。このような構図が私には見える。「町是」が作成されないことによって、義郎は町会活動の限界を強く感じたことと思われる。

c　柏崎町教育会での活動

洲崎義郎の町政への関わりは教育面でも少なくなかった。比角村が柏崎町に編入合併されて以降、義郎が教育問題にどのように関与していたか、資料的にほとんどわからないが、前章第5節cで取り上げた、一九三一年三月八日の『越後タイムス』に掲載された義郎の論説「近代競技運動を主体とせる体育運動の本質的考察（一）」に関連して掲載された「講師紹介」に、「柏崎町々会議長、柏崎消防組頭、刈羽郡教育会長等の公職につき」と記されており、その頃、刈羽郡教育会長として教育問題にかかわっていたことがわかる。だが、具体的にどのようにかかわったか、またいつまでその職にあったかは不明である。その後、本章第1節bで触れたように、一九三九年四月の県立柏崎工業学校の開設について『柏崎日報』に寄せた洲崎義郎の祝辞では「柏崎町教育会長」の肩書きが出てくる。そこで、柏崎町教育会とはどのようなもので、義郎は会長としてどのようにかかわったか検討してみたい。

『柏崎日報』に掲載された柏崎教育会の「会則」によれば、目的は「教育の普及改善を図る」ことにあり（第一条）、「本会の趣旨に賛するものを以て組織」し（第三条）、会長一名・副会長一名・評議員若干名・幹事若干名の役員を置き（任期は二年、第四条）、目的達成のため「講話、講習会、展覧会二〔〕談話会、並中小学校連絡会三〔〕視察員派遣、其他教育上適切なる事業」を行い（第五条）、郡の教育会との連絡などのため「代議員を選任し本郡教育会に出席せしむ」（第六条）となっている(35)。

これによれば、柏崎町教育会は有志による任意団体であり、町行政上の組織外にあった。それは刈羽郡教育会も同様であろう。したがって、町の教育行政に対して意見や要求を提出することは可能であるが、その取捨選択は、町当局の判断に委ねられることになる。なお、『柏崎日報』は、会員は以前より減少して五〇名内外しかいない、そこでこのほど「倍加運動」に乗り出したところ、数十名の新規加入者があったと報じている(36)。

この年五月二三日に開かれた評議員会では、決算・予算とともに、来月開かれる郡教育会に、「小学校教員の新卒について大体配当地に二ヶ年位にて他に異動すると云ふ県の方針であるのに対して之れには一利千害の傾きもあるので同方針については大いに考慮されたいと云ふことを県当局に建議要望するの件」、「学級編成について大体一学級五十名越えざるやうに…といふことを其筋に建議するの件」、「同教員の初任給を増額方の申請の件」、「青年教育の振展について補助金の増額を其筋に申請するの件」を提案することを決め、町当局には「学校通学区域について」建議すること、そして、「会員増募」のことなどを協議している(37)。これらの要望がどのようになったかは不明である。

d　市会議長・市長選挙での敗北

一九四〇年九月一六日、市制施行後の初市会が開催された。まず議長・副議長の選出が行われ、その結果、一六票を獲得した巻淵藤吉が議長に就任し、洲崎義郎は一四票で敗れた。また副議長には前田義三郎が選出された。さらに一〇名の市参事会員も選出されたが、義郎は選出されなかった(38)。

九月一九日開催の第二回市会で市長選挙が行われた。その結果、一六票を獲得した原吉郎が選任された。義郎は一三票を得たが敗れた(39)。一〇月八日開かれた市会は、市長から助役を二名とする案をめぐって激しい攻防があり、結局、一六票の多数で可決されるが、採決直前に反対する一四名が退場する一幕もあった[40]。

このように、市会は過半数を得た民政系が主導権を握り、市長も議長も自派ないし自身に近い人物で固めるという党派的利害が優先される場となった。それに反対する勢力は洲崎義郎を立てたが、僅差でことごとく敗北している。

原吉郎は一〇月一日付で市長に就任した。有給市長であった[41]。原は、一九四四年一〇月に再選され[42]、四六年一月退任するまで五年余にわたり戦時下の市長を務めた。また、四四年に行われる予定であった市議選は県議選と同様、戦時下の任期延長措置によって行われず、義郎は次の第6章第3節aで述べるように、戦後の四六年一一月頃まで市議の職にあった。

e　市政についての意見

洲崎義郎は、一九四一年度の予算審議を主として開催された三月四日の市会で、一〇項目の質問を行った。これを報道した『新潟県中央新聞』が「洲崎氏突つ込む」との見出しを付けているのが興味深い。市当局にとって、おそらく洲崎義郎は一家言をもった手強い存在であったのであろう。新聞に報道されたものではあるが、わかりやすいように、義郎の質問事項と「市理事者」の答弁を対照させて紹介しよう[43]（表5-1）。

表5-1の中で、前述の「町是」と同様、義郎は六の「市是」の制定を求めているが、市当局は「考慮中」として消極的な態度を示している。それだけでなく、市当局側の答弁には、全般的に義郎の意見に積極的に応えていこうとする姿勢が見えない。なお、四にみえる「市会と翼賛支部理事会」等の関係の問題は以降の重要なテーマであり、次項で別途言及することにしたい。

この市会が始まる少し前の一九四一年二月九日、『新潟県中央新聞』柏崎支局が主催する「柏崎市の大都市計画とその将来」と銘うった座談会が柏崎市公会堂で開催された。柏崎市側の出席者は原市長以下一七名で、その中には洲崎義郎・斎藤準次の名も見える[44]。発言内容は後日、同紙に掲載されたが、刈羽郡青年団長として参加していた洲崎

表5-1　市会での洲崎義郎の質問と市理事者の答弁（一九四一年三月）

洲崎義郎の質問	「市理事者」の答弁
一、新年度予算編成の重点	何れも重要だが就中小学校教育に重点を置いた
二、懸案の時局下における市機構改革	近く執行したい
三、歳入に前年度繰越金が多額であるが新年度は余裕ありや、なほ制限外課税に就て	新年度は余裕はないと思うふ〔、〕制限外課税は主務大臣の許可を必要とする
四、市会と翼賛会支部理事会と協力会議の連絡方法	協力会議の健全な発達を促進すれば足ると思ふ
五、柏崎農学校の移転昇格に対する見通し	目下関係方面と交渉中
六、市是調査会設置に関する所見	考慮中
七、出征兵並に戦病歿遺家族取扱方法に遺憾なきや	遺憾なし
八、転失業者に対する市の態度	市〔は〕直接はこれに関与しないが適当機関に於て最善を尽してゐる
九、刈羽郡立図書館市移管問題と移管後の運営方法	新年度に於て図書館長と具体的相談の上充分考慮したい
十、各種団体に対する補助額引上に就て	止むを得ざる場合は考慮したい

出所　『新潟県中央新聞』一九四〇年三月五日。

義郎は、次のような意見を述べている。掲載された全文を紹介しよう。

私は皆さんのお話を承りながら疑問を抱かざるを得ないのです〔。〕それは都市計画はもつと内容を掴まなければならぬ――と言ふと語弊があるかも知れませんが、所謂都市計画は商業地帯、工業地帯はじめ住宅地帯を設けるとか或は基礎的な道路線計画、衛生施設等が考へられてゐますが、そのやうな物質的――対外的なものよりも内容的と言ひますか文化的な方向へも考慮が払はるべきであると思ひます。言ひかへれば物質的な都市計画も必要でありますが、それにもまして図書館、博物館、科学研究的といふやうなものを建設するとか〔、〕教育方面は勿論進んで政治的、経済的から拓植《ママ》方面に至るまでその動向をはつきりと掴んで物質と文化を一元化するところに近代都市としての発達があるのではないでせうか、《ママ》そして資本主義経済から公益優先――私はこの言葉を好まぬのであるが――へと変革され、政治も自由主義デモクラシーの政治から高度の公益を主体とする政治に変る――さうした動きを適確に握つて商工業を如何なる方面に持つてゆくかといふことが問題ではないでせうか〔。〕

殊に時代は現状維持的な時代から東亜新秩序の建設――東亜の盟主として活躍するに足る高度国防国家建設の超非常時体制へと移動しつゝあるのであるから過去に研究立案された都市計画から一歩進んであらゆる文化施設の方面にも検討を加へることが必要であると思ひます、《ママ》なほまた高度国防国家の建設について言へば空襲、焼夷弾の投下に備へる施設なども必要であらうし〔、〕国土計画の狙つてゐる重要施設の地方分散など、睨み合はせられたい。

私はかうした大きな問題について考へなければ都市計画の意義はないものと考へてゐるのでありまして〔、〕以上率直に申上げた次第であります[45]。

このような洲崎義郎の発言に対して、議長の巻淵藤吉は「只今の御意見ですが、他の皆さんの御話も要するに高度国防国家建設を目標とするものであつて決してその目標を外れてゐるものではない、その大きな目標に包含されてゐる部分的な御意見であるからこれを尊重すべきであらうと思ひます」と応答した。これに対して義郎は、「いや私は決して皆さんの御意見が悪いとか間違つてゐるといふのではなく私自身の考へを申述べたのであります」と釈明しているが[46]、巻淵の応答も義郎の釈明もまったく嚙み合っていない。

要するに、義郎は、都市計画には図書館・博物館などの文化施設の建設が必要であることを言いたかった。時局がらみで「東亜新秩序の建設」を引き合いに出し、そのためにも文化施設が必要だと言い、「高度国防国家の建設」に関しては空襲・焼夷弾に備え、重要施設の地方分散を主張している。巻淵はそれを逆手にとって義郎の意見の全部を「高度国防国家の建設」の目的に収斂させてしまった。そうした空気だったからこそ、義郎は文化施設の重要性を主張したはずであるから、最後の義郎の釈明はないほうがよかったと思われるが、そうしなければならないような空気が漂う場であったのであろう。

また、義郎が当時の政治状況を「自由主義デモクラシー」から「高度の公益を主体とする政治」に変わったと捉えていることも注目される。「高度の公益」の実体はともかく、そのように言うことによって「公」の世界に踏み止まり、民衆側の立場から発言を続けていこうとする義郎の姿が浮かび上がる。

3 国家総動員・大政翼賛体制への期待と協力

ここまで日中戦争開始以降における、洲崎義郎の町議・市議としての活動を見てきた。それは点描にすぎないが、義郎の考えが町政・市政に反映される可能性はかなり低くなっていたことが窺える。とともに、多数派を形成する民政系の議員たちによって、義郎は反対派の中心的な存在になっていたことも明らかになった。

こうした中で洲崎義郎は、地方自治における政党の弊害を克服し、国民の声が直接反映されるような「強力政治」にいっそう期待するようになった。それはすでに一九三六年二月の衆院選で国民同盟の大竹貫一候補を支持する態度を表明したときに第一歩を踏み出していたといえるが、その後の町会・市会での経験からも、より強く期待するようになったと思われる。

一九四〇年九月に行われた初の市議選で当選したとき、新聞記者に感想を聞かれた義郎は、「何時まで経つても選挙民が目覚めないといふ事だ。世は新体制になつている〔のに〕、旧態依然たり……ああ！」と嘆声を公にしたが[47]、その直後の市会議長選挙および市長選挙で、それを改めて痛感したことと思われる。

本節では、「洲崎家資料」の中の「洲崎義郎著作」（4）「新体制トハ何ゾヤ」にある三編のレジメ原稿を利用して、義郎が国家総動員・大政翼賛体制に協力していく様子を見たい。

a　国家総動員法への期待

「洲崎義郎著作」（4）「新体制トハ何ゾヤ」の最後の第二一項に、「国家総動員ト国民ノ覚悟」と題されたレジメ原稿がある。国家総動員法が制定された一九三八年四月から四〇年までに書かれたものと推測され、その要点・注意点を講演などで話すことを念頭に、自分の考えを整理したものと推察される。

この原稿は、まず国家総動員法の目的を取り上げ、「国家ノ人的及ビ物的資源ヲ動員シテ其全能力ヲ国家ノ最高目的ニ合致セシムルニアリ」と記している。ついで、この法により動員される人的資源・物的資源の「保育」と「創造」について記し、次に「昭和二年」に設置された資源局による増産計画、代用品利用の研究、生産・消費・貿易・資源の調整などに言及している。そして、「長期建設ニ対スルタメニ現在、⑴輸出ノ進行《ママ》　⑵生産ノ増加　⑶配給並ニ消費ノ統制　⑷消費節約　⑸貯蓄奨励」が行われていると言い、最後に、「コノ国家総動員ニ処シテ／労務者ノ責任ト覚悟」として、「自己ノ職責ヲ自覚セヨ」、「共存共栄ノ大道ヲ進メ」と結んでいる。

これを見ると、「国民」といっても「労務者」としての国民を対象にしていることがわかる。具体的には、青年団員である勤労青年に向けて話そうとしていたのかも知れない。そして、彼らに「自己ノ職責」を自覚し、「共存共栄ノ大道」を進むことを強く求めている。ここには、国家総動員法に対する強い期待はあっても、批判的視点は全く見られない。

「新体制トハ何ゾヤ」の第一九項に「経済トハ何ゾヤ」と題されたレジメ原稿がある。統制経済の良い点、悪い点について自分なりに整理したものであり、講演に供するために書かれたとも考えられる。

原稿では、まず、「経済トハ人間ノ生活ニ必要ナル物質的要素ヲ研究スルモノデアッテ単ニ富ノ多少ヲ言フニ非ズ、人間ニ、他ノヨリ高クヨリ貴キ発達ト活動トヲ得セシメンガ為ニ必要ナル物質的基礎ガ均等ニ且幸福ニ与ヘラレル様努力シ合理化スルコトデアル」と自己の経済観を披瀝している。この観点から、次に「封建制度時代ニ於ケル経済組織」、「自由主義経済ノ発達」、「自由主義経済ノ良キ点」（「悪キ点」は末尾に記述）、「統制経済」の順に、思うところを列挙している。

「統制経済」については、その「目的」（＝対象）として「物価ノ調節」「需要供給及ビ生産費ノ統制」「生産ト分配ノ合理化」の三点を挙げ、その「利益」として「金融及ビ資本ノ合理化」「公益主義」「人的及ビ材料等ノ合理化」「生産分配ノ合理化」の四点を挙げている。また、「悪キ点」として「既存ノ権利者ニ損害ヲ与フ」「慾望ノ無視」「国際間ノ対立感情」「組合精神ノ反逆」「単純ニ陥リ易シ」「無刺戟、活動力ニブル」「共産主義等ニ転ジ易シ」の七点を挙げている。

統制経済については、「良キ点」と言わず「利益」と言っていることや、「合理化」「公益主義」をキーワードに説明しようとしていることが興味深い。統制経済は好ましくないが、時局上、止むを得ないと考えていたように思われる。

b　近衛新体制への期待

日中戦争が長期化・泥沼化する中、一九三九（昭和一四）年九月、ドイツのポーランド侵攻をもって始まった欧州における第二次世界大戦の動向、四〇年二月の斎藤隆夫議員による「聖戦」批判をきっかけにした「聖戦貫徹議員連盟」による政党解散―挙国一党の新体制運動などによって、四〇年の政局は新たな局面を迎えた。そして、新体制運動推進の意志を明確にした近衛文麿が七月二二日、第二次近衛内閣を組織するに及んで、新体制構築に向けた動きが本格化し、七月から八月にかけて全政党が解散し、一〇月一二日結成の大政翼賛会に流れ込んでいった。こうした中央政局の大きな変化に、既成政党に不信感をもつ洲崎義郎は強い期待を寄せた。

洲崎義郎は、近衛文麿への「大命降下」二日前の一九四〇年七月一五日の『柏崎日報』に、「近衛公に望む」と題した論説を寄せ、「大命降下」翌日の一八日の同紙に、「強力政治を要望」と題した小文を寄せた。後者では、「米内内閣が総辞職したのは、国家新体制に副はないためであつた。それ故に新体制を目指して行動を続けてゐた近衛さんに大命が降下するのは当然の帰結と見るべきであらう。然し近衛さんが組閣しても解消せんとしてゐる既成政党に頼ること無く一億国民の声を聞き新しき強力政治を行ふならば吾々国民の喜びは大きい」と述べている。

それから程ない時期に書かれたと推察されるレジメ原稿が前出の「新体制トハ何ゾヤ」の第二〇項に収録されている。そのタイトルは全体のタイトルと同じ「新体制トハ何ゾヤ」である。新体制についての理解を前提に、いかに向き合うべきかについて自分なりに整理しようとして著したと推察される。注目されるいくつかの論点を取り上げよう。

まず、歴史観である。「歴史ヲ公正ニ観察スルト、世界文化ノ創造ト進展ニ際シテハ、各民族間ニ思想、政治、経済、学術等ノ総ユル各文化面ニワタツテ新旧ノ猛烈ナル対立摩擦ガ起キルモノデアル」、「現在欧州大戦モ、支那事変モ、コノ大ナル社会現象ト歴史的必然性ノ当然ノ発露デアル」と、戦争を「世界文化ノ創造ト進展」という観点から容認している。

次に、「新体制」について、「日本民族ガコノ歴史的必然性ニヨツテ、ソノ伝統ニ根ザス一君万民ノ皇室ヲ中心トスル民族特有ノ精神ヲ純化、精錬シテ国家ノ内外ニワタツテ、高度ニシテ且匂ヒ高キ組織ト機構トヲ強靭ニ、清新ニ創造スルコトデアル」と、天皇制と関連させて評価し、「新体制ノ目標」として、「事変ノ目的完遂」「完全ナル国防国家ノ編成」「東亜新秩序建設ノ遂行ヲ通ジテ世界ノ新秩序ヲ建設」「国民生活ノ安定ト明朗化」の四点を列挙している。

さらに、新体制と国民生活の関係について、「我等地方民衆モ、従来迄ノ自由主義及ビ資本主義ノ営利及ビ功利ヲ主トセル思想ヲ克復シテ、公優主義ニ則リ、人間生活ニ必須ナル堅実、明朗、質素ニシテ滋味ニ富ム生活文化ノ創造ニ参与スルノ誇リト興味トヲモツテ新体制ノ確立ニ、民衆トシテ下カラ盛リ上ガル力ヲモツテ参画ス可キデアル」、「ソレハ個性ヲ犠牲ニスル生活デナクシテ、個性ヲヨリヨク生カスコトニ依ツテ全体ヲ益スル生活ノ確立ヲナスコトデアル」と記している。

このような考えを前提として、「資本家ト企業家ト従業員ノ三位一体トナル組織ノ確立」、「国務ト統帥トノ完全ナル調和」、「文化団体タル青少年団、インテリ団、教育団、スポーツ団、芸術団、科学団等ノ整理統合ヲ図ラネバナラナイ、其推進力タルモノハ軍官民ノ最優秀分子ヲモッテコレニ充テザル可カラズ」、「常会ヲ健全ニ発達セシメテ下意上達ヲ図ルコト」、「生産ハ配給トノ公正ナル結ビ付ヲ要ス」など諸課題を列挙している。

以上から、洲崎義郎が「世界文化ノ創造ト進展」のために民族間の対立や戦争は不可避として戦争を容認し、「新体制建設ハ日本ノ必然的運命」と捉え、新体制とは、「事変ノ目的完遂」により「日本を盟主とする「大東亜共栄圏」樹立であると考えていたことがわかる。

この中でやはり注目すべきは、「公優主義ニ則リ」各人の自由・権利・個性を抑制することを容認していることである。日中戦争・新体制を支持する以上は避けられないことであった。それを洲崎義郎は「公優主義」（＝公益優先主義）という言葉で正当化している。それは前出の「高度の公益を主体とする政治」、「公益主義」と同じ意味である。「個性ヲ犠牲ニスル生活デナクシテ、個性ヲヨリヨク生カスコトニ依ツテ全体ヲ益スル生活ノ確立ヲナスコトデアル」という表現は矛盾したものであるが、当時の時局、思想状況においては、自己を納得させる論理であったと思われる。

c　柏崎における大政翼賛体制の構築

一九四〇（昭和一五）年一〇月一二日、大政翼賛会の発会式が行われた。総裁に就任した近衛文麿首相は発会式で、「本運動の綱領は、大政翼賛の臣道実践ということに尽きる」、「これ以外には綱領も宣言もなし」と述べた。一二月一四日発表された大政翼賛会の「実践要綱」は、「一、臣道の実践に挺身す」「二、大東亜共栄圏の建設に協力す」「三、翼賛政治体制の建設に協力す」「四、翼賛経済体制の建設に協力す」「五、文化新体制の建設に協力す」「六、生活新体制の建設に協力す」という六つの柱を掲げた(48)。

大政翼賛運動のため各道府県・郡・市区町村に大政翼賛会の支部が設置された。一九四〇年一一月三日、大政翼賛会新潟県支部の常務委員会が発足し、顧問二〇名・参与二〇名（一部未定）が発表され、県青年団団長・反町栄一（長岡）が顧問に入った(49)。少し遅れて、未定だった参与の一人に同副団長・田中正名（新潟）が「青年代表」として入ることが発表されたが、同じく副団長であった洲崎義郎は挙げられていない(50)。そして、四一年一月二一日、大政翼賛会県支部より各市町村支部の理事が発表された。そのうち柏崎市の理事は、吉浦栄一（市議・金物商・在郷軍人会柏崎市連合分会長）、小熊啓太郎（青少年団幹部・鋳物金商）、松村正吉（市議・米穀商）、駒谷行妙（日蓮宗妙行寺住職）、前田義三郎（市議・織物商・市連合青年団長）、近藤禄郎（薬種商・市連合青年副団長）、伊藤博夫（弁護士）、藤田敬爾（メリヤス問屋・柏崎商工会議所理事）の八名であった(51)。ここにも義郎の名はない。県支部・市町村支部の役員は以降、四四年まで毎年更新されていくが、義郎が選任されることはなかった(52)。

一九四一年三月上旬、「柏崎市常会」の会則が制定された。この常会は大政翼賛会柏崎市支部の「組織と共にこれが運営を計る為」に組織されるもので、翼賛会の原支部長が常会の会長に就任した。常会は「大政翼賛の本義に基き上意を下達し下情を上達し全市民をして和衷協力互助相譲以て地方自治運営の根幹を鞏固ならしめ臣道を完ふせしむるを以て目的とす」と謳うが（会則第三条）、会員は「本市各町内会常会及本市在住の学識経験ある人士中より」会長が選任するものであった（同第一条）(53)。このため、第三条の主旨に反し、市長である会長に親和的な人物のみで選任され、上意下達の機関に堕す可能性があった。

大政翼賛会の市町村支部とは別に、その下部の各地区では、一九四〇年九月一一日の内務省訓令「部落会町内会等整備要領」に基づき、部落会・町内会・「十戸内外ノ戸数ヨリ成ル隣保班」（隣組）の組織化が進行していた。それらは行政上「市町村ノ補助的下部組織」と位置づけられ、市町村長の統轄下に置かれた。大政翼賛会の発足後は翼賛運動の実践組織として性格を付与され、部落会・町内会・隣保班も定期的に（夜二時間以内）「常会」を開くことが強要された(54)。

一九四一年一二月中旬、「柏崎駅前町内会」が「模範常会」として、大政翼賛会新潟県支部の表彰を受けることになったが、当時、柏崎市には七七の常会があったと報じられている(55)。その直前、対米英蘭戦争が始まった。戦争が長期に及ぶ中で、町内会・隣保班の活動は、「貯蓄・公債の割当て」「回覧板」「戦勝祈願」「出兵《ママ》兵士の歓送」「防空演習」「廃品や金属の回収」「月一回の隣組の出席」「遺家族・留守家族への救援」などを主とするものになる(56)。

戦時下では、このような翼賛政治システムが地方行政の中軸をなした。市会は存在しても、自治体として最低限行わなければならない事業――学校教育・水道事業・役場機構維持などに要する経費を審議・決定するくらいの余地しか役割はなく、市民の利益・声・要望を反映する場ではなくなっていった。

d 「下意上達」の回路づくりを意図した「常会」の改革構想

市会議員である洲崎義郎は、翼賛政治システムの中枢から排除されていた。このシステムに義郎は批判的見解を抱いた。前記したように、「洲崎義郎著作」（4）「新体制トハ何ゾヤ」の第二〇項「新体制トハ何ゾヤ」に「常会ヲ健全ニ発達セシメテ下意上達ヲ図ルコト」との記述があるが、第一〇項「常会ノ改組問題」というレジメ原稿も残されているので、ここではそれを紹介しよう。

原稿は、「隣保班」の「全員出席」を実現するために「出席簿ヲツケルコト」を主張するとともに、「町内常会」の「改組」として「五十戸以上ヲ一単位トスルコト」、そこに青少年部・政治経済部・文化部・厚生部・婦人部等の「各部」を設置することを主張している。

ついで、「町内常会」の連合組織として、「連合常会」の設立を提案する。それはほぼ旧町村単位のようで、鯨波・大洲下宿・枇杷島・柏崎三部・比角の七つの連合常会が挙げられている。

この連合常会とどのような関係になるか不明だが、市常会についての改革案も見られる。ここでは、「市常会へ百戸ニ一名当リ位ノ代議員ヲ送ルコト」、「市常会ハ各連合会ヨリ選出セラレタル代議員及ビ各種団体ヨリ選出セル一名宛ノ特別委員ヲ以テ構成スルコト」、そこに「七名ノ常務委員ヲ設置スルコト」、「各部ヲ設立スルコト」など九項目を提案している。これは、柏崎市常会の会則第一条が常会の会員（四〇名）を「各町内会常会及本市在住の学識経験ある人士中」から会長が選任するとしていたことと明確に異なる。洲崎義郎は代議員制を採用することによって「下意上達」の回路を担保しようとしたのであろう。

最後に「学務委員会」と題された項目がある。ここには、「明年度予算ニ対スル希望及ビ意見」、「国民学校義務制ニ対スル準備如何及ビ希望」、「映画教育ノ効果ト各学校ノ利用」、「青年学校ヲ視察セシメヨ」、「青年学校学級増加（専任一人、兼務二人増）設備」など一六項目が列記されている。

以上がこの原稿の概要である。町内会・市会の常会に関しては、さかんに「下情上達」の必要性が強調されているが、それは庶民の擬似自発性を引き出すための文句に過ぎず、実態は戦時体制を支えるための「上意下達」の場であった。洲崎義郎はそれに対抗する真の「下意上達」の回路をつくることを改革の主眼として、常会に各部を設け、住民の積極的関与を促すことを期待したものであろう。最後に付けられた「学務委員会」に関する記述が具体的で多いのは、本章第2節cで触れた「柏崎町教育会」のように、義郎自身が町（市）の教育問題行政に深く関わっていたことと関連しよう。

洲崎義郎は、本章第2節eで取り上げた『新潟県中央新聞』主催の一九四一年二月九日の座談会「柏崎大都市計画とその将来」で、市当局に「常会の改組案を提案した」旨を発言している。座談会での発言は次のようなものであった。

私は嘗て町是調査会を開け――当時は町であつたので――と町会で申上げ一昨年であつたか一昨々年であつたか第一回を開いたがそれも一回限りでお流れとなつてしまつた。これは市当局のみでなく我々の欲求が全体的に燃え上がつて来てゐなかつた為めと言へるのでありましてこれからは市会で計画を樹てる委員を挙げ市会の組織を通じて取り上るることが本格的になるのではないかと思ひます〔。〕なほ常会を通じての問題でありますが常会の改組案を提案致しましたところ市当局も考へられ此の間の常会で理事を部門分けに分けられたので、これらの人々が計画を樹て市の協力会議では常会側から二十五名、一般団体長学識経験あるもの十五名合計四十名の組織であり然もこの協力会議には市当局、市会議員代表も加わつてゐると思はれるのでこゝでも各部門に分つて研究するようにしたい〔◦〕更に隣保班組織から都市建設の創造的建設的意見も生れようし職能別の常会の組織を通じ我々の欲求を市政の上に反映させたいと考へるのでありますこれらを市是調査会の組織の中に編み込んで真剣に実践してゆくところに市当局の意向と民心の欲求が一致してゆくことになりそれがまた物質的な計画と文化的な計画を一元化してゆく正しい方向であると考へます(57)。

これは柏崎の都市計画に絡んだ話で理解しにくい点があり、また市当局の実際の意図は不詳ではあるが、洲崎義郎は、市常会が理事を「部門」に分けたことを、自身の提案を踏まえたものと捉えていることが注目される。それは、「隣保班組織から都市建設の創造的建設的意見も生れようし職能別の常会の組織を通じ我々の欲求を市政の上に反映させたい」という発言とともに、「下意上達」の回路をつくろうとする義郎の考えの現れと見ることができる。

e　自主的な青壮年団結成への努力

民衆が「個性」を生かしつつ翼賛運動に参画すべきだと考える義郎は、自主的に青壮年団を組織し、その団員たちが市・町内会・隣保班の有力な担い手として活躍する体制の構築を目指した。

一九四一（昭和一六）年一月、洲崎義郎が長くかかわってきた大正期から続く青年団は全日本青少年団に改組され（女子青年団も統合）、これに伴い新潟県青年団・刈羽郡青年団は三月に解団した。それと関係して、大政翼賛会では二一歳以上の青壮年を組織した翼賛青壮年団の結成を企てた。新潟県支部では組織部長の相馬恒二（県青年団副団長）が中心となって、県の青壮年団を結成し（年齢資格は二一～四〇歳）、そのなかから末端で活躍する「翼賛会推進員」を養成・選定する計画を作成し、二月一八日には県知事を委員長とする準備委員会を発足させた。しかし、陸軍が在郷軍人の青壮年団への加入を拒否したため、結成には至らなかった(58)。だが、同じ県青年団副団長ということもあって、洲崎義郎は相馬恒二と連絡を取り合い、県青壮年団の結成に関与したのではなかろうか。

こうした動きと連動しつつ、洲崎義郎・斎藤準次らは柏崎市で青壮年団の組織化を目指した。一九四一年一月、義郎と斎藤準次・伊藤博夫・小形国平・泉三郎らが主唱者となり、壮年層中心の運動団体を結成する動きが進行していると新聞が報じた。それによると、会名は未定であるが、「柏崎市翼賛運動の理論的検討に依り実践的矛盾を是正活動せんとするもので各層に呼びかけ先づ会員五十名を獲得することに依つて第一歩を踏み出さうとしてゐる。この団体は既報の『時局懇談会』の延長で二月早々結成の予定である」という。(59) ここに「実践的矛盾」という言葉が出て来るが、おそらく翼賛運動がもつ本質的な「上意下達」がそれに当たるのであろう。義郎らには、壮年団運動によって「下意上達」の回路を太くしていこうとの意図があったと思われる。

一九四一年三月上旬、洲崎義郎・斎藤準次らが企画する「青壮年団」の結成が延期されるとの報道があった。以下、その全文を紹介する。

柏崎市に於ける翼賛会青壮年団結成問題は既報の如く二月十六日公会堂に於て洲崎義郎氏によつて結成準備会を開いたが政治的部門の新設と年齢を二十歳から四十五歳までとする等の如き独自性が濃厚のため一般は甚だ気乗薄の感があつた

然るに同氏が団長である刈羽郡青年団は来る十五日発展的解消をする段取となり市連合青年団としても日和見的乍らその後には解団の空気が醸成され続いて翼賛会支部理事会に於て青壮年団結成問題が取上げられとにかく洲崎氏らの提唱する団体を基礎としてこれを拡充する案が濃厚であつた

処が去る三日の市常会席上に於て新たにこの結成に関する問題が議題となるや吉浦連合軍人分会長から在郷軍人会員にして入会することは暫く留保したいとて上司からの指示を説明したので同案は一先づ保留になつた〔。〕

斯くする中に市民全般の人心は冷静となり全国に於ては本県を加へ僅かに三県のこの自発的翼賛青壮年団結成は

後日に譲るも差支へなしとの結論に到達し連合青年団は七日夜役員会を開き前田団長不在の故を以て解団式は四月中旬頃に延期するといふ極て漠然たる決議を行つてゐる有様で同市の青壮年団としては目下微温的である。(60)

この記事から、①洲崎義郎らが結成しようとした「青壮年団」は「翼賛青壮年団」であること、②だがその内容は他県に二例しかない「自発的な翼賛青壮年団」であること、③「自発的」の表れが「政治的部門の新設と年齢を二十歳から四十五歳まで」であること、④それに対して柏崎市の翼賛会支部が快く思っておらず、結局「保留」となったこと、が窺われる。

その後も洲崎義郎らは努力を続けた。その結果、一九四一年四月二四日、午後七時から柏崎公会堂で、洲崎義郎・斎藤準次らが発起人となった「柏崎青壮年団」の結成準備会の開催にこぎつけた。他の参会者は三二名であった。協議の結果、①名称は「柏崎青壮年団」として「翼賛」の文字を冠しないこと、②会員年齢は満二一歳から四五歳に延長すること、③組織部門は総務・教化・銃後奉公・産業経済・体錬とすること、④団長は県支部の任命に拠ることなく団の推薦に拠ること、の四点が決定された。この内容について、新聞は「県支部の準則と異なる独自性の強いものである」とコメントしている。また、「翼賛の文字を冠しないのは広く参加を希ふ意味で柏崎市に相応しい盛り上る力を糾合したい」との幹部の言を伝え、五月五日または七日に設立総会を行う予定で、それに向けて各常会長に協力を求めている、とも報じている。(61)

残念なことに、この「柏崎青壮年団」が実際に発足したのか否かは不明である。また、全国の翼賛壮年団が大政翼賛運動の実践組織と一般に評されているので、「下意上達」を目指したとしても、実際にどれだけできるか疑問があるが、少なくとも主観的には、自身の「新体制」に対する考え方を背景に、自主性に強くこだわる姿勢は、いかにも義郎らしい。それだけに、大政翼賛会県支部・市支部の幹部たちにとって、義郎は煙たい存在であったと思われる。

柏崎青壮年団のその後については不明である。時間が半年ほど流れ、対米戦争の開始が近づいた頃、政府・大政翼賛会から翼賛壮年団の組織化を促進する方針が出され、洲崎義郎は新たに結成された大日本翼賛壮年団の県支部・市支部の顧問に就任するが、これについては本章第６節ａで言及することにする。

4　日中戦争期における青年団の指導

日中戦争期には多くの青年が戦地に送られた。次は我が身と受け止めざるを得ない緊張感のもとで青年団運動が進められることになる。本節では、新潟県青年団が解散する一九四一（昭和一六）年三月以前の青年団に対する洲崎義郎の指導と関与を取り上げるとともに、「洲崎義郎著作」（4）「新体制トハ何ゾヤ」に収められているレジメ原稿三編も利用しながら、この期における義郎の青年（団）指導の思想を考察したい。

ａ　戦時下の郡・県青年団の事業と関与

一九三九・四〇年における刈羽郡青年団・新潟県青年団の活動は、基本的に従来と同様、競技大会と弁論大会が中心であった。

一九三八年六月一九日、柏崎小学校で郡青年団の第一七回弁論大会が開催されることが報じられている。それによれば、開会に先だって郡青年団の団旗「樹立式」が行われ、洲崎義郎が団長として「告示」を述べ、弁論大会では、二六名が「自由題」で演説すること、一八人が「消費節約に重きを置く」甲班と「生産拡充に重きを置く」乙班に分かれて討論し合う「討論題」での弁論が行われ、義郎が団長として「挨拶」することが伝えられている。(62)また、同年七月二四日、柏崎小学校で第一六回県青年団弁論大会が開催され、刈羽郡青年団長として義郎は、同日の『柏崎日報』に「第十六回県青年団弁論大会歓迎の辞」と題する一文を掲載した。このなかで義郎は、弁論に立つ四市一六郡の「選士諸君は平素郷土に有りて真黒になつて汗と埃に塗れながら我が国の生産面の第一線をガッチリと守つて居られる純真な若人である」と称え、「諸君は昨年七月七日の支那事変以来未曽有の国難と取組んで諸君の眼で諸君の耳で戦時下に於ける日本の経済、外交、政治、国民生活等の総ゆる部門に亘っての重大なる推移を残る隅《くま》なくまざまざと脳裏に印象され且実感として受取られた人々である。故に今回の大会に於ける諸君の弁論は定めしこの再び得難き貴重なる体験の反映として聴者の胸に、魂に絶大なる感銘を与ふることを確信する」と述べた。

一九三八年の刈羽郡青年団の陸上競技大会がいつ開催されたか確認できないが、第四回県青年団陸上競技大会（「選士権大会」とも表現されている）は、一〇月九日、柏崎の公設グラウンド（公認陸上競技場）で開催されている(63)。

一九三九年一月二七日、洲崎義郎は県青年団副団長としてＮＨＫ新潟放送局から「青年と体育につき」を放送した(64)。特筆すべきことであるが、これについてはレジメ原稿が残されているので、後項ｄで取り上げることにする。

一九三九年の郡青年団の第一八回弁論大会は六月一八日、柏崎小学校で開かれた。二七町村選出の弁士による自由題の弁論と、「輸出貿易の振興に重きを置くもの」（甲）と「資源開発の促進に重きを置くもの」（乙）に分かれての討論題での弁論が行われた。弁論に入る前に、洲崎義郎は団長として、「御令旨を奉読して開会の挨拶を述べ」た(65)。また、七月一六日には県青年団の弁論大会が南蒲原郡加茂町の南小学校で開かれ、自由題・討論題で刈羽郡代表が入賞したことが確認される。この大会では緊急動議が提出され、援蔣問題に関する「日英会談」に関して政府当局などに「激励電報」を発することが決議されている(66)。また、一九三九年の郡青年団の競技大会は八月六日、柏崎の公設グラウンドで開催され、洲崎義郎は団長として「御令旨を奉読し一場の挨拶を述べ」た(67)。また県青年団の陸上競技大会は九月三日、新潟市の公設グラウンドで開催されることが伝えられている(68)。

なお、県青年団評議員会は一九三九年度において、上記二件のほか、拓殖講習会（八月、内原訓練所で合宿、「将来大陸移住の希望を有する団員」五〇名）、商工青年講習会（八月、日本青年館で合宿、三〇名）、幹部講習会（時期未定、県内三ヵ所で）、水泳大会・籠球大会・スキー大会などの開催を計画した(69)。

以上のように、日中戦争下、戦時色が濃くなっても、少なくとも一九三八・三九年は、従来とあまり変わらない青年団活動が行われていたことが知られる。しかし、弁論大会の討論題に示されるように、弁論の内容そのものが戦争遂行のための総動員体制と関連した国策に関するものとなり、戦時を反映したものになっている。それだけでなく、青年団には新たに「訓練大会」が加った。

一九三八年七月三日、刈羽郡西中通村小学校で、二田・中通・刈羽・北鯖石・内郷・西中通村の六青年団、六〇〇名余が参加する「中北部青年連合団体訓練大会」が開催された。青年団の訓練大会は県下で初めてのこととされる。行事の中心は「査閲分列式」「建国体操」「駈足行進（六千米）」「団体競技」であり、このほかに佐藤与一（県青年団長）の「訓示」、藤井浩然（代議士）の「講演」、洲崎義郎の「講評」などがあった。また大会として採択された「決議」では「吾等青年は召されては忠勇義烈なる皇軍の将兵として働き郷に在りては天晴国民の一員として滅私奉公を誓つて銃後の完璧を期す」と謳った(70)。

この時参加しなかった柏崎町連合青年団は、翌三九年一一月五日、鯨波・田尻・北鯖石・西中通村の青年団とともに「柏崎郷青年団第一回訓練大会」を約三五〇人の参加を得て開催した。内容は、前年の「中北部青年連合団体訓練大会」とほぼ同じである。この大会で洲崎義郎は郡青年団長として、訓練前に「訓示」を、訓練後に「講評」を述べるとともに、次項bで触れる「満支視察談」の「講演」を行うなど、全面的に関わった(71)。

訓練大会の内容は軍事訓練が中心になっている。一九三五年に義務化された青年学校でも軍事教練を課しているので、青年団としてそれを行う必要があるのかという疑問もあるが、青年団の軍事訓練は自発的な性格が強く、地域における戦争遂行態勢を気分的に盛り上げる効果は大きかったと思われる。

b　朝鮮での大日本連合青年団大会出席

洲崎義郎は、一九三九（昭和一四）年九月一六・一七日、朝鮮の京城で開催の大日本連合青年団第一五回大会と「日満支青年交歓会」に、新潟県青年団代議員として出席した(72)。『柏崎日報』に寄せた「満鮮への旅」と題した紀行文によれば、義郎は三ヵ月有効の周遊切符を利用し、同月一一日、柏崎駅を出発し、京都に途中下車し、下関から午後一〇時半発の興安丸に乗船し、翌朝、釜山に上陸した。そして、京釜鉄道で京城に行き、八階建の「半島ホテル」に投宿した。[73]紀行文では船内の様子、日本人の知人との出会いなどが語られているだけである。

洲崎義郎は、一〇月に入り、京城での同大会と交歓会の様子を認め、『柏崎日報』に送った。それによると、大会の模様は次のようなものであった。すなわち、一六日の開会式では「日満支蒙四ヶ国」の代表が旗を持って入場し、「日満蒙支代表の交歓挨拶」があった。一七日は参加の青年四六〇〇人が「内地、台湾、朝鮮部隊の順」でトラックを一周する「大分列式」を行った。その「最後の行進の一隊はこの栄ある大会に特別参加した半島志願兵の一際目立つ集団」という。それから、常任理事の訓示、「大日本青年団の綱領」の唱和、合同体操（内地部隊は「更生体操」、朝鮮部隊は木剣片手の「皇国臣民体操」）があった。ついで市外行進に移り、「朝鮮神宮」前に整列して「誓詞朗読」「玉串奉奠」「宮城遙拝」「国歌奉唱」を行い、団長告辞で閉会した。[74]

洲崎義郎はこの大会の様子を感動的に書き連ねており、この大会に「大東亜共栄圏」の一つの像を見たのかも知れない。義郎は、大会終了後、「満洲北支」にも足を伸ばして見聞した。そして、帰国の途に着き、一〇月二五日、午前一一時五七分着の列車で柏崎駅に到着の予定と報じられている。[75]

前述のように、帰国後の一一月五日行われた「柏崎郷青年団第一回訓練大会」の終わりのほうで、「満支視察」について「講演」しているが、その内容はわからない。だが、前に引用した通信と同様、「日満支蒙」提携・結束が進んでいる様相をアピールする内容であったと推察される。

c　時局打開の担い手としての青年団と「凡人浄土」の境地

ここまで、一九三八〜三九年における刈羽郡・県青年団の活動と洲崎義郎の関わりについて取り上げてきた。そこでは活動の一端はわかっても、思想を考察する材料は乏しい。だが、「洲崎義郎著作」（4）の「新体制トハ何ゾヤ」

に収められているレジメ原稿の中に、日中戦争開始後に書かれたと思われる、第一二項「時局ト青年ノ進ム可キ途」、第一五項「昭和十四年一月二十七日放送要旨」、第一六項「体育運動ノ使命――昭和十四年四月十五日加茂町講演要旨」の三編がある。中には前節のスポーツ論と重なる部分もあるが、本節と次項で、この期における義郎の青年論として取り上げ考察したい。

第一二項「時局ト青年ノ進ム可キ途」と題された原稿は、一九三八年後半から翌年前半にかけて書かれたもので、青年団の講演などで話す時のために自分の考えを整理したものと推測される。

最初に国内外の時局についての見解を縷々記しているが、政府の発表をほぼ鵜呑みにした内容で、ここでは取り上げない。その次に、「一、日支事変ニ対シ、日本ノ倫理的、道徳的意議ヲ闡明スルガモットモ正シイヤリ方デアル」と記し、さらにその細目の初めに「日本人モ支那及ビ満洲ニ対シテ内省スルヲ要ス」と記しているが、これは洲崎義郎の独自の見解として注目される。また、「組織サレタル大衆青年」こそが時局打開の担い手であり、そのために「団トシテノ組織強化及ビ社会性ノ顕揚ト個人ノ修養及ビ完成」と記していることも注目される。これは前章第４節ｆで紹介した「青年団運動の理想」と同じ内容である。

さらに私がこの原稿で注目したいのは、末尾に記された「独乙ノ勝因」、「凡人浄土ノ世界観ノ高揚」の二項である。「独乙ノ勝因」では七点が挙げられているが、最後の「⑺全国民ノ精神ガヒツトラーヲ中心トシテ一丸トナリ、国民ガ総ユル苦難ニ堪エタルコト」がとくに注目される。これは次の第５節ｄで紹介する「ドイツ青少年団への憧憬」で書かれた内容と重なる。「凡人浄土ノ世界観ノ高揚」の項では、「平凡ナル集団ノ一単位トシテノ行動ノ中ニ逞シイ社会改造ノ真理ガ自然ニ運行スルコト」、「華ヲ去ツテ地味ナ質実ナ中ニ基礎的ナ調和的ナ存在が内包サレルコト」と記されており、このような心のあり方を「凡人浄土」の世界として義郎は考えていたようである。

この原稿から、洲崎義郎は、第一次近衛内閣が日中戦争開始後に唱えた「東亜新秩序」「大東亜共栄圏」の建設、「聖戦」を基本的に支持していたこと、困難な国際関係の中でドイツを一つにまとめ上げたアドルフ・ヒトラーを評価していること、国難打開の「担当者」を「組織サレタル大衆青年」＝青年団に求めており、その青年たちの日常的な精神のあり方として「凡人浄土ノ世界観」を身につけることを求めていたことがわかる。

ところで、この時点で「凡人浄土」の語が登場することに驚かされるが、現在でも、柏崎市のＷＥＢミュージアムには、義郎が一九三六年に揮毫した「凡人浄土」の掛け軸が収蔵されている。「凡人浄土ノ世界」は、「洲崎義郎著作」（４）「新体制トハ何ゾヤ」の第一項「日本人ノ素質ト青年ノ行ク可キ途」（これは一九三七年以前の著作と推定される）でも触れられており、この頃、義郎が好んで使う言葉となっていたようだ。

おそらく、これは郷土の先輩（西頸城郡糸魚川町出身）で早稲田大学の先輩でもある相馬御風に由来するものではなかろうか。相馬御風は、一九一六（大正五）年七月に『凡人浄土』という書を著している（新潮社刊）。これは「凡人浄土」の境地に立った随筆集のようなものだが、そこには「凡人浄土」についての説明的文章を見出すことができない。実は、「凡人浄土」の語はそれより早い同年二月、彼が活躍していた中央論壇・文壇を去って故郷に帰る際に著して知友に贈った『還元録』の最後の方に出ており、ここに説明的文章を見出すことができる。ここでは、「客観的智識又は唯物的見解」に価値を置いた生活、生き方に対する精神的不安から、「内的なる精神的安立」「根本からの心の統一」を求めた結果、「曾て私が住んで居た……衆愚の生活」「凡夫の世界」「因習と伝統の蔭に安らかに働く凡人の生活」を求めるようになり、「恒の心をしつかりと攫んで平凡ではあるが、併し力強い生活の歩をゆつたりと歩みつゝある人々の情愛の豊かな世界である。いふところの凡人の浄土である」と書かれている[76]。義郎は、このような先祖伝来の地域で黙々と働くことによって得られる「凡人浄土」の心境をもつことによって、戦争で明日死ぬとも分からない不安に襲われがちな青年に心の安定を与えたかったのであろう。

なお、義郎が相馬御風の「凡人浄土」論をいつ知ったかは不明である。義郎が早稲田に入った一九〇七（明治四〇）年に、まだ学生であった御風が師に勧められ作詞したのが早大校歌の「都の西北」であるから、義郎はつとに御風の名を知っていたことであろう。しかし、現在のところ、大正・昭和前期に義郎が御風と直接交流していた形跡を見出すことはできない。御風は帰郷後、「凡人浄土」の世界を江戸時代の良寛に見出し、その研究を『大愚良寛』にまとめ出版するが（一九一八年、春陽堂）、良寛の妻である恵信尼が晩年住んだところが柏崎であったから、恵信尼―良寛を通じて御風に注目し、彼の著『凡人浄土』と出会ったのかも知れない。

d　青年団と体育運動の関係

次に、第一五項「昭和十四年一月二十七日放送要旨」を取り上げる。これは、題名からわかるように、一九三九年一月二七日にNHK新潟放送局から放送するために用意したレジメ原稿である。その日が休刊日のため『柏崎日報』のラジオ番組欄に紹介されることはなかったが、新潟市で発行されている『新潟新聞』の同年一月二七日（朝刊第二面）の「ラジオ」欄の「けふのプロ」（番組表）の「夜」の部に、「六・二五　新潟県ラジオ青年講座（十九《ママ》）青年団と体育、新潟県青年（団）副団長洲崎義郎」とあり、午後六時二五分から三〇分間放送されたと思われる。またすぐ横の紙面に、その概要が義郎の顔写真とともに掲載されている。すなわち、見出しは「新潟県ラジオ青年講座（十八）／青年団と体育／新潟県青年団副団長　洲崎義郎」で、本文は「体育は単なる外的且つ功利的なものであるよりは、もっと深く且つ根源的な意味から人間の生活に欠くべからざる要素であります、《ママ》今夕は欧州大戦後の各国における青年運動と体育運動の興隆をお話しし、更に日本の青年団と体育運動に言及し、青年団の体育運動は青年に希望と、友愛と、団結と、正義の観念を植付け、規律、訓練を守るの美風を養成し、困苦、欠乏に堪えるの強靱なる心身を与へる等、これこそ明日の明朗な道義日本を建設するには必要欠くべからざる要素であり、活力素である事を述べ、今後の青年体位向上のために要望すべきことを話したいと思ひます」と。

この概要記事と重なることになるが、「新体制トハ何ゾヤ」の第一五項「昭和十四年一月二十七日放送要旨」に基づいて、私なりに要点を紹介したい。

冒頭、「戦地ノ我等ノ青年兵士カラクル手紙ニヨルト体力ト精神力ガ一番必要デアル」と、日中戦争で出征している兵士のことを取り上げている。そして、平時において「日本ガ世界ノ一等国ニナル」ために「立派ナ文化ヲ築カネバナラヌ」が、そのためには「ドンナ困難ニモ堪エル肉体ト精神力」が必要であり、それには「青年団ニ取入レラレタル体育運動」が大切だと言う。ついで、近代の体育運動について言及し、それは「人格ノ尊厳ト人間性ノ尊貴ヲ目的トシ、自己完成及ビ民族解放運動ニ欠ク可カラザル積極的ノ使命ヲ有ス」ものであり、ゆえに第一次世界大戦後、世界各国で青年団と体育運動が盛んになったと言う。そして、「青年団ニ取入レラレタル体育運動ハ青年ニ希望ト友愛ト団結ト正義ノ観念ヲ植付ケルト共ニ規律訓練ヲ守ルノ美風ヲ養成シ、困苦欠乏ニ堪エル強靱ナル心身ヲ与ヘ且観衆ニ教養ト体育熱ヲ高ム」、ゆえに「体育運動ハ実ニ国運ヲ無限ニ進展セシムル基石デアリ、且東亜新共同体ノ建設ヲ完成セシムル原動力デアリ、尚明日ノ明朗ナル道義日本ノ創造ニ必須欠ク可カラザル貴重ナル活力素ト言フ可キデアル」と説いている。なお、選手制度と一般体育は車の両輪の関係にあるとして、選手制度への理解を求めている。

この原稿にはタイトルが付されていないが、ラジオ放送時のタイトル「青年団と体育」でよいであろう。これまで洲崎義郎がいろいろなところで述べ、書いてきたことを要約的に示したもので、選手制度の必要性についての主張を含め、よくまとまっている。そして、「東亜新共同体」「道義日本」の建設という言葉に示されるように、義郎の体育運動論は日本の大陸侵略を推進する論に結び付けられていることも明瞭にわかる。この著作には戦時下の青年団・体育運動についての義郎の思想がよく表出されている、といえる。

「新体制トハ何ゾヤ」の第一六項「昭和十四年四月十五日加茂町講演要項――体育運動ノ使命」は、本節aで言及した、一九三九年七月一六日に南蒲原郡加茂町の南小学校で開催された県青年団弁論大会での講演要旨であろう。日付が一日ずれているが、理由は不明である。青年団員たちに体育運動の本質、近代において体育運動が盛んとなった理由（背景）、勤労青年には体育運動が必要であることなどを理解させることが目的とされており、内容は一月の放送原稿とほぼ同様であったと推測される。

e　青年団の再編・解散

一九四〇年は「皇紀二千六百年」の記念行事があちこちで行われた。青年団関係では、一一月一九～二一日に日本青年会館で「紀元二千六百年奉祝並に令旨奉戴二十周記念全国青年団大会」が、同月二四日に新潟市公会堂で県青年団による「紀元二千六百年令旨奉戴二十周年表彰記念大会」が開催された。そのどちらにも洲崎義郎は県青年団副団長、郡青年団長として参列した[77]。

それは栄えある舞台であった。しかし、その直後の同年一二月、文部省の方針により、大日本連合青年団・大日本連合女子青年団など五つの青少年団体を統合して「大日本青少年団」が結成されることになり、同団は四一年一月に発足した。国民学校三年以上の少年少女と中等学校以上に在籍しない二五歳までの男女青少年（既婚女子は除く）を網羅することになった。東京に本部が、各地方に地方団が置かれた。地方団は道府県・郡市区・町村の各青少年団、その下の「単位団」から構成されることになった。こうした政府の方針の下、新潟県青少年団の発会式が四一年三月一〇日、新潟市公会堂で開催され、団長には県知事が、副団長には学務部長・旧県青年団長・旧県女子青年団副団長が、町村の青少年団の団長には町村長が就任した[78]。

これに伴い、従来の新潟県青年団は一九四一年三月に解散した。洲崎義郎は解散時まで副団長・評議員の職にあった[79]。義郎は新しい県青少年団に直接関わることはなかった。また、同年中には刈羽郡青少年団、柏崎市青少年団なども結成され、従来の郡・市青年団がここに再編されたが、義郎はそれらにも直接関わることはなかったと推察される。

5　一九三八年のスポーツ論と体育組織への関与

『越後タイムス』は一九三八（昭和一三）年一月から「スポーツ」欄（「Sports」欄と表記される場合もあるが、ここでは「スポーツ」欄に統一）を設け、洲崎義郎のスポーツに関する時局がらみのコラム的小論説を掲載した。それは一月一六日から一一月二〇日にかけて三九編にのぼる。「スポーツ」欄新設のきっかけは、一九四〇年に開催予定の東京オリンピックの気運を盛り上げようとしたものと推察される。本節では、「スポーツ」欄に掲載された義郎のスポーツ論のうち重要と思われるものを紹介する。また、義郎はこの時期に結成された新潟県体育団・柏崎市体育団の副団長および団長に就任しているので、そこで行われる体育のあり方の変化にも言及したい。

a　東京オリンピック・国際競技大会開催の主張

一九四〇年に開催される第一二回オリンピック大会の開催地として東京が名乗りをあげたのは一九三一年のことであった。同年一〇月二八日開催の東京市会は、四〇年開催の同大会の東京招致を決議した。当時の東京市長・永田秀次郎は、それを「皇紀二千六百年」の記念事業として位置付け、万国博覧会の東京開催とセットで提案した。これを受けて、翌年七月、ロスアンゼルス・オリンピックの直前に開催されたＩＯＣ総会で、日本はそれを正式に表明した。以降、曲折を経るが、三六年七月のベルリン・オリンピックの時に開かれたＩＯＣ総会で、対立候補のヘルシンキ（フィンランド）をおさえ、東京が開催地として決定した[80]。

しかし、一九三七年七月に始まった日中戦争が長期化・泥沼化する中で、東京オリンピックの開催が危ぶまれるようになった。「国民政府ヲ対手トセズ」という第一次近衛声明が発せられた三八年一月一六日、『越後タイムス』に新設された「スポーツ」欄に、洲崎義郎の「オリンピツクはやらねばならぬ」と題した論説が掲載された。ここで義郎は、「スポーツを通して健実《ママ》な国際親善の実を挙ぐる事」、「スポーツの滋味はＸ光線の様に知らず〳〵の裡に人々の真心の深部に平和と云ふ電磁波的な効果を賦与すると同時に、何物をも焼き尽さねば止まない爆発力を養成せしむる所に懸つて居る」と、スポーツがもつ国際親善・平和への役割を指摘し、「日本国民の襟度を啓明する」、「国際信義を遵奉する」見地からも東京オリンピックを開催すべきだと主張した。

しかし、事態は洲崎義郎の意に反する方向に動いた。日本政府は、一九三八年七月一五日、万博の延期とオリンピックの返上を閣議決定した[81]。これを知った洲崎義郎は、返上を惜しみつつも、「遠く支那の曠野に暑熱と苦闘して尊き生命を捧げて居る皇軍将士の心情を思ひ、資源の獲得を考へ、蔣政府の長期抵抗等を考察すれば、今回の処置は止むを得ざる返上なり」と、返上やむなしの意を表明した[82]。しかし、他方で義郎は、「西洋流の競争本位の運動は精算してラヂオ体操でもやつて居れば体育の能事終れりとなすが如き不心得者《ママ》がある」が、これは「困ったもの」で、「現在の支那事変の進展と見透しの上から今回の東京大会を遠慮するほうが良いと云ふ観点に立つて中止したに過ぎず、「オリンピック競技の内容に対する批判や疑義からではない」と言い、今後、「国際競技や国内競技」は、「国策線上に添ふて、国民精神総動員の重要なる根本的要素として将来益々其隆盛と進展とを期されなければならない」と主張した。これに関連して義郎は、「競技に依つて鍛錬されたる強健豪毅の心身」による実力が戦場において発揮されること、競技者は「平和裡に於ては高貴なる文化の担当者」であることを、あらためて説いている[83]。

国際競技会開催は必要だと考える洲崎義郎は、その後、東京大会中止の代替として浮上したヘルシンキ・オリンピック大会について、「私は躊躇なく我軍の精鋭をすぐつて参加す可きであると進言する」と主張した。この時、「事変の真最中」として否定する考えに対して、「日本が東洋の盟主としての道義を闡明する聖戦であるからには、総ゆる文化の種々相の上に優れた実力と価値とを現実に欧米人の前に創り上げて見せる事が、何より事変を急速に解決すると共に、事変後に於ける我が国の地位を有利ならしむる近路であると確信する」、日本は「白人には一歩も敗けないと宣伝」しているが、それには「『論より証拠』と実際の手並を見せれば」よい、そのためには「ヘルシンキ大会へ堂々と参加して、興隆日本の青年の意気と熱意を示す事が国策上から云ふても緊要だと考へる」と述べた[84]。

b　政府の体育政策に対する批判と賛意

この一連のコラムにおいて、洲崎義郎は、体育をめぐる政府の政策・方針にかなり強い異議を唱えている。以下、それらについて取り上げよう。なお、一点ではあるが、賛意を示したものもあるので、それも紹介しよう。

(1) 当局の強圧的な「体育方針」に対する批判

一九三八年一月三〇日の『越後タイムス』に掲載された「体育方針の転向」と題する論説は次のように言う。すなわち、「近年の著しい社会状勢の推移に連れて、政治、思想界に於ける個人、団体間に百八十度に方向転換をなす者が続出した事は、瞠目す可き現象」であると述べたうえで、「最近の体育方針にも、私は又転向の悪性インフレを感じて慄然たらざるを得ない」と危惧感を表明し、「体育の指向する進路が内外の社会状勢に適応して革新の一路を邁進する事は当然の帰結ではあるが、それは飽迄も個性の自由と、欲望の尊厳に醒めて、内から盛り上る力であり、内的必然性を帯びた合理的の体育指導でなければならない」、「強圧と盲従とにカモフラージされた支那の軍閥式体育であつてはならない」と述べている。

これが書かれる少し前の同年一月一一日、内務省の衛生局・社会局を分離独立させる形で、体力局・衛生局・予防局・社会局・労働局の五局からなる厚生省が新設されている。ここでいう「体育方針」が厚生省（体力局）によるものか、あるいは文部省によるものかは定かでないが、義郎はそれを、従来からの持論である「個性の自由と、欲望の尊厳に醒めて、……内的必然性を帯びた合理的の体育指導」とは正反対の、「強圧と盲従とにカモフラージされた支那の軍閥式体育」への「転換」と見たのであろう。

政府当局の強圧についていては、同年五月一日の『越後タイムス』に掲載された「権力とスポーツ」と題した論説でも、世界各国の政治動向が「全体主義又は統制主義」に展開しつつあるのは否定できない現実だが、その結果、「言論や文章や著述等が、権力に依つて抑圧せられつゝある事は、悲しむ可き文化の逆転と断ぜざるを得ない。それと相関して生じた風俗や、スポーツの形態に対しても、一片の命令を持つて高圧的に其進路を転換せしむるが如き行為は、出来得るだけ避けねばならないと確信する」と批判している。

(2) 科学性の重視と「民衆体育」還元論への反対および選手制度必要論

上記のように、政治が「全体主義又は統制主義」に展開していることを否定できない状況下で、洲崎義郎はあえて「全体主義体育」という言葉を使いながら、政府当局とは異なる内実を主張した。すなわち、「近頃、日本には自ら日本独特の体育運動と種目が選ばれなければならないと云ふ様な声が盛んになりつ、ある」、また「なんでも、かんでも日本だけで片づけて行かうとする思想や議論も見える」が、それらは「日本の総ゆる文化を後進せしむる危険な、思ひ上りの小《ちっ》ぽけなものであつて、将来の日本を、世界の文化中に絢爛に推進せしむる所以では絶対に有り得ない」、「運動競技等も十分西洋の種目や精神を摂取し、玩味する所に日本独自の運動精神と指向とが秋晴れの空の様にスッキリと浮び上ると高唱せざるを得ない」と。[85]「日本独特の体育運動と種目」が具体的に何を指すか不詳であるが、それと重なるのが当局がいう「民衆体育」であったようだ。おそらくそれはラジオ体操や長距離走・歩行などの運動を指していると考えられる。

これに関して義郎は、一九三八年七月、『東京朝日新聞』のスポーツ欄に、政府が国防充実のため皮革・金属類の販売を制限したことを受けて、「体協」（大日本体育協会）の幹部が今迄あった「或る特種の選手にのみ偏重せられた体育運動を一般民衆体育に還元するの方策」を計画すると発言した旨の記事が掲載されたことを取り上げ、もし体協の責任者がこのような「放言」をしたなら、「其無定見と無理解」に驚くと批判し、「競技と民衆体育」はその目的と内容・方法を異にするもので、皮革・金属類が使えないならば代用品の研究や別個のスポーツの考案によりますます「選手制度」を強化すべきである、と主張した。義郎は、体育運動にとって選手制度は絶対に必要だと確信しており、その考えからスポーツを「民衆体育」に一本化することに強く反対したのである。[86]

(3) 人事と財政をめぐる批判

大日本体育協会は、一九一一（明治四四）年に嘉納治五郎らによって結成された。嘉納は一九〇九年に日本初の国際オリンピック委員会委員に就任したが、一二年のストックホルム・オリンピックへの日本選手団の派遣をＩＯＣなど関係者から依頼されたことから、大日本体育協会を結成したのであった。同会は二七（昭和二）年に財団法人となり、日本のスポーツ振興に大きな役割を果たしており、四〇年の東京オリンピックでも大会組織委員会の母体となっていた[87]。まだ、「返上」が決まらない三八年二月のことであるが、「体育協会長が決定してこれから大に飛躍を待望されて居たのに」、その人が「北支の政治顧問としてあつさりと去つてしまつた」、「いま頃やつと厚生省によつて国民体位の問題が真剣に取上げられやうとして居る」ことからも、「広義体育が人類文化を創造せしむる礎石として必須」であるのに、政府は体育を「軽視」している、と洲崎義郎に批判的筆を執らせることがおこった[88]。

また新設間もない厚生省の予算をめぐって、義郎は、「銃後施設の予算は相当に獲得した厚生省」だが、「我国の健康と活力の源泉であり基石たる可き保健衛生に関する予算は、片つぱしから薙ぎ倒され」たことは「諦めきれない痛手」と批判し、厚生省の役人は近いうちに全国の「薹《とう》の立つた体育主事」を集め、「金はないが各自の県で出来るだけの活躍をやる様にと秘策をさづける」というが、「一寸滑稽の感無きにしも非ず」と揶揄した[89]。

戦争と統制経済が進むなかで、義郎が期待するような体育運動がこのように人事・財政面からもしだいに困難となっていく一齣を示すものといえよう。

⑷「体力章」制定に賛成

ただし、例外的に洲崎義郎が政府の政策に賛意を示したものもある。それが「体力章」の制定である。

一九三八年八月六日に開催された厚生省の国民体力振興会理事会で、全国の男女青年に対して「跳、投、走、重量運搬、置換競争等の総合体力検査」を実施し、その合格者に「体力章」を与える案が可決されたとの報に接した義郎は、「寧ろ其計画の遅れたるを痛嘆」するが、「双手を挙げて賛意を表せざるを得ない」と述べた。関連して義郎は、大日本連合青年団では本年度から体力検査を実施して効果を挙げつつあるとも言っている。また同理事会で、この合格証を青年の入学、就職、結婚等の「有力なるバロメーターにしたい」との意見が出たことに対しても、「極めて妥当なる見解」と評価した。ただし、それは体力にのみ限定したものであり、「それ以上の心理や生理や人格等の複雑なる人間の価値を全的に代表するものでない」ことを忘れてはならないと、注意を喚起している[90]。

最後の注意喚起に義郎らしさが感じられるとはいえ、「体力章」がその人の人生に大きな影響をもつことを考えれば、個性・自由尊重に大きな価値をおいていた義郎の考えが曖昧なものに変わりつつある感を、私は禁じえない。

c　戦争とスポーツの関係についての考え

洲崎義郎は、強靱な肉体と精神力を培ったスポーツマンこそ戦場で活躍し、国家に貢献できると考えていた。義郎の村長時代に比角校に在籍し、県下少年オリンピック大会で活躍し、長じて慶応義塾大学に進学して箱根駅伝ランナーとして知られ、さらに一九三六年のベルリン・オリンピック大会に三〇〇〇メートル障害の選手として参加した今井哲夫が「出征」することを知った時、義郎は今井宅を訪れ、激励した。これに関して義郎は『越後タイムス』に、「オリンピックの晴れの舞台で、死ぬ迄闘つて来ますと誓ふ程ひた向の君だから、国運を賭しての戦争では総ゆる君の純潔と誇りを、この聖戦に掛けられる事と存じます」と激励するとともに、「私は新聞等でスポーツマンが平素の訓練と頑張りで、到る所で大手柄を建てて居られるニユースを読んで、スポーツが人間性に薫染する力の今更に根強く尊貴なるものが有る事を知りました。もう一歩進んで切言すれば、スポーツは一つの遊びを通して人生の秘奥に悟入する道程でもあると確信します」と述べた[91]。最後の一文には義郎らしさが滲み出ているが、「人生の秘奥に悟入する道程」という表現のなかに死を意識せざるをえない状況にいかに向き合うべきか、という追い詰められた心境が浮かんでくる。本節ａの最後の方でも出ていたが、日中戦争を「聖戦」と呼んで、その内実を知らないこととともに、この戦争が義郎を含む多くの人々の心に大きな陰を落としていることが窺える。

洲崎義郎はまた、同じくベルリン・オリンピック大会に出場した長距離走者の村社《むらこそ》講平の「出征」を『読売新聞』

で見て、「命を懸けての日支戦闘の大競技場で、どんな頑張りと手柄を樹てるかが刮目して待たれてならぬ」と記している。[92] ここにもスポーツマンの戦場での活躍について、義郎が期待していたことを見ることができる。

この年一〇月下旬の日本軍による「武漢三鎮の陥落」を知った洲崎義郎は、今後、「帝国が、政治に、経済に、産業に、文化に綿密なる改造と精緻な改新を企図して、長期建設の対策を樹立するは極めて緊要不可欠」だが、「寒心に堪へないものは、我が国民がこの一大試練と飛躍に対するだけの精神と肉体が用意されてあるや否やと云ふ点である。いくら立派な計画やすばらしい準備がなされてもそれを運用する国民の体位が貧弱であつて、物の役にも立たない様ではどうする事も出来得ない」、その改善のためには「全国民の内部的欲求を極めて合理的に解放する様な体育運動を各層、各般に渡つてあまねく普及せしむる事が何よりの急務ではあるまいか」と述べた。[93]

戦争とスポーツの関係についての見解は、本章第4節dで紹介した一九三九年一月のＮＨＫ放送「青年団と体育」にも受け継がれていく。

d　ドイツ青少年団への憧憬

日本の青年団運動の指導者であった洲崎義郎がドイツの青少年団に関心を抱くことは自然なことであった。ドイツの青少年団は、一九三六年一二月に成立した「ヒトラーユーゲント法」により一〇歳から一八歳の青少年全員の加入が義務づけられていた。[94] 義郎がその存在をいつ知ったかは定かでないが、三六年八月のベルリン・オリンピック、同年一一月の日独防共協定調印が関係しているのではなかろうか。

義郎は一九三八年三月二〇日の『越後タイムス』に掲載した「生活訓練の中に含有せらるる体育運動」と題する論説で、ベルリン・オリンピックの帰朝者や日独防共協定等を通じ、「丸いシャベルを肩に」行進したドイツの「労働奉仕隊の内容と偉観」が識者の注目の的になってきたと指摘し、それが「崩潰せんとする祖国の危機に直面して、其苦悩のどん底の生活の中から自らの手で攫《つか》み取らざるを得なかつた必然的な青年運動であるだけに、其全機構の中には、澎湃として張り渡る生活創造の精神と気魄が雄渾に横溢して居る」と称賛した。そして、日本の青年団運動に言及し、「勤労生活と体育運動の両面を、円滑に生活面の中に交配せしむる事は、これからの青年体育にとつては緊要なる研究題目である」と述べ、「日本の青年団の体育運動の中に、我が国の青年の実生活に即した意義ある訓練表」を編成したいと結んだ。

この論説では、勤労生活に即した体育の訓練の必要性が強調されているが、別の論説では「衆団体育」への着目も見られる。すなわち、ドイツには、ヒトラーのような「只一人の超人的英雄」の「偉観」が見られるともに、逆に、「衆団」の中に自己の「特徴と個性と野望とを煙滅して、全体奉仕の中に素直に生きる人々の存在も、又尊貴な存在」であり、「平凡なる衆団中の一単位としての行動の中に、逞しい社会改造の原理が、巧まずに自然に運行して居る」、それは「極めて地味な、極めて質実な、さりとてそれを欠いては其仕事が完成されない最も基礎的な調和的な存在が、内包されてある」と述べた(95)。輝かしく映るドイツの青少年団＝「衆団」が各個の「尊貴な存在」によって構成されているとの見方は、個性を重んじようとする義郎らしいと言えなくもないが、そこに本当の個性が存在しているのか、私は疑問を禁じ得ない。

それはともあれ、ドイツの青少年団を実際に見る機会がやってきた。一九三六年一一月の日独防共協定締結を背景に、その翌月、ドイツ側から日独の青少年団の相互訪問の提案があり、両国間で合意された。それに基づき、三八年八～一一月、ヒトラーユーゲント一行が訪日した(96)。一行が東京・新宿第一ホテルに宿泊した様子を報じた「写真と談話」を見た義郎は、「彼等の颯爽たる態度と意気」から「敗戦後のドイツ帝国を今日の隆盛に至らしめた無限の教訓が脈々として流露せられて居る」、それは「どんな苦難に処しても、ちつともたじろがないだけの心身の鍛練が其基本的要素として培養」されているからだ、と称賛した(97)。ただし、九月二八日、全国青少年団代表により来日中のユーゲント一行三〇名を神宮競技場に迎えて「歓迎大会」が開催された時に行われた彼らの「四列側面縦隊」を見た義郎は、その行進において挙手の角度の不揃いなどに注目し、「独乙の青年団だつて大した事はないと妙な安心を覚えた」

とも記している(98)。

e　マイノリティへの眼差し

一九三八年、『越後タイムス』に掲載された洲崎義郎のスポーツ論のなかには、社会的にマイナーな存在に光を宛てようとしたものもあった。

その一つは女性である。女性とスポーツの関係については、前章第5節cで取り上げた一九三一年の「近代競技運動を主体とせる体育運動の本質的考察」で言及されているが、三八年八月七日の『越後タイムス』に掲載された「女性に解放せられたる体育運動」と題した論説でも、義郎は、次のように述べている。すなわち、「元来我が国の女性は儒仏両教や経済関係や、分業制度等のために」、「極めて割の悪い立場に置かれて」おり、「一寸羽搏《はばた》きすると女のくせにと云ふ冷たい針の様な言葉や視線を浴びて、そのためにどれだけ女性の明朗さと伸び行く心身とを萎縮し衰退せしめたか量り知る可からざるものがあつた」、しかし明治維新以来の西洋文化の流入の結果、「女性の智性と、教養と生活態度に著しき変革を齎《もたら》し、女性の社会的進出は瞠目す可きものを現出した」と、女性の近代史を振り返り、つづいて「其中でも近代体育運動が女性の解放に及ぼした影響は多大なものが有る」、例えば「女学生等の間に『君、僕』と云ふ様な言葉を持《マ》つ《マ》て代表される一連の生活態度が滲出して来た事や、颯爽たる歩き振りや、男性との応待に見る大胆さ等を見ても、その依つて来る所が体育運動に負ふ所意外に大なるものがある」と指摘した。そして、このような体育運動のもつ本質を「検討、探求」して、「尊厳なる体育浄土の建設に邁進す可きである」と主張した。ここでいう「体育浄土」とは、おそらく体育運動を通して強靭な心身を培うことができる境地をさすのであろう。

女性への眼差しは、新潟市の双葉高等小学校の女生徒が、最近、陸上競技でメキメキと頭角を現してきて、同校の高見カノ子が全国を三区域に分割して行われる三部女子陸上対抗競技会に新潟県からただ一人選出、参加することを紹介し、それは良き指導者、理解ある学校当局、父兄が「三位一体」となつて努力・精進した結果だ、と述べたことにも表れている[99]。

義郎の眼差しは日本の植民地下にある朝鮮の青年にも向けられた。一九三六年八月のベルリン・オリンピック大会で孫基禎がマラソンで優勝したことは義郎も知っていたに違いない。それ以外にも朝鮮青年のスポーツ界における活躍には目を引くものがあった。義郎は、「近年半島人のスポーツ界に於ける栄躍は瞠目す可きものを我等の前に繰拡げて余す所がない」と言い、「権・金・孫」のマラソンの世界的選手の活躍や全国中等学校陸上競技大会の中等部での「覇権」、優れた籠球・庭球チームの誕生などを挙げ、「其内にひそむ粘りと底力は、量り知る事が出来ないものを蔵して居る」と称賛した。その原因として、義郎は、第一に生活環境が悪い中で生き残った者だから強靱な心身の持主であること、第二に内地人に勝とうという気持ち（「魂の発露」）、など五点を指摘している。そして、「内地のスポーツ界」もここから「教示を受理する事が出来る」と、その意義を述べている[100]。

「半島人」という表現の是非はともかく、彼らから学ぼうとする姿勢は謙虚である。義郎は、三八年六月に行われた「関東大学陸上競技」や八月に大阪で行われた「全国中等学校陸上競技大会」の成績が不振をきわめたものと批判しているので[101]、日本人に「半島人」を見習えと言いたかったのであろう。

以上、一九三八年の『越後タイムス』の「スポーツ」欄に掲載された洲崎義郎の論説の主要なものを紹介し、この時期の義郎のスポーツ論・思想を考察してきた。各人の個性や自由、慾望を重視しつつ心身の成長を高めることを体育運動の基本と考える義郎にとって、日中戦争開始後のスポーツ界の現状には批判的にならざるをえないことが多かったことがわかる。なかでも四〇年の東京オリンピックが中止となったことは、スポーツのもつ国際親善・平和の理念を実現する機会が失われたこととして、義郎の失望観は強かった。近代スポーツの歴史を知っている義郎は、政府の体育方針が近年「強圧」に転換し、体育指導者が「盲従」するようになったこと、「日本独特の体育運動と種目」や「民衆体育」に限定しようとする動きが強まったことを批判し、西洋の科学的な体育論や選手制度を保持することを主張した。他方で、実情をどこまで知っていたか疑問があるとはいえ、第一次世界大戦からの復興と強国化を指導するドイツのヒトラーとその青少年団に強い期待をもち、その眼をもって日本の青年団を強化しようとする考えをもっていたことも明らかになった。内外状勢の変化、時流にどのように立ち向かったらよいのか、義郎は抵抗と追随との間で揺れ動いているようにも見える。また、近代的体育運動によって心身を鍛えた青年団員こそが国難を打開する担い手であるとの考えは不動であったが、国難の基である日中戦争を「聖戦」と呼んで支持している限り、青年を死地に追いやることにも加担している、という根本的な矛盾をはらんでいた。

なお、洲崎義郎のスポーツ論は、一九四〇年一月の『柏崎日報』の「日曜漫筆」欄に掲載された「皇紀二千六百年の体育運動への希望」（八日）、「スポーツ界の我田引水を反省す」（一五日）、「日本の体育行政」（二九日）にも見られる。前二者はこれまで見てきことに包含される内容であるので、紹介は省こう。「日本の体育行政」は、政府の体育方針が厚生省と文部省の二途から出ていることを批判し、ドイツのように統一した方針が出される仕組みをつくることを求めている点が新しい。

f　県体育団・柏崎市体育団への関与

最後に、新潟県県体育協会などの改組と洲崎義郎の関与について触れておきたい。

日中戦争下でも新潟県下の青年スポーツは基本的に継続されており、各種の競技団体が参加した県体育協会も存続し、洲崎義郎は長らく同協会の副会長の職にあった。しかし、対米戦争の可能性が高まってくると、県体育協会の改組問題が持ち上がった。一九四一（昭和一六）年四月一二日、県庁で県体育協会の代議員会が開催され、さらにそれを踏まえて「スキー・陸上・卓球・籠球・水上《ママ》・弓道・柔道・体操八団体」の代表者四〇名が出席した合同代議員会で協議の結果、県体育協会を「新潟県体育団」に改組することになった[102]。

この改組は「発展的解消」と言われ、「体育運動並に武道の実践を通じて県民の体位向上と国民精神の錬成を期するを目的とす」るものであった[103]。県体育団の役職は、新設の総裁に土屋章平知事、団長に橋爪学務部長、副団長に小川学務課長と洲崎現副会長で（他に複数の理事）、県知事をトップに据えた点が新しい。また県体育団本部に総務部と鍛錬部が設けられ、鍛錬部の下に陸上競技部・国防競技部・体操部・籠球部・排球部・軟式庭球部・野球部・卓球部・スキー部・水泳部・相撲部・武道部が置かれるという機構になった(104)。このように、県体育団は全体的に軍事色がきわめて濃いものであった。

県体育団の結成を受けて「柏崎市体育団」が結成されることになった。一九四一年五月二六日、午後一時から柏崎市役所で、同会の結成準備会が開催され、各団体代表者が出席した。その結果、陸上競技・水泳・野球・庭球・雪艇・体操・武道・山岳・卓球・排球・籠球の各部を置くこと、会長に洲崎義郎を内定し、他に副会長二名、理事・顧問若干名を置くこと、各部委員二名は会長が委嘱することを決めた(105)。それは、おそらく従来の「柏崎体育連盟」に替わるものであったと思われる。

6　アジア太平洋戦争下での翼賛体制関与と中野正剛事件への関与

a　県翼賛青壮年団・市翼賛壮年団の結成と顧問就任

本章第3節eで記したように、一九四一年一月、青年団の解散を踏まえて、洲崎義郎は斎藤準次らと自主的に翼賛運動に寄与する青壮年団を結成しようと動き、四月には「柏崎青壮年団」の結成準備会の開催にこぎつけた。だが、それが実際に結成されたか否かは確認できない。

対米戦争開始直前の一九四一年一一月、政府・大政翼賛会（本部）は翼賛壮年団の組織化を促進する方針を決め、年内に二〇〇万人、来年の衆院選までに約五〇〇万人の団員を獲得することを目指し、地方組織の確立を急ぐことにし、新潟県へは担当者を一一月二三～二六日に派遣すると報じられた(106)。

一一月二七日、新潟県翼賛壮年団の役員が発表された。団長は県会議長の関矢孫一、副団長は中川潤治（高田市長）ら三名で、一〇名の理事の中に柏崎から吉浦栄一・近藤禄郎の二名が、一三名の顧問の中に洲崎義郎の名が、五名の参与の中に内藤久一郎の名が見える。(107)

一九四一年一二月一四日、柏崎市は、一七日に予定されている県翼賛壮年団結成に先立ち、「柏崎市翼賛壮年団」の結成準備委員会を開催し、「団則」を議決し、団長に原吉郎（翼賛会柏崎市支部長）、副団長に田村透（陸軍大佐・新潟療養所指導官）・小熊啓太郎（翼賛会協力会議員・柏崎市支部常務委員）、理事六名、参与五名、そして顧問に洲崎義郎と吉浦栄一を選任した。(108)

この年の春、洲崎義郎らが結成に向けて努力した「柏崎青壮年団」が仮に結成されていたとしても、この上からの指示で結成された柏崎市翼賛壮年団に吸収されたことであろう。

大政翼賛会県支部組織部長の相馬恒二は、翼賛壮年団は「翼賛会の有力な外廓勢力」であり、「最も直接的に部落会、町内会の構成分子として同会を指導出来る立場にある」と、その役割を語っている。(109)

対米戦開始後の一九四二年二月五日、柏崎市公会堂で「翼賛会柏崎市支部文化委員会」の発会式があった。(110)文化委員・顧問は市支部長が依嘱したが、洲崎義郎は吉田正太郎・中村葉月らとともに「顧問」に起用されている。

一九四三年一月、翼賛壮年団新潟県支部は、「地方決戦体制の急速なる確立」をめざし、県下三九七市町村の同団支部から「市部、商業町、半農半商、山村、純農村、純漁村の代表九ヶ団を指定」し、四三年度から三年計画で「一般課題」四項目と「団別課題」の「具現に邁進」させることを決めた。この時、柏崎市は小出町とともに「団別課題」における「配給消費の翼賛体制確立」について、自治体としての「模範」づくりが課せられた。これとは別に「各団の注目すべき事業」の一つとして柏崎市が挙げられたが、それは「世界観研究会、消費経済部研究会、適正配給及び消費節約の市民指導、企業整備の研究調査、経済倫理講演会、家庭農業、訓練、大陸柏崎村建設促進座談会」となっている。(111)この期に及んで「世界観研究会」を開くとは違和感を覚えるが、顧問である洲崎義郎の考えが反映されているのかも知れない。

一九四四年七月、マリアナ諸島を失った日本は敗色濃厚となる。同年一一月二四日にはマリアナ基地から飛来したB29米軍機が初めて東京を空襲した。その一一月、洲崎義郎は柏崎市翼賛壮年団の団長に就任し、約五ヵ月間その職にあった(112)。団長就任の経緯は不詳であるが、前年、自主的な「柏崎青壮年団」を結成すべく努力していたことや、後に取り上げる中野正剛事件で東方会との関係が消滅していたことが関係しているかも知れない。翼賛壮年団の組織はやがて国民義勇隊の中に解消されていくので、それまで団長の職にあったと思われる。なお、この団長であったことが、戦後、公職追放の理由の一つに挙げられる。

東京大空襲後の一九四五年三月二三日、政府は本土決戦に備えた国民義勇隊を編成する方針を閣議決定した。その組織化が進むなかで、政府は大政翼賛会・翼賛壮年団・大日本婦人会・大日本青少年団などを解散させ、国民義勇隊に統合していく方針を示した(113)。

五月一六日、県下各市町村の国民義勇隊の結成式が、一八日に「郡連合隊」の結成式が、一九日に「県本部」の結成式がそれぞれ行われた(114)。一九日には、国民義勇隊の柏崎市の役員も発表された。隊長は原吉郎（市長）、副隊長は松村正吉で、このほか幕僚に小山虎司ら五名、挺身員に酒井一徳ら一〇名、顧問に巻淵藤吉・三井田虎一郎・布施宗一・山崎忠作・洲崎義郎ら七名が名を連ねている(115)。

以上のように、洲崎義郎は長い間、翼賛政治体制では中枢の位置にいることはなかったが、その外郭団体である県・市の翼賛壮年団の顧問や翼賛会柏崎市支部文化委員会の顧問を務め、翼賛体制に関わった。そして、敗戦色が濃くなった一九四四～四五年には、短い期間ではあったが市翼賛壮年団団長も務め、ついで国民義勇隊の市の顧問になるなど、より深く翼賛体制に関与した。この変化の背景には、戦局悪化―敗戦への危機感から、市当局が義郎の協力も得て翼賛体制の強化を図ろうとしたことがあったと推察される。なお、国民義勇隊は、四五年六月二三日公布の義勇兵役法により国民義勇戦闘隊と改称する。この段階でも義郎は顧問の職にあったと思われる。

b　体育界の新しい動向とそれへの関与

洲崎義郎が新潟県体育団副団長、柏崎市体育団団長としてかかわっている体育界では、日米英開戦後もしばらくは各種競技が行われていた。一九四二年一月一七・一八日には「第十二回明治神宮国民体育大会冬期大会県予選会並に第十一回男子中等学校スキー、第七回台臨記念スキー大会」が行われている。[116] 同年九月一九・二〇日には、「第十三回明治神宮国民錬成大会県大会」の県予選会が開催され、選手二二〇〇名ほかが参加した。そして、県代表選手が参加する全国大会が、一〇月二九日～一一月三日、明治神宮外苑競技場で開催された。[117] だが、「錬成」の文字に表現されるように、競技会・競技内容も戦時色を濃く帯びるようになっていた。これはすでに本章第4節aで見たところである。

体育の戦時化は一九四三年になると甚だしくなった。同年五月一〇日、県庁で開かれた「県下中等校学徒報国団」の代議員会は同年度の事業計画を決定したが、それによると、「各校報国団の重点は平素の訓練徹底におかれ〔、〕大会、行事はすべて平素の訓練と不離一体のうちに行ふ方針となり」、男子の陸上運動では「走、跳躍、投擲、懸垂、運搬等の体力章検定種目が選ばれ籠球、庭球、野球は廃止」となった。女子の陸上運動も男子に準じるが、籠球は廃止となった。「鍛錬部」の男子の事業計画は、戦技訓練大会（六月六日、新潟・長岡・高田・佐渡）、武道大会（六月一三日、三条・直江津・巻）、水泳大会（六月二六・二七日、新潟）、陸上運動大会（七月二四・二五日、柏崎）、滑空大会（九月四・五日、新潟）、雪滑大会（一月下旬、小千谷）となっている。[118] 球技の廃止も体育の戦時化の現れであった。

しかし、戦局の悪化に伴い、一九四三年一〇月、開催が予定されていた「明治神宮大会」（明治神宮国民錬成大会）は中止となり、ラジオ放送を利用した全国一斉の市町村大会開催に変更された。「演練種目」は「銃剣道、射撃、行軍、戦場運動〔、〕剣道、柔道、防空訓練、体操（女子体力章検定種目）、運搬競走、綱引、相撲、棒押」であった。[119]

一九四四年三月二一日、柏崎市は、「国民健兵政策」に対応するため、「柏崎健民本部」を結成することを発表した。それによれば、原吉郎市長が「統裁」となり、同本部の「主宰」に洲崎義郎を、「本部員」に市の体育を担ってきた布施宗一、相沢桂三、河内喜美、岡田鐵太郎、三宮勉、坂田四郎吉、栗賀貫次、月橋会《たかし》、石黒武夫を据え、吉浦栄一ら一二二名の「各層代表者」を本部委員に依嘱するという。事業として、「企業研究」「生活研究」「修錬研究」「保健研究」を挙げ、それぞれに個別の課題が列挙され、専門部員を設けるとしている。[120]「国民健兵」に関わる様々な課題に統一的に対応しようとしているが、戦局悪化によりそれを実施する可能性は人的にも物質的にも存在しなかったと思われる。

なお、戦後、洲崎義郎が公職追放となった時、「柏崎市翼賛壮年団長」の職にあったこととともに、「武徳会県剣道部長」であったことが理由にあげられている。[121] 武徳会は、剣道・柔道・馬術・弓道など日本の伝統的武道の振興を図ることを目的に、明治時代から京都など各地で組織されていた団体であるが、戦時下で政府は武道を戦争遂行の精神的・肉体的手段として重視し、一九四二年四月一日、既存の大日本武徳会・講道館などの武道諸団体を統合した「財団法人大日本武徳会」を結成させた。それは「政府の外郭団体として厚生、文部、陸軍、海軍、内務五省共管の下に政府の武道施策に協力し其の方針を体し武道振興に関する諸事業を担当実施するもの」であった。[122] これを受けて、同年九月二四日、その新潟県支部が新潟市武徳殿で結成式を挙げ、終了後、二会場で剣道・柔道・銃剣道・弓術の第二回県武道大会が行われた。[123] 前日の『新潟県中央新聞』は支部長（土居章平県知事）以下の役職（副支部長・顧問・参与・理事・監事・評議員など）と就任した主な役員名を報じているが、そこに洲崎義郎の名は見えない。残念ながら、義郎がいつ、どのような経緯で武徳会新潟県支部の剣道部会長に就任したかは不明である。

c　東方会・中野正剛事件への関与

一九四三（昭和一八）年一〇月、東方会に関係していた洲崎義郎と泉三郎（市議）は、東京憲兵隊で衆議院議員の中野正剛に関する事情聴取を受けた。二人は、同年二月、中野の自宅で、ガダルカナルの敗戦について中野から聞いたことを供述したらしい。そして、当局はそれを中野の検挙に利用した。

中野正剛は、当時、思想結社「東方同志会」を主宰し、軍部・官僚独裁政治を批判し、言論による東条英機内閣に対する闘いを続けていた。孤高の闘いではあったが、一九四二年一一月一〇日の早大講堂における「天下一人を以て興る」と題した講演、一二月二一日の日比谷公会堂での「国民必勝陣を結成せよ」と題した演説、翌四三年一月一日『東京朝日新聞』掲載の「戦時宰相論」と題した論説などに共感する人々も少なくなかった。それだけに東条内閣は中野の言動を恐れ、中野の公開演説を禁止し、掲載した新聞を発売禁止に処した。しかし、中野は三月、戦時刑事特別法改正案に反対を表明し、四月からは密かに東条退陣の重臣工作を始めるなど、闘いを止めなかった。(124)こうした中で、政府は中野を検挙・拘留し、活動を封じ込めようとして、四三年一〇月二一日の未明、東方会などに対する一斉検挙を開始した。中野は二一日から二六日まで勾留され、取り調べを受けた。二六日に国会が開会される予定であり、衆議院議員である中野正剛を国会開催中に勾留するのは憲法上、衆議院の許諾が必要であった。このため検事局は、「被疑者ノ訊問並勾留」と「被疑者ト他人トノ接見及文書ノ授受禁止」を許可してもらうべく、裁判所に「強制処分請求書」を提出した。しかし、裁判所は、検事局が事前に衆議院の許諾を得ていないとして、この請求を却下した。このため、中野は二六日午後帰宅を許された。ところが、中野は二七日午前零時に割腹自殺し、この事件（「中野正剛事件」）に自ら幕を引いた。

この間の事情、とくに検事局と東条首相、そして憲兵隊の動き、取り調べの様子などについては、緒方竹虎『人間中野正剛』（一九五一年、鱒書房）が最も詳しい。洲崎義郎・泉三郎の名が出てくる、中野正剛に対する「陸軍刑法並海軍刑法違反容疑」での「強制処分請求書」という資料もここで初めて世に明らかにされた。事件の詳細はこの書に委ね、ここでは洲崎義郎・泉三郎にかかわる関係個所を紹介しよう。

強制処分請求書

中野正剛

右者ニ対スル陸軍刑法並海軍刑法違反ニ付左記処分相成度及請求候也

昭和十八年十月二十五日

東京刑事地方裁判所検事局

検事　中　村　登　音　夫

東京刑事地方裁判所　御　中

被　疑　事　項

被疑者ハ大東亜戦下ナル昭和十八年二月上旬東京市渋谷区代々木本町八百八番地被疑者居宅ニ於テ洲崎義郎及泉三郎両名ニ対シ何等確実ナル根拠ナクシテ大東亜戦争ニ於ケル陸軍及海軍ノ作戦ニ不一致アリ右不一致ノ為、ガダルカナルノ会戦ハ作戦ニ失敗シ其ノ為数万ノ犠牲者ヲ出シタルモノナル趣旨ノ言説ヲ為シ以テ陸軍及海軍ノ軍事ニ関シ造言蜚語ヲ為シタルモノナリ

請　求　事　項

右被疑事実ニ関シ被疑者ノ訊問並勾留

追而　被疑者ト他人トノ接見及文書ノ授受禁止決定相成度　／〔以下略〕(125)

この資料によれば、検事局の言い分は、一九四三年二月上旬、代々木本町の中野正剛宅で、中野は洲崎義郎と泉三郎に対して、「陸軍及海軍ノ作戦ニ不一致」があったため「ガダルカナルノ会戦」に敗北し「数万ノ犠牲者ヲ出シタル」旨を語ったが、それが「陸軍及海軍ノ軍事ニ関シ造言蜚語ヲ為シタルモノ」で、「陸軍刑法並海軍刑法」の違反に当たる、というものである。今日では、ガダルカナルでの大敗戦（同年二月撤退）は事実で、それを機に日本軍が

戦略的後退を余儀なくされたことはよく知られている。決して「造言蜚語」ではない。だが、権力者側は、その事実が国民に知られることは戦争遂行に障害となると考え、絶対に隠したいことであったのであろう。

さて、中野正剛事件と洲崎義郎とのかかわりを考えると、①義郎と泉三郎は何の容疑でいつ拘引され取り調べを受けたのか、②彼らを取り調べたのはどの組織か、③どのような事情で二人は中野正剛宅を訪れたのか、④泉三郎とはどういう人物か、を明らかにしたい気持ちにかられる。以下、これらについて検討しよう。

①については、残念ながら不詳である。実際に中野正剛が義郎らにガダルカナル大敗戦を語ったとしても、それを聞いただけで罪に問われることはないだろうから、あくまでも検察側の証人として拘引、事情聴取を受けたにすぎないのではないだろうか。また、一〇月二五日には東京にいたことがはっきりしているが、拘引されたのが一斉検挙のあったとされる一〇月二一日か、その前か後かは不明である。

②については、前掲『人間中野正剛』において、洲崎義郎と泉三郎が東京憲兵隊で事情聴取を受けたこと、そこでの二人の供述（証言）が中野正剛に突きつけられ、中野は「自白した」（認めた）ことが記されているので[126]、取り調べを行ったのが東京憲兵隊であることは明瞭だが、そこに新潟の警察ないし憲兵隊から送致されたのか、東京憲兵隊に直接に拘引されたのか、あるいは出頭を命じられたのか、は不明である。

③についてもよくわからない。中野正剛・三田村武夫ら東方会幹部に対しては特別高等警察（特高）が日常的に内偵していたことであろう。その報告が掲載されている極秘扱いの内務省警保局保安課編『特高月報』を見ると、「昭和十八年一月分」には一月二一日、世田谷の振東塾で「中野会長以下約一五〇名出席の下に短期錬成会」を開催したこと、「三月分」には三月一四日、新宿の料亭「ぎん」で会員二二名出席の下に議会報告座談会が開かれたことなどが出ているが、「一月分」にそうした記事はない。したがって、洲崎義郎と泉三郎は錬成会や議会報告座談会に参加した時に、中野正剛宅を訪れて問題の話を聞いたということは考えにくい。推測するに、別途、義郎が泉と一緒に中野宅を直接訪れることがあり、後日、そこでの話の内容を義郎ないし泉が誰かに話したのを、特高がキャッチした、

という経緯ではないだろうか。

ちなみに、中野正剛は洲崎義郎より二歳年上である。義郎が早稲田大学の予科に入学した一九〇七（明治四〇）年四月、中野は政治経済学科一年に在学していたから、知己であった可能性はある。また、梅沢三代司は前出の稿本「苦渋のわだち」（一五一丁）で、「洲崎氏が、中野正剛から、直接国会議員に立候補するようもとめられたという話が洲崎家周辺にある。それも、おそらく昭和十四、五年のことではないだろうか」と述べている。これには斎藤準次・稲村隆一が介在していたかも知れないが、中野と義郎の間に一定の交流があったことは間違いないだろう。

④については、泉三郎が義郎とともに東方会員であるだけでなく、同じ柏崎市議であって、この頃、親しくしていたと思われる。私が泉三郎の名を初めて『越後タイムス』に見出したのは、一九三四（昭和九）年二月四日の同紙に掲載された「水道問題報告」と題された記事である。そこには、「柏崎町水道即行反対同盟では廿九日午後七時より比角ゴマ堂にて水道問題報告演説会を開催〔〕小林近弥、西沢新次、泉三郎、酒井勝、斎藤準次氏等が熱弁をふるつた」と書かれている。泉三郎はこの頃から斎藤準次と行動を共にするようになったのではなかろうか。そして、四〇年九月の市議選に立候補して当選した。そのとき彼は三八歳で、自宅は「本町八」、職業は「鉄工業」であった(127)。梅沢三代司は稿本「苦渋のわだち」（一四九～一五〇丁）で、梅沢に「泉三郎氏の未亡人が次のように語っ」たと記している。すなわち、「わたしはちょいちょい斉藤先生のお宅へ、うちのひとを呼びにいったりして、うかがっていました。そこには、洲崎さん、山本さんという朝鮮の人、それからなまえは知りませんが、諏訪町でちょうちん屋をやっていた人で、いまは居られませんが、それにうちの人がいつも、いっしょでした。たまに稲村さんが来たこともあったと聞いています」、と。

ところで、南洋・ソロモン群島のガダルカナル島をめぐる日米の戦闘は戦略的意義をもつだけに熾烈を極めた。一県一紙政策により三紙が統合され、一九四二年一一月一日に創刊された『新潟日報』は、その日から連日のようにガダルカナル島の攻防を一面トップで大々的に報じ、日本軍の戦果を掲載した。しかし、翌年になると戦闘地が周辺の島々に移る状況が伝えられ、二月には「サン・クリストバル島東方――海鷲戦果」と見出された記事では、唐突に「我が軍がガダルカナル島より転進以後も」という表現が見られるなど[128]、日本軍がガダルカナル島から撤退していることを窺わせるようになっていた。人々がこの戦闘に関心をもつのは当然である。それだけに東条内閣は、その敗北を国民には隠したかったといえる。大局的に見れば、洲崎義郎らの行動は東条内閣を窮地に追い込むことに繋がりかねないものであった。

d　中野正剛事件後の動静

中野正剛事件と洲崎義郎の関係は以上しかわからない。義郎は戦争の行方や政治のあり方に疑問を抱き、中野から日本軍のガダルカナル島からの撤退を聞き、東条内閣にいっそう批判的になったと推察される。聞く行為自体、義郎が主体的に時局に関わろうとしていたことを示していよう。だが、義郎が中野の自殺に自分達の証言が影響していることを知っていたか、また彼の自殺そのものをどのように受け止めたのか、は不明である。

一九四三年一〇月二七日の『新潟日報』は、同日午前零時の中野正剛の自殺について理由には触れることなく簡単に報道した（洲崎義郎らのことには触れていない）。しかし、戦争が終わって間もない四五年一〇月一一日の同紙は、「中野正剛氏自刃の真相／東条内閣倒閣に活動／弾圧に死を以て抗す」と題した記事を載せ、別件で拘留されていた三田村武夫の次の談話を載せた。曰く、「自分が巣鴨刑務所に放り込まれてゐると十月廿一日の朝刑務所のコンクリートの廊下でカタコトといふ、先生特有の足音が聞こえたので遂に先生も引っ張られたのだなと思うて暗然としました、（中略）先生は平素『自分が投獄されて倒閣の気勢が挫けるなら自決する方がいゝ』といつてをられた、東条内閣反対の気運は国家の非常に高い階級にもあつたのでそこに御迷惑をかけては相済まぬと思つて自刃されたものと思ふ」と。だが、この三田村の見方が中野自殺の真相であったかどうかも確かなことはわからない。

ともかく、中野正剛自殺で東方会は事実上消滅した。今日から見れば、これは洲崎義郎が戦争体制から距離を置く機会であった。しかし、義郎はそうしなかった。中野事件後も戦争に協力する姿勢は変わらず、前述のように、一九四四年三月に「柏崎健民本部」の「主宰」に、同年一一月に「柏崎市翼賛壮年団」の「団長」に就任した。とはいえ、それまで「顧問」のような役しか与えられていなかった義郎にこの役職が与えられた背景には、戦局悪化――敗戦への危機感が募る中で市当局が義郎の協力を得ようとしたこととともに、東方会の消滅が柏崎地方の政界関係者に義郎への警戒心を緩和させたことがあったと考えられる。他方、それを引き受けた義郎には、敗戦を覚悟し、犠牲者を最小限にするための楯になろうとする考えもあったのではなかろうか。

注

（1）『越後タイムス』一九三七年九月一二日（「三千人の大合唱／柏崎町軍歌の夕」）。
（2）同前、一九三八年九月一九日（「国立傷痍軍人療養所地鎮祭」、「療養所整地勤労奉仕／二万五千四百二十名」）。
（3）同前、一九三九年五月二七日（「白衣の勇士を迎へて入所式」）。
（4）同前、一九三八年八月一四日（「県立工業学校新設請願書提出」）。
（5）同前、一九三九年三月三〇日（「廿五万円の起債や寄附採納の件／昨日柏崎第三回町会」）。
（6）同前、一九三九年四月一二日（「中村県知事始め来賓二百余名／本日の柏崎工業学校開校式」）。
（7）市史編さん委員会編『柏崎市史』下巻、六一八～六一九頁、一九九〇年、市史編さん室。
（8）『越後タイムス』一九三八年八月二一日（「西巻町長退職／後任に原氏推薦」）。『柏崎日報』同年同月二六日（「絶対多数を以て原氏町長に当選」）。同前、同年九月三日（「満場一致で決定／議長には吉岡熊蔵氏」）。
（9）『越後タイムス』一九三九年六月一一日（「西巻氏遂に逝く」）。
（10）同前、一九三八年五月一一日（「哀悼 二宮直次郎氏／落花と共に逝く」）。
（11）柏崎市編刊『柏崎の先人たち――柏崎・刈羽人物誌』九一頁、二〇〇二年。
（12）前掲、『柏崎市史』下巻、巻末「年表」（六三頁）。
（13）新潟県編刊『新潟県史 通史編8 近代三』六四三～六四四頁、一九八八年。

(14)『越後タイムス』一九二六年一〇月三日(「柏崎より」欄)。
(15)新潟県総務部地方課編『新潟県市町村合併誌』上巻、九七六〜九七八頁、一九六二年、新潟県。原典は『東京日日新聞』一九四〇年一一月二四日。
(16)前掲、『新潟県市町村合併誌』上巻、九七七頁。
(17)『柏崎日報』一九四〇年九月七日(「柏崎初市会議員/当選者確定」)。
(18)『新潟日報』一九四三年一月二七日(「柏崎の荒浜合併/いよ〳〵具体化」)。
(19)『柏崎日報』一〇三九年九月五日(「飯田元吉氏起つ/刈羽民政両候補決定」)。同月一二日(「田中季次郎氏立候補を辞退」)。同月一六日(「刈羽政友会新候補を立てず/本郡県議選無競争」)。同月二一日(「刈羽郡選出三県会議員/本格的に決定」)。
(20)同前、一九三九年九月二八日(「新県会議員」)。
(21)『新潟県中央新聞』一九四二年四月二四日(「立候補昨夜締切る/三十五名激戦を展開」)。
(22)同前、一九四二年五月三日(「栄冠十五氏の頭上に輝く」)。
(23)同前、一九四二年五月二日(「柏崎市開票結果」)。
(24)同前、一九四二年五月三日(「栄冠十五氏の頭上に輝く」)。
(25)永井和「東方会の展開」(『史林』第六二巻号第一号、一九七九年、一〇九頁)。内政史研究会編刊『内政史研究資料 第一八八集/稲村隆一氏談話第二回速記録』一一一〜一一四頁、一九七四年談話。
(26)前掲、『柏崎市史』下巻、五六〇〜五六一頁。
(27)『柏崎日報』一九三八年一月四日(「常備消防/設置を要望」)。
(28)・(29)同前、一九三八年一月一五日(「常備消防の設置を熱望」)。
(30)前掲、『柏崎市史』下巻、二一六頁。
(31)『柏崎日報』一九三九年四月一九日(「柏崎消防組解体式挙行」)。
(32)同前、一九三九年四月二八日(「柏崎警防団結成式」)。
(33)前掲、『柏崎市史』下巻、二一六〜二一七頁。ちなみに、戦後の一九四七年一二月、柏崎市警防団は柏崎市消防団となり(組織上は常備消防部を包摂)、さらに四九年七月、柏崎市消防本部と柏崎市消防署となった(同前、二一七頁)。

(34)『柏崎日報』一九三八年一一月一七日（「柏崎町是考究機関／当分懇談会の続開」）。
(35) 同前、一九三九年五月一九日（「柏崎町教育会の会員倍加運動」）。
(36) 同前、一九三九年五月二三日（「柏崎町教育会／会員続々増加」）。
(37) 同前、一九三九年五月二五日（「教員転出の真相を突き止めんと調査／柏崎町教育会／各校に依頼して探求」）。
(38) 同前、一九四〇年九月一七日（「柏崎初市会／初代議長巻淵藤吉氏」）。
(39) 同前、一九四〇年九月二〇日（「原氏市長に当選」）。
(40) 同前、一九四〇年一〇月一〇日（「十六名起立で助役二名可決／反対派十四名は退場」）。
(41) 同前、一九四〇年一〇月三日（「原市長／市長就任受諾／有給市長」）。
(42)『新潟日報』一九四四年一〇月一日（「原市長任命」）。
(43)『新潟県中央新聞』一九四一年三月六日（「洲崎氏突つ込む／きのふ柏崎継続市会」）。
(44) 同前、一九四一年二月一〇日（「〝大柏崎の将来〟／各界代表と本社座談会」）。
(45)・(46) 同前、一九四一年二月一七日（「柏崎大都市計画とその将来 五／都市計画再検討／洲崎氏が叫ぶ高度国防策」）。
(47)『柏崎日報』一九四〇年九月一七日（「世は新体制なれど／旧態依然の選挙民／比角の洲崎義郎氏」）。
(48) 下中弥三郎編『翼賛国民運動史』一三八、一四三～一四四頁、一九五四年、翼賛運動史刊行会。
(49)『新潟県中央新聞』一九四〇年一二月一日（「大政翼賛会県支部／顧問、参与、決定の分発表」）。
(50) 同前、一九四〇年一二月一〇日（「大政翼賛会県支部陣容成る／参与決定」）。
(51) 同前、一九四一年一月二二日（「支部理事発表」）。
(52) 同前、一九四二年二月一五日（「翼賛会支部役員／十四日正午新陣容発表」）。『新潟日報』一九四三年三月二六日（「翼賛会支部新役員」）。同紙・一九四四年四月二日（「翼賛会郡市支部役員更新」）。
(53)『新潟県中央新聞』一九四一年三月七日（「柏崎市常会々則」）。
(54) 小松東三郎編『部落会・町内会とその常会の話』六六～七二頁、一九四〇年、国民精神総動員本部。なお、国民精神総動員新潟県本部の解散式が一九四〇年一二月九日、県庁内で行われたことが翌日の『新潟県中央新聞』に掲載されている。それは大政翼賛運動への「発展的解消」とされた。
(55)『新潟県中央新聞』一九四一年一二月一三日（「底知れぬ活動力／模範常会として表彰される柏崎駅前町内会」）。なお、表彰対象の活動事績については前掲『柏崎市史』下巻（五五九～五六〇頁）も掲載している。
(56) 前掲、『柏崎市史』下巻、五六〇頁。
(57) 『新潟県中央新聞』一九四一年二月一九日（「柏崎大都市計画とその将来 六」）。なお新聞には掲載の回次が「六」となっているが、「七」の誤りである。
(58) 前掲、『新潟県史 通史編 近代三』六二五頁。
(59) 『新潟県中央新聞』一九四一年一月二〇日（「翼賛二団体／柏崎青、壮年が結成」）。ここで報道されているもう一つの組織は、一月一九日に柏崎市公会堂で結成協議会を開催した「翼賛青年同志会」のことで、発起人は渡辺十一郎・滝沢金作・藤田敬爾・小山一郎らであった。同会は「綱領」として、「吾等は新体制の理念を顕揚し其の各々の職域に於て臣道実践大政翼賛に挺身せんことを期す」「吾等は切磋錬成時艱超克の力を養ひ以て帝国躍進の礎石たらん事を期す」などの三項目を掲げている。
(60) 同前、一九四一年三月九日（「青壮年団の結成は延期／微妙な柏崎市の空気」）。
(61) 同前、一九四一年四月二六日（「『盛り上る力』糾合／翼賛会の名は冠せず／柏崎青壮年団」）。
(62) 『柏崎日報』一九三八年六月一九日（「銃後の熱血わく青年弁論大会」）。
(63) 同前、一九三八年一〇月一〇日（「本県第四回青年団選士権大会開かる」）。
(64) 同前、一九三九年一月二八日（「洲崎義郎氏昨日放送」）。
(65) 同前、一九三九年六月一九日（「声援弥次乱れ飛ぶ／壇上に絶叫の青年弁士」）。
(66) 同前、一九三九年七月一八日（「県下弁論大会／本郡選手入賞／日英会談に激励電報」）。
(67) 同前、一九三九年八月七日（「打水の雨に清々し／本郡青年競技大会」）。
(68) 同前、一九三九年八月一四日（「県青年大会／本郡青年選手決る」）。
(69) 同前、一九三九年三月六日（「県青年団事業／評議員会で決定」）。
(70) 同前、一九三八年六月三〇日（「中北部青年連合団体訓練大会」）、七月四日（「皇道精神を振興／青年の本分を尽さん」）。
(71) 同前、一九三九年一一月一日（「柏崎郷青年団第一回訓練大会」）、同月六日（「柏崎郷青年団員三百五十名参集／勇壮活ぱつに訓練大会」）。
(72) 同前、一九三九年九月一〇日（「洲崎副団長十一日出発／満支への旅」）、同月一一日（「洲崎義郎団長今朝九時十分出発」）。

(73) 同前、一九三九年九月一七・二〇・二二日（洲崎義郎「満鮮の旅（一～三）」）。
(74) 同前、一九三九年一〇月七日（「洲崎団長通信／日満支興亜の結束」）。
(75) 同前、一九三九年一〇月二五日（「洲崎青年団長／本日柏崎駅着帰来」）。
(76) 相馬御風『還元録』一五〇、一五七～一六〇頁、一九一六年、春陽堂。
(77) 『柏崎日報』一九四〇年一一月八日（「表彰記念大会」）、同月二〇日（「洲崎氏上京／大会参列」）。
(78) 前掲、『新潟県史 通史編8 近代三』七二一～七二三頁。
(79) 新潟県青年団編刊『新潟県青年団発達史』六九～七〇頁、一九四三年。
(80) 夫馬信一『幻の東京五輪・万博1940』三〇～三一、四六頁、二〇一六年、原書房。
(81) 同前、二二六頁。
(82) 『越後タイムス』一九三八年七月二四日（洲崎義郎「東京オリンピックの弔鐘鳴る」〈スポーツ欄〉）。
(83) 同前、一九三八年七月三一日（洲崎義郎「オリンピック返上後に備へよ」〈スポーツ欄〉）。
(84) 同前、一九三八年一一月二〇日（洲崎義郎「ヘルシンキ大会への参加問題」〈スポーツ欄〉）。
(85) 同前、一九三八年一〇月九日（洲崎義郎「運動競技のメード・イン・ヂヤパーン」〈スポーツ欄〉）。
(86) 同前、一九三八年七月一七日（洲崎義郎「体協の声明を批判す」〈スポーツ欄〉）。なお、選手制度の必要性については、一九三九年一二月二五日の『柏崎日報』に掲載された洲崎義郎の「長谷川如是閑氏の選手制度を検討す」と題した論説で、長谷川が一二月二二日の『読売新聞』に寄せた文章で、「教育の目的は堅実な国民的教養を与へて空疎な群衆的興奮のもとを抑へることにありとの立脚点に立つて、現在の選手制度は、否定されなければならぬと書いてあつた」ことを取り上げ、選手制度を必要不可欠とする立場から反論したことにも表れている。
(87) 日本体育協会・日本オリンピック委員会編刊『日本体育協会・日本オリンピック委員会100年史 1』三五、二一〇頁、巻末「スポーツ年表」、二〇一二年。
(88) 『越後タイムス』一九三八年二月六日（洲崎義郎「罪いづれに在りや」〈スポーツ欄〉）。
(89) 同前、一九三八年四月一七日（洲崎義郎「厚生省の予算と体育運動」〈スポーツ欄〉）。
(90) 同前、一九三八年九月一一日（洲崎義郎「体力章の制定案について」〈スポーツ欄〉）。
(91) 同前、一九三八年三月一三日（洲崎義郎「今井哲夫君に贈る」〈スポーツ欄〉）。今井哲夫の経歴については柏崎市編刊

『柏崎の先人たち――柏崎・刈羽の人物誌』一七六頁（二〇〇二年）を参照。
(92) 同前、一九三八年五月二九日（洲崎義郎「村社上等兵の出陣を送る」〈スポーツ欄〉）。
(93) 同前、一九三八年一一月一三日（洲崎義郎「国策の暢達と体育運動」〈スポーツ欄〉）。
(94) 中道寿一『ヒトラー・ユーゲントがやってきた』九一頁、一九九一年、南窓社。
(95) 『越後タイムス』一九三八年三月二七日（洲崎義郎「衆団体育の一つの立場を高揚す」〈スポーツ欄〉）。
(96) 日本青年館編刊『大日本青少年団史』九二、九九～一〇〇頁、一九七〇年。
(97) 『越後タイムス』一九三八年八月二一日（洲崎義郎「独乙青少年派遣団を迎へて」〈スポーツ欄〉）。
(98) 同前、一九三八年一〇月二日（洲崎義郎「ヒツトラーユーゲントに接して」〈スポーツ欄〉）。
(99) 同前、一九三八年九月一八日（洲崎義郎「双葉校の瞠目す可き進出」〈スポーツ欄〉）。
(100) 同前、一九三八年八月二八日（洲崎義郎「スポーツに於ける半島人の強味」〈スポーツ欄〉）。
(101) 同前、一九三八年六月一二日（洲崎義郎「不振なり日本陸上競技軍の陣営」〈スポーツ欄〉）、同年八月一三日「全国中等学校陸上競技大会戦蹟」〈スポーツ欄〉）。
(102) 『新潟県中央新聞』一九四一年四月一三日（「『県体協』改組決定」）。
(103) 同前、同日（夕刊）（「体協改組成る」）。
(104) 同前、同日（「『県体協』改組決定」）。
(105) 同前、一九四一年五月二八日（「柏崎市体育団（結成準備）」）。
(106) 同前、一九四一年一一月一二日（「壮年団結成促進」）。
(107) 同前、一九四一年一一月二八日（「県壮年団陣容成る」）。
(108) 同前、一九四一年一二月一六日（「郷軍を基礎に／柏崎翼賛壮年団成る」）。
(109) 同前、一九四二年一月一八日（相馬恒二「部落会と壮年団運動」〈越佐談窓欄〉）。
(110) 同前、一九四二年二月三日（「柏崎文化委員会／各部委員顧問決る」）。
(111) 『新潟日報』一九四三年一月一七日（「まづ団員の再訓練／翼壮県団指定の九ヶ団」）。
(112) 『越後タイムス』一九五〇年一〇二二日（「柏崎より」欄）。
(113) 『新潟日報』一九四五年五月一八日（「翼賛会解散」）。

(114) 同前、一九四五年五月二〇日（「義勇隊県本部発足」）。
(115) 同前、一九四五年五月一九日（「柏崎市の役員」）。
(116) 『新潟県中央新聞』一九四二年一月一九日（「讃えよこの敢闘／気を吐いた増田選手」）。
(117) 同前、一九四二年九月一七日（「県都に展く体育絵巻／十九二十両日神宮予選大会」）、同月二八日（「豪壮華麗な健民絵巻／愈よ明後日神宮外苑に展開」）。
(118) 『新潟日報』一九四三年五月一二日（「廃止される球技／県学徒報国団の新事業」）。
(119) 同前、一九四三年一〇月二二日（「市町村大会に重点／中央大会参加は取止め」）。
(120) 同前、一九四四年三月二〇日（「柏崎体育界が大統合／市長を統裁に健民本部を結成」）。
(121) 『越後タイムス』一九五〇年一〇月二二日（「柏崎より」欄）。
(122) 山本礼子『米国対日占領政策と武道教育――大日本武徳会の興亡』一〇六頁、二〇〇三年、日本図書センター。
(123) 『新潟県中央新聞』一九四二年九月二六日（「豪華な武道仕合／武徳会県支部結成を記念し」）。
(124) 中野泰雄『政治家中野正剛』下巻、巻末の「中野正剛著書・演説目録」、「中野正剛年譜」、一九七一年、新光閣書店。
(125) 緒方竹虎『人間中野正剛』一八四～一八五頁、一九五一年、鱒書房。なお、この「強制処分請求書」に対して、衆議院の許諾を求めていないので応じがたいと回答した東京刑事地方裁判所予審判事の小林健治は、後に「ある元裁判官の想い出（上）――中野正剛逮捕事件」（『法曹』第二〇三号、一九六七年）で、この請求書の取り扱いで苦労した事情を記している（この文献の存在は宮川英一氏の御教示による）。
(126) 同前、一七六頁。
(127) 『柏崎日報』一九四〇年八月三〇日（柏崎初市会議員／立候補者卅六氏）、九月七日（柏崎初市会議員／当選者確定）。なお、泉三郎は一九五一年五月死去した。同月八日の『柏崎日報』に掲載された訃報記事には、「比角北陸工業工場長泉三郎氏、石坂鉄工所の招宴後、脳溢血で」、「氏は元市会議員、商工会議所理事長、柏崎鉄工組合理事長、柏崎野球連盟会長等を歴任」、「市の政界産業界に貢献少なからず、終戦後追放の指定を受け、現在電力協議会役員、柏崎相撲協会長の役にあった」とある。
(128) 『新潟日報』一九四三年二月一一日（「敵輸送船団爆撃／忽ち三艦船を撃沈／サン・クリストバル島東方―海鷲戦果」）。

第6章　戦後における思想転回と行動

本章では、一九四五（昭和二〇）年八月の敗戦から五一年四月、柏崎市長に就任する以前の洲崎義郎の行動と思想を取り上げる。

一九四五年六～一二月（戦争末期から敗戦直後）の洲崎義郎の言動がわかる資料を見出すことができないため、彼がどのような気持ちで敗戦と連合国軍による占領開始を受け止めたかはわからない。それを含め、ここで対象とする期間については、前章同様、資料に乏しい。それでも、これまで信じてきた天皇制などの戦前の価値観の再検討、戦争への反省が迫られ、思想的転回が見られる時期であるため、義郎の生涯にとって、この時期の意味は大きいので、入手できた資料から知ることができる彼の思想と行動を見出し、考察したい。

また、彼が関わっている地域社会や政治のありようについて見ることは、次章の市長時代につながることなので、その点描から始めることにしたい。

1　柏崎の戦後社会

a　柏崎における戦後の始まりと三井田市政の発足

一九四五年九月一八日、日本を占領したアメリカ進駐軍の三名が柏崎に到着し、視察を始めた。二四日には七名が来柏して理研工場に進駐軍兵士の兵舎を設営する準備に取り掛かった。二七日には一大隊六四〇人が柏崎駅に到着し、理研工場内の兵舎に入った[1]。こうして、敗戦――占領軍による軍事的圧力の下、柏崎の「戦後」が始まった。そして、一〇月一一日、ダグラス・マッカーサー連合国軍最高司令官が幣原喜重郎首相に下した憲法の自由主義化および人権確保に関する「五大改革指令」などによって、日本の民主化が本格的に始動する。

一九四五年一二月七日、原吉郎市長は市会に辞表を提出した。一九三八年以来、町長・市長を務めてきた彼の辞職は、一つの時代が終わったことを印象づける。市会は協議会を開き、七名の銓衡委員を選出した。委員会は翌四六年一月三日の委員会で三井田虎一郎を適任者として決め、六日の市会協議会に報告した。市会も満場一致で了承し、三井田に要請したところ、承諾を得た[2]。三井田は市長候補として内務大臣に推薦され、二月一三日付で内務省から正式認可を得た。助役には吉岡熊蔵（市議）が起用された[3]。三井田は、西巻進四郎町長時代から原市長時代にかけて助役を務め、死去した西巻の後を継いで一九三九年から県会議員に選出されていた。

市長の選考方法が戦前と同じであったことは、まだ市町村制が生きていたからであった。市町村行政の補助機関とされた市常会も存続していた。町内会・部落会・隣組は一九四七年四月一日、政令で廃止され、市常会も消滅する。同月一七日には市町村制に代わる地方自治法が公布され、新憲法とともに五月三日施行されるので、戦時中の地方行政はその時期まで続いていた。

b　民選市長としての三井田市政

一九四七（昭和二二）年四月、新憲法下での衆院選・参院選とともに地方自治法に基づく地方選挙が行われた。初の公選による五日の市長選挙には、現職の三井田虎一郎、新人の斎藤準次（市議）、吉岡熊蔵（同・前助役）、松原伍一郎（日本社会党）、梅沢三代司（日本共産党）が立候補した。有力な対抗馬とみられていた元助役の松村正吉、洲崎義郎は、本章第3節aで見るように、公職追放処分にあい、立候補できなかった。選挙の結果、三井田が六四二九票を得て当選した[4]。また、四月一〇日に行われた市議選は、定員三〇名に対して七〇名が立候補する混戦となった。当選者の党派別は、民主党系一一、社会党七、自由党四、労組三、「元共《ママ》産党」一、無所属四という。[5]

三井田虎一郎は更に四年間市政を担当することになった。戦前の民政党の流れを汲む民主党系が市会の第一党であったから、市長と市会の関係もよかった。一九五一（昭和二六）年一月一日の『越後タイムス』に掲載された無署名のコラムには、「こゝ数年間柏崎政界の三羽烏といえば市長の三井田虎一郎、市会議長の巻淵藤吉、商工会議所会頭の小林多助というのが通り相場で、この御三方の気嫌《ママ》をそこねると明日の首があぶない」と記されているので、[6]三井田市政は少なくとも表面的には順調に推移したと推測される。とはいえ、四七年に小中学校が六三制の義務教育に再編されたことにより、中学校校舎の確保が大きな行政課題になったことや、地方税制度の整備の遅れから財源の確保が難しいなどの課題があり、内容的には問題も少なくなかったと思われる。

三井田市長は、四年目の一九五〇年、市制施行一〇周年の記念事業を計画し、市営公衆温泉浴場の建設、商工会議所の庁舎大増築、長岡博覧会との提携、商工祭の盛大化などを打ち出した。また、柏崎市の当面の重要事業として、温泉都市計画のほかに柏崎港建設・鵜川改修を揚げた。これらは、国会議員の下条恭兵・田中角栄の「努力効を奏し」今年度着工の見通しが立ったと報じられている（柏崎港については災害復旧費一五〇〇〇万円の三分の一ないし三分の二を運輸省が負担し、鵜川改修については経費一五〇〇万円の半額を運輸省が負担するという）。[7]温泉問題・柏崎港建設については項を改めて述べることにする。

一九五〇年三月二〇日、市会に提示された同年度歳出予算案は総額一億三三八七万円余で、教育関係では比角校増築費三〇〇万円、第一中学校増築費四五〇万円、第二中学校増築費三〇〇万円が、保健衛生関係では公認競技場改築費一〇〇万円、高等学校陸上競技大会費二〇万円、公衆温泉浴場建設費四〇〇万円が計上されている。[8]このうち、公認競技場改築費について一言しよう。柏崎体育団（後出）が管理してきた公設競技場は、戦時中の四五年五月に第二種公認の期限が切れていた。五〇年夏に予定される「信越高校競技大会」の会場として使用する話があり、そのためには公認の回復が必要で、それに向けた整備が求められていた。同年三月、柏崎体育団が同競技場を無償で市に譲渡することを申し入れ、市がそれを受け入れて市営となり、整備を市で行うことになったものである[9]。

　三月二八日の市会は新年度予算の原案を二八二万円余減額修正して可決した。目玉政策の一つであった公衆温泉浴場建設に関する経費は「十四号井の経過後まで見送る」こととなり、全額削られている[10]。そして結局、公衆温泉浴場が建設されることはなかった。

c　柏崎政界の推移

　戦前の民政党の流れを汲む勢力は一九四五年一一月、進歩党を結成したが、四七年三月に自由党の一部と合同して民主党となった。これに対して戦前の政友会（総裁派）の流れを汲む勢力は、四五年一一月、日本自由党（自由党）を結成した。また、日本社会党（社会党）は、同月、戦前の社会大衆党が再建されたものだが、右派が主導権を握っていた。日本共産党（共産党）は四五年一二月、壊滅状態から再建され、戦後は柏崎地方にも小さな勢力が誕生していた。

(1)　一九四六年四月の衆院選

　一九四六年四月一〇日の第二二回衆院選は、前年一二月の衆議院議員選挙法改正に基づくもので、初めて女性も選挙権・被選挙権を行使し、大選挙区制で行われた。新潟県の場合、第一区の定員は七名、第二区の定員は八名で、柏崎市・刈羽郡は第二区に属した。

　自由党系の人々は「刈羽郡自由党倶楽部」を結成し、総務筆頭に西川弥平治、幹事長に田辺環（市議）を選出し、衆院選の候補者に中魚沼郡の滝沢寿一、三島郡の佐藤三千三郎を決定した。これに対して、進歩党を背景として立候補したのが田中角栄であった。田中は刈羽郡二田村出身で、候補者中最年少の二九歳であった。社会党は田尻村安田出身で刈羽郡支部長の猪俣浩三を擁立した。彼は東京で活躍していた弁護士で、『一億人の法律』、『闇取引と刑罰』

などの著書があり、戦災で帰郷していた。また、柏崎市議の石塚善治が無所属で立候補の予定ありと伝えられた。彼は「県小運搬業組合の理事長」であった(11)。

選挙の結果、第二区の当選者は自由党三、進歩党二、社会党二、無所属一となった。柏崎・刈羽関係者が推した佐藤三千三郎・滝沢寿一・田中角栄・猪俣浩三・石塚善治はいずれも落選した。しかし、柏崎市・刈羽郡の合計票数は、第一位が田中（二万〇九〇三票）、第二位が猪俣（一万五〇六九票）、第三位が佐藤（一万三六九〇票）、第四位が石塚（一万二一三〇票）であった(12)。

(2)　一九四七年四月の衆院選

一九四七年四月二五日、第二三回衆院選が行われた。前年一一月三日公布された新憲法（日本国憲法）に基づく衆議院議員選挙法改正に伴うもので、この時から中選挙区となり、柏崎市・刈羽郡は第三区（定員五）となった。一二名が立候補したが、当選者の党派別内訳は自由党一、民主党二、社会党二なった(13)。

民主党から立候補した田中角栄は三万九〇四三票を得て第三位当選を果たした。田中の柏崎市・刈羽郡での得票は二万一九六四票で、他を圧倒した(14)。『越後タイムス』は選挙直前に彼の経歴を詳しく紹介した。それによれば、田中は「二田村坂田に農業と牛馬商を兼ねてゐた角治」の長男として、一九一八（大正七）年五月四日出生。七人兄弟の真ん中で唯一人の男子。高等小学校卒業後に上京。昼間働きながら神田の中央工学校で夜間修学。のちに大河内正敏の「愛顧」を受け、理研産業団の建物・施設の建設の多くに関与した（建設工事の設計、測量、監督、見積、査定など）。この時はまだ二一歳であった。一九三八（昭和一三）年兵役につき、騎兵第三旅団第二四連隊に入隊し、ノモンハン事変に遭遇するが、従軍中に公病となり内地に還送、四一年一〇月現役免除、除隊となった。時に二四歳。すぐに上京し、飯田町で土木建築請負業を復活。四三年、田中土建工業株式会社を創立し、戦後の四六年には、柏崎市に新潟支店を開設しているという(15)。

なお、一九四七年四月二〇日行われた第一回参院選（新潟地方区定員四）では、刈羽郡中通村吉井出身の下条恭兵（社会党）が九万票余を獲得して第二位で当選している[16]。

第二三回衆院選の結果、一四三議席を獲得して第一党となった社会党と、一二一議席を獲得した第三党の民主党、二九議席を獲得した第四党の国民協同党が保革連立内閣（中道内閣）を組織した。一三一議席しか得られなかった自由党は野党に甘んじることとなった。連立内閣は当初、社会党委員長の片山哲が組閣したが、短命に終わり、四八年三月から民主党総裁の芦田均を首相とする内閣に代わった。その芦田内閣も一〇月、「昭電疑獄」事件で倒れ、民主自由党（四八年三月、社会党との連立に反対する民社党の一部＝幣原派が脱党して自由党に合流したことから、自由党は民主自由党と改称していた）の吉田茂内閣（第二次）に替わった。吉田内閣は一二月、衆議院を解散した。

政局はこのように大きく揺れ動いた。その背後に、東西冷戦の激化を踏まえたアメリカの占領政策の転換があったことはよく知られている。

(3) 一九四九年一月の衆院選

解散に伴う第二四回衆院選は一九四九年一月二三日行われた。開票の結果、当選者の党派別内訳は民主自由党三、社会党二となった。田中角栄は四万二二三六票を獲得し第二位で当選した（柏崎市・刈羽郡の得票は一万三六〇八票で第一位）[17]。

田中角栄は、一九四八年三月、民主党を脱し、民主自由党に加わっていた。田中は同年一〇月一九日発足した第二次吉田内閣の法務次官に抜擢されるが、それから間もない一一月二三日、自宅と飯田町の会社事務所などが東京高検による家宅捜索を受けた[18]。一二月一二日、衆議院本会議で田中に対する逮捕請求が許諾されたため、一三日、田中は逮捕され、東京拘置所に収監された。炭鉱国家管理法案に反対する炭鉱業者から一〇〇万円を収賄した容疑であった[19]。そして、一二月二三日、吉田内閣が衆議院を解散すると、田中は拘留中にも拘わらず、衆院選に立候補した（「獄中立候補」)。投票日の少し前に釈放され、選挙戦を行うことはできた。社会的には不利な立場での選挙となったが、当選を果たした。

全国では民主自由党が二六四議席を得て圧勝し、同党を与党とする第三次吉田茂内閣が発足した。前政権を担った社会党は一四三議席から四八議席に激減し、民主党も一二四議席から六九議席に大幅減少した。共産党が四議席から三五議席に躍進し、新潟県第一区で共産党の上村進が当選したが、それは社会党支持層の一部が共産党に票を入れたからと推測される。

d　産業経済の衰退と振興策――柏崎築港と温泉

柏崎の産業経済界は、戦時中の高揚とは対照的に、戦後、大きく衰退した。

前章第1節bで触れたように、戦時中は軍需に支えられ、柏崎市は県下で新潟市に次ぐ工業発展を見た地域であった。しかし、敗戦とともに軍需がなくなると、民需生産に切り換えることができた一部を除き、多くの企業は事業の大幅な整理縮小を余儀なくされた。そして、それに替わる重要産業の開発や誘致が進まず、柏崎地方の産業経済は大きく衰退したのである。本章第3節cで取り上げる所得税の「不当課税」問題も、これを背景としている。

そこからの脱出を目指し、さまざまなことが企図された。これは、ほぼ一九四九（昭和二四）年頃から具体的な動きが登場し、次章で取り扱う八年間の洲崎市政にも関係していくことになるので、以下、打開策として登場した柏崎築港と温泉の問題をここで見ておこう。

戦前から柏崎港の整備は柏崎地方の産業経済の要点であるとして一定の努力が行われてきた。だが、努力の甲斐なく、戦時中には流砂堆積などで港としての機能はほぼ失われていた。戦後になり、産業経済の不振から脱却するため、柏崎港を立派な商港として建設する必要があるとの考えが急速に高まった。一九四九年五月六日、市役所で市長・市会総務委員、その他関係者が会合を持った時、四月一七日に結成を決めた柏崎港建設期成同盟会の「趣旨書」が提案された。同書はその中で、このほど「郷土の産んだ漁業界の雄」五十嵐與助が港内浚渫のため「多額の私財を提供」したことを機に、県の指導の下、市が港湾協会に専門的調査を依頼し、防波堤復旧のために一五〇〇万円、中浜護岸のために八〇万円の国庫補助が得られることになった、と記している[20]。

同年七月九日、三井田市長が港湾協会作成の「柏崎港建設計画図」を持ち帰柏した。この計画では、第一期工事として番神岬の現堤防を真東に三〇〇メートル延長するとともに、現突堤先端を起点として築港し、船曳場・船溜り・物揚場などをつくり「大型漁船を中心とした漁港」の機能と、「中型貨物船による商港」としての機能を実現し、第二期工事として防波堤を更に東方へ二〇〇メートル延長して、三ッ石に三〇〇〇トン級の大型商船が横付け可能な「大突堤岸壁」を建設し、水深を五・五メートルに掘り下げ、物揚場を整備するなどの工事を行うことになっている。建設費は概算で第一期工事が三億五〇〇〇万円、第二期が三億円、計六億五〇〇〇万円という[21]。これを受けて七月一八日、柏崎港建設期成同盟会の役員会が開かれ、港湾協会の計画案を基に新潟県が簡略化した「県案」が示された。それによれば、第一期工事の経費は一億〇四七〇万円で、港湾協会案の三分の一程度になっており、県は一九五〇年度から運輸省に対し補助や認可の申請を行う予定であると伝えられた[22]。本節bで見たように、同年度にその一部の着工をみたのであった。

柏崎港が発展するためには、そこで輸入出・移入出される貨物（商品）が大量に必要で、そのために工場誘致や、道路の整備など、後背地の発展が不可欠であった。次章が取り扱う時期には、それらをワンセットにした産業経済構想が登場する。

一九四九年には、「衰退にあえぐ柏崎市勢に起死回生の希望を涌き出させるもの」として柏崎温泉が期待された。戦時中、柏崎工業学校裏手の砂浜にあった「帝石一三号井」から「日産千石の温泉」が噴出したことがあった。その後、噴出が止まったが、帝石と同社技術員の協力の下に、柏崎温泉株式会社（吉浦栄一社長）が噴出のための掘削を開始した[23]。

同社は同年一〇月八日「開坑式」を挙行した。前日から鋼管を降し始め、八日には地下一一五七メートルに達した。温泉再湧出の場合は、日産三〇〇〇石位に制限し、新花町方面の温泉旅館業者に供給し、それを他に拡大していく方針で、優に五〇〜六〇戸の旅館に供給可能という。[24] 一一月二三日、掘削中の一五三四メートル余の深度から六五度の温泉が湧出した（初日の湯量は三〇〇〇石）。同社は二五日、重役会を開き、資本金（現在一五〇万円）を五〇〇万円に増資し、第一四号井の譲渡を帝石に懇請することを決めた。[25]

翌一九五一年一月一六日、三井田市長は出県し、柏崎市内から申請があった温泉旅館二二軒について、県当局の認可を得た。当時、温泉の引き込みを行った旅館は「みやこ」「昭和荘」「丸太」の三軒で、その度数は四一〜四六度といわれた。[26] 同年、三井田市長が打ち出した「柏崎公衆温泉建設」は、以上の経緯を踏まえ、温泉の恩恵を旅館業者だけでなく、市民に広くもたらそうとの考えからであった。柏崎を「温泉都市」として発展させようとの考えも市長や関係者に強く見られたが、肝心の温泉の噴出が不安定で、その実現も容易ではなく、次の洲崎市政に引き継がれる課題となっていく。

e　『越後タイムス』などの地元新聞の復刊・創刊

一九四五（昭和二〇）年一二月八日、『柏新』という新聞が創刊された。編集・発行人は中野貫一で、創刊号に掲載された「発刊の辞」は、終戦の詔勅を「奉戴」することを「唯一の臣道と確信」する見地から、「地方文化発展」の「地下水的役割」果たすことを「念願」として発刊されたものであった。創刊号の第一面に、猪俣浩三の「民主主義と教育」と題した論説を掲載していることから、当初は民主主義や革新政治の側に立とうとする姿勢が見られる新聞であった。当初は「旬刊」であったが、四六年二月八日の第七号から、原則的に金曜日に発行する週刊に変わった。四頁建である。創刊一周年を迎えた四六年一二月七日、第六八号から『柏新時報』と改題している。

一九四六年一月一三日、『越後タイムス』が復刊された。編集・発行人となった中村毎太（葉月）によれば、小竹久弥（天瑞堂主人）・野島寿一（盛岡市の東北精器）らの経済的支援を得て、前年一二月八日、関係者で第一回会合をもつなどして準備を進め、社員として山田竜雄を迎えた[27]。おそらく紙面作りは復刊当初から、中村・山田の二人によって担われたと推察される。

『柏崎日報』が復刊したのは一九四八年一〇月三日のことである。主筆は、当初、『越後タイムス』の中村葉月が兼任した。編集・発行人は五十嵐正三郎であった。当初は月一〇回の発行であったが、五一年四月からは月一五回発行に、五二年一月から土・日を除く日刊に変わり、五六年二月からは夕刊としての発行となった。五三年六月からは五十嵐に替わって山田竜雄が『柏崎日報』編集・発行人となっている。中村葉月と山田竜雄は、週刊紙『越後タイムス』と日刊紙『柏崎日報』の双方の編集に中心的に関わったから、両紙の論調は同一であった。

一九五〇年一一月二三日には、原則火曜日発行の週刊新聞として『柏崎春秋』が創刊された。編集・発行人は遠山常吉（聴雨）で、創刊号の「春秋言」欄掲載の「古きをさぐる」によれば、「先輩」を知り、「現実の柏崎を直視」することを通じて「新しい柏崎及び柏崎人を作り出」すことに、創刊の目的があったと思われる。創刊号・第二号は大判表裏刷一枚の新聞であるが、第三号からはＡ3判四頁建に変更される。政党的立場はもとより、思想的立場も明確でないが、創刊号には、江原小弥太「柏崎について」、洲崎義郎「自由大学柏崎教室の開校に際して」が掲載され、五三年五月には義郎らの協力で「中村彝遺作展」を開催しており、少なくとも当初は義郎には好意的であった。

f　柏崎専門学校の設立と短大への改組

一九四七年六月、下条恭兵を理事長とする財団法人「柏専学院」が設立する「柏崎専門学校」が比角地区に開校した[28]。最初の募集人員は経済科四〇名、家政科（被服）四〇名で、男女共学であった[29]。刈羽郡中通村吉井出身の下条は、苦学して早稲田工手学校を卒業し、配管工事下請会社の経営、「分解揮発油精製器」などの特許を取得し、戦時下、「日本油機株式会社」の経営などで財をなした人であった[30]。

同年の夏頃、新潟県では官立の「北日本総合大学」設置の運動が「期成同盟会の名の下」に起こった。戦後の大学改革の動きに呼応したもので、翌四八年二月一〇日開催の期成同盟会の審議委員会と基礎調査委員会は、学部配置の根本案を協議し、新潟市に医学部・理学部・人文学部・農学部を、長岡市に教養学部を含む工学部を、高田市に教養学部（三年制）を、新発田市に同二年制を設けることを決めた。これを知った三井田市長は、柏崎専門学校を改組して官立総合大学の経済学部としてもらう方針を打ち出し、下条恭兵の了解を得て二月一二日の市会に提案し、満場一致の賛成を得た[31]。そして、一八日、関係者が出県し、期成同盟会長（県知事）に請願書を提出した[32]。

しかし、期限までに所定の要件を整えることができず、これは実現しなかった。柏崎専門学校は、学校教育法改正により一九五〇年度から発足する短期大学への昇格を目指すことになった。そして、五〇年四月五日、文部省より経済学専門・二年制の「柏崎短期大学」として認可され、五月六日に開学式を行った。入学者定員は八〇名で、学長に森下政一（元関西大学教授・参議院議員）が就任し、現校長の土田秀雄は専任教授に、現教授の坂野高次・霜鳥誠一は専任助教授となった。専任は教授二人、助教授四人、講師五人であった[33]。理事長は下条恭兵である。

2　洲崎義郎の思想転回と行動

a　反省と思想転回

洲崎義郎が敗戦をどのように受け止めたか、戦時中の国家総動員・大政翼賛体制・戦争協力にどのように向き合おうとしたかは不詳で、それがわかるのは年が改まった一九四六（昭和二一）年四月一〇日に予定される第二二回衆院選を前にしての頃のことである。おそらく多くの国民においても、この年初め頃から、政治にどう向き合うべきか、改めて問われていたことであろう。

この問題に関して、梅沢三代司は次の二つの回顧談を残している。

……柏崎東方会の斉藤、洲崎の両氏が、敗戦後稲村氏を交えての会同で、「東方会として戦争協力どころか、すすんで推進して来たことを反省し、これからは平和のために尽そう」と話し合った。稲村氏は社会党に入党、その稲村氏を洲崎氏は受け容れた[34]。

……二十一年の春だった。斉藤準次さん宅で、洲崎義郎さんと私の三人で雑談をしてゐるところへ稲村さんが入って来て「僕は今日、鈴木茂三郎君の紹介で社会党に入党して、いま帰ったところです」、と言った。すると洲崎さんも斉藤さんも不愉快な顔をあらはにして、「それはまずいことをしたなあ」と言ったので、稲村さんはそゝくさとその場を去ってゐ〔っ〕た[35]。

どちらの記事が時系列的に先なのか不詳であるが、おそらく前者が先であろう。まず、義郎と斎藤準次・稲村隆一の会合があり、過去の戦争協力・推進を反省し、今後は「平和のために尽くそう」と話し合った。その後、後者にあるように、稲村が単独で社会党に入ったことを知る。その時は気まずい状況になったが、間もなく義郎は稲村の社会党入りを了解した、ということではなかろうか。それはともあれ、少なくとも一九四六年の早い段階までに、義郎は過去の戦争協力・推進を反省し、今後は「平和のために尽くそう」と思想を転回させたことが窺える。

とはいえ、以上からでは、洲崎義郎が戦前に抱いていた戦争観との関係がわからない。前章第3節bで紹介したレジメ原稿「新体制トハ何ゾヤ」で、義郎は「世界文化ノ創造ト進展」とのためとして日中戦争を容認していた。もとより日中戦争が日本の侵略戦争で、どれほど不条理に中国民衆の生命・財産を奪うものであったかは知らなかったであろう。しかし、この戦争観からすれば、米軍による本土空襲、新たな大量殺戮兵器である原爆の使用も文化的発展のために容認される可能性がある。だが、義郎は日本で行われた本土空襲や原爆投下を通じて戦争の実態を認識し、従来の戦争観を否定したのではなかろうか。私はこの辺を資料的に明らかにできればよいと考えたが、そうした資料に接することはできていない。関連して、まもなく制定される新憲法の柱である戦争抛棄や象徴天皇制について、義郎がどのような見解をもったかも知りたいが、それに関わる資料にまだ接しえていない。

ところで、上記の回顧談に登場する「私」――梅沢三代司は、一九四五年一〇月、所属していた陸軍部隊が福岡市で召集解除となり、同月末頃、柏崎にやってきた人で、彼の比角の止宿先を訪れた横田省平の誘いで共産党の活動に参加するようになったという(36)。兵隊帰りの梅沢が洲崎義郎・斎藤と「雑談」する機会を得たのは、おそらく義郎らが次に見る「刈羽青年民主連盟」を結成するために活動していたことが関係したと推察される。

b　柏崎刈羽民主連盟の結成と会長就任

一九四六年二月、市議の洲崎義郎・斎藤準次・泉三郎・霜田毅が発起人となった「刈羽青年民主同盟」の結成が新聞に報じられた。前三者は旧東方会員であるが、霜田は義郎との関係で加わったものと解される。以下はその全文である。

新日本の政治文化の建設は地方の健康な下部組織から自主的に盛り起し、同志を得て逐次中央に進出すべきだとの意見が最近柏崎に台頭、しかもその運動は青年が担当すべきだとし、刈羽郡内の同志にも呼びかけ〔、〕いま革新的青年運動が誕生せんとしてゐる。刈羽青年民主連盟（仮称）がそれで、先づ地方自治機関から革新を断行して行かうと云ふのであるが、その綱領は

一、民意を暢達し独裁政治の残滓を掃滅し民主政治の徹底を期す
二、教学、体育の本質を探究し文化日本の建設を期す
三、産業の改革を断行し高度科学日本の建設を期す
四、速に社会不安を一掃し国民生活の安定を期す
五、反動思想を排撃し平和日本の創造を期す

の五項目を掲げてゐるが〔一〕総選挙において正しき時代感覚の啓蒙活動を展開する方針で、別に特定の候補を擁立しないが、同志と主義綱領が一致するものであればこれを支持し再建日本の大道を明示しようとするもので、同連盟の発起人として市議斎藤準次、泉三郎、洲崎義郎、霜田毅の四氏が活躍、純真な青年層に呼びかけるべく蹶起〔一〕廿四日タカラで結成準備会を開き郡市部から廿名の委員をあげ、三月三日を期し柏崎で盛大な結成式を挙行する。(37)

「新日本の政治文化」建設を青年層の力によって、まず地域から、地方自治機関の革新から行っていこう、という発想は洲崎義郎らしい。綱領の二にある「教学、体育の本質を探究し……」という文言も同様である。しかし、おそらく二月二四日開かれた結成準備会では異論が出され、その結果、それを「柏崎刈羽民主連盟」として結成することになったようだ。「青年」の語を外したのは、青年の力に期待したいとしても、義郎自身が五〇歳代後半であるため、無理があったのではなかろうか。

結成式は一週間延期され、三月一〇日午後、柏崎女子商業学校で行われた。結成式の後、衆院選に立候補を予定する田中角栄・佐藤三千三郎・猪俣浩三・石塚善治による立合演説が行われるという異例の結成式であった。そのため、聴衆は一五〇〇人余という盛況下での結成式となった。斎藤準次の開会挨拶、泉三郎の経過報告の後、霜田毅が座長となって議事に入り、宣言・綱領を議決し、役員選挙で洲崎義郎を会長に選出した。義郎は会長として、「新生日本の昏迷せる思想界の激動を説き、民主々義教育の徹底により次代の新人を養成すべきを強調、今期選挙には旧勢力を打破して真に国難を背負つて起つ新人を国民代表として議会に送れと絶叫、この意味において選挙民こそ重要な責任を持つ」と挨拶した。議決された綱領は上記の「刈羽青年民主連盟」綱領とほぼ同じである(五が二に移り、以下順送りになっている)。ここでは「宣言」の全文を掲げよう。

未曽有の敗戦苦難を喫し、無秩序と混乱によって日本は今一路滅亡の濁流に押しながされてゐる。而して民衆の飢餓を他所に支配階級は自己防衛のため本能的な足掻きに冷酷没義道を極めてゐる。茲において吾等は同憂同志の純潔なる結合を図り救国の原理を闡明し歴史の科学的認識、政治の学究的究明等に関し真摯熱誠なる自由討議機関を設立し以て平和日本の確立を期せんとす。(38)

「宣言」によれば、この組織は「自由討議機関」であり、政治団体でない。このため、柏崎刈羽民主連盟に関する報道に見られた「地方自治機関の革新」などの政治目標はここには見えない。そのほうが自由に広い活動ができる面がある。おそらく結成式終了後の立会演説会も連盟が企画したものであろう。

やや後になるが、一九四六年五月六日開かれた連盟関係者の集まりで、洲崎義郎会長が戦時中に柏崎翼賛壮年団長であったことなどが問題となり、会長制を廃して委員制を採用し、委員の合議により組織を運営することを決議した。義郎もそれを受け入れ、この段階で会長でなくなったと思われる。とはいえ、「洲崎氏の民主連盟であつて洲崎氏が民主連盟の役員より離脱するならば何ら意義なき連盟と化してしまふ」という見方もあった。(39)これを機として、連盟に関する報道が見られなくなるので、連盟は自然消滅の道を歩んだように思われる。ただし、こうした中にあっても、義郎は「柏崎刈羽民主連盟の洲崎」として活動し続けたようである。

c　共産党の西沢富夫との出会いとさらなる思想展開

洲崎義郎が「柏崎刈羽民主連盟」を立ち上げた時、平和と民主主義を基調にした社会改革を目指そうとの意志は確固として存在したと考えられるが、何をどのように改革すべきかという具体像や、労働者・農民など働く民衆を基盤とする政党（社会党・共産党など）についての多くの知見はまだ得ていなかったのではなかろうか。それだけに一九四六年四月一〇日の衆院選は、勉強の機会となったことであろう。

衆院選が行われた同年四月頃、日本共産党の西沢富夫が洲崎義郎を訪れた。西沢は上村進・佐藤佐藤次候補の応援のため新潟に派遣され、新潟市で活動していた。その時、洲崎義郎から柏崎に立ち寄ってほしいとの電話連絡を受け、柏崎に赴き、二泊三日、洲崎家に泊まっていろいろ話をした。その時、義郎は次のように語ったという。

洲崎さんは、「満州事変」にはじまる十五年戦争の中で、次第に時流に流されていったとして、「翼賛壮年団」の団長などをさえひきうけたことを、きびしく反省していると率直に話されました。そして、軍国主義日本がアジア各国にあたえた莫大な人的および物的な損害、日本と日本国民にあたえた被害についてのべ、戦争中の苦い経験から、どうしても真の平和、民主主義、社会進歩の道にそって日本を再建しなければならないと考えており、そのためにいろいろ勉強をしなおさなければならないと思っているとのべられました。洲崎さんは、すでに日本共産党員として活動していた私を心から激励し、すべての革新勢力の協力を希望し、自分もできるかぎりの協力をおしまないといわれました。(40)

後に日本共産党中央委員会幹部会副委員長となる西沢富夫は、仙台に生まれたが、父の仕事の関係で、一九二一(大正一〇)年、小学校一年の二学期から柏崎小学校に転校し、二三年四月の一学期から比角小学校に移り、同校卒業後、柏崎中学校に進学した。小学五年の時に陸上競技の選手となったのが機縁で、当時村長だった洲崎義郎と言葉を交わすようになり、中学では洲崎に供してよくスキーをしたという。西沢は、昭和恐慌期に父が失職したため不遇となり、やがて満洲に渡り、三三年から三年間、ハルビンの日露協会学校でロシア語とロシア文学を学び、三六年に満鉄に入社し、本社調査部・東京支社などに勤務した。そこで細川嘉六らと交流したが、「反戦活動で逮捕」され、「共産党の再建」に加わったことを認めろと脅迫され、拷問を受けた〔四二~四三年の横浜事件に連座〕。敗戦後の四五年九月一〇日釈放され、共産党が再建された直後の一一月に入党、という筋金入りの党員であった。(41)

西沢富夫の回顧談が正しいとすると、洲崎義郎は衆院選における立候補者・政党の政見などを勉強し、共産党に関心を持ち、かつて知己だった西沢が県下で活動していることを知り、会って話を聞きたくなり、立ち寄ってほしいと連絡した、と推察される。西沢との再会は義郎の積極的行為によるものであった。

洲崎義郎が西沢富夫の言をどのように受け止めたか、何を学んだかなど、具体的なことは不明である。だが、社会党・共産党などの民主勢力の協力によって平和で民主的な日本を再建しようとの考えを強め、次項で取り上げる民主人民戦線運動に積極的に加わる契機になったことは確かと思われる。これは義郎のさらなる思想的展開であった。戦前の義郎は、決して軍国主義的でなかったし、主観的には平和を志向し、政治権力者や資本家・既成政党の言動に反対し、庶民の気持ちに寄り添い、心身ともに豊かに青年を育成しようとしてきた。その思い、経験は戦後にもつながっていると言えよう。

d　民主人民戦線運動への参加

西沢富夫との懇談から間もない一九四六年五月、洲崎義郎の新しい社会活動が始まった。それは、社会党・共産党・労働組合・農民組合などの民主勢力を結集した「民主連盟」ないし「人民戦線」構築の運動で、義郎は積極的に関わった。ここではそれを民主人民戦線運動と呼び、新聞報道に現れた動きを追ってみよう。

一九四六年五月一日、午前九時から「理研柏崎青年学校広場」で柏崎市初のメーデーが開催された。「労組柏崎地区協議会・日農刈羽協議会・社会党刈羽郡支部・共産党柏崎支部」の共催で、参加者は約三〇〇〇人であった。集会では、「重要産業及官業争議強制調停絶対反対」「生産管理強圧絶対反対」「強権発動絶対反対、農民自主供出の促進」の三項目が決議され、共産党から提案のあった「本日のメーデー参加団体をもつて人民戦線結成の母体にせん」という動議が異議なく可決された。そして「来賓」「柏崎刈羽民主連盟会長」として参加した洲崎義郎が、「勤労大衆は人民戦線の勝利により日本の苦難を救はねばならぬ。柏崎におけるこの盛大なメーデーは今日一日に終らず今後も続き諸君が叡智と生産により正しい文化の建設に努力し、日常生活と政治の直結により新しい幸福の日本の建設に奮起されんことを……」との祝辞を述べた(42)。

それから間もない五月二一日、午後一時から柏崎市の「タカラ」で「刈羽民主人民連盟」の「常任準備委員会」が開催された。労組、農組、社会・共産両党幹部、市民有志約二〇名が出席し、組織・役員・規約など審議したが、「基本綱領」は洲崎義郎が提案したものが採択されたという(43)。

七月二一日には、「柏崎民主戦線」の結成式が柏崎国民学校で挙行された（これは「柏崎地区民主連盟結成大会」とも呼ばれる）。参加者は一〇〇名余で、洲崎義郎が開会を宣告して始まった。議長に横村市太郎（地区労組柏崎協議会長）、副議長に松原伍一郎を選出した。岡本省吾が経過報告を行い、川崎寛康・横村市太郎・北川省一の祝辞の後、「宣言綱領」が発表された。また、洲崎義郎から「教育民主化」が提案された。次に「共産党を除外せる社会党中央幹部の反省を促す件」緊急動議が提案されたが、松原は「態度保留」を表明した。最後に「吉田現内閣即時退陣要求の決議文を内閣に打電」し、散会した。この日選任された役員（常務委員）には、労働組合から瀬下亮三・平田達雄・田中寛一・宮崎平次郎・横村市太郎が、農民組合から中村勉・近藤正三郎・高橋芳次が、社会党から松原伍一郎・渡辺他蔵・山崎初栄が、共産党から横田省平・羅万石が、その他団体から岡本省吾（『柏崎民報』記者）が選任された(44)。

なお、社会党柏崎支部長であった松原伍一郎の「態度保留」は、中央で早くも社会党系と共産党系の対立が表面化し、社会党本部が「救国民主連盟から共産党を除外すべし」との方針を出していたことを受けたものであった。これに関して、大会で祝辞を述べた北川省一は、「大会の終幕で、社会党本部に対し、救国民主連盟から共産党を除外すべしといふ方針については、再考慮猛省を求む旨の急電を打つべしとの緊急動議が出て満場の拍手を以て迎えられたことに対して、松原伍一郎氏が社会党支部としては態度を留保したいと申出でたのは些か滑稽であつた」との批判意見を『越後タイムス』に寄せている(45)。

九月二四日、午前一〇時から柏崎国民学校で、「刈羽地区民主連盟」の結成大会が開催された。中心となったのは、それに向けて「発展解消」をめざす「柏崎地区民主連盟」と小国郷農組協議会などで、四〇〇人近くが参集した。ここでも洲崎義郎が開会を宣告した。岡本省吾による経過報告があった後、「反動攻勢に対する勤労階級の団結せる反撃」を宣言し、「生活保証《ママ》と失業者の産業戦線復帰による生業《ママ》復興、社会保険法、労働保護法の獲得と土地革命による民主々義の完成、地方行政機関の粛正、保守反動勢力に代る民主的政権樹立等を期す行動目標五項目」を採択し、「五章十四条」からなる規約も可決した。午後には役員の選任が行われ、委員長に横村市太郎を、副委員長に久保田亮英を、常任委員に、農組から金子文雄・佐藤徳衛・和田英司・大谷博・高橋義次《ママ》が、労組から理研・帝石・新鉄・柏崎駅・柏崎局・東北配電の六労組が、社会党から坂田潔・中村俊夫が、共産党から中村宗治・山田万蔵・梅沢三代司が、一般から岡本省吾が就任した。採択された「規約」によると、「この連盟は刈羽郡及柏崎市内のあらゆる民主々義勢力を結集し且つ其の共同闘争を通じて保守反動勢力を打倒し民主政権の樹立と其の途上における各種重要問題の民主的解決を図るを目的とする」（第三条）もので、運営は「大会及委員会、常任委員会は其の構成の二分の一以上の出席を以つて成立し全会一致に依り議事を決する」（第七条）としている。(46)

以上が一九四六年五～九月の柏崎市・刈羽郡内における、社会・共産両党、労組・農組を中心とした民主人民戦線運動で、その先頭に洲崎義郎がいたのである。この運動は、同年一月、中国から帰国した共産党の野坂参三の「民主主義的統一戦線」結成の呼びかけや、それに呼応した社会党の山川均の「民主人民戦線」結成の提唱などを契機に、中央の革新陣営が打ち出した方針を受けて始まっていたものであった。(47)そのため中央の方針変更の影響で一部に不協和音を生じることがあった。義郎は、旧東方会の人脈から生まれた「柏崎刈羽民主連盟」の会長もしくはその有力メンバーとして行動しており、戦前・戦中の青年団指導などで得た抜群の知名度も働いているとみられるので、そこに戦前・戦中との連続面を見ることができるが、戦前では見られなかった労働者・農民の運動の先頭に立っており、ここに戦前の活動の反省のうえに思想的転回・展開を遂げた義郎の姿を見ることができる。

e　県立柏崎工業学校問題への関与

民主人民戦線運動と連動して、洲崎義郎がこの時期、積極的に関わった社会活動として注目されるものに、県立柏崎工業学校問題がある。

一九四六年五月一六日、県立柏崎工業学校の本科三年以上の生徒約六五〇名が生徒大会を開き、伊藤校長退陣と学校経営にまつわる疑惑に関する一〇ヵ条の決議を採択し、校長に突きつけるという事件が発生した。伊藤校長は戦時以来の「軍国主義的保守反動」的な学校経営を続け、「製塩事業」にまつわる疑惑、進駐軍への引き渡しが求められている武器の隠匿、学校物品の着服などがあったらしい。この生徒たちの動きに「かねて学園の民主化を要望しつゝあつた実習指導員今井政三氏等少壮職員達も同一歩調を」とったという。この時、市議の洲崎義郎、共産党（刈羽書記局主幹）の横田省平、『柏崎民報』の岡本省吾らが、対立する両者の「斡旋」に乗り出した。そして、義郎らは「父兄代表、生徒代表、職員代表」と話し合い、「五日間を期限として本問題の解決に当る事になつた」と伝えられた(48)。

洲崎義郎らの「斡旋」は、そもそも伊藤校長が「自己の責任に於て進退を決するから解決をたのむと三氏に問題を一任した」からであったという。しかし、生徒らは五月二四日に生徒大会を開き、「同盟休校」を決議し、即日実行するに至った。こうした中で、学校の後援会副会長などの有志が中心となって父兄会を開き、問題の解決に乗り出す動きが表れた(49)。それを伊藤校長に与するものとみた生徒たちは反発し、六月一一日、三・四年生全員による「自主的父兄会」を開催した。そこで生徒代表、岡本省吾らによる経過報告が行われ、小松教諭・父兄の発言の後、校長の退職の可否について記名投票することにした。投票の結果は、出席者一四六名中一一二名が退職に賛成した。これを踏まえて、「生徒・父兄の各代表一同名」で、「一、校内ノ民主化ヲ計ル為校長ノ即時退任ヲ要求ス」「一、右要求昭和廿一年六月十五日迄回答ヲ求ム但校長辞任確定迄同盟休校ス」との決議文を採択し、校長に郵送した(50)。

事態の成り行きを見守っていた県当局は、七月二日、大沢教育民政部長が伊藤校長と「反校長派の頭目洲崎義郎氏を招致」し、解決案を提示した。その内容は「一、伊藤校長を休職とし後任校長を早急の間に決定する」、「一、教職員、生徒の措置については教員組織の整備と校紀《ママ》粛清を建前とする見地から新校長に一任する」というもので、双方とも了承したという[51]。

伊藤校長の退陣が決定したから、問題はいちおう決着したようである。また、県当局が洲崎義郎を校長排斥派の中心人物と見ていたことがこれからわかる。おそらく県当局は、義郎がどのような立場からこの問題に関係していたか種々検討したことであろう。あえて義郎を「招致」したのは、戦前に柏崎町教育会長や県体育団副団長として活躍していたことを知っていたからかも知れない。

しかし、この事件は洲崎義郎が共産党との関係で動いているのではないかとの憶測を生んだようだ。だいぶ後になるが、一九五一年四月の選挙で義郎が当選した時、かつて大正前期の『越後タイムス』同人で義郎とも交流があった勝田亡庵（加一）は、「市長となつた洲崎義郎氏」と題した一文を同年四月二九日の『越後タイムス』に載せ、「先年工業学校の校長と父兄との悶着の中へ共産党の面々と手を携へて飛込んだ事件は、共産党に入党して行動を共にしたのではなく、頼まれたか煽《ママ》てられたかして飛込んだものと見る外はない。此一寸した一事のために、〔今回の市長〕選挙中氏は赤だと評判され、其同志は弁明に努めなければならぬ程であつた」と書いている。

なお、一九四六年一二月末、『越後タイムス』は、教員組合が「教員の最低生活権獲得の要求」などからストに打って出る構えを示していることを報じ、その末尾の方で、「洲崎比角校後援会長は、太平洋戦争の敗因は日本の教育がなつて居らなかつた為だといはれてゐる。文化日本再建の為めに、新しく生まれた教員組合が教権確立のために争議を起し、団結の力を発揮するのであつたならば〔、〕組合の為めにどんなに慶ぶべきだつたかも知れぬ」と語ったことを紹介している[52]。戦後の教育について、洲崎義郎が教員組合に強い期待を寄せていることを示すものとして貴重である。

f　産業復興への関与

戦後、洲崎義郎は民主勢力の結集による日本再建の運動に加わったが、ほぼ並行して地域経済の復興にも尽力しようとした。義郎は戦前、「町是」「市是」の作成を強く求めたが、その中に経済産業の分野もあり、それが戦後にも繋がっているようである。本項ではこの方面の動きを紹介しよう。

一九四五（昭和二〇）年一二月一八日の『柏新』は、「紙上座談会」として「変貌柏崎の将来は？／如何に甦へるか」と題する記事を掲載した。六名の参加者の一人として登壇した洲崎義郎は次のような考えを述べた。

今の巻淵さんのお話通り戦争が停止すれば軍需工業はあり得ない。結局、農具製造とか木工品製作等が当面の生産品でせうが、海を利用して自給製塩の大企業又食糧興業として粉食乾麺工場の大々的な膨脹発展〔、〕輸出向き室内調度品の製作奨励、精密医療機械の生産などで工業都市の面目を生かして行きたいと思ひます。今の話は突然湧き起る工業でなく現に柏崎にその基礎的のものがあるから関連して話してゐるわけです。

前章第1節bで記したように、柏崎市は戦時中、新潟市に次ぐ工業都市として発展していたが、敗戦により軍需生産は廃止され、民需生産への切り換えが急務となっていた。洲崎義郎は、塩・粉食乾麺・輸出向き調度品・精密医療機械などの生産で工業の復興を構想していたことがわかる。

一九四六年六月、県商工経済会柏崎支部の下部組織として柏崎地区に産業振興委員会が設置されることになったが、洲崎義郎はその委員長に就任した。新聞記事は次のように報じている。

県商工経済会柏崎支部では終戦後の萎縮産業復興の為め柏崎地区に産業振興委員会を設置する事となり委員長に洲崎義郎氏、副委員長に山田荘二氏を推し、委員三十名を委嘱《ママ》、地方振興に関する研究、陳情、建議〔、〕指導、助成事業経営などを行ふ計画であるが、最初に片倉製糸工場誘致の運動と東北配電柏崎電業所の営業所昇格方を新潟支店長宛陳情、以つて電力面の不便解決に当る事になつた。

柏崎地方の水質は製糸工場にとつては良き条件の一つであり魅力にもなつてゐるのださうだ。(53)

片倉製糸工場の誘致や東北電力の電力供給増加の問題は、後年、洲崎義郎が市長になった時にも登場するが、その発端の段階で義郎が関係の委員長であったことは興味深い。

しかし、同年八月、上記の県商工経済会が「近く解散」との情報に接し、「新商工会議所」を設立する動きが関係者で進んだ。(54) 八月一二日、第一回柏崎地区協議会が開かれたのに続いて、九月四日に第二回協議会が開催され、二宮・巻淵・洲崎・松村・山崎らの委員が出席してこの問題を協議し、一〇日に設立準備委員会を開催することを決定した。(55) 九月一〇日、第四銀行柏崎支店で開催された柏崎商工会議所の設立準備委員会では、定款の審議などのための小委員会設置を議決した。小委員会一九名のメンバーには洲崎義郎も入っている。小委員会は九月一二、一四日の協議で定款案・会員募集法・初年度予算案を決定した。定款案では三〇名からなる常議員会が最高運営機関とされた。(56)

九月三〇日、県商工経済会は「戦時統制経済機構の残骸」として解散となった。それに代わる自主的な経済組織として、前記の準備を経て、一〇月一一日、社団法人・柏崎商工会議所の創立総会が第四銀行柏崎支店で開催された。加入申し込み者は二九四名、創立総会の参会者は約七〇名であった。総会では定款、役員などを議決し、常議員三〇名が選任されたが、そこに洲崎義郎の名はない。(57) だが、一〇月一五、一六日に開催された柏崎商工会議所の常議員会で選任された理事の中に義郎の名を見出すことができる。なお、この会では会頭に巻淵藤吉、副会頭に泉三郎・笠木恭平、顧問に帝石・日石・理研・新鉄などの代表者および二宮伝右衛門が選出されている。(58)

こうして、柏崎商工会議所がスタートした。以降の商工会議所関係記事に、洲崎義郎の名を見出すことはできない。それは次項で見る公職追放が関係していると推察される。

g 「芸能コンクール」の審査を通じた地方文化興隆への尽力

第3章第7節cで紹介したように、洲崎義郎は、比角村長時代の一九二一（大正一〇）年から三年間、三味線の名手・杵屋金次郎一行を招き、長唄鑑賞会を開いたことがある。絵画などの美術とともに音楽も義郎の関心事の一つであった。戦後には、『柏新』が主催する「素人芸能コンクール」の審査員になり、より広い芸能に関心を寄せ、自分の考えを披露している。

一九四六年九月、第二回のコンクール終了後、洲崎義郎は「審査員の一人として出演者の皆様へ」と題した意見を『柏新』に寄せた。ここで義郎は、「審査の基本方針」として、「(1)敗戦の中より雄々しく立上る地方文化の興隆と尊重とを目指す／(イ)地方の特種性を生かす事（素朴、純真、質実、健康、風俗、習慣、気候、風土等）〔、〕(ロ)アマチユアーの立場を守る事、(ハ)生活の中に溶け込む事、(ニ)明日の生活に生命力を附与するものなる事。／右の基本的要素に村部と市部の演技に於ける差違、第一回コンクールの際の出演者の進歩、努力の点等を加へて審査の参考にしました。／(2)歌謡、舞踊、音楽、劇等の本質を探究せよ」と考えたことを明らかにしている。続いて、「歌謡曲」「舞踊」「器楽」に分けて、それぞれ要望事項を列挙する。「歌謡曲」については、「歌曲に盛られて居る内容の真剣の探求を要望す」「伴奏と歌の調和融合を考察せよ」「正しき音階の把握を要す」「どうしてもその歌を唄はなければならぬ内的必然性を燃やせ」「流行歌手の模倣から脱して独自の唄ひ方を持て」など、「舞踊」については、「歌詞及び曲の理念を正しく且情熱的につかめ」「出演前後の挨拶を堂々と立派になせ」「肉体の養成が大切、基礎的体育への精進」「大きく深くリズミカルの肉体的動律の研究」など、「器楽」については、「曲目の内容のつかみ方の研究、曲譜音階の正しい把握が必要」「楽器の音色を正しく高度に出す練習が大切なり」など、コンクール出演者の演技を見聞して気づいた事柄をかなり細かく指摘している(59)。

「審査の基本方針」や要望が洲崎義郎の個人的なものか、主催者側で話し合った上でのものかは定かでない。おそらく前者であろう。出演者の芸能を真剣に見、聞き、感じ、審査しようとしたことが伝わってくる。そして、「地方の特種性を生かす事」の中に出てくる「素朴、純真、質実、健康」などの強調、「どうしてもその歌を唄はなければならぬ内的必然性を燃やせ」、舞踊のためには「肉体の養成が大切、基礎的体育への精進」などの要望（主張）は、戦前、義郎が指導した青年団の弁論大会を彷彿とさせる。

このコメントが『柏新』に掲載されて間もない時、洲崎義郎は公職追放となった。それでも、翌年三月二二日に行われた第三回芸能コンクールでは審査員を務めた(60)。さらに、九月二四日行われた第四回コンクールでも審査員になっており、一〇月一日の第四回入選入賞者に対する表彰式、式後の「出席者座談会」に出席している(61)。

3　公職追放と追放中の社会活動

a　公職追放

一九四六（昭和二一）年一一月三日、新憲法（「日本国憲法」）公布を記念し、柏崎市は「記念式典」「永年勤続者表彰式」「市役所記念式典」「記念講演会」を開催した。うち、「永年勤続者表彰式」では一二年以上の勤続者が表彰されたが、町議・市議の議員生活が二八年三ヵ月に及ぶ洲崎義郎も表彰された。町議・市議の勤続年数は義郎が最長であった(62)。

だが、皮肉なことに、この直後の一一月八日、政府から第二次公職追放の内容が発表され、洲崎義郎は該当することになった。

ＧＨＱの指示により、すでに一九四五年一〇月三〇日に教職追放令、四六年一月四日に第一次公職追放令が発せられ、四六年四月の衆院選に適用されていた。しかし、翌年四月には新憲法と新しい地方自治法に基づく衆院選・参院選、統一地方選挙が予定されており、それに向けてＧＨＱは公職追放の対象を広げることにした。これにより四六年一一月八日、新たに「覚書適用の範囲」と「資格審査の基準」が閣議決定された。そして、四七年一月四日、それを盛り込んだ公職追放令の改正が発令された（ポツダム勅令・第二次公職追放令、対象者は同日付の閣令・内務省令で詳細を明記）。新たに追放対象となったのは、大政翼賛会関係では都道府県の支部長・事務局長・事務局各部長・協力会議議長、郡市区の支部長・事務長・協力会議議長、町村の支部長・協力会議議長、大日本翼賛壮年団では都道府県支部の団長・副団長・総務・本部長・各部長、郡市区町支部の団長などである。また、「極端な国家主義的団体、暴力主義的団体又は秘密愛国団体の有力分子」（具体的には創立者・役員・理事、要職者、刊行物の編集者、多額の寄付者）も追放対象となった[63]。

政府が閣議決定し公表した時、『越後タイムス』は、これによる刈羽郡・柏崎市の該当者は「意外に多く」、郡内二六町村の町村長・助役で該当しない者は二田村長の長橋重雄のみで、柏崎市では現・三井田市長と吉岡助役は大丈夫だが、市議の吉浦栄一・洲崎義郎・渡辺三十郎の三名は「追放確実」とみられる、と報じた[64]。同記事は、泉三郎・斎藤準次は東方同志会の関係で追放になる可能性があるとも報じている。ただし、斎藤準次は市長選に立候補しているから、追放を免れたようである。

この記事では、洲崎義郎らの追放対象の理由について書かれていない。だが、一九五〇年一〇月一三日、義郎が追放解除になった際に、「十九年十一月から市翼壮団長に約五ヵ月在職〔、〕武徳会県剣道部長に推されたことによるもの」と報じられており[65]、短期間ではあったが、「柏崎市翼賛壮年団長」に就任していたことが第二次の追放対象となった理由であることがわかる。

一九四七年七月、GHQの指示により、四二年三月二一日以降に武徳会の役職に就いていた者に対し公職追放が命じられた。その中には都道府県支部の部会長もあった[66]。前章第6節bで触れたように、いつからかは定かではないが、洲崎義郎は県支部の剣道部会長であったため、ここでも公職追放の該当者となった。

なお、洲崎義郎は追放対象であることを知った一九四六年一一月、柏崎市議を辞職した模様である[67]。

こうして公職に就くことができなくなった洲崎義郎であったが、それで隠棲したわけではなく、一民間人として社会的活動を行い続けた。以下、それらについて見ていくが、その前に失意の中にあった義郎を励ますかのように、一九四七年一一月四日、比角では「洲崎義郎氏に対する謝恩の夕」が開かれているので、報道された記事の全文を紹介しよう。

教育のためその生涯を通じ尽力した洲崎義郎氏に対する謝恩の夕が比角小学校教育後援会、羽森倶楽部、比角連合青少年団、婦人会比角支部主催のもとに去る十一月四日夜比角小学校講堂に於いて開かれ〔、〕謝恩記念式に引続き多彩な演芸会に同氏の偉大なる足跡を偲んだが、大正十二年秋児童劇として思い出の創作である同氏原作「人形の復讐」も上演され、また酒井良弼氏作詞になる「洲崎義郎氏を讃える歌」が児童によつて合唱、参会者に深い感銘を与えた。(68)

洲崎義郎はさぞかし嬉しかったことであろう。そして、公職追放中でも、やれることはやろうとの意を固くしたことであろう。

b　柏崎体育団の団長就任と辞任

一九四八年三月一四日、「各体育、スポーツ団体代表二十余名」が参加して「柏崎体育団」が結成され、選挙により洲崎義郎は団長に選出された。そして、副団長には月橋会《たかし》（市の課長で市職組の組合長）、事務局長には今井哲夫が選出され、常任委員の選出は洲崎・月橋・今井の三名に委任された。結成大会では「事業計画」を決めるとともに、緊急動議として提出された「鯨波体育場建設の件」「鉄道総合運動場建設の件」「プール活用の件」「市に体育主事任用の件」について「積極的に協力推進すること」を決議している。(69)

前章第５節ｆで触れたように、一九四一（昭和一六）年五月二六日「柏崎市体育団」が結成され、洲崎義郎が団長に就任していた。同年一二月開始の対米英蘭戦争下で柏崎市体育団がどのような活動を行ったかは定かでないが、終戦の混乱期に同団は自然消滅したように思われる。それを一九四八年三月に「柏崎体育団」として再結成したのであろう。そして従来の経緯から義郎が団長に推薦され、一旦はそれを引き受けたと考えられる。しかし、程なくして辞任したと思われる。それと同じ年に、義郎の甥で、かつて柏崎市体育団副団長を務めていた近藤禄郎が柏崎体育団の団長に就任しているからである。(70) 辞任は公職追放中の身であったことが関係していると思われる。

c 「不当課税」反対運動への関与

(1) 「不当課税」問題の発生

一九四八(昭和二三)年三月一二日、柏崎税務署から四七年度所得税の更正決定通知書が対象者に送られたが、その内容に多くの中小商工業者、農家は驚いた。彼らは、一三日、税務署に押しかけ、「算定基準の問ひ合せやら異議申立の審査請求等」を行い騒然となった。これを知った柏崎商工会議所は、一五日に「税務対策協議会」を開いて対策を協議し、柏崎市会議員は一七日に協議会を開いて「申請書」を税務署に提出し考慮を求めた。問題は、算定基準の不明確・不明朗と、他の市と比較して柏崎市の課税が過大という点にあった。その理由について『越後タイムス』は、「戦時中華々しき軍需工場とその下請工場の幾つかをもつてゐた柏崎市は終戦と同時に転落を余儀なくされ、不況のドン底に陥つたにも係らず」、課税は「戦前同様の資格に於て調定されてゐるらしい」と報じている。(71)

(2) 「不当課税」反対運動の先頭に立つ

三月一八日午後一時から、柏崎商工会議所主催の「不当課税反対適正課税実現納税者市民大会」が柏崎小学校西運動場で開かれ、一〇〇〇人以上が詰めかけた。笠木恭平商工会議所副会頭の挨拶の後、議長に洲崎義郎、副議長に斎藤準次を推し、議事が進行された。桜井正義商工会議所理事の経過報告、大矢良雄市議の市会協議会陳情書提出の状況報告の後、「自由討論」に入り、市民有志の不当糾弾の意見発表、税務署員との間での質疑応答の後、「市民大会決議」が採択された。市民有志の意見発表では、梅沢三代司・斎藤準次・品田常光・洲崎義郎らが発言している。梅沢は柏崎税務署長の辞職を要求し、斎藤は「時代の要求に逆行した悪代官の再現だ」と批判した。田中角栄代議士の顧問弁護士の佐藤彦一が「日本の現状では経済的民主政治は未だ確立されていない。民主憲法が施行されていても税金の力で相変わらず国民は首くゝりされている」と述べたのを受けて、洲崎義郎は「佐藤氏を通じ早急地元選出国会議員に市民の実情を訴え活躍して貰いたい」と述べた。また、ある古物商は「柏崎署の課税がいかに不当かは古物商の最高決定額が長岡二二万円、直江津三五万円、新潟三五万円、見附一四万円、三条一六万円に対し驚くなかれ柏崎が五五万円なのを見てもわかる」と課税の不当性を訴えた。なお、一五日に開かれた商工会議所の税務対策協議会には洲崎義郎も参加しており、そこで一八日開催の市民大会の世話人に洲崎・斎藤らが推されたという(72)。

三月二四日、午後一時から柏崎小学校東運動場で第二回「正当課税要求市民大会」が開催され、約四〇〇人が参集した。前回同様、議長に洲崎義郎、副議長に斎藤準次が推された。義郎は前大会の決議を一九日に税務署長に手渡し交渉した状況を報告した。岡本省吾は署長の回答を報告したが、その内容はほぼゼロ回答であった。ついで、古物商・小運搬業・料理店・写真店・飲食店・鉄工業・洋服商・露天商などが不当な課税状況を報告した。自由討論の中で、山崎忠作が「本大会がある一部に利用され、思想的に動いている如く悪宣伝する向きがあるが、そのやうな趣旨に立つものでは断じてない」と言ったことが注目される(73)。「悪宣伝」とは、おそらく、共産党に利用されているなどと言って運動の分断を狙う者がいたことを指すのであろう。

こうした運動の中で、「柏崎納税対策委員会」が結成された。同委員会の代表一行（大矢良雄・品田常光・梅沢三代司ら七名）は三月二三日上京し、二四日参議院で下条恭兵と面談・打ち合わせを行い、翌日、東京財務局で直税部長・調査係長と面談して柏崎の不当課税の詳細を訴えた。直税部長は柏崎税務署に連絡を取ることを約束した。一行はさらに二六日、東京財務局長に面談し、柏崎に特別調査係員を派遣すること、柏崎商工会議所とも連絡を取ることを約束させ、二七日帰郷した。それを踏まえて、二七・二八日に柏崎納税対策委員会が開かれ、協議が行われるとともに、上京委員七名と洲崎義郎・斎藤準次・前川理三郎を柏崎税務署に遣わし、上京陳情の結果を伝え、再調査などを要請した(74)。

四月一八日、ようやく東京財務局の田村文書係長ほか一名が来柏したので、同日午後二時から柏崎税務署で、納税対策委員会のメンバーと各業代表約一〇名が田村係長・柏崎税務署長らと「折衝懇談」した。その席で納税対策委員会側は「県下他市と柏崎市の税率不均衡、市内業者間に於ける不公平につき実例を挙げて不当の実態を訴え善処方を要請すると共に、再審査請求の急速処理方法として各業内容の精通者に納税対策委員会代表も立会つて各業種別に総体的実情を交渉把握の上、再決定の重要資料とすべき旨を強く要望した」。また、これとは別に、四月一七日、委員会を代表して洲崎義郎が上京し、「超党派的に衆参国会議員に柏崎市に於ける今回の所得税更正決定の不当を訴え」た(75)。

四月二一日、商工会議所で納税対策委員会が開かれ、問題の焦点が県下他市との課税不均衡から市内業者間の課税不均衡是正に移ってきていること、柏崎税務署管内での「異議申請」が約一万三〇〇〇件に上っていること（他市では五〇〇〇件未満）などが指摘された。最後に委員会内の役員の選任が行われ、委員長に斎藤準次、副委員長に品田常光、事務局長に山崎忠作、渉外部長に洲崎義郎、調査部長に牧口銀次郎、宣伝部長に泉三郎が就任した(76)。役員に旧東方会のメンバー三名が入っていることが注目される。

当時、毎年、衆議院財務金融委員会が各財務局管内に現地視察調査団を派遣していた。今年度は東京財務管理局管内では高崎と柏崎が調査対象に選定され、調査団として中曽根康弘（民主党）・塚田十一郎（民主自由党）の二代議士と衆議院租税完納本部および東京財務局の職員二名が派遣されることになった。それに田中角栄（民主自由党）も案内役として加わり、彼ら一行は五月一二日に来柏した。一行は同日午前、市長・市会議長・柏崎税務署長らと「要談」し、税務署に赴いて調査を行い、午後は商工会議所で「納税対策協議会」・各業代表と懇談した。そこに出席した委員の発言のうち、洲崎義郎と泉三郎の発言は次のようなものであった。なお、田中を除く来柏者四名は同夜、高崎に向けて柏崎を出発した。

【洲崎】本問題の根源は柏崎税務署長が柏崎市民の担税力を無視して過重なワクをかついで来た点にある。又取扱つた署員担当者によつて非常な差があり、上の人が一体に安すぎる。柏崎が高すぎるのは今にはじまつた問題でなく、特に戦争中の繁栄から転落した現状では他署なみ処か、それ以下でなければならぬのに〔、〕それ以上となつており、官民相互の不信を激成している。先に来柏の中央係官より何らかの指示があつたか、又その内容如何、署長の異議申請処理に対する態度如何。

【泉】柏崎鉄工界は戦時新潟に次ぐ県下第二位を誇つたのであるが、それだけに戦後理研、新鉄等大工場の没落が下請工場に与えた打撃は他の土地にみられぬ深刻さだ。それを署長はじめ署員が新しく実情に通ぜず戦時中の例で課税した処に無理がある。我々は前後十七回実質上の団体交渉で県下十三位の実情であるが〔、〕ようやく七位にまでこぎつけることが出来た。急転する経済界の実情では業者の協力なくして適正課税は絶対不可能だ。[77]

(3)「官民協調」の「適正課税」運動への転換

六月二日、柏崎納税対策委員会は解散することになった。「一応その目的を果した」、「官民一体の協力体制として欠ける点」があった、というのが理由である。そして、今後は商工会議所の協力の下で「業者自体の自主的新機構をつくり、「官民一体の公正なる納税協力体制」を組織していくと報じられた。[78]

この段階で、洲崎義郎・斎藤準次は、「不当課税」問題から排除されたようだ。九月六日、「柏崎地区税務協議会」が結成された。規約第三条は「官民協調連絡し税務の普及宣伝と改善刷新を図り且つ適正申告、適正課税の実現を期し日本経済の再建に寄与するを以て目的とする」と、その目的を掲げている。キーワードは「官民協調」であった。

「委員長は笠木恭平（のちに新規選出予定の商工会議所会頭に変更）、常任委員に泉三郎の名はあるが、洲崎・斎藤の名はない(79)。

　とはいえ、問題はまだ解決していなかった。翌一九四九年一〇月一二日、柏崎税務署が市内業者に対して所得税増額訂正申告を行うように通知した時も、紛議があった。問題となったのは申告納税期限が一〇月三一日の第二期の所得税である。一〇月二〇日開かれた柏崎地区税務協議会は、二四日に署長らと話し合いの場を持ち、そこで示される税務署の方針提示をまって、対応策を協議することにした。二〇日の協議会では、「一《マ》昨年《マ》の市民大会のような過激なゆき方は反税運動に堕する恐れもあり、今回は絶体《ママ》にそのような線にゆかぬよう警戒する事に意見の一致をみた」という。ただし、署と業者の間では「打開の余地」があまり期待されないので、「地元国会議員を動かして国税庁の上層部に働きかけ、その指示により柏崎署の態度に何らかの変化を来すべきであるとの政治的解決策を要望する声が強かつた」ともいう(80)。

　こうして始まった一九四九年一〇月からの柏崎地区税務協議会を中心に「官民協調」で行われた「適正課税」運動は、一二月に一応の決着を見たようである(81)。

　だが、この流れに不満を持つ人々もおり、彼らは、同年一一月一四日、「柏崎適正納税会」を結成し、一五日から玉井潤次弁護士に依頼し、市内の駅通りに「税金相談所」を開設した。同会の準備委員には、泉三郎ら個人のほか、社会党・共産党・日農・地労会議・民主商工会準備会などが参加している。関係者は、「反税運動はやらないし、税務当局とむやみに対立したくもない。又商工会議所とも対立するものでは決してない。たゞ真に実効のあがる運動をぐん〳〵やらなければならぬと信じているだけである」、と主旨を語った。そして、柏崎適正納税会は柏崎税務署長に九項目の決議を手渡した(82)。

　これに対して柏崎税務署がどのように対応したかを含め、その後の柏崎適正納税会の運動は不明である。また、これに洲崎義郎がどのように関わっているかも不明である。

d　中越文化協会と自由大学運動への参画

(1)　中越文化協会の設立

洲崎義郎は、一九五〇（昭和二五）年八月頃、岡塚亮一らと「民族文化の鑑賞と創造」を目的として中越文化協会を結成し、その事業の一環として自由大学柏崎教室を開設し、邦正美舞踊の公演や前進座の公演を行った[83]。前進座の公演については、河原崎長一郎一行が五一年七月二九日に柏崎小学校で昼夜二回上演するとの案内記事が『柏崎春秋』に掲載されており[84]、おそらくそれを指すものと思われる。ただ、同記事はこの公演と中越文化協会との関係については記していないが、同会が主催したものであろう。

(2)　邦正美の舞踊公演

一九五〇年九月二三日の『柏新時報』に中越文化協会の「空間の表現―邦正美舞踊公演によせて」と題する文が掲載された。執筆者は記されていないが、内容・表現から洲崎義郎の可能性が高い。この文で注目されるのは、「現在のバレーヤ《ママ》、ダンスが近代舞踊の理念から云つて余りにも観客本位の甘い見世物式の踊りに随《ママ》してしまつたものに比べて邦先生の舞踊は、堂々と其の本筋を歩いてユニックな風格と香気を発散させている尊い舞踊です」、「柏崎は文化都市などと云われていますが〔〕それは過去の事であつて現在では県下のレベルから云つて一番低調な地位に有ります。それをすこしでも高め且深めて行くのが我々文化を愛するもの、使命なりと断言致します」という件である。

この文の後に掲載された邦正美の「略歴」によると、彼は東京帝国大学文学部美学科在学中に舞踊の理論的研究と実技習得に出精し、一九三四（昭和九）年に卒業した後は日本青年館などで独創的舞踊を公演し好評を得た。その後ドイツに渡り、国立舞踊大学に学ぶなど研鑽を積み、母校で教えるとともにヨーロッパ各地で公演活動を行った人であった。洲崎義郎は、舞踊の本質を捉え、それを見事に表現しているところに感服したのであろう。ただ残念なことに、邦正美の公演が行われた日時・場所については不明である。

(3) 自由大学柏崎教室の開設

自由大学柏崎教室の開設は一九五〇年一一月二四日であった。『越後タイムス』は次のように報じている。

教育の民主的解放と、地方社会教育の普及を求めて〔、〕九月以来中越文化協会で準備を進めていた自由大学柏崎教室はいよ〳〵廿四日午後六時半から市内聞光寺で開校式を行い、講議《ママ》を始める。十一月講座の講師、日程、題目次とおり

▲廿四、五両日「家族と愛情」東京経済大学教授玉城肇▲廿七日「東亜の政治経済分析」中国研究所長、日本学術会議員平野義太郎▲（交渉中）「フランス文学」柏中出身、東京大学教授杉捷夫

各日とも午後六時から九時まで講議《ママ》。入学資格一さい制限なく、またいつからでも入学出来る。講議《ママ》の内容は新制大学一般教養科目程度で哲学、社会科学、自然科学、芸術、婦人問題等をとりあつかい、毎月だいたい三人の講師が二日ずつ、一日三時間講議《ママ》する予定。入学希望者は入学願書に入学費五〇円をそえ市内駅通り中越文化協会内自由大学柏崎教室事務局その他に申込めばよい。月謝は百円。なお主催者中越文化協会では、同教室経費予算二四万七千円中一〇万余円の不足がみこまれるので市会に対し市費一〇万円の補助請願書を提出した。また月一回自由大学柏崎教室新聞を発行、第一号は十一月十五日に出された。(85)

この記事から自由大学柏崎教室の概要がわかる。ここに出てくる『自由大学柏崎教室新聞』を見ればもっと詳しいことがわかるであろうが、所在不明で見ることができない。ただ、一九五〇年一一月二三日の『柏崎春秋』創刊号に、洲崎義郎の「自由大学柏崎教室の開校に際して」と題する一文が掲載されているので、その重要と思われる部分を紹介しよう。

〔前略〕学問したくともお金やひまや機会がない為にどれだけ多くの青少年が空しく老いくちた事でしょう。そんな事を思うと私達の心は締めつけられる様に痛んで来ます。私達はは正しい知性や勇気を欠いたために今世界の自由な立場や公正の立場で堂々と自分達の意見や議論を闘わせて居る人達を前にして非常なひけ目と気はずかしさを感ぜざるを得ません。こんな事では到底日本の再建は出来ません。敗れたりと云えども日本人の素質の中には多くのすぐれた光り輝くものも有る筈です〔。〕その良き素質に十分な磨きを掛けて曇りなく高いものを創り出すにはやはり何よりも先きに物を正しく判断し鋭く批判する知性とその知性をもとにして真実を貫く勇気を獲得す可きです。〔中略〕俺は素養がないから大学級の先生からは難かしすぎて講義を聴いても判らないだろうなどゝ云う心配は無用です。先生方は極めてやさしい程度と言葉で判り易く教えて下さいますから是非一度聴講して下さい。そうすればこれは入学して良かつたなあと思われるに違いありません。現に高田の自由大学では四百人位の生徒が悦んで在学して居ります。〔中略〕折角開《ひらか》れるこの意義ある自由大学を単なる中越文化協会の専有物でなしに皆さんの自由大学としてすく〳〵と育んで下さいまし。〔以下略〕

これから、高等教育を受けることができない、あるいはできなかった人々に、「物を正しく判断し鋭く批判する知性とその知性をもとにして真実を貫く勇気を獲得」してもらいたいとの願いがここにある。また、すでに高田で自由大学が開校され、四〇〇人ほどの聴講生があることもこの文でわかるが、霜鳥誠一の回顧談によると、「長野県、高田、直江津、新潟と連絡しながら、例えば一人の講師が各地を巡回する仕組み」であった[86]。講師の人選・依頼は他の地域の自由大学とも連携したものであったと思われる。

「洲崎義郎関係資料」（3）の中に、中越文化協会・自由大学について書かれたメモ的な記事があり、一部の開講状況を示すものがある。それと前記一一月の講座、一九五一年六月八日の『柏新時報』に掲載された「自由大学六月講座」（予告記事）も合わせ、今私が把握している五〇～五一年の開講状況（予定を含む）を整理して表にして掲げよう

表6-1　自由大学柏崎教室の講座一覧（一九五〇〜五一年）

講座	日程	講師	演題
11月講座	24・25日	玉城肇（東京経済大学教授）	家族と愛情
	27日	平野義太郎（中国研究所長）	東亜の政治経済分析
	〔交渉中〕	杉捷夫（東京大学教授）	フランス文学
1月講座	25・26日	鈴木安蔵（日本政治学会理事）	官僚と政治
	28・29日	森宏一（唯物論研究編集長）	唯物論について
2月講座	17日	平野義太郎	東亜事情の分析
	22日	荒正人	文学に於ける女性の抵抗
	23日	岩上順一	戦争反対の文学論
	26・27日	石母田正	中世史
5月講座	19日	椎名麟三	文学とは何か／赤い孤独者（近作）※
6月講座	9・10日	新島繁	現代思想史（ジャーナリズムについて）
	23・24日	高桑純夫	哲学（哲学を学ぶ人のために）
	26・27日	田中惣五郎	社会運動史
	30日・7月1日	松本新八郎	日本中世史（鎌倉幕府以後）
7月講座	7・8日	甘粕石介（愛知大学教授）	哲学弁証法について
	15・16日	山田勝次郎	経済学

注　※は史料のママ。
出所　『越後タイムス』一九五〇年一月一九日（「自由大学開校」）、『柏新時報』一九五一年六月八日（「自由大学六月講座」）、「洲崎義郎関係資料」（3）。

（表6-1）。なお、五月以降の会場は市公会堂になっている。

霜鳥誠一の回顧談には、ここに名前がある講師以外にも、歴史学の藤間正大《ママ》、考古学の井尻正二、文学の佐多稲子、映画俳優の神田隆の名が出てくる。また彼は、「洲崎さん、岡塚亮一さん、梅沢三代司さん、岡本省吾さん、寸土栄都さん、私などが中心の『柏崎文教会議《ママ》』が運営の母体でした」と中心メンバーの名を挙げ、「戦前、戦中を通じて抑圧されていた科学や芸術の話は、干天の田圃に注ぐ雨のように私たちの頭に浸透する感じでした」、「縁取りした茶色のスキー帽を目深く被った洲崎さんが、余り上等でない自転車で、聞光寺にいつでも来られたことを忘れません」と述べている(87)。

一九五〇年一月のコミンフォルム批判、六月の占領軍司令官による共産党中央委員の公職追放指令を契機に、日本共産党は内部分裂し、徳田球一書記長らは「非公然活動」に入った。その後も共産党と同調者に対するレッドパージは拡大した。共産党関係者や同調者にあっては、こうした厳しい状況の中で中越文化協会・自由大学を合法的運動として発展させようとする意図があったかもしれない。ちなみに、歴史学担当者として登場する石母田正・松本新八郎・藤間生大は、五二年から民主主義科学者協会（民科）が中心となって進めていく「国民的歴史学運動」のリーダーとなる人達である。彼らは「民族」「民族文化」を重視し、学界に大きな影響力を与え、注目されていた新進気鋭の研究者であったので、その関係から講師に招聘されたのであろう。

こうした事情を洲崎義郎がどこまで知っていたかは不明である。それはともかく、義郎には、平和と民主主義を旨とする新憲法に沿った新しい知識・思想を青年たちに紹介し、彼らがそれを受け止め、自ら考え、生かし、地方文化発展の担い手になってもらいたいという思いが強くあったと考えられる。それは戦前の青年団指導にも流れていた考えであった。

自由大学柏崎教室がいつまで続いたか不明である。次章第2節eで触れるが、洲崎義郎が市長に就任すると、『越後タイムス』の中村葉月らの反洲崎派が自由大学への攻撃を強めたことや、以降に中越文化協会・自由大学の動きが新聞に見られないこと、公民館活動の中に解消した可能性もあることなどから、一九五一年中に自然消滅したように思われる。

4　酷評される洲崎義郎と公職追放解除

a　『越後タイムス』の酷評

これまで見てきた戦後における洲崎義郎の社会活動などに対して、『越後タイムス』は酷評というべき記事を掲げた。一九五〇（昭和二五）年の『越後タイムス』は「柏崎人間模様」と題する人物批評欄を設け、不定期に柏崎の人物を取り上げ、小林多助・小林治助・西巻達一郎らに続いて、四月二三日に洲崎義郎を取り上げた。両小林や西巻については好意が感じられるが、義郎に対しては悪意すら感じられる酷評であった。この執筆者は無記名であるが、おそらくタイムス「主幹」の中村葉月であろう。新聞がこのようなイメージを拡げようとしていたことは無視できないことであるので、取り上げざるをえない。

その要点を私なりに示すと、①洲崎義郎は「戦時最も熱烈な祖国主義者であった」が、戦後「一八〇度の転換により前衛的な左翼思潮の第一線に立つた」、②彼は一時は共産党に「入党するのではないかとさえ噂された」が、後に離れ、今や「右からも左からもかえりみられぬ在在」となり、さらに「社会の全ての人々からも忘れられていつた」、③彼は「理想主義」に立って「新思想をあさり歩くドンフアン」であり、その「思想への慾情のあり方はひどく独善的で社会的基盤を欠いて」おり、「最も封建的な貴族社会にみられた次から次へと女をあさりあるくあの淫蕩ぶりを思わせる」、④彼の悲劇は、「封建性に支えられて来た貴族階級の没落、そして生活力を失つた名門の崩壊」を意味し、「封建柏崎の悲劇の最も感傷的な表象である」、となる。

洲崎義郎は、長い間、多額の私財を地域社会、青少年の育成のために意識的に費消してきた。それによって、自己を民衆の境地に近づけようとしてきたのである。だが、戦前・戦中は天皇制にとらわれ、侵略戦争に加担協力し、自らは無産者の一員になりきれなかった。戦後は共産党の西沢富夫との出会いなどを機に、それまでの行動・思想を深く反省し、勤労者と連帯して社会活動を行うようになったのであり、このような非難は当たらない。

b　資産状況

前記の記事中に「貴族階級の没落」、「生活力を失つた名門の崩壊」という表現があるので、この頃の洲崎義郎の資産について触れておこう。

一九四七（昭和二二）年六月二二日の『越後タイムス』に刈羽郡・柏崎市の「財産家調」が掲載されている。それによると、洲崎義郎の資産は四四万六四〇〇円という。ちなみに、比角の大矢長左衛門は六二万五九〇〇円、本町二の二宮伝右衛門は五九万八一〇〇円、同・西巻達一郎は五八万六三〇〇円、本町六の吉田正太郎は五〇万四八〇〇円、大久保の西川弥平治は三九万三二〇〇円、比角の霜田毅は三七万五八〇〇円、同じく比角の石塚善治は三三万〇六〇〇円という。梅沢三代司は『洲崎義郎回顧録』の末尾の「あとがき」において、第7章で取り上げる水道疑獄事件に関する「供述調書」で、義郎が「私方は何代も前から地主で、田六、七十町歩あり、いわゆる地主として小作米で生活しておりました。それが、終戦後農地解放により全部政府に買い上げられました。山林は以前からありませんで、現在私の不動産としては、現在の家屋とその敷地だけであります」と述べたことを紹介している。(88) 他の地主と同様、義郎においても農地解放の影響が大きかったことが窺える。

c　公職追放解除

一九五〇年一〇月一三日、政府は全国で一万九〇名の公職追放解除を発表した。その中に柏崎関係では洲崎義郎・岡塚亮一ら四名がいた。すでに記したように、義郎は四四年一一月から約五ヵ月間、柏崎市翼賛壮年団長に就任したこと、および武徳会県剣道部会長に就任していたことが公職追放の理由であった。なお、岡塚は四五年五月に在郷軍人会柏崎第一分会長に推され内諾を与えたことが理由であった。(89) 義郎はこの報を受けて次のように語った。

責任を感じて度々訴願の機会はあつたが出さずにいた処、今年四月最後の機会に友人のたつてのすゝめで出した〔。〕しかし出せば必ず通る確信だけはあつた、元々私は自由主義者だつた、政界への復活？　いやそんなことは少しも考えていない、大体私は以前から政党はきらいだし、関心ももつていない、今後はどつちかといえば、自由大学などの仕事もあり〔、〕中越文化協会などに力をいれてゆきたい、たゞ政治はきらいといつても自治体の場合は別で、以前から教育改革による新市民の育成ということには熱意と努力を惜しまなかつたので、市会に席をもつということは別に考えなければならない、だいたい一党ワンマンで、批判のない処には市政だつて進歩

はないですよ(90)

公職追放の実施に関しては「公職資格訴願審査委員会」が設置され、異議申立を審査する措置がとられていた。それは一九四八年三月廃止されたが、占領政策の大転換を背景に、四九年二月復活し、翌年六月勃発の朝鮮戦争、同八月の警察予備隊設置を契機に取り消し条件が緩和されるようになっていた。洲崎義郎の前記談話で「今年四月最後の機会に友人のたつてのす丶めで出した」というのは、これと関係する。五〇年一〇月の追放解除は約三万二〇〇〇人の訴願者に対して、約一万人が解除となった(91)。義郎もその一人であった。なお、一一月一〇日には、新設した警察予備隊の指導の必要から旧軍人三二五〇人についても追放解除することを発表している。そして、五一～五二年には他の追放者も全て解除される。

一九四七年四月の市長選に、洲崎義郎は公職追放となっていたから、立候補できなかった。任期満了に伴う選挙は五一年四月に予定されている。今度は立候補が可能となる。前記の洲崎談話でも、「政治はきらいといつても自治体の場合は別」と述べ、市長選ないし市議選への立候補があり得ることを否定していない。三井田市政を「一党ワンマン」と批判していることも注目される。したがって、市政をめぐり、俄然、政治的緊張が高まることは避けられなかった。そして、義郎は市長選の有力な候補者として浮上していくことなる。

注

（1）市史編さん委員会編『柏崎市史』下巻、六七五～六七六頁、一九九〇年、市史編さん室。
（2）『越後タイムス』一九四六年一月一三日（「二代目市長／三井田氏に決る」〈市政展望欄〉）。
（3）同前、一九四六年二月二四日（「柏崎より」欄）。
（4）同前、一九四七年四月二二日（「柏崎市長選挙開票結果」）。

（5）同前、一九四七年五月四日（「柏崎市会議員選挙開票結果」、「市議選のあと」）。
（6）同前、一九五一年一月一日（「柏崎政界風土記／三羽烏」）。
（7）同前、一九五〇年一月一五日（「柏崎より」欄）。
（8）同前、一九五〇年三月二六日（「新年度予算案に対する三井田市長の施政方針」）。
（9）『柏崎日報』一九五〇年三月二七日（「陸上競技場市営へ」）。なお、同年六月一一日の『越後タイムス』に掲載された紫楼生「柏崎よ／裏日本のスポーツセンターたれ」によると、上記の市の予算に計上されていた経費により、市に移管された公設競技場の改修が行われ、第二種公認競技場が実現した模様である。そして、同年八月六日の同紙には、「さきに第二種公認をみた市営陸上競技場の使用条例が〔七月〕十五日の市会で決定公布された」と報じられている。
（10）『越後タイムス』一九五〇年四月二日（「廿五年度市予算修正成立」）。
（11）同前、一九四六年二月二四日（「総選挙前奏曲」）。
（12）同前、一九四六年四月一四日（「衆議院議員／新潟県当選者」、「柏崎市・刈羽郡各候補者得票数」）。
（13）・（14）同前、一九四七年四月二七日（「第三区衆議院議員／選挙開票成績」「本県第三区衆議院議員選挙柏崎市、刈羽郡開票結果」）。
（15）同前、一九四七年三月三〇日（「衆議院議員候補者／田中角栄氏の横顔」）。
（16）同前、一九四七年四月二七日（「柏崎より」欄」）。
（17）前、一九四九年一月三〇日（「第三区郡市別得票表」）。
（18）『朝日新聞』一九四八年一一月二四日（「田中法務政務次官／自宅などを捜査」）。
（19）同前、一九四八年一二月一四日（「田中角栄氏収容」）。なお、田中は五〇年四月一一日、東京地裁で懲役六月（執行猶予二年）の有罪判決を受けた（『朝日新聞』一九五〇年四月一二日〈「田中万逸氏は無罪／炭管公判・きのう判決」〉）。だが控訴し、翌五一年六月二三日、東京高裁で無罪の判決を受けている（同前、一九五一年六月二三日〈「田中万逸氏に無罪／炭管事件控訴審判決」〉）。
（20）『越後タイムス』一九四九年五月八日（「市勢千年の運命をこゝに／柏崎港期成同盟会具体化へ」）。
（21）同前、一九四九年七月一七日（「港湾協会―柏崎港建設計画成る」）。
（22）同前、一九四九年七月二四日（「柏崎港建設計画説明／県で港湾協会案を修正再設計」）。

(23) 同前、一九四九年六月五日(「夢ならず!湧出実現近し/柏崎温泉着工準備なる」)。
(24) 同前、一九四九年一〇月九日(「待望の柏崎温泉開坑式」)。
(25) 同前、一九四九年一一月二七日(「柏崎温泉遂に噴出」)。
(26) 同前、一九五〇年一月二二日(「温泉旅館二十二軒認可」)。
(27) 同前、一九四六年一月一三日(「復刊に到るまで」)。
(28) 前掲、『柏崎市史』下巻、七五三~七五四頁。これによれば、当初の開設地は「柏崎農業学校跡」で、同年九月に「旧理研青年学校施設を買収」した比角校舎に移転したという。
(29) 『柏崎時報』一九四七年四月一二日(「待望の柏崎専門学校」)。
(30) 同前および柏崎市編刊『柏崎の先人たち――柏崎・刈羽人物誌』一〇六頁、二〇〇二年。
(31) 『越後タイムス』一九四八年二月一五日(「総合大学設置運動と柏崎」〈週間展望欄〉)。
(32) 同前、同前記事および同紙、一九四八年二月二二日(「柏崎より」欄)。
(33) 同前、一九五〇年四月九日(「柏崎短期大学誕生」)。
(34) 「洲崎義郎関係資料」(2)所収の梅沢三代司稿「苦渋のわだち」(第一六一丁)。
(35)・(36) 梅沢三代司「昨日は戻らない」(『旧友会刈羽・柏崎支部ニュース』第一号、一九八一年一月、孔版刷)。本文献は「洲崎義郎関係資料」(4)所収。なお、ここに出てくる横田省平は、第4章第1節bで触れた、一九二七年一一月結成の「中越小作人組合」執行委員と同一人物と思われるが、詳しくはわからない。
(37) 『柏新』一九四六年二月二二日(「平和日本建設の原動力/刈羽青年民主連盟」)。
(38) 同前、一九四六年三月一五日(「柏崎刈羽民主連盟結成/会長に洲崎義郎氏」)。
(39) 同前、一九四六年五月一〇日(「刈羽民主連盟/会長の資格問題で悩む」)。
(40) 西沢富夫「洲崎義郎さん――郷土の優れた先駆者」(『洲崎義郎回想録』二四三~二四四頁)。
(41) 同前、二三三、二三六~二三七、二四〇~二四二頁。
(42) 『柏新』一九四六年五月三日(「赤旗は薫風にひらめき/三千の示威行進全市を圧す」)。
(43) 『越後タイムス』一九四六年五月二六日(「柏崎より」欄)。
(44) 同前、一九四六年七月二八日(「柏崎より」欄)。

(45) 同前、同日〈北川省一「柏崎地区民主連盟結成大会に参加して」〈K.P.C欄〉〉。
(46) 同前、一九四六年九月二九日〈「刈羽民主連盟結成大会」〉。
(47) 神田文人『日本の統一戦線運動』一八二〜一八五頁、一九七九年、青木書店。
(48) 『越後タイムス』一九四六年五月一九日〈「柏崎工業学校紛争／教育経営を我等の手に」〉。
(49) 同前、一九四六年五月二六日〈「工業学校騒動／問題解決の捷径」〈週間展望欄〉〉。
(50) 同前、一九四六年六月一六日〈「柏崎より」欄〉。
(51) 同前、一九四六年七月七日〈「柏崎より」欄〉。
(52) 同前、一九四六年一二月一五日〈「教員のスト」〈週間展望欄〉〉。
(53) 同前、一九四六年六月一六日〈「柏崎より」欄〉
(54) 同前、一九四六年九月一日〈「柏崎より」欄〉。
(55) 同前、一九四六年九月八日〈「柏崎より」欄〉。
(56) 同前、一九四六年九月一五日〈「柏崎より」欄〉
(57) 同前、一九四六年一〇月一三日〈「柏崎より」欄〉。
(58) 同前、一九四六年一〇月二〇日〈「柏崎より」欄〉。
(59) 『柏新』一九四六年九月一三日〈洲崎義郎「審査員の一人として出演者の皆様へ」〉。
(60) 『柏新時報』一九四七年三月一五日〈「春訪れ初めし廿二日／本社主催第三回芸能コンクール」〉。
(61) 同前、一九四七年一〇月四日〈「洲崎市川両氏を囲み／コンクール出演者座談会」〉。
(62) 『越後タイムス』一九四六年一一月三日〈「柏崎より」欄〉。
(63) 『朝日新聞』一九四六年一一月八日〈「地方公職の範囲決まる」〉。『官報（号外）』一九四七年一月四日。
(64) 『越後タイムス』一九四六年一一月一七日〈「公職通報の嵐」〈週間展望欄〉〉。
(65) 同前、一九五〇年一〇月二二日〈「柏崎より」欄〉
(66) 山本礼子『米国対日占領政策と武道教育――大日本武徳会の興亡』五三、五五頁、二〇〇三年、日本図書センター。
(67) 『柏新』一九四六年一一月一五日〈「追放令拡大で町村長殆んど抵触」〉。記事中に「柏崎市では軍人分会長吉浦栄一氏は市議を、翼壮団長洲崎義郎氏も市議を夫々辞任してをり」とある。

(68)『柏新時報』一九四七年一一月八日(「洲崎氏に捧ぐ／讃える歌も合唱」)。
(69)『越後タイムス』一九四八年三月二八日(「柏崎体育団結成」)。新潟県体育協会編刊『新潟県体育協会五十年史』(一九八二年)は、「大正12年11月20日」誕生した「刈羽郡体育協会」は「柏崎町が昭和15年7月の市制施行に伴い、翌16年5月に『柏崎市体育団』となり、更に昭和22年『柏崎体育団』と改称して現在に至っている」と記している(六八七、六八九頁)が、当時の新聞記事によった私の本文記述のほうが正しいと思われる。
(70)『柏崎日報』一九七五年九月二六日(「文部大臣表彰／近藤禄郎氏」)。ここに書かれた近藤禄郎の略歴記事による。近藤は以降一九八〇年五月まで三二年間、団長の職にあった(同紙、一九八〇年五月二日〈「新団長に月橋氏－近藤氏は名誉団長」〉)。
(71)『越後タイムス』一九四八年三月二一日(「納税者市民大会」〈週間展望欄〉)。
(72)同前、同日(「主権在民の大旗の下生活権擁護の叫び／不当課税反対市民大会開かる」)。
(73)同前、一九四八年三月二八日(「正当課税要求第二回市民大会」)。
(74)同前、一九四八年四月四日(「柏崎より」欄)。
(75)・(76)同前、一九四八年四月二五日(「納税対策委員会／係官来柏情状報告」)。
(77)同前、一九四八年五月一六日(「衆院税務調査団／一行五名来柏調査／衆院調査団懇談会」)。
(78)同前、一九四八年八月八日(「柏崎より」欄)。
(79)同前、一九四八年九月一二日(「柏崎地区税務協議会結成」)。
(80)同前、一九四九年一〇月二三日(「結局上京陳情運動に発展か／所得税問題」)。
(81)同前、一九四九年一〇月三〇(「税務協議会」)、一一月六日(「所得税問題その後の展望」)。
(82)同前、一九四九年一一月一三日(「適正納税会結成総会」)、同月二〇日(「所得税問題その後の推移」)。
(83)『柏崎日報』一九五一年一〇月二二日(「公民館人事」〈時評欄〉)。
(84)『柏崎春秋』一九五一年七月一七日(「前進座来柏」)。なお、柏崎小学校を公演会場として使用することについては、一九四九年九月、前進座が同校での公演を企画したところ、県教育長の通牒を理由に当時の三井田虎一郎市長は許可しなかったことがある(『柏崎日報』一九四九年九月二四日〈「前進座会場不許可問題」〉)。洲崎市長はそれを覆し、許可したのであろう。
(85)『越後タイムス』一九五〇年一一月一九日(「自由大学開校」)。

(86)・(87)　霜鳥誠一「洲崎さんの原水爆禁止・平和運動」(『洲崎義郎回想録』二六〇〜二六一頁)。なお、引用文で霜鳥は自由大学の母体を「柏崎文教会議」と記しているが、「中越文化協会」の誤りである。
(88)　『洲崎義郎回想録』三七二頁。
(89)・(90)　『柏崎日報』一九五〇年一〇月一八日(「追放解除―柏崎では四氏／洲崎氏、市政に復活?」、「チラリ、市政へ皮肉／晴れて感慨語る老青年」)。
(91)　末川博編『資料・戦後二十年史 3 法律』四九頁、一九六六年、日本評論社。

第7章　柏崎市長時代

洲崎義郎は一九五一（昭和二六）年四月、柏崎市長に当選し、五五年四月の選挙で再選され、五九年四月の選挙で敗北するまで、二期八年間、市長として活動した。本章はこの八年間にわたる柏崎市長時代の市政を中心に取り上げ、そこに見られる洲崎義郎の思想と行動を考察する。まず、市長に当選、そして再選される経緯から見ていこう。

1　市長初当選と再選

a　一九五一年四月市長選での初当選

一九五〇（昭和二五）年八月頃、三井田虎一郎市政に対してかなり批判が強まっていたが、有力な対抗馬を見出すことができない状況であった[1]。こうした中、同年一〇月一三日、洲崎義郎の公職追放解除が報じられ、義郎が三井田の有力な対抗馬として急浮上する。

一九五一年一月、『越後タイムス』は四月市長選挙の「展望」記事を載せ、三井田現市長の再出馬は動かぬところだが、三井田市長に不満をもつ勢力として「自由党の一部中堅層」と「社会党を盟主とする労農関係団体」が考えられるが、「反共」の立場から彼らは洲崎義郎を支持しないだろうから、結局各員の「自由意志」に委ねることになるだろう、との観測を記した。そして、三井田現市長には現市議の大部分と代議士の田中角栄・下条恭兵が「密接な連携」を保っているので、「再選はほゞ決定的と予想される」と記した[2]。

このように、洲崎義郎が市長選候補者に浮上してきた段階でも、『越後タイムス』は三井田再選を確実と見ていた。なお、二月二四日来柏した社会党参議院議員の下条恭兵は、『柏崎日報』記者に、反共の立場から洲崎候補を支持しないと言明した(3)。

一九五一年四月三日、市長選が告示された。現職の三井田虎一郎（六一歳）と洲崎義郎（六二歳）の一騎打ちとなった。三井田の選挙事務長は市会議長の巻淵藤吉で、政見として、「教育施設の完備、産業道路開発、中小企業育成、社会福祉の強化、都市計画の促進、税の過正《ママ》賦課、鵜川の改修完成、柏崎港の拡築、保健体育事業の拡充（一観光施設の整備、失業対策事業、農林水産の振興」を掲げた。他方、洲崎の選挙事務長は岡部友平（印刷業）で、政見として、「教育の振興、市民生活の安定、税金の公正賦課、産業の発展策実施、文化運動の促進（体育振興、公民館運営の拡充、図書館施設充実）、社会福祉施設充実、失業救済事業強化」を掲げている(4)。どちらも総花的であるが、この簡単な政見発表を見る限り、三井田は産業経済に力点が、洲崎は文化運動に力点をおいているように見受けられる。

四月二二日の『越後タイムス』（「市長選挙大詰を探る」）は、市長選の終盤情勢について、洲崎派が「反三井田の結集を図るとともに行動隊の中心に青年層を確保、序盤戦開始とともに一気に三井田陣営に立直るすきをあたえずに圧倒しさる策戦《ママ》に出た」とし、選挙戦開始前は三井田七、洲崎三で、三井田が圧勝すると見られていたが、ここにきて三井田派は苦戦している、だが、「底力」から三井田派が僅差ながら勝利する、との予想を記した。

四月二三日投開票が行われ、洲崎義郎が圧勝した。洲崎の得票数は一万三一八四票で、三井田の六一八二票の二倍以上であった。投票率は九六・七五％と極めて高く、多くの有権者の期待が洲崎に集まったことがわかる。この結果について、これまで三井田を公然と応援してきた『越後タイムス』は、「予想外の大差をもつて三井田氏が破れたのは選挙通の間にも意外の感を深めているが、これは浮動票、とくに婦人、青年、勤労各層の票が大きく洲崎氏の方へ動いた結果とみられている」と記した(5)。

タイムス記者がいう「選挙通」とは所詮、従来の地方政界を担ってきた人々のことであろう。そのような人々によって公的領域から排除されていた女性・青年・勤労者の願いの受け皿が洲崎義郎であったことに、タイムス記者は思いを致すことができなかったようだ。

なお、市長選と同時に行われた市会議員選挙（定員三〇名）でも、洲崎支持派の候補が多数当選した(6)。これについては本章第2節dで取り上げる。

b　一九五五年四月市長選での再選

次の市長選は、一九五五（昭和三〇）年四月三〇日に行われた。再選を期す洲崎義郎に対して、保守勢力は吉浦栄一を候補に擁立した。

吉浦栄一は、戦時下で県翼賛壮年団総務・興亜部長、郷軍柏崎市連合分会長・第一分会長などを務め、戦後、公職追放となっていたが、一九五一年七月、追放解除となった(7)。そして、五四年四月の県議補選で当選し県議となっていたが、それを辞しての市長選立候補であった。

この市長選は、洲崎市政第一期四年間の評価を伴うものであった。『柏崎日報』は、市長選に立候補した吉浦栄一と洲崎義郎の「立候補の言葉とスローガン」を顔写真と共に掲載した。両者のそれは次の通りである。

〔吉浦〕

従来の市政の暗さから明るさをとりもどし、偏りを正すことはもとより、実質的に柏崎市政を伸ばすため最善をつくすことを約束する。

一、明るい誠実な市政の確立
一、無計画な赤字財政の解消
一、農工商を一体とした理想都市の建設

一、学校教育と成人教育の振興
一、働く人達と母と子のための住みよい生活環境を作る
一、市町村合併の実をあげる
〔洲崎〕
一、私のときに出た赤字を私の手でしまつさせていたゞくと共に、更に積極的な処理をいたします。
一、私のときに合併した村を私の手で立派に育て上げさせて下さい。
一、ます〳〵教育の普及振興に努力をいたします。
一、さらに商工業、農業の興隆に努力をいたします。
一、勤労大衆の生活の安定をまもるために努力をいたします。(8)

洲崎義郎は四月二五日の「市長候補合同演説会」では次のように訴えた。

前回の選挙において私は四つの公約をした。それは、
一、暗い政治はやらぬ
一、教育の振興
一、産業の興隆
一、税の公正賦課
で、私はまがりなりにもこれを実行してきた。そして自治政治が分つてきた今日〔、〕再び当選の栄をあたえて下さるならば、私はこの四年間の経験を生かし、腰をおちつけて今度こそやつて行けると思つている。市村の合併は私の手によつてやつたもので、五ヵ村の方の気持は私が一番よく知つている。村の要求は施策の上に充分生

かしてやつていけると思う。次の赤字問題は議会においてもはつきりいつたように、い、ことは何でもやるとはいわぬが、柏崎の将来のためにはやらねばならぬ事業のためであつたということである。そして議会の承認を得てやつたことである。

現在赤字は六千五百万円ほどになつているが、このうち千六百万円は五村がもつてきたのだから、市の赤字は四千九百万円ほどであり〔〕学校、保育所、モデル保健所、養老院など多くの仕事をしてきた。産業振興については中小企業の人達の悩みを解決する施策をやり、一方において既設の中小企業を育成し、一方新しい産業をおこしたいと思う。さらに受入れた五村は特に農業が多いので、特別なる関心をもつており、循環経済をねらいとした土地改良、二毛作、ヤロビ農法、生産性の向上、機械化、肥料問題等充分に研究したい。そして土に根ざした文化をそだて青少年、公民館問題とも真剣にとりくみたい。また教育のよりよき進展、民主化が今日逆コースをたどりつゝある現状であり、学校教育とともに社会教育、青少年教育のたて直しをやらねばならぬ。私は生涯を通じて自由主義者として戦つてきた。いま民主々義は無惨にもジユウリンされようとしており、この民主々義の基礎は世界平和の確立をおいてない。四年前、あの当選の感激はマブタの底にやきつけられているが、これは個人洲崎にあたえられた小さな感情ではないと信じる。洲崎は民主々義をつらぬき通し、ウソをいわぬ、実行する男であるとの上に立つた支持であつたと思う。議会との協力、議会の意志尊重を基礎に民主政治の確立を念願する私は、有権者の一票が実に千キンの重みを持つていることをうつたえて終わりたい〔〕(9)

以上から、大きな争点は市財政の赤字問題であったことがわかる。洲崎義郎は赤字財政の中でも福祉・産業振興・教育振興など必要な施策を推進し、自由主義・民主主義・平和を重んじる政治姿勢を強調しつつ、財政赤字の解消を自らの手でやる決意を示していた。これに対して、『越後タイムス』などの反洲崎派は、以前から赤字財政を執拗に追及し、教育振興を重んじ産業振興を軽んじていると攻撃していた。

市長選は四月三〇日に投票が、五月一日に開票が行われた。その結果、洲崎義郎が一万五三二〇票を獲得し、吉浦栄一の一万四七六七票を抑えて当選した。差は五五三票であった[10]。『新潟日報』はこの結果について、次のように解説している。

〔前略〕前回の洲崎、三井田虎一郎両氏の市長選以来、革新対保守の宿命的な一騎打となつた。吉浦派は七千万円に上る市の赤字財政の追及と洲崎市政は国と県とのつながりの面で弱いということをとりあげ、これに対して洲崎派は一部財界筋に牛耳られるような市政を排撃、民主的な明るい市政を打立てるとして〔、〕それぞれ舌戦を展開した。

革新系といわれる洲崎氏は左右両社の推薦を受けたが〔、〕地区労、市職組など白紙の立場を声明、一方保守政党の民主党支部は洲崎、吉浦両派に分れ、自由党支部また白紙の立場をとるなど複雑な様相をみせ〔、〕両派伯仲の混戦が続けられた。これは追込みに入つてますます激しさを加えるとともに両候補の個人攻撃的なうわさも流れ、さらに言論戦にも両派応援弁士の間に泥仕合が演じられるまでに発展した。このような情勢下に吉浦派は旧市内ではやや優勢が伝えられていたが、洲崎派は勤労大衆を基盤とする大衆と密着した作戦と言論戦でこれに食いさがり、最後まで末端への浸透作戦につとめた。また洲崎派は新市域方面では市村合併の当事者であつたことなどから分があつたようで、五百六十《ママ》三票を引き離したのもこの新市域の票がものをいつたとみられる[11]。

この解説によれば、左社・右社両党は洲崎を推薦したが、地区労・市職組は白紙の立場をとった。市職組が「白紙の立場」というのは当然であろう。他方、柏崎地方労組協議会は、選挙告示の少し前、地方選に対する方針を検討した結果、知事選では県労協が推薦した線に従って北村一男候補を推薦することを決定したが、市長選では「洲崎候補の再軍備反対を支持すべしという論」と「吉浦候補の中小企業振興を期待すべしという各単産」の意見が対立してまとまらず、結局、「各単産の自由意志にまかすことに決めた」と報じられていた(12)。

前回の市長選で、洲崎義郎は労働者・若者・女性の票を多く集めて大勝したが、今回の選挙では労働者層の一角が切り崩されたようだ。その中心は労資協調路線に転じた民間労組であったと思われる。本章第2節dで記すように、労働界から市議に当選した巻淵勇一郎（理研社員）、品田義幸（帝石社員）は、市会の正副議長選で反洲崎派に与している。これに対して、電電公社社員で当選した宮崎平次郎は洲崎派支持であった。

女性層もかなり切り崩されたと推測される。これも本章第2節dで記すように、女性で初めて市議に当選した桑野静は、市会の正副議長選で反洲崎派に与している。彼女は、第3・6章で触れたが、一九二〇（大正九）年一一月、新婦人協会の平塚らいてうらが講演したのをきっかけに、同協会に加盟し、支部結成に動いた人で、三〇（昭和五）年七月、婦選獲得同盟刈羽支部の結成の際には支部長に就任する田中キンとともに発起人となり、支部役員に名を連ねていた。西中通春日の旧家の出である桑野静の立候補は地元の有志から強く推されたためといわれるが、田中キン（内郷村）・月橋ミサ（北鯖石村）とともに「郡内三女子議員」として「勇名」をはせ、常盤高校同窓会長としても活躍してきた人物であった(13)。市長選において、女性票が吉浦に流れる後押しをしたのではないだろうか。

『新潟日報』の解説は、保守勢力においても民主党支部が洲崎派と吉浦派に分かれたこと、自由党支部が白紙の立場をとったこと、新たに合併した地域の票の多くが洲崎に流れたことも指摘しているが、詳しくは不明である。

以下、市政のトピックを取り上げて検討するが、それに先立ち洲崎市政を取り巻く政治・社会環境を概観することにしよう。

2　洲崎市政を取り巻く政治・社会環境

a　国政の動向

洲崎義郎が柏崎市長に初当選した一九五一年四月は、日本の国政が大きく転換しつつあった。前年六月始まった朝鮮戦争が継続する中、アメリカ主導の対日講和に向けた動きが本格化し、九月八日に西側諸国との対日講和条約（サンフランシスコ平和条約）が締結され、約半年後の五二年四月二八日発効し、日本本土は主権を回復した。

国内では、自由党の第三次吉田茂内閣が続いていたが、公職追放解除で政界復帰した保守派の鳩山一郎・重光葵・岸信介らは吉田政治との対立を強めるようになった。一九五二年一〇月頃、保守勢力は、自由党吉田派、鳩山一郎を中心とした自由党民主化同盟、戦前の民政党と戦後の日本協同党の流れを汲む改進党（重光葵総裁）の三つに分立する状況となった。五四年一一月、自由党内の反吉田派と改進党は合同して日本民主党を結成し（鳩山一郎総裁）、同年一二月、鳩山内閣を誕生させた。この間、保守勢力内部の激しい競合とともに、保安隊などを改編した自衛隊の創設に見られる再軍備の本格化など、いわゆる「逆コース」の流れはより大きくなっていた。

一九五五年五月に始まる第二期洲崎市政下では、同年一一月、保守大合同により自由民主党（自民党）を結成したことの意味が大きい。革新勢力においても、五一年一〇月に右派と左派に分裂していた社会党が五五年一〇月、再統一した（日本社会党）。また、五〇年一月のコミンフォルム批判を機とする所感派と国際派への分裂、同年六月に始まるGHQによるレッドパージなどによって極めて厳しい状況に追い込まれていた日本共産党も、五五年七月、第六回全国協議会を開催して分裂を克服し、新しい綱領の下で再出発した。

第二期洲崎市政下の一九五五年一一月二二日、自民党を与党に発足した第三次鳩山内閣は、五六年一〇月、「日ソ共同宣言」の調印にこぎつけ、日ソ国交回復、シベリア抑留民帰還、国際連合加盟を成し遂げた。その一方で、吉田政権下で発足した自衛隊に憲法上の根拠を与えるため憲法改正を企て（成功せず）、五六年三月、教育委員会法を改正して教育委員を公選制から任命制に改めるなど、戦後民主主義に逆行する政策も推し進めた。

日ソ共同宣言調印を置き土産に鳩山一郎は政界を退いた。後継として、石橋湛山内閣が一九五六年一二月発足したが、病で短命に終わった。それを継いで、五七年二月発足した岸信介内閣は、日本の国際的地位を向上させて再びアジアの雄とすることを戦略に、より対等な日米安保条約の改定に政治生命をかけた。岸は戦時下の東条英機内閣で商工大臣・軍需次官をつとめ、戦後、A級戦犯として逮捕、拘留された人物であった（起訴は免れた）。岸内閣は安保条約改定を押し進めるため、小・中学校の教員に対する勤務評定の導入（五六〜五八年）、集会・デモの規制につながる警察官職務執行法（警職法）の改正（五八年）を行い、反対派の封じ込めを策したから、野党・民衆との間で強い政治的緊張が高まった。

以上のような国政動向の下で洲崎義郎は市政を担当しなくてはならなかった。なお、一九五九年から日米安保条約改定問題で日本全国が大荒れになるが、それが始まった頃、洲崎市政は終焉を迎えることになる。

b　柏崎・刈羽政界の動向

(1)　衆院選の動向

洲崎市政下では、一九五二年一〇月（第二五回）、五三年四月（第二六回）、五五年二月（第二七回）、五八年五月（第二八回）の四回、衆議選があった。新潟県第三区当選者の党派別内訳などを表7-1にまとめよう。

保守派では、自由党の田中角栄（拠点は刈羽郡）・大野市郎（同・長岡市）・亘四郎（同・三条市）の三名が当選を重ねた（ただし大野は第二六回は落選）。中でも田中は第二七回（第二位）以外は第一位当選であった。第二八回の場合、田中は、一九五七年七月発足の岸信介改造内閣の郵政大臣の職にあったから、票を大きく伸ばして八万六一三一票を獲得し、第二位に約三万票の差をつけて大勝した。柏崎市・刈羽郡の票をみると、田中は第二五回のみ改進党から立

表7-1　衆院選の党派別当選者数と田中角栄の得票（1952～58年）

回次	年月	党派別内訳	得票（順位）	参考
第25回	1952.10	自由３、左社１、右社１	62,788（１）	小林進は第６位落選
第26回	1953．４	自由３、右社１、左社１	61,949（１）	小林進は第２位当選
第27回	1955．２	自由２、右社２、左社１	55,242（２）	稲村隆一が第１位当選
第28回	1958．５	自民３、社会２	86,131（１）	稲村隆一は第６位落選

出所：『越後タイムス』1952年10月５日（「三区開票結果」）、『柏崎日報』1953年４月21日（「国民の審判かく決す」）、『越後タイムス』1955年３月６日（「総選挙本県第三区開票結果」）、同前、1958年５月25日（「第三区開票結果」）。

候補して落選した内藤久一郎に柏崎市での得票第一位の座を奪われたが、それ以外は市・郡ともにトップであり続け、その存在感は大きかった。

これに対して革新派では、右派社会党の三宅正一（拠点は長岡市）が第三～五位ながら四回全てに当選した。左派社会党の稲村順一（同・三条市）は第二五・二六回は当選したが、第二七回選挙の直前死去したため、急遽代替で立った実兄の稲村隆一がトップ当選した。ただし稲村隆一は第二八回では落選している。また、協同党・右派社会党の小林進は第二五・二七回は落選、第二六・二八回は当選している。

四回の衆院選を通して見ると、保守派が優勢であり、その中心に田中角栄がいたことがわかる。なお、共産党は四回とも安東義雄（拠点は長岡市）が立候補したが、当選するには遠く及ばない八〇〇〇票前後の得票で推移している。

(2)　参院選の動向

洲崎市政下では、一九五四年四月二四日（第三回）、五六年七月八日（第四回）の二回、参院選（半数改選）が行われた。

第三回参院選は第二六回衆院選の直後に行われ、定員二名の新潟選挙区では五名が立候補した。選挙の結果、田村文吉（緑風会前）と柏崎を拠点とする西川弥平治（自由党新）が当選した。左派社会党（新）の稲村隆一、右派社会党（前）の下条恭兵、改進党（新）の小柳牧衛は落選した。(14) 旧政友系の西川は県会議長の職を辞して立候補していた。

第四回参院選の新潟選挙区でも五名が立候補した。清沢俊英（社会党新）と小柳牧衛（自民党新）が当選している。(15)

(3)　県議選の動向

一九五四年四月二七日、上記のように、柏崎市選出の西川弥平治が参院選立候補のため辞職したことに伴う県会議員補選が行われ、吉浦栄一が一万〇二一〇票を獲得し、大矢良雄（右社新）、佐藤彦一（自由新）、窪田泉之助（左社新）に大差を付けて当選した(16)。

一九五五年四月三日告示の県議選（柏崎選挙区）では、市長選に立候補した前県議の吉浦栄一は立たず、立候補者が近藤禄郎だけだったので、近藤が無競争当選となった。近藤は、明治薬学専門学校卒で、元市連合青年団副団長・元市公民館運営審議委員長・元公安委員・前教育委員長・柏崎体育団長・健民少年団長の経歴を有し、四三歳で、無所属での出馬であった(17)。かつて洲崎義郎の後見人をつとめた近藤友一郎の息子で、義郎にとっては甥に当たる人物である。また、刈羽郡部選挙区では四月二三日に投開票が行われ、ともに現職の高橋重雄（自由）・石塚善治（民主）が当選した(18)。

c　柏崎・刈羽経済界の動向

洲崎市政第一期当時の日本経済は、朝鮮戦争に伴う米軍の特殊需要により復興の速度を速めた。だが、それが柏崎・刈羽地方の経済復興に直接どのような影響を及ぼしたかは不明である。

第二期洲崎市政が発足した一九五五年の後半には、戦後日本の高度経済成長の開始を告げる「神武景気」が始まった。それは、五七年七月～五八年六月の「なべ底不況」でいったん落ち込むが、五九年下期からの「岩戸景気」を弾みに本格的な高度経済成長の時代に入っていく。

神武景気を起点とする好況の波は柏崎地方にも及んだ。一九五六年一二月、同年一年間に一億円以上の売り上げがある「地元業者」は、北日本食品、高橋商店（自転車）、中村商店（石油販売）、植木組（土木建築）など八社あると報じられた(19)。五六年一二月決算を発表した西川鉄工所は所得が前年の三倍にあたる一五七六万円余に伸びたと報じられ、

「柏崎の神武景気はこ、にあつた」と『越後タイムス』はコメントした[20]。また、理研ピストンリング㈱は五七年八月一日、資本金を三億八〇〇〇万円から五割増しの五億四〇〇〇万円に増資し、同年秋には柏崎工場の「施設合理化もすゝみ、名実ともに日本ピストンリング製造界のＮＯ１にのし上がろうとしている」、さらに同年一〇月一日、理研直系の下請会社として日本鋳造㈱を設立し（資本金一〇〇円、社長は理研柏崎工場長）、柏崎短大の脇に工場を建設して「リング鋳造専門に増産態勢」をとる、と報じられた[21]。

他方で、一九五七年八月、「日石柏崎」のジリ貧化について、「相当な利潤をあげてきた高級潤滑油を全部新潟製油所へ移し、また揮発油原油も月産二千キロを一千キロに半減したということです。柏崎製油所としては致命的なことで、新潟が充実していくとともに、やがて揮発油も全部もつていかれることになりましよう。あと、柏崎製油所の仕事は国内原油を細々と製精《ママ》するほかに仕事がありません」と伝えられた[22]。この頃から安価な外国産原油の大量輸入が行われ、太平洋側に立地した大規模製油施設が発展していくが、それと対照的に国内産原油に依存する製油は大きく衰退していく。柏崎地方の産業経済にとっては打撃であった。

このような産業構造の転換に伴い衰退を余儀なくされる産業もあったが、全体的に日本経済は高度成長の軌道に乗りつつあった。第一期市政下では朝鮮特需の影響がほとんど見られなかったが、第二期洲崎市政下では高度経済成長の影響が柏崎地方にも及び、市域の経済と市財政にも影響を及ぼすのであった。

d　柏崎市議会の動向

(1)　第一期洲崎市政下の市議会

一九五一（昭和二六）年四月二三日、市長選挙と同時に行われた市議会議員選挙（定数三〇名）で、市長選で洲崎の選挙事務長を務めた岡部友平（五四歳、無新、肩書は後出）が七七九票を得てトップ当選し、斎藤準次（五二歳、自元、医師会長）は第二位、霜田毅（三七歳、無新、霜田木工社長）も第一四位で当選した。『越後タイムス』は、市議選でも

「洲崎派」が「大勝」したと報じている。[23] ただし、当選した「洲崎派」が具体的に誰か、詳細は不明である。なお、ここで斎藤準次の所属が自由党となっているが、おそらく三井田前市長が旧民政党系人脈に支えられていた関係で、市長選で三井田に敗れた斎藤は、便宜上、旧政友系の自由党に与していたと推察される。

選挙後の五月一一日、市議会は議長に斎藤準次を選出した（二八票）。しかし、副議長選挙では反対派の箕輪嘉一が選出され（一八票）、洲崎派の岡部友平は敗れた（一二票）。[24] このことから、言われる「洲崎派」は党派的にあまり明確なものでなく、過半数も制しておらず、市議の多くは洲崎派と反洲崎派の均衡を願っていたと推察される。なお、斎藤・岡部とともに「洲崎陣営三羽烏」といわれた霜田毅は、かつて比角小教員であった父が一九四九年一一月七日、六六歳で死去した後、「名も仕事も」父から受け継いで霜田木工所社長となった人物であった。[25]

こうしてスタートした洲崎市政下の市議会であったが、斎藤準次議長は短命であった。約半年後の一九五一年一二月八日、反洲崎派の平田達雄議員が突如、地方自治法第一一七条に基づき、斎藤議長による「言論自由の抑圧」「議会運営の無軌道」「市費の乱費」「職権の逸脱」などを理由に挙げ、議長不信任案を緊急動議として市会に提案した。これについて『越後タイムス』は、「洲崎市長、斎藤議長の議会軽視に対する議員の憤まんは最高潮に達したものと見られ」るとコメントしている。[26] 翌九日の市議会は、二二対五で不信任案を可決した。[27]

斎藤準次はしばらく窮境打開の策を練ったが不調に終わり、一二月二六日、辞任届を提出した。これを受け、同日の市議会は、岡部友平を後任議長に選出した。岡部友平は燕町出身で、警察畑を歩いた後、一九三六年に退き、柏崎新聞社を創立し、当時は岡部印刷所を経営していた。かつて民主党支部幹事長として活躍したが、五一年四月の市議選に無所属で立候補して当選するとともに、市長選では洲崎義郎候補の選挙事務長をつとめた人物であった。[28]

斎藤準次の議長辞任は、市議会の理解と協力を得るという点からすると、洲崎市長にとって好ましいことではなかったであろう。だが、斎藤は元来、自己中心的・一匹狼的存在であったから、洲崎市長はこの事態を冷静に受け止めていたと推察される。新たに議長に就任した岡部友平は、当初は洲崎市長に近い存在であったが、議長就任後はしだいに市長と距離を取るようになり、やがて反洲崎派の一員となっていく。

(2) 第二期洲崎市政下の市議会

一九五五年四月三〇日、洲崎義郎が再選を果たした市長選挙とともに、市議選（定数三六名）が行われた。反洲崎派の小林多助・箕輪嘉一は高位で当選し、洲崎派の斎藤準次・霜田毅は低位で当選した。また、前回最高位の岡部友平、共産党の中村宗治も当選している(29)。

前回の選挙では「洲崎派が大勝」したといわれたが、メディアは今回はそうした見方をしていない。市長選挙と同様、当選者における洲崎派・反洲崎派の勢力は双方とも過半数には及ばないが、反洲崎派が洲崎派より優勢であったと思われる。それは正副議長選挙や助役選任問題に現れた。

同年五月二〇日、最初の市議会が開催され、正副議長選挙が行われた。洲崎派は議長に斎藤準次、副議長に霜田毅を推し、反対派は議長に岡部友平、副議長に尾崎秀雄を推した。この時点で前回市長選で洲崎義郎の選挙事務長をつとめた岡部が明確に反洲崎派に与していることが注目される。選挙の結果、正副議長とも一八対一八となった。このため抽籤により、議長に斎藤準次が、副議長に尾崎秀雄が就任することになった。なお、投票に先立ち、もし同数で抽籤となった場合は一年で負けた人と交替する、三年目は改めて選挙を行う、との「申し合わせ」がなされたという。なお、岡部・尾崎を支持した者の中に、女性議員の桑野静、理研社員の巻淵勇一郎、帝石社員の品田義幸がいる(30)。

一九五五年五月一〇日、関憲治助役の任期が満了したため、洲崎市長は関の続投を求めた。しかし関は「後任には財政通を。自分はその点不適任だ」と固辞し、市議会側も赤字財政の責任問題と絡んで関助役案を容易に承認しなかった(31)。このため約半年間、助役不在の状態が続いた。市議会が市長提案の関助役任案を一八対一七で承認したのは、一〇月一三日のことであった(32)。

一九五六年五月、二年目を迎えた市議会では、昨年の申し合わせに基づいて正副議長が交替し、岡部友平議長・霜田毅副議長となるはずであった。しかし、岡部が健康問題から議長就任を辞退した。すると、斎藤がさらに議長を継続しようとしたため、議会は紛糾した。結局、五月二一日、選挙の結果、議長には「同志会」の平田達雄が、副議長には前年申し合わせ通りの霜田毅が選出された。平田議長就任に当たっては、所属する最大会派（野党）の同志会とともに、市長派の明政クラブも推薦に回っている(33)。

以上のように、全体として市議会は洲崎市政に厳しい態度で臨んでおり、そうした中で洲崎市長は市政を担当していかなければならなかった。

e　洲崎市政を攻撃する地元紙

(1)　柏崎市政懇話会の洲崎市政攻撃

洲崎市政誕生からほぼ四ヵ月経った一九五一（昭和二六）年八月二二日、「総司令部東北地方民間情報教育局報道課長マックファーランド女史」が来柏した。この時、市内各界代表が「よりよき自治体を作る会」について懇談したことに端を発して、九月二日、「柏崎市政懇話会」（以下「市政懇話会」と略記）が結成された。『越後タイムス』によれば、会員は「地方自治に関心と熱意をもつ民主々義精神の所有者」で、青年団・婦人会・教育団体・労組・農協・漁協・中小企業・商工会議所・新聞社・文化団体などの各界民間人で構成し、他方、市理事者・高級吏員・市議・政党幹部は入会を遠慮させる方針という(34)。この市政懇話会を立ち上げた中心人物は、『越後タイムス』の中村葉月であったと推測される。

九月八日、同会は臨時総会を開き、会長に中村毎太（葉月）、事務局長に『柏崎日報』の山田竜雄を選出した。そして、同総会で早速、少し前に開かれた市の「文教懇話会」において、洲崎市長が自らの関わってきた自由大学を「市公民館にとりいれたい意向を明らかにした」として問題視し、自由大学は「かなり左傾した」ものであり、市公民館で運営することに「大勢は公民館移管不可」と結論づけ、一〇日、その旨を市長に伝えた。これに対して市長は

「自由大学を今のま、とりいれることは考えていない。公民教育強化の一つとしてよい講師を招き勤労者や市民の智性を豊かにしたいのがねらいで講師の人選も公民館運営審議委員会などと相談して決めたい」と語ったという[35]。

同年一〇月一四日、市政懇話会は、「柏崎短大市営促進懇談会」を開催し、その討議を踏まえて「短大存続期成同盟を結成する」ことを方針として打ち出し、運動する[36]。短大問題については本章第5節eで記述するが、洲崎市長は財政状況と教育の質確保を理由に短大の市営移管に慎重な姿勢を示していたので、市政懇話会にとって、短大問題は洲崎市長攻撃の好材料であった。

翌一九五二年一〇月二六日夜、市政懇話会主催の「柏崎市政討論会」が一五〇〇名余の聴衆参加の下に柏崎小学校で開催され、洲崎市長ら六名が壇上にあがった。洲崎市長の演説内容は本章第3節aで紹介するが、市政懇話会の意図するところは市の財政問題の追及で、市政懇話会事務局長の「山田柏崎日報編集長は洲崎市長の公約と治績の矛盾を痛烈に反駁した[37]」。

このように、市政懇話会は公民館・短大・赤字財政の問題などを取り上げ、洲崎市政を攻撃した。中村葉月・山田竜雄らは自らの地元紙を通じた攻撃とともに、市政懇話会を利用して洲崎市政反対の世論づくりに奔走したのである。

(2) 〝地元紙を読まない〟と洲崎市長を攻撃

市長に就任して半年余が経った一九五一年一一月六日、『柏崎日報』に、久保田強の「市長と地元新聞」と題した投書が掲載された。内容は、市長秘書の洲崎澄広（四男）の「父を語る」と題する一文が『柏崎春秋』〔第四七号、一九五一年一〇月二三日〕に載ったが、その中で、市長は「地元の新聞は家でも市役所でも一度も見ない」と書かれていたことを取り上げ、非難したものであった。これについて同紙は、「洲崎市長が地元新聞を読まないことは事実でありませす。地元新聞連盟ではこのことにつき前に厳重注意を喚起したことがあります。この件について次号に記事として本紙に掲載したい予定であります」と付記して、この問題を追及する姿勢を示した[38]。

この問題について、一一月八日、『柏崎日報』の山田竜雄は市役所で洲崎市長と秘書に面会し糺した。これに対して洲崎市長は、「忙しいので読む余裕はない」、「一々読まなくても重要なことは〔助役らから〕大体聞いている」、「たまによそに行った時など目についた場合は読んでいる」、などと応答し、秘書も「私が地元新聞は読んで必要なことは、それぞれその内容を市長に伝えている」と応えたという[39]。

『柏崎日報』としては、洲崎市長がいかに地元紙を軽視しているか、市長は市民の声に耳を貸さない独善主義者だとの印象を市民に植え付けたかったのであろう。だが、振り返れば、『越後タイムス』も『柏崎日報』も、長く洲崎義郎に対しては批難中傷を浴びせ続けてきたから、市長となったのだから必ず読めといっても、義郎はそのような新聞を読む気にならなかったことであろう。それより、中央紙を読み、日本全体・世界を知る方が柏崎のためにも大切と考えたと思われる。

f　原水爆禁止運動の開始と原水爆禁止柏崎協議会の会長就任

第二期洲崎市政下の柏崎地方では、原水爆禁止運動が始まった。洲崎義郎は市長として、地方自治・政治の前提として世界平和の大切さを主張し、市政の重要課題の一つに位置付け、この運動に積極的に関与した。それは洲崎市政を後押しする役割を果たす意味をもっていたといえよう。

一九五四年三月一日のアメリカによるビキニ水爆実験と第五福竜丸被爆事件を契機に始まった日本における原水爆禁止署名運動は、年末には二〇〇〇万人の署名が集まるほど全国に広がった。そして、原水爆禁止署名運動全国協議会が中心となり、五五年八月六～八日に広島で第一回原水爆禁止世界大会が、翌年八月六～一一日に長崎で第二回原水爆禁止世界大会が開催され、日本における原水爆禁止運動が本格化した。

一九五五年八月六日、柏崎の労政事務所で集会が催され、「原水爆の禁止を趣旨として労組や平和を守る人々の結集をはかる」ことを目的に「平和懇談会（仮称）」が結成された[40]。ただし、この集会を催したのが誰か、どのようなグループであったか、またそれが実際結成されたのか、いつまで続き、どんな活動をしたかなどは不明である。だが、柏崎で挙げられた最初の小さな動きであったといえよう。そして、翌五六年四月九日、護憲連盟柏崎支部が結成され、会長に霜鳥誠一（柏崎短大教授）、副会長に植木盤（社会党）・今井誠一（市議）、事務局長に春日記念（日石社員）が就任し、「憲法改正に対決、民主勢力の結集をはかる」と報じられた(41)。

このような先行動向を踏まえて、一九五八年三月二三日、午後一時から市公会堂で、「原水爆禁止柏崎協議会」の結成大会が開催され、市内各層から約二五〇名が参加した。議長団に高橋地労議長、泉婦人会理事、宮島青年団長がついて議事を進行し、小林事務局長が準備会の経過報告を行い、県原水協事務局長の挨拶の後、会則・綱領を決め、ついで映画・合唱があった。そして、会長に洲崎義郎（市長）、副会長に飯塚正（市連合青年団長）（他に婦人会推薦者一名）、事務局長に霜鳥誠一などの役員を選出した(42)。他の例からして、おそらく市長の職制により、洲崎義郎は会長に選任されたのであろう。

一九五八年八月六日、原水爆禁止運動を全世界にアピールする「百万人の良心の行進」の一環である、新潟〜東京間の「自転車平和リレー」が柏崎を通過した。これは八月一二日、東京で開かれる原水爆禁止世界大会に向けたものであった。柏崎では、「〝平和と原水爆禁止〟のタスキがけ、はちまき姿の柏崎隊」約一〇〇人が自転車行進を行ったが、それに「婦人会から花束贈呈や郵便局庁舎の窓からは紙吹雪がまかれる」など、市民が歓迎したという。ついで、原水爆禁止柏崎協議会は、八月九・一〇日に「海の平和祭」を開催した（九日夜は天屋裏浜で民謡大会・映画上映の前夜祭を、一〇日は番神海岸で数々のレクリエーション行事を実施(43)）。これからも推察されるように、発足当初の原水禁運動は幅広い市民層に支えられたものであった。

3　洲崎市政の基本的課題と政治姿勢

まず、洲崎義郎が市長として取り組まねばならなかった市政の基本的課題と、義郎の政党関係・政治姿勢などについて取り上げよう。

a　市政の「三大公約」と他の重要課題

洲崎義郎は、市長就任から一年半ほど経った一九五二（昭和二七）年一〇月二六日、午後七時から柏崎小学校で開催された、市政懇話会・地元新聞連盟主催の「市政討論会」で次のように発言した。報じられた全文を掲げよう。

直接市民の皆様と膝を交えて市政について話し合うことが出来るこの催しに感謝する。私は市長就任以来三つの公約、すなわち税の適正賦課、産業の伸展、教育の振興について一年六ヵ月間市会および各方面の協力により努力してきた。いまその一つ〳〵について説明したいと思う。

まず税の適正賦課であるが〔一〕これは各階層の人達から公会堂に集つてもらい、意見をうかゞつて決定したものので、現在県下七市では税率は最下位にある。しかも税を下げるとともに上に重く下に軽く賦課した。この結果二十五年よりも相当額市民税は減額しており、これらは数字をもつて示すことが出来る。私は税の公正賦課という点についてはある程度の公約を果したものと考えている。

次の産業の伸展は柏崎の将来をトするものであり、私は工場誘致、既存工場の振興、金融対策、交通網の整備、電力の問題、農業の多収穫、農耕機具整備、観光施設の充実、都市計画の樹立等をやつてきた。工場誘致については〔一〕片倉製糸は小千谷に先鞭をつけられたが〔二〕浅野肥料工場誘致は近く浅野氏が来柏して打合せることになつている。アンプル鉄工業など中小企業の金融に於ても日銀支店長と懇談したが、産業育成資金六一七万円、信用保証協会二、一七六万円、国民金融公庫二、五〇八万円、更正《ママ》資金五三三万円の融資をしており〔、〕引続いて努力したい。農業面では二毛作、多収穫とともに刈羽平野の農地改革〔、〕酪農振興でも補助をしており、漁業については岩のり〔、〕あわびの増殖《ママ》を行っている〔。〕十日町―柏崎間のバス運転〔、〕柏崎―長岡線、新潟―富山線等、また港湾問題でも国県費で強化するよう陳情をつづけている。電力問題では六万六千ボルト送電線強化、商業では市の優良商品認証、商店の陳列コンクール、優良品展示即売会をやった。

第三の教育の振興について私は民主的教育の育成に全力をあげてきた。学校、社会教育の振興こそ最も重大な事だと考えており、視聴覚教育、学校施設の整備、体育の向上、研究発明精神の高揚などを実現してきたが〔、〕教育審議会を設立して各界代表者とも毎月一回ずつ懇談し〔、〕また小学校の職員とも話しあっている。その他一中屋内運動場を体育館と結びつけ、一中貯水池をプールに結びつけた。またホーム・トーキーの購入は教育の実質向上に資するためであり、研究助成には二十一件の応募があった。

最後に危機予算について述べたい。これら〔の〕原因として次のようなものが上げられると思う。第一は世界経済状態の変動で地方自治体は非常に圧迫されている。次は地方自治は財政的には名前だけということだ。第三は平衡交付金制度の不備、第四は起債が少額だということ。第五は政治的含みをもった予算であった。第六は当初予算以後やむをえず追加したものが多額に上った事であり〔、〕第七は教育、土木、産業その他など無理をしてもやらんとイシユクしてしまう。以上が原因だが〔、〕現在の見通しだと赤字は一一七四万八一一〇円で、これらを打開するため市会からも充分協力してもらうが〔、〕人件費節約、需要費節約、補助、助成金の再検討、事業くりのべ、起債、平衡交付金の増額要請、翌年度歳入の繰り上げ充当をもってこれを克服してゆきたいと考えてい[44]る。

これによれば、洲崎義郎は、①「税の適正賦課」、②「産業の伸展」、③「教育の振興」を「三大公約」とした。このうち、①については「ある程度」公約を果たすことができたとしている。②については、工場誘致、中小企業への金融支援措置、漁業振興、バス交通と道路整備、電力増強などを挙げつつも、道半ばであることがうかがわれる。③については「民主的教育の育成に全力をあげ」、学校教育・社会教育に一定の成果を出していると主張している。他方で、財政赤字が出たことについて七つの原因をあげ、その克服の方策を示している。全体として、市政について洲崎市長は明確な認識と対処方針を持っていたことが伝わってくる。(45)

「三大公約」と財政赤字は洲崎市政の大きな課題であった。だが、「三大公約」の①「税の適正賦課」についてはこの段階で解決したと認識され、一九五四年一月一日、午前一〇時半から柏崎小学校西運動場で開かれた「共同年賀」では、「私の公約した教育伸展、産業振興、市民生活の安定は効果をあげ得たと信じる」と発言し、「税の適正賦課」に替わって「市民生活の安定」が三つの公約の一つに掲げられている。それは、社会福祉面の施策が重要課題として位置付けられたことを意味している。また、同じ「共同年賀」発言で、「西中通村合併決定の他、他村にも合併の空気が動きだしており、できるなら大柏崎建設へ進めたい」と合併問題に触れており、周辺町村との合併問題も重要課題として浮上していたことがうかがえる。(46)

以上の「三大公約」および財政赤字を含む他の重要課題については、各々を節を改めて取り上げることにする。

b　平和の希求

洲崎義郎は、一九五二（昭和二七）年一〇月二八日、岩手県釜石市で開かれた東北七県市長会で「原爆反対決議」を行うことを提案した。同行した月橋会《たかし》総務課長の回顧談によると、これに対して「ほとんど質疑も意見もなく不採択」になったという。(47)月橋は、洲崎市長は「県下市長会」にも提案したというが、それがいつかは不詳である。

当時は東西冷戦が激化する中で、人類を破滅に導く可能性がある原子爆弾使用に対する危機感は世界的に高まっていた。一九五〇年三月、スウェーデンのストックホルムで開催された世界平和擁護大会常任委員会が「原子兵器の使用禁止と国際管理」を求める「ストックホルム・アピール」を決議し、世界中で署名活動を展開したことを機に、原爆禁止の運動が始まっていた。義郎は、彼なりに世界情勢、平和の問題を考究し、原爆禁止の運動に強く共感し、行動したのであろう。

一九五三年一月一日開催の「共同年賀」に、洲崎義郎は風邪のため欠席した(48)。だが、同月一五日、市公会堂で行われる戦後最初の「成年式」で、洲崎市長が「平和と祖国を守ものは誰ぞ」と題して「記念講演」する予定で、「平和と青年の自主独立を強調されるものとみられる」と報じられている(49)。話の内容は不明だが、表題からして平和の必要性を強調し、青年たちがその担い手になってくれることを期待したものであろう。

洲崎義郎は、一九五四年一月一日、午前一〇時半から柏崎小学校西運動場で開かれた「共同年賀」でも、冒頭で、「静かな元旦を迎えたが、世界の現状は第三次大戦の危機におびえている。その中で一るの希望は国連はじめ米、ソ両国などが話合いによる問題解決へ一歩近よつたことだ」、「日本も唯一の平和憲法がくつがえされ、再軍備が目前にせまつた感がある。ニクソン副大統領の平和憲法は誤りだつたとの言明は奇怪である。住みよい日本に努力しなければならない」と発言している(50)。

なお、第8章第2節f(3)で言及するが、義郎は一九六二年七月、ソ連のモスクワで開催された「全面的軍縮と平和のための世界大会」の第一分科会第三分散会で、柏崎市長在職中に、他の市長・民衆とともに「日本海を平和の海に」という運動を行ったと発言している。残念ながら、具体的なことは不明である。

c　政党関係と政治姿勢

一九五九年八月、小竹久弥（越後タイムス社同人）が洲崎義郎にインタビューした記事が『越後タイムス』に掲載された。これは当時の義郎の政党との関係および政治姿勢などがわかる資料なので以下に要点を摘記して紹介したい。

・他地域への出張……「月一回位は上京」する。「新潟へも行かねばな」らない。

・東京での活動……「関係本省を廻る」。「主として起債、国庫補助の陳情」で。代議士の方では、「田中（角）北村・亘・小林（進）・稲村各代議士、それに塚田十一郎代議士を訪問」する。

・市長は「社会党左派に属」するのか……「属するとすればそうでしょうネ。私個人としては今のまゝでは駄目だと思います。もつと開放された社会、労働者や農民の生活が保障されるような進歩的な政府が出来ることが望ましいんです。」「漸進的でもよいから、民主々議的に社会を改良して行くべきである」。

・再軍備はどうか……「やつて貰いたくありません。廿万や卅万の軍隊は原爆一つでなくなります」。

・破防法はどうか……「成立した以上は遵法しなければ」ならない。だが、「人権尊重を忘れずに運用してほしい」、「民主々義〔、〕自由主義が圧迫されたんでは困る」。

・共産党はどうか……「良い悪いをいうのでなく〔、〕合法的な政党ですネ。一部にそうでないのもあるが、私はハツキリ一線を画しています」。

・市長になってやった仕事らしい仕事は何か……「何もありません」。「現実は難しいんです」。「力が足らんのです」。〔今後について〕「出来るだけやる、というより仕方がありません。誠心誠意やるだけです」。

・教育の振興について……「今年は学術奨励金として十万円を計上、議会の承認を貰いました。額は小さいけれど、私の教育に対する意中を表したものです。生徒や先生の科学的研究や発明・発見などに対する奨励金・研究費として与えるものです。一中の校舎一棟も今年は建てます」。

・産業の進展について……「片倉・関電は駄目だつたが、近く浅野八郎さんが来柏されます。浅野さんは柏崎の実体《ママ》を見て、やり得るものがあればやると云つていられます。工場誘致には電力・道路の増強が不可欠です。長岡―柏崎線・新潟《ママ》―富山線の道路は田中代議士の運動で近く国道に編入されます」。「柏崎から十日町への鉄道も是非やりたい。港は今までに二百五十万円の国費を貰つたが、補正予算で一千万円位追加して貰うよう運動中。小木航路に対する八十万円は当然赤字だが観光柏崎のために計上した。既存工場の助成は金の面で思うように出来ない。北日本製菓は市の工場誘致条例に適用《ママ》する可能性がある」。温泉会社への補助については「御勘弁願いたいと思っています。財政的に余裕がないんです。温泉会社は有力な方々がやっていられるんだから、御自分達で出し合ってやっていたゞきたいと思っています」。

・中村ツネの絵について……「みんな頒けてやりました。私の〝肖像〟と〝小鳥の復活〟二点が残っているだけです」。

・読書について……忙しいので余り読まないが、新刊では『日本日記』、『僕らは御免だ』を読み、また椎名麟三・サルトルのものはよく読む。

・雑誌・新聞について……雑誌は「改造・中公・世界など」、新聞は「朝日と毎日」を読んでいる。地元の新聞については「役所に全部あるので見るようにしています。山田さんに叱られるから」。

・出勤手段は……なるべく自転車を使う。天気が悪いときは自動車を使う。

・宴会は嫌いだそうだが……「私は酒をのみません。それに市民の金を宴会などに使うのはいけないと思っています」。

・東京の宿泊先は……子供の家に泊まるが、旅館に泊まる時もある。(51)

内容には前項で見た市政に関する事柄もあるが、それはさて置き、ここで注目したいことが二つある。一つは洲崎義郎と政党との関係である。義郎は、共産党とは明確に一線を画していると言っている。当時の日本共産党は分裂し、レッド・パージの嵐もあって、一部のグループは地下に潜行して過激な行動に出ていた。義郎が明確に一線を画すと言ったのは、このグループに対してであろう。他のグループに対する考えはここでは伏せているとも考えられる。インタビューに対して、「属するとすれば」「社会党左派」だと曖昧な表現になったのは、それが関係しているのであろう。それはともかく、義郎は明確に社会を民主主義的に改良していく必要性を強調し、再軍備に反対し、破防法には人権を尊重した運営を望むとしている。そして、椎名麟三やジャン＝ポールサルトルの書を読み、『改造』『中央公論』『世界』などの雑誌、『朝日新聞』『毎日新聞』を購読していることも注目される。これらかすると、義郎は左翼的思想を抱いていること、ただし椎名麟三・サルトルを愛読しているように実存主義的な主体性重視の思想に共感していることが窺われる。義郎の政治姿勢については、このほかに本章第1節bで紹介した一九五五年四月二五日の「市長候補合同演説会」で、自由主義・民主主義・平和を重んじる政治姿勢を強調していることも注目される。

小竹久弥のインタビュー記事でもう一つ注目したいのは、市長としての活動や生活ぶりである。義郎は、月一回は上京し、地元選出の代議士の協力を得ながら関係省庁に陳情したり、新潟市に行って県当局に陳情しており、とくに田中角栄代議士の協力を得ようとしていることも注目される。また、全国市長会・東北市長会・県下七市長会への出席もあり、対外的活動が市長としての活動のかなり大きな部分を占めていることがわかる。他方で、自身が酒を飲まなかったこともあり、いわゆる宴会政治を嫌っていたことがわかる。義郎は、地元の人達の陳情での応接を含めた公の場での交流以外に、市の幹部職員、市会議員、商工会議所関係者、地元新聞関係者、労組・農組関係者などとの水面下の交流をほとんど行わなかったのではないだろうか。このような対人関係のあり方は、市長としての公正性を保とうとする政治姿勢といえよう。

ところで、本章第2節e(2)で触れた、一九五一年一〇月二三日の『柏崎春秋』に掲載の洲崎澄広「父を語る――市長として家庭の人として」も洲崎義郎の政治的姿勢について語っている。小竹久弥のインタビュー記事と重複する部分があるが、ここで紹介しておきたい。長い文章なので抄録する。

……多くの人々が人格には尊敬するが、理想主義で現実的でなく、政治性がないと言われるが〔、〕確かにその通りであり、日本の現在の社会では入れられぬ点が多く〔、〕あまりにも物の力によらなければ解決出来ない今

の政治性であり、権力と金力を徹底的に嫌うこと、、また社会を改造してゆくような行動には弱い線があると思われる。〔中略〕

長い追放生活があってか市長になつてから市政の内容が良くつかめない様子だつたが〔、〕最近では漸く板についた模様で事務的な方面でも余裕をもつて慎重にみているように思うが〔、〕面会人が一日平均十二、三人は来るので面接で一杯の時が屢々ある。新聞記者は市長が潔癖な性格を現わすためか他の理由もあると思うがあまり寄りつかない。市役所の中は明るくなり、また市長は人間的に親しみがあり尊敬されているとの噂もあるが、人は階級の上での相違で人間的には平等で互いにその人格を尊重することから、このような雰囲気が生れて来るのではないだろうか。

市政の面では自分の能力のゆるす限り誠心誠意取組んでいる。朝は六時に起き中央の新聞を読む。地元の新聞は家でも市役所でも一度も見ない。〔中略〕

人に対しては非常に同情的で涙もろく逆に乗じられる所すらある。現在の父は考え方が現実的になつて来て居り、市民階級、勤労大衆を基礎とする文化、経済、政治、芸術が生れ出るべきであり〔、〕所謂社会主義的な方向に進んでいるように思う〔。〕唯一ツの武器は弁論で〔、〕日本青年館で若さにまかせて想うまゝ弁舌してピカ一だつたそうであるが、近頃はおとなしくなつて来たように思う。

義郎の身近にいるだけに、よく実相を捉えていると思われる。根底に理想主義があり、政治性は弱いが、市長となり経験を積む中で仕事をこなせるようになっていること、人間としての平等観に立って市役所の吏員らと接していること、「市民階級、勤労大衆を基礎とする文化、経済、政治、芸術が生れ出るべきであ」るとして「社会主義的な方向」に進んでいることが注目される。澄広の文は、「食事は七時玄米食一杯と野菜、魚などを少量、大抵は一日一食」という食生活、酒・タバコはやらないが、果物や甘い物が好きという嗜好にも言及している。

また、別の記事[52]によれば、義郎は、早朝三時に起きて物事を考えたり、雑誌・書籍を読み、二時間ほど経つとうとうとするが、六時頃には床から出て新聞に目を通すのが日課であったようだ。

以上のような洲崎市長の政治姿勢を踏まえたうえで、以下、話題となった市政上のトピックを取り上げ、それを通じて洲崎市政を検討していこう。

4　市民税の「適正賦課」と「滞税」への対応

a　「適正賦課」問題への対応

洲崎義郎が市長として最初に直面したのが「三大公約」の一つとした「適正賦課」問題であった。これは市長選挙で争点になった事案で、三井田前市長が編成し市会が承認した一九五一（昭和二六）年度予算に関するものである。洲崎義郎は、できれば市民税の減税を行いたかったのであろうが、他方で支出予算も決まっており、他に財源を見出すことができなければ減税できない。いろいろ検討した結果、無理と判断した洲崎市長は、同年六月一二日、市民税賦課に関する懇談会を市公会堂で開き（約二〇〇人参加）、「予算面のバランスが採れぬ」ことを理由に、「第一案（見込み総額二四一〇万円）」ではなく、「第二案」（内容不記載）でいきたい旨を説明した。参加者からは減税にならないことに対する不満が出たという[53]。その後、この問題は市会でも検討が重ねられた後、六月二七日の市会協議会で、「特別委員会の結論通り第二案」（見込み総額二九一五万円）で決着した[54]。

この問題では市民の期待に応えられなかったが、市民を対象とした懇談会を開催して説明していること、市会での審議も踏まえているので、市政運営としては問題なかったと考えられる。とはいえ、市民税の賦課をめぐっては翌年も問題となった。一九五二年五月一日、柏崎地方労働組合協議会はメーデーの諸行事の後、三月に成立した当初予算に関して次の決議文を採択し、市会を批判した。

市議会が市民代表の立場を忘れた審議の結果は、二十七年度の市民の税負担は二十六年度に比較して五割乃至十割の増額となつてきた。市議会のかかる非民主性が自治体の発展を阻害し、吉田内閣の反動政策と相俟つて、やがては国民大衆の犠牲の再現となることを憂うるものである。吾々は速かに市議会がその非民主性を脱却し、市政が市民に浸透する途を講じ、市民のための政治を確立することを期待する。

茲に柏崎地方労働組合協議会定期大会の決議に於て市議会議員各位に猛省を望む。(55)

直接は市会に対する批判であるが、原案を出した市当局に対する批判も当然含まれている。一九五二年度の市民税は前年度の一・五倍から二倍に増加したというが、これに対して洲崎市長がどのように対応したかは不明である。物価の上昇や止むを得ない事業実施などにより予算規模が増えれば、市民税も増加せざるをえないので、市民税が増額になったことだけで「適正賦課」でないとは言い切れない。

当時は、一九五〇年六月に始まった朝鮮戦争に伴う米軍の特殊需要を背景に、日本経済は復興の度を早めている時期で、物価も上昇していた。五二年一~二月の市議会に市は、人事院勧告などを踏まえ市長・議員・吏員などの給与増額を提案した(五一年度追加予算案)。市機会は結局、市職員給については七二〇〇円のベースを平均一五〇〇円アップすること、特別職の市長給(三万六〇〇〇円)、助役給(二万八〇〇〇円)をそれぞれ二〇〇〇円アップすること、ただし議員報酬は据え置きとすることなどを議決している。(56)

本章第3節aで見たように、一九五二年一〇月二六日の「市政討論会」で洲崎義郎が「私は税の公正賦課という点についてはある程度の公約を果したものと考えている」と述べたのは、以上の事情によって理解される。

b 「滞納」問題への対処

「適正課税」問題に関連して市民税の「滞納問題」に触れておきたい。洲崎市長は「市民の生活経済の実情から無理な滞納整理は行いたくない」と消極的であったが、一九五一年一〇月、市税の滞納額が約一五〇〇万円に上ることから、事務当局は滞納整理を市長に強く迫った。その結果、市長も承諾し、「吏員数十名を動員して一せいに戸別訪問による整理」に着手することになった[57]。翌年三月にも、市当局は市民税・固定資産税などの滞納額一六一三万円の整理を行うため、市職員一六名が八班に分かれて督促に当たっていると報じられている[58]。

5　教育振興への取り組み

a　学校校舎などの建設

「教育の振興」を公約に掲げる洲崎市長にとって、小学校・中学校教育の充実、その前提としての校舎の整備は、財政的に大きな負担であったとしても、避けて通ることができない課題であった。その取り組みは三井田虎一郎前市長時代から始まっていたが、洲崎市政の時期は戦後のベビー・ブームに誕生した児童の学齢期と重なったから、いっそう大変であった。教育費には校舎の新・増改築だけではなく、教育関連の施設・設備費も含まれるが、ここでは予算に表れた校舎の新・増改築を取り上げたい。

一九五一（昭和二六）年度の当初予算には、一中（柏崎地区）の二階建教室棟二棟と講堂など（二四一〇万円）、二中（比角地区）の屋外運動場など（九〇〇円）、上米山中の二教室など（一一三万円余）、計三四二三万円余が計上されたが、財源は、市費からの支出が二二三万余円で、他は国庫補助と起債に頼る予定であった。しかし、国庫補助と起債はそれぞれ三三五万円、二一〇万円しか認められなかった。このため、八月、市は今年度は一中の二階建教室棟の建築は一棟（一〇）教室などにとどめ、全体の予算を二一四九万円余に縮減した。それでも一三八〇万余円不足することになり、市有地払い下げ（約六〇〇万円）、ガス特別会計からの借入（五〇〇円）などによって補填することにした（一中の二階建教室棟一棟の建築は来年度に継続して実施を予定[59]）。なお、上米山中は、本章第８節で記すように、五〇年四月、市に合併した旧上米山村の中学校であった。

洲崎市長は、以降も毎年度、校舎・体育館・教室などの増設を計上した予算案を市議会に提案するが、その一々は割愛する。ただ、自主財源は少なく、財源の多くを補助金や起債に頼らざるを得なかったが、それも期待通りには付かない状況が続き、思うようには運ばなかった。

こうした中で、一九五二年一〇月、初めて教育委員の公選が行われ（後述）、それに基づいて発足した教育委員会が、翌五三年一月、総額四四九五万円余の教育要求をまとめ、市当局に要求した[60]。さらに五四年度には、教育委員会が策定した同年度から始まる「校舎増改築五ヵ年計画」が教育長から示された。その要点は次の通りである。

・柏崎小・枇杷島小・鯨波小……増改築は考えていない。
・比角小……現在最も狭隘で悩んでいる。六教室、屋内体育館が不足。五四・五五年度に増築する。
・大洲小……二教室が不足。五六年度に増築する。
・上米山小……五八年度に屋内体操場を作る。
・上米山吉尾分校……五四年度に全部改築する。
・槇原小……五六年度に音楽教室（ステージ付）を作る。
・日吉小……五五・五六年度にそれぞれ二教室を作る。
・一中……五三・五四年度に屋内体育館の付属建物、内部施設を作る。
・二中……五五年度から校地買収を拡張し、運動場の東側に校舎を作り、隣接地を買収し、五七年度に改築する。
・三中……五三年度に土地買収を完了した。五四年度に第一期整地、五五年度に第二期整地を行う。校舎の移転は五四年度から三ヵ年で行う（五四年度は三〇〇坪、五五年度は一二二坪、五六年度は屋内体育館三〇〇坪）。
・西中通中……五四・五六・五八年度に六教室を作りたい[61]。

この「校舎増改築五ヵ年計画」を踏まえて、市当局は一九五四年度予算に、一中体育館建設費（継続、七六〇万円）、三中整地費（二四八万円）、西中通中二教室増築費（二四五万円）、比角小四教室増築費（四五五万円）、上米山小吉尾分教場全校舎改築費（一〇〇万円）を計上した。「三中」は柏崎駅前にあったものを赤坂地区に移転新築するための用地買収・整地にかかわる費用で、「西中通中」は合併により新たに柏崎市立となったものであった(62)。

洲崎市政下では本章第8節で見るように、周辺町村との合併が進んだため、編入地域の学校の整備も新たな課題として加わってくる。一九五五年五月に始まる第二期洲崎市政下では、荒浜中・四中（旧高田中）の整備に取り組むとともに、第一期市政からの懸案であった一中・二中・三中の講堂・校舎などの建設完成に取り組んだ。それは財政赤字の解消問題と並行した取り組みで難航するが、経済の高度成長開始を背景とした市税収入・補助金の増加などによって、実現することになる。五八年一二月には、一中の講堂、三中の校舎、荒浜第一小体育館はすでに完成し、二中（コンリート二階建）校舎一棟に続いて同年度工事の同二階建校舎一棟の工事、比角小体育館の増築工事、第四中〔高田中〕体育館の新築工事も進行中で、来春三月には完成する予定であり、「洲崎市政がとりくんだ学校建築の大事業も予想通り全工事を完了する」と報じられた(63)。

b　学校教育への要望

教育委員会策定の「校舎増改築五ヵ年計画」（前出）に関して、洲崎市長は、一九五四（昭和二九）年二月二五日の市議会で、議員の質問に答えた中で、「戦後新憲法、教育基本法等が施行され、戦前の教育とは一転機を画している。しかしその実態、運営についてはかなり遺憾の点がなきにしもあらず。これは理想と現実の間にどの社会でもあることだが。しかし教育二法案のことを考えてみると、教師がおびやかされ、教育は正に危機にさらされている。人間性の解放、知性の涵養はボカされ、再び上級学校に入学するための教育へ逆もどりする可能性がある」と述べ、当時の学校教育の内容、動向に、強い懸念を表明した(64)。ここに出てくる「教育二法案」とは、中央教育審議会の答申に基づき、この年二月に政府が国会に提出した「教育公務員特例法改正案」「義務教育諸学校における教育の政治的中立確保に関する臨時措置法」をさし、教員の政治活動を大きく制限する法案であった。野党の強い反対があり、国会が紛糾する中で成立し、六月に公布されている。

同様の懸念は、同年七月一二日行われた一中体育館の竣工祝賀式の祝辞でも表明された。すなわち、そこでは、「待望の一中校舎、体育館がかくの如く立派に完成したことは来賓、四万八千の市民の熱意によるものと感謝したい。近代教育の追究と実践は精神に加える近代的教育施設を要する。だがこの竣工した学校のなかでどのような教育が行われ、どのような体育が行われるかによつてその価値が決るものであり、もし立身出世主義の教育が行われたとしたら、これらの施設は抹殺されるものと考える〔。〕学校当局に対しても教育の本質を追究されるよう希望したい」と述べた(65)。なお、一中では一九五〇年度から校舎・体育館の建設を行い、五三年度に完工した。総工費は五二五二万円という。臨席した文部省の田中施設部長は、祝辞において「体育館の工事、その環境とともに全国の中学校体育館としては第一級である」と称賛している(66)。

c　公民館をめぐる保守勢力との軋轢

戦後に誕生した公民館は地域の人々の民主的・自主的な交流の場として、また社会教育の場としても大きな期待を集めていた。学校教育の内容について上記のような懸念を抱く洲崎市長は、社会教育にかける思いは強かった。前章第3節dで見たように、市長就任前には中越文化協会・自由大学の運動にかかわっていたから、社会教育を通じて平和と民主主義を担う青壮年の育成に努めたかったに違いない。しかし、すでに「逆コース」の時代であり、保守勢力は洲崎市長の動きを強く牽制した。そのため、社会教育の機関であった公民館の人事・運営をめぐって紛議が絶えなかった。

一九五一年一〇月二日の市議会で、洲崎市長が提案した、市教育課長兼任の公民館長を専任にすること、一七名の公民館運営審議委員を三〇名に増員することが承認された[67]。また、公民館で月一回くらいの割合で「中央から権威ある講師を招き」、「社会大学講座」を開設することも決まった。人選は運営審議委員会に図るという[68]。

一〇月一七日、市公民館運営審議委員の増員分一三名が市長から委嘱された。その中に霜鳥誠一の名がある[69]。また、専任の公民館長に岡塚亮一を起用した。岡塚は、前章の第3節d・第4節cで触れたように、一九四五年五月に在郷軍人会柏崎分会長に推され内諾を与えたことが理由となって公職追放となり、五〇年一〇月、追放解除となったが、追放中に義郎とともに中越文化協会の中心的メンバーとして活動していた人物であった。柏崎中学校卒業、砲兵大尉、元市ガス課長の経歴をもち、当時は文房具店をやっていた[70]。ハンチング帽を愛用し「フランス詩人的」と評されたり、「共産主義的考え」の持ち主と見られることもあった[71]。ただし、義郎と岡塚が個人的にどのように知り合い、交流していたかは不詳である。

洲崎市長の以上の人事などの方針に対して、一九五一年一〇月二六日の『柏崎日報』は「公民館人事」と題した社説を「時評」欄に掲げ、専任館長に就任した岡塚亮一をはじめ、新たに加わった運営審議委員には「中越文化協会」の会員が多い、自由大学教室が公民館の社会講座に生かされ、「片寄つたある特定の政党に属する知識人や指導者」が講師に選ばれるのではないか、との強い警戒心に満ちた論説を掲げた。

公民館の事業に関して保守勢力はクレームをつけた。一九五二年四月一一、一二日に市公会堂で「赤松〔俊子〕・丸木〔位里〕画伯の筆になる原爆画展覧会」が市公民館の主催で開かれたが、『柏崎日報』はこれについて、岡塚公民館長の「非常な熱のいれ方」による企画であり、「政治的思想の色彩が余りにも強すぎた」、「ソ連的な平和思想」に連なる、公民館が「政治活動を行う場に」なってよいのかと攻撃した。末尾に「山田記」とあるので、山田竜雄の筆であろう[72]。

こうした中で洲崎市長は一定の妥協を余儀なくされたようである。洲崎市長は、一九五二年三月の市議会に、公民館運営審議委員の定数を三〇名から二〇名にすることを提案し、二五日の市議会で承認を得た。これに伴い、昨年追加された委員を含めてて現委員はすべて三月末で任期満了により退任することになった(73)。そして、四月一六日、公民館運営審議委員に委嘱された二〇名が公表された。三井田市長時代に委嘱の三名、洲崎市長が前回委嘱した者から一〇名、新人七名で、布施宗一（市図書館長）、近藤禄郎（市体育団長）、歌代道郎（青年団）、霜鳥誠一（柏崎短大教授）らは再任となった(74)。三月二二日開かれた公民館運営審議委員会は委員長に近藤禄郎、副委員長に霜鳥誠一を選出し、年間行事計画を決めた。行事計画には、原爆図展（四月）、第二回洋画アンデパンダン展（六月）、時局講演会・市政懇談会（九月）、自治振興討論会（一一月）、時局講演会（翌年二月）などが挙げられている(75)。これを見ると、洲崎市長の考えがある程度反映される余地は残されていたと思われるが、「社会大学講座」は開かれていないようである。

一九五二年一〇月六日、初めて教育委員の公選が行われ、近藤禄郎・長納圓信（往相寺住職）・箕輪哲之助（長岡高等女学校元教諭・教派神道県副会長）・佐藤四作（浦佐五箇小学校元校長）の四名が当選した（霜鳥誠一は落選）(76)。そして、一〇月二三日の市会で、市会選出の教育委員に西川亀三が選任されている(77)。一一月一日、最初の教育委員会が開催され、近藤が委員長に、佐藤が副委員長に選出された(78)。また、この時、教育長には市の本間教育課長が任命されたが、翌五三年一月、教育委員会は新たに教育長に遠藤広平を選任している（四月一日就任）(79)。

公選制教育委員会発足により、一九五三年四月二八日には、教育委員会によって新たに一九名の公民館運営審議委員が委嘱されたが、その顔触れは学校・各界代表のような人がほとんどであった(80)。これにより洲崎市長の影響力は一段と弱くなったと推察される。また、岡塚亮一はこの段階で公民館長を退任したようで、五月一二日開催の初の公民館運営審議委員会で館長の推薦が行われる見込みと報道されている(81)。

以上のように、洲崎市長は岡塚亮一を公民館長に起用し、民主主義的・進歩的な社会教育の機関にしようと考えたと思われるが、保守勢力の強い抵抗にあい、期待したような成果を上げるには至らなかったと推察される。

d　教育研究支援事業

洲崎義郎は、「公約」の一つ「教育の振興」に関連して、小・中学校の教員が教育の質の向上のためにおこなう研究や生徒の研究を助成するため、一九五二（昭和二七）年度から、毎年一〇万円の予算を計上した。市議会もそれを認めた。額は少ないが、洲崎市政の目玉政策の一つであった。

一九五三年度には市教育委員会が申請を審議し、一四名の小・中学校教諭に助成金を交付している。その中には、吉田好道（一中）の「造形能力の発達と指導法の研究」、阿部茂雄（三中）の「都市社会学の立場から柏崎の実態調査」、二宮健治（柏小）の「学習用郷土年表の作成」などがある。一〇・一一月には昨年度、交付を受けた教員らの発表が行われる予定という[82]。

本章第5節bで触れたように、洲崎義郎は当時の学校教育について、「教師がおびやかされ、教育は正に危機にさらされている。人間性の解放、知性の涵養はボカされ、再び上級学校に入学するための教育へ逆もどりする可能性がある」と述べ、当時の教育のあり方に強い危機感を表明しているが、教育指導に携わる教師が自ら研究的な姿勢と努力によって教育指導の質を高めることにより、「人間性の解放、知性の涵養」につながるような教育を期待したのであろう。この事業は戦前の比角村長時代を彷彿とさせるものであった。

e　短大の市営移管問題での厳しい対応

一九五一（昭和二六）年八月、前年に発足した柏崎短期大学において、最近、「下条氏の出資が途絶え勝で職員の給料も遅配する情況」で学校経営が悪化したため、同短大の公営移管問題が浮上してきた、と報じられた[83]。

八月二一日に開催された柏崎短期大学の理事会で、下条恭兵は理事長を辞任し、経営刷新のため評議員会を組織することになり、一三名の評議員が選任された[84]。九月一四日、坂野教授・関市助役・高橋評議員が県会議長の西川弥平治とともに出県し、石井総務部長と懇談した結果、一〇〇万円位は県が助成できるとの部長見解を得たため、関係者は来年四月からの市営移管を期したい意向である、と伝えられた。学校当局の考えでは、年間経費として四五〇～五〇〇万円を見込み、財源として、授業料収入一〇〇万円、市費二〇〇万円、県補助金一五〇万円、郡部その他寄附金五〇万円、平衡交付金などの国庫補助を想定しているという(85)。

しかし、洲崎市長は市営移管については慎重であった。一〇月二日の市会で短大の市営移管問題が協議された時、洲崎市長は質問に答えて次のように述べた。

涙ぐましい短大の熱意は非常な関心をよんでいる。私としては毎々いつているとおり、基本的理想としては選挙時も言明したとおり、自治体をよくする道は教育の進展にあり、短大の存続については県との交渉その他調査などに情熱をかたむけてとりくむ覚悟で現にやつている。しかし理想が現実にぶつかつた場合〔、〕市の経済の面で考えざるを得ない。現に今日の予算追加や陳情審議でもわかるとおり、柏崎の経済はゆきづまつている。その理由は①滞納②平衡交付金の減額③関東財務局からの借金八百万円の返済④市有地払下げ四百万円の困難⑤繰越金減少などである。市の現実は一中、二中など義務教育の充実すら完成出来ないのである。また一たん引受けた以上個人の場合と違つて出来なくなつたからと頭を下げるわけにはいかぬ。今後の財政見通し〔が〕つかぬかぎり軽々に断定は出来ぬ。また市営にする以上やはり官学にない特色を生かす所に私学の意義がある。それには学校施設、教授の充実が必要で〔〕一、二百万円ではとうてい出来ない。お気の毒だが市の現状では止むを得ない。市長一個の力ではダメで、全市民、その代表である市会と力を合わせてとりくんでゆきたい(86)。

このように、洲崎市長は、義務教育である小・中学校の校舎などの建設に苦しんでいる状況下で慎重にならざるを得なかった。これに対し、中村葉月・山田竜雄が中心となっている「市政懇話会」は、前述のように、一〇月八日の月例会で短大問題を取り上げて協議し、「市営移管の方向に一般市民の世論を喚起すること」を決定した(87)。そして、同会は一〇月一四日、市・郡の各界・各団体代表と有志を集めて「柏崎短期大学市営促進懇談会」を開催した。しかし市営移管に難色の声もあり、当面は「短大存続の期成同盟会」を結成することにした(88)。他方、一〇月一七日には、柏崎短大は波多野鼎学長が「柏専学院理事代表」として市営移管の請願書を市会に提出した。市会側では小林治助・小林多助・霜田毅ら九人が紹介議員になっている(89)。

この問題は以降も紛糾を続けた。論点には、県の補助金獲得の問題、市営ないし市町村「共立」経営の問題、私立として市・県から補助金を出す問題などがあった。最終的に決まったのは翌年五月のことである。

一九五二年五月一九日、洲崎義郎は市議会全員協議会で、「委員会から市営の線の進言を受けたが私としては市営困難との結論に達した。しかし存続には異存ないので議会の意見をしんしやくして廿六日の定例市会に発案したい」と述べ、同二六日の市議会で、短大補助に関する特別委員会の設置（一〇名）を提案し、了承された(90)。同委員会は五月二七日、短大補助額を一五〇万円とすることを決めた。そして、二九日開かれた市議会は委員会案を了承したため、この問題はここにようやく決着した。なお、短大の同年度予算は三二〇万円（前年度の繰越赤字七〇万円を含む）で、収入では学校収入（学生納付金）九五万円、市助成金一五〇万円が確定し、不足する七五万円は「県郡などの援助と学校自体の努力で克服する方針」と伝えられている(91)。

市助成金は以降毎年、予算に計上されることになる。また県が助成金を付けたのは一九五三年度（追加予算）の五〇万円が最初であった(92)。

短大の市営移管問題は以上の経緯をたどって決着した。下条恭兵が創った専門学校→短大が経営難に陥ったから市営に移管してほしいというのは確かに安易であろう。洲崎義郎のかたくなな対応には、市長選で自分を支持しなかった下条への反感や、この問題を洲崎市政を追い詰める材料にしようとする一部勢力に対する反発があったようにも見える。だが、基本的には、義務教育の六三制拡張や生徒数の増加に伴い校舎・教室・体育館の増設が急務で、その実現も困難な事情下にあったことが財政支出に慎重にならざるをえなかった理由であったと思われる。市長が義郎でなかったとしても、市営ないし郡市共営は無理だったのではなかろうか。

6 社会福祉への本格的着手

洲崎市政の「三大公約」の一つは「市民生活の安定」であった。それは社会福祉政策として行われることになる。一部は三井田前市長時代に始まっているが、本格的に着手されたのは第一期洲崎市政の時であった。

一九五一（昭和二六）年一一月一五日、市公会堂で、「かねて結成準備中だつた柏崎市社会福祉協議会」の創立総会が開かれ、民生委員・社会福祉行政関係者ら多数が参加した。総会では会則・事業計画の決定、予算の審議決定、役員選出が行われ、会長に萩野秀雄が選任されている(93)。以下、第一期洲崎市政下で行われた社会福祉政策として注目される、保育所の増設、公益質屋の開設、国民健康保険の再開、養老院の新設などについて概観しよう。

a 保育所の増設

総務課長として洲崎市政を支えた月橋会《たかし》は、洲崎市政下の保育所について、つぎのように回顧している。

……洲崎市長就任当時は、幼稚園から保育所にかわった柏崎保育所と、紀元二六〇〇年記念事業（昭和十五年）として、社会事業助成会（民間団体であるが、社会福祉協議会の原型といってもよい）の経営する大洲保育所があっただけである。いずれも、児童福祉法に基づいて、補助金をもらい建築されたものでない。何としても、児童福祉法の精神を生かして、保育所として本格的なものをつくりたいということから、独自の設計と運営でつくったものの第一号が昭和二十七年開所の枇杷島保育所である。この保育所は当時県のモデルであるとまでいわれ、話題をよんだものである。続いて二十八年西部保育所、二十九年比角保育所と新田保育所（松波町）、三十年荒浜

表7-2　入所の保育所の募集・応募状況（1954年4月）　（単位：人）

保育所	募集	応募	倍率	保育所	募集	応募	倍率
柏崎	127	381	3.0	古見野*	54	181	3.3
大洲	59	187	3.2	二葉*	18	29	1.3
枇杷島	38	113	3.0	明照*	21	26	1.3
西部	25	77	3.0	合計	412	1,154	2.8
比角	60	145	2.4				

注：＊は私立。募集・応募者数の合計値および倍率の合わない部分があるが、原文のまま掲出した。
出所：『柏崎日報』1954年1月7日（「全保育所が定員突破／競争率は二・八倍」）。

保育所とたて続けに建設されていくのである。当時の柏崎市の保育所の建築・運営は断然他の追随を許さないものがあり、県内のトップはいうまでもなく、全国的にみても、非常な自信をもつまでに至ったのである。〔中略〕柏崎の保育行政は、あらゆる意味で洲崎市長のときがトップであったと思っている。(94)

月橋の回顧談には六保育所があげられているが、当時は他に私立保育所も存在した。それらを含めて、一九五四（昭和二九）年四月に入所が予定されている保育所は八ヵ所あり、前年一二月二八日に締め切られた入所希望者に関して、募集人員・応募者（入所希望者）・倍率は表7-2のように報じられている。

これによれば、八保育所とも定員を超過する希望者数で、募集定員四一二名に対して希望者は一一五四名に及び、倍率は二・八倍であった。これを報じた『柏崎日報』は、市当局は一九五四年度予算でもう一ヵ所増設したい意向であると記しているが、それが月橋の回顧談にある荒浜保育所であると思われる（五五年開所）。日本は経済復興期にあったが、苦しい生活を強いられる人は多く、保育所への期待は高かった時代である。洲崎市政はそれに全て応えることは叶わなかったが、月橋の回顧談にあるように、他の地域の追随を許さないほど、力を入れた施策であったといえよう。

b　公益質屋の開設

一九五一年一二月、柏崎市が来年度から公益質屋を開設することを決めたことについて、新聞は次のように報じた。

勤労庶民階級に対し低利に簡易に生活資金の融通をする……という趣旨の公益質屋は現在県内で新潟、長岡〔、〕小千谷、栃尾、村上、加茂〔、〕見附、燕、小出、村松の十一《ママ》ヵ所で行われているが、柏崎市でも明年度から市営公益質屋の設立を計画し、十一月三十日には平田市会厚生常任委員長らが長岡の市営公益質屋の実態を調査するなど準備をすゝめている。県内十一ヵ所の公益質屋の運転資金は新潟、小千谷の三〇〇万円が最高で〔、〕長岡は二三六万円、最低は栃尾の三六万円となつており〔、〕貸付利率は殆んどが月三分である。(95)

だが、実際に開設されたのは一九五三年一一月からであった。それに先立つ九月の市会で公益質屋舗のために土地・建物（二宮伝右衛門所有の土地・土蔵）の買収が承認されている。そして、諸準備を経て一一月から営業を開始した。運営資金は年間で一六〇円（財源は公営企業債）とし、貸付の最高額は一物件で一〇〇〇円、一世帯五〇〇〇円、利子は月三分（民間質屋は一割）とされている。(96)

c　国民健康保険の再開

柏崎市の国民健康保険は戦前に開始されたが、保険料の滞納が多く、医師への支払いが滞りがちで、医師の診療・投薬にも差異があるなどの問題があって、一九四五年七月に中断され、戦後になっても長い間、その状態が続いた。しかし、洲崎市政が誕生した頃、県下七市の中で柏崎市だけが国民健康保険を実施していない状況となっていた。こうした中で、一九五一年一一月六日に開かれた市会厚生常任委員会は、県下六市、大津市・吹田市・小田原市・川崎市の国保財政を調査研究した資料がほぼ完成したことを踏まえて、この課題に取り組むことを決めた。そして、委員会は今月中に結論を出し、来年四月から復活再開したい意向であると報じられた。(97)

以降、市会厚生常任委員会と市当局は国民健康保険再開に向けた努力を重ねられたと思われるが、一九五二・五三年においては実現できなかった。

一九五四年一月二〇日、洲崎市長は市会協議会で、国民健康保険を四月から再開するため、市会厚生委員会、学識経験者などによる「柏崎市国保研究委員会」（市長の諮問機関）の設置を要望した。県下七市で実施していないのは柏崎市のみであること、昨年度から国庫補助が二割に増額されたこと、四月に合併予定の西中通村で既に実施していることなどが、再開を決定した背景にあった(98)。

二月一日、市が総務課内に国保事務担当四名を発令し、市の国保研究委員会の初会合が二月三日開かれるなど、国保再開に向けた動きが本格化した(99)。二月二二日、同委員会は市長に対し、保険税（料）について、一世帯の平均年額を二四〇〇円（内訳は所得割四五％、資産割一〇％、人頭割二〇％、世帯割二五％で、そのうち人頭割・世帯割は一人一ヵ月一〇円・五〇円）とするなどの案を答申した(100)。さらに、六月からの実施を目指して、四月から国民健康保険課を新設し、特別会計予算一八三〇万円を計上すると報じられた(101)。

こうして念願の国民健康保険が再開された。関連して洲崎市長は、柏崎市の医療体制を充実するため、県厚生農協連の刈羽郡病院内に「市立刈羽病院」（のち「委託病棟」と呼称）と称する鉄筋コンクリート四階建の「新療棟」を建築させた（一九五四年一一月着工）。これは、市単独で病院を建設する財政的余裕がないため、厚生年金保険積立金三八〇〇万円の還元融資を受けて建設し、市はそれを刈羽郡病院に委託し運営してもらい、それによって市を通して融資を返済し、完了したら全てを刈羽郡病院に譲与する計画であった。これにより新たに病室八二室、ベッド一四六床が作られ、合計ベッド数は三二〇床になるという。なお、市がこれを柏崎市刈羽郡医師会に事前相談なく行ったことから、開業医を圧迫するとして医師会の抗議を受け、市側が陳謝して事態を収める一幕もあった(102)。

d　公営住宅と養老院の建設

洲崎市政下の社会福祉行政としては、以上の他に、公営住宅の建設、県営アパートの誘致、郡市共立の養老院の建設がある。

公営住宅は、三井田市政の末期に登場している。すなわち、一九五一年三月、新花町に柏崎市営庶民住宅（一五戸）が完成した。二〇日に締め切られた入居応募数は一五倍の二二六件に及び、二七日に選考会を開催する予定と報じられた[103]。公営住宅の建設は洲崎市政下でも継続・拡張されていく。

一九五四年一一月二五日には、柏崎市西栄町裏の伝染病院脇に、柏崎市・刈羽郡町村組合立の養老院「臨海寮」が竣工し、二六日に竣工式が挙行された。総工費約五〇〇万円、平屋建で、六畳四部屋、八畳六部屋と四八畳の食堂などがあり、入居定員は三〇名、一二月一日に開院という[104]。この養老院は、前年から刈羽郡町村会と柏崎市の間で検討が進められ、五四年一月、四〇名収容、建設予算は七一〇万円、うち国・県補助が六七五万円、その他経費を含む地元負担金が二〇三万円、という内容で計画が進められてきたものであった[105]。

7　産業振興への取り組み

a　柏崎築港への努力と停滞

洲崎義郎市長が掲げた「三大公約」の一つに「産業の伸展」がある。そのために港湾・河川・道路などの社会資本の整備が必要で、義郎は国・県の補助が得られて事業が進展するように、商工会議所や田中角栄代議士らとともに尽力した。道路関係では国道八号（長岡～柏崎～高田）、新潟～柏崎（二級国道）、小千谷～柏崎、十日町～柏崎の各道路の改修が課題で、河川関係では鯖石川と鵜川の改修が中心であり、一定の成果があった[106]。ここでは地元経済界が強く求めた柏崎築港と義郎の関わりを瞥見しよう。

柏崎築港問題は、前章第1節dで触れたように、三井田虎一郎市長時代の一九四九（昭和二四）年に取り組みが始まり、同年には柏崎港建設期成同盟会が発足し、「柏崎港建設計画」も固まっていた。計画では、第一期工事（建設費三億五〇〇〇万円）で「大型漁船を中心とした漁港」「中型貨物船による商港」としての整備を行う、第二期工事

（同三億円）で三〇〇〇トン級の大型商船が横付けできる突堤建設を行う、としていた。国庫補助を得るため、三井田前市長も洲崎市長も上京して建設省・運輸省や地元選出代議士への働きかけを行うが、進展がないまま時間が経過した。

一九五三年六月一日、市公会堂で柏崎港期成同盟会の会合が開催され、会長に田中角栄代議士を、副会長に県議の西川弥平治・石塚善治・吉浦栄一と洲崎義郎（市長）・小林多助（市商工会議所会頭）を選任した[107]。推測するに、これは同年度の国予算に柏崎港修築関係で三五〇万円が計上されたことが契機になっている。そして、これを一〇〇〇万円に増額してもらうべく、田中代議士・柏崎市・市議会は国に陳情を重ねた。七月一八日、田中角栄から商工会議所に、国は県と折衝の結果、柏崎港改修工事を総額一億五〇〇〇万円と決定し、今年度の工事費として一〇〇〇万円計上する、との電話連絡が入った。それを受けて七月二三日、柏崎港建設期成同盟会の役員会が開かれた。そこでの貝瀬柏崎土木市出張所工務課長の設計説明によると、完成後は三〇〇〇トン級船舶の接岸が可能になるという[108]。

以上の動きと関連して、一九五三年一一月一八日、「柏崎経済背後地拡充促進会」が結成された。会長は洲崎市長、副会長は岡部市議会議長・小林商工会議所会頭・佐藤北条村長で、「当面の目標としては、ヒンターランド（後背地）獲得のため交通、道路の整備を期」す、「さし当っての事業として刈羽鉄道予定線、奥只見地帯調査、小出地区懇談などを行う」ことになったという[109]。

翌一九五四年一月一九日、柏崎港建設期成同盟会の常任委員会が開催され、田中代議士（会長）、洲崎市長らが参加し、今後の運動方針を協議した。高村土木出張所長から五四年度の工事計画として五〇〇〇万円を県に要求する予定との説明があった。また、田中代議士から、五三年度において、柏崎港は全国六〇の「商港重要指定港」に入ったので、五四年度は二〇〇〇万円の国庫補助が考えられるとの報告があった[110]。

こうして、柏崎築港が大きく進展する期待が膨らんだが、現実には大きな進展がないまま時が経過し、第二期洲崎市政を迎えることになった。

一九五七年一月三一日、北村一男知事が来柏し、「番神岬岬館二階から柏崎港を見下しつつ市側の説明をきき、ついで市公会堂で懇談」する機会があった。これに合わせて市は、「柏崎港の早期促進について」と題したパンフレットを作成公表し、県首脳、市民にアピールした。しかし、市公会堂での懇談会で、知事は、「柏崎港は修築すればこういう経済的効果があるという具体的裏付がなければならない。しかし今までの話では私はまだ心から柏崎港を大修築しなければならぬという納得を得られない」と語った(111)。柏崎港修築が進まないのは、知事発言にあるように、結局、背後地の産業経済との関連でまだ必要性が弱いからであろう。

なお、一九五五年には、六月一日から就航予定であった佐渡汽船㈱の柏崎~小木航路、寺泊~赤泊航路が休止となった。柏崎~小木航路は五〇年に開設され、市は助成金を出して支えてきたが、「年々相当の赤字で採算がとれない」からという(112)。市は柏崎港修築の理由の一つに佐渡航路をあげていたため、これは残念なことであった。その後も、市長・商工会議所会頭・県議らが県・会社に復活を陳情するが、叶わなかった(113)。

b　工場誘致などの取り組み

洲崎義郎は工場誘致にも取り組んだ。これは柏崎港の経済的後背地を充実するためにも必要とされた。

当初、洲崎義郎が期待を寄せた工場誘致は二つあった。一つは三井田市政時代から話が出ていた「関東電工」（浅野八郎社長）の「燐酸肥料工場」の誘致である。同社が「熱源」を電気から天然ガスに切り換える意向であることを知ったからであった。しかし、一九五二（昭和二七）年一月、洲崎市長は上京し運動するが、暗礁に乗り上げてしまった。同社が六〇トン炉一基の一日の使用量を一万五〇〇〇立方メートルと見込んでいるのに対して、当時、帝石が柏崎市に提供している天然ガスの平均一日当量が六〇〇〇立方メートルにすぎず、「熱源」を提供することが困難であることがわかったからである(114)。

もう一つ期待が寄せられていたのは、片倉製糸工場の誘致であった。これは、村松にあった同社工場が戦後、焼失したことに伴い代替工場を中越地方に設置したいとの意向が示されたことを受けて、三島・刈羽・東頸城の「三養蚕農協連」が誘致運動に乗り出したことを知り、柏崎市・刈羽郡が「柏崎地区製糸工場誘致促進委員会」を結成して誘致活動に乗り出したもので、これも三井田市長時代に始まっていた。前章第２節ｆで触れたように、一九四六年六月、洲崎義郎も柏崎地区産業振興委員会の委員長として誘致に関与したことがあった。義郎は市長に就任後、上京するたびに同社に陳情した。しかし、五二年七月三日、片倉製糸の中沢社長から洲崎市長に、工場設置は小千谷に決定した旨の通知が届いた。主な理由として、「水質水量」「企業融資」の問題で小千谷が有利だからとされている(115)。こうして、片倉製糸工場の誘致も失敗に終わった。

一九五二年一一月六日、県の関川経済部長が来柏し、市内工場視察後、商工会議所で刈羽地方事務所長、洲崎市長らと座談会を開いた。この時、洲崎市長は、中小企業に対する「産業育成資金」の早期実施および増額を要請するとともに、工場誘致について、「新潟、長岡などばかり考えず適宜分散」し、「大工場と小工場の結びつき及び下請の斡旋を願いたい」と要望し、佐渡汽船㈱が運営する「柏崎・小木航路」の存続に尽力を求めている(116)。また、当時、長岡の葉賀商店が中国との間に繊維関係で一五億円の取引を決めたことなどに刺激され、翌五三年一月、洲崎市長は「中日貿易の促進」に力を入れたいと語ったが(117)、これは実現性に乏しいものであった。

洲崎市長の経済振興策は、このようにほとんど実を結ばなかった。そうした中で、一九五三年七月、比角変電所が竣工し、東北電力から柏崎への送電量が三万三〇〇〇ボルトから倍の六万六〇〇〇ボルトに増加したことは、港湾建設・道路建設・都市計画・工場誘致に必要な電力を確保する上で明るい材料となった(118)。

ｃ　柏崎物産の販路開拓への努力

一九五三（昭和二八）年一一月四日の『柏崎春秋』に、洲崎義郎（談）「北海道を訪れて――物産の販路開拓」が掲載されている。それによると、義郎は市長として、同年九月二六日～一〇月四日の九日間、北海道の室蘭・札幌市に出張し、同地で開催された新潟県物産展示即売会を視察し、「柏崎生産品の販路開拓、柏崎出身者との交歓、二三男対策、観光柏崎の宣伝その他の用務」を果たした。これも地元産業の発展を願ってのことであろう。

掲載された談話の中で、柏崎の物産の売り込みに関して、「中物製作所や相沢大吉堂の製品等は将来有望と思われる。日東製麵所の乾麵類、霜田木工所のチヤブ台、鯛の子塩辛、上島製作所の石油コンロ、風呂釜等は将来有力なる移出品だと思われる。木工品等は価格も安く且つ品質も良いが〔、〕只運賃が高くつくということで、その点が憂慮されたので、どうしたら運賃を安くして送ることが出来るかということが将来に残された研究題目である」と述べている個所が注目される。この談話がどれほど意義あるものであったかは不明だが、地元の中小企業支援の眼差しが感じられるものとなっている。

d　柏崎温泉㈱助成問題への対応

三井田市長時代に柏崎温泉が誕生したこと、市長は市営温泉を建設しようとしたが保留となったことなどについては、前章第1節dで触れた。

その後、噴湯量は十分でなかったようで、一九五二（昭和二七）年三月、柏崎温泉㈱（吉浦栄一社長）は、現在の噴湯量は一日約六〇〇石で、一一軒の温泉旅館に提供しているが、「再掘」で倍以上の湯量を確保したい、ついては温泉再掘の工費三〇〇万円について、県に二〇〇万円、市に一〇〇万円の補助を申請する、と報じられた(119)。だが、この時は、補助金は支出されなかったようである。

同年一〇月には柏崎温泉の「湯量異変」によって「再掘」が必至の課題となった。翌五三年一月二六日の市会は、産業委員会の意見を了承して「柏崎温泉浚渫助成」の請願を採択した。その助成金額は一〇〇万円であった。しかし、吉岡議員は反対意見を述べ、洲崎市長は「財政の実情から慎重に考慮して善処したい。私の信念はこれまでしばしば委員会に話したところと変わりない」と述べた。また、二五日、柏崎地労は、「あくまで企業自体に於て増資等により解決すべ」きだとして助成に反対を表明した(120)。

これは翌五四年二月二三・二五日の市会でも取り上げられた。市会産業委員長の霜田毅は、昨年に全員一致で助成すべきことを採択しているが、市長が同意しないために実現していないとして批判した。これに対して、洲崎市長は、「温泉会社の重役には有力者がそろつているから、重役自体が努力すべきである」、「民間会社（株式会社）に市が助成することは先例となつて、他から同様な立場で助成を申込まれた場合困る事態が予想される」、「事業の性格上確実性が不安定である」の三点を挙げ、不同意を表明した(121)。

だが、同年四月一日、柏崎温泉㈱への補助について、「県費補助額以上の予算措置を〔市が〕講ずること」を条件として五五万円の補助金を交付する旨、県から通知があったため、市は三月末の市会に一九五三年度追加更正予算として同額の五五万円の補助金支出を提案するに至った。そして、同案を市会が可決し、この問題は一応決着することになった(122)。

温泉助成問題はこうして決着したが、私財を投げ打って地域のために尽くしてきた洲崎義郎には、私的利益を追求する民間企業に対する助成は好ましくないと思えて仕方なかったのであろう。それは、洲崎市長派と目される霜田毅議員と対立することになっても、譲れない信念であったことがうかがえる。

e　博物館と陸上水族館の建設をめぐる対立

一九五三（昭和二八）年二月一七日、洲崎市長は、柏崎市の商工会議所・観光協会から請願のあった博物館ないし陸上水族館の建設について、次のように語った。

博物館は体育館とともにぜひ私の任期中に実現したいと思つている。それを作る以上は立派なもので、柏崎の文化センターの中心として他に誇るようなものにしたい。しかし市財政が窮屈な現状からは一度に実現は不可能で、五年でも十年でも継続事業として逐次整備していくべきだと思う。それにはまず敷地を十分に広くとり将来にそなえるべきで、建設位置の選択とともに慎重に考えていかねばなるまい。内容もたゞ標本を陳べておく程度でなく、実験研究もその中でやれるような近代的なものとしたい[123]。

請願した観光協会・商工会議所側は観光事業に役立つような施設を希望していたが、これによれば洲崎市長が考えているのは、「文化センターの中心」となる博物館であった。おそらくそれは本章第10節で触れる都市計画と関連して考慮されたものであろう。こうした同床異夢の中、一九五三年五月、教育委員会が委嘱した市議ら約四〇名により博物館設立準備委員会が設置され、検討が開始されることになった[124]。その結果がどうなったか定かでないが、市としては市長の考える博物館でいこうとしたと推測される。

しかし、同年一二月一七日、市商工課が五四年度予算編成の参考にするため、市内各町の商店振興会の人を招き、商業振興対策を協議した時、参加者から観光に関して「陸上水族館」の建設を求める声が出た。直江津には水族館があるので修学旅行客が来る、海浜旅館組合で作ろうという話もあるが、市が中心となってやってもらいたいとの要望が出された[125]。

こうして博物館問題は市と観光業関係者の間で対立する問題となった。そして、観光協会は、市が応じてくれないと判断し、独自で観光客を目当てとした「陸上水族館」を建設することを決め、一九五四年三月一九日、協会長が関係町内・振興会代表者を招き、一五町内などにそれぞれ一万五〇〇〇～一〇万円の寄附金割当案を提示した。合計金額は七一万円という[126]。これに対して、市は市費から五〇万円の補助金を支出することを決め、三月三〇日の市会で了解を得た[127]。同年七月一日、観光協会が八坂境内に建設していた「柏崎水族館」の竣工式が市公会堂で行われ、同日開館した。工費は三〇〇万円であった[128]。

f　実現しなかった原子力研究所の誘致

一九五五年一一月二一日、高崎市で原子力産業誘致の運動を行っていた柏崎出身の山田徳蔵が洲崎義郎市長を訪れ、柏崎に原子力産業誘致を勧説した。山田は、政府の原子力委員長・自民党副幹事長の中曽根康弘代議士と親しく、政府は三五〇億円の予算で原子力研究所の設置を計画している、現在、高崎が誘致に猛運動を行っているが、「一つの原子力研究所が設置されることによつて幾多のパテントが生れ、これにともなつて幾多の会社が生れることは火をみるより明らか」であるから、柏崎に誘致してはどうか、ついては中曽根代議士に柏崎を訪れ、市民に「原子力の現状」を説明し理解してもらいたい、その労を自分がとってもよい、というのが主旨であった。これを聞いた洲崎市長は、「原子力については関心をもつてい《ママ》られ、非常に喜んでい《ママ》られた」という(129)。

洲崎市長はその直後に上京の際、中曽根代議士を訪ね、原子力研究所の柏崎への誘致を「懇請」した。『柏崎春秋』は次のように報じている。

> 洲崎市長は過般道路、港湾問題などで上京、陳情の上三十日帰庁したが〔、〕上京中自民党の中曽根代議士に会つて目下政府が二百三十億円を計上して設置を予定している原子《ママ》研究所を柏崎市に設置したいと懇請した。なお同研究所に対しては高崎市がトップをきつて誘致運動中であり、もしかりに本研究所が高崎市に設置されるとしても附属パテント工場の誘致は可能であるとして懇請したもので、同代議士も明春柏崎を訪れ、現地を視察したいと語つている(130)〔。〕

山田徳蔵の言葉をそのまま信じ、中曽根代議士に懇請したことがわかる。「原水爆」に強く厳しく反対している洲崎義郎も、「原子力の平和利用」なら歓迎だったのである。「平和利用」という響きのよい言葉に惑わされ、まだその安全性・危険性の問題を知らなかったのであろう。その後の成り行きは不詳であるが、結局、研究所および関連施設の柏崎への誘致は実現しなかった。

この翌月（一九五五年一二月）、「原子力基本法」が制定され、日本における原子力の「研究開発」「平和利用」に向けた動きが公式にスタートし、翌年、日本原子力研究所が茨城県東海村に設立された。同所で初の発電が行われるのは一九六三年一〇月である。この間の六〇年から通産省が全国各地で「原子力発電所立地調査」を開始するが、それを機に各地で原子力発電所の誘致、それに反対する運動などが活発となる。柏崎で原発誘致問題が登場するのはこの段階であるが、それは次章第1節cで言及することにする。

8　市町村合併への取り組み

柏崎市の周辺町村との合併は三井田虎一郎市長時代に始まり、一九四八（昭和二三）年一一月、西中通村の大字「悪田」が柏崎市に編入され、五〇年四月には中頸城郡上米山村が市に合併編入されている。また、五一年四月には、北鯖石村の大字「田塚」「長浜」「新田畑」と、西中通村の大字「春日」と「大浜」の一部も市に編入された。上米山村以外は、いずれも市の比角地区の工業地帯に隣接する地域で、その住民は上水道・消防、児童通学、社員通勤、医療などで市と密接な関係にあった[131]。ただし、旧鯨波村の南西に位置する山村の上米山村（谷根・小杉・吉尾の三大字）がこの時点で編入合併した経緯は定かでないが、五〇年二月の上米山村会は柏崎市への合併を満場一致で議決し、柏崎市に申し入れていた[132]。同村を流れる小俣川・谷根川は柏崎市上水道拡張の新たな水源と想定されていたと推測されるので、その関係もあったと推察される。

しかし、周辺町村との合併が多く行われたのは洲崎義郎市長時代のことで、これには「町村合併促進法」（一九五三年九月）、「新町村建設法」（五六年一〇月）による政府の意向が強く働いている。義郎が政府の方針をどのように考えたか、あるいは市長として個別の合併についてどのように考え、関わったかは、一部を除いて不明である。おそら

表7-3　周辺町村との合併一覧（1954～57年）

年月日	合併町村	合併後の市人口（人）[1]	出所
1954. 4.1	西中通村	42,779	①
7.5	荒浜村	46,311	②
1955. 2.1	田尻村・高田村・北鯖石村	59,822	③
1956.10.3	中通村（一部）	約63,000	④
1957. 1.1	中頸城郡米山村（一部）[2]	(2,512)	⑤
4.1	高浜町・黒姫村（一部）[3]	69,283	⑥
7.1	中鯖石村・南鯖石村	77,535	⑦

注：1）括弧内の人口は増加分。
　2）この分村合併では、1956年12月19日、中頸城郡米山村（全村）を柏崎市に合併した上、57年1月1日、ほぼ5部落が分離し、中頸城郡柿崎町に編入される形であった。
　3）黒姫村から分村合併したのは旧上条村7部落（2,036人）。

出所：①『柏崎日報』1954年3月31日（「西中通村の大観」）、同年4月2日（「大柏崎市へ歓呼の第一歩」）、②『越後タイムス』1954年7月4日（「五日荒浜村合併式」）、③『柏崎日報』1955年2月1日（「きょう六万都市へ歴史的発展」）、④『越後タイムス』1956年10月7日（「中通合併祝賀式」）、⑤同前、1956年12月23日（「米山村合併なる」）、『柏崎日報』1957年1月5日（「旧米山村合併分離問題すべて解決」）、⑥『越後タイムス』1957年3月31日（「高浜、上条を合併」）、⑦新潟県総務部地方課編『新潟県市町村合併誌』下巻、267頁、1962年、新潟県。

く、政府の方針、それを受けた県当局による具体案の提示、各町村での活発な動きの前に、市長として合併を推進せざるを得なかったと思われる。

「町村合併促進法」に基づく最初の合併は、一九五四（昭和二九）年四月一日、西中通村との間で行われた。合併後の柏崎市の人口は、三万八五五三人から四二二六人増えて四万二七七九人となった。合併前の西中通村の職業別人口は農業二七五三人、商業五七九人、土建業四四人、その他八五一人である。また小学校は二校、中学校は一校あった。同村は刈羽郡特産の「節成胡瓜」の主産地で、蔬菜類の生産も郡内随一であり、梨・桃・葡萄などの果樹栽培でも知られていた(133)。

洲崎義郎は、翌年四月に合併することになる西中通村との交渉が進み、一九五三年一一月二八日、柏崎市公会堂で開かれた両市村議員の合同協議会で合併が承認された時、「歓迎の辞」（要旨）の中で、「この合併は従来のような恩恵的思いあがりからされるものでなく、互に法人格を尊重、信頼と尊敬の上に住民の文化経済の向上をはかり、新国家建設のもととなる新しい自治体を創造するものと意義づけたい。合併の目ざすところは後の全市民の福祉と幸福を増進するにある」と述べている(134)。これが義郎の合併に向き合う姿勢であったろう。

表7-4　柏崎市歳入出決算（1950～59年度、一般会計）　（単位：円）

市長	年度（昭和）	歳入	歳出	差引
三井田虎一郎	1950（25）	118,227,475	118,020,305	207,170
洲崎義郎	1951（26）	153,013,653	150,486,650	2,527,003
	1952（27）	179,440,069	179,280,951	159,118
	1953（28）	216,486,724	238,966,389	△22,479,665
	1954（29）	288,017,180	334,129,964	△46,112,784
	1955（30）	311,814,496	395,673,471	△83,858,975
	1956（31）	319,668,632	374,238,390	△54,569,758
	1957（32）	441,249,451	461,752,527	△20,503,076
	1958（33）	526,432,969	516,323,848	10,109,121
吉浦栄一	1959（34）	490,120,515	472,379,223	17,741,299

出所：市史編さん委員会編『柏崎市史』下巻、764～765頁、1990年、市史編さん室。

以下、洲崎市政下で行われた周辺町村との合併を表にして一括、掲示しよう（表7-3）。

9　財政の赤字化とその解消

a　赤字化する市財政の全体的動向

本章第5・6節で取り挙げた教育（学校）関係、社会福祉関係などの事業や市町村合併に伴う人件費の増加などにより柏崎市の財政は赤字化した(135)。洲崎義郎は、一九五二年一〇月二三日の市議会で、同年度は一一七四万円の赤字となる見通しを示した(136)。だが、起債不認可分の事業打ち切り、経常費の節約、「財政調整費」の獲得などにより、翌年五三年五月末の「出納閉鎖」の結果、五二年度決算は若干の黒字となった(137)。したがって、洲崎市政は第一・二年目の段階では赤字を免れたが、以降はそうはいかず、拡大し続けた。それを含め、洲崎市政下の財政全体の推移を、確定した一般会計の決算について見ることにしよう（表7-4）。

表7-4からわかるように、洲崎市政八年間のうち一九五三～五七年度の五年間は赤字であった。第一期最後の五四年度の赤字は四六一一万円余で、そうした中で行われた五五年四月の市長選で再選を果たしたものの、赤字は五五年度に八三八五万円余に膨らんだ。この間、赤字解消のための努力を続け、以降は縮小し、第二期最終の五八年度に解消したことがわか

る。

財政は市政の有り様を映し出す。洲崎市政はどのようなところにどれくらいの予算を計上しているのか、どうして赤字が出るのか、それを考察するため、同市政下で決算が初めて赤字となった一九五三年度の当初予算を取り上げよう。五三年三月の市会に洲崎市長が提出した五三年度当初予算案の主要項目は、表7-5のようなものであった。費目の構成比率は私が計算して記入した。

同年三月六日、市議会での洲崎義郎市長の市政方針演説によれば、この予算案は、「ある程度の赤字は覚悟で文化〔、〕産業経済の繁栄をはかる〔こと〕こそ健全財政であるとの見地から積極予算を採った」もので、「新事業の主なもの」としては、産業道路の建設、一中屋内体操場の建築、塵芥焼却場の完成、新潟博覧会での特設館の設置、公営住宅の建設、公益質屋の開設、県下青年大会と全国都市体育研究会の開催などを計画し、他方で昇給を三分の一にとどめ、人件費の総予算に占める比率を昨年度と大差ない二六・六五%にしたという[138]。

歳入のうち市民税・公営企業及財産収入などの自主財源は半分くらいしか見込めず、確定財源でない地方財政平衡交付金・国庫支出金（国庫補助金）・県支出金・市債（起債）の合計が四七・四%と半分近くを占めている。二億三

表7-5　柏崎市当初予算案の歳入出内訳（1953年度）

（単位：千円。千円未満は切り捨て）

歳入		比率	前年度比
市税	105,233	44.7	(12,921)
平衡交付金	25,000	10.6	(8,000)
国庫支出金	40,284	17.1	(13,231)
県支出金	2,487	1.1	(1,188)
公営企業及財産収入	6,635	2.8	(5,035)
使用料及手数料	5,178	2.2	(1,702)
雑収入	6,868	2.9	(840)
市債	43,800	18.6	(10,900)
計	235,488	100.0	(53,819)

歳出		比率	前年度比
社会及労働施設費	62,371	26.5	(19,157)
教育費	40,300	17.1	(4,400)
土木費	34,510	14.7	(19,215)
市役所費	30,200	12.8	(6,030)
警察消防費	25,566	10.9	(△ 836)
産業経済費	10,114	4.3	(△ 513)
保健衛生費	6,698	2.8	(419)
公債費	7,805	3.3	(1,017)
諸支出金	7,600	3.2	(2,955)
議会費	6,410	2.7	(1,903)
計	235,488	100.0	(53,819)

注：計の値はその他の科目を含むため、表中の内訳の合計値とは一致しない。

出所：『越後タイムス』1953年3月8日（「柏崎市廿八年度一般会計予算」）。

五四八万円余の歳入見込みに対して、結局、前記の決算表にあるように、収入は二億一六四八万円余に止まり、二二四七万円余の赤字となった。

当時は、学校校舎の増改築をはじめ自治体として行わなければならない必須的事業であっても、後の地方交付税に相当する平衡交付金の支給は少なく、国および県の補助金が得られなかったり、起債が認められないケースも多かった。だから全国的にも赤字に苦しむ自治体が多かった。

b　赤字財政解消の対策と紛糾

一九五五（昭和三〇）年五月からの第二期洲崎市政においては、歳出縮減による赤字解消と歳出増を伴う学校建設・近隣町村合併の推進という相反するベクトルをもつ施策を同時に行わなければならなかった。

財政対策としては、歳入面において市税を増徴し、国・県の補助金や起債の増額を図って収入を増やし、歳出面では吏員の昇級停止、需要費・食糧費・交際費・旅費・費用弁償の削減、補助金の圧縮、事業の一部繰り延べなどによって支出を抑制することを常とした。

この過程で次のようなトピックがあった。一つは、一九五五年六月一日、市が同年三月末現在の「財政事情」を印刷し全戸に配布する形で公表したことで[139]、財政赤字解消に向けた対策の基礎となった。二つ目は、翌五六年度当初予算の提出に関して、洲崎市長が前年一二月制定された「地方財政再建促進特別措置法」の適用を市議会に求めたことである。しかし、市議会の強い反対にあい、結局、「自主再建」の道を歩むことが決まった[140]。三つ目は、五七年度予算に関して、県から消費的経費の削減と投資的経費の引き上げや市職員数の削減などが指摘され、これを受けて同年一二月、市長が「新定数条例」案（職員五五三人、準職員七九人、計六三二人を五七〇人にする）を示したことである[141]。

c　財政赤字の解消

毎年度、赤字解消も図るため、市当局と市議会は予算案をめぐり激しい対立を繰り返した。そうした努力は前提であるが、実際の赤字解消の過程は、予想とは少し異なるものとなった。

一九五七年五月末に行われた五六年度の「出納閉鎖」の結果、一八〇〇万円の予定であった赤字償還額は約三〇〇〇円となった。その原因について月橋総務課長は、①需要費の節減、②税収が九〇％突破の好成績（新記録）、③退職吏員の不補充による人件費漸減、④交付税・三公社資産税交付の増額を挙げている(142)。市当局の努力とともに、②と④に「神武景気」の影響を見ることができよう。

一九五八年三月、市当局が提案した同年度の一般会計当初予算案は総額五億三四六万円余にのぼったが、赤字償還をさらに進め、三中学建設の完成を期する積極的な予算案であった(143)。『柏崎日報』によれば、この予算案は各常任委員会での審議では一つも修正点がなく、二七日の本議会で原案通り可決成立する見込みという(144)。その通りだとすると、洲崎市政八年目で初めての原案可決で、義郎の市長としての手腕がようやく発揮されたと見ることができる。

一九五八年四月、前年度の赤字償還額が予定の一八〇〇万円を大きく越えて三五〇〇万円位になる見通しになったと報じられた。これは交付税・起債の増加、市税等の増収のためで、再建計画より一年早く、五八年度において赤字が解消される希望が出てきたという(145)。背景には、市当局の努力とともに、やはり「神武景気」といわれる景気動向が大きく影響していると考えられる。

七月五日、学校建築に関する補助の内示があった。これで三中学とも計画通り着工できる見込みで、不足分は市費を注ぎ込んでも建設できるという(146)。

九月二一日開かれた市議会全員協議会で、洲崎市長は財政再建計画を一年短縮し、今年度での赤字解消を前提とする追加補正予算案を提案した。それによると、この段階での赤字残額は一九六七万円であるが、今年度は市税・地方交付税の伸びと「現予算中にある赤字償還可能額」九五五万円を合計すると二九〇〇万円となり、赤字を全部解消としても「追加予算の財源」〔差引九四三万円〕も見込まれるという。市議会はそれに賛成が「圧倒的に多数」と報じられた(147)。

おそらくこの通りになったのであろう。とすれば、洲崎市長は選挙での公約通り、「私のときに出た赤字を私の手でしまつさせていたゞく」ことができたことになる。そして、重点施策であった三中学の建設なども順調に進み、年度内の完成が確実となった。

10　都市計画着手と上水道拡張

a　都市計画への着手

柏崎市・市会で都市計画が課題として登場したのは、洲崎義郎が市長に就任する以前のことであったと思われる。だが、具体的に進展するのは洲崎市長時代のことで、市は一九五一〔昭和二六〕年度に東京の統計航測所に、全域の一万分一図〔二枚〕、市街地の五千分一図〔二枚〕の作製を依頼した。五二年三月に原稿図ができ、四・五月に校正を行い、八月中旬には完成の見込みであった。これを踏まえて、洲崎市長は同年七月二二日の市議会に「柏崎都市計画の原則的構想」を示した。その大要は以下のようなものであった。

・「都市計画は完成は概ね十数年、或は二十数年を要するのが普通であるから」、「最初の計画立案に当つては将来計画の進歩的変更をなすに際して、それに伴う犠牲が最小限度に止るよう充分に考慮が払われねばならない」。

・「先進都市の実例によれば」、「総経費は概ねその都市の年間予算額の十数倍に上つている。この経費は約四割の国庫補助金と約四割の長期市債、約二割の一般市費支出によつて賄われると推定される。市民はこの巨額の負担を荷うことになるのである」から、啓発、宣伝に力を入れ、「市民に充分の認識を持ってもら」うことに留意する必要がある。

・都市計画は「三期に大別して考える」。「第一期（準備期間）」では「機構整備」、市民への「啓発宣伝」、「資料集輯」、「原案作成」を行い、「第二期（立案期間）」では「原案審議」、「本案決定」、「申請認可」、「年次計画」決定を行い、「第三期（実施期間）」では「実施設計」、「各種工事」を遂行する。

・「第一期」で行う「機構整備」としては、（イ）「審議機関」として全市議・課長以上の市役職者などからなる「都市計画審議委員会」を、（ロ）「推進機関」として市長・助役・所管課長などからなる「常任委員会」（仮称）を、（ハ）「執行機関」として「都市計画課」を新設する。〔これらの具体案も示されているが省略〕(148)

なお、洲崎市長は八月一四日、「柏崎程度の都市を中心に二、三ヵ所都市計画の実態を視察したいと思っている。人口については近村人口も考えた場合五万では問題にならぬ。少くとも十万くらいでないと都市計画の必要はないといえよう」と語っており(149)、予想される近隣町村との合併による「大柏崎」の規模が前提視されていた。

一九五三年度には「柏崎都市計画の原則的構想」に基づく「機構整備」が行われたが、「審議委員」の定員や人選で市会との調整が難航した。その背景には、都市計画の「進め方」に対する市会側の思惑と市長の考えの違いがあったようだ。『柏崎日報』は、「都市計画をはじめ要望した市会側の本意は、市の土木事業を中心とした施策がその場当り式の個々バラバラにやられるのではなく、将来の一定の大きな構想に基いてその一環としての立場で考えられるべきであり」、「柏崎市の自主的な立場で、可能な範囲の都市計画構想を必要とするとの考えに立っていた」が、洲崎市長は「都市計画法という法的な根拠に基く都市計画を考えて」おり、「これは個々の現実の必要に応じるというよりは、根本的に柏崎市の構成を改革再編する尨大な規模のもの」を考えている、と両者の違いを指摘している(150)。

「審議委員」問題が難航していた一九五三年一一月、洲崎市長は別府市で開かれた全国港湾協議会総会に出席した後、大分市・日田市の都市計画を視察した。その時に得た感想について、帰柏後、記者に次のように語った。

大分市では道路の中央に五〇〇米ほどの緑地帯を作り、朝倉氏の彫刻などがならべられてあつた。また市内各地に小公園も分散させてあつた。日田市では天然の山、樹木〔、〕川を利用して考えられてあつたが、都市計画はやはり道路だけの問題でなく、色彩、緑地帯、スポーツ施設〔、〕文化設備など市民の心をやわらげるレクリエーション的な面も充分に考慮しなければならぬ。(151)

b 都市計画策定への地均し

一九五三（昭和二八）年一二月二三日の市議会全員協議会は、都市計画審議のため「交通」「ガス・水道」「産業」「環境」の四部門（部会）を設け、全議員が分属すること、その下に、各部会の正副部長二名で小委員会を組織することを決めた。「環境部会」は教育・厚生・防火・住宅などを対象とするものであった。そして、翌五四年一月二〇日、同小委員会の発足をみた。(152)

一九五四年五月、上京した洲崎市長は、建設省計画局都市計画課の奥田・吉岡技官の来柏を要請し、承諾を得た。また、都市計画の権威である早稲田大学教授の石川栄燿（建設省都市整備対策協議会委員・前東京都建設局長）に会い都市計画の話を聞き、同氏が七月新潟県に来る機会に柏崎にも立ち寄ることを懇願し、承諾を得た。(153)

同年五月一九日、午後二時から市公会堂で来柏した建設省の奥田技官による都市計画に関する講演会が開催された。聴衆は約二〇〇人であった。講演では、「都市計画の内容では土地の利用計画が基本となつてくる」、現在の柏崎市は「道路をみてもすべてが本町通り一本に頼つている状況であり、重要な商店街のマン中に市役所等があつて商店街の連続性を切つている」、「いまのうちに市役所は他の移転地を選定しておいた方がよい」、「工場の内に学校があつたり、工場に隣接して学校があるのはやはりまずい。生産地区、文教地区は当然分かれるべきである」、「公園の必要性もいまのうちから充分考慮しておいてもらいたい」などの提言があった[154]。

奥田技官の講演会に続いて、同年七月一三日、午後一時半から市公会堂で石川栄燿早大教授の都市計画に関する講演会が開催された。石川は事前に来柏し、市内各所を観察したうえでの講演であった。石川は、日本全国の都市を「五階級」に区分し、地方事務所がある地方都市を「第三階級」とし、同じ階級の長岡・高田市と比較しつつ、柏崎市の都市計画についての留意点を示した[155]。

奥田・石川を講師とした講演会の開催は、二年前に洲崎市長が構想した「第一期」の課題である、市民への「啓発宣伝」の一環であったといえよう。そして、洲崎市長は、石川教授を通じて、柏崎市の都市計画立案を日本都市計画学会に依頼した。

c　都市計画の策定と着手

柏崎市の依頼を受けた日本都市計画学会では「柏崎都市計画策定特別委員会」（委員長は石川栄耀）を設置し、一九五五（昭和三〇）年九月一〇日に第一回委員会を開催し、二四・二五日には柏崎で現地視察を行い、一一月末までに結論を出す予定で、洲崎市長も上記の特別委員会委員になった、と報じられた[156]。委員長は石川の死去（同年九月）に伴い高山英華（東京大学教授）に替わるが、同委員会は翌五六年六月、都市計画案を策定し、柏崎市に提案した。その主要な点は以下の通りである。

- ・計画区域は、約五万九〇〇〇人の柏崎市人口のうち約三万四〇〇〇人が住んでいる市街地が対象
- ・一九七五年までの二〇年間に完成（その時の人口は約八万人を想定）
- ・総事業費は二〇億円
- ・「根幹計画」……都市構成、土地利用、街路、交通、公園緑地

・「細部計画」……学区、シビック・センター、駅前広場計画 ⇓ うち「シヴイック・センター計画図」には市民広場・市役所・公会堂・物産館・図書館・郷土博物館・消防本部・市民病院・福祉会館・商工会議所・保留地・緑地・東北電力・保健所・電々公社・専売公社・市ガス課・市会議事堂・ガソリンスタンド・自転車置場・バス駐車場など、中心市街地に公共施設を配置
・「関連する諸計画」……柏崎港修築、排水、公共施設
・「事業計画」……計画実現の方法、年次計画

『越後タイムス』はこの計画案について、「計画では街路、緑地計画に重点がそそがれている」、柏崎の現状は「道路網でも、市街地でも巾を持たず、一本のフンドシのように細長い本町通り」が中心であるため、「公共建物は非能率的に孤立している」、それを、南は日石、東は越後線、西は比角六四号線に囲まれた「鏡ヶ沖の田圃」五万六〇〇〇坪を潰して、新しい計画的市街地（シビック・センター）を建設しようとしている、とコメントしている[157]。都市計画の立案には洲崎市長が委員として参加しているので、市長案といってもよいであろう。

この都市計画に基づく事業として確認できるのが、八坂橋の「永久橋」としての建設である。八坂神社裏の八坂橋は「数年前からトラックやバス交通制限で荒れるにまかせていた」といわれた。それを二〇〇〇万円で近代的な永久橋に架け替えるのであった。一九五八年一月二〇日着工され[158]、同年一一月九日、竣工式を挙げ開通した。竣工式には洲崎市長も出席している[159]。

一九五八年一月一五日、建設省からこの日を基準時とした「用途地域指定」が告示された。市街地は商業・工業・準工業・住居（専用地区・空地地区）、防火地域に指定され、住宅地域内では一定規模以上のモーター使用の工場の新設が制限され、防火地域では耐火建築でないと許可されない、と報じられている。これは都市計画案に基づく「最初の仕事」であった[160]。

一九五九年度、柏崎市は都市計画案に基づき、「海浜公園」の整備を計画した。「柏崎小学校裏と海岸道路に囲まれた一万八千坪の浜砂」（＝市有地）に建設する「市民レクリエーション・センター」である。それは「児童公園、石油公園、運動公園、また野外音楽堂」からなり、運動公園には野球場がつくられる。これに関連して、既存の「屠殺場」は移転させ、海岸道路に接続する道路の付け替えを行う。工事費は約六〇〇万円の予定という。[161]

当時、総務課長などとして市長を支えた月橋会は、後に「基本的には、柏崎市はいまもなお、洲崎市長のたてた都市計画で動いている」と述べている。[162]

d　上水道拡張への取り組み

戦前、西巻進四郎町長時代に実現した柏崎市の上水道は給水人口を約三万人として設計されていた。しかし、その後の人口増から給水不足が心配され、三井田虎一郎市長時代には給水人口を約四万五〇〇〇人に増加する「第二期給水計画」策定に向けた動きが浮上していた。[163] しかし、多額の経費を要することからすぐには進まず、課題は洲崎市政に引き継がれた。

当時、市の上水道は一日平均八〇〇〇トンの給水能力があったが、一九五三（昭和二八）年夏の最盛期の使用量は七九〇〇トンで、限界に達していた。この上水道は旧鯨波村の前川水系を利用したもので、川内に水源池があった。前川水系だけでは水量が足りないので、その西方に位置し山を一つ越えた小俣川、さらにその西方を流れる谷根《たんね》川に新たな水源を求めることになった。小俣川・谷根川は旧上米山村を流れる川である。市は五四年度に、給水人口五万人を目標に約二〇〇〇万円かけて水源拡張のための調査に着手した。[164]

一九五四年一二月二四日、市は設計を委託していた原工務店（社長は既設水道の建設技術を担当した、福島県白河市在住の原芳男）からもたらされた水道拡張計画を市会に報告した。それによると、谷根川、小俣川の流水二万四〇〇〇トンを隧道で現在の水源池に導き、そこに第二浄水場を設けることを柱とするものであった。これにより一日最大の給水量は一万二〇〇〇トン、給水人口五万人となる。総工費は一億一三〇〇万円と見積もられた[165]。

一九五五年三月一〇日の市会で、上水道拡張計画について設計書を完成させた原芳男技師から説明があった。前年末の内容と少し異なり、五五年度から三ヵ年にわたる工事費の総額は一億二二三〇万円（うち事業費が一億一四〇〇万円）となっている。それに基づき、市は五五年度に第一期工事として「小俣川から現水源地まで山を隧道でくりぬいて水を導く」工事を行う計画を立て、一五〇〇万円を計上した[166]。

なお、これより先、一九五三年一一月一日、柏崎市は上水道建設一五周年の記念式を行い、その最大功労者である当時の町長・西巻進四郎の胸像を川内水源池畔に建設して功績を讃えた[167]。洲崎市長は、月橋会総務課長の勧めで、胸像裏面に次の「頌」と題された文を書いた。なお、「書」は書道家の勝田亡庵の手になるものである[168]。ここでは私が実際に見た碑文の全文を紹介しよう。

頌　西巻さん貴君の卓見と情熱なくしてはこの上水道が産れなかったことを想ふ時全柏崎市民は今この栄ある十五周年の記念式典に際して建立された貴君の胸像を仰いで無限の感謝を捧げざるを得ません先駆者の途は茨の途であり嶮しい途でありますその苦難の途を克服して市民をして水道の恩恵に浴せしめた貴君の功績はこの清冽なる浄水と共に永久に市民の胸にたゝへられて消える事がありません

青少年運動に政治運動にはた又文化の進展に幾多の尊い足蹟を遺された貴君の偉業を今更の如く忍《ママ》びつゝ謹んで

貴君への讃辞と致します

昭和二十八年十一月　　柏崎市長　洲崎義郎謹撰

西巻町長時代に実現した上水道については、第4章第2節e(1)で述べたように、洲崎義郎は賛成し協力したが、町会議長であったため水道反対派との間に挟まれて苦労したことがあった。それだけに、この碑文には義郎の偽らざる気持ちがよく表れているといえる。

e　上水道拡張事業の伸展と軋轢

洲崎市政第一期の最終年に計画が成り、着手されていた上水道拡張事業は第二期に本格化した。一九五六（昭和三一）年七月二日、柏崎市の「上水道水源の拡張計画」（四年計画、一億五〇〇〇万円）が厚生省・建設省の認可を得た。給水人口を五万人とし、旧上米山村谷根地区を流れる小俣川、谷根川の水を隧道（暗渠）を掘鑿して既存の川内水源地に引き入れる工事で、財源のうち一億二〇〇〇万円は国の起債に依存するものであった[169]。

翌五七年一月一一日、上水道拡張の第一期工事の入札が行われ、東京の太平建設が一五八四万円で落札した。それは小俣川～水源池間の一四二一メートルの第二号隧道工事で、一月一七日に着工となった[170]。なお、後に問題視されるが、太平建設の入札価格は「市のトメ札」と一致したものであったという。

同年八月二六日、九月二日予定の上水道拡張の第二期工事（谷根川～小俣川間の第一号隧道、堰堤、配水池の三工事、一六〇〇万円）の入札に関し、洲崎市長が入札業者を指名した文書を市会議員に配布し、問題となった。そこには、太平建設（第一期工事施工者）・川崎建設・エタニット建設・浅野物産・三井建設の五社が書かれており、地元の業者が入っていなかったからである。加えて、地元業者から入札に加わることができるように依頼を受けていた関助役の意見、および同助役の「せめて諮問委員会や公企業委員に話してから発表したら」という「直言」も聞き容れられなかったとも報じられた。これを報じた『越後タイムス』は、市長は「地元業者には技術的にムツかしい工事」と考えているらしいとコメントした。同紙はまた、太平建設が行っている第一期の隧道工事が一四〇〇メートル中、一二〇〇メートルも残っていることも問題視した[171]。

これらの問題は、入札予定日の前日である九月一日の市会全員協議会で取り上げられた。議員から、「第一期工事入札が市のトメ札にピッタリ一致して太平建設が落札したこと」、「今年の第二期隧道工事は、地形から見て太平建設以外に落札できず、実質は特選ではないか」、「隧道のほかに堰堤、ロ過池などの三工事を一括入札に出し、地元業者を入れなかつた」ことなどについて質問があった。これに対し洲崎市長は、「上水道百年の大計のために、経験と技術をもつ中央五業者を指名した」と答弁したが、市会側は納得せず、入札を当分の間、延期させた。[172] しかし、その後、市当局は入札を強行し、同年一〇月一日、落札した太平建設との間で工事契約が成立した。[173]

一九五八年五月、第一期工事の第二号隧道工事（小俣川～水源池）で一日七〇〇〇トンの大湧水があり、工事が困難を極めていると報じられた。この第二号隧道は昨年一一月に完成予定だったが、今年六月まで延長してきたものであった。五月二八日の市会は、第一号隧道工事（谷根川～小俣川）を中止し、第二号隧道の貫通に全力をあげる旨の市当局の提案を承認した。そして、六月一二日開催の市会で、洲崎市長から、第二隧道では一四〇馬力の排水機で排水に当たってきたが、湧水対策に不足なので、第一号隧道工事を中止して、そこにある七五馬力の排水機を第二隧道に回し、水源池と谷根口の双方から排水しつつ掘り進めたい、そうすれば六〇数日で貫通できる、との提案と説明があり、市会も了解した。[174]

その後、建設省土木研究所などの調査により湧水が恒久的かつ良質なものであることがわかり、この湧水を活用するように設計変更が行われ、一九五九年一月、第二号隧道工事は竣工した。[175]

第二期工事（第一号隧道工事）も同年一一月竣工した。この前後から地元業者を中心に行われた関連工事が進み、一九六〇年三月末には全工事が竣工した。[176]

同年四二九日、午前一〇時から市公会堂で竣工式と竣工祝賀式が行われたが、「この大工事にふみきった」前市長の洲崎義郎は、先約を理由に欠席した。[177]

11　水道疑獄事件での逮捕と洲崎市政の終焉

一九五八（昭和三三）年は、第二期洲崎市政の最終年度を迎える。本章第９節で見たように、同年三月提出の同年度当初予算案は初めて原案通り可決成立し、同年度には懸案であった赤字財政も解消するなど、市政は好転しているように見えた。その一方で、同年月には市職員の汚職事件が発覚して洲崎市長の責任が問われたり[178]、秋には市長が提案する教育委員の選任を反市長派が優勢な市議会が否決することが続き[179]、さらに小中学校教員に対する勤務評定（勤評）の実施問題、警察官職務執行法（警職法）改正問題でも市議会との対立が深まり、果ては洲崎市長自身が上水道拡張事業に絡む収賄容疑（水道疑獄）で逮捕される事件が発生した。ここでは主として水道疑獄事件を取り上げるが、その前哨戦的な位置にある勤評・警職法改正問題から取り上げ、市職員汚職事件・教育委員選任問題は割愛する。そして、洲崎義郎が敗れることになる五九年四月の市長選についてもここで取り上げる。

a　勤評・警職法改正問題と洲崎市政

岸信介内閣が強行しようとする教員勤務評定（勤評）は、柏崎市でも大きな問題となった。

一九五八年一一月八日、勤評をめぐって柏崎市教育委員会は、「勤務評定は県教委〔、〕県教組、県校長会の三者の話合いで納得した線が出ない以上実施しない」と決議した。なお、それより先の一〇月二八日、市教委は送付されていた勤評関係書類の「引上」を学校長に指令していた。このような市教委の態度に対し、一一月一六日開催された市内小中学校ＰＴＡ会長の懇談会は、市教委に再考・善処を求める要望書を提出することにしたが、刈羽郡地教委連絡協議会も市教委を批判した[180]。

こうした動きに対して一一月二九日、柏崎刈羽共闘会議は、勤評実施の権限は県教委ではなく市教委にあるのだから「市教委の決定は当然である」とのチラシを配布し、ＰＴＡ・郡地教委連協を批判した。なお、市教委は県教委が定めた提出期限の一二月五日に勤評関係書類の提出はできないと報じられた[181]。

一二月一〇日、一二月定例市議会が始まった。その日の市議会で、洲崎市長が勤評問題などで「共闘会議」の顧問となり協力していることについて、議員から追及的質問があった。この時、洲崎義郎は、「わたしは市長として当然の責任において行動して来たまでだ。いやしくも民選市長である以上、政治活動は許されている。私は今日の警職法が人権をじゆうりんするものだという考えのもとにあらゆる方法でこれを阻止したいと思ってやってきた。／勤評についても同じことだ〔。〕日本の教育の民主化が段々はばまれて来ている。これは由々しい問題だと思っている。民主化と逆に行く教育であるなら私は市長として黙視することはできない〔。〕どんなにしても事前に食い止めなければならない。市長として市民の将来のために私はこの問題と闘ってきた」と述べ[182]、強い決意を示した。

こうした時に、突如、洲崎義郎が水道疑獄で逮捕される事件が発生した。

b　水道疑獄事件の発覚と洲崎義郎の逮捕

一九五八年一二月一七日、新潟地方検察局長岡支部は、太平建設工業株式会社（以下、太平建設と略記、本社は東京都千代田区丸の内二、後藤貞次社長）が水道工事を受注し、工事を行っていた新潟県の小千谷市と柏崎市の関係個所を捜索するとともに、小千谷市水道課長の渡辺貞一郎、柏崎市長の洲崎義郎、同市議の川合政一（土建業川合組社長）を収賄容疑で逮捕した[183]。

「洲崎義郎関係資料」（2）の梅沢三代司稿「苦渋のわだち」によると、太平建設による贈賄事件の発端は、東京地検が摘発した愛知県碧南市の助役に対する贈賄事件を取り調べる中で、同社が富山市など他地域でも水道工事にからみ贈賄を行っていたことを知ったことにあったようである。東京地検は特捜部を設置し、一九五八年一一月、太平建設本社と富山営業所の家宅捜索を行い、同社取締役・水道部長の宮崎豊、同次長の金守武雄を贈賄容疑で、翌月、富山市長を収賄容疑で逮捕した。おそらく宮崎・金守を取り調べる中で、新潟県の小千谷市・柏崎市での贈賄の事実を掴んだのであろう。

金守の供述（調書）を含め、裁判に関することは次の第12節で記述することにして、ここでは洲崎義郎逮捕後の経過を見ていくことにする。

c　釈放――市政への復帰と市議会の対応

洲崎義郎が逮捕されたのは一九五八年一二月一七日である。二八日に拘留期限が来たが、新潟地検長岡支部は、小千谷事件の渡辺貞一郎水道課長、柏崎事件の洲崎義郎・川合政一について、長岡簡易裁判所に一〇日間の拘留期限延長を請求し、認められた(184)。だが、一二月三〇日、渡辺貞一郎水道課長を収賄容疑で、太平建設の小千谷工事事務所主任・森田太助を贈賄と業務上横領の容疑で起訴するとともに、洲崎義郎と川合政一を処分保留のまま釈放した。この釈放に際して、地検長岡支部の石原検事は、次のように語ったという。

柏崎関係の二人については時期的な点、老齢であることなどから処分保留のまま釈放した。これまでの調べで洲崎市長は今年六月から八月までの間三回にわたり東京、産経会館などで十五万円、また川合市議は三十一年末ごろ二回にわたり合計三十万円を太平建設から受取った事実を認めた。これ以上取調べることはないだろう(185)。

この間、検察側は「傍証固め」として市議五名、関憲治助役・水道局長ら市幹部の事情聴取を行った。他方、一二月二六日には市の課長が連名で地検長岡支部に対して、予算編成などの事務執行のため、また七〇歳の高齢に配慮し、任意出頭取調への切り換えを求め、釈放願いを提出していた。そして、三〇日に釈放された洲崎市長は、同日午後五時から市役所で、出迎えた市職員、「共闘会議」の人達に、「私は不当な取調べをうけた。そして私の逮捕の裏には、政治的陰謀の手がのびているように感ぜられるが断固闘う。市民とともに市政をやっていきたい」と述べた(186)。

冬の二週間近い拘留は洲崎義郎の身体を衰弱させた。「人一倍寒がりやの私、毛布を沢山かけていても火の気のなさと、湿気と〔〕そして狭い拘置室での便所の臭気にはホトホト閉口した」と、後日、回顧している。帰宅後、洲崎義郎は、二〇日間の静養が必要との医師の診断がくだり、毎日点滴注射などの治療を受けた(187)。

洲崎義郎は、新年の共同年賀式は欠席したが、一九五九年一月五日、市役所仕事始めに出席し、「今回、思いがけぬ事件で心配かけたことを衷心より市民、市吏員に深くお詫びする。拘留中のご好意に対しては家族と共に終生忘れない。こういう留守中には、とかく不純な動きがありがちだが、結束して市政を進めていきたい。私も出てきてから冷静に考え、周囲の人とも相談したが、従来通り市長として地方自治ため最善の努力をつくしたい」と挨拶した(188)。

体調が回復した義郎は一月二〇日から職務に復帰し、当日の記者会見で、「市民各位に思いがけないことでご迷惑をかけ、心からお詫びいたします。各方面からの批判は謙虚に考えますが、私は冷静に判断した結果、従来通りひき続いて市政に邁進したいと思います」と述べた。さらに、次期市長に立つかどうかとの記者団の質問があり、義郎は否定しなかった(189)。

一九五九年二月二〇日、二月定例市議会が開催された。当日、水道疑惑について武田英三らが質問した。これに対して、洲崎市長は、「『事件の内容はいまいえぬ。白であることを確信している』と突っぱねる態度で、はなばなしい論戦とまではいかなかった」と『越後タイムス』は報じた(190)。

同年三月二〇日の市議会では、野党議員から「市長辞職勧告案」が提案された。しかし、採決の結果、賛成一五、反対一四、白票三で過半数に達せず、否決された。なお、この勧告案が成立するには三分二以上の議員出席の下、四分の三以上の賛成が必要であった。反対の大きな理由は、すぐに任期が切れる、市民の審判に任せるべきだ、ということにあるらしい。なお、『越後タイムス』は、賛成した議員は「否決承知の上で筋通す」とコメントしている(191)。

d　斎藤準次の逮捕

この間の一九五九年一月一五日、市議の斎藤準次の自宅が家宅捜索され、斎藤も逮捕された。『越後タイムス』は、「さきに釈放された川合市議が、大平建設からもらった三十万円のうち十五万円を斎藤氏に渡し、同氏を通じて関助役に十万円、ガス水道課長に五万円渡してくれと依頼したと自供しているのにもとづくもの」と報じた。[192]

斎藤の拘留期間も延長され、二月四日、処分保留のまま釈放された。五日帰宅した斎藤は、「これだけの長期調べて処分保留というところに事件の微妙さがあると思う。しかし事件そのものは線香花火的で、あとに尾をひくことはなかろう」と語ったという。[193]

e　起訴

一九五九年三月一〇日、地検長岡支部から引き継いだ地検柏崎支部が洲崎義郎・川合政一・斎藤準次を地裁柏崎支部に起訴した。報じられた起訴状にある容疑は以下の通りである。

・洲崎市長……「請負業者の太平建設元水道部次長金守武雄から〔昭和〕三十三年六月二十六日東京産経会館で五万円、同年八月下旬と九月上旬の二回にわたって日活国際会館で五万円ずつ、合計十五万円を収賄した。」

・斎藤市議……「三十一年十二月二十九日自宅で川合市議から十五万円をうけとったほか、三十二年九月二十一日と十月五日の二回にわたって自宅で金守から十万円ずつ計三十五万円を収賄した。」

・川合市議……「三十一年十一月中旬、自宅で金守から十万円収賄したほか、同年十二月二十九日、斎藤方で金守からあずかった十五万円を斎藤に渡し、それぞれ太平建設に便宜をあたえた。[194]」

これについて洲崎市長は、「自分はあくまでも白と確信している。これまで言明した通り、起訴されたことで市長選挙への立候補をとりやめるようなことはしない。今後は法廷で黒白を争う」と語った[195]。

三月二二日の『越後タイムス』は、斎藤・川合市議の初公判が地裁柏崎支部で三月二七日開かれる、また同日行われる予定であった洲崎市長の初公判は延期となった（日取未定）と報じた。しかし、四月には統一地方選があり、洲崎は市長選に、斎藤・川合は市議選に立候補の可能性があったことから、どちらも地方選以降に延期となった。初公判は一九五九年一〇月一五日に開かれたが、地裁判決が出るのは四年後の六三年一〇月であった。ここでは斎藤・川合の裁判については割愛する[196]。

f　市長選での大敗——洲崎市政の終焉

一九五九年四月一八日、市長選が告示された。

洲崎義郎は、釈放後、市長選立候補には慎重な態度を示していたが、一月二七日、社会党・共産党は、来たる市長選に洲崎現市長を推すことを声明し、「反自民党の旗印のもとに結束を呼びかけた」と報じられた[197]。それを受け、義郎は、二月一四日、市長室で記者会見し、市長選への立候補の意志を正式に表明した[198]。他方、自民党支部は一月一八日、吉浦栄一を市長候補に推すことを決定した[199]。これを受けて、吉浦は二月一一日、市長選立候補のため理事長職を退くことへの了解を柏崎信用金庫に申し出たと伝えられた[200]。

こうして、一九五九年四月の市長選は四年前と同じく洲崎義郎と吉浦栄一の対決となった。しかし、義郎は市長選告示の少し前、水道疑獄事件で起訴され、刑事被告人という立場にあった。

市長選は四月三〇日に投開票が行われ、吉浦栄一が二万三六五一票を獲得して当選した。洲崎義郎は一万六四七〇票しか得られず、大敗した。投票率は九三・二五％で、市内の三投票集計所全てで吉浦が勝った[201]。前回選挙での洲崎の得票は一万五三二〇票であったから、洲崎派は社会党・労組・農組・民主団体などの組織票は固めたものの、浮動票や新市域の票の多くが吉浦に流れたことがこのような結果になったものと考えられる。

『新潟日報』は、柏崎市長選の結果について、「告示前は洲崎の現役の強さが断然優勢を保っており、とくに新市域では七対三の強味をみせていた。しかし告示後は『組織の洲崎に対し吉浦派は将校ばかりで兵隊がない』という予想を裏切って、今回は末端まで熱がかかり、選挙責任者の小林治助氏（商議所副会頭）自ら第一線でとび回るという徹底した末端浸透作戦が奏功し、洲崎の票を引っくり返していったところに勝因の一つがあったようだ」、「もう一つは洲崎の水道汚職容疑事件が市民に背を向けさせる大きな原因であったことも見のがせない」、「それに八年間にわたる洲崎市政にいささか食傷していた市民が清新な市政の交代を要望していたことなどが重な」った、と三つの要因を指摘している[202]。

これは、妥当な見方であろう。ただし、大敗の最大要因は水道汚職容疑事件であり、それがなかったら敗北したとしても大差はつかなかったと思われる。『越後タイムス』は「汚職批判票、死命制す」とコメントしているが[203]、それは正鵠を得ていよう。

また、市長選と同時に行われた市議選（定数三六名）では五〇名が立候補したが、新人二〇名が当選した。水道疑獄事件の被告となった川合政一・斎藤準次は落選した。市議選に初参加の合併区からは九名が当選した。政党別では、自民七、社会三、共産一、無所属二五となった。これを報じた『越後タイムス』は、「市議の地域代表的性格はさらに深まった」、「吉浦市長の与党的色彩をもつ議員が半数をこすとみられる」とコメントしている[204]。

五月四日、柏崎小学校の講堂で、洲崎義郎が市職員を前に「退任の挨拶」を行った。伝えられる全文は以下の通りである。

不びんな私であったが、私の基本を流れるものは人間性の尊重ということであった。また平和憲法を守るため、勤評反対、警職法反対のために闘った私に対して、市長としてゆきすぎではないかとの批判もうけたが、私はまだやり足らないと思う。たしかに今度の選挙で私は敗北した。敗軍の将、兵を談ぜすという言葉があるが、あえて私は談じなければならない。選挙に立つ時、私は周囲の人に残酷ではないかといった。しかし、地方自治の民主化を守ることから決意したのであって、票数の裏を考えてほしい。世界の動きから、今日、自民党の上に立つ教育、社会福祉の正しい発展は望みえないと思う。今後の市政はいろんな面で容易でなかろう。だが、吉浦市長をあらゆる面から援助し、立派な市政をつくりあげてもらいたい[205]」。

こうして二期八年にわたる洲崎市政は終焉した。洲崎市政は、平和と民主主義を理念に、社会党・共産党、労組・農組・民主団体を支持基盤として柏崎市の発展を図るべく、学校教育についての施策、周辺町村との合併、都市計画着手、上水道拡張などに一定の成果を残したと評価できよう。

12　水道疑獄事件の公判と判決

a　新潟地裁長岡支部での公判

洲崎義郎に対する最初の公判は、市長選から二ヵ月近く経った一九五九（昭和三四）年六月二二日、午前一〇時から新潟地裁長岡支部で開かれた（藤井裁判長）[206]。その後、第二回公判は同年八月三一日[207]、第三回公判は同年一〇月六日[208]、第四回公判は同年一一月七日[209]、第五回公判は同年一一月一七日[210]、第六回公判は一九六〇年二月三日[211]、第七回公判は同年四月四日[212]、第八回公判は同年六月一六日に開かれ、ここで石原検事から懲役八ヵ月の求刑があった[213]。

公判の個々の経過は省略し、裁判の争点に関わる金守武雄と洲崎義郎の供述（調書）を紹介し、事件の全体像を明らかにする。

b　金守武雄の供述

柏崎市の水道疑獄事件で贈賄側の中心となったのは、太平建設の水道部次長の職にあった金守武雄である。前記のように、金守は東京地検に検挙され、取り調べを受けた。その結果、一九五八年一二月一二日、彼の柏崎関係の「供述調書」が作成された。これを踏まえて、新潟地検長岡支部は同月一七日、洲崎義郎・川合政一を逮捕したのであろう。

洲崎義郎が金守武雄の供述調書の内容を知ったのは、約一年後の一九五九年一一月七日に開催された第四回公判で、金守武雄に対する「証人尋問」が行われた時であったと思われる。洲崎側は第五回公判が行われる一一月一七日、開廷に先立って「金守の調書３通」を入手し、書き写した。それが「洲崎義郎著作」（５）「法廷日誌」の中に収録されたのであろう。金守の「供述調書」から浮かび上がる要点は、以下の通りである。

①　金守は『水道新聞』で柏崎市で一九五七年度から水道拡張工事があることを知った。

②　柏崎市議の川合政一が上京して金守を訪ね、随意契約で太平建設が柏崎市の水道工事を受注できるように骨を折ると言ってきたので、金守は川合に一〇万円をやることにした。それについて金守は、「河《ママ》合が市長に働きかけて私の会社に随意契約で工事を請負わせるよう提案させ、他の委員にそれを承認させる」ことを期待してのことであったと述べている。そして、〔五六年〕一一月上旬頃、金守は小千谷の事務所長の森田から一〇万円を受け取り、川合の自宅へ行って本人に直接渡した。

③　その後、金守が柏崎市で川合にあった時、川合が「私の会社に随意契約で仕事を請負わせるようにするには費用もかかるようなことを言」ったので、金守は、「他の委員に御馳走したり等して色々運動するために必要なのではないか」と思い、前と同じように金をつくり、一二月一〇日過ぎ、川合の自宅を訪れて本人に二〇万円を渡した。川合は「判りましたと云ってそれを受取」った。

④　しかし、運動したにもかかわらず、工事は競争入札となった。そのため太平建設は一九五七年一月頃入札に参加した。その時、「始めて喰い込むのだから多少の損失は覚悟の上で安く入札し」た結果、落札した。工事は総額一五八四円の隧道工事を主とするものであった。太平建設は工事を始めるようなってから、三川清を「現場所長」として柏崎市に駐在させた。

⑤　一九五七年八月頃、市が総額二四〇〇～二五〇〇万円の「ヒューム管」（配水管）工事を行うことを知り、金守は、「それを随意契約で私の会社に請負わして貰いたいと思って運動」した。この時、金守は、「河合《ママ》では第一回目の例から見て駄目だと思い、別に適当な人が居ないかと三川に聞」くと、三川は市議の斎藤準次という医師が「適当な人だ」と教えてくれた。そこで金守は、「ヒューム管工事を私の会社に随意契約で請負わして貰えるよう取計って貰うため」、「斎藤に前後二回に分け二〇万円を贈与」することにし、「八月下旬か九月上旬にかけて私が直接斎藤の自宅に行き本人に直接一〇万円現金で手渡し、その後同月中旬頃同様斎藤の自宅で私が直接同人に一〇万円手渡した」。しかし、「効果がなく、競争入札となり、入札に参加したものの地元の植木組に取られてしま」った。

⑥　以上のように、金守は、川合・斎藤には金を贈るなど色々と運動をしたが、「市長やその他の者に対してはそういう金は贈ったこともなく、柏崎へ出張しても挨拶に行く程度」であった。だが、一九五八年三月末完工予定で請け負った最初の工事で、「流水が多過ぎたりして予定通り完工せず、その補償問題も当然起きて来ることが予想され」る事態となった。そこで金守は、「これまで市会議員を通じて運動しても余り効果がなかったから、直接市長に働きかけてこれから後の工事を出来れば随意契約にしたり入札に指名したり等して貰おうと思」った。また、金守は、「市からは工事代金を我々の云っている取下金として出来高に応じてその都度迅速に支払ってくれて居たので非常に感謝して居」たので、それもあって「市長に直接近づかなければならないと思っ」た。

⑦　金守は、「三川に市長が上京する時があったら連絡するように云って置」いたところ、今年二、三月頃、市長が上京し九段の全国市長会館に泊るという連絡があった。金守は、その日同宿舎に連絡し、「夕食を食べよう」と言うと、市長は「酒も飲まないし、出るのが嫌だ」と断った。そこで昼食を誘ったが、「日頃中食《ママ》は抜きにするのだ」と言われた。しかし、「お茶だけでもと誘」い、日比谷の日活会館の六階ロビーで会うことになった。そして、「お互いにテニスが好きだという話等をし、同じ位の年でもあることから昔の話等して非常に気が合って親しくな」った。その後、市長は月に一、二回上京していたが、「来る度に向こうから私に連絡し、日活会館ロビーでお茶を一緒に飲」んだ。

⑧　こうした中で金守は、「市長は何時も市で認めた交際費が少なく貧乏していることを前から市長本人の口で言っているのを聞いてい」たので、「たいした金額ではなくても金を贈れば市長も喜んで先に述べたような補償問題や工事請負について便宜を計ったり、工事代金の支払いも迅速にこれまで通りにしてくれるだろうと思い」、「市長に金を贈る気にな」った。そして金守は、「今年5月頃市長が上京した時、営業部長の宮崎に柏崎市長に5万円位やったらどうかと云いましたら、宮崎は柏崎市長に金をやってもきゝ目がないと云」った。「きゝ目がないと云う意味は余り勢力がなく、委員会の云いなり放題と云う意味」だという。だが、金守は、「市長が交際費が少なくて困るとこぼして居たのを気の毒にも思」い、また「金をやればいくら勢力がない」といっても、「市長にしか出来ない権限の事もあり、右述べた補償問題や工事請負、取下金支払について便宜を計ってくれるだろう」と考え、「宮崎にやった方がよいと云」ったら、「宮崎も、君がそういうのならやったらよいと承諾し」たので、「その場で宮崎から5万円出して貰い、それを私が持って、会議で市長が行って居た産経会館に行」った。

⑨　一九五八年六月二六日、産経会館で洲崎市長に会った金守は、「廊下で白の角封筒に入れた侭」、「交際費が少なくて困って居る様子だがこれを使ってくれと手渡そう」としたところ、「市長はそんなものは要らないと

云って断」った。それで金守は、すぐに市長の「上衣のポケットにその金を捻じ込」んだ。すると、「市長はそれでは借りて置くとか借りるとか言ってそれを納めてくれたので、その侭市長が受取ってくれたものと思」った。金守は「呉れてやってしまう心算で」、「不正な金だとは十分判って」いたので、「書類等に金を渡した事を残しては居」ないという。

⑩　その後、金守は、一九五八年「9月初め頃、右5万円と同様の趣旨で矢張り会社の金5万円を日活会館のロビーで」直接市長に渡した。それは、宮崎が出張中だったので、金守自らが「営業経費の名目で」会社の金を持出して渡した。

⑪　さらに金守は、一九五八年一一月初め頃、「日活会館のロビーで右と同様の趣旨で現金5万円を」市長に手渡し贈与した。「日活会館で渡した2回の5万円は、まあ一つ使って下さいと言って出したのを、市長が一応断ったので、無理やりジャンパーのポケットに捻じ込むようにして突込み渡した」。その時、市長は、「重ね重ねだが借りて置くか」と言ったように記憶している。金守は、先に述べた「趣旨で贈与する心算で渡したのであり、返して貰う心算等少しも」なく、「市長も其後右金について返しては居らず、返すと云ったこと等も1回もありません」と、供述している。

以上、金守の「供述調書」の要点を指摘した。それが全て真実であったか、確かめることは私にはできない。だが、川合・斎藤に対する贈賄についての供述のうち、金額に違いはないが、渡し方については、前述した検察の起訴状の内容と異なる部分がある。一方、金守が洲崎市長に三回にわたって各五万円を渡し、市長が受け取ったことは起訴状と同じである。

ここで注目したいのは、金守の洲崎市長への贈賄目的が、「補償問題や工事請負について便宜を計ったり、工事代金の支払いも迅速にこれまで通りにしてくれるだろう」との期待にあったことである。これは洲崎の市長としての職務に関わることは勿論である。だが、そのような「心算」は洲崎には伏せられ、洲崎の境遇に対する同情として金が贈与されている。その意味で、洲崎市長に渡された一五万円がどのような性格・意味をもつものであったかが最も重要な争点になってくるのであった。

c　洲崎義郎の供述

贈賄側の金守武雄の供述内容が上記の「供述調書」によって不完全ながらも知ることができるのに対し、収賄側の洲崎義郎の供述内容はほとんど知ることができない。とはいえ、一部の重要な個所が前掲の梅沢三代司稿「苦渋のわだち」に収録されている「洲崎義郎被告の供述」に見出すことができる。裁判の全過程においては義郎の供述が重大な影響を及ぼすことになるので、この全文を紹介しよう。なお、梅沢は「この陳述がいつ行われたものかは不明だが、本人の書いたとみられる原稿（複写）である」と注記している。

私は、本日今回の事件についての陳述の機会を与えられましたので、卒直に私の心境と事実を申し述べまして、公正なご判断を仰ぎたいと存じます。

それは、昭和三十二《ママ》年十二月二十二日、私が拘置所において豊島検事殿より取り調べを受けた際、供述中の、金五万円を最初に産経会館において私に渡す際の、金守の言動及びその調書中に記載されている私の供述中、「それで私は、これは金守の会社で私の市の仕事をしていて、工事のこと全般について私の世話になっている、お礼や、将来も世話になりたいという気もちで金をくれたのだと思い、それは悪いことだとわかっていましたから、何回か断りましたが〔〕どうしても取ってくれというので遂にもらってしまいました」に至る供述と、さらに同日の供述調書二項中、八月下旬と九月上旬の日活会館六階ロビーで五万円ずつもらった際における、金守の言動及びその供述調書に記載してある「そして二回とも六階ロビーに向き合ってテーブルに座り」の項の最後に書いてある「右述べたと同様の意味で金をくれた」とある供述は、私は出所後落ちついて、当時の事実及び心境をふりかえってみたとき、実際と相違した供述を行っておりましたので、完全に否認します。そして、これからその否認の理由について申し上げます。

昭和三十三年六月二十六日の産経会館において、金守が、幾度か私が拒んだのち無理にポケットに金包を入れながら、これは金守個人のものであって、しかも私の子どもの結婚のお祝いに上げる金だからと言ったことを思い出します。

これについて、金守の昭和三十四年十一月七日の証人尋問調書中には、二回目の際に私の家に婚姻がありその祝の気もちだと言って渡した記憶があると言っていますが、これは明らかに第一回の産経会館における際に述べた言葉を第二回とまちがっているのです。

第二回目のときは、三十三年八月中旬日活会館六階ロビーで、最初私はそんなものはいらないと強く拒否しましたが、これはあくまで金守個人として上げるので、会社とは何等関係がないのだから受け取って何かの足しにして欲しいと言って、無理にポケットに入れたので受け取りました。

その当時、私と金守は単なる仕事上の関係だけでなく、趣味及び育英事業などの点で人間的にも一致した点が多く、友人としての交流がありましたので、個人的な金だと言う金守の言葉が素直に受け取られたのであります。この点につきましては、昭和三十四年十一月七日の金守証人の証言中に、私としては面はゆいことですが、私の人格と生活態度に傾倒しているという証言があることを以ても立証することができます。第三回の九月上旬の場合も第二回と同様の言動があって受け取ったのであります。

それではなぜ昭和三十三年十二月二十《ママ》日の供述で、あのようなことを言ったかと申しますと、私は、今までの私の人生上にかつてない出来事でありました上に、私の知り得た範囲の常識を越えて、当時市政に重大な責任を有し、且つ年末のもっともたいせつな時期に、任意出頭の取り調べもなしに、いきなり逮捕状をつきつけられて拘置されましたので、心身共にひじょうなショックを受けました。狭い汚い拘置所のなかで、食物はのどをとおらず、ろくろく眠ることができない上にあの寒さです。就寝後も取り調べられたりして私は弱り果てました。その当時の私の精神的肉体的疲労は、一種の生命的危機感さえあった状態で、平静の思考を失っておりました。

それで、このままでは健康をそこなうと考えたのです。その上、私は市長として十二月はいつの月よりいそがしい月ですので一日も早く出所したいと思っておりました。が、豊島検事は、私がいくら金守個人の金だと言ったと申し述べても認めないのみならず、二十二《ママ》日供述した後もなお私の拘置期間を更新して出所の手続を取ってくれないので、私は止むを得ずあのような供述をしました。それは、よく他の事件にもあるように、拘置中の供述は、他日釈放によって心身を自由且つ冷静な状態における場合とは、事実に反することを述べてしまう例を聞いておりますが、残念ながら私もあの異状な条件のなかで、まったく同様なわだちを踏んだと思います。

従って私は、私に与えられたこの機会に、慎重にその際の記憶をたしかめつゝ、あらゆる角度から当時の状況、事実を想起して申し述べた次第です。

なにとぞ私の心情をご賢察の上、ご判断を賜わりたいと思います。

以上である。供述日が「二十日」か「二十二日」か混乱があるが、それはともかく、この中で注目されるのが、「それで私は、これは金守の会社で私の市の仕事をしていて、工事のこと全般について私の世話になっている、お礼や、将来も世話になりたいという気もちで金をくれたのだと思い、それは悪いことだとわかっていましたから、何回か断りましたが〔〕どうしても取ってくれというので遂にもらってしまいました」という件と、後の二回についても「右述べたと同様の意味で金をくれた」という件である。客観的にみれば、これでは、市長の職務に関連して収賄したことを認めたといえよう。

義郎は、この供述内容について、「私は出所後落ちついて、当時の事実及び心境をふりかえってみたとき、実際と相違した供述を行っておりましたので、完全に否認します」と公判で否認し、あくまでも職務とは無関係であり、金守との個人的交際のなかで貰った金だと主張した。そして、「実際と相違した供述を行って」しまった事情について、劣悪な環境下での長い拘置により生命的危機感すら覚えるような精神的・肉体的な苦痛により、「平静の思考を失って」いたと弁明している。

義郎に対する拘留、取り調べの適否の問題は別途検討すべきであるが、ここでは、一九五八年一二月二〇日ないし二二日の供述で、義郎が収賄を認めてしまったことを重くうけとめたい。検察はそれを唯一の根拠に起訴し、裁判官は、それを否定した義郎の法廷陳述を退け、有罪判決を出したのであろう。

d　地裁判決と高裁への控訴（棄却）

一九六〇年七月二六日、洲崎義郎に対する判決公判が地裁長岡支部であった。判決は、懲役八ヵ月の求刑に対し、懲役六ヵ月、執行猶予二年、追徴金一五万円であった。裁判長は、「被告は若い時から私財を投じ青少年指導や体育振興、育英事業に尽くした功績は大きく、十五万円も被告から要求したものではなく〔、〕うっかりもらったのは千慮の一失だった」と情状を認めた。そして、被告が控訴するかどうかは弁護士と相談して決めるそうだ、と報道された[214]。

翌二七日、洲崎義郎は東京高等裁判所に「事実誤認」を理由に控訴し[215]、八月四日、渡辺喜八弁護士とともに控訴の件で長岡裁判所で会見を行った[216]。そして、同年一〇月一七日付で、高裁に「控訴趣意書」を提出した。これは「洲崎義郎著作」（5）の「法廷日誌」に全文が収められている。

「控訴趣意書」は、原判決には「明らかな事実誤認があり、破棄されねばならない」とする。原判決は、洲崎義郎が現金五万円を三回にわたり受け取ったことについて、「いずれも公務員たる自己の右職務に関し賄賂を収受したものである」と認定しているが、被告人においては、「会社（太平建設）が右水道工事に関する入札指命《ママ》、契約締結、施工監督並びに代金支払等につき、被告人からその職務上に便宜な取計いを受けたことに対する謝礼並びに将来も同様な便宜な取計いを得たい趣旨のもとに供与されるものであることを知りながら」金守より賄賂を収受した事実は全くなく、「被告人は、右金守より金員を収受するにつき、職務に関して受領したものではないし、従って又賄賂たる認識がない」と主張している。そして、それをさらに詳解・詳説するが、要は「職務に関して受領したものではない」「賄賂たる認識がない」ということに尽きるであろう。

「洲崎義郎著作」（6）の「洲崎義郎日記抄」によれば、控訴審は予定がしばしば延期され、結局、一九六一年四月二四日、五月二九日の二回だけであったと思われる。そして、同年六月一九日、東京高裁は一審判決を支持し、被告側の控訴を棄却する決定を下した(217)。そして、洲崎義郎側は最高裁に上告してさらに争うことをしなかったから、判決はここで確定した。

検察・裁判所は、長岡拘置所での義郎の供述調書に最後までしがみついて、何としても有罪に持ち込んだとの感が拭いきれない。検察が起訴したからには裁判所もそれに応じるという、当時の検察・司法の体質が背景にあるのではなかろうか。職務との関係が特定されない以上、「不起訴」が相当であったと、私には思われてならない。

e　事件の真相に迫る

梅沢三代司は論稿「苦渋のわだち」の末尾において、自分の見解を「汚職のしぶき」と題した文章で述べている。そこで、洲崎義郎市長が水道汚職容疑で逮捕された時、「すぐ共産党柏崎市委員会は村山市委員長談話で、さらに原水爆禁止柏崎協議会、警職法反対刈羽柏崎共闘会議、勤務評定反対刈羽柏崎共闘会議の三団体は共同声明でそれぞれ、いずれも『老齢の現職市長をいきなり逮捕、拘置するのは検察ファッショであり、政治的陰謀のにおいが濃い』と反発した」と記すとともに、「長岡地検が、洲崎市長をだしぬけに逮捕、拘置した取り調べは、この機会にとばかりに乱暴な所業に出たことはたしかで、当時の類似事件では柏崎だけ（首長の突然の逮捕は）であることでもそう言える」

と述べている。義郎支持者とその周辺では、このような見方が多かったように見受けられる。

ここにある共産党柏崎市委員会の村山委員長の談話、「三団体」の共同声明は『柏崎日報』に掲載されている[218]。どちらも、洲崎市長の無実を確信し、任意での取調もなく高齢の市長を逮捕、拘留しつづけていることを批判し、「検察ファッショ」「政治的陰謀」だと主張するものであった。ただし、具体的内容を指摘しているわけではない。

梅沢三代司稿「苦渋のわだち」も、村山談話・三団体共同声明の「政治的陰謀」に触れつつ、具体的なことには言及していない。ただ、梅沢は、この頃、柏崎・刈羽地方で大きな影響力をもち革新勢力と対立していた田中角栄代議士の存在を示唆し、事件がおきた時の社会的背景として、一九五七年二月に岸信介が成立したこと、同年八月に文部省が教員勤務評定（勤評）の実施を通達したこと、五八年一〇月に警察官職務執行法（警職法）改正案が国会に上程されたこと、の三点を挙げている。洲崎義郎に対し強引な取り調べを行い、不本意な供述調書を作成し、それを証拠として義郎を有罪に持ち込んだことに関しては、私も、彼が勤評や警職法改正に反対を表明し、運動に加わっていたことが影響したと考えざるをえない。

梅沢三代司稿「苦渋のわだち」所収の第四回・第五回の「公判記録」によれば、金守武雄は一八九四（明治二七）年生まれで、逮捕された当時は満六四歳であった。一九一五（大正四）年に満鉄に入社し、三二（昭和七）年頃まで道路、水道、治水の仕事をし、以降は水道を専門に担当し、三六年に独立したという。そして、太平建設に入社したのは戦後の五五（昭和三〇）年四月で、五六年四月水道部工務課長、五七年四月水道部次長、五八年七月営業部次長、五九年四月休職、同年九月退職となっている。この期間、太平建設では一貫して嘱託の名義であった。七〇歳の義郎とは年齢的に近く、育英事業に関わるなどの共通点はあったとしても、長い間、水道工事に技術面だけでなく経営面からも関わってきたことから、社会の裏事情に精通していた人物であろう。太平建設では部次長の職位にありながらも嘱託という身分であったのは、贈賄などの裏工作が本当の仕事であったのではなかろうか。したがって、育英事業云々も信用できず、洲崎義郎に好意を抱かせるための口実に過ぎなかったと考えられないだろうか。

金守は、執拗に洲崎に金を受け取らせようとしている。異常なほどである。おそらく、それさえできたら、洲崎を失脚させることができると考えたからであろう。金守の背後に黒幕の人物がいたとしてもおかしくない。だが、それを明らかにすることはできず、真相は今も闇の中にある、というほかない。

13　市長時代の私的な活動

本章の最後に、第一期市長時代ではあるが、洲崎義郎の市政とは直接関係しない私的な活動について触れておきたい。

a　健民少年団リーダーとしての渡独

一九五四（昭和二九）年六月、洲崎義郎は、東京で開かれていた全国市長会で、西ドイツで行われる「健民少年隊員の交歓訓練」に、日本から派遣される健民少年団の「リーダー」（団長）に推薦された[219]。

健民少年団の運動は横浜市で始まった。戦後の生活難の時代、大人たちが生きることに精一杯で、子供たちが「放置」されている状況に対して、横浜市健康教育課が「子供の遊び場」をつくることを始め、さらに遊びに来る子供たちを健全に育てようと考えたのが原点であった。一九四九～五〇年頃のことで、その中心に同課長の青木近衛がいた。そして、五一年四月、横浜市長に就任した平沼亮三の賛成を得て、子供たちを健民少年団に組織し、同課員・協力者が指導する形がつくられた。同市では五二年三月、市内「各地に『健民会』が誕生」し、金沢公民館で第一回「健民少年訓練会」が開催された。同年七月には、「団服」を着た団員が初めて柏崎市を訪問し、翌月には柏崎市の団員が横浜を訪問して交歓したという[220]。他市との交歓はこれが最初であった。

横浜市側の記録では、横浜の少年が先ず柏崎市を訪れ、後に柏崎の少年が横浜を訪れたことになっているが、当時の『柏新時報』によると、それは逆で、まず、「柏崎市選抜少年団」が横浜市を訪ね、「横浜市の少年団」五〇名が同市青木健民課長に引率されて一九五二年八月一六～一九日に柏崎を訪れ交流している。(221) ただし、ここでは「柏崎市選抜少年団」となっている。柏崎にはまだ「健民少年団」の組織がなく、この交歓会の後に、横浜にならって柏崎で健民少年団が結成されたのではなかろうか。後年の一九七五（昭和五〇）年九月、「体育功労者」として近藤禄郎が文部大臣表彰を受けることになった時、『柏崎日報』が報じた近藤の略歴記事の中に、「昭和二十七年から柏崎市健民少年団長となり、自ら率先して指導にあたり、青少年活動推進の基礎をつくった」との一文があることから、(222) そのように推察される。

他方、渡独話があった前年（一九五三年）六月二四～二六日、柏崎市で第四回全国都市体育研究協議会が開かれている。開会式で洲崎義郎は市長として歓迎の挨拶を述べた。その中で、「体育の究極の目的はどんな困難な労働にも、生活にも堪える強靱な肉体と健かな精神を育成するにあり」と体育の意義を強調し、「都市の体育は其特殊の職業、教育、環境、文化、社会性、集団性、地域性、伝統性等に立脚した極めて特異性と多面性を有して居るのに〔、〕現在に於ける都市体育の追求の仕方が極めてバラ〳〵であり微温的であり中途半端であ」り、その克服をめざして「都市体育」について研究協議することが同会の目的であると語っている。(223)

洲崎義郎の柏崎市長就任と時を同じくして、平沼亮三は横浜市長になった。平沼は、戦前、多くのスポーツ競技に関係し、第一一・一二回オリンピックの選手団長、大日本体育協会会長を務め、戦時中は翼賛壮青年団支部長、戦後は横浜商工会議所会頭を務めた名士であった。(224) 洲崎と平沼は一九五一年に全国市長会で意気投合し、全国都市体育研究協議会を結成したのではないだろうか。横浜の健民少年運動も「都市体育」の一環と受け止めていたように思われる。

さて、一九五四年六月二五日、柏崎に帰った洲崎市長は、この件について市議会に報告し、了解を求めた。(225) 市議会は市長渡独を了解し、「交歓健民少年」として渡独する柏崎市立一中三年生一名と市長に市費から渡航補助費として二五万円を支出し、市長不在中は関憲治助役が市長職を代行することを認めた。また、「市会議員クラブ」の提案で議員一人一〇〇〇円を拠出し、計三万円の「餞別」が贈られることになった[226]。

八月四日、洲崎市長は約二〇〇人に見送られる中、一二時五〇分発の列車で柏崎駅を出発した。「濃紺のブレザーコート、胸に小さな日の丸をつけた制服に身をかため」ていた。七日午後四時発のエア・フランス機で出発と報じられた[227]。

九月四日、午前一〇時半、二〇日間に渡った「交歓視察」を終え、洲崎市長らを載せた飛行機が羽田空港に着陸した。洲崎市長は、同日午後に開かれた日本青年会館での座談会、父兄との懇談会に臨み、六日には関係各省・機関に挨拶するなどの仕事をこなし、七日午後六時二八分着の列車で帰柏した。出発時と同じ服装の洲崎市長は、柏崎駅に出迎えた約五〇〇人を前に謝辞を述べた[228]。

洲崎義郎は、九月九日、市長室で記者団と会見し、西ドイツ視察の模様を語った。その大要が一九五四年九月一〇・一二日の『柏崎日報』に掲載されている（「洲崎市長『視察ドイツ』を語る」）。それによると、義郎が最も関心をもち資料を持ち帰ったのが青少年運動であった。また、体育活動（学校）についてもいろいろ新しい知見を得たらしく、西ドイツの体育教育は「体育をとおして人間形成をする」ことを目標とし、「日本のように競技本位でなく、音楽、劇、文学などを総合教育」するものだ、との指摘が興味深い。また、世界の人々が強く平和を希求していることを身をもって知り、世界平和の大切さを改めてかみしめたようである。後段で産業・住宅・学校・福祉施設、都市計画などについての視察談もある。

b　村山元之助への追悼

戦前、洲崎義郎がテニスを始めた時からの同好の士であり、政友会の活動家として活躍した村山元之助は、義郎が市長に初当選した一九五一年の大晦日に亡くなった。義郎は彼を追悼する「噫、村山元之助君」と題した文章を翌五二年一月八日の『柏崎春秋』に載せた。その中で、村山の人となりをよく物語っている部分を抄録したい。

懐古すれば君との交友は今から四十五、六年も前からずつと続いた間柄だつた。当時柏崎小学校の青年訓導として満々たる覇気を全身にまき散らして、毅然としてガク〳〵の論陣を張り、権威に屈せざる気骨隆々たる型破りの先生だつた。私とはテニスを通じ、奨学金を通じて最初の交りが出来たが、爾来年を経るに従つて益々その緊密度を増して行つた。

元来君は資性活達、磊落の人となりであると共に、極めて情誼に厚く且直情けい行の人であつた。激しい正義感の中に人一倍涙もろい人間味と暖い情味をたたえた人だつた。それなればこそ、君に教えを受けた子弟の中で、ひどく叱られた人達迄が先生〳〵と言つて終始変らずに君をしたつて、今に至る迄出入りをして居る一事を見ても優に証し得る所である。何人の前でも堂々と自己の所信を披歴《ママ》してはゞかる所がないと共に〔、〕言つてしまうと後はさつぱりとして根に持たない型の人であつた。後輩の面倒もいやがらずに良く見る親切な人であつた。政党人としては一貫して政友会の生粋育ちであつて節を枉げなかつた事もまたまれに見る信義に厚い人だつたと言い得る。

c　「中村彝遺作展」への協力と中村彝への追憶

柏崎春秋社は、『柏崎春秋』創刊三周年の記念行事として、一九五三（昭和二八）年五月九・一〇日、午前九時〜午後五時、柏崎市役所で「中村彝《つね》遺作展」を開催した。開催の理由について、編集・発行人の遠山聴雨（常吉）は、『中央公論』に載った森口多里の「ツネさんの伝記」を読んで強く心を動かされたことなどから、洲崎義郎の協力を得てこの遺作展を開催したことを記している[229]。

出品は、洲崎義郎所蔵の「洲崎氏の肖像」、「小鳥の復活」（ペン画）、吉田正太郎所蔵の「静物」、「画家達の群」

（パステル画）」、「血を吐く男（自画像）」、西巻達一郎所蔵の「西巻時太郎氏肖像」、飯塚知信所蔵の「静物」、「九十九里黒磯海岸」、鬼山魏所蔵の「デッサン」の九点であった。[230]当日、義郎は「終始会場に姿を見〔せ〕て学生及び一般参観者に対して懇切な解説と論評を与え、また吉田正太郎、桑山太市、室生重道、宮川邦苹、鬼山魏」らと「芸術を語り、彝氏の作品についての魅力を話し合つた」と報じられている。[231]義郎はまた、八日午後二時から柏崎高等学校講堂で約二時間、同校生徒及び商業高校・工業高校生ら約一五〇〇人に対し、「中村ツネを偲んで〔――〕その人と作品について」と題する記念講演を行い、「中村ツネは誠実と愛とによつて永遠の生命を把握した天才であつた」と述べ、「深い感銘を与えた」という。[232]

『柏崎春秋』は遺作展開催の前後、義郎宛の中村彝書簡一通、中村彝に関する数名の関係者の言説も掲載した。うち、五月六日に掲載された書簡は一九二〇（大正九）年九月二〇日付のもので、新潟県立近代美術館・小見秀男・松矢国憲編『中村彝・洲崎義郎宛書簡』八三～八四頁（一九九七年、新潟県立近代美術館）に収録されているものと同じである。五月一三日に掲載された洲崎義郎「愛の芸術――中村彝さんの回想」の内容は、洲崎義郎が比角村長時代の一九二〇年一一月七・八日、『越後タイムス』主催で柏崎町役場楼上で催された「中村彝展覧会」の時に、義郎が柏崎の高等女学校・中学校生徒を前に「彝さんの芸術」と題して講演した内容とほぼ同じもので、これについては第３章第７節ａ(2)で紹介した。三〇年余経っても、義郎の彝に対する考え方が変わっていないことが確認される。

注

（1）『柏崎日報』一九五〇年八月二一日（「三井田に戦いを挑む者?　／ワンマン「私政」に反撃の底流」、「関、神戸、斎藤氏ら／市長候補話題の人々」）。

（2）『越後タイムス』一九五一年一月二一日（「市長選の前奏展望／洲崎氏孤立の危機／三井田市長、満を持す」）。

（3）『柏崎日報』一九五一年二月二七日（「市長選に注目の言明／〝洲崎氏を支持せず〟」）。

（4）『越後タイムス』一九五一年四月八日（〔表題なし〕）。
（5）同前、一九五一年四月二九日（「柏崎市長選挙開票結果／洲崎市長実現」）。
（6）同前、同日（「柏崎市会議員選挙開票結果／当選者」、「洲崎派大勝す」）。
（7）同前、一九五一年七月八日（「市内第一次解除」）。
（8）『柏崎日報』一九五五年四月一七日（「市長候補―立候補の言葉」）。
（9）同前、一九五五年四月二七日（「市長候補合同演説会未曽有の盛況」）。
（10）同前、一九五五年五月二日（「栄冠、洲崎氏に耀く」）。
（11）『新潟日報』一九五五年五月三日（「市長選戦いの跡」のうち「柏崎」の項）。
（12）『柏崎日報』一九五五年四月五日（「市長選―各単産の自由意志に」）。
（13）『柏崎春秋』一九五四年一二月八日（「桑野女史遂に出馬か」〈週間展望欄〉）。
（14）『越後タイムス』、一九五三年四月二六日（「参議院本県地方区」）。
（15）同前、一九五六年七月一五日（「清沢、小柳両氏当選」）。
（16）同前、一九五三年五月三日（「県議補欠選挙開票結果／吉浦栄一氏圧勝」）。
（17）同前、一九五五年四月一七日（「近藤氏、無競争当選」）。
（18）同前、一九五五年五月一日（「両現議再選／県議選刈羽郡」）。
（19）同前、一九五六年一二月二三日（「八社が一億円こす／年間売上―雄飛する地元業者」）。
（20）同前、一九五七年三月一七日（「三倍の所得増／西川鉄工」）。
（21）同前、一九五七年八月二五日（「ほろにが抄」欄）、同年九月八日（「日本鋳造が誕生」）。
（22）同前、一九五七年八月四日（「日石柏崎ジリジリと縮小へ」〈柏崎より欄〉）。
（23）同前、一九五一年四月二九日（「柏崎市会議員選挙開票結果」「洲崎派大勝す」）。なお、肩書は同紙・同年二月二五日（「市議選挙現段階の展望／立候補四十数名か」）による。
（24）同前、一九五一年五月一三日（「正副議長―斎藤、箕輪」）。
（25）『柏新時報』一九四九年一一月一二日（「霜田毅氏」）、一九五一年八月一五日（「洲崎市政の彦さん／霜田毅氏」）。
（26）『越後タイムス』一九五一年一二月九日（「斎藤議長を不信任」）。

(27) 同前、一九五一年一二月一六日（「斎藤議長不信任」〈「タイムス抄」欄〉）。
(28) 同前、一九五二年一月一日（「新議長に岡部氏」、「岡部氏略歴」）。
(29) 同前、一九五五年五月八日（「市議選挙開票結果」）。
(30) 同前、同日（「正副議長に斎藤、尾崎氏」）、五月二二日（「両派の内訳／柏崎市会正副議長」）。
(31) 同前、一九五五年六月二六日（「市助役選任問題」〈時評欄〉）。
(32) 同前、一九五五年一〇月一六日（「関助役、票決で選任」）。
(33) 同前、一九五六年五月一三日（「内攻する後任議長選任」）、同年五月二七日（「議長に平田氏／副議長霜田毅氏」）。
(34) 同前、一九五一年九月二日（「市政懇話会生る」）。
(35) 同前、一九五一年九月一六日（「柏崎より」欄）。
(36) 同前、一九五一年一〇月一四日（「市営促進を懇談」）、同月二一日（「柏崎より」欄）。
(37) 同前、一九五二年一一月二日（「柏崎市政討論会」）。
(38) 『柏崎日報』一九五一年一一月六日〈久保田強「市長と地元新聞」〈投書欄〉〉。
(39) 同前、一九五一年一一月一〇日（「〝たまには見ている〟／帰柏の洲崎市長語る」）。
(40) 同前、一九五五年八月七日（「平和懇談会結成」）。
(41) 同前、一九五六年四月一五日（「柏崎より」欄）。
(42) 同前、一九五八年三月二六日（「会長に洲崎市長／原水爆禁止柏崎協議会結成」）。
(43) 『越後タイムス』一九五八年八月一〇日（「原水爆禁止の自転車リレー柏崎通る」〈柏崎より欄〉）。
(44) 同前、一九五二年一〇月二八日（「三大公約かく実施」）。
(45) 洲崎義郎は一九五五年四月二五日の「市長候補合同演説会」で、「前回の選挙において私は四つの公約をした」と言い、「暗い政治はやらぬ」「教育の振興」「産業の興隆」「税の公正賦課」を挙げているが（『越後タイムス』一九五五年四月二七日〈市長候補合同演説会未曽有の盛況〉）、「暗い政治はやらぬ」は政治姿勢なので、政策的な公約は三点である。
(46) 『越後タイムス』一九五四年一月一〇日（「正しい世界観に立つて／市長挨拶─〝愛情の市政を〟」）。
(47) 月橋会「想い出の中の洲崎義郎市長」（『洲崎義郎回想録』一八八頁、巻末年譜）。
(48) 『柏崎日報』一九五三年一月五日（「洲崎市長姿見せず／低調だつた共同年賀」）。

(49) 同前、一九五三年一月一五日（「市長記念講演など」）。
(50) 同前、一九五四年一月一〇日（「正しい世界観に立って―市長挨拶」）。
(51) 『越後タイムス』一九五二年八月二四日（小竹久弥「洲崎義郎氏」〈「向日訪問記」〉欄）。
(52) 『柏崎日報』一九五六年一月一日（洲崎義郎「市長日記」）。
(53) 『越後タイムス』一九五一年六月一七日（「市案に大勢反対／市税懇談会」）。
(54) 同前、一九五一年七月一日（「市民税決る」）。
(55) 『柏崎日報』一九五二年五月二日（「柏崎メーデー／スローガンに―民主市政確立など」）。
(56) 『越後タイムス』一九五二年二月三日（「柏崎より」欄）。『柏崎日報』同年二月六日（「市長交際費十万円減額／吏員ベースアップは条件付可決」）。
(57) 『柏崎日報』一九五一年一〇月二〇日（「市税滞納千五百万円／滞納整理に吏員大挙出動」）。
(58) 同前、一九五二年三月一三日（「滞納一、六一三万円」）。
(59) 『越後タイムス』一九五一年八月五日（「三中学増築軌道へ／洲崎市政腰切って立つ」）、同月一二日（「柏崎より」欄）。
(60) 『柏崎日報』一九五三年一月一八日（「試練にたつ市教委」）。
(61) 同前、一九五四年二月二六日（「校舎増改築五ヵ年計画」）。
(62) 同前、一九五四年三月一一日（「比角校四教室増築」）。
(63) 同前、一九五八年一二月一〇日（「学校建設進む／洲崎市政の置土産／学校整備の大事業着々」）。
(64) 同前、一九五四年二月二六日（「校舎増改築五ヵ年計画」）。
(65)・(66) 同前、一九五四年七月一三日（「この施設生かす教育を／洲崎市長―教育の本質を強調」）。
(67) 『越後タイムス』一九五一年一〇月七日（「柏崎より」欄）。
(68) 『柏崎日報』一九五一年一〇月八日（「審議委員を大増員／市公民館強化―専任館長も設置」）。
(69) 同前、一九五一年一〇月一八日（「新人十二名氏を抜擢／公民館委員新顔追加決る」）。
(70) 同前、一九五二年一月八日（「絶望の革新家／市公民館長―岡塚亮一氏」）。
(71) 『柏新』一九四六年八月二日（「フランス詩人的／岡塚亮一氏」）。『柏崎春秋』一九五二年一月二九日（松田政秀「岡塚亮一君への公開状」）。

(72)『柏崎日報』一九五二年四月一八日（「公民館と原爆画展」〈時評欄〉）。
(73)同前、一九五二年三月二六日（「市公民館委員廿名に／問題の一三委員も一斉退任」）。
(74)同前、一九五二年四月一七日（「公民館審議委員決る」）。
(75)同前、一九五二年四月二四日（「公民館事業計画成る」）。
(76)同前、一九五二年一〇月七日（「初の〝教育市長〟決る」）。括弧書きした長納・箕輪・佐藤の肩書きは、同年九月二三・二六・二八日に掲載の「柏崎市教育委員に立候補して」①・④・⑤の記事による。
(77)『越後タイムス』一九五二年一〇月二六日（「柏崎より」欄）。
(78)『柏崎日報』一九五二年一一月二日（「委員長に近藤氏」）。
(79)同前、一九五三年一月五日（「後任教育長に遠藤氏」）。
(80)同前、一九五三年四月二九日（「市公民館委員決る」）。
(81)同前、一九五三年五月一二日（「公民館委員初会合」）。
(82)同前、一九五三年八月六日（「十四教諭に研究助成」）。
(83)『越後タイムス』一九五一年八月一二日（「柏崎より」欄）。なお、下条恭兵が創業し軍需産業として発展した日本油機㈱は、この頃、経営に行き詰まり、柏崎工場の閉鎖を余儀なくされ、当時、会長であった下条は、持株の一八万株などの私財を投げ出して従業員の解雇手当・退職金支払いに当てると報じられている（『柏崎日報』同年五月一八日〈「日本油機解散か」〉）。
(84)『越後タイムス』一九五一年八月二六日（「柏崎より」欄）。
(85)同前、一九五一年九月一六日（「短大市営公算大に／県費補助の見透しつく」）。
(86)『柏崎日報』一九五一年一〇月八日（「短大問題―市会発言」）。
(87)同前、一九五一年一〇月一〇日（「市営移管運動を推進／市政懇話会で検討」）。
(88)同前、一九五一年一〇月一六日（「期成同盟結成へ」）。
(89)同前、一九五一年一〇月一八日（「市営請願提出／短大問題―市会の断迫る」）。
(90)同前、一九五二年五月二二日（「市会協議会―短大問題で一荒れ」）、同年五月二七日（「短大補助―特別委員決る」）。
(91)同前、一九五二年五月二九日（「一五〇万円に内定／特別委の結論―短大市費助成額」）。『越後タイムス』同年六月一日

（「柏崎より」欄）。
(92)『柏崎日報』一九五四年三月二三日（「短大に五〇万円／二月県会で補助可決」）。
(93)『越後タイムス』一九五一年一一月一八日（「柏崎より」欄）。
(94)月橋会「想い出の中の洲崎義郎市長」（『洲崎義郎回想録』二〇〇〜一〇一頁）。
(95)『柏崎日報』一九五一年一二月六日（「柏崎でも公益質屋／来年度から市営を計画」）。
(96)同前、一九五三年九月二四日（「柏崎公益質舗十一月から店開き」）。
(97)同前、一九五一年一一月六日（「柏崎市と健康保険再開」）。
(98)『越後タイムス』一九五四年一月二四日（「国保、新年度から開始」）。
(99)同前、一九五四年二月七日（「国保再開へ準備進む」）。
(100)同前、一九五四年二月二八日（「国保再開答申案」）。
(101)同前、一九五四年三月一四日（「柏崎より」欄）。
(102)『柏崎日報』一九五四年一一月二六日（「郡病院ベッド三二〇床へ」）、五五年二月一四日（「刈羽病院問題・市長と医師会々談／市側、遺憾の意を表明」）。
(103)『越後タイムス』一九五一年三月二五日（「柏崎より」欄）。
(104)『柏崎日報』一九五四年一一月二六日（「養老院臨海寮完成」）。
(105)『越後タイムス』一九五四年一月二四日（「柏崎に養老院」）。
(106)『柏崎日報』一九五四年四月一五日（「鵜川三千万円―柏崎港五百万円」）。『越後タイムス』一九五五年七月二四日（「国庫事業／柏崎刈羽分決る」）、五六年一月一五日（「四億円を要求―公共事業」）、五七年四月七日（「本年度一きに八坂橋永久化へ」〈柏崎より欄〉）、五八年七月一三日（「総事業費は三億円／土木振興会総会」）。
(107)『越後タイムス』一九五三年六月七日（「個人消息」欄）。
(108)同前、一九五三年七月一九・二六日（「柏崎より」欄）。
(109)『柏崎日報』一九五三年一一月一九日（「経済ケン拡充へメス／柏崎経済背後地拡充促進会結成」）。
(110)『越後タイムス』一九五四年一月二四日（「中越へ柏崎港を徹底／期成同盟―建設促進を協議」）。
(111)『柏崎日報』一九五七年二月一日（「31日北村知事、柏崎港を視察／修築には具体的利益を」）。

(112)『越後タイムス』一九五五年六月五日（「小木航路休止と柏崎港修築」〈「時評」欄〉）。
(113)『柏崎日報』一九五七年三月二四日（「佐渡航路再開困難か」）。
(114)同前、一九五二年一月一八日（「関東電工―誘致楽観許さず／熱源問題で暗礁に逢着」）。
(115)『越後タイムス』一九五二年七月一三日（「柏崎より」欄）。
(116)『柏崎日報』一九五二年一一月九日（「県融資年末十億円へ／関川県経済部長と洲崎市長の対談」）。
(117)同前、一九五三年一月九日（「〝中日貿易に力を〟／洲崎市長経済施策を語る」）、同月一二日（「柏崎はなお静観／注目の日中貿易問題」）。
(118)同前、一九五三年一月一八日（「六万六千ボルト送電線本年完成」）、同年七月一一日（「柏崎産業界待望の大動脈完成／六万六千ボルト十三日送電開始」）。
(119)『越後タイムス』一九五二年三月九日（「柏崎より」欄）。
(120)『柏崎日報』一九五三年一月二八日（「市会、採択で一論争／温泉助成請願―市長〝信念変らず〟」、「市費助成には反対／温泉問題に―柏崎地労声明」）。
(121)同前、一九五四年三月五日（「市会の批判に信念の壁／温泉助成など―「民選市長」で対決」）。
(122)同前、一九五四年四月二日（「五五万円県費支出決定／柏崎温泉補助―条件付で正式通知」）。
(123)同前、一九五三年二月一八日（「作る以上立派なものを／博物館建設へ―洲崎市長乗気」）。
(124)『越後タイムス』一九五三年五月一〇日（「柏崎より」欄、「博物館準備委員」）。
(125)『柏崎日報』一九五三年一二月一九日（「陸上水族館をぜひ」）。
(126)『越後タイムス』一九五四年三月二一日（「各町内協力／水族館建設へ出資七一万円」）。
(127)『柏崎日報』一九五四年四月一日（「市会も諒解／水族館市費補助」）。
(128)『越後タイムス』一九五四年六月二七日（「水族館開館」）。
(129)同前、一九五五年一一月二三日（「原子力産業を柏崎へ／山徳翁、洲崎市長と懇談」）。
(130)『柏崎春秋』一九五五年一二月七日（「原子《ママ》研究所の設置懇請」）。
(131)新潟県総務部地方課編『新潟県市町村合併誌』上巻、一〇三七頁、一九六二年、新潟県。
(132)『柏新時報』一九五〇年二月一一日（「近村合併急速に進展／北鯖石、上米山村は近く実現」）。

(133) 同前、一九五四年三月三一日（「西中通村の大観」、「梨、桃等果樹の村」）、四月二日（「大柏崎市へ歓呼の第一歩／立体的生産都市建設へ」）。
(134) 『柏崎日報』一九五三年一一月三〇日（「洲崎市長挨拶―要旨」）。
(135) 例えば、合併に関して柏崎市は、西中通村の職員二六名、田尻村・高田村・北鯖石村の職員から九〇名を市職員に受け入れている（『柏崎日報』一九五四年三月三〇日〈「市役所大異動発表」〉、五五年二月一日〈「きょう六万都市へ歴史的発足」〉）。
(136) 『越後タイムス』一九五二年一〇月二六日（「柏崎より」欄）。
(137) 『柏崎日報』一九五三年六月一〇日（「廿七年度―市財政赤字免かる」）。
(138) 『越後タイムス』一九五三年三月八日（「洲崎市長施政方針演説」）。
(139) 同前、一九五五年六月一九日（「市の財政事情公表」〈時評欄〉）。
(140) 同前、一九五六年三月二五日（「地財再建法」）、同年四月二二日（「まず自主再建検討」）。
(141) 同前、一九五七年七月七日（「市民サービス予算増せ／財政再建／県と折衝」）、同年一一月二二日（「六二名を整理へ―市職員定数条例発案」）。
(142) 同前、一九五七年六月九日（「卅一年度三千万円を償還」）。
(143) 同前、一九五八年三月六日（「33年度市当初予算案一般会計五億三百四十六万円／投資の過半、学校建設に」）。
(144) 同前、一九五八年三月二七日（「原案どおり通過の見込み」）。
(145) 同前、一九五八年四月六日（「市財政好転、千七百万円もうく」〈柏崎より欄〉）。
(146) 同前、一九五八年七月一三日（「洲崎市長置土産の学校建築も順調」〈柏崎より欄〉）。
(147) 同前、一九五八年九月二一日（「今年度で赤字零へ／財政再建―計画を一年短縮」）。
(148) 『柏崎日報』一九五二年七月二四日（「三段階に分けて実現／洲崎市長―都市計画構想を発表」）、同年八月二四・二五日（「柏崎市都市計画について（未定稿）」上・下）。
(149) 『越後タイムス』一九五二年八月一七日（「柏崎より」欄）。
(150) 『柏崎日報』一九五三年一二月一四日（「十二月市会で協議会」、「進め方に食違い／都市計画」〈解説欄〉）。
(151) 同前、一九五三年一一月一五日（「〝道路だけでない都市計画〟／市長帰柏談」）。
(152) 同前、一九五三年一二月二二日（「柏崎市都市計画審議態勢動く／全議員で四部門分担」）、『越後タイムス』一九五四年一月二四日（「都市計画小委員」）。

（153）『柏崎日報』一九五四年五月一二日（「六月に港期成同盟総会開催／市長帰柏談―都市計画講演も依頼」）。石川の経歴は本章の脚注（155）の記事による。

（154）同前、一九五四年五月二〇日（「計画目標は三〇年後／都市計画講演会」）。

（155）同前、一九五四年七月一五日（「石川博士、柏崎の都市計画講演会（上）」）。

（156）『越後タイムス』、一九五五年九月一八日（「柏崎の都市計画」〈時評欄〉、「洲崎市長」〈個人消息欄〉）。

（157）同前、一九五五年一〇月二日（「石川栄曜《ママ》博士」〈個人消息欄〉）、五六年六月二四日（「都市計画の立案成る」）。

（158）同前、一九五八年一月一日（「新春早々、八坂橋の架かえに着工」〈柏崎より欄〉）、同月一九日（「八坂橋の架かえ着工」）。

（159）『柏崎春秋』一九五八年一一月一二日（「喜びは米峰に映えて／八坂橋の渡り初め式」）。

（160）『越後タイムス』一九五八年一月一九日（「一月十五日を基準に市街地域性指定」〈柏崎より欄〉）。

（161）同前、一九五九年一月一日（「都市計画―今年は海浜公園を」）。

（162）月橋会「想い出の中の洲崎義郎市長」（『洲崎義郎回想録』一九七頁）。

（163）『柏新時報』一九四七年七月一二日（「人口四万五千人を対象に／第二期給水計画の過程」）。

（164）『越後タイムス』一九五四年二月二一日（「上水道を拡張強化」）。

（165）『柏崎日報』一九五四年一二月二七日（「総工費一億一千万円／原氏、上水道拡張計画を説明―給水人口は五万人」）。

（166）同前、一九五五年三月一八日（「総工費一億二千万円／柏崎市上水道水源の画期的大拡張計画」）。

（167）同前、一九五三年一一月一日「水道給水十五周年／きょう記念式」）。

（168）月橋会編『柏崎の水道――水道建設40周年を記念して』二八頁、一九七八年、柏崎市ガス水道局。

（169）『越後タイムス』一九五六年七月二九日（「水源拡張に署名運動展開」〈柏崎より欄〉）。

（170）同前、一九五七年一月一三日（「上水道拡張の第一期工事決る」〈柏崎より欄〉）。

（171）同前、一九五七年九月一日（「上水道拡張工事の波紋」）。

（172）同前、一九五七年九月八日（「入札延期に持込む／市長専断に水道大荒れ」）。

（173）『柏崎日報』一九六〇年四月二七日（「上水道拡張工事内訳」）。

（174）『越後タイムス』一九五八年六月一日（「一日七千トンの湧水」〈週間展望欄〉、同月一五日（「一号隧道工事を中止」）。

(175)・(176)『柏崎日報』一九六〇年四月二七日(「29日喜びの上水道水源拡張竣工記念式」)。
(177) 同前、一九六〇年四月二九日(「29日市上水道水源拡張工事の竣工式」)。
(178)『越後タイムス』一九五八年一月一九日(「三百万円の公金費消」)、同年四月一三日(「11日市会・社会福祉事務所事件に結論」)。
(179) 同前、一九五八年九月二八日(「教委選任持ちこす」)。『柏崎日報』同年一二月一三日(「11日市会、市教委選任・市長提案を否決」)、同紙、同年一二月一七日(「市長提案/芳川氏―また否決」)。
(180)『越後タイムス』一九五八年一一月二三日(「勤評と校長会の苦衷」〈記者ノート欄〉、「市教委の孤立をさけよ」)。
(181) 同前、一九五八年一一月三〇日(「勤評問題、第二段階へ」)。
(182) 同前、一九五八年一二月一一日(「12月市会へき頭勤評論争で白熱/市長、断固反対を絶叫」)。
(183)『新潟日報』一九五八年一二月一八日(「水道汚職・本県にも波及/洲崎柏崎市長を逮捕」)。
(184) 同前、一九五八年一二月二九日(「十日間こう留を延期」)。
(185) 同前、一九五八年一二月三一日(「渡辺課長ら二人起訴/洲崎柏崎市長は釈放」)。
(186)『越後タイムス』一九五九年一月一日(「洲崎市長/川合市議―30日午後釈放」、「市長釈放願い出す/市課長連名で」)。
(187) 同前、一九五九年一月一八日(洲崎義郎談「個人と政治家の間に/〝私の体でなくなった〟」)。
(188) 同前、一九五九年一月一一日(「任期一ぱい担当の決意披瀝/市長、廿日頃から登庁か」)。
(189) 同前、一九五九年一月二五日(「状勢を見極めて……市長選挙への態度」)。
(190) 同前、一九五九年二月二二日(「〝事件の内容はいえぬ〟―洲崎市長答弁」)。
(191) 同前、一九五九年三月二二日(「『市長辞職勧告案』否決さる」)。
(192) 同前、一九五九年一月一八日(「斎藤市議を逮捕」)。
(193) 同前、一九五九年二月八日(「『処分保留に事件の微妙さ』/斎藤市議四日釈放」)。
(194)・(195) 同前、一九五九年三月一五日(「洲崎市長、斎藤/川合市議起訴さる」)。
(196) 同前、一九五九年一〇月一八日(「元札洩らす……と追及/川合氏も否認」)、六三年一〇月六日(「五年がかりの水道汚職裁判に判決」〈柏崎より欄〉)。
(197) 同前、一九五九年二月一日(「社・共両党、洲崎市長推す」)。

(198) 同前、一九五九年二月一五日（「洲崎・吉浦の一騎打ち確定／洲崎市長、立候補を声明」）。
(199) 同前、一九五九年一月二五日（「〝立つべし町の人材〟」）。
(200) 同前、一九五九年二月一五日（「中政連は市長選に吉浦氏を推す」〈柏崎より欄〉）。
(201) 同前、一九五九年五月三日（「吉浦氏に新市長の栄冠」）。
(202) 『新潟日報』一九五九年五月二日（「市長選を顧みて／柏崎／汚職容疑、厳しく批判」）。
(203) 『越後タイムス』一九五九年五月三日（「吉浦氏に新市長の栄冠」）。
(204) 同前、一九五九年五月一〇日（「新人20氏が当選／市議選」）。
(205) 同前、同日（「洲崎市長、〝兵を談じ〟て去る」〈柏崎より欄〉）。
(206) 同前、一九五九年六月二八日（「罪状認否は持こす／洲崎前市長公判」）、「洲崎義郎著作」（5）の「法廷日誌」。この「法廷日誌」には、同名の「法廷日誌」、「控訴趣意書」、金守武雄の「供述調書」（一部省略個所あり）、「第四回公判調書」（同）、「第五回公判調書」（同）、二枚の紙に供述調書などの関係文書名や公判・判決日などを記した無題のメモ、計六つの資料が収められている。ここでは以下、各個別資料を括弧に入れて示すことにする。
(207) 『越後タイムス』一九五九年九月六日（「洲崎氏、金は貰ったが収賄は否認」）、前掲、「法廷日誌」（「法廷日誌」）。
(208) 前掲、「法廷日誌」（「法廷日誌」）。
(209) 前掲、「法廷日誌」（「法廷日誌」、「第四回公判調書」）。
(210) 前掲、「法廷日誌」（「法廷日誌」、「第五回公判調書」）。
(211)・(212) 前掲、「法廷日誌」（「法廷日誌」）。
(213) 『柏崎日報』一九六〇年六月一七日（「懲役八ヵ月を求刑―市上水道汚職事件」）。
(214) 『越後タイムス』一九六〇年七月三一日（「洲崎前市長に懲役六カ月の判決」〈柏崎より欄〉）。
(215) 前掲、「法廷日誌」（無題メモ）。ただし、『洲崎義郎回想録』の巻末年譜では「即日控訴」と記されている。
(216) 「洲崎義郎著作」（6）の「洲崎義郎日記抄」。
(217) 『越後タイムス』一九六一年六月二五日（「高裁は控訴棄却／洲崎前市長に判決」）。
(218) 『柏崎日報』一九五八年一二月二〇日（「市長逮捕に談話／共産党市分会委員長」）、同月二七日（「三団体の市長逮捕声明書」）。

(219) 同前、一九五四年六月二〇日（「洲崎市長今夏渡独／日独健民隊―リーダーとして」）。
(220) 横浜健民少年団編刊『健民――横浜市健民少年団創立30周年記念誌』一三～一五、二八頁、一九八〇年。
(221) 『柏新時報』一九五二年八月一五日（「横浜少年50名来柏／地元少年団と交歓」）。
(222) 『柏崎日報』一九七五年九月二六日（「文部大臣表彰／近藤禄郎氏―県下一人の受賞」）。
(223) 柏崎体育団編刊『体育人 洲崎義郎』六六～六七頁、一九七四年（原典は『柏崎体育』第二七号、一九五三年六月二〇日）。
(224) 横浜市総務局市史編集室編『横浜市史Ⅱ 第二巻（下）』一四七頁、二〇〇〇年、横浜市。
(225) 『柏崎日報』一九五四年六月二七日（「渡独の了解を要請」）。
(226) 『越後タイムス』一九五四年七月四日（「柏崎より」欄）。『柏崎日報』同年七月二二日（「市会、市長渡独中の市政執行を協議」）。
(227) 『柏崎日報』一九五四年八月五日（「洲崎市長、きのう出発」）。
(228) 同前、一九五四年九月七日（「今夕柏崎駅頭に／洲崎市長ら」）、同月九日（「〝成果を祖国の興隆に〟／市長ら―駅頭感激のあいさつ」）。
(229) 『柏崎春秋』一九五三年四月二九日（遠山聴雨「明治洋画壇の鬼才／中村彝さんの遺作展について」）。
(230) 同前、一九五三年五月二〇日（「中村彝遺作展出品目録」）。
(231) 同前、一九五三年五月一三日（「天才の作品に驚嘆の声／中村ツネ氏遺作展」）。
(232) 同前、同日（「永遠の生命を把握／偉大なる芸術家彝氏／洲崎氏柏高で講演」）。

第8章　晩　年

本章では、一九五九（昭和三四）年四月の柏崎市長選に敗れて以降、七四年四月に死去するまでの約一五年間の洲崎義郎の行動と思想を取り上げる。ただし、水道疑獄事件の公判および判決については前章で取り上げたので除く。この時期、洲崎義郎は、原水禁運動・平和運動に力を入れ、さらに新日本体育連盟（新体連）の運動に参加し、指導的活動を行った。だが、一九六九年・八〇歳頃から老化による体調不良が進行し、社会的活動を抑えなくてはならなくなる。それでも死去する少し前まで、意欲的姿勢を崩すことはなかった。

本章では、他の章と同様、まず洲崎義郎を取り巻く社会情勢を取り上げ、市長選・市議選の動向や原発誘致問題などを概観する。そのうえで、洲崎義郎と原水禁運動・平和運動、新体連運動、さらに芸術への思いを取り上げ、そこでの行動と思想を考察することにしたい。

原水禁運動・平和運動、新体連運動については、新聞などと共に、「洲崎家資料」の中の次の資料を利用する。すなわち、「洲崎義郎著作」（6）の「洲崎義郎日記抄」（一九六六年一月～七〇年一二月、全九冊のノートから梅沢三代司が摘記したものであるが、六三年後半・六八年〈一二月三一日を除く〉・七〇年の記述を欠く）、同（7）の「原水協記録」（熊谷筆記）、同（8）の「新体連ノート摘記」（梅沢摘記）、「洲崎義郎関係資料」（5）の梅沢三代司編「体育・スポーツ関係洲崎義郎略年譜」を使用する。そして、脚注を含め、原則として「洲崎義郎著作」（6）・（7）・（8）、「洲崎義郎関係資料」（5）の表記は省略し、単に「洲崎義郎日記抄」などと表記することにする。また、「新体連ノート摘記」については「新体連ノート摘記1」、「新体連ノート摘記2」のように表記して使用する。

1 保守市政と原発誘致

a 政権中枢に昇り詰める田中角栄

田中角栄は、一九六二（昭和三七）年七月、第二次池田勇人（改造）内閣の大蔵大臣に就任し、第一次佐藤栄作内閣の六五年六月まで約三年間、蔵相を務めた。その後、自民党幹事長などを務め、第三次佐藤栄作（改造）内閣の通産大臣（七一年七月～七二年七月）を経て、七二年七月、自民党総裁・内閣総理大臣に就任した。幹事長時代に構想された「日本列島改造」論が田中政権の目玉となったが、地価の高騰と石油ショックの追い打ちで躓き、さらに「田中金脈問題」で政治的危機に立たされ、七四年一一月、退陣を余儀なくされる。

洲崎義郎は同年四月に死去しているので、田中角栄の首相退陣を見ることはなかった。存命中は田中が政権中枢に昇り詰めていく過程であり、衆院選（新潟県第三区、定数五）で得票を大幅に増加させていく過程であった。その様子を表8-1に示そう。

表8-1から一目瞭然に、田中角栄が抜きん出て得票し、毎回票を増加させていること、蔵相になってから一〇万票の大台に乗り、首相時代には一八万票という大量得票であったことがわかる。他の当選者は「第二位」から推察されるように五万票前後の獲得にとどまっているので、その差はすごかった。

社会党は第二九回こそ三議席を占めたが、以降は二議席にとどまっており、第三三回には従来の三人立候補を二人に減らし、第二・三位での二名当選を果たしたが、社会党の合計得票は前回より減少している。

このように、自民党、田中角栄が選挙で圧倒的な勝利を収めたのがこの時代の特徴であった。それは県議選・市長選にもいえる。一九六七年四月の県議選では柏崎市選挙区（定数二名）、刈羽郡選挙区（同一名）で、自民党は三議席を独占している(1)。市長選については、項を改めて見ることにする。

表8-1　1960～72年衆院選における田中角栄の得票

回次	執行年月日	得票	第２位の人名と得票		政党別当選者数
29	1960.11.20	89,892	稲村隆一（社会元）	66,007	自民２、社会３
30	1963.11.21	113,392	村山達雄（自民新）	47,647	自民３、社会２
31	1967. 1.29	122,756	大野市郎（自民前）	62,006	自民３、社会２
32	1969.12.27	133,042	村山達雄（自民前）	58,675	自民３、社会２
33	1972.12.10	182,681	小林進（社会前）	58,217	自民３、社会２

出所：『越後タイムス』1960年11月27日（「新分野社会三・自民二に逆転」）、1963年11月24日（「自民、三議席の優位へ」）、1967年２月５日（「田中氏また上積みで新記録」）、1970年１月１日（「田中氏、完全試合の様な得票」）、1972年12月17日（「田中氏、５万票増の18万票へ」）。

田中角栄が自民党幹事長の時代は、高度経済成長の結果もたらされた過疎・過密問題、公害問題、福祉問題や沖縄を含む米軍基地問題など、地域の矛盾の高まりを背景に、革新自治体が登場した。一九六三年四月の統一地方選挙で、横浜・大阪・北九州で革新市長、岩手・福岡で革新知事が誕生したのが始まりで、六七年四月には東京都でも美濃部亮吉が当選して革新都政が始まった。洲崎義郎ら柏崎の革新勢力も大いに心強かったことであろう。しかし結局、新潟県・柏崎市ではこうした革新自治体の流れは生じず、むしろ田中角栄の勢力が増大する過程となっている。

b　市長選・市議選の動向

(1)　一九六三年四月の市長選・市議選

吉浦栄一は一九六三（昭和三八）年四月に行われる市長選に再選を期していたが、健康上の理由から断念した。六二年一二月五日、助役の小林治助と県議の近藤禄郎が市長に立候補する決意を表明した。小林は自民党支部に推薦を申し入れ、支部も推薦を決定した。近藤は、県議八年の経験と塚田十一郎県政との連携を強調し、「純粋無所属の立場」で幅広い支持を狙うといわれた。他方、社会党は市議会副議長の宮崎平次郎擁立を党議で決定したが、革新陣営は宮崎でまとまるか否か、とも報じられた。これを報じた『越後タイムス』は、「あえて革新だけでなく、柏崎全体のために惜しまれるのは、革新陣営に洲崎氏のあとをつぐ、巾ひろい、魅力あふれる後継者が不足しているということだ」とコメントしている(2)。

その後、社会党は宮崎平次郎の擁立を断念し、近藤禄郎を推薦することにした。

そして、一九六三年二月、従来の「近藤選対」、「民社・民労選対」のほかに、社会党・地区労・共産党などによる「民主市政を守る会」の選対（宮崎平次郎代表）が結成され、三選対で選挙戦に臨むようだ、と報じられた(3)。さらに三月には、近藤のため、「洲崎義郎氏を中心とする『洲崎選対』が活発な運動を開始したそうだ」、と報じられた(4)。こうして、近藤禄郎は、従来の近藤の支持母体に加えて、革新勢力の支持を受けることになった。

四月二〇日、市長選・市議選が告示され、市長選には小林治助と近藤禄郎が立候補を届け出た。小林は一番に「産業の発展」をあげ、ついで「教育の振興」「民生の安定」を政策の柱に据えた。近藤は「市民の声を反映した明るい柏崎市政」「青少年に夢と希望を与える文教政策」など六項目を挙げたが、「産業振興」は第五番目であった(5)。

四月三〇日に投票が行われた市長選の結果、小林治助が二万三七二八票を得て当選した。近藤禄郎の得票は一万六五二一票にとどまった(6)。この票の出方は、前回の吉浦栄一と洲崎義郎の票の出方とほぼ同一である。もともと保守派であった近藤が保守層の票や浮動票を取り込めなかったことが大きい敗因と推察される。

市長選と同時に行われた市議選では、斎藤準次（無元）が九〇一票を得て第一八位で当選した。共産党の村山栄一（現）・斎藤恒雄（新）は落選した、共産党は二議席獲得をめざして共倒れの結果となった。党派別当選者数は自民九、社会二、民社一、公明一、無所属二三であった(7)。

(2) 一九六七年四月の市長選・市議選

小林治助は一九六七（昭和四二）年四月の市長選で三万一一七三票を得て再選された。対立候補は共産党の村山栄一で、得票は七六六一票にとどまった。村山は地区労や社会党関係者の支援がほとんど得られず、革新票を結集できなかったことを示している。逆に小林治助の得票は、衆院選における田中角栄の圧倒的得票に通じるものがあり、柏崎市民の保守シフトがここに極まったとみることができる。市長選と同日行われた市議選では、理研の「同盟」を母体に立候補した与口登美夫（無所属）が一八二三票と多くの票を集めて第一位で当選したのが注目される。政党別当選者数は、自民一一、社会五、公明一、無所属一九であった。共産党の村山幸雄、無所属の斎藤準次は落選した(8)。

(3)　一九七一年四月の市長選・市議選

小林治助は一九七一（昭和四六）年四月の市長選でも三万三四一票を獲得し、三選を果たした。対立候補は社会・共産両党を中心とした「革新統一候補」の村山俊蔵で、得票は一万四五二四票であった(9)。後述するように、市長選の焦点の一つは原発誘致の是非で、原発反対で「革新統一」が成立していた。勝ったとはいえ、小林が前回の票を減らしたのはその影響であろう。他方、敗れた村山は、小国町七日町小学校・小国橋小学校の校長などを歴任した人で、当時は共産党柏崎市委員会の市民対策部長、原水爆禁止柏崎協議会事務局長であった(10)。

市議選では、再び与口登美夫（無所属）が一九六二票を獲得し、第一位当選を果たした。共産党の村山栄一は一四二八票を得て当選した。党派別の当選者数は自民四、社会五、公明一、民社一、共産一、無所属二四であった(11)。

(4)　一九六三・六七・七一年の市長選・市議選と洲崎義郎

一九六三・六七・七一年の市長選で、洲崎義郎は革新候補の応援に動いた。その一端を「洲崎義郎著作」(6)の「洲崎義郎日記抄」で追ってみよう。

一九六三年の場合、三月二〇日の午後七時から「吉川氏の斡旋」で旧上米山村の谷根《たんね》での「近藤選対会議」に出席し、同月二三日午後七時、「米山革新選対」に参加した。

一九六七年の場合、三月一日午後七時に「村山幸雄氏を励ます会」に出席した。幸雄は市長選に立候補する栄一の弟で、市議選に立候補する。四月一日、「村山栄一市長候補後援会長を引き受け」た。事務局長は霜鳥誠一である。同月一八日、「村山栄一、浦沢与三郎氏と共に街頭演〔説〕第一声を産業会館前で行」い、以降「連日街頭に立」った。だが、同月二八日夜、「両氏敗戦の報を聞き暗たんとなる。特に村山幸雄の落選は無念の極みなり」と記さざるを得なかった。そして、五月二六日午後七時、「港町公会堂」で開催された村山兄弟の「選挙の反省会」に出席した。一九七一年の場合、三月二五日、伊藤千穂・村山俊蔵・村山栄一が宣伝カーで義郎宅を訪れたが、義郎も「自宅前にて党の宣伝を」した。四月六・七日、午前一〇時から午後四時まで、「村山俊蔵先生とあいさつまわり」を行い、同月一五日には午前八時の「村山俊蔵氏市長選出陣式」に出席した。同月二五日、「村山俊蔵氏の落選に失望」するが、「村山栄一氏の当選を喜」んだ。

以上、三回の市長選・市議選において、洲崎義郎はいずれも共産党候補か共産党が加わった革新統一候補の応援を公然と行っていることが確認される。

c　原子力発電所誘致問題

(1)　保守市政下でも進まない産業経済

一九五九(昭和三四)年からの吉浦栄一市政、六二年から三期連続の小林治助市政の下では、柏崎・刈羽地方では田中角栄の政治力による、鉄道・道路・港湾などの輸送基盤の整備と工業・企業誘致などによる経済発展への期待が高まっていたが、田中角栄は第三区、新潟県の利害も顧みなくてはならず、柏崎・刈羽地方だけ特別扱いすることも難しかったことであろう。関係者が期待するような経済・産業発展はほとんど見られなかった。

一九六四年九月二〇日の『越後タイムス』に、神林精肉店・関町支店「提供」の「視覚視面の柏崎だより」と題した記事が掲載された。ここでは、例年一〇月末に開かれる「刈羽柏崎産業まつり」に関連して、それに関係する専門委員会が発表した「柏崎刈羽の経済力実態」というデータを紹介し、人口一人当たりの所得は全国平均の五六%、新潟県平均の八二%であり、一九五〇年から一四年間に柏崎・刈羽から流出した人口は約一万九〇〇〇人(年間一四〇〇人)で、中でも一五~三四歳の働き盛りが多く、柏崎・刈羽は「後進県」である新潟県の中の「貧乏地区」であり、「総合開発」は「前途多難」と述べている。

前章第9節cで、洲崎市政下における赤字財政の解消に関して、その大きな要因に高度経済成長の影響があることを指摘したが、巨視的に見ると、高度経済成長は日本海側・東北地方の若年労働力を太平洋・瀬戸内地域に吸い寄せ、戦後における「表日本」「裏日本」の格差を急速に拡大する過程でもあった。柏崎・刈羽地方の経済停滞もそれと無縁でないだろう。

こうした中で浮上し、小林市政下で最大の政治的・社会的焦点となったのが荒浜地区を中心とした砂丘地への原子力発電所の誘致問題であった。これについて項を改めて概観することにしよう。

(2)　注目される荒浜地区

一九六六年一一月二七日の『越後タイムス』に掲載の「土地確保の荒浜開発公社」(タイムス抄欄)は、荒浜地区の開発・利用が「無計画」「無秩序」に行われている現状を批判的に紹介し、「夢ばなし」と言いながら噂される工業港・自衛隊・原発の誘致に関して、大規模な土地の確保が前提条件になるとして、「開発公社方式の土地確保」を主張した。この段階で、工業港・自衛隊・原発の誘致が話題になっていることが注目される。

同年四月二八日、県知事選の応援のため来県した田中角栄(自民党幹事長)は、記者会見で、第三次防衛計画では新潟県に自衛隊の「師団を設置することは既定の事実」で、戦前に軍隊基地があった新発田(第一六師団)・高田(第一三師団)・小千谷(工兵大隊)とともに柏崎(の砂丘地)も候補地だとの見解を示した(その師団人員は二万人、常駐は一万五〇〇〇～一万六〇〇〇人)[12]。したがって、自衛隊誘致は田中角栄サイドから出された話であった。そして、次に見るように、田中が関係する「室町産業」が土地の買収に動いていた。

一九六七年三月九日、柏崎市議会で新生クラブの田辺栄作議員(社会党)から「工業港、原子力発電の建設調査地となっている荒浜・刈羽砂丘地五十二万平方メートルが、某会社から村長が買収、村長は室町産業に売却、再び村長に買いもどされている。いったりきたりの間に土地が高くなっているのではないか。市長は知っているか」という質問があった。これに対して小林市長は、「噂では聞いているが、責任者からは何も聞いていない。金もうけのためにやるのだったら指弾したらいいが、先ばしった話であり、そういうことはないと信じている」と答弁した[13]。これに関して『越後タイムス』は、この五二万平方メートルは去年七月に北越製紙から木村刈羽村長が買収し、九月に東京の不動産会社「室町産業」に転売され、今年一月、「売買登記錯誤」の理由で土地は再び木村村長に戻っている、同村長は「村のパイロット事業導入のための確保で、港や自衛隊とは関係ない」と述べたという[14]。なお、市長は答弁の中で、「私がかかげたビジョンのなかで、今まで実現にこぎつけなかったものはない。私はメドがつかなければ、アドバルーンはあげない主義であり、これらは、いずれも可能性を持ったもので、工業港を支える産業誘致は、車輌工場が柏崎の工業体質にもっとも適合している」と発言していることから[15]、この段階では、市長は工業港誘致を中心に考えていたように推察される。

(3) 原発誘致へ

しかし、一九六八年に入ると俄然、原発誘致問題が動き出した。同年一一月、『越後タイムス』は、荒浜が政府の原発調査地区になっていることを報じた[16]。この調査は、翌六八年二月三日、荒浜砂丘の青山稲荷の祠の先で、通産省が県に委託して行う形で始まった。調査項目は地耐力・地質・気象の三つで、地耐力・地質については海岸寄りの地点でボーリングが行われ、地下四五メートルの所に「安定した地盤」があった、などと報じられている[17]。

立地調査が始まったのと同じ日、亘四郎知事が柏崎市で開かれた後援団体の「柏崎春秋会」の総会に出席した。その時、柏崎市は知事に、「県立青年の家誘致」「原子力発電所の立地調査と誘致」などを陳情した[18]。三月五日には、市議会で、小林市長は一九六八年度予算に関する施政方針演説の中で、人口減少・過疎化の悩みを表明するとともに、打開策として、芝浦工大海の家・東大地震研究所・県統合庁舎・県立青年の家・自衛隊の誘致、工業開発港の実現を挙げるとともに、「将来の発展の重要な条件」として原子力発電所の誘致に言及した[19]。これを受ける形で市議会は、翌四月、「原発誘致研究特別委員会」を設置した[20]。こうして、六八年二月から四月にかけて、柏崎市は荒浜地区への原発誘致に向けて動き出した。

おそらく小林市長は、以降、水面下での誘致活動を行ったのであろう。ほぼ半年後の一九六八年一〇月六日の『越後タイムス』は、第一面の「タイムス抄欄」に「熱くなる？　原子力発電」と題した記事を載せ、一〇月一日の『日刊工業新聞』に東京電力による柏崎での原子力発電所建設計画を大々的に報じた。この記事からは、①発電主体が「東京電力」になっていること、②市議会の了解を得ずに、市長が同年九月頃、東京電力に誘致を正式に申し入れていること、③すでに用地買収が開始されており、これには田中代議士が関係していること、④東京電力は千葉県で原発公害反対運動にあっていること、が注目される。

水面下での誘致活動の実態が暴露された小林市長は、事態の打開に動いた。一九六九年一月二五日、自民党刈羽柏崎連絡協議会の役員会が開催され、「原子力発電所の誘致促進」を満場一致で決議した[21]。同年二月一八日、市民会館大ホールで約千人の聴衆を集め、「原子力発電講演会」を開催した。自民党支部・商工会議所などはバス一一台で聴衆を動員し、二名の講師による講演内容は、「原子力産業は最も公害のない産業」と強調するものであったという[22]。さらに同年三月一〇日、柏崎市議会では、「柏崎市に原子力発電所を誘致すべきものと決定した」との「原子力発電所誘致研究委員会最終報告書」が提出された[23]。そして、これを踏まえる形で、保守系議員から「原子力発電所誘致実現に関する決議案」が提出された。これより先に「原子力発電所誘致反対に関する請願」も提出されており、両者をめぐり討議が行われた結果、「原子力発電所誘致実現に関する決議案」が可決される至った[24]。

こうして、小林市長は「市民の合意をうる」形を整えた。三月一一日、小林市長は出県して亘県知事らと会い、誘致に県の協力を要請し、県が窓口となって東京電力との交渉を行うことを要望した。他方、誘致についての地元体制をつくるため、近隣の西山町・刈羽村、「出雲崎（漁業関係）」を含んだ「委員会」をつくる意向と伝えられた[25]。六月、柏崎市は、今井哲夫助役を班長とする「原電誘致推進班」を設置することを決め、一〇日に市民会館大ホールで、日本原子力研究所東海研究所長の川崎正之を講師に招き、「原子力発電所の講演会」を開催するなど[26]、誘致実現に向けた動きを加速した。

(4) 原発反対運動と原発の実現

原発誘致推進の動きが強まるのと並行して反対運動も始まり、一九六八年四月、「原子力発電所誘致反対市民会議」が結成された[27]。前出した「原子力発電所誘致反対に関する請願」は同会議が市議会に提出したものであった。一九六九年六月二二日、県内各地から社会党・県評・日農・社青同・婦人会議など約三〇〇〇人が集まり、「反安保・原子力発電所誘致反対柏崎集会」が開かれ[28]、八月三〇日、午後五時半から市民会館第一会議室で新潟大学医学部助教授の滝沢行雄を講師に原子力発電所誘致反対市民会議主催の講演会が開かれるなど[29]、反対運動も本格化した。

しかし、前項で見たように、原発の是非が最大争点となった一九七一年四月の市長選挙で、現職の小林市長が三分の二以上の票を獲得して再選されたことにより、反対運動は難しくなった。それでも反対運動は続けられ、七二年七月行われた荒浜地区の有権者住民投票で反対が六四％を占めることが明らかになったり、「原子炉安全審査」、「原発予定地直下」にある「活断層」の問題など、安全性にかかわる問題や、市有地売却・保安林解除をめぐる攻防、漁業補償問題など、原発実現には多くの課題があった。このため、一号機の着工は七八（昭和五三）年一二月、運転開始は八五年九月にずれ込んだ[30]。

洲崎義郎は市長時代に、原子力の平和利用という言葉に惹かれて原子力研究所の誘致に動いたことがあるが、この段階では原発反対の側に立ち、原発誘致の是非が問われた一九七一年の市長選では、原発反対を掲げる社会・共産両党を中心とした革新統一候補の後援会長として応援している。原発反対の理由はいろいろあろうが、その危険性――安全性が確保され難いと考えたからであろう。

2　原水爆禁止運動・平和運動への邁進

a　「かしわ荘」理事長に就任

一九五九（昭和三四）年四月の市長選で敗れた洲崎義郎は、水道疑獄事件の被告人の立場にあり、無罪を主張して裁判で争う一方で、市長時代からの原水爆禁止活動などの平和運動を継続し、それが社会的活動の中心になった。とともに、社会福祉施設の運営にかかわった。本節の主題である原水禁運動に入る前に、これに触れておきたい。

同年一〇月一六日、洲崎義郎は、この年四月鯨波に完成した「かしわ荘」の理事長に選任された[31]。同施設は、身体や精神に障害があり独立して日常生活を行うことが困難な人々を教護する施設で（収容人員七〇名）、七月六日に「保護施設・福祉法人の両方の認可」がおりて間もなかった[32]。市長時代に保育行政など社会福祉に尽力したことが選任の背景にあると推察される。

ただし、洲崎義郎が理事長としてどのような活動を行ったかは不明である。義郎は四年間理事長を務め、一九六三年一一月の役員改選で退任した。後任の理事長には、創立当初から筆頭理事として運営に関わっていた斎藤準次が選任され、七四年九月に辞任するまで約一一年間、理事長を勤める[33]。

b　原水禁運動などへの関与

一九六〇（昭和三五）年、洲崎義郎は、「かしわ荘」理事長として活動するかたわら、水道疑獄事件の被告人として裁判闘争を闘い（六月一六日、地裁で有罪判決を受け控訴）、在日朝鮮人の朝鮮民主主義人民共和国（北朝鮮）への帰還問題、日米安保条約改定に反対する運動、原水爆禁止運動に関わった。その様子を「洲崎義郎日記抄」などによって見ることにしよう。

(1) 在日朝鮮人の北朝鮮帰還への関与

一九六〇年二月一二日、第八次北朝鮮帰還船が新潟港を出港した。この中に柏崎から七世帯一九人の帰国者がいた。家族持ちは四世帯で、うち三世帯は妻が日本人で、比角地区居住であった。九日、柏崎駅からの出発に際し、「盛大な壮行会」が行われた[34]。洲崎義郎も帰還者の中に知人がいたと思われる。義郎はそれに先立つ一月三日、午前一〇時から柏崎市の「諏訪町神宮」で開かれた「在柏朝鮮人帰国歓送会」に出席し、五月五日には新潟港で行われた「朝鮮帰国船歓送」に参加している。

洲崎義郎は、その後も機会があれば、この問題にかかわった。一九六三年二月八日、大湯温泉で開かれた「朝鮮民主々義人民共和国15周年記念祝賀会」、同年四月二日夜開かれた「朝鮮人アパート集会」に出席し、六四年五月二九日には北朝鮮への帰国船を見送るため新潟港に赴いている。

当時、韓国（南朝鮮）は軍人による独裁政治、軍事クーデタによる政権転換が続き、経済状態も悪かったのに対して、金日成が率いる北朝鮮は輝いて見えた時期で、自主的に帰還を希望する在日朝鮮人は多かった。

(2) 安保条約反対運動への関与

洲崎義郎は、一九六〇年五月七日午後七時から「諏訪町神林宅」で、一一日午後七時半から剣野の三島神社の社務所で開かれた「安保問題座談会」に出席した。義郎は後出のように、同年一月に調印された「新安保条約」について、「核武装と自衛隊の海外派兵に道をひらく」として反対し、その輪を拡げようとしたのであろう。

(3) 原水禁運動の平和大行進に参加

同年七月、洲崎義郎は原水禁運動の平和大行進に積極的に関わった。一二日、新潟市で県原水協の平和大行進について打ち合わせを行い、一三日に山形県からの行進を迎えるため小国町（山形県）に行き（宿泊）、一四日は小国町から関川村の雲母温泉に行進した（清流荘宿泊）。一五日には関川村で挨拶を行い、柏崎に帰宅し、二〇日の午前八時、柏崎市公会堂に集合して、刈羽郡の小国郷へ行進し、二三日には鯨波公園で「平和友好祭」を催した後、二四日、平和行進に参加するため湯沢へ赴いている。七〇歳を超え、体力的にはかなりきついものがあったと思われるが、精力的な行動で、原水禁運動にかける熱意が強く感じられる。

c　新潟県原水協理事長就任と訪中問題

一九六一（昭和三六）年二月二六日、洲崎義郎が新潟県原水爆禁止協議会の理事長に選出され、同時に県原水協を代表し、中国政府の招きで訪中することが次のように報じられた。

県原水協では北村知事が会長を辞め、今後は理事会制度によって運営されることになりましたが〔、〕さる二十六日の総会で前柏崎市長洲崎義郎氏が理事長に推されました。そして各県に組織されている原水協各支部から十五名の代表が中国政府の招請で訪中することになり、洲崎氏もその一人として来る二十日、出発します。滞在期間は二十日間、羽田発、香港経由で中国の土を踏むというのですが、まだ視察地、旅程は通知されていないそうです。戦後、柏崎から隣国中共への訪問は同氏が初めてです(35)。

この記事では、保守系の県知事が「会長」を辞めたことと「理事会制度による運営」とのつながりがよくわからない。だが、知事が職制により会長になるのを止め、理事会で選出される理事長が全体のまとめ役になる、と理解することはできる。この背景には日米安全保障条約の改定問題があるが、それは後述することとし、まず、洲崎が理事長に選任された県原水協の総会について、「原水協記録」により、改めて紹介しよう。

一九六一年二月二六日、午前一〇時から新潟市の柳水閣で「県原水協第4回定期総会」が開かれ、洲崎義郎を満場一致で理事長に選任した。二日前に開かれた理事会で義郎に就任要請があり、彼は家族や友人と相談のうえ、引き受けたようである。この総会では、池村事務局長から、「中国行きの件」で候補者を募集したが応募者がないので、理事長を推薦するとの提案があり、満場一致で承認されている。なお、義郎が理事長に推薦された経緯は不明であるが、柏崎原水協の会長で、原水協運動に積極的に関わっていたことが評価され、また市長退任により時間的余裕があると見られたからであろうか。

この時、同時に報じられた訪中について、洲崎義郎は同年三月五日の『越後タイムス』に掲載された「中国思ほゆ」と題した談話（「文責記者」）で、訪中への熱い思いを語り、関係者で費用援助などの動きもあったが、結局、実現しなかった。それは、「長野との話し合い」が前提条件となっており、最終的に訪中は長野県代表に決まる。(36)

d　理事長就任間もない頃の活動

次に、「原水協記録」により、県原水協の総会・理事会に関する記録から、理事長としての活動を概観しよう。

洲崎義郎を理事長に選任し、訪中推薦を決めた「県原水協第4回定期総会」では、「機構改革」と「新島にオルグ派遣の件」が議論されている。後者は、当時、政府が伊豆諸島の新島に自衛隊のミサイル試射場を建設したことに対して、核兵器搭載可能なミサイルの開発・保持が平和憲法に違反するとして起こっていた反対運動の支援活動であった。

三月一四日、第二回理事会が開かれたが、理事の出席が「きわめて悪」くて定数に達しなかった。それでも議決内容は「事後承認の形式」をとることにし、協議が行われた。議題は「訪中の件」「新島オルグ派遣の件」などで、新島に派遣する「オルグ」四名はすでに出発したとの報告があった。そして、「早く理事の個人名を提出してもらうこと」、「パンフレットや街頭宣伝等広く深く浸透させ、単に県原水協の運動にとどめず、幅広い運動に盛り上げ、安保闘争の力をいっそう強めるよう努力すること」などが申し合わされた。

三月二七日開かれた第三回理事会専門委員会では、「新島闘争支援」「平民共闘会議」への積極的参加、「理事長訪中」「理事とその所属団体の報告」「代表委員設置」「専門委員（の選任）」が議題となった。また、新島に行ったオルグ（社会党員）からの報告があり、最後に新旧役員の懇親会もあった。「理事とその所属団体」には、社会党・共産党・自民党・全農林・金属・県労協・母親会・県青年団・県民青・日農・新潟市原水協・新潟民商の代表者が理事として挙げられており、この時点ではまだ、自民党も参加していたことが確認される。

四月一七日の第四回理事会に洲崎義郎は欠席し、霜鳥誠一がオブザーバーとして出席した。欠席の理由は不明である。二四日に水道疑獄事件の控訴審が東京高等裁判所で開かれているので、その関係であったかも知れない。

四月二八日、午後一時から柳水閣で第五回理事会が開催され、八月に東京・広島で行われる第七回世界大会に関し、県内の「平和大行進」のルート、「大会出席者数」を中心に協議が行われた。平和大行進は、県内では新潟を起点に直江津まで行進し、直江津～福井県敦賀ルートに引き継ぐこと、他に「支線」として、新潟～村上、五泉～新潟、三条～柏崎、十日町～直江津、六日町～長岡でも行進すること、大会出席者は目標数二五〇名、実参加一七五名とすることを決めた。このほか、八月一一日に「県民大会」を開くこと、決定事項を下部に滲透させるため上・中・下越のブロック会議を開催することなども決めている。

「原水協記録」の記事は一九六一年五月一六日で終わっている。そこで、以降の義郎の主な活動を「洲崎義郎日記抄」で追ってみよう。

五月一八・二〇日には県原水協の理事会で「第7回世界大会方針案」を討議し、その「具体化」について協議した。六月九日、高田市で開かれた県原水協の上越ブロック会議に出席し、二二日には柏崎市原水協総会に出席した。七月、県内の平和行進が始まると、四・五日、出雲崎に行き、「平和号」（自動車）に乗って行進に随行した。九日には、柏崎地区労総会であいさつし、原水協の平和大会、カンパ・平和行進について訴えた。一四日は県庁前における原水協の「平和行進歓迎会」に出席した。一五日は市原水協の募金活動に参加した。一八日は平和大行進を迎えに刈羽郡の椎谷に赴いた。翌日朝、行進は柿崎に向かって出発したが、義郎がどこまで行進したかは不明である。このように、義郎の原水協活動は、県原水協の理事会、ブロック会議への出席、地区労など参加組織への協力依頼、平和行進への参加、募金活動が中心であった。

以上が理事長一年目（一九六一年）の洲崎義郎の主な活動である。だが、この年は原水協の運動に大きな暗雲が立ちこめた年でもあった。その暗雲には、保守層の離脱、社・共両党の路線対立の表面化の二つがあった。以降の義郎の行動にも影響を及ぼすことなので、項を改めて概観しよう。

e 保守層の原水協からの離脱と原水協における意見対立の表面化

(1) 保守層の原水協からの離脱

前項で見たように、一九六一年二月の総会および三月一四日の理事会では、新島へのオルグ派遣、「安保闘争の力をいっそう強めるよう努力する」ことが取り上げられている。

話は少し遡る。岸信介内閣が打ち出した安保条約改定の方針に対して、一九五九年八月、広島で開かれた第五回原水爆禁止世界大会では、「安保改定と核武装、海外派兵の問題」が中心課題として取り上げられ、日本原水協は「核武装と自衛隊の海外派兵に道をひらく」として安保条約改定に反対する態度を明らかにした(37)。米軍による日本への核兵器持ち込みは日本の核武装につながり、原水爆禁止の運動と反する、というのが理由である。また新島に建設されるミサイル試射場は、核ミサイル基地になる可能性があると見られていた。日本原水協のこの方針に対して、安保条約改定を進める政府は、「平和運動に関与《ママ》する行政指導」と称し、地方自治体に原水禁運動に補助金を支出することなどを止めること、平和運動に関与しないことなどを求めるようになった(38)。これが新潟県知事が県原水協の会長を辞した背景にあると考えられる。

それでも、ただちに自民党や保守層が県原水協から離脱しなかったことは、上記の三月二七日の理事会での「理事とその所属団体の報告」によって知られる。だが、一九六〇年一月の「日米相互協力及び安全保障条約」締結（六月、国会で承認・批准）を画期として、自民党に連なる保守層、さらに同年一月安保改定に賛成して社会党から分離した民主社会党（民社党）と同盟系労組は、しだいに原水協運動から離脱していったと推察される（民社党系は、一九六一年一一月、「核兵器禁止平和建設国民会議（核禁会議）」を組織）。

「原水協記録」の末尾、一九六一年五月一六日の条には、おそらく県原水協理事長として赴いたのであろうが、洲崎義郎が十日町市役所の応接室で、市職員組合長らと会談した時の模様が詳しく記されている。すなわち、「会長たる市長が辞表を提出す」、「2回理事会を開いたがさっぱり集まらない。その原因は安保問題がからむ。市長が自民党の支部長であり、自民党の政策に忠実である（田中角栄一辺倒）」、「副会長は樋口（市議会）議長であるが、市長、議長との関係はデリケートで、両者同調してこの会を盛り上げる努力と誠意なし」と。当時の十日町原水協は、理事が一二団体四八名、常任理事が一四団体代表で構成され、諸政党、各種団体、市（長）・市議会も参加したきわめて幅広い組織であった。しかし、「理事会は不参加者が多く流会となり、わずかに商工会議所、婦人会、青年会代表などが出席するくらいのものになっている」という。

十日町原水協は一例にすぎないが、遅かれ早かれ、自民党に連なる保守層、民社党に連なる労組などは、会長を辞任する、理事会に出席しない、理事を出さないなどの形で県原水協から離脱していったものと推察される。

⑵　原水協における意見対立の表面化

前項でみた一九六一年の洲崎義郎の活動は、同年八月東京で開かれる第七回原水禁世界大会に向けてのものであった。しかし、この大会最終日の八月一四日、「本会議総会」で、「日青協、地婦連、総評、社会党」の四団体が「現執行体制を不信任」する「共同声明」を発表した。そして、四団体は「いかなる国の核実験にも反対」を基調とする「原水爆禁止運動の基本原則」の制定を迫った。それは後に日本原水協全国理事会で採択されることになる。(39)

対立の背景には、ソ連の核実験をめぐる意見の相違があった。社会党などはそれに反対したが、共産党は「アメリカ帝国主義」の核脅威への対抗としてそれを是認する態度をとった。この意見対立が日本原水協の運営、原水爆禁止世界大会のあり方の対立につながっていた。

上記四団体が主張する「基本原則」については、地方の原水協で討議が行われたが、「ほとんどの地方原水協では、この問題について意見を統一することができなかった」といわれる(40)。新潟県原水協、柏崎原水協でどのような議論が行われたは不明であるが、洲崎義郎もさぞかし困惑したことであろう。以降も平和運動の意見対立は続き、迷走に似た動きをすることになる。次に取り上げる洲崎義郎の訪ソもそれと無縁ではなかった。

f モスクワ世界大会出席

(1) 「全面的軍縮と平和のための世界大会」(モスクワ世界大会)

一九六一年一二月、ストックホルムで開かれた世界平和評議会の総会で、翌六二年七月九～一四日、ソ連のモスクワで世界大会を開催することが決まった。だが、この総会では、大会の名称、性格などをめぐってソ連代表と中国代表の間で激しいやりとりがあった。ソ連は「西ドイツ軍国主義の脅威」を強調し、ヨーロッパにおける恒久的安全保障を優先する立場から東西陣営の「全面的軍縮」の重要性を主張したのに対して、中国代表はアジア・アフリカなどにおける民族解放運動、アメリカ帝国主義に対する闘争を重視することを主張した。世界平和評議会の実質的な下部組織である日本平和委員会は、どちらか一方の立場に立つことはできず、「平和と独立をめざす」独自の立場から対応することを方針として世界大会に臨むことになり、日本から代表九五名、オブザーバー一三名の派遣を決めた(41)。

(2) 洲崎義郎のモスクワ世界大会への派遣

洲崎義郎は、このモスクワ世界大会に、新潟県平和委員会の推薦で派遣されることになった。六月末に船でソ連のナホトカに向かい、ここから飛行機か汽車でモスクワ入りする、滞在は約一ヵ月、と報じられた[42]。日本平和委員会の地方組織である新潟県平和委員会がなぜ洲崎義郎を代表に推薦したかは不明である。県原水協理事長として平和運動の先頭に立っていることや、前年の訪中断念への同情があったかも知れない。

洲崎義郎および周辺では、訪ソに向けた準備が慌ただしく進められた。五月二五日夜、柏崎平和委員会（岡塚亮一理事長）が市公会堂で洲崎のモスクワ派遣を推進するために協議し、「市内においては平和委員会〔、〕地区労が中心となって、約三〇万円の目標で募金を行なうことになった[43]」。翌二六日には、市役所の市長室で吉浦栄一市長と洲崎義郎・霜鳥誠一・宮崎平次郎・村山栄一らが「懇談」した。洲崎側は、「モスクワへ行くとき、柏崎市長のメッセージをもらいたい」と要望したと報じられている[44]。六月二二日、洲崎義郎の訪ソ歓送会（「日記」では「壮行会」）が柏崎小学校で開かれ、約二〇〇人が参加した。洲崎のあいさつ、荒井清治・稲村隆一衆議院議員、県平和委員会の伊藤副委員長の激励の辞、カンパの目録贈呈などがあった。義郎は同月二五日、一二時一七分の汽車で柏崎を出発し、七月一日、横浜からナホトカに向かうと伝えられた[45]。同自国での柏崎出発は、「洲崎義郎日記抄」でも確認される。

(3)　世界大会での発言とハンガリー訪問

『洲崎義郎回想録』六九〜八四頁に、洲崎義郎の「訪ソ・訪洪日記／日本海を平和の海に」が掲載されている（「洪」は「洪牙利《ハンガリー》」の意）。断り書きはないが、ここに収録されたものは「訪ソ・訪洪日記」からの抄録と思われる。ここでは、その中から重要と思われる事柄を摘記しよう。

一九六二年七月一一日、クレムリン大宮殿で開かれた第一分科会第三分散会（軍縮と安全保障）で義郎は五分間演説を行った。その要点を挙げよう。

・現在の日本はサンフランシスコ平和条約と日米安全保障条約により、沖縄を奪われ、全国に二〇〇を超える米軍基地が造られ、日本の主権は著しく侵害されている。
・私の住む柏崎は日本海に面し、ソ連・朝鮮・中国に対して最短距離にあるが、米軍基地はこれらの国に対する「侵略の基地」にされている。
・私は八年間の柏崎市長在職中、日本海に面した他の市長・民衆とともに「日本海を平和の海に」という運動を続けて来た。
・「いまの全般的軍縮を実現する闘いは、まず他国を侵略するためにつくられた外国の軍事基地を取り払い、外国軍隊の徹退《ママ》を要求して闘うことであると考え」る。
・「また、三度原爆の被害を受けた日本人民は、原水爆実験の即時無条件の禁止、核兵器の製造、貯蔵の禁止が緊急の課題だ」と考える。
・「さらにまた、侵略行動を保障している軍事同盟を撤廃する闘争を行うこと」が必要だ。
・「我が国では、平和と独立のための闘いは切り離すことはでき」ない。

このように、洲崎義郎は、日本の「平和と独立をめざす」という日本平和委員会の考えに沿って、米軍基地撤去・米軍撤退・軍事同盟（日米安保条約）撤廃の闘いの重要性を訴えるとともに、原水爆の全面禁止を主張した。これはソ連が意図する「全面的軍縮」に対し批判的である。とはいえ、他方で、「平和をもっとも愛する社会主義国ソ連・中国・朝鮮」と言い、この三国と連携して日本の平和、「日本海を平和な海に」することを願っていたことがわかる。

翌一二日、洲崎義郎に「ハンガリー行きの話」がもたらされ、義郎は承諾した。同日、夕食後の大会宮殿における「音楽・舞踊の歓迎集会」に参加した。義郎は、「この音楽と舞踊の演出を見て、これだけでも訪ソしたかいがあったと思うくらい感激した」と記している。一三日には「教師の会」に出席し、「人類に、真に平和をもたらすものは教育であります。その意味で、教育はあらゆるものに優先しなければなりません。しかるに現在日本では、戦後新しい憲法ができ、その当時は良かったが、現在では反動的な政府のためにまったく逆転してしまいました」を要旨とする発言を行った。洲崎の発言は七月一五日、モスクワのニュース紙『英文週刊』に掲載されたという。七月下旬に訪問したハンガリーでは、教育労働組合で委員長らから「解放前と解放後の〔教育の〕相違」について聞き、体育関係者を訪問して「体育と平和の関係」、スポーツの目的、体育指導者の養成システムなどについて聞いている。全体として、義郎の関心は、音楽・舞踊などの芸術、教育の理念と制度、体育の状況、その目的と方法などに向けられていたと思われる。ただし、ソ連が侵攻した一九五六年のハンガリー事件〔動乱〕に関する言及はない。

(4)　帰国後の報告会など

一九六二年八月一八日、洲崎義郎は柏崎に帰った。二八日夜には、原水協・平和委員会による歓迎会が開催される計画があり、義郎は「本部で編集した世界大会八ミリ映画などを注文して準備、こまかく報告会を開く予定」と報じられた(46)。

同月二六日の『越後タイムス』は、「タイムス抄」欄に、「ソ連拝見」と題し、モスクワから帰国した洲崎義郎の談話の一部を評論付で掲載した。この内容は割愛する。「洲崎義郎日記抄」によれば、八月二九日夜に「訪ソ帰還歓迎会」（場所不詳）が開かれ、九月一日午後二時から中鯖石の国光院で「訪ソ報告会」を、一〇日夜に中浜の勝願寺で「訪ソ報告会」を開いている。また、翌一九六三年一月三〇日午後三時から、比角小・二中の児童・生徒ら向けた「全般的軍縮と平和のための世界大会報告会」を開いている。「洲崎義郎日記抄」には、このほか、六二年九月九日条に「県平和委員会常任委員会」、一二・一三日条に「県平和委員会講習会」と書かれているが、ここでも世界大会についての報告が行われたと考えられる。

g　日本原水協の分裂と県原水協・平和委員会での活動

(1)　日本原水協の分裂

洲崎義郎が「訪ソ・訪洪」していた一九六二（昭和三七）年夏、ソ連は核実験を行った。ちょうどその時、原水爆禁止第八回世界大会が東京で開かれていた。大会では、大会の名でソ連の核実験に抗議すべしとの動議が提出されたが、結局それは取り上げられなかった。動議を提出した社会党・総評系の人々は大会から退場し、一一団体（のち一三団体）として声明書を発表するとともに、連絡会議を結成して独自に原水禁運動を行う態度を示した。その後、常任委員会で打開に向けた折衝が試みられたが不調で、原水協は事実上、分裂した(47)。

一九六三年七月に米英ソ三国が調印した「大気圏内、宇宙空間および水中における核兵器実験を禁止する条約（部分的核実験禁止条約）」をめぐる対立も表面化した。「いかなる国の核実験にも反対」する立場の社会党・総評系はこれに賛成したが、中国と同様、アメリカ帝国主義との闘争による「平和と独立」を主張する共産党系は、地下核実験への道を残していることもあり、条約に反対した。社・共両党系は、それまでのソ連の核実験に対する反対・是認と逆に、部分的核実験禁止条約については賛成・反対の態度を示すことになった。同年八月、広島で開かれた原水爆禁止第九回世界大会では、社会党・総評は指導部から脱退し、六四年七～八月京都・大阪で開かれた第一〇回世界大会では、ソ連代表が途中から脱退した。そして、六五年二月、社会党系は「原水爆禁止国民会議（原水禁）」を結成した。同年八月には、原水協と原水禁により別々に世界大会が開催された。なお、六四年一〇月には中国が原爆実験に成功している(48)。

このように、ソ連の核実験、部分的核実験禁止条約締結は、日本の原水禁運動に大きな影響を与え、迷走させた。

(2)　県原水協・市原水協の動向と洲崎義郎の活動

日本原水協が分裂した前後、洲崎義郎と周辺はどのように動いていたであろうか。「洲崎義郎日記抄」により、見てみよう。

一九六四年二月三日条に「午後7時、斎藤氏宅で岡塚、霜鳥氏らと原水協の問題にて打合」、翌四日条に「午後7時、公会堂で柏崎市原水協総会、16名出席。1・16全国活動者会議の決議実行について協議。あくまで統一してやることを確認」との記述がある。中央での原水禁運動の分裂にもかかわらず、地方では統一してやろうと努力していることがうかがえる。

洲崎義郎は、同年四月三〇日、日本原水協の会議に出席し、五月一二日には新潟市の労働会館で県原水協理事会を開催した。しかし、六月四日、「県原水協事務局より、理事長と打ち合わせざる常任理事会招集状来る、奥田君より電話。この電話、ノートに書き留む」と緊張をはらむ事態となった。社会党系の理事との間で活動方針をめぐる対立が県原水協でも起こっていたように思われる。

緊張が高まる中、洲崎義郎は八月の第一〇回世界大会に向けて種々の会合に出席し、指導的役割を担った。六月七日は県原水協総会、一一日は市原水協の打ち合わせ、一四日は県原水協活動者会議、一八日は市原水協会議、二〇日は日本原水協全国理事会、七月二日は県原水協常任理事会、と多くの関係会議に出席した。また七月三日には「日本メッキ有志の学習会、主として第一〇回原水禁世界大会の問題について」説明し、七月一六日には「日本メッキ労働者に、第一〇回原水禁世界大会について社共立会説明会」に参加し、二一日には県原水協常任理事会に出席し、二五日には高柳公民館での原水協発会式に出席した。この間、七月一二日には県庁前を出発する平和行進で挨拶し、一三日には鯨波駅で直江津からの平和行進を迎え柏崎まで行進している。また、八月二日、東京回りで京都についた義郎は、三～五日開催の第一〇回世界大会に参加した。

洲崎義郎が先頭に立って指導的役割を果たした六～七月の活動は、日本原水協が打ち出した活動方針である、「百万人集会」の一環であった。それは、前年の第九回大会で、社会党・総評系の動議を否決したうえで採択された「国際共同行動のためのアピール」(49)、第一〇回大会の目標の理解と普及が中心であったと思われる。日本原水協は第一〇回大会の意義について、「最近の世界情勢からみて、当面の核戦争を阻止し、核兵器の使用・実験・製造・貯蔵の完全禁止と全般的軍縮をかちとるための、アメリカ帝国主義を先頭とする侵略と戦争の勢力にたいするたたかいの大会である」としていた[50]。この内容は、当面の課題であるベトナム戦争でのアメリカの核使用阻止とともに、核兵器の使用・実験・製造・貯蔵の完全禁止と全般的軍縮を求めてソ連・中国に対して独自の立場を示し、日本の原水禁運動再統一をめざそうとしたものであった。洲崎義郎はそれに賛同し、実現に尽力したのであった。

h　一九六五年以降の平和運動

本項では、一九六五（昭和四〇）年以降の、原水協・平和委員会を中心とした洲崎義郎の平和運動を「洲崎義郎日記抄」により概観する。日記の記載は七二年で終わっているので、七年間の動向となる。ただし、六八年・七〇年については日記の記載がないので除く。この間、義郎は七七～八三歳であった。

(1)　続く原水禁の活動

この時期、洲崎義郎の原水禁活動は、従来と同様、八月の世界大会に向けた活動が中心であった。世界大会は、八月六・九日の広島大会・長崎大会に先立ち、東京で国際予備会議・本会議が行われるのが通例で、義郎はそれに日本代表団の一員として出席した。

「洲崎義郎日記抄」により、義郎の出席が確認されるのは、一九六五年の第一一回大会（七月二七日～八月二日）、六六年の第一二回大会（七月二九日～八月二日）、六七年の第一三回大会（七月三〇日～八月六日）、七二年八月の第一八回大会の四回である。ただし、七二年については、八月一日に「第18回世界大会出席のため上京」とのみ書かれており、いつまで会議に参加したかは不明である。他方、同日記の六九年八月三日には「第15回大会参加者の出発を駅へ三上氏と見送る」の記述があるので、義郎が出席していないことがわかる。また、七一年八月八日条には「村山俊蔵氏より今広島から帰宅した旨の電話あり」との記述があるので、この年も義郎は出席していないと見られる。また、次の第3節gで触れるように、六八年八月の第一四回大会には出席し、自身が要請して開催してもらった「体育・スポーツ階層別集会」で話をしている。七〇年は日記を欠くので不明である。

世界大会とは別に、この頃、洲崎義郎が重視し参加したのが「三・一ビキニデー墓前祭」であった。これは、一九五四年三月一日、アメリカのビキニ環礁での水爆実験で静岡県焼津市の第五福竜丸が被爆し、無線長であった久保山愛吉が被爆死したことを追悼するため、久保山の墓前で行われる行事である。義郎は、六五年と六六年の三月一日、焼津市で行われた墓前祭に出席している。七一年については二月二五日条に「村山俊蔵氏来訪、3・1ビキニデーのことで打ち合わせ」と書かれている。妻の病気のこともあり、自らは参加しなかったのではなかろうか。七二年は二月二九日に静岡に赴いたが、三月一日には「久保山さんの墓前祭には行かず、〔息子の〕恒一郎と登呂の遺跡を見学した。そして、午後、「原子力発電所反対の分科会に出席する。村山氏発言、私も発言」と記されており、この頃は柏崎で問題となっていた原発問題の方に関心が傾いていた様子がうかがえる。

この時期、洲崎義郎は、募金活動に力を入れた。それまでも広島・長崎の世界大会に地元から代表を派遣するため、いろいろな募金活動を行っているが、この頃になると「6・9募金」という言葉がよく使われ、継続的に街頭で募金活動が行われている。これは日本への原爆投下日である八月六日・九日に因むものであろう。そこで、「洲崎義郎日記抄」と『洲崎義郎回想録』の巻末年譜に記載されている募金活動状況を表8-2にまとめてみよう。前者に記載がなく、後者に「街頭募金」として記載がある場合のみ出典欄に＊を付した。また、空白は記載がないことを意味する。

一九七二年一月九日、午前一一時から行われた募金活動では一時間行ったことが記されており、他の場合もおそらく同程度であったと思われる。場所は柏崎市本町通りの中心部にあった柏崎信用金庫が一番多い。得られた一回当たりの募金額は二三〇〇～四六〇〇円が多い。活動参加者は一〇人前後だが、六七年一〇月六日の場合は洲崎義郎ただ一人であった。六九年二月一〇日の場合、義郎は「風邪のため欠席」している。

表8-2　洲崎義郎の「6・9募金」活動一覧

年	月日	名称	開始時刻	場所	金額(円)	署名数	参加者数(人)	出典
1965	2.13	街頭募金		信金前				
	6.15	街頭募金			2,408	470		
	6.16	街頭募金				360		
	7.24-26	街頭募金		公会堂前				
	8.6	6・9募金		比角駅前				
	8.9	6・9募金		信金前				
1966	11.19	6・9募金		信金前	2,400			
	12.3	街頭募金		信金前				
1967	6.5	街頭募金		信金前				
	7.19-21	6・9カンパ						
	10.6	6・9募金	13:00	信金前	100		1	
1969	2.10	6・9カンパ	17:30	石崎の前				
1971	1.10	6・9募金	10:00	信金前	5,200		10	
	2.7	6・9募金	14:00	信金前	4,600		10	
	4.29	6・9募金	14:00	信金前	4,000		14	
	6.6	6・9募金	14:00	信金前	3,800		10	
	10.23	6・9募金	14:00	信金前				
1972	1.9	6・9募金	11:00	信金前	4,600		10	
	2.11	6・9募金	14:00	信金前	2,300		10	
	3.19	6・9カンパ		信金前	2,600		8	
	6.25	6・9カンパ		信金前				
	7.30	街頭募金						*
	8.19	6・9カンパ		信金前	4,600		11	

出所：『洲崎義郎日記抄』、『洲崎義郎回想録』の巻末年譜。

この募金活動は柏崎原水協として行ったものであろう。ここで集まった金額では代表を広島などで行われる世界大会に派遣するには足りないだろうが、原水爆禁止の宣伝を行い、署名を通じて運動の輪を拡げる大きな意味のある活動であったと思われる。一九七三年九月、柏崎原水協は日本原水協から「過去一年間一回も休まず（一三回）六・九行動を継続したことで『六・九行動旗』を贈られ、表彰され」たという(51)。

このほか、一九六五年六月一五・一六日、柏崎市産業会館で「バザー」が行われたことも注目される。翌六六年一〇月一五～一七日柏崎小学校で、一一月一二・一三日鵜川小学校で行われたバザーについては「被爆者救援バザー」と記されているので、前年のバザーも同様の主旨であったと思われる。これは六七年一〇月二一～二三日にも柏崎小学校で開催されている。

この期間、洲崎義郎が県原水協・市原水協でどのような役職についていたかは定かでない。一九七二年九月二〇日の「県原水協常任理事会」に出席しているので、少なくともこの時までは常任理事であったと思われる。

(2)　平和委員会での精力的な活動

この時期の洲崎義郎は原水協の活動とともに県・市の平和委員会の活動に力を入れた。義郎の県平和委員会との関係は一九六二年七月の訪ソの前後から始まったようである。

「洲崎義郎日記抄」には、一九六四年一月四日、午後一時から市公会堂で行われた平和委員会の新年会に出席した頃から、平和委員会の活動に参加している記事が多出する。一月二五日条には「1・26横田基地抗議集会参加者を柏崎駅に見送る」、二月一四日条には「岡塚氏宅で平和委員会総会」、三月二二日条には「午前11時、婦人会館で県平和委員会常任委員会」と書かれている。市・県の平和委員会の会議への出席は、七二年六月四日午後一時から開かれた「第4回県平和委員会理事会」まで確認されるので、少なくとも日記の記載が終わる頃まで平和委員会の活動を続けていたことがわかる。以下、六五年以降に洲崎義郎がかかわった対外的活動に絞ってみることにしよう。

一九六五年六月、日本と韓国の間で日韓基本条約が締結された。この条約に対して、社会党・共産党などは、相手が軍事クーデタで政権を握り独裁的政治を行っている朴正熙政権であり、朝鮮半島の南北分断を固定化して統一を妨げるなどを理由に強く反対した。おそらくこの日韓基本条約の締結と絡んでいると推察されるが、洲崎義郎は同年一月三〇日、午後六時から開かれた「朝鮮総連」の懇親会に出席している。これは新潟市で開かれたもので、県平和委員会の一員とし参加したものであろう。

洲崎義郎は、一九六五年三月二九日、市平和委員会で「4月のアジアの平和のための世界《ママ》大会」についての協議に参加し、四月一六日には午後六時半から中央公民館で開催の「アジアの平和のための世界《ママ》大会を励ます会」に出席している（どちらも「世界大会」は「日本大会」の誤り）。この「日本大会」は四月二四～二六日、日本平和委員会が主催し川崎市で開いたもので、「ベトナム人民との連帯と共同闘争を強化する決議」、「「日韓会談」粉砕、朝鮮人民との連帯と共同闘争を強化する決議」などを採択している[52]。義郎の行動はそれに呼応したものであろう。

さらに、同年夏には「全国百万人統一行動」に取り組んだ。これは「米原潜阻止・日韓会談粉砕・インドシナ軍事侵略反対・安保共闘再開要求中央実行委員会が全国の民主勢力によびかけた日韓条約批准阻止・ベトナム侵略反対・生活擁護全国百万人統一行動」で、九月五～一二日の一週間、全国的に行われたものである[53]。「洲崎義郎日記抄」によれば、八月二八日、午後七時半から田塚青年会館で開催された「9・12百万人統一行動懇談会」、八月三〇日、午後七時から中央公民館で開催された「全国百万人統一行動週間の実行委準備会」、九月一二日、県庁前で行われた「9・12百万人統一行動」に、義郎が参加していることが確認される。地元での運動に携わるとともに、県平和委員会の一員として県庁前での行動に加わったのであろう。

洲崎義郎はまた、県平和委員会の代表の一員として、一九六五年一二月五日、名古屋市立女子短期大学で開催された日本平和委員会の総会に出席した。そして、六日は分科会に出席し、七日に閉会総会の出席後、デモ行進に参加し、一八日に新潟市の白水荘で開かれた「憲法改悪阻止各界連絡会議」の学習会に参加している。

翌一九六六年七月二三日には、午後七時から中央公民館で開かれた「自衛隊誘致反対市民会議」主催の「団体合同会議」に出席した。これは、本章第1節c(2)で触れたように、同年四月来県した自民党幹事長の田中角栄が柏崎の荒浜地区への自衛隊誘致話を公にしたことに対するものであった。この年一一月二六～二八日には、大阪での「日本平和委員会の平和大会」にも参加している。これは「ベトナム侵略反対・軍事基地撤去・自衛隊反対日本平和大会」のことで、「自衛隊反対」は、六二年に起こった北海道の恵庭事件で自衛隊の違憲・合憲が争われる裁判が進行していたことを反映したものであった[54]。洲崎義郎はこの大会に出席していたものと思われる。

洲崎義郎は一九六七年六月一〇～一二日、京都で開かれた日本平和委員会全国大会に出席した。一〇日は午後二時から京都府立勤労会館で開催の「日本平和委全国大会」にし、一一日は立命館大学での「分散会」に、一二日は「閉会総会」に出席している。

洲崎義郎は同年八月二八日、午後一時半から東京の千代田公会堂で開かれた「ラッセル裁判日本法廷」に参加した。これは、この年五月、イギリスのバートランド・ラッセルらの呼びかけでストックホルムにおいて開催された、ベトナム戦争におけるアメリカの戦争犯罪を裁く国際法廷が世界に大きな反響を呼んだことを受け、日本でも開催されたものであった。また、義郎は同年一二月一六日、稲村隆一に会い「柏崎市の自衛隊誘致に反対、防止について要請」している。

以上のように、一九六四年から六七年にかけて、洲崎義郎は市・県の平和委員会の一員として、県内はもとより、全国的な大会などに出席するなど、かなり精力的に活動した。残念ながら、以降については、六八・七〇年の日記を欠くこともあって、活動がよくわからない。ただ、七一年二月一一日、新潟市の婦人会館で開かれた「第6回憲法会議」と喰代《ほうじろ》驥《はやま》（新潟大学教授）を囲む懇親会に出席していることは確認される。

i　共産党との関係の深まり

洲崎義郎は、一九六四年頃から平和委員会での活動が多くなった。それには、前年八月の原水爆禁止第九回世界大会で社会党・総評が指導部から脱退したことと関連しているのではなかろうか。社会党系の離脱によって共産党系と目されるようになった日本原水協は、核兵器完全禁止・被爆者援護を中心課題として再統一を目指すが、共産党は、それまでの体験を踏まえ、安保・基地問題、ベトナム戦争、日韓基本条約問題、自衛隊問題などへの取り組みを、原水協ではなく平和委員会などを中心として行うようになったように思われる。それまで社会党系ともかなり深い関係をもっていた洲崎義郎は、そうした共産党の方針を是として受け止め、共産党により接近したのではないだろうか。

「洲崎義郎日記抄」には、一九六六年一月二五日、午後六時から柏崎市公会堂ホールで行われた「アカハタ開き」

に出席し、六月二九日、新潟市で行われた野坂参三共産党議長の演説会にバスで赴き参加したことが記されている。

洲崎義郎は一九七二年一月二〇日、午後六時から柏崎市産業会館ホールで開かれた「赤旗開き」に出席した。そこで歌うためにつくったという「大津絵」と「さのさ節」の替え歌が同日記に書かれている。「大津絵」の替え歌は、「耀く党が生まれて50年／両人がかたく結ばれて20年／今日は安保の大争議／心のきずなをきりりとしめて／行って来るぞと出かければ／うがい　ちょうずでなァ／うがい　ちょうずでこの身をきよめ／南無やマルクス、レーニン様よ／どうぞ うちの人にはなァ　うちの人にはけがのないように／勇気りんりんくりこめば／うちの人はまっ先にたたかいの渦のなか／もしも両人に子供があれば／きっと党をつがせて／平和と自由を守りますぞえ、こちの人」というものである。また、「さのさ節」の替え歌は、「金と出世に目がくれて／乗っちゃいけない玉の輿（こし）／人は思想が第1よ／金と出世は悪魔です／平和と自由は世の宝／赤旗守って20年／今じゃ筋金入りの闘士です／今じゃ筋金入りの闘士です／党の指導で晴ればれと／ふたりで結んで共白髪（ともしらが）／どんな苦労もいとやせぬ／どんな苦労もいとやせぬ／しずがふせやに月が射しゃ／なにがなくともしあわせな／希望に胸ふくらませて生き抜こう」となっている。

これらの替え歌を見ると、入党したのではないかと思われるほど、洲崎義郎が共産党に接近していることがうかがえる。戦後の紆余曲折した社会活動を通じ、義郎が獲得した思想的境地であったと思われる。当時の日本共産党は、宮本顕治書記長の主導下で自主独立路線が確立し、停滞していた活動が躍進に転じていた時期であった。それも義郎が同党に強く惹かれた背景にあろう。

3　新体連運動への関与

洲崎義郎は、一九六五（昭和四〇）年頃から「勤労者スポーツ」に強い関心を寄せ、同年一一月結成された新日本体育連盟（新体連）の全国役員となり、運動に参加した。他方で従来からの原水禁運動・平和運動にも関与し続けているが、義郎の活動は新体連に重点を移したようにも見えるほどであった。

新体連は一九六三年に始まった全国青年スポーツ祭典の中から誕生したもので、第三回祭典が開催されていた六五年一一月一二日、午後六時から東京の九段会館で結成大会を行い発足した。大会開催中、午後八時過ぎから会場内の別室で最初の「全国理事会」が開かれ、一三名の代表理事・常任理事が選出された。五名の代表理事の中に洲崎義郎の名がある。肩書きは「元新潟県体協理事長」と記されている[55]。以降、七〇年一二月の第六回大会まで「常任理事」ないし「全国理事」に、七一年一二月の第七回大会では「代表委員」に選出されている[56]。また、六六年三月二七日に結成された新体連の新潟県本部の会長に選任され、県下の新体連運動の指導にも当たった。

本節では、一九六五年以降の洲崎義郎の新体連に関する活動を取り上げる。

a　新体連結成につながる行動

一九六五年という時点で、洲崎義郎がこの運動に関わるようになった経緯は不詳である。ただし、これにつながると考えられる出来事が二つある。一つは原水禁運動との関係、一つは『柏崎体育史』編纂への関与である、このほかに、六四年に東京オリンピックや各県回りの国民体育大会（国体）が開催され、スポーツ熱が高揚するとともに問題点が浮き彫りになってきたことも大きな背景にあると考えられるが、それは割愛し、この二点について取り上げる。

(1)　原水禁運動と「勤労者スポーツ」

「洲崎義郎日記抄」の一九六五年二月一日条に、「午後6時　地区労で統一問題、勤労者スポーツの学習会、勤労者美術の開催を訴え、同意を得る」と書かれている。「勤労者スポーツ」という言葉が同日記に出てくるのはこれが最初であった。「統一問題」は原水禁運動分裂への対処であると推察されるが、それに関連して「勤労者スポーツ」、

「勤労者美術」が提案されているように思われる。原水禁運動を強化するために、スポーツや美術を通じて勤労大衆の結集をはかる意図があったのではなかろうか。

スポーツについての着目は、一九六三年六月三〇日、「第1回全国青年スポーツ祭典」が横浜市三ツ沢陸上競技場などで開かれたことが契機となっているようである。この祭典は、「多くの民主的青年団体や個人」が協力し結成した「実行委員会」が主催し、「スポーツの大衆化と心身の健全な発達をその精神として計画され」たもので、観衆を含め約六万人が参加していた。(57) 第二回大会は、翌六四年一〇月二五日、東京オリンピック閉会式の翌日に東京で開かれている。(58)

洲崎義郎が第一・二回の全国青年スポーツ祭典に参加していたかどうかは不明で、少なくとも「洲崎義郎日記抄」には見えない。だが、一九六五年二月一日条に「勤労者スポーツの学習」と書かれており、全国青年スポーツ祭典のことを知り、それを学んで地元でも始めようと考えたからではなかろうか。そして、この頃から全国の関係者と連絡をもち準備を始めたと考えられる。

「洲崎義郎日記抄」によれば、同年一〇月二三日午後二時から、新潟市の（満蒙）開拓会館で「新興スポーツ県準備会」が開かれ、翌二四日には「新興スポーツ大会」が開催された（競技内容は不明）。「新体連ノート摘記9」の末尾に付された梅沢三代司のメモ書きに、「印刷されているもの」として三点が挙げられているが、その一つに「新体連（仮称）新潟県組織結成のよびかけ／1965年10月23日」がある。日付から推して、この「よびかけ」は一〇月二三日の準備会で配布されたと思われる。

新潟県におけるこのような動きは、全国組織としての新体連結成の少し前のことであるが、「仮称」とはいえ、「新体連」という言葉が使われていることから、この頃には新体連結成の準備が進んでいて、「新潟県組織結成のよびかけ」はそれに連動したものと考えられる。先には「勤労者スポーツ」と表現されていたものが、ここでは「新興スポーツ」の言葉が使われているが、対象者を広げたかったからであろうか。この「よびかけ」の内容は、梅沢も伝えていないので不明であるが、「新体連」の主旨と同じと推察される。

(2)　『柏崎体育史』編纂への関与

「洲崎義郎日記抄」の一九六五年三月二四日条に、「午後2時　中央公民館、柏崎市体育団史編纂打合」、四月一三日条に「後1時半　市役所会議室、市体育史編纂会」、五月一〇日条に「午後4時　市役所会議室、体育史編サン会議」という記述がある。

三月、四月の二回は準備会的な性格であったと思われる。一九六五年五月一六日の『越後タイムス』の「体育史の執筆メンバー決まる」と題した記事は、五月一〇日に『柏崎体育史』」の第一回編集委員会が開かれたこと、編集の中心は月橋会《たかし》で、約四〇名が「思い出を書きつらねる予定」で、洲崎義郎も「体育黎明期・テニス」を担当すること、八月末までに原稿を取りまとめ、一二月末に印刷完了の予定であることを報じている。「洲崎義郎日記抄」の同年五月二九日条に「午後3時　自宅でテニスの会合　川合武美、金子真一、加藤、柴野」という記述があるが、これは『柏崎体育史』の執筆のために集まってもらったものだろう。

しかし、『柏崎体育史』の編纂は順調には進まなかった。翌六六年四月、これについて、だいぶ原稿が集まったが、まだ出ていないのが洲崎義郎・坂田四郎吉で、「洲崎氏の『名人・名選手』などは面白そうだが、この両氏、カンカンガクガクの体育評論、現代体育批判論を書きそうなので、月橋氏はブレーキをかけるのに一生懸命だ」と伝えられ[59]、同年一二月には、印刷したら三〇〇頁を超えるくらいの原稿が集まったが、「これから、洲崎義郎氏の大長編がでてくるのだそうで」、写真を含めると軽く五〇〇頁になりそうだ、と報じられている[60]。

この新聞記事から、義郎にとって、体育史の執筆は自身の体育に対する考え、理念と実際を改めて考え、まとめる機会を与えたのでなかろうか。そして、それを新体連運動に生かしていったと思われるのである。

「新体連ノート摘記1」には、「柏崎体育史資料」と題した覚書が収められている。これは「柏崎体育団の新年宴会で発言する予定であったが、その機を逸したので、後日のための「メモ」との注記がある。これがなぜ新体連関係のそこに収録されているのか一見奇異であるが、このメモは、「柏崎体育団及び県青年団の体育行事の中に脈々として流れる尊いレジスタンスの精神／私一個人の乏しい記憶」を一四点について列挙したもので、要するに、戦前の柏崎の体育史には「レジスタンスの精神」が流れていたことを言おうとしたものである。

結局、『柏崎体育史』は刊行されなかった。理由は不明である。洲崎義郎がいう「レジスタンスの精神」を基調に体育史を描こうとすることが問題視され、一因となったかも知れない。なお、四月三日の報道にある「洲崎氏の『名人・名選手』」の論稿は、『洲崎義郎回想録』一〇二～一一九頁に掲載された「柏陽倶楽部」と同じものであろう。同論稿の末尾に「柏崎体育史稿」と書かれているので。ただし一部を省略し、回想録に掲載したようである。

b　新体連の運動についての考え

新体連結成当時の、洲崎義郎の新体連に対する考えをよく示したのが、一九六六（昭和四一）年一月一六日の共産党機関紙『アカハタ日曜版』に掲載された「年頭雑感――人間の理想の表現」と題された義郎の文章である。これは「新日本体育連盟常任理事」の肩書きで発表された。「洲崎義郎日記抄」の前年一二月一二日条に「アカハタ日曜版編集木谷八士氏にたのまれた原稿を送る」とあるので、この日に脱稿し送ったものであろう。これは『洲崎義郎回想録』一二〇～一二二頁に掲載されているので、ここでは要点を列挙しよう。

・「本来、体育・スポーツは、世界の平和と民族の独立の精神に結びつく人間の理想の表現」であり、「人間本能のあらわれ」である。
・「しかし、現在の日本の体育・スポーツ行政は、そのスポーツの理念をふみにじり、軍国主義の方向へすすみ、商業主義におちこんでいって」いる。

・「スポーツに対する人びとの関心はたかまっており、とくにこれまでスポーツのたのしみから遠ざけられてきた働く青少年の要求は切実で深刻なものが」ある。だが、その願いは「ちっともみたされず、労働条件はわるくなる一方で、施設・用具や指導者もいちじるしく不足しているのが現状」である。

・「これからの体育・スポーツは、いままでのような一部の人びと中心のものであっては」ならず、「労働と生活とむすびつき、人びとの要求にもとづいた、健康で若わかしいエネルギーにみちたもの」でなければならない。それには、「社会科学、自然科学、芸術などと総合的に関連させて、深くするどく追求していく必要がある」。また、「赤ちゃんからお年寄り、身体障害者、病弱者などあらゆる人びとが体育・スポーツをおこなえるようにしなければ」ならない。

・「以上のようなことをめざしてやるには、どうしても自主的、民主的な組織の急速な確立が必要」である。「新体連は、やがて中央、地方にたくさんのスポーツ学校、研究所をもうけ、機関誌を発行して理論をさぐり、多くの会員を集めなければ」ならない。

・昨年一一月、国立競技場で六万二〇〇〇人が集まって開かれた第三回青年スポーツ祭典に深く感動したが、この祭典と「岐阜県の国体でむきだしにあらわれた弊害を思いくらべると、わたしはいっそう新体連の主張の正しさを確信」した。

私が要点として挙げるのは以上である。政府の体育・スポーツ行政に対しては、上記のほかに、「赤ちゃんからお年寄り……」の文章の前に書かれた、「天下り的で、てんで勝手気ままな官僚体育」との批判もある。また、「特定の政党の党略や大会社の利益に利用されたり、各種競技団体でくり返されて内輪もめや腐敗におかされたりして」いるとの批判も見られる。ここで挙げられている、岐阜県国体の弊害とは、一九六五年九月から一〇月にかけて行われた岐阜国体で、総合成績が天皇杯・皇后杯ともに開催県の岐阜県が第一位となったが、開催県の選手は地方ブロック予選なしで全競技に「フルエントリー」でき、トーナメント競技では勝ち進むのに「楽な組合せ」になっているとの批判があったことを指すと思われる(61)。なお、ここには書かれていないが、有力選手が事前に移住するなどして開催県に有利な状況をつくり出す「ジプシー選手」の存在も広く問題視されていた。また、「軍国主義」「商業主義」批判はおそらく前年の東京オリンピックに対する批判であったと思われる。

さて、洲崎義郎の「年頭雑感」という論説から、義郎は、体育・スポーツを「世界の平和と民族の独立の精神に結びつく人間の理想の表現」、「人間本能のあらわれ」と定義づけていることがわかるが、これは第3・4章でみたように、戦前と変わらない考えであった。戦前は農村を中心に組織された青年団の青年たちが指導対象であったが、ここで対象となるのは会社・工場勤めの勤労者である。彼らは劣悪な「労働条件」の下にあるとともに、スポーツをする施設、用具、指導者が不足している。そうしたなかで、彼らが自主的・民主的にスポーツに興じ、心身を発達させ、「人間の理想」を表現するようにさせたい、さらにそれを中核として、「赤ちゃんからお年寄り、身体障害者、病弱者などあらゆる人びと」に拡げていきたい、というのが義郎の考えであったといえよう。

「年頭雑感」が『アカハタ日曜版』に掲載されたことは、共産党関係者において、洲崎義郎の体育・スポーツ論がある程度支持されていたことの証左であろう。義郎の活躍への期待は高かったと思われる。

c　新潟県新体連・柏崎市新体連の結成と活動

洲崎義郎は、新体連の常任理事として全国的運動に関与するとともに、新潟県新体連の結成に尽くした。

洲崎義郎は、一九六六（昭和四一）年二月四日、湯沢で開かれた「全建労第一回スキー祭」に出席し、午後八時から一〇分間ほど「新体連の宣伝、普及」に努めた。さらに六日には県原水協総会で、八日には六日町で開かれた「第1回新潟県青年友好スキー祭典実行委員会」で宣伝し、一二・一三日開かれた同スキー祭典で実行委員長として出席し宣伝した。三月二一日は村上市公民館で行われた村上市新体連実行委員会の学習会に赴き、午後七時半から一〇時まで、教員・スポーツ愛好者など七人に対して、洲崎は原稿によって講義し、質疑応答した。このような準備を重ねた結果、三月二七日、新潟大学教育学部講堂で新潟県新体連の結成大会を開くに至り、会長に選任された[62]。

同年九月一七・一八日、第一回「新潟県スポーツ祭典」が開催された。一七日は前夜祭と思われる。一八日行われた競技には約四〇〇名が参加したが、雨のため、柔道・卓球・バドミントン・重量上げ以外は実行できなかった。続いて一〇月三〇日に第二回「新潟県スポーツ祭典」が開催され、陸上競技約五〇名、野球一〇チーム、バレーボール五チームの参加があった[63]。この第一・二回の県スポーツ祭典が県新体連の中心行事であったと思われる。

一九九七年一一月一三日、京都で新体連第三回全国大会が開催された。それに向けて作成された「新潟県本部活動要旨」と題する記事によると、同年には、二月に「第2回スキー祭典」（参加者は上越八〇名、中越三〇〇名、下越二八〇名、計六六〇名）、六月に「第1回県本部スポーツ学校」（一八名）、七月に「第1回新潟県海の祭典」（二八〇名）、一〇月に「第5回青年スポーツ祭典」（三〇〇名）が行われている。また同資料には、同年の会員数は村上市一〇名、長岡市五名、新潟市六五名、新発田市一名、柏崎市一一名、三条市二名、高田市一〇名で、「労山」（勤労者山岳連盟）の組織は新潟・新津に、その「準備会」が三条・湯沢に、「準備中」が高田・糸魚川・直江津にあり、「労空」（勤労者空手道連盟）の組織は三条・新潟で準備中で、野球連盟は村上市で結成準備中、と記されている[64]。

一九六八年には、「県青年スポーツ祭典」は開かれず、「スキー祭典」（金谷山・六日町・胎内など）と「水泳教室」（新潟）は開かれた[65]。だが、「県青年スポーツ祭典」は開かなかったようである。

以上から窺えるように、新潟県新体連支部の活動は全体として低調であった。これに関して洲崎義郎は、一九六九年八月一五日付「県新体連の問題点」という覚書で、「1．中心的及機構の態勢が整っていない。特に事務局長に適任者がいない。人材が乏しい。熱意ある活動家が少ない」、「2．従って組織の強化、会員の拡大等が停滞して、当面の活動、長期的な展望、計画を立てても、人的要素と活動が不足している」、「3．拡大強化のかなめとなる三つの原則(イ)紙誌の発刊(ロ)経理の整備、特に名簿の整理、会費の徴収がスムーズに行われない(ハ)定期的会合が持たれていな

い」など八つの問題点を挙げている。(66)

前出の一九六七年一一月の「新潟県本部活動要旨」によると、柏崎市の会員数は一一名で、会長の地元にもかかわらず、会員は多くなかった。そのためか、市新体連の組織も容易には進まなかった。

「洲崎義郎日記抄」の一九六六年四月一〇・一七日条に「午後7時 中央公民館 市新体連結成式 予定」の記述があるが、この段階では結成に至っていない。その後も同日記には、市の新体連の組織結成に関する動きがしばしば記されているが、実際に結成されるのは、六七年七月二三日のことで、この日午後四時から比角小学校で市新体連の結成式が挙行された。そして、八月一〇日と九月八・一四日、市新体連の「実行委員会」が開催されたことが確認できる。ここで市ないし刈羽郡の勤労青年を対象とした〝青年スポーツ祭典〟が企画されたのではないかと思われるが、以降に記事がないため、何が行われたかは不明である。

柏崎市はすでに義郎自身が関係してきた柏崎体育団が存在し、活発な活動を行っていたから、新体連が入り込む余地は少なかったと思われる。それが会員数の少なさ、結成の遅れの最大要点ではなかろうか。

d　新体連の全国大会および中央常任理事会などでの活発な意見表明

洲崎義郎は、新体連の全国大会および全国常任理事会において活発に発言した。それは提案、要望、意見、質問と多岐にわたる。その全ては不明であるが、「洲崎義郎日記抄」、梅沢三代司編「体育・スポーツ関係洲崎義郎略年譜」、「新体連ノート摘記」からわかる事柄を整理すると、以下のようになる。

一九六六（昭和四一）年一月二三日、新体連結成から二回目となる全国常任理事会が東京・神田の「れいめいビル」で開かれた。ここで洲崎義郎は「当面の活動方針について」十数項目からなる「意見発表」を行った。その中には、「来日する中国の指導者・選手との座談会及研究会等の開催と、北京の日本語放送に体育・スポーツ〔講座の〕設置」、原水禁世界大会に体育・スポーツの分散会を設けることが含まれていた。(67) ついで同年六月一九日、東京・

代々木の自交会館で開かれた全国常任理事会では一六〜一七項目にわたり要望・意見を述べた(68)。同年一〇月一七日の第二回全国大会および一六〜一七日の第四回全国青年スポーツ祭典に、洲崎義郎は柏崎での被爆者救援バザー開催のため欠席したが、同月一一日の本部宛手紙において、大会の報告（案）に対して「一六項目に亘り、追加、是正の意見」を書き送っている(69)。同年一二月一八日、東京の本部事務所で開かれた全国常任理事会で、洲崎義郎は、「アジアネガフォに対する新体連の態度、文部省の『体育白書』に対する批判等について発言」した(70)。

一九六七年一一月一二日夜、新体連の全国常任理事会で、洲崎義郎は、「総会」（大会）に体育・スポーツ研究所の提案を行うことについて了解を求め、一三日、京都府職員会館で開かれた第三回新体連大会で、同研究所設置に関する理由・構想とそれまでの経過を報告し、「満場の拍手で賛意を得た(71)」。

一九六八・六九年の全国大会・全国常任理事会については資料が少なく、不明なところが多いが、六九年八月一六〜一八日、軽井沢の青年の家で開催され新体連拡大全国理事会に洲崎義郎が出席していることは確認される(72)。

一九六九年一二月一三〜一五日に開催を予定していた新体連第五回全国大会は、一二月二七日の衆院選のため、翌七〇年一月一七・一八日に変更された(73)。この大会で、洲崎義郎は「新潟県新体連本部会長」の肩書きで「発言通告」した。その全文は、洲崎義郎が死去して間もない頃（一九七四年五月）に柏崎体育団が編集刊行した『体育人　洲崎義郎』七三〜八一頁に収録されている。四〇〇字詰原稿用紙で三〇枚を超える長文で、これがそのまま発言されたかは定かではない。佐藤栄作内閣により日米安保条約が一九七〇年以降も継続することを決めたことを受け、「一九七〇年代における日本の体育・スポーツ」のあり方、それに対して新体連が取り組むべき課題と方法を述べたものであった。論点は多岐にわたっており、ここで全てを紹介することはできない。ここでは私が注目したい若干の点を紹介するにとどめる。一つは、東京オリンピック以来、各県におけるスポーツ大会などで自衛隊の関与が強まっており、「体育・スポーツと軍国主義」が結びつくことに警戒せよとの主張である。一つは、「全国青年スポーツ大会」の成果を検討し、「競技のやり方、内容、競技種目等について研究」することで、それに向けて関係者が「スポーツの本質と原理」を学習し、生かすことの重要性を指摘している点で、これに関して「体育・スポーツ研究所」の設置を主張している。また、当時、世間で話題になっていた「アマチュアリズム」の論争について、新体連としても研究して意見を発表すべきだとしていることも注目される。

洲崎義郎は、一九七〇年一二月一二・一三日、東京の文京区民センターで開かれた新体連第六回全国大会においても発言している。これについては、他の問題も絡むようなので、本節iで言及したい。

不充分ではあるが、以上から、洲崎義郎は全国大会・常任理事会でかなり活発な意見表明を行い、積極的に動く全国常任理事であったことがわかる。このほかに、毎年、軽井沢の青年の家で開催される新体連本部主催の「スポーツ学校」「ゼミナール」にも参加し、指導的な役割を果たしている。以下の項で、全国常任理事として義郎がかかわった種々の活動をトピック的に紹介しよう。

e 「スポーツ学校」「ゼミナール」での活動

一九六六年五月一日、新体連中央本部主催の第一回中央スポーツ学校が長野県中軽井沢の「青年の家」で開かれた。ここで洲崎義郎は、「オリンピック競技を主体とする『ギリシャ』の体育・スポーツに対する一つの考察」と題して講義を行った(74)。講義の内容は不明である。

翌六七年八月一四〜一七日、軽井沢・仮宿の「青年の家」で、新体連の「夏期ゼミナール」が開かれた。洲崎義郎は、その第一分科会「学校体育の民主的発展のために」において、助言者として出席した(75)。

六八・六九年に開かれた「スポーツ学校」ないし「ゼミナール」に洲崎義郎が参加しているかどうかは不明であるが、七〇年五月、軽井沢・三石会館での「スポーツ学校」に参加していることは、後出の本節iから確認できる。

f　中華人民共和国とのスポーツ交流への期待と挫折

前記のように、洲崎義郎は、一九六六年一月二三日の全国常任理事会で「当面の活動方針について」十数項目からなる「意見発表」を行ったが、翌二四日、共産党本部で西沢富夫と会い、「新体連に提案したこと（来日する中国の指導者・選手との座談会及研究会等の開催と、北京の日本語放送に体育・スポーツ〔講座の〕設置）」について協力を要請し、その実現をはかるため、一月二九日、北京放送局に上記を要請する手紙を書き、三一日の航空便で送った。この記述の少し後に、「中国の陳家全（100m10秒0'）及荘則棟（卓球）選手について感想」と書かれたメモがある(76)。実現しなかったとはいえ、六〇年、新潟県原水協理事長に選任されると同時に訪中団の一員に推薦された時、「中国思ほゆ」の談話を新聞に載せたように（前出）、義郎は社会主義国となった中国に強い関心を持っており、陳家全のような中国選手への期待も大きかったようである。

中華人民共和国は、当時、国際オリンピック委員会（IOC）に参加していなかった。中国は、一九六三年一一月、ジャカルタで第一回が開催された「新興国競技会」（ガネフォ、GANEFO＝The Games of the New Emerging Forces）に参加して、その中心になっていた。ガネフォは、同年二月IOCを脱退したインドネシアが中心となって、アジア・アフリカ会議（一九五五年）の平和一〇原則の精神に基づき結成されたものであった。第一回大会には五一の国・地域から約二七〇〇人の選手・役員が参加した。日本も参加が求められたが、日本体育協会は不参加を決めた。しかし、日本アジア・アフリカ連帯委員会・日本共産党などを中心に選手九三人からなる選手団が結成され、参加した。彼らは「無名の選手」であったという。これとは別に、六五年九月、アジア関係者により「アジアガネフォ」が結成され、六六年一一月、カンボジアの首都プノンペンで「アジア新興国競技大会」が開催された（一七ヵ国から約二〇〇〇人が参加(77)）。

このような経緯の下で、一九六六年四月二日開かれた新体連の第五回全国常任理事会では、「満場一致でアジア・ガネフォを支持することを決め、新体連として声明」を出すことになった旨が、「IOCとガネフォの問題について」

と題された洲崎義郎のメモに書かれている[78]。その声明が実際に出されたかどうか不明である。その頃、日本と中国の共産党の関係は大きな転換点を迎えようとしていた。

アメリカと戦うベトナム人民支援強化のため「反帝国際統一戦線」の結成に向け、日本共産党の宮本顕治書記長が一九六六年二〜三月、ベトナム・中国・北朝鮮を歴訪し首脳と協議したが、そのなかで中国共産党の毛沢東主席が日本共産党の路線を強く批判したことから、両党の対立が決定的となった。日本共産党は同年一〇月、「毛沢東盲従分子」を除名し、中国共産党との関係を断絶した[79]。なお、中国で「文化大革命」が始まるのは、この年であった。

前記のように、一九六六年一二月一八日の新体連全国常任理事会において、洲崎義郎は「アジアガネフォに対する新体連の態度」について質問しているが、おそらく日・中共産党の対立表面化を受けての対応を糺したものであろう。残念ながら、その結果は不明である。以降に、中国やガネフォについての記事がないので、おそらく義郎の中国への期待は急速に萎んだと思われる。「中国の指導者・選手との座談会及研究会等の開催」、「北京の日本語放送に体育・スポーツ講座の設置」も挫折したことであろう。

g　原水禁世界大会での体育・スポーツ分散会の設置

一九六六年一月二三日の全国常任理事会で意見発表を行った洲崎義郎は、翌二四日、共産党本部で西沢富夫と会った後、日本原水協常任理事の小林徹に会い「日本原水禁世界大会に体育・スポーツの分散会設置」について依頼した[80]。その後、この提案がどのように処理されたか不詳であるが、七月一五日、義郎は福永嘉三から「本年は準備不足のため青年階層の分科会と合併してやってはどうか」との速達便を受け取った。これに対して義郎は、「準備不足と若干の無理があったとしても克服出来ないものではない」との返書を速達で送った。七月二〇日には、日本原水協中央本部の進藤からこの件で電話があったのを受けて、義郎は「新潟県原水爆禁止協議会理事長洲崎義郎」の名で、世界大会で「体育・スポーツ分科会」の設置を要請する手紙を本部の西田に送った。このような経緯の下、同年八月七日行われた第一二回原水禁世界大会（第三日目）、広島平和記念館四号室で「体育・スポーツ階層別集会」が開催され、洲崎義郎は新体連の全国常任理事を代表して「平和のためのたたかいとスポーツの任務」について話した[81]。

洲崎義郎は、一九六七年八月の第一三回原水禁世界大会においても同様「体育・スポーツの部」を設けるべく、同年七月一四日、新体連の伊藤高弘理事長および共産党の金子満広に要請の文書を送り、同月二二日にも伊藤理事長に手紙で要請している[82]。だが、第一三回大会では設置されなかったようである。

一九六七年一二月一八日、洲崎義郎は原水協中央本部の吉田嘉正事務局長に面会し、来年行われる第一四回原水禁世界大会で再び「体育・スポーツの階層別集会」を開くことを要請した。それは受け入れられた。六八年八月五日、第一四回原水禁世界大会の「体育・スポーツ特別集会」（参加七〇人）の場で、洲崎義郎は「体育・スポーツ研究所設置について」の印刷物を配布、説明を行った[83]。

原水禁運動と自主的・民主的な体育・スポーツ運動は直接結び付かないが、洲崎義郎にとっては、どちらも「平和運動」の一環であり、青年層にアピールすべきものであったと思われる。

洲崎義郎は、一九七〇年八月の原水禁第一六回世界大会の「分散会」で、「日本の体育・スポーツの危機をあばく」と題した意見を発表しようとした。それを記したメモには、「拓大空手部のシゴキの死等」「自衛隊は違憲」の二句が添えられている[84]。ただし、義郎の意見発表が行われたかどうかはわからない。同年六月一六日、拓殖大学空手部の部員が「しごき」で死亡する事件があり、そこに日本の体育・スポーツの危機的な問題が伏在していると考えたのであろう。

h　「体育・スポーツ研究所」設置の運動

以上の活動とならんで洲崎義郎が力を入れたのが「体育・スポーツ研究所」設置の運動であった。その必要性については、すでに前出の「年頭雑感――人間の理想の表現」で触れているが、行動として現れるのは、一九六七（昭和四二）年一一月一三日、京都で行われた新体連第三回全国大会の時であった。

一一月一〇日京都に着いた洲崎義郎は、同日の第五回全国青年スポーツ祭典の前夜祭に出席し、一一日は刈羽郡北条町のラケット製造業の青柳喜三郎と「西院」でのテニス競技を見学し、ついで西京極で陸上競技を見た。翌一二日は岡崎公園でバレーボールを見学し、午後一時、西京極野球場での閉会式に出席した。その時、蜷川虎三京都府知事に面会し、「体育・スポーツ研究所」の設置を要請した。蜷川知事は、設置の主旨を「ひじょうに良い考えだ」と言い、「郊外に20万坪の土地を買ってあり、それを青少年教育のために使用したいのでその構想を教えてくれ」と「言明」した。その席で西沢富夫から共産党府議団長の河田賢治を紹介され、河田も賛意を示した。義郎はその夜、新体連の常任理事会に話して了解され、一三日の全国大会に提案して賛成された。さらに一四日は大阪・堺市に行き、竹花・田中に面会し、「体育・スポーツ研究所」設置運動への「民医連」の協力を求め、賛意を得ている(85)。

帰郷した洲崎義郎は、「体育・スポーツ研究所」について、荒町の中村印刷所でタイプ印刷の文書を一〇〇部作成した（代金は二四〇〇円）(86)。私は、この文書を直接見ていないが、前掲の『体育人 洲崎義郎』に収録されている「なぜ急速に体育・スポーツ研究所を作る必要があるのか」と題した文がそれに当たると思われる。末尾には「一九六七年十一月／新潟県柏崎市下四谷／洲崎義郎」とある。四〇〇字詰原稿用紙で一〇枚前後の長文で、その後段に一六項目からなる「体育・スポーツ研究所の構想案」が書かれている。その中には、「体育、スポーツに関する図書館を建て、その他研究に必要なる器械設備を備える」（第二項）、「さしあたり体育、スポーツ学、（理論と技術の両面から研究する）医学、栄養学、生理学、心理学、思想、哲学等の研究室を整備し総合的に体育、スポーツの進展と本質を探究し、順次他の文化の研究室を増部する」（第四項）、「東京都、京都府及び京都市は体育、スポーツ十ヶ年計画を樹てて年次的に予算化し実施方針を決定して順次に実践する」（第八項）などが記されている(87)。

この資料から、洲崎義郎が構想した「体育・スポーツ研究所」は、体育・スポーツ学、医学、栄養学、生理学、心理学、思想・哲学などの研究室を持ち、必要とされるテーマを各分野の研究者たちが協力して総合的に研究していく壮大なものであったことがわかる。そして、これには広い土地と多額の資金が必要であることも窺える。

体育・スポーツ研究所を実現するため、洲崎義郎は、前述のように、革新自治体の雄である京都府の蜷川虎三知事に会い、要請した。さらに、一九六七年一二月八日、「新日本体育連盟中央本部常任理事の洲崎義郎」の名の下に、この印刷物を五部同封した長文の手紙を知事に送った。その写しが「新体連ノート摘記6」に収められているが、ここでは割愛する。また、この印刷物は新体連本部に一四部、西沢富夫に五部が発送されている[88]。

蜷川知事に手紙を出してから少し経った一二月一六日、洲崎義郎は上京し、第二議員会館に稲村隆一を訪ね、柏崎への自衛隊誘致問題を議会で阻止してもらうことを要請し、一七日、目白・うずら荘で開催の新体連全国常任理事会に出席した。そして、一八日、原水協中央本部で吉田嘉正事務局長に面会した後、一橋の学士会館でのベトナム支援の会合に行き、共産党スポーツ対策委員長の西沢富夫に会った。西沢は、義郎が送った「体育・スポーツ研究所」の印刷物を読んでのことであろうが、義郎に次のように意見を述べた。

これを実現する運動としては、イデオロギーの面をあまり露骨に出すことはかえって不利、ソフトな方法でだんだん引き入れていくように。大衆が納得してついてこられるような運動が必要（自民党やその他の政党も同調できる一般向きの案を出す）。

はじめから「体育・スポーツ研究所」を作るというふれこみでなく、体育施設を作って無料で開放するような仕事から始めてはどうか[89]。

西沢富夫は、洲崎義郎の構想にはイデオロギーの強さや急進的と見えるものがあると感じたようだ。義郎が、これを共産党の機関紙『赤旗』で取り上げてくれと頼むと、西沢は「まず新体連の機関紙で取り上げたのちに赤旗スポーツ欄で取り上げた方がよい」と言ったという[90]。西沢の意見をどのように受け止めたのか不明であるが、義郎の気持ちは変わらなかったようである。

翌六八年八月、洲崎義郎は、前述した原水禁第一四回世界大会の「体育・スポーツ特別集会」で「体育・スポーツ研究所」の印刷物を配布し説明した。また、その会場で共産党都議の大沢三郎の紹介で都の野尻教育長に会い、研究所設置の協力を要請した。さらに八月八日、西池袋の民医連本部を訪問し、峠事務局長に「スポーツ医学の研究発展」に協力方を要請した後、大沢都議の紹介で美濃部亮吉都知事の特別秘書石坂新吾に面会し、研究所設置の主旨を説明している。その後、七〇年四月二三日、義郎は、新潟県知事杉山善太郎候補応援のため来越した蜷川京都府知事を直江津まで出迎え、直江津から東三条駅まで乗車同行して、「体育・スポーツ研究所」設置を要望している。(91)

しかし、常設の公営研究所を設けることは、福祉や生活環境整備などの大きな課題をかかえる革新自治体としては、京都府・東京都のような規模の大きな自治体であっても財政的に難しかったと思われる。伊藤理事長ら新体連の中心にいる人々は、洲崎義郎の提案に対して、研究所設置ではなく、新体連としての研究機能の強化で対応しようとしたものと考えられる。それが一九七〇年一〇月一〇・一一日、東京の日本社会事業大学における新体連の「第1回全国体育・スポーツ総合研究集会」開催と、同年一二月一三日開催された第六回全国大会での「理論研究委員会」という特別委員会の設置となって現れたのではないだろうか。(92)この総合研究集会には洲崎義郎も出席している。(93)

ただし、洲崎義郎は同年一一月一二日、京都府稲田企画管理部長の案内で丹波自然運動公園を見学しており、(94)少なくともこの段階まで「体育・スポーツ研究所」設立に期待を持ち続けていたと思われる。残念なことに、七一年以降の動向はまったく不明である。研究所設立は実現しなかったと思われる。

i　新体連の運営をめぐる不協和音と引退

一九七〇（昭和四五）年一二月一二・一三日に開催された新体連第六回全国大会で、洲崎義郎は「1970年代における体育・スポーツの現状、危機を明らかにする」旨の発言を行おうとした。その時の「発言要旨」が「新体連ノート摘記9」に収録されているが、本節dで取り上げた前回大会における「発言通告」と同様にきわめて長く、かつ多岐にわたる内容である。前半の一部を紹介しよう。

1、1970年代は、日本及び世界の体育・スポーツの現状はいまだ曽てない危機の時代である。／その理由について

①　自衛隊の増強と体育・スポーツの軍国主義化

②　東京オリンピック以降特にその傾向が強まる

③　体育・スポーツを真に要求しているものは何百万というやりたくとも「金がない」「隙がない」「場所がない」「用具がない」「つかれきっている」「孤独である」「圧迫されている」「指導者がない」という悪条件の中で悩んでいる勤労青少年である。

1、日本政府の体育・スポーツ政策のセクショナリズムで一貫性と創造性を欠いている。

1、国体とIOCの堕落腐敗の現状暴露。

1、正しい体育・スポーツの大衆化と拡大強化を為し遂げるには、何がもっとも大切か。

イ　個人の意識革命が必要

ロ　陳家全選手の手記（赤旗本紙に掲載）

ハ　朝鮮民主主義人民共和国の千里馬チームの強さの原因

1、意識革命をするには正しい高度の世界観の把握が必要。

1、唯物弁証法哲学を学ぶことによって上述の世界観が把握される。

1、現在世界及び日本の体育・スポーツ界に起こっているアマチュアリズムに対する正しい認識と理解が肝要である。／〔以下略〕

「発言要旨」は、後半では最近の政治上の問題から、新体連の組織の問題点、課題、要望などを細かく挙げ、それは計三一点に及ぶ。大会において、ここに書かれた「要旨」に沿った発言を行うことは時間的に無理であったと思われる。それはともかく、前回大会での「発言通告」以上にイデオロギッシュな内容であり、それをこうした場で発表することが妥当か否か、私は疑問をもたざるをえない。これでは、新体連の「自主的・民主的な体育・スポーツを」という方針に賛成している人にも、特定のイデオロギーを押しつける結果となろう。だが、一九七〇年一二月一四日の『赤旗』（「70年代のスポーツを背負う」）が、この第六回大会において、「洲崎代議員（中央）が『理論学習の水準を高めよう』という特別報告をおこないました」と記しているので、少なくとも上述の「発言要旨」の一部が実際に発言されていることがわかる。

それにしても、「発言要旨」の内容は激越である。なぜ、この段階で洲崎義郎はこのように激越な発言をしようとしたのであろうか。

「新体連ノート摘記9」には、一九七〇年五月一九日、新体連の伊藤高弘理事長に差し出した速達便の写しが収録されている。内容は五点あるが、その内の一つは、同年八月の原水禁第一六回世界大会の際に新体連が開催されるので、「独自に体育・スポーツ懇談会」を開催してもらうことについて、軽井沢・三石公民館での「学校」終了後、理事長の考えを求めたが、今日になっても返事がない、早く返事を貰いたい、もし新体連が開催しないなら、自分は新潟県原水協理事として日本原水協に「体育・スポーツ懇談会」開催を要請する、というものである。他には、三石会館での全国理事会の時に、「私の発言を止められた」が、「将来あんなことのないように十分の時間を取って日程を作るよう要求する」というものや、「最近にお願いしたいことは、私達が要求したら、理事長は誠意をもってその要求に対する回答文又は口頭で回答して下さるようお願いする」というものもある。

この手紙は一例に過ぎないが、これらから、この頃、洲崎義郎と伊藤理事長の関係はしっくり行っていなかったことが窺われる。義郎は戦前からの体育指導者で一家言の持主であり、原水禁世界大会で「体育・スポーツ」の部会

（分科会・分散会）を設けること、「体育・スポーツ研究所」建設を主導している。会議ではかなり長時間、発言しようとしているようだ。理事長側からすれば、統制がきかない存在に見えていたのかもしれない。

第六回大会は、代表委員六名とともに、中央常任理事として、理事長一（伊藤高弘留任）、競技・教育・渉外・組織財政など五局長、理論研究委員会（担当は永井博）・スポーツ祭典委員会・編集委員会の三特別委員会と、競技担当・地方担当・会計担当の役員を選任した。洲崎義郎は新潟の「地方担当」の役員（常任理事）になっている。ところが、「地方担当」の他の五名は担当地域が関東・東北、甲信越、関西（二名）と広域である。[95]義郎の役員としてのあり方は特異である。高齢に配慮してともいえるが、活動の領域を限定させようと考慮されたとも考えられる。

第六回全国大会は、洲崎義郎が出席した最後の全国大会となったのではなかろうか。「新体連ノート摘記」に以降の記録が全くないのは、おそらくこれを機として、義郎は新体連からしだいに身を引いたからであろう。

ただし、「洲崎義郎日記抄」によれば、一九七一年の「5月2日より4日まで軽井沢で新体連の講習会があるが〔、〕政子の神経痛のため出席できず」という記事がある（これが日記における新体連関係の最後の記述となる）。七一年一二月一一・一二日開かれた第七回全国大会で、洲崎義郎は一四人の「代表委員」の一人に名を連ねている。[96]だが、以降の活動は不明であり、七三年二月三・四日開かれた第八回大会で選出された役員名簿に、義郎の名を見ることはできない。[97]

j　新体連運動六年間の成果についての見解

「新体連ノート摘記8」には、洲崎義郎の「新体連結成以来6年間を通じての民主スポーツ運動の成果について」という覚書が収録されている。おそらく、新体連から身を引く中で過去を振り返ったのであろう。作成年月は記されていないが、一九七一年頃の記事と推察される。以下、一部を除き紹介しよう。

1、紙誌、スポーツシリーズの発刊等を通じて新体連に対する理解が深まり、組織の強化、会員の拡大が各地域、職場、学園等でアンバランスはありながら段々に滲透してきている。

〔中略〕

1、毎年行われた軽井沢青年の家の学習会・ゼミナールで立派な指導者が養成され、各府県新体連運動の中核となって、各地域・職場・学園で熱意と創意に溢れる実技・理論による運動が力強く展開されている効果を讃える。最も大きな効果は、初めは確信が持てなかった人達や参加者に新体連の目的の自主的、民主的の《ママ》平和を確立する、明るい希望を与えたことである。

1、毎年の、全国青年スポーツ祭典と新体連は表裏一体の関係で互に密接な連係を保ちつつ、自主的民主的平和につながる体育・スポーツの正しい世界観の啓蒙に大きな役割を果たしている。

1、既設の学園、市町村立及び会社、工場専属の体育施設の解放と利用が闘い取られ、補助金等も獲得せられ始めてきた。このことは高く評価すべきで、新体連のスポーツ祭典や新体連運動の進展と育成の上でも、関係者のなかで、スポーツを勤労青年の要求する当然の権利として目ざめさせることに大きな意義があった。

1、東京都で行われた第6回スポーツ祭典は、第5回の京都大会から更に数歩前進して、美濃部都政の中で正当に評価されたことも画期的な成果であった。

1、従来までは、憲法・教育基本法・社会教育法・スポーツ振興法等で、体育教育や口先だけの保障を与えられながら事実はこれに反していたものが、新体連の団結と統一の熱意と粘り強い闘いでこれをはねのけ、正しく評価されたということである。これは漸次各都府県、地区祭典の将来に明るい希望を投げかける呼び水になると思う。この尊い教訓を通じて革新的な首長を選び、これを守り育てる運動が、体育・スポーツの正しい進展に欠くべからざることだということが自覚された意義は大きい。更にこの運動が新体連の運動に対して、自民党や既設の体協や各連盟、独占資本家の圧迫や赤呼ばわりに対抗する力が出て来た〔こ〕と、特に明治百年記念を売りものにした反動県、体育行事が行われたものを打ち破った功績は大きい。

1、蜷川京都府知事、美濃部東京都知事等が新体連の運動や行事に協力されることによって、いままでにない明るさと希望とやり易さが生じた。物心両面にわたって大きな効果があった。

1、各種目別のスポーツサークルやクラブ運動と新体連の行事や運動が絡み合い、とけ合って統一的に結合、発展的にとらえられてからより良い効果を生みつつある。そのなかでもスキー〈全国勤労者スキー協議会の誕生〉、水泳〈国民皆泳運動〉、労山、労空、バレー、武道、陸上、野球、〔以下記述を欠く〕

1、追々に各府県の新体連本部が結成されているが、中には新潟県のように運動が停滞しているところもあり、進展している県もあり、かなりアンバランスが起こっている。新体連の幹部役員としてはその原因〔、〕結果を科学的に追究してこれに対処する必要がある。

〔以下、「現状認識や対処の意見メモ」が三点書かれているが省略〕

最後の方で今後の課題についても触れているが、多くは「成果」の強調である。自身の努力が一定の実を結んだことを確認したかったのだと思われる。また、新体連の運動と革新自治体樹立の運動がかなり強く関係していたことが推察される。

以上、一九六五年から七二年にかけて洲崎義郎が取り組んだ新体連の活動を見てきた。義郎は、戦前からのスポーツ活動、青年団運動の中でのスポーツ指導、そこで獲得したスポーツ思想などを基礎に、七〇歳代後半を超えた老体ながら、この運動に精力的に関わった。条件に恵まれない勤労者も体育・スポーツを享受し健全な肉体を育成できるようにすべきだとの考えは共感できる。そのためには政府・ＩＯＣなどの体育政策とも闘うべきとの主張も理解できる。だが、義郎がとくに注力した京都・東京の革新自治体における「体育・スポーツ研究所」の設立要求には性急さを感じざるをえない。革新自治体の財政問題だけでなく、当時はすでに体育を専門とする大学も複数存在し、研究教育が行われていたから、それらとの関係も考慮しなくてはならないであろう。また、第六回全国大会のために作成された「発言要旨」に見える、「唯物弁証法哲学」を学び「正しい高度の世界観」をもって「意識革命」せよとの主張は、大衆的運動に持ち込むべきではないだろう。全体として視野の狭さを感じる言動が少なくない。老境における焦りが表出しているように思える。それが、一九七二年で新体連から身を引く一要因であったのではなかろうか。

4　芸術への思いと死去

一九五九（昭和三四）年一月、水道疑獄事件での拘留から釈放され自宅で静養していた時、洲崎義郎は『越後タイムス』の求めに応じ当時の心情を公にしている。その中に、「拘置中、こんな煩わしさの渦中にもう巻き込まれたくないとも考えた。私自身は中村彝《つね》さんの『芸術と人生』を読み〔、〕ゴッホ展やモスクワ芸術座を見たりして、それらの芸術がいかなる形で近代的な意義を持っているのか、そんなことを私なりの感覚で探求し評論することができたなら、何と楽しいことだろうと思った。そういう生活に、私は憧れを持った」との一文がある。(98)市長選に敗れた後も、義郎は水道疑獄事件の裁判と闘い、原水禁運動や新体連運動などに精力的に関わったため、「憧れ」である芸術に向き合い親しむ生活はなかなか実現できなかった。だが、それを捨てたわけではなく、忙しい社会活動の合間を縫って芸術にも向き合おうとした。本章第3節a(1)で触れた「勤労者美術」の提案や、一九七二年六月一〇日に長野県安曇野市にある荻原碌山の美術館を見学に行ったことも、(99)その現れといえる。

本節では、まず、洲崎義郎が柏崎出身の洋画家・宮芳平の個展の開催に尽力したことを紹介する。次いで、中村彝への追慕、書簡整理などについて取り上げる。そして、老境にあった義郎の身辺雑事に触れ、最後に義郎の死について見ていくことにしたい。

a　宮芳平個展開催への尽力

洲崎義郎が戦前の比角村長時代に、新進の青年画家であった宮芳平を積極的に支援したことは、第3章第7節bで記した。宮はその後、長野県諏訪地方の高等女学校・高等学校の絵画教師を務めながら画作に励んだ。一九五八年三月、六五歳で諏訪二葉高校を退職した後は、毎年のように「国展」に出品し、各地で個展を開くなど、いっそう画作に精を出していた(100)。

その宮芳平が久しぶりに柏崎の洲崎義郎を訪れたのは、一九六四（昭和三九）年五月一六日のことであった。翌日、宮は義郎に、「関未亡人の紹介で田中角栄氏に〔手紙を?〕送り絵の展覧会のことを頼」んだ(101)。だが、『越後タイムス』は、宮の来泊、洲崎宅宿泊は一七日で、「かつて作った詩などをあつめて一本にしたい計画」を話した旨を報じている(102)。どちらが正しいか断定はできないが、以下の推移からすると、前者の方が正しいだろう。

翌一九六五年三月二～七日、上京した洲崎義郎は「宮芳平氏の展覧会」のことなどで「滞京」し、四月二二日には市役所に「今井助役を訪問、二宮秀雄氏と宮芳平氏を田中角栄氏に会わせることについて打合」を行った(103)。宮は、政界に大きな影響力をもつ田中角栄の助力で東京で個展を開きたかったのであろう。それに義郎が協力して動いたと思われる。

田中角栄の力が影響したかは不明だが、一九六五年一〇月五～一〇日、銀座の松坂屋で宮芳平の個展が開かれることになった。それに先立つ九月二六日、『越後タイムス』に、宮芳平の個展に寄せた洲崎義郎の「ここにロマンの花開く」と題する文が掲載された。ここで義郎は、「画伯は産れたままの純粋さと童心の持主で、今の画壇にこんなにも正直でまじり気のない朗かさと夢のような詩情をただよわせている人は絶無といっても過言ではないほどの清い尊い存在です。ですから、その絵には彼の内に秘められた夢と詩が画面にほのぼのと描き拡げられて見る人を柔かな色調のオーケストラの中に誘込んでしまいます」、「初期の作品には多分に主観的な甘い傾向が見られましたが〔、〕やがてそれが段々に練りあげられ克服されて、その中に宇宙の無限感に根ざした客観性が表現されるようになってからは〔、〕宮画伯でなければ描き得ない深い渋い幽幻の世界が的確に画面に捉えられるようになって来て〔、〕観る者の心に尊貴な滋味深いものを与えずには置きません」と称讃した。

また洲崎義郎は、谷川徹三・曽宮一念・伊藤廉・清水多嘉示らとともに、個展の案内状に次の文を載せた。

> 宮氏の絵には彼の中に静かにふつふつと長い間醞醸された夢と詩のロマンの花が強烈に咲き乱れている。黄、青、紅等の原色が彼の純潔の魂を通して神秘的に絡み合い、反映し合って、おしみなく美しい色彩のオーケストラを奏でている。
>
> 彼は自分の描いた絵を追求し、反省し、泌々と眺めて、今日も明日も常により良きものを求めては描き消し、描き足して、これで良いと云う事を知らない未完成の画家だ。
>
> 彼は常に迷いながら一歩一歩、大自然の中に顕在する尊厳な無限感を客観的に表現する道を求めて涯しなき闘いの道をまっしぐらに歩み進んでいる孤独の画家だ。
>
> 謙虚で玲瓏の祈りを込めた玉のような性格から産れ出る彼の絵には人の魂の中に奥床しい香りとほのぼのとした匂いを与えずに置かない清浄そのものが秘めやかに、しかもほのかに漂っている。
>
> 彼はいたずらに右往左往する現在の混乱せる画壇の中にあって一人敢然として自己の道を守り続け描き続けていく尊貴の画家の一人である。私は彼と彼の絵を心から尊敬して止まない。／一九六五年九月廿三日[104]

なお、個展の案内状に清水多嘉示の文も載っているが、清水は宮が一九二一年に就任した長野県立諏訪高等女学校の図画担当の前任者であった[105]。後日行われた清水と洲崎義郎の交流については後述する。

洲崎義郎は一〇月一日上京し、二日には「各方面に電話をかけ宮氏の個展に協力を依頼」し、三日は午後三時半頃、松坂屋に行って「個展の準備」が完了したのを見届けた。翌四日、早稲田の大隈会館で開かれた「宮芳平個展前夜祭」に出席した。義郎は、個展の発起人として「野島寿平、石黒敬七、三井田誠一郎、神保俊子、庭山義雄、山田貢」の名を記している。[106]この前夜祭と翌日の開催初日の模様について、後に洲崎義郎は、「四日夜、大隈会館での宮芳平氏個展の前夜祭は十九名の出席で、出席の皆さんが宮氏の人間性を心から祝福して下さって、全員が祝辞を述べられ、宮氏も心からよろこんでいられました。五日の初日も卒業生の方々が沢山観覧されて大盛況でした」と『越後タイムス』に短文を寄せている。[107]

洲崎義郎は、個展開催の五～九日、毎日一〇時から松坂屋に個展会場に「詰めた」[108]。松坂屋で個展が開かれてから五年半後の一九七一（昭和四六）年三月三〇日、宮芳平は肝臓癌で死去した。七八年の生涯であった。[109]

同年一〇月九・一〇日、宮芳平の「遺作展」が柏崎春秋社主催で、柏崎商工会議所二階で開かれた。市内の各所有者から集められたもの三七～三八点、諏訪から息子の宮晴夫が持参した油絵六点、色紙六点などが展示された。中村彝の「洲崎義郎氏像」も飾られた。九日夜、商工会議所の地下食堂で息子の宮晨《はじめ》を囲んだ座談会が開催された。一〇日には教え子の小島初子が東京から来て、一一日に洲崎義郎と話し合った。[110]「遺作展」の入口には、松坂屋での個展の案内状に掲載された義郎の文が「大きな紙」に書いて貼られたという。[111]

b　中村彝の回顧と書簡整理・評伝執筆

一九六五（昭和四〇）年二月一四日の『越後タイムス』に、「45年たった『気になる紹介状』／天才画家中村彝氏と洲崎義郎氏の話題」と題する記事が掲載された。その主旨は、「二月三日の毎日新聞学芸欄に、芸術院会員・彫刻家清水多嘉示氏が『気になる紹介状』という題で随想を書いている」、その内容は、「大正八年の夏」、清水が中村彝の作品を見たくて、療養生活中の中村彝を訪ねたところ、中村は、作品はほとんど手放した、「柏崎まで行けば自分の作品をたくさん持っている人が」と言って洲崎義郎と妻・政子（マサ）宛の紹介状を書いてくれた、しかし、その手紙は仕舞い込んだまま今日に至った、それを知った石黒敬七がその手紙を洲崎義郎の所に持参することになった、というものである。

これを読んだ洲崎義郎は、一九六五年二月二一日の『越後タイムス』に「中村ツネさんの思い出――「気になる紹介状」の清水多嘉示氏への手紙」（二月一七日付）を寄せた。その中に、自身の肖像画作成の事情や平磯海岸における「死んでも一枚の絵を描きたい」という中村彝の発言の経緯、義郎の受け止めなどは、これまで書かれたものよりも詳しいので、それらを中心に紹介しよう。

> 拝啓　未だお目に掛ったことはございませんが、二月四日の毎日新聞に掲載されました先生の随筆『気になる紹介状』を見ましたとたんに、なんともいう事のできない懐しさ、親しさが体いっぱいにこみ上げてきて、先生とずっと前から彝さんを通して親交をいただいているようの《ママ》気がしましたものですから、この手紙を差上げる気になりました。／〔中略〕
>
> 大正八年といえば、ツネさんが前々から望んで居った私の肖像を描いた年です。ツネさんはいつも私に『どうしても君と菊地香一郎君の肖像を描きたい』と洩していましたが、菊地氏の方は夭折したために、遂にその望みを果すことができませんでしたが、私の肖像は望み通りに描きあげてくれました。
>
> 私はツネさんの病気を気にしながら、午前十時から例の目白アトリエで、光栄に溢れる気持に包まれながら、毎日モデルの座につきました。描くために起き上るまではぐったりと弱り切っている彼が、一度モデルに向って筆をとると、まるでシャーンとして、病弱の影だになく、健康体の私がぐんぐんと精神的にも肉体的にも、気押されてしまいました。
>
> あの神秘の澄み切った目が、額に縦二本の深く刻まれたシワの中から鋭く輝いて、私の顔を通して万象の中にひそむ人間像の普遍性と無限感を追究して余すところがないように思われたのです。

時々、カンバスから五、六歩うしろに離れては、私と画面を交互に食入るように見くらべたり、或は、絵筆の軸を握った右手を垂平《ママ》に前方につき出して、親指と人さし指で絵筆の軸を目盛に使って、モデルと描いた絵の比率を計りながら、怖ろしいほど緊張した表情をして描き続けるのでした。

やがて、一度休憩して再びカンバスに向い、描き終るとぐったりと死んだようにしてベッドにのびていました。私は、あの時のツネさんの描写の態度を、あとで友人に、剣道の老達人が腰は梓の弓の如く曲っても一度剣を持って立てば、鬼人を倒すの例をとって説明したものでした。

彼は私の肖像を描くに当って、暫く筆をとらないでいたから手を馴らすためにとブルースを着た自画像を描いた上に、私に、君の肖像があと百年もたって後代の家族の人達が蔵の中にでも入って見たとたんに「ハッ」と驚くほど、生生と感じるようの《ママ》絵を描きたいと洩らしていました。

かくして、私は約二十日間ほどモデルになって、あの絵が出来上ったのですが、僅かに左の手が未完成に終りました。

あの絵のバックの小豆色の布地も、ツネさんが色まで塗ったハガキを柏崎によこして、私の自宅で染めさせたものです。そして、私がモデルが終って柏崎へ帰りましたら、暫くしてから手紙で、曽宮一念氏が私の肖像画を見て「平素の洲崎さんの優しさが出ていない」といわれて、自分（ツネさん）の腕が至らなかったことを反省した謙虚な言葉が綴られていました。

私にすれば、ツネさんの態度が真剣勝負のような態度だったものだから、ついそれに引きこまれて私の表情が堅くなったものと思われます。

更に、先生も大正八年の夏、ツネさんを平磯海岸の広惣の別荘に訪問されたとの事ですが、奇しくも私も同年八月、ツネさんが是非来てくれといわれたので訪問して種々お話をしました。そして、一緒の室で二人泊ったものですから、私の体の良いのを見て、サムソンのようだと羨しがって、俺がこんな頑丈な体を持っていたらなあと泌々と述懐していました。

ある一日の午後のことでした。ツネさんが私に話しがあるからといって別荘の裏側の小松の生えた丘へ案内をしてくれました。この丘は、平磯の町や太平洋の海が、ひろびろと眺められる見晴らしの良い丘でした。私はどんな話だろうと、一部は好奇心に、一部は不安にかられながら、両人で草の上に並んで腰を下しますと（ツネさんは、こんな丘を登るにも息をハアハアいわせていました）ツネさんが静かにいうには「医者が俺に二、三年、絵を描いてはいけないというが、しかし私の病気が二、三年絵を描かないでいれば癒るというのであれば、俺はどんなにつらくとも絵を描かずに辛抱するが〔、〕若し描かずにいるうちに死ぬかもしれない、そんな事ならは俺は死んでも良いから、今から一枚でも絵を描きのこしたいと思うが、君はどう思うか?」というのです。

この言葉をきいている中に、私の全身はなんとも名状することのできない悲愴感というか、純粋感というか、尊厳感というか、どう名づけることもできない感激で満ち溢れ、涙がポタポタ落ちてくるのを、どうすることもできなかったことを、今でもあの日のように生々しい実感として甦えらせることができます。

私はそれまでに、書物の上や講演等で、天才の道がいかに嶮しいものであり、一つの作品を産むために、自分の只一つしかない生命とすり替えにするものだということを見聞していましたが、いま私の親友のツネさんの口からじかにこれと同じ言葉を聴かされて、電撃のように私の魂の中にその真実感が炸裂して、改めて先駆者の途が如何に尊いものであり、困難なものであるかということを痛感し体験して暫くは答えることができなかったことをことを、烙きつくすように覚えています。／〔後略〕

この時、洲崎義郎は清水多嘉示と面識がなかったと思われるが、前項で取り上げた宮芳平個展の時、清水も発起人の一人に名を連ねているから、この年の一〇月には大隈会館での前夜祭や会場で面談する機会があったと思われる。長い時間が経っても、洲崎義郎は中村彝との交流の思い出を忘れず、大切にしていた。そして、中村の作品のほとんどは手放してしまったが、一〇〇通を超える中村の手紙は大切に保管していた。おそらく新体連の活動から手を引いた後と思われるが、中村の手紙を整理し書き写す作業を始めた。

一九七四（昭和四九）年一月一日の『越後タイムス』は、連載記事「柏崎の顔」の最初に洲崎義郎を取り上げ、次のように近況を記した。全文を紹介しよう。ただし、原文では行末に書かれている小見出しは行頭に移した。

明治二十一年十二月生れ。洲崎義郎氏は呼び年八十七才になった。思えば長い〝洲崎さん〟である。

しかし、この人にとって、年齢は問題でない。ことし、どうしてもなしとげなければならないテーマはきまっている。洲崎さんらしい、熱情をたぎらせた使命感に満ちあふれた仕事が、人生のハリを持たせている。そのテーマは、かつて若かった日、芸術への憧れに胸をあつくして交遊した天才洋画家・中村彝画伯の「評伝」を、まとめあげることである。

■書簡百余通

かつて、洲崎氏の手許には、中村ツネさんの作品が二十数点もコレクションされた。優に「美術館」の態をなす大収集であった。いまは、むろんない。自らの肖像と、そのほかはペン画数点をのこすのみである。だが、集め、そして散逸した変遷の課程《ママ》に、この人の〝悔い〟はない。ツネさんから寄せられためんめんたる友情の手紙が百通余あり、それ以上に目をつむれば、五十年の時間が逆もどりして、ツネさんの風貌が、息づく言葉が肌を通して、そくそくと記憶によみがえってくる。

「わたしはトクをしました。ツネさんに会ったことが、どれほどトクを私に与えてくれたことか」

洲崎さんは語る。

「ツネさんの人と芸術を語るいろんな評伝は沢山あります。読みました。しかし何となくクツをへだてて書いてある、という思いなんです。間違って伝えられていることがあります。殊に新宿・中村屋の相馬黒光夫人が書いているなかに間違いがあります。黒光夫人は天才的なところのある人でした。けれど、あの人にはエコヒイキもありました。黒光さんが書けば、それが真実として通ってしまうでしょうが、わたしは、そうでない場面を見ています。これを直すこと〔、〕そして、わたしの持っている資料（書簡〔、〕聞き書きノート）をもとに、新しい発見とわたしの目を通した感想をまとめておくことは、意義ある仕事だと思っています。やっておかねばならんのです。」

聞き書きノートは二冊ある。「寝たきりで、ゼイゼイとノドを鳴らすツネさんを見ていると、一どに何時間も聞き書きノートがとれなかった」しかし「もっと聞いておけばよかった」という思いは残る。

■評伝の原稿も

手紙は筆写が終った。新発見と新しい解釈の原稿書きもはじまった。もう十五枚くらい進んでいる。「三十枚か四十枚は書けるだろう」という。洲崎さんが中村ツネさんと交ったのは大正四年から画伯が死去する大正十三年まで。洲崎氏が、特異な風貌の下に、さかんな血気を横溢させた最高潮の年代、三十才台である。「あなたは、エジプトの彫刻みたいな顔をしている。だから描きたい」というツネ画伯の言葉に、下落合のアトリエに二十日間通ってできたのが、今に残る肖像である。

絵筆をにぎれば、その気魂と迫力は、人一倍も健康な洲崎さんにジリッと迫った。疲れはててベッドに横になれば、心気モーローとして死んだようになったという〝芸術と命のスリかえ〟を繰り返した中村ツネさん。洲崎氏は、最も身近かにいた「目撃者」の一人である。

政治、思想、体育をふくめた幅ひろい社会活動の生涯を柏崎に捧げた洲崎氏は「いつ死ぬかわからん」という最後に、この人のもつ最も本質的な芸術・文化の領域で、終生の畏友、中村ツネ画伯をいま語ろうとしている。

この記事から、洲崎義郎は、この頃には中村彝からの手紙の整理、筆写を終えたこと、それと二冊の「聞き書きノート」を基に、中村彜の新しい評伝を書きつつあったことがわかる。完成すれば三〇～四〇枚というから、単行本ではなく論文なのかも知れない。残念ながら、私はこの評伝（論稿）が完成したかどうか知らない。この記事が出てから三ヵ月後に義郎は死去するので、中村彜評伝は未完成となったのではなかろうか。だとしたら、それは義郎にとって心残りのことであったろう。

なお、記事の冒頭にある「呼び年」とは聞き慣れない言葉であるが、おそらく「数え年」と同じ意味であろう。当時、満八五歳であった。

c　老境のプライベートなトピック

これまで、洲崎義郎の社会的活動に目を向けてきたが、最後に、老境に達した彼のプライベートな身辺に焦点を当て、喜寿などの祝い事、義郎夫妻の老いの病、義郎の生活を支えた娘、孫の死について、トピック的に紹介しよう。

(1)　喜寿などの祝い

一九六四（昭和三九）年一二月二五日、洲崎義郎は満七六歳を迎えた。数え年では間もなく七七歳になるからであろうか、この日午後六時半から柏崎市の盛来軒で近親者などにより「喜寿祝宴会」が開かれた。翌年一月四日には、北条町の若菜（四女）、大阪の澄広（四男）夫妻、新潟の万里英（五女）、小諸の百合英（六女）らも集まり、自宅で「喜寿祝」が行われた(112)。

一九六七年七月三〇日には、午前一一時から「ぶどう料理店」で、洲崎夫妻の結婚六〇年を祝う「ダイヤモンド婚」の祝いが関係者により行われている(113)。

同年一一月には、洲崎義郎が比角村長だった時に比角小学校に勤務した教員たちによって、八〇歳を迎えた義郎を祝うため「洲崎氏の健康を祝う会」が催され、酒井良弼・稲葉千代平ら元比角小学校長ら九名が参加した、と報じられた[114]。

このように、年老いても洲崎義郎は親族、比角村長時代の教員から慕われ、祝福される存在であり続けた。

(2) 老いの病に苦しむ

その一方で、洲崎義郎と妻・政子は、齢を重ねる中で、老人病といってもよい病に悩まされるようになっていた。「洲崎義郎日記抄」を見ていくと、一九六五年四月一日から「胃痛」に襲われ、二日に四女の「若菜からくすりをもら」い、四日に「胃痛や、小康」となったことが書かれている。これは大事には至らなかったようだ。

しかし、一九六七年一月には前立腺肥大の病に陥った。同日記には、一月一八日に新潟大学医学部病院泌尿器科に入院し、三〇日に佐藤教授の執刀で前立腺肥大の手術を受け、翌日から毎日女性ホルモンの注射を受け、退院・帰宅したのが二月二一日であったことが記されている。約一ヵ月間の入院であった。この時、『越後タイムス』は洲崎義郎が新潟で入院していることについて、「トシヨリ病」で、「小ン便が近くなったり馬鹿に出具合が悪くなったりするので、この手術をした江原小弥太さんにきいたら早いうちにやったがいいといわれて手術した」との、妻・政子のコメントを載せている[115]。同日記によれば、洲崎義郎はその後、自宅療養を続け、同年五月九日、同泌尿器科で佐藤教授の診察を受けたが、「たいへんよくなったと云われた」ものの、「尿が少々にごる」ため五日分の薬をもらっている。

それから四年間、ほぼ良好な状態であったようだが、一九七一年六月二六日、「小便の出がわるく、残尿感あり、10分おきくらいに尿意あり」という症状が出た。そこで、義郎は若菜の意見に従って、二九日、先と同じ新大の泌尿器科で佐藤教授の診察を受けたが、「異状なし、入院の必要もない」と診断された[116]。老化に伴う病であるだけに「異状なし」といわれても、何等かの「異状」を感じ続けたのではなかろうか。

老人病と思われる病は、洲崎義郎の妻・政子にも発生していた。「洲崎義郎日記抄」の一九六六年四月四日条に、「7日まで滞京の予定だったが政子の神経痛悪化のため午前8時10分発特急ときで帰柏」とあるのが最初である。前年から坐骨神経痛が発生していたらしく、それが「悪化」したらしい。五年後の七一年にはいっそう悪化した。同日記の同年三月二三日条に「政子の容態悪化のため県原水協常理を欠席」、翌二四日条に「政子の容態悪化、若菜より注射してもらう。終日不安に送る」、五月には「2日より4日まで軽井沢で新体連の講習会があるが政子の神経痛のため出席できず」との記述がある。

神経痛も簡単に治るものではなく、政子は注射や薬の服用で症状を緩和しつつ生活を送ることになったようだ。

(3) 洲崎義郎を支える子供たち

老境に達し、老人病を抱えた洲崎義郎・政子夫妻を支えたのが子供たちであった。なかでも三女の淑子と四女の若菜が夫妻にとって大きな支えとなったように思われる。淑子は一九五八（昭和三三）年九月三日、「夫良江とともに義郎夫妻の養子となり縁組」している[117]。戦後の民法にはない概念だが、これにより洲崎家の家督を淑子夫妻が相続することが承認されたのであろう。淑子は、後、義郎とともにしばしば原水協の街頭募金などを行い、日常的に側にあって義郎を支えた。他方、家産をほぼ使い果たし手許不如意であった義郎を経済的に支援したのが若菜であった。彼女は五二年に近隣の北条町南条の関承五の養女となり、五四年に庭山富治を婿に迎えた[118]。「洲崎義郎日記抄」には、医師である彼女が義郎にたびたび多額の生活資金を提供していることが記されている。

(4) 孫の死を悲しむ

「洲崎義郎日記抄」には、他の子供達や孫の動静も散見されるが、洲崎義郎の心を最も痛めたのが孫の肱美の死であった。東京の小崎弥生から義郎・淑子に肱美の病気について手紙があったのは一九六九（昭和四四）年二月三日のことで、義郎はただちに見舞いの品を送った。二三・二四日には肱美から電話があり、話すことができた。しかし、二八日には東京からの電話で、彼女が酸素吸入しなければならない状態となり、「口ぐせのようにおじいちゃんおじいちゃんと言っている」という。これを聞かされた義郎は感きわまり、「私の気もちは、小崎さんから淑子への手紙に肱美が『ガン』らしいということを聞かされてから、まっくらな、やり場のないあけくれになった。こんな気持ちは、17才の長女章子を失ってこの方、それと同じくらい悲痛の気もちである。人世の無情は口では事もなげに言い放つ言葉であるが、この言葉は現実にそれを体験したものにとっては堪えがたいものである」、「この地上から肱美という匂うような美しい女性が永久に消え去った」と日記に書いた。老いゆく義郎にとって、未来ある、可愛い孫娘の死は大変悲しい出来事であったことがよくわかる。

肱美の死については、『洲崎義郎回想録』八五〜八九頁に、「孫の死」と題された義郎の「日記」が掲載されている。それは一九六九年二月二七日〜三月一七日のもので、これによれば、電話で肱美の死去が義郎に伝えられたのは三月六日であった。

d　洲崎義郎の死去と追悼

一九七四（昭和四九）年四月一日、洲崎義郎は死去した。一月頃から「感冒で臥床していたが、歩行困難となり」、「肺炎を併発」して帰らぬ人となった。満八五歳の生涯であった[119]。四月三日付で、喪主・洲崎マサ（政子）らによる死亡通知の広告が『越後タイムス』に掲載されている。その全文は以下の通りである。

夫　洲崎義郎儀　かねてより病気療養中のところ四月一日午前五時二十五分、八十五才にて永眠いたしました。ここに生前のご厚誼を深謝し謹んでご通知申し上げます。

また三日告別式の際はご多忙中遠路わざわざご会葬下され霊前へご丁重なるご香資を賜わりご芳情深く感謝致します。

早速参上ご挨拶申しあぐべきはずのところとりあえず紙上を以ってお礼申し上げます。

昭和四十九年四月三日

柏崎市四谷二丁目五－十
喪主　洲崎マサ／親戚総代　関　富治／ほか　親戚一同

親戚総代の関富治は義郎の四女・若菜の夫である。葬儀は、洲崎家菩提寺の極楽寺本堂で営まれた。同年四月七日の『越後タイムス』の「タイムス抄」欄に「洲崎義郎氏逝く」と題した記事が掲載された。以下、その全文を紹介しよう。

四月三日、午前十時を少し回った頃から極楽寺本堂で洲崎義郎氏の葬儀が営まれた。前日もその前の日もミゾレまじりの春とは思えないような冷雨が降ったり止んだりして異常な気象を思わせる今春であったが、この日は、風をよけて日溜りにいれば、それでも少しは春めいたぬくみが感じられた。だが、広く薄暗い極楽寺の本堂には隙間風がどこからともなく冷えびえとしのびこんできて、背中がぞくぞくとくるような冬の厳しい名ごりがあった。花冷えではなく〔〕しんとくる底冷えだった。

長い弔辞が、次々と読みあげられ、それぞれの立場から洲崎さんの生前の功績をたたえた。この葬式に参列するためにやってきた日本共産党の最高幹部である市内比角出身の西沢富夫氏（日共常任幹部会委員）の弔辞がさすがに充実していて、洲崎さんがその生涯の後半世に《ママ》おいてひたむきに傾斜していった平和運動と社会主義社会実現への悲願を抱く道程、そして情熱と信念への追慕が、柔軟で平易な語り口をもって語られていた。さながら、近代政治思想史の一端を聞く思いの場面もあった。

思えば長い洲崎さんである。明治二十一年十二月生まれ、八十五才。二十六才から比角村々長となり、小林市長の弔辞の言葉にもあったが『随処に主となり』、まっしぐらに時代をぬきんでた理想の旗をかかげながら青年団運動、芸術への啓蒙、体育団運動、そして大衆に基盤をおいたレジスタンスに満ちあふれた政治活動と実践に、生涯を貫き通した。ほかの人がやればとてもそぐわない特異なルパシカ風のスタイルも、洲崎さんだけにはピッタリとした風格をそなえ、それが少しの違和感もなかったから、単にスタイルだけでなく、万事洲崎流がそうだったし、市民もまた、それを不思議とも思わず、敬愛の目で見た場面が多い。洲崎さんだけが持ちえた個性であり、その裏にひそむ独自性の〝看板〟を市民が評価していたからであろう。

遺族を代表して、三男の大場燁三氏が幾たびか絶句しながら述べた述懐には、しみじみとした真情がこもっていた。

『父は五人姉弟のなかのたった一人の男でありました。そのせいか、まことに甘えん坊で、大我まま者でありまして、最後の最後まで八十才を過ぎております母に我ままのありッたけを申し、母は三カ月も帯をとかずに看病に当ったような次第です。さぞかし、私たちが知らないところで、皆様に我ままを申して、ご迷惑をお掛けしたことだろうと存じます。許してやってください。でも、死ぬ最後まで夢は持ち続けておりましたようで、この点、幸福者であったと思い、皆様に感謝申し上げる次第です』

短い言葉だったけど、みんなこの中におさまっているみたいに思えた。

近時、壮大な夢を語る人があまりいなくなった。国土開発の専門家が未来像を描いてくれる例はあるが、それは〝物理的配置〟で終る場合がほとんどで、どうにかなるのだろう、という淡い期待感と、どうにもならないのではないか、という漠然たる不安とが、何となく人々の心の中にカスミの如く共存しているせいか、何十年か先を見据えての思索は「やってもムダ」とアッサリ割切って、無目標社会の隅っこで、お互いにうごめいている感がしてならない。

洲崎さんには大いに叱られることかもしれないが、少なくとも大正と昭和の前半、交友深かった中村ツネ画伯が唱えた「芸術の無限感」を敷えんして終生語り続けた洲崎さん、またスポーツを神聖視し人類文化の中では最も高度な文化と考えて先駆的なグラウンド建設に役割を果した洲崎さん、これらの姿のなかには、燃えたつようなヴィジョンが渦まいていて、その熱っぽさは、洲崎さんの周辺に集まる青年たちに次々と強力に伝播し、柏崎の大衆の心に夢をつちかっていった〝震源地〟の一人であった。この時代の洲崎さんを懐かしむ人が多い。

今日のイデオロギー的対立が相互に目標《ママ》感覚を牽制しあい、相対のなかで選択をせまる試行錯誤の集積みたいなものではなくて、いちずに若い青年の心をつかみえた〔、〕思えばロマンのあった時代に、洲崎さんの進歩性は柏崎の文化と市民の思考に大きく投影し、影響する力を発揮したのだと思えてならない。

冷静かつ客観的に書かれた良い追悼文である。これは、同年一月一日に掲載された前出の「柏崎の顔」にも言えることである。

同年四月七日の『越後タイムス』には、元助役・関憲治の「返老還童——洲崎義郎氏の死を悼んで」も掲載されている。「返老還童」とは、六八年九月にある人の葬儀の時に義郎が関に言った言葉で、「手や足なんかは精神力で克服」できる、「若返えられ」るの意味らしい。この追悼文中では、市長時代、「市役所のなかでドナリ声をあげた洲崎さんを見たことがありません。大胆な人であり、細心さを併せ持っていた人だと思います。人をゆるすこともできました。小使いさんでも誰でもサンづけで呼び、君呼ばわりはけっしてしない人でした」の部分がとても印象的で、義郎の人間に対する優しさが浮かび上がってくる。かつては有力な資産家であったが、その資産を地域と庶民・勤労者のためにほぼ使い果たし、自らを庶民の位置に置こうと努力してきた洲崎義郎の本質的な人となりをよく物語っているといえよう。

五月一〇日、柏崎体育団主催の「洲崎義郎氏を偲ぶ会」が産業会館で開催された。参会者は約二〇〇名。産業会館大ホールのステージに遺影が生花に囲まれて飾られ、太田芳郎ら数名が思い出を語り、また「追悼小冊子」が配布された[120]。この小冊子が前出の『体育人 洲崎義郎』で、「発刊の辞」「1、回想の光の中に」「2、若き日の思考と情熱」

「3、政治の中から体育を見る」「4、今日以後の体育を考え」の四章で構成され、各章四点・八点・一〇点・二点、計二四点の義郎の論説を収録している。そして、末尾に「洲崎義郎氏の死を悼む」と題された終章があり、今井哲夫・月橋会・みやじまよしお・酒井薫風・加藤達男《たかし》が追悼文を寄せている。「編集後記」は月橋が書いているので、彼が中心となって編集刊行したものであろう。私がこの小冊子でしか見ることができなかった論説もあり、資料的に貴重な文献となっている。

注

（1）『越後タイムス』一九六七年四月二三日（「自民党が三議席を独占」）。
（2）同前、一九六二年一二月九日（「相次いだ決意の表明」〈「タイムス抄」欄〉、「小林・近藤氏が市長選へ声明」）。
（3）同前、一九六三年一月二四日（「三選対を柱に／近藤候補」）。
（4）同前、一九六三年三月三日（「責任者は布施・西巻氏？／洲崎選対も活発に動く？」）。
（5）同前、一九六三年四月二一日（「小林・近藤両雄決戦へ」）。
（6）同前、一九六三年五月五日（「新市長に小林氏当選」）。
（7）同前、同日（「市議開票結果」）、『新潟日報』同日（「市議得票」のうち「柏崎市」の項）。
（8）『越後タイムス』一九六七年四月三〇日（「柏崎市長選開票結果」、「柏崎市議戦開票結果」）。
（9）同前、一九七一年五月二日（「柏崎市長選開票結果」）。
（10）同前、一九七一年三月二一日（「村山俊蔵氏の略歴／原水協柏崎事務局長」）。
（11）同前、一九七一年五月二日（「市議選開票結果」）。
（12）同前、一九六六年五月一日（「師団司令部の候補地？」〈「タイムス抄」欄〉）。
（13）・（14）同前、一九六七年三月一二日（「砂丘地の転売で質疑」）。
（15）同前、同日（「賞めあった市長、議会」〈「タイムス抄」欄〉）。
（16）同前、一九六七年一一月一九日（「荒浜の原子力発電調査」〈「記者ノート」欄〉）。

(17) 同前、一九六八年二月一八日（「荒浜で原子力発電立地調査」）。
(18) 同前、一九六八年二月四日（「原子力発電の調査・誘致／亘知事へ陳情」）。
(19) 同前、一九六八年三月一〇日（「市民英知と政治力の総和を／小林市政施政演説」）。
(20) 同前、一九七〇年一月一日（「原発経過」）。
(21) 同前、一九六九年二月二日（「原子力発電所誘致を決議」）。
(22) 同前、一九六九年二月二三日（「原子力講演会点描」〈「タイムス抄」欄〉）。
(23) 同前、一九六九年三月一六日（「原子力発電所の誘致／市会誘致研究委員会最終報告書」）。
(24)・(25) 同前、同日（「県を窓口に東電へ誘致運動」）。
(26) 同前、一九六九年六月八日（「原電誘致の推進班を設置」、「原子力講演会」）。
(27) 市史編さん委員会編『柏崎市史』下巻、八二六頁、一九九〇年、市史編さん室。
(28) 『越後タイムス』一九六九年六月二九日（「壁」欄）。
(29) 同前、一九六九年八月二五日（「原発誘致反対市民会議が講演会開く」）。
(30) 前掲、『柏崎市史』下巻、八二七～八二九頁。
(31) 『越後タイムス』一九五九年一〇月二五日（「個人消息」欄）。
(32) 同前、一九五九年七月一二日（「かしわ荘に認可」）。
(33) 同前、一九六三年一一月一七日（「斎藤氏が理事長に」）、『柏崎日報』一九七九年一月一八日（「斎藤準次氏逝く」）。
(34) 『越後タイムス』一九六〇年二月一四日（「柏崎より」欄）。
(35) 同前、一九六一年三月五日（「洲崎義郎氏、招かれて中国訪問」〈「柏崎より」欄〉）。
(36) 同前、一九六一年五月一六日（「個人消息」欄）。
(37) 熊倉啓安『原水禁運動30年』一一七頁、一九七八年、労働教育センター。
(38) 同前、一八七頁。
(39) 同前、一七四～一七五頁。
(40) 同前、一七五頁。
(41) 同前、一五〇～一六二頁。

(42)『越後タイムス』一九六二年五月二〇日(「洲崎氏、モスクワへ/7月―平和世界大会に出席」)。
(43)同前、一九六二年五月二七日(「モスクワ派遣の募金―洲崎氏」)。
(44)同前、同日(「政界風土記」)。
(45)同前、一九六二年六月二四日(「洲崎氏歓送会/25日に柏崎を出発」)
(46)同前、一九六二年八月二六日(「28日に歓迎会/洲崎氏の帰国で」)。
(47)前掲、『原水禁運動30年』一七五~一七七頁。
(48)同前、一八八~一八九頁、巻末の「略年表」。
(49)同前、一八九頁。
(50)日本平和委員会編『平和運動20年資料集』四一〇頁、一九六九年、大月書店。
(51)『洲崎義郎回想録』の巻末年譜。
(52)前掲、『平和運動20年資料集』二八一~二八六頁。
(53)『アカハタ』一九六五年九月四日(「あすから百万人統一行動週間」)。
(54)前掲、『平和運動20年資料集』二九六~二九八頁。
(55)『アカハタ』一九六五年一一月一一日(「第3回全国青年スポーツ祭典きょう開幕」)、同月一四日(「代表理事など選出」)。
(56)第二~六回全国大会での「常任理事」ないし「全国理事」については、『赤旗』一九六六年一〇月二〇日(「新体連第二回全国大会開く」)、六七年一一月一七日(「京都で新体連第三回全国大会」)、六八年一一月一二日(「理事を48名に―新体連全国大会開く」)、七〇年一月一九日(「新体連全国大会終わる」)、新体連中央機関紙『民主スポーツ』七〇年一一月二五日号外(「第6回全国大会決議」)による。また第七回大会での「代表委員」選出については『民主スポーツ』七二年一月一日(「選出された新役員」)による。
(57)『アカハタ』一九六三年六月二七日(「近づく全国青年スポーツ祭典」)、七月一日(「輝かしい民主スポーツ祭典」)。
(58)同前、一九六四年一〇月二六日(「はたらく青年の友情と団結/勇壮なリズム、堂々入場/スポーツ祭典」)。
(59)『越後タイムス』一九六六年四月三日(「個人消息」欄)。
(60)同前、一九六六年一二月一一日(「人と話題」欄)。
(61)『朝日新聞』一九六五年一〇月三〇日(「『岐阜国体』を顧みて」)。

(62)「新体連ノート摘記1」、梅沢三代司編「体育・スポーツ関係洲崎義郎略年譜」。
(63)「洲崎義郎日記抄」、「新体連ノート摘記3」。
(64)「新体連ノート摘記6」。
(65)・(66)「新体連ノート摘記8」。
(67)「新体連ノート摘記1」。
(68)「洲崎義郎日記抄」、梅沢三代司編「体育・スポーツ関係洲崎義郎略年譜」。
(69)・(70)「新体連ノート摘記3」、梅沢三代司編「体育・スポーツ関係洲崎義郎略年譜」。
(71)「新体連ノート摘記5」。
(72)梅沢三代司編「体育・スポーツ関係洲崎義郎略年譜」。
(73)「新体連ノート摘記8」。
(74)・(75)梅沢三代司編「体育・スポーツ関係洲崎義郎略年譜」。
(76)「新体連ノート摘記1」。
(77)高嶋航『スポーツからみる東アジア史――分断と連帯の二〇世紀』七七～八七頁、二〇二一年、岩波書店。日本オリンピック・アカデミー編『オリンピック事典』一一二～一一三頁、一九八一年、プレス・ギムナスチカ。
(78)「新体連ノート摘記2」。
(79)日本共産党編『日本共産党の六十年』二二六～二三一頁、一九八二年、日本共産党中央委員会出版局。
(80)「新体連ノート摘記1」。
(81)「新体連ノート摘記2」、梅沢三代司編「体育・スポーツ関係洲崎義郎略年譜」。
(82)「新体連ノート摘記3」。
(83)「新体連ノート摘記5」、梅沢三代司編「体育・スポーツ関係洲崎義郎略年譜」。
(84)「新体連ノート摘記9」。
(85)「新体連ノート摘記5」。
(86)「新体連ノート摘記6」。
(87)柏崎体育団編刊『体育人　洲崎義郎』八四頁、一九七四年。

(88)「新体連ノート摘記6」。
(89)・(90)「新体連ノート摘記5」。
(91)梅沢三代司編「体育・スポーツ関係洲崎義郎略年譜」。
(92)『赤旗』一九七〇年一〇月一一日（「研究者ら330人参加／初の総合研究集会」）。『民主スポーツ』一九七〇年一二月二五日（「大会で選出された役員」）。
(93)・(94) 梅沢三代司編「体育・スポーツ関係洲崎義郎略年譜」。
(95)『民主スポーツ』一九七〇年一二月二五日（「大会で選出された役員」）。
(96)同前、一九七二年一月一日（「選出された新役員」）。
(97)同前、一九七三年三月一日（「全国理事と機構・人事」）。
(98)『越後タイムス』一九五九年一月一八日（洲崎義郎談「個人と政治家の間に／〝私の体でなくなった〟」）。
(99)「洲崎義郎日記抄」。
(100)小島初子『天寵残影――宮芳平伝』巻末の「宮芳平略年譜」、一九九九年、冬芽社。
(101)「洲崎義郎日記抄」。
(102)『越後タイムス』一九六四年五月二四日（「個人消息」欄）。
(103)「洲崎義郎日記抄」。
(104)前掲、『天寵残影――宮芳平伝』五三一～五三二頁。
(105)同前、二六五頁。これによれば、清水多嘉示がフランスに留学することになったため、後任を探していたところ、中村彝が宮芳年を推薦し、その使いとして曽宮一念が宮のところを訪れたという。ただし、梶山公平『夭折の画家　中村彝』八六頁（一九八八年、学陽書房）は中村と曽宮が相談して宮を推薦したと記している。
(106)「洲崎義郎日記抄」。
(107)『越後タイムス』一九六五年一〇月一〇日（洲崎義郎「雁魚通信」）。
(108)「洲崎義郎日記抄」。
(109)前掲、『天寵残影――宮芳平伝』巻末年譜。
(110)「洲崎義郎日記抄」。

(111) 前掲、『天寵残影——宮芳平伝』五三二頁。
(112)・(113) 「洲崎義郎日記抄」。
(114) 『越後タイムス』一九六七年一一月五日（「個人消息」欄）。
(115) 同前、一九六七年二月一九日（「人と話題」欄）。
(116) 「洲崎義郎日記抄」。
(117)・(118)・(119) 『洲崎義郎回想録』の巻末年譜。
(120) 『越後タイムス』一九七四年五月一二日（「洲崎氏偲び二百人」）。

おわりに

本書を終えるに当たり、洲崎義郎について思想を中心に総括的に考察し、最後に「裏日本」との関係に言及したい。

a　洲崎義郎が生きた時代と地域

八五年にわたる洲崎義郎の生涯を大きく区分すると、①主体的に自己形成し、デモクラシー気運を大きな背景に、比角村長・青年団長、刈羽郡青年団長として自己の考えを実践することができた大正期・昭和初期の時代、②柏崎町議・同市議・郡青年団長などとして公務に携わりながらも軍国主義・ファシズム体制下で、自己の考えを抑制し、さらに矛盾した考えをもちつつ活動した一九三六～四五年の時代、③いわゆる革新陣営に身を置き、柏崎市長を二期八年間務めつつ、平和と社会主義に期待して活動し、勤労者スポーツの向上にも努めた戦後の時代、この三つに分けることができる。戦後は文化活動を中心とした人生を過ごす道もあったのではないかと思われるが、戦時中の戦争協力への深い反省が政治・社会の分野での活動を強いたように考えられる。

洲崎義郎が住んだ比角村・柏崎町は、近世後期から明治初期にかけて、越後縮の行商で財をなした商人たちにより繁栄した地域であった。明治中期以降、日本石油会社の経済的恩恵を受け、北越鉄道（↓信越線）が首都・東京および県都・新潟を結び、さらに柏崎～白山（新潟）を結ぶ越後鉄道（↓越後線）が敷設され、比較的交通に恵まれた地域であった。地元経済は、越後縮行商で蓄えた莫大な資産の消費を基礎とする商業都市として繁栄し、柏崎町を中心とした市街地は比角村・枇杷島村などの一部に広がっていた。

このような経済状況を背景に、大正期には、『越後タイムス』などを媒介として新思想が広がり、デモクラシーの波を受け容れる地域になった。柏崎町は、一九二四年八月に大洲村・下宿村を、二六年月九月に比角村を、二八年一二月に枇杷島村を合併し、広域化した。

昭和期には、理化学研究所がこの地に進出し、一九二八年、比角に工場を建設して新たな生産拠点を形成し、三七年には上水道が布設された。同年に始まる日中戦争以降、軍国主義の波が地域をおおい、アジア太平洋戦争下では軍需関連の工業が発展し、県内では新潟市に次ぐ第二の工業都市になった。四〇年四月に鯨波村を合併して、七月から柏崎市となっている。

戦後は、生産の軍需から民需への転換が進まず、産業経済は停滞した。戦前の地主は経済力・政治力を弱めた。こうした中で、労働者などの側に立った革新系の洲崎義郎が一九五一年から二期八年間市政を担当し、小・中学校の校舎・体育館の建設整備、保育所・国民健康保険など社会福祉事業の推進、都市計画の策定と着手、上水道拡張などが行われた。また、近隣町村との合併も進んで、七万七千人余の人口を擁する「大柏崎」となった。

一九五九年以降は、中央政界で政治力を増す田中角栄に依存しつつ、保守勢力が市政を掌握し続けた。日本全体の高度経済成長の余波はありながらも、産業経済が停滞するなかで、やがて市政は原発誘致に活路を見出した。洲崎義郎の思想と行動は、このような地域の状況と無縁ではなかった。

b　洲崎義郎の思想

(1)　青年期に形成された基本的な思想

洲崎義郎が郷里で過ごした幼年・少年期は、日清・日露戦争を経て日本が帝国主義化した時代であった。尋常・高等小学校時代は、教育勅語に象徴される天皇制の国家主義教育・画一主義教育を受けざるを得ず、学校ではいつも怖い教師に怯えた。他方で、義郎は、柏崎中学校時代に興じたテニス練習・競技を通じ、物事に対する「ひたむきさ」

「一本気」の精神、性格を身につけた。そこに偽り・妥協・怠惰があっては期する結果は得られず、精進が不可欠である。こうした体験が義郎の教育論・スポーツ論を生み出していくことになる。

一九〇七年四月、早稲田大学政治経済学科予科に入学した洲崎義郎は、一年間という短い期間ではあったが、「ルネッサンス期」といわれる充実した早大で多くの刺激を受け、退学後も書籍などを通じて学び続けた。当時の世は、後に「大正デモクラシー」と言われるような思想状況が芽生えつつあった時代で、明治国家が作り上げた考え方・価値観に対する批判的な見方も広がりつつあった。

こうした中で、義郎は上記の性格に支えられつつ自己の思想を形成した。その特色は、ウィリアム・ジェームスらの思想を下敷きに、科学的世界観・抽象的見方・法則性重視に反対し、各人の個性を重視し、感情・意志を尊重し、人間の行為を外見的・規範的（法理的）に判断するのではなく、それをなさしめた内面的・精神的あり方を重視して判断すべきであり、直観や神秘的ないし宗教的精神を重視すべきだ、という主観主義的なものであった。

義郎の思想は、江原小弥太・中村彝《つね》との出会いにより深められた。『越後タイムス』主筆の江原は、幼少期からの不遇な家庭環境、学業・職業・恋愛に苦闘する人生を経験する中で思想を形成した人物で、義郎はそこに自分にない尊いものを感じ、自己の境遇を恥じた。義郎は、また不遇かつ病魔と闘う洋画家・中村彝の絵に、「物の本質をぐつと引き攫《つか》んで、其生々《いき》しさを明確に示す天才力」、「色彩に関する敏感にして而も玲瓏たる感覚力」、「自然に対する白熱的愛」、「静かにして気高き画面のリズム」を見出し、「ヴイタルフォース」（生命力）への着目にも強く共感した。江原・中村との出会いは、義郎に生きる意味を考えさせ、勇気を与えてくれる思想的意味をもったと思われる。

また、資産家としての自己と、志・潜在能力を持ちつつも資力がないためにそれが生かされない青年との違いに葛藤し、できるかぎり庶民的であろうとする生き方・考えを是とした。さらに、子供の人格を尊重し、「子供のためには何んでもして遣らねばならぬ」とする考えをもった。

のちに運動競技を通じて「科学性」「合理性」を是認するようになるが、各人の個性、感情・意志、内面的・精神的あり方を重視する点は不変であった。

義郎の思想は一九一八年四月から約八年半務めた比角村長時代に開化した。小学校教育の支援と青年団運動の指導を通じて、上記の思想に連なるような自由画教育・音楽教育・運動競技・弁論活動を強力に推進し、心身豊かで、個性ある、主体性をもった青少年の育成に努めた。義郎は、政府の小学校教育・教員養成・試験制度に対して、また政府・県の青年団に対する政策に対して、現場の自主性を重んじるように、批判的に対応した。ここにも義郎の思想の反映がある。

こうした思想と行動に関連して、義郎は多くの私財をなげうった。有為の青年たちへの奨学金支給、小学校教育・青年団運動への資金提供などに、村長時代に資産の半分以上を投じたと推定される。

(2) 近代スポーツ論

洲崎義郎がスポーツについての考えを公にしたのは村長時代のことであった。一九二二年一〇月の『越後タイムス』掲載の「運動の近代的精神」では、「運動」を人間生命が求める「本能的欲望」と捉え、その「完成」のために運動を合理的・組織的に行い（「科学的」）、不摂生や不規律な運動および眼中に勝敗しかないという精神を排し（「道徳」）、「運動の瞬間」では精神を統一し「自我を最高度に燃焼」させることを主張した。

さらに義郎は、一九三一年三～五月、同紙に一一回連載した論説「近代競技運動を主体とせる体育運動の本質的考察」でスポーツを次のように歴史的に位置づけた。すなわち、当初「生命を持続するに役立つ単純な一元的な」ものに過ぎなかった「運動」は、ギリシア時代に舞踊・声楽・演劇などの「功利的運動」と体育の「超功利的運動」に分化し、古代ローマ時代を経て、ルネサンス期に「帝国主義に立脚せる愛国的体育運動」が芽生え、さらに「更転」して、体操・陸上競技・力技・冬季スポーツ・球技・山岳など「近代の体育運動の黄金時代を出現せしめた」と。そして、前論説と同主旨となるが、近代の運動の意義を「本能の合理化及び慾望の整理化」に求め、ともすれば戦争につながる闘争本能や慾望は運動によってその合理化・整理化が図られ、「最も明るき人間性の樹立と最も意義ある健康性の獲得」につなげる意義があると主張している。この論説は、さらに、近代のスポーツがナショナリズムと深く結びついて発展したことや、運動の効能、性・階級を超えたスポーツの意義を説き、プロ・アマ問題ではプロの必要性を主張するなど、多様な視点からスポーツを論じており、義郎のスポーツ思想の全容を示すものとなっている。

以降も晩年まで時勢と関わりながら、義郎はスポーツ論を語り書き続けた。時局関連のスポーツ論、勤労者のためのスポーツ論も見られるが、村長・町議時代に公にした考えは不変であった。

なお、義郎のスポーツ論がどのような文献に依拠して構想されたものか、私は本文で触れなかったが、今後、究明されるべき課題の一つである。これに関して梅沢三代司は、『洲崎義郎回想録』の末尾の「あとがき」の中で、「洲崎さんのノートや原稿のなかに、古代ギリシャのオリンピアのことや、ピエール・ド・クーベルタンのことが、五～六回も繰り返し書かれている。おそらく講演などの下書きであろう。いずれも冗漫な文章で、同一内容が繰り返されている。わたしがそこから読み取れたのは、クーベルタンが一九三五年に発表した、『近代オリンピズムの哲学的基礎』に書かれていることが中心のようである」（三七七頁）と述べている。だが、義郎の論説「運動の近代的精神」、「近代競技運動を主体とせる体育運動の本質的考察」はクーベルタンの同書公刊よりも早いので、依拠したのは他の文献であろう。ただし、クーベルタンの同書は、第8章第3節eで紹介した、一九六六年五月の新体連中央本部主催の第一回中央スポーツ学校における「オリンピック競技を主体とする「ギリシャ」の体育・スポーツに対する一つの考察」と題した義郎の講義で使われた可能性は高い。

(3)　青年団運動についての考え

義郎の青年団運動についての考えは、第3章第5節cで見たように、比角村長時代の青年団指導に関して披瀝されている。義郎は運動競技活動とともに、弁論活動を重視した。それは、小学校教育しか受けていない青年たちが主体的に学び、自分なりの考えをもち、発表していくことを通じて主体性を形成してもらおうとの考えからであった。

ゆえに、一九二三年に京都で開催された全国青年団大会に出席した時、内容がデモクラシー精神に立脚していないと批判し、衆院選では弁論会を通じて「立憲政治の正しき意味と本義とを自覚せしめ」ようと努めた。また、二五年に政府が青年団に軍事教練を課そうとしていることを知った時、青年団は「平和と愛の一大使命を双肩に担つて居る」、「私共は文部省や内務省や陸軍省の青年団ではない〔。〕自由意志と若人の熱に燃えて居る自治の青年団である。其所に真の使命と意志とを感ずる近代的青年である」と、政府の政策を批判した。

義郎の青年団についての考えは、一九三六年頃、国家的重圧により従来のような青年団運動が困難となってきた中で書かれた「青年団運動ノ理想」と題したレジメ原稿にも示されている。主旨は、「青年団運動ハ個々ノ青年ヲシテ社会的修養ト訓練ノ中ニ溶ケ込マセル様ニ結成サレタ団体運動」であり、「地位、階級、思想、職業」などを超えた「衆団運動」というものである。ここにも、青年団は国家のための運動ではなく、青年自身の成長のための運動である、との考えがある。だから自主性、主体性を重んじようとした。

とはいえ、青年団行事に際して皇太子の「令旨奉読」を自ら行うなど、天皇制の枠にとらわれているという問題点もあった。

(4) ファシズムと侵略戦争支持の思想

一九三〇年代後半、義郎はファシズムを支持する思想をいだいた。義郎の場合、その直接的契機は、三五年九月の県議選後の町長選挙をめぐる民政党の行為に対する強い反感にあったと思われる。だが、私的な関わりだけでなく、「洲崎義郎著作」(4)に収められた第一七・一八項のレジメ原稿で「買収選挙トブローカー」に言及し批判しているように、既成政党の選挙のあり方への強い批判も背景にあった。こうして、義郎は当時行われていた選挙粛正運動を支持し、三六年二月の衆院選ではファッショ的な政党である国民同盟の大竹貫一を公然と支持した。そして、三七年開始の日中戦争を機に構築される国家総動員体制を支持し、「近衛新体制」にも強い期待をいだくようになる。

第5章第3節bで紹介したが、一九四〇年七月に第二次近衛文麿内閣が成立した前後に書かれたと推察される「新体制トハ何ゾヤ」と題されたレジメ原稿で、義郎は、「歴史ヲ公正ニ観察スルト、世界文化ノ創造ト進展ニ際シテハ、各民族間ニ……猛烈ナル対立摩擦ガ起キルモノデ」、「支那事変モ、コノ大ナル社会現象ト歴史的必然性ノ当然ノ発露デアル」として、日中戦争を容認した。だが、軍部・政府の強い情報統制下で、この戦争の実態、侵略戦争としての本質を知ることはなかったであろう。客観的には戦争遂行のために「新体制」が求められたのであるが、義郎の場合、既成政党批判から「新体制」を求め、その関係で侵略戦争を支持したようにも考えられる。

「新体制」について、前出のレジメ原稿は次のように述べている。すなわち、「一君万民ノ皇室ヲ中心トスル民族特有ノ精神」を発展させて国の内外に「高度」の「組織ト機構」を「創造」することが「新体制」の目的であり、そのために自由主義・資本主義の思想を「克服」して「公優主義」（＝公益優先主義）に則った生活を送るべきであるが、それは個性を「犠牲」にするものではなく、個性を「ヨリヨク生カス」ことによって「全体ヲ益スル」ものだ、と。実際には、生活はおろか、生命・財産を含む「個」が極度に「犠牲」になったのだから、きわめて理解に苦しむ論理である。後述するように、義郎の生涯において、自由主義はきわめて大切なものであった。それを、この時には「公優主義」の名の下に抑圧しようとしたのである。時勢が深刻化する中ではあるが、天皇制にとらわれ、町議・青年団運動指導者などの立場にいる限り、このような矛盾した考え方をせざるをえなかったと思われる。

一九四〇年一〇月、大政翼賛会結成を機に、地方政治も翼賛体制に組み入れられた。それは上意下達の行政システムであった。これに対し、義郎は「下意上達」の回路をつくるべく「常会」改革を構想し、「翼賛壮年団」に対して自主的な「柏崎壮年団」の結成をめざすなど、自主性を重んじる政治活動を試みた。しかし、それは蟷螂の斧に過ぎなかった。

洲崎義郎は、アジア太平洋戦争下で、新潟県体育団副団長、柏崎市体育団団長、大日本武徳会新潟県支部の剣道部長につき、戦争遂行体制を支えた。一九四三年、義郎はガダルカナル敗戦を中野正剛から聞いた。中野と会った経緯は不明だが、極度に情報が統制されていた中で、時局に対して主体的に関わろうとしていたことが背景にあったと考えられる。四四年一一月から数ヵ月間、柏崎市翼賛壮年団の団長を勤めたが、敗戦に伴う犠牲を最小限に食い止める楯となろうとしたのではなかろうか。

(5) 戦後の政治思想

洲崎義郎が敗戦をどのように受け止めたか、資料的には不明である。一九四五年九月以降、アメリカによる占領支配の下、戦犯逮捕、民主化のための五大改革指令、第一次公職追放、侵略戦争の実態の表面化など、翌年にかけて日本社会は大きく動いた。

洲崎義郎は、終戦から約半年間、大いに悩んだと思われる。その結果、斎藤準次ら旧東方会の人々と過去の戦争協力・推進を反省し、これからは平和のために尽くそうと話し合い、一九四六年三月「柏崎刈羽民主連盟」を結成した。ここまでは、まだ戦前の東方会との関係が続いていた。しかし、同年四月の衆院選の最中に来県した日本共産党の西沢富夫との会談を機に、より厳しく戦前の言動を反省し、無産階級――労働者・農民の側にたった政治改革の運動に邁進する意志を固めたと推察される。それは戦前にはなかった義郎の立ち位置となった。

ただし、戦前、「世界文化ノ創造ト進展」を理由に戦争を容認していたことについて、どのように反省したのかは不明である。本土空襲や原爆投下などを通じて戦争の悲惨な実態を認識し、否認するようになったのかも知れない。また、まもなく制定される新憲法の戦争抛棄・象徴天皇制についてどのような見解をもったかについても資料上、知ることができない。戦後は天皇についての言及に接することができないので、意識的に避けたかも知れない。

それはともかく、以降の義郎の思想と行動は、平和と民主主義を重視することで一貫しており、新憲法の理念にかなうものであった。平和問題については核戦争への危機感からであろうが、原水爆禁止運動が中心となった。

第一期市長時代の一九五二年八月、『越後タイムス』のインタビュー記事で、義郎は、当時、分裂状態にあった共産党とは明確に一線を画し、「属するとすれば」「社会党左派」だとの立場を明言し、「もつと開放された社会」「労働者や農民の生活が保障されるような進歩的な政府」を望み、「漸進的でもよいから、民主々義的に社会を改良して行く」必要性を強調している。これが、戦後の義郎の平和を前提とした政治目標と思われる。そして、市長時代までは「統一人民戦線運動」的な立場にあったと見られる。市長退任後の一九六〇年代には共産党にきわめて近い立場で活動するようになるが、それは原水禁運動の体験によるものであろう。

(6)　自由主義・近代の評価

第7章第1節bで紹介したように、再選を果たすことになる一九五五年四月の市長選での演説で、義郎は「私は生涯を通じて自由主義者として戦つてきた」と述べている。戦前、天皇制の枠内で行動し、ファシズムを支持したことからすれば、この発言をそのまま受け取ることはできない。しかし、私は、この発言を重く受け止めたい。
「国家権力からの自由」という概念・価値観は、歴史的「近代」の根源的な規範である。人々はこの自由があってこそ、資本主義的経済活動、政治的民主主義、心身の自主的な成長が保障される。だが、自由を抑圧する自由は規制されなければならないから、絶対的自由はそもそもありえない。また、戦争など生命・財産が危機に曝される場合、自由が制約されることもありうる。

義郎は、戦前において、学校教育・青年団運動で、心身豊かで、個性ある、主体性をもった青少年の育成に努め、ファシズム政治を支持した時も大政翼賛運動に関して一定の自主性をもとうと努力していることから、主観的には自由主義者でありたいと思っていたのかも知れない。

第3章第7節cで取り上げたが、一九二三年八月、柏崎で三回目の長唄演奏会が開かれた時、義郎は、『越後タイムス』に寄せた「長唄会雑感」という文の中で、「私は江戸長唄を聴く度に、四角張つて大刀にソリを打たせて歩いた武士の勢力から逃れて自由に奔放に造りあげられた江戸の民衆芸術の味と匂ひとを泌々《しみじみ》感ずる」と述べていたことも、自由主義との関係で私の心に残る。また、戦前民法の戸主制度下の妻・子供との関係、村長・市長などの公職に伴い「小権力」を得ることになる社会関係においても、義郎は家族・職員らの人格を重んじ、決して威圧することはなかった。それも自由主義と無縁ではないだろう。

義郎の自由主義には弱点があったが、自由主義者でありたいとの考え・思想を根底にもち、地域の自治、個人の自主性の獲得、心身豊かな青少年の育成に力を傾けたことは評価されよう。

市長退任後、原水禁運動に関わる中で、実現しなかったとはいえ、語られた訪中への思い、訪ソなどの報告から、あるいは日本共産党との関係の深まりなどから、義郎は社会主義社会に強い期待をもつようになったようである。ただし、社会主義についてどのように学び、どのように理解していたかは不明である。また、ソ連などの社会主義社会の独裁性や問題点が広く暴かれ認識される前に、義郎は他界した。もし義郎が存命中に真相を知ったら、どのように考え、行動したであろうか。自由主義の観点から厳しく批判し、社会主義そのものの問題点を改めて検討し、自己の思想をより高きものにしようとしたかも知れない。

義郎の自由主義に関連して、彼が歴史における「近代」の価値を信じていたことに触れておきたい。前出のスポーツ論では「運動の近代的精神」を取り上げ、青年団運動論では「近代的青年」の青年団であると言っていることが注目される。また、第4章第4節c(1)で取り上げた論説「教化総動員の真意義を論ず」の中で、明治維新後の日本文化は、外圧に直面して「無批判に、且無省察に、西洋から受取つた、付け焼刃的文化」であったが、西洋においてはその文化の形成は「なだらか」「必然的」であり、それを学び取ることが必要だとし、政府は「東洋の文化は賞讃す可き精神文明で西洋のそれは呪ふ可き物質文明で有ると速断し論断」するが、その「物質文明」は「人間の尊い苦心と、精神力」が働いた結果であり、「現代の寵児科学は、立派な精神文化と云ふ可きで有る」、「教化総動員の真義に透徹せんとするならば近代の科学的精神を基礎として我々の生活を合理的に革新するより他に途はない」と批判している。

これは、義郎の明治文化論ないし日本近代史論になっている。

義郎の近代へのこだわりは、第8章第4節の冒頭で紹介した、水道疑獄事件での拘置から釈放され自宅で静養していた一九五九年一月の談話（新聞記事）からも窺われよう。

以上から、義郎が自由主義・近代的価値観を評価し、その実現に努めようとした人物であったことが浮かび上がる。

(7)「女性解放」への期待

洲崎義郎が成人し、公的領域で活動するようになって以降、戦後の市長時代を含めて、女性および女性組織との関係をほとんど見出すことができなかった。

義郎と女性の関係に思いを致すと、まず、第1章2で見たように、幼い時に父母が亡くなり、叔母タイ（近藤泰子）や、その夫とともに義郎の後見人となった長姉ツナ（近藤綱子）に養育されたこと、さらに三人の姉もいたこと、盲目の老女といっしょに寝起きするなど、女性に囲まれて育ったことが頭に浮かぶ。タイ・ツナは社交的で活発な女性であった。こうした環境で育った義郎は、決して女性に対して威張ったり、差別視するようなことはなかったと推察される。

他方で、一九三〇年代のスポーツに関する言説から、一般的に女性が置かれていた立場、状況には同情的であったことを知ることができる。第4章第5節cで紹介した義郎の論説「近代競技運動を主体とせる体育運動の本質的考察」（一九三一年三～五月）では、当時の女性の新しい動向として、「総ゆる男性中心の文化に対して追究と迫進の喊声を挙げつゝある」、「今は健康と弾力に満てる女性に大なる牽引力を感ずる時代」であり、「女学生の溌剌さと闊歩を見ても、近代の体育運動が如何に人間性の内奥に深く秘めてある生の鼓動を高鳴らして、自由解放の凱歌を挙げつゝある」と述べ、女性の「自由解放」を歓迎し、それと運動との関係を論じている。これと同様の言説は、第5章第5節eで紹介した論説「女性に解放せられたる体育運動」（三八年八月）にも見られる。これらから、女性が健康的な心身を獲得して「解放」されることを、義郎が願っていたことは間違いない。

ただし、戦前の愛国婦人会・国防婦人会や、戦後の市町村議などで女性が活躍すること、言い換えれば公的領域での女性の活躍をどのように考えていたかは不明で、今後、究明されるべき課題と思われる。

(8) 〝地域に尽くす〟思想

洲崎義郎の生涯を通観した時、私には彼が〝地域に尽くす〟ないし〝地域のことを引き受ける〟というような考えを根底にもっていたように思われてならない。

若い時には、比角村の耕地整理事業に出精し、私財を有為の青年に提供し、小学校教育・青年団活動に関与して人材育成に直接関与するとともに多額の私財をなげうったことは、地域の発展に寄与したいとの強い気持ちがなければできないことであろう。中村彝・宮芳平の地元での絵画展開催に尽力したことには、地域の文化向上を期するという一面を見出すことができる。また、町議・市議として「町是」「市是」の策定を求めたことや、市長時代に携わった、小中学校の建設整備、近隣町村との合併、都市計画策定、上水道拡張などの施策も、「地域のために」という思いからで行ったものにほかならず、決して名誉や地位を求めてのことではなかったと思われる。

一九五〇年一〇月、公職追放解除を知った義郎が、新聞に寄せた談話の中に、「政治はきらいだといつても自治体の場合は別で、以前から教育改革による新市民の育成ということには熱意と努力を惜しまなかったので、市会に席をもつということは別に考えなければならない」という一文がある。これも、〝地域に尽くす〟という思想に連なるものといえる。

いわば、地域のために無私の心をもって尽したのが洲崎義郎であった。だから、水道疑獄事件での有罪判決はさぞかし無念であったことと思われる。だが、その傷心を超えて晩年まで社会活動を継続したことに、義郎の信念・気概の強さが現れている。街頭に立って行った原水禁の「6・9募金」活動には、地域の平和への願いも込められていたことであろう。

c　「裏日本」と洲崎義郎

最後に、「裏日本」との関係を考察したい。「はじめに」で述べたように、私が柏崎地方に注目したきっかけは、「裏日本」といわれた地域にあって、大正デモクラシーの地方拠点となり、洲崎義郎のような私財をなげうって地域における人材育成に当たり、スポーツ・文化の振興に努め、世間から注目される成果をあげた人物を輩出していることを知り、戦前にメディアを通じて喧伝された、大陸進出（侵略）による「裏日本」の「表日本」化ではなく、地域の人々の営みにより経済・社会のあり方を主体的に変革していく可能性があったのではないかと期待したからである。「裏日本」から「表日本」にヒト・カネ・モノが流出する構造に棹さすには、地域住民がそこで生きていきたいと思えるような人間関係・経済・文化が必要である。大正後期から昭和初期の柏崎には、その可能性を感じさせる営みが『越後タイムス』関係者、洲崎義郎周辺にあったと思う。とくに、洲崎義郎が村長であった時の比角村での小学校教育・青年団の活動にその可能性を強く感じる。ちなみに、一九二〇年代後半、柏崎商業学校長就任のため北海道からはじめて柏崎を訪れた人物が、一九三四年六月二一日開催された柏崎実業懇話会の席上で、「赴任前に考へてゐた事だが、裏日本は総体に暗い陰気な世界で人間も従つて保守退嬰的な気風があり、鈍重で頑固なんだらうと想像してゐたのだが、来て見ると案に相違して新潟県人、殊に柏崎人は非常に明るく進取的で鈍重どころか大変機敏である」と語っている（小川濟治「予の見たる柏崎及柏崎人（中）」、『越後タイムス』一九三四年七月一日）。これも当時の柏崎地方が非「裏日本」的様相を呈していたことを示している。

ただし、地域経済の振興という点については、洲崎義郎に弱さがあるのを否めない。私財を人材育成・文化振興に振り向けたのだから、義郎にそれを期待すべきではないかも知れない。だが、第2章第4節aで見たように、早大予科を一年で退学して帰郷後、比角村の耕地整理事業を中心となって推進していることから、少なくとも青年時代には農業振興を通じた地域経済の発展に関与する意志は強くもっていたと考えられる。村長就任以降も刈羽鉄道敷設の動きに関わっている。義郎はどのような実業思想・経済思想をもっていたのか、自らが起業しなくても資産の一部を投じて地域経済の発展につながる会社などへの投資や経営参加を考えることはなかったのだろうか。あるいは自己の資産をどのように社会活動のために費消したのか、田畑の売却と自作農創設事業との関係はどうであったか、という問題もある。これらは、町議・市議・市長時代に、その公職の立場から地域経済発展のために努力したこととは別問題である。これも今後、究明されるべき課題であろう。

あとがき

かなりの分量の書物となった。約六〇年にわたる新聞記事に目を通し、洲崎義郎の言動を見出すことは、広い砂浜で小さな宝玉を見つけ出すようなもので、やはり大変な作業であった。だが、漏らさぬように検索したのは週刊紙の『越後タイムス』だけで、日刊紙の『柏崎日報』を同様に検索することはできず、『越後タイムス』の記事を補足したり、深めるために利用するにとどまった。戦時期に『越後タイムス』『柏崎日報』が廃刊に追い込まれた時は、中越地方を拠点に発刊されていた『新潟県中央新聞』を、一県一紙に統合され、戦後『越後タイムス』などが復刊されるまでは、『新潟日報』を利用した。このような新聞資料の利用の仕方であるから、私がまだ見ていない義郎関係の新聞記事がある可能性は高い。それも含めて、本書を義郎に関する基礎的研究と位置付けざるをえない。

私の洲崎義郎研究は、「はじめに」で記したように一九九七年に始まるが、数年後から、しだいに勤務校での仕事が忙しくなり、かつ依頼される原稿の執筆に対応しなくてはならなかったことなどから、資料調査・整理の時間を取ることが難しくなり、長く研究の中断を余儀なくされた。その間に洲崎淑子氏は他界され、二〇〇七年七月の新潟県中越沖地震で洲崎家が被災するなどの不幸もあった。一八年三月、勤務校を定年退職後、研究に再着手したが、二〇年からの新型コロナ・ウィルスの流行で資料収集が制約されたこともあり、約二八年後の今日、ようやく本書にまとめることができた。

洲崎義郎の人物像を描くこと、その思想の特徴をつかむことは容易でなく、本書で提示するそれは、資料を読みながら手探りする中でようやく得られたものである。彼の人物像・思想をどれだけ正しく伝えられたか、不安が残る。

彼は決して卓抜した思想家・政治家ではない。善良な思想・人格をもち、時代の制約の中で揺らぎつつ、前向きに自分がなすべきだと考える道を歩んだ人である。その彼の思想について、最終的に彼を自由主義の観点から総括することになったが、それは当初、予想しなかったことである。

私は、義郎の生涯を通観し、近代的価値としての自由の意味を改めて噛みしめた。そして、自由権に基づいた政治的民主主義の大切さに思いを致し、さらに生存権思想・基本的人権思想と社会主義的な思想の重みを痛感した。社会主義といっても、社会的公平性の確保、種々の社会的差別の撤廃、生活上・教育上・健康上の格差是正などを意味し、議会制民主主義を堅持し、人々の自由・自主性が確保されることが前提となる。そして、戦後の義郎が強く求めた平和も、もう一つの前提となる。平和でなければ、自由は大きく抑制されるからである。さらに、自由主義・民主主義・社会主義・平和主義を実現するためは、情報公開の徹底が不可欠である。私は、これらを洲崎義郎の生涯からの教訓としたい。

本書の作成については、洲崎家資料のほか、柏崎市立図書館（ソフィアセンター）、新潟県立図書館・同公文書館、早稲田大学図書館・国立国会図書館が所蔵する新聞・図書などを利用させていただいた。御礼申し上げる。

また、困難な出版事情の中、本書の刊行を引き受けてくださった日本経済評論社の柿﨑均社長、編集を担当された新井由紀子出版部長と宮川英一氏に厚く御礼申し上げる。

洲崎義郎年譜

年	歳	洲崎義郎の動向	関連事項
1888（明治21）		12・25 新潟県刈羽郡比角村大字比角一八四番地に、父・伝吾と母・ツネの次男として出生。	
94	5	4 比角尋常小学校入学。 11・21 父・伝吾死去。その後、長姉ツナとその夫が義郎の後見人となる。	8・1 日清戦争宣戦布告。
97	8	8・18 母・ツネ死去。	8 北越鉄道の柿崎〜柏崎間開通。
98	9	4 柏崎高等小学校入学。	
1901	11歳	4 県立柏崎中学校入学。	
07	18	2 比角青年修養会結成。義郎が会長に就任。 4 早稲田大学政治経済学科の第一高等予科入学。	04・2・10 日露戦争宣戦布告。
08	19	春 早稲田大学政治経済学科の同予科を退学し帰郷。 7 近藤マサと婚姻。 この年ないし翌年、テニスの柏陽倶楽部を結成し、会長となる。	
09	20	9・25 長女・章子出生。	
11	22	7〜9 「見習士官」として高田第五八連隊に入隊。この頃、江原小弥太と知り合う。 11 比角村耕地整理事業着手（義郎が組合長）。	5・20 『越後タイムス』創刊。
1912（大正元）	23歳	4・30 耕地整理事業が完工（事業終了は21・2）。	

年	歳	洲崎義郎の動向	関連事項
13	24	**2・1** 三女・淑子出生。 **12・14**『越後タイムス』に論説「一の精神」を連載開始（翌年**1・25**まで五回）。	**4** 越後鉄道の柏崎〜白山間開通。
14	25	**秋** 小熊虎之助の仲介で初めて中村彝に会う。 **11・25** 長男・恒一郎出生。	**3** 柏崎実業協会結成。 **7** 日本石油会社本社移転（柏崎→東京）。 **7・28** 第一次世界大戦勃発。
16	27	**4・9、16**『越後タイムス』に同社主催展覧会出品の中村彝の絵の紹介文掲載。	春、江原小弥太が東京に移転。
17	28	**3・27** 比角村会議員に当選。 **11**「勤務演習」のため高田第五八連隊に入営。	この年、江原が神田で書店を開業。
18	29	**4・2** 村会で村長に選出される。 **4・29** 次男・晃二出生。 **8・17** 比角青年団結成。義郎が団長に就任。	
19	30	**7・2** 刈羽鉄道期成同盟会結成。副会長に就任。 **8** 東京高等師範学校での軟式庭球ＯＢ会に出場し、準決勝で敗退。 **11** 中村彝作「洲崎義郎氏肖像」完成。	**9・24、25** 比角校で宮芳平の個人展覧会開催。 **11・3** 越後タイムス社、吉野作造・福田徳三講演会を開催。
20	31	**4・16** 三男・燁三出生。 **4月頃**、比角校教員らと長野県小県郡の神川村小学校に自由画教育視察。	**11・7** 越後タイムス社、平塚らいてう・山田わか講演会を開催。また、**7・8** 柏崎町役場で中村彝の個人展覧会を開催。 **11・13、14** 比角校で第二回自由画展覧会開催。
21	32	**3・28** 比角村会議員に当選。**4月**の村会で村長に再選される。 **7** 刈羽郡青年団の副団長に就任。	**4** 江原小弥太、『新約』を刊行。 **8・21** 杵屋金次郎一行の長唄演奏会開催（22・23年も8月に開催）。

22	33	4・10 新潟県青年団の評議員に就任。 10・28 刈羽郡体育協会結成。副会長に就任し、公設運動場建設に尽力。 10・29『越後タイムス』に論説「運動の近代的精神」を掲載。	9・16、17 弥彦で開催の「県下青年競技大会」で刈羽郡青年団優勝。 10・22 長岡で開催の「県下少年オリンピック大会」で比角校優勝。
23	34	2・17 米峰スキー団の団長に就任。 2～5「小学教育に対する私見」を『比角青年団報』に五回連載。 4・8 四女・若菜出生。 9・3 刈羽郡青年団の団長に就任。 11・11 比角校で義郎作の童話劇「人形の復讐」を上演。	9・25 柏崎町議の西巻進四郎が県会議員に当選。
24	35	5・10 衆院選で政友本党から立候補した義兄・丸田尚一郎を公然と支持し、応援。	8・10 大洲村・下宿村が柏崎町に合併。 12・24 中村彝死去。
25	36	3・28 比角村会議員に当選。4月の村会で村長に三選される。 4・1 四男・澄広出生。 6・21 長女・章子死去。 9・10『比角青年団報』に論説「危機に直面せる青年団」を掲載。	
1926（昭和元）	37歳	3・16 新潟県青年団の副団長に就任。 9・10 比角村が柏崎町に合併。義郎は村長を解職。後、比角青年団は柏崎町青年団比角支部に改編。 11・30 柏崎町議補選で当選し、町議となる。	
27	38	1・17 刈羽アマチュアアスレチック倶楽部発会。会長に就任。 4・18、19 義兄の丸田尚一郎とともに所蔵品を販売する「売立」を行う。 5・25 五女・万里英、六女・百合英出生。	1 入澤市郎が柏崎町長に就任。 10・1 越後鉄道国有化（越後線）。

年	歳	洲崎義郎の動向	関連事項
28	39	12・9 この年秋に行った全国各地の病院視察の結果を、越後タイムス同人会例会で報告。	2 丸田尚一郎が柏崎町長に就任。 11 比角に理化学研究所の工場竣工。 12・1 枇杷島村が柏崎町に合併。
29	40	1・22 柏崎町議に再選（初の普通選挙で当選）。 2・4 義郎が町会議長に就任。	10・22 西巻進四郎が町長に就任。
30	41	1『柏崎青年団報』附録『比角支部報』に論説「教化総動員の真意義」を掲載し、政府の教化総動員政策を批判。 11・3「青年教育功労者」の一人として文部省から表彰される。	
31	42	3・8～5・17『越後タイムス』に論説「近代競技運動を主体とせる体育運動の本質的考察」を一一回連載。	
32	43	2・10 衆院選に政友派が丸田尚一郎を推すが、義郎が親戚として会合に出席し、丸田が出馬できない事情を説明。 12・22 比角公民会が結成され、会長に就任。	1 柏崎町裏浜に一町四ヵ村組合立の伝染病院新設。 12・6 斎藤準次の周旋で国民同盟の演説会開催（安達謙蔵ら講演）。
33	44	1・22 柏崎町議に三選。	
35	46	7 柏崎町選挙粛正委員に消防組頭として参加。	10・5 西巻進四郎が町長に再選される。
36	47	2・20 衆院選で国民同盟の大竹貫一を支持。	37・7・7 日中戦争勃発。
37	48	1・22 柏崎町議に四選。	7・15 柏崎町に上水道敷設（初通水）。
38	49	1・16～11・20『越後タイムス』のスポーツ欄に三九編のコラム的論説を掲載。	7・15 政府、一九四〇年開催予定の東京オリンピック返上を決定。

39	50	1・27 NHK新潟放送局から「青年団と体育」を三〇分間放送。 4・19 義郎が組頭の柏崎消防組が解散。 9・16、17 朝鮮で開催の大日本青年団第一五回大会に出席。終了後、満洲・「北支」を視察。	8・25 原吉郎が町長に就任。 7・30『越後タイムス』終刊。
40	51	7・18『柏崎日報』に「強力政治を要望」の小文を掲載。 9・6 初の市議選に当選。	4・1 鯨波村が柏崎町に合併。 7・1 柏崎町に市制施行。 10・1 原吉郎が市長に就任。
41	52	3 刈羽郡青年団・新潟県青年団解団。 4・24 柏崎壮年団の結成準備会開催。 4 新潟県体育協会が新潟県体育団に改組され、義郎は引き続き副団長に就任。 5・26 柏崎体育団結成準備会が開かれ、団長に義郎を内定。 12 県・市の翼賛壮年団の顧問に就任。	3 柏崎市常会の会則制定。 12・8 太平洋戦争勃発。
42	53		9・24 大日本武徳会の新潟県市部結成（義郎は剣道部長に就任）。
43	54	2 中野正剛宅で泉三郎とともにガダルカナル敗戦の事情を聞く。 10 前記に関して東京検事局の事情聴取を受ける。	10・27 中野正剛自殺。
44	55	3 柏崎健民本部の主宰に就任。 11 柏崎市翼賛壮年団の団長に就任。	
45	56	5 柏崎市国民義勇隊の顧問に就任。	12・8『柏新』創刊（46・12『柏新時報』と改題）。
46	57	3・10 斎藤準次らと柏崎刈羽民主連盟を結成し、会長に就任。 4 共産党の西沢富夫と会談。以降、民主人民戦線運動に参加。	1・13『越後タイムス』復刊。 2・13 三井田虎一郎が市長に就任。

年	歳	洲崎義郎の動向	関連事項
46	57	9『柏新』主催「素人芸能コンクール」に関し、「審査員の一人として出演者の皆様へ」を同紙に掲載。 11・3 市より「永年勤続者」として表彰される（町議・市議生活二八年余）。 11・8 政府、第二次公職追放発表。義郎が対象者となる。ほどなく市議を辞職。	11・3 日本国憲法公布（47・5・3施行）。
47	58	11・4「洲崎義郎氏に対する謝恩の夕」が比角校関係者により開催される。	4・5 三井田虎一郎が市長に当選。 4・25 衆院選で田中角栄が当選。 6 柏崎専門学校開校。
48	59	3・14 柏崎体育団が結成され、団長に就任（短期間で辞任か）。 3～5「不当課税」反対運動に関与。	10・3『柏崎日報』復刊。
49	60		7 柏崎港建設期成同盟会結成。
50	61	8 中越文化協会を結成し、11・24から自由大学柏崎教室を開設。 10・13 義郎の公職追放解除が発表される。	4 上米山村が柏崎市に合併。 5 柏崎専門学校を改組し柏崎短期大学開校。 6・25 朝鮮戦争勃発。 11・23『柏崎春秋』創刊。
51	62	4・23 市長選で現職に大差をつけ当選。 8～ 柏崎短大の市営移管問題で紛糾。	9・2 柏崎市政懇話会結成。 12・31 村山元之助死去。
52	63	10・26 市政討論会で「税の適正賦課」「産業の伸展」「教育の振興」の三大公約を表明。 10・28 釜石市で開催の東北七県市長会で「原爆反対決議」を提案するが、不採択となる。 10 専任の公民館長に岡塚亮一を起用。	

53	64	6・24～26 柏崎市で第四回全国都市体育研究協議会開催。 9・26～10・4 物産の販路開拓を目的に北海道の室蘭・札幌を視察。 11・18 柏崎経済背景地拡充促進会の会長に就任。	5・9、10 柏崎春秋社が中村彝遺作展を柏崎市役所で開催。 7・5 柏崎港修築に関する建設協議会開催。
54	65	1・20 市提案の「新柏崎市建設計画要綱案」を市会が承認。 6 市の国民健康保険再開。 8・7 全国市長会の推薦で日本の健民少年団のリーダーとして西ドイツに向け離日。同国各地での交歓を経て、9・4 帰国。 12・24 市会に、原工務店に委託していた上水道拡張計画を提示。	4・1 西中通村が柏崎市に合併。 7・5 荒浜村が柏崎市に合併。
55	66	4・30 市長選で吉浦栄一を僅差で破り再選。 6・1 市として、55年末の「財政事情」を公表し、25日の市会に赤字処理の「基本要綱」を提示。 11 政府の原子力委員長・中曽根康弘代議士に原子力研究所等の誘致を要請。	2・1 田尻村・高田村・北鯖石村と柏崎市が合併。 4 義郎の甥の近藤禄郎が県議選に立候補し、無投票当選。
56	67	3～4 市会に赤字処理のため地方財政再建促進特別措置法適用を提案するが、容れられず、自主再建を目指すことになる。 6 日本都市計画学会の計画案が完成し、市会に報告。 7・2 柏崎市の「上水道源の拡張計画」が厚生省・建設省の認可を得る。	4・23 再統一した日本社会党の柏崎刈羽支部結成。 5・7 自由民主党の刈羽柏崎支部結成。 10・3 中通村の一部が柏崎町と合併。
57	68	1・17 上水道の第一期工事着工（太平建設）。 3 市会に赤字削減と三中学校の校舎・体育館などの整備を柱とする予算案を提案。	1・1 事実上この日をもって中頸城郡米山村の一部が柏崎市に合併。 4・1 高浜町と黒姫山の一部（旧上条村）が柏崎市に合併。 4・1 中鯖石村・南鯖石村が柏崎市に合併。 7・10 田中角栄が郵政相に就任。
58	69	3・23 原水爆禁止柏崎協議会が結成され、会長に就任。	

年	歳	洲崎義郎の動向	関連事項
58	69	**3** 市会に前年度と同様の予算案を提案。市会は無修正で承認。 **4・11** 市会で市職員の公金横領問題に関し市長不信任案が提案されるが否決。 **9** 市会に本年度での赤字解消と三中学の校舎などの整備完成の見通しを報告。 **12・10** 市会で義郎が勤評・警職法改正反対の共闘会議の顧問となっていることなどについて質問を受け、反論。 **12・17** 上水道工事に関する収賄容疑で新潟地検長岡支部に逮捕、拘留される。 **12・30** 処分保留のまま釈放される。	
59	70	**1** 上水道第一期工事竣工。 **3・10** 新潟地検柏崎支部により、川合政一・斎藤準次とともに起訴される。 **4・30** 市長選で大差で敗れる。 **6・22** 新潟地裁長岡支部で第一回公判。 **10・16** 保護施設・福祉法人「かしわ荘」の初代理事長に就任（**63・10**まで）	**4・30** 吉浦栄一が市長に当選。
60	71	**3月末** 上水道工事全面竣工。 **7・26** 懲役六ヵ月・追徴金一五万円の第一審判決あり。翌日、東京高裁に控訴。	
61	72	**2・26** 新潟県原水爆禁止協議会の理事長に就任。同時に中国政府招請の訪中団の一員に推薦されるが、長野県代表との関係で、五月に辞退。 **6・19** 東京高裁で、控訴棄却の二審判決を受ける。	
62	73	**7・9〜14** ソ連のモスクワで開催の「全面的軍縮と平和のための世界大会」に、新潟県平和委員会の推薦で派遣される。大会後、ハンガリーを訪問。	**7** 田中角栄が蔵相に就任。
63	74	**4** 市長選で近藤禄郎候補（無所属）を支援。	**4** 小林治助が市長に当選。 **8** 原水爆禁止第九回世界大会で社会党系が指導部から離脱。

64	75	**6〜8** 原水爆禁止第一〇回世界大会に向けた運動を新潟県下で推進。	
65	76	**2・21**『越後タイムス』に「中村ツネさんの思い出——「気になる紹介状」の清水多嘉示氏への手紙」を掲載。 **3・1** 焼津市で開催の「三・一ビキニデー墓前祭」に出席。 **8〜9**「日韓条約批准阻止・ベトナム侵略反対・生活擁護全国百万人統一行動」に取り組む。 **10・5〜10** 銀座の松坂屋で宮芳平の個展開催。前年より義郎も協力。 **11・12** 新日本体育連盟（新体連）結成。同日の全国理事会で代表理事に選出される（全国組織の役員は**71・12**の第七回大会まで継続）。	**2** 社会党系が原水爆禁止国民会議を結成。 **8** 原水協・国民会議による二つの世界大会が開催される。
66	77	**1・16**『アカハタ日曜版』に「年頭雑感——人間の理想の表現」を掲載。 **3・27** 新潟県新体連結成、会長に就任。 **8・7** 広島における第一二回原水禁世界大会の「体育・スポーツ階層別集会」で、「平和のためのたたかいとスポーツの任務」を講演。	
67	78	**1・18〜2・21** 前立腺肥大のため新潟大学医学部病院に入院、手術を受ける。 **4** 市長選で村山栄一候補（共産党）を支援。 **11・12** 新体連の全国常任理事会でスポーツ研究所の設置を提案し了解される（翌日の第三回新体連大会に報告し賛成を得る）。帰県後、「なぜ急速に体育・スポーツ研究所を作る必要があるのか」と題した印刷物を作成。**12・8** それを同封して、京都府が京都市と共同でスポーツ研究所を設置することを要請する書簡を蜷川虎三京都府知事に送る。	**4** 小林治助が市長に再選。
68	79		**10・6** 柏崎市が東京電力に原発誘致を申し入れたと、『越後タイムス』が報道。

年	歳	洲崎義郎の動向	関連事項
69	80		**3・10** 柏崎市議会、原発誘致の決議案を採択。翌日、市長が県に誘致への協力を要請。 **4** 原子力発電所誘致反対市民会議結成。
70	81	**10・10、11** 日本社会事業大学での第一回全国体育・スポーツ総合研究集会に出席。 **12・12、13** 新体連第六回大会で「理論学習の水準を高めよう」を報告。	
71	82	**4** 市長選で村山俊蔵候補（社会党・共産党統一候補）を後援会長として支援。	**4** 小林治助が市長に三選。 **10・9、10** 柏崎春秋社、宮芳平遺作展を開催。
72	83		**7** 田中角栄が総理大臣に就任。
74	85	**1月頃** 感冒で臥床。しだいに歩行困難となり、肺炎を併発し、**4・1** 死去。 **4・3** 菩提寺の極楽寺で葬儀。遺骨は同寺にある洲崎家墓所に埋葬。 **5・10** 柏崎体育団主催の「洲崎義郎氏を偲ぶ会」開催。同団編刊『体育人 洲崎義郎』（八八頁）が配布される。	
84	没後10年	**9・30** 洲崎義郎回想録刊行会編刊『進歩と平和への希求――洲崎義郎回想録』（三八〇頁）が刊行される。	

出所　本文の記述を基に作成。一部、『洲崎義郎回想録』の巻末年譜も利用した。

図表一覧

人名索引

凡　例

・対象は「はじめに」から「おわりに」までとした（脚注部分は除く）。
・洲崎義郎、皇族、資料に姓だけが出ていて名が不詳である者、136頁に記載の売却した骨董品の制作者名は採録対象から外した。
・鬼山米吉と鬼山魏は同一人物の可能性があるが、確かめることができなかったので双方を出した。

【あ】

【い】

【か】

【き】

【く・け】

【こ】

【す】

【せ・そ】

【た】

【ち・つ・と】

【な】

【に】

【ね・の】

【は】

【ひ】

【ふ】

【へ・ほ】

【ま】

【み】

【む・も】

著者紹介

阿部 恒久（あべ つねひさ）

共立女子大学名誉教授。
1948 年　新潟県生まれ。
新潟大学人文学部史学科卒業。早稲田大学大学院文学研究科史学専攻修士課程修了、同博士課程満期退学。博士（文学）。
早稲田大学大学史編集所（1978 ～ 82 年）、鹿児島県立短期大学（1983 ～ 95 年）、共立女子大学国際文化学部・国際学部（1995 ～ 2018 年）に勤務。
主な著作
『奥宮健之全集』全 2 巻（編集・解説、1988 年、弘隆社）
『近代日本地方政党史論』（単著、1996 年、芙蓉書房出版）
『「裏日本」はいかにつくられたか』（単著、1997 年、日本経済評論社）
『通史と史料　日本近現代女性史』（共著、2000 年、芙蓉書房出版）
『男性史』全 3 巻（共編著、2006 年、日本経済評論社）
『ヒゲの日本近現代史』（単著、2013 年、講談社）

洲崎義郎の生涯と思想
――柏崎地方の政治と文化

2025年 3 月 5 日　　第 1 刷発行

著　者　阿部 恒久
発行者　柿﨑　均

発行所　株式会社　日本経済評論社
〒101-0062　東京都千代田区神田駿河台1-7-7
電話　03-5577-7286　FAX　03-5577-2803
URL: http://www.nikkeihyo.co.jp/

印刷：株式会社 太平印刷社／製本：誠製本 株式会社
装幀：オオガユカ

乱丁・落丁本はお取替えいたします。　Printed in Japan
価格はカバーに表示しています。

© Abe Tsunehisa 2025
ISBN978-4-8188-2663-2 C3023

・本書の複製権・翻訳権・上映権・譲渡権・公衆送信権（送信可能化権を含む）は、㈱日本経済評論社が著作権者から委託を受け管理しています。
・JCOPY 〈一般社団法人 出版者著作権管理機構 委託出版物〉
本書の無断複製は著作権法上での例外を除き禁じられています。複製される場合は、そのつど事前に、一般社団法人 出版者著作権管理機構（電話 03-5244-5088、FAX 03-5244-5089、e-mai: info@jcopy.or.jp）の許諾を得てください。

男性史

男たちの近代	阿部恒久・大日方純夫・天野正子 編	2,500円
モダニズムから総力戦へ	阿部恒久・大日方純夫・天野正子 編	2,500円
「男らしさ」の現代史	阿部恒久・大日方純夫・天野正子 編	2,500円
「生きること」の問い方 歴史の現場から	大門正克・長谷川貴彦 編著	4,700円
近代日本と農村社会〔オンデマンド版〕 農民世界の変容と国家	大門正克 著	5,600円
戦後日本の地域形成と社会運動 生活・医療・政治	鬼嶋淳	4,800円
自由民権の家族史 新潟・山添武治家の近現代	横山真一 著 伊東祐之・高島千代 校訂	4,300円
北陸地域経済学 歴史と社会から理解する地域経済	碇山洋・佐無田光・菊本舞 編著	3,000円
資本の性格と地域制度 富山・新潟・福島の近代電力産業に関する比較分析	森田弘美	7,000円
近代吉野林業と地域社会 廣瀬屋永田家の事業展開	中西聡 編著	6,700円

表示価格は本体価（税別）です。

日本経済評論社